suhrkamp taschenbuch
wissenschaft 740

Dieses Buch analysiert zentrale Reflexionsprobleme des Erziehungssystems aus soziologischer Sicht, nämlich die Autonomie der Erziehung, die pädagogisch-didaktische Technologie und die selektive Funktion des Erziehens für »Karrieren« innerhalb und außerhalb von Schule und Hochschule. Dabei zeigt sich, daß eine moderne Gesellschaft der Erziehungswissenschaft als Beitrag abverlangt, eine selbstreferentiell korrigierbare Theorie zu entwickeln.

»Es genügt nicht, nur nochmals anzunehmen, was man immer schon gesucht hatte: eine ›wirklichkeitsnahe‹ Erziehungswissenschaft. Es reicht auch nicht aus, auf ›wissenschaftliche Durchdringung‹ zu setzen, wo es darauf ankäme, an den geisteswissenschaftlichen Anspruch der ›Wissensvergewisserung‹ anzuschließen. Dafür bedarf es zunächst des ›Muts zur Abstraktion‹ von jenen vertrauten Kontroversen und ihren begrifflichen Mitteln. Ferner muß Selbstreferenz als wirklichkeitsimmanente Struktur begriffen werden. Nur damit kommt man über die Isolierung einer sich subjektbezogen verstehenden Wissenschaft hinweg.«

Von Luhmann und Schorr herausgegeben, liegt im Suhrkamp Verlag außerdem vor: *Zwischen Intransparenz und Verstehen. Fragen an die Pädagogik* (stw 572).

Niklas Luhmann
Karl Eberhard Schorr

# Reflexionsprobleme im Erziehungssystem

Suhrkamp

Bibliografische Information der Deutschen Nationalbibliothek
Die Deutsche Nationalbibliothek verzeichnet diese Publikation
in der Deutschen Nationalbibliografie;
detaillierte bibliografische Daten sind im Internet über
http://dnb.d-nb.de abrufbar.

4. Auflage 2015

Erste Auflage 1988
suhrkamp taschenbuch wissenschaft 740

Suhrkamp Taschenbuch Verlag
Die erste Ausgabe erschien 1979 im Verlag Klett-Cotta

Printed in Germany
Umschlag nach Entwürfen von
Willy Fleckhaus und Rolf Staudt
ISBN 978-3-518-28340-0

# Inhalt

## 3. Teil: Gleichheit und soziale Selektion



## 4. Teil: Reflexion im Establishment

# Einleitung

Dies Buch handelt von Reflexionsproblemen im Erziehungssystem. Von welchem Standort aus? Und weshalb? Kann man Reflexionsprobleme reflektieren? Und wie? Diese Fragen sollen vorab gestellt werden und in die Intention und die begrifflichen Instrumente der folgenden Untersuchungen einführen.

Man wird zunächst und mit Recht die Pädagogik für zuständig halten, im Erziehungssystem und für das Erziehungssystem Reflexionsleistungen zu erbringen. Dies gilt besonders für die deutsche Tradition, in der die Pädagogik den Anspruch erhebt, Erziehungswissenschaft, also nicht nur Kunstlehre zu sein. Die Position der Erziehungswissenschaft ist jedoch mehrdeutig geblieben. Einerseits gibt es selbstverständlich wissenschaftliche Bemühungen, die das Erziehen zum Gegenstand haben. Andererseits steht die Pädagogik unter der besonderen Anforderung, dem Erzieher Situationsdeutungen, wenn nicht Handlungsanleitungen zu vermitteln. Als Wissenschaft nimmt sie an der Problematik des Wissenschaftsbetriebs teil und hat sich mit wissenschaftstheoretischen Gewißheitsgrundlagen zu befreunden. Aber Wissenschaftstheorie in ihrer heutigen Form ist wenig geeignet, Deutungsgrundlagen und situationsreifes Kennen und Können für die Praxis abzuwerfen. Und auch ein hierarchischer Stufenbau von der Wissenschaftstheorie über Erziehungswissenschaft und pädagogische Kunstlehre zu instruierter Praxis wäre kein Kontinuum, sondern würde sehr weite Sprünge vom einen zum anderen erfordern.

Angesichts einer solchen Lage erscheint es uns als wenig aussichtsreich, die Lösung der Reflexionsprobleme des Erziehungssystems im Bereich der Wissenschaftstheorie zu suchen und noch einmal mehr die Wissenschaftlichkeit der Pädagogik zur Diskussion zu stellen. Die Wissenschaften befinden sich im Verhältnis zu gesellschaftlichen Lebensbereichen und Lebenswelten nicht in der Situation einer überlegeneren, mächtigeren Ur-Sache, der die gesamte Last der Innovation aufgebürdet werden könnte. Sie bieten auch keine Chance zu voraussetzungsfreier, allein durch die Sache bestimmter Erkenntnis. An die Stelle solcher Erwartungen ist inzwischen, gefördert durch die Wissenschaftstheorie selbst, die Vorstellung getreten, daß alle Erkenntnisgewinne unabdingbar relativ sind.

Dann drängt es sich aber auf, zu anderen, weniger hierarchischen und weniger aprioristischen Theoriemodellen überzuwechseln. Wir gehen im Rahmen eines gesellschaftstheoretischen Ansatzes von historischen Tatsachen aus, die wir durch die Begriffe *funktionale Differenzierung* und *Selbstreferenz* kennzeichnen.

Funktionale Differenzierung bedeutet in Hinsicht auf „Erziehungswissenschaft", daß für wissenschaftliche Forschung und für Erziehung *verschiedene* Sozialsysteme ausdifferenziert worden sind. Das ist der sozialstrukturelle Grund für die Wissenschaftlichkeitsprobleme der Pädagogik. Die geisteswissenschaftliche Pädagogik hatte noch einmal versucht, diese sozialstrukturell bereits etablierte Systemdifferenz durch Inflationierung des Wissenschaftsbegriffs zu übergreifen[1]. Statt dessen scheint es uns sinnvoller und vor allem realistischer zu sein, von einer Trennung von Wissenschaftssystem und Erziehungssystem auszugehen und von da aus nach Interdependenzen zu fragen. Wir vermuten, daß gerade im Bereich von Reflexionsprozessen sehr hohe Interdependenzen vorliegen. Wenn wir mit den vorgelegten Untersuchungen *im Wissenschaftssystem* die Reflexionsprobleme *im Erziehungssystem* zum Thema machen, kann dies über die rein wissenschaftsinterne Bedeutung hinaus eine weiterreichende ideenpolitische Relevanz gewinnen, wenn es zutrifft, daß das Erziehungssystem auf Reflexionsleistungen angewiesen und speziell in dieser Hinsicht wissenschaftsempfindlich ist. Minen, die im Wissenschaftssystem fabriziert sind, können im Erziehungssystem hochgehen, und es mag dann wiederum Sache der Wissenschaft sein, den Druck zu messen. Das Systemdifferenzierungsmodell enthält also keine Vorentscheidung in bezug auf Wissenschaftsnähe bzw. Wissenschaftsferne der Pädagogik. Es setzt jedoch voraus, daß die Systemeinheit und damit auch der Bezug aller Reflexion im Erziehungssystem nicht die Wissenschaft ist – so wie umgekehrt im Wissenschaftssystem nicht die Erziehung.

Dies wird deutlicher werden, wenn wir den zweiten Leitgedanken, den der Selbstreferenz, mit in die Betrachtung einbeziehen. Selbstreferenz heißt zunächst nur, daß die Operationen eines Systems in ihrem Sinngehalt immer auf andere Operationen desselben Systems verweisen, mögen sie nun solche Anschlußoperationen intendieren oder nicht; mögen sie nach innen oder nach außen gerichtet sein. Ein selbstreferentielles System operiert stets in der Form des Selbstkontaktes. Es nimmt Wirkungen aus der Umwelt auf und gibt Wirkungen an die Umwelt ab in der Form von Aktivitäten, die sich jeweils intern abstimmen und insofern stets strukturell kontrollierte Selektivität aufweisen. Ein Lehrer mag in einer bestimmten Unterrichtssituation

---

[1] So Wilhelm FLITNER mit einem philosophisch-hermeneutisch-pragmatischen Strukturmodell (in Fortentwicklung der Auseinandersetzung mit einer Resolution des sog. engeren Kreises der deutschen Philosophie, die die Eigenständigkeit der Erziehungswissenschaft im Rahmen der philosophischen Fakultät erneut zur Diskussion gestellt hatte); in: Das Selbstverständnis der Erziehungswissenschaft in der Gegenwart, 2. Aufl. Heidelberg 1958.

einem Schüler etwas erklären und dadurch Umwelt verändern – aber doch nur, indem er Wissensstand und Situation in der Schulklasse, Grenzen der Möglichkeiten von Schulunterricht, Zeitbudget gerade dieses Systems, Legitimationsgrundlagen etc. voraussetzt. Gerade diese Selbstreferenz in einem ausdifferenzierten System hilft ihm zu hochspezialisierten Sensibilitäten, die ohne Ausdifferenzierung gar nicht hätten eingerichtet werden können.

*Basale Selbstreferenz* in diesem Sinne ist der universelle Operationsmodus des Systems, der sogar alle Differenzen von zweckmäßigem und zweckwidrigem, erfolgreichem und erfolglosem, konformem und abweichendem, formalem und informalem Handeln übergreift. *Reflexion* ist dagegen ein Sonderfall von Selbstreferenz, der besondere Ressourcen, vielleicht besondere Spezialisten erfordert und nur gelegentlich aktualisiert wird. Mit Reflexionsprozessen macht das System sich selbst zum Thema. Die Selbstreferenz ergreift hier nicht jeweils selektiv andere eigene Operationen (im Unterschied zu solchen der Umwelt), sondern sie zielt auf die Identität des Systems, auf die Einheit dessen, was in den Alltagsoperationen jeweils als Komplexität gegeben ist und als Komplexität zur Selektion zwingt.

Wie kommt es aber zur Reflexion? Bringt jedes selbstreferentielle System Reflexionsleistungen hervor, wie das klassische Modell des selbstreferentiellen Bewußtseins, das Modell des „Subjekts", zu suggerieren scheint?

Logisch zwingend ist diese Aufstockung nicht abzuleiten. Speziell für soziale Systeme (ob verallgemeinerbar, lassen wir offen) scheint eine gewisse Engführung der Systemprobleme auf wenige Grundprobleme hin eine wichtige Reflexionsvoraussetzung zu sein[2]. Für das Wissenschaftssystem dürfte das Grundproblem der Einheit in der Differenz von Erkenntnis und Gegenstand derjenige Leitfaden gewesen sein, der die klassische Erkenntnistheorie zur Reflexion gebracht hat. Die neuere Entwicklung hat diesem Sachproblem das soziale Problem der Intersubjektivität und das zeitliche Problem der evolutionären Selbststeuerung im Aufbau von Erkenntnissen angefügt und hat damit die Grundlagen der wissenschaftstheoretischen Reflexion verbreitert.

Für das Erziehungssystem scheint eine ähnliche Trias prädisponiert zu sein, Themen für Reflexion zu liefern, nämlich die Frage der *sachlichen Besonderheit und Autonomie des Erziehens,* die Frage einer *Technologie für zeitliche Fernwirkungen* und die Frage der *Verantwortung für die soziale Selektivität* des Erziehungsprozesses.

---

[2] Ähnliche Vorstellungen über technische Engpässe als Voraussetzung für die Ausbildung höherstufiger Entscheidungsgrundlagen gibt es in der kybernetischen Systemtheorie. Vgl. etwa Salomon KLACZKO-RYNDZIUN, Systemanalyse der Selbstreflexion: Eine inhaltliche Vorstudie zu einer Computersimulation, Basel/Stuttgart 1975, S. 188 ff.

Dies sind durchaus traditionsgeladene Reflexionsthemen, die jedoch neu angelassen werden müssen. *Autonomie* wird zum Thema, das nicht nur Eigenständigkeit verspricht, sondern auch Lasten zuspricht. Man wird der Erziehungswissenschaft nicht nachsagen können, daß sie sich diesem Kontext verschlossen habe: „Die Erziehungswissenschaft ist ein Denken vom Standort verantwortlicher Erzieher aus."[3] Aber wird sie die Verantwortung auch tragen können, wenn sie in der Form einsetzt, nur und immer weiter zu fragen, wie das Pädagogische pädagogisch relevant ist; wenn sie also nur große Ambitionen und Fragestellungen verfolgt, ohne sich auf Veränderungen in der gesellschaftlichen Umwelt einlassen zu können?[4] Die Not dieser Lösung des Autonomieproblems ist es denn auch nicht gewesen, ob man sich gegen eine feindliche Umwelt oder sonstige externe Beschränkungen durchsetzen, sondern ob man sie aushalten konnte.
Dafür waren die gesellschaftlichen Veränderungen doch zu groß, als daß die geisteswissenschaftliche Form der „Wissensvergewisserung" in der Lage gewesen wäre, noch hinreichend Anhaltspunkte, zum Beispiel für die Behandlung der Wirkungsprobleme von Erziehung (und Unterricht), zu geben. Die Emanation des pädagogischen Denkens[5] legte die Komplexitätslagen des Unterrichtsgeschehens bloß: Das *Technologie*problem der Erziehungsfunktion konnte in der Form des Technologieverdikts nicht zureichend begriffen werden. In Anbetracht gestiegener Anforderungen an Erziehungsleistungen des Systems war die geisteswissenschaftliche Position in bezug auf ihre eigenen Ansprüche deflationär geworden, insofern sie nur noch wenig Motive zur Annahme ihrer Aussagen aktivieren konnte. Nirgends aber war empirische Deckung für die sich verselbständigenden Aspekte des Wirkungsproblems pädagogischer Praxis in Sicht. Die „realistische Wendung" (1962)[6] konnte den überschuldeten Nachlaß der geisteswissenschaftlichen Pädagogik

[3] Wilhelm FLITNER, a. a. O., S. 18.

[4] Denn „in der sittlich-gesellschaftlichen Welt ist das Element immer auch das Ganze, und die Isolierung beruht auf einer Abstraktion, die nicht immer hilfreich, oft sogar unstatthaft ist". Wilhelm FLITNER, a. a. O., S. 12.

[5] Hierfür signifikant die Titel-Geschichte des für die geisteswissenschaftliche Lösung des Problems des pädagogischen Denkens maßgeblichen Beitrags von Theodor LITT: Die *Methodik* des pädagogischen Denkens, erstmalig in Kantstudien 26 (1921), S. 17–51, der um die 30er Jahre zum „Wesen des pädagogischen Denkens" ausdifferenziert wurde (vgl. vom Vf. autorisierter Abdruck, „um die letzten Absätze gekürzt, an denen ich heute nicht mehr festhalten kann", in: Erziehungswissenschaft und Erziehungswirklichkeit, hrsg. v. Hermann RÖHRS, Frankfurt a. M. 1967, S. 58–82).

[6] So bekanntlich der Titel von Heinrich ROTHS Antrittsvorlesung; abgedruckt in: Heinrich ROTH, Erziehungswissenschaft, Erziehungsfeld und Lehrerbildung, Hannover 1967, S. 113–126.

nicht angemessen fortsetzen, geschweige denn als Theorie neu formulieren. Im Gegenteil: Die Charakterisierung des Erziehungs- und Unterrichtsproblems mit der einseitigen Absicht auf Sicherstellung der Effekte hatte zum Ergebnis eine weitere Verschärfung der Reflexionsprobleme im Erziehungssystem, die die Erziehungswissenschaft in ein Widerspruchsdenken hineintrieb, das seinen Halt nur noch in der Änderung des Systems suchte. Da man immer erst aus der gegenwärtigen Situation durch ihre Kritik erfährt, was man ändern will, enthält die Änderungsintention das Moment der Selbstprovokation: Hatte man die Voraussetzungen auch ausreichend bedacht?

In einer Gesellschaft, die schichtenmäßige Vorgaben nicht mehr akzeptiert und im Prinzip auch für die Motivation aller Individuen die pädagogische Verantwortung übernimmt, führt kein Idealismus mehr an der Erfahrung vorbei: Ohne *Selektion* können pädagogische Kriterien nicht realisiert werden. Wenn man die Wirkungen nicht in der Hand hat, muß man selektieren je nachdem, ob sie eingetreten sind oder nicht. Mit solchen Aktivitäten bereitet der Lehrer soziale Selektion über Zensurengebung, Versetzungsentscheidungen und dergleichen vor; und er bindet sich selbst über elementare Akte wie Lob und Tadel, die öffentlich erfolgen und deshalb konsistent bleiben müssen. Aber dieser motivationale Zusammenhang von Erziehung und Selektion wird heute als Widerspruch charakterisiert und so der Reflexion überantwortet. Diese kann mit einer solchen Problemstellung jedoch nichts anfangen, wenn sie Kontakt mit der Realität behalten will; denn das Problem kann gewiß nicht durch Vermeidung von Selektion gelöst werden. Eine Rückkehr auf die geisteswissenschaftliche Reflexionsposition: auf „die Mitte dessen, was im strengen Sinne pädagogische Wissenschaft heißen darf“[7], kommt nicht in Frage. Zu sehr haben die „ungewollten“ Nebenwirkungen diese pädagogische Reflexionsposition in Mißkredit gebracht. Die Forschung hat die Erziehungswissenschaft darüber belehrt: Man will komplexitätsadäquater vorgehen. Aber wenn die Forschung vornehmlich weiteren Bedarf an Forschung produziert – auf welche Gewißheitsgrundlagen kann die Erziehungswissenschaft sich dann berufen?

Wir nehmen zunächst den Reflexionsbegriff insoweit wieder ernst, als es bei Reflexionsprozessen immer um die Rückführung des Mannigfaltigen auf

---

[7] „Diese Reflexion am Standort der Verantwortung des Denkenden . . . Sie faßt alle Erziehungslehren zusammen, welche in einem Kreis gemeinsamen Lebens von den Praktikern als wahr erkannt werden. Sie vereinigt sie, ordnet sie einem universalen pädagogischen Grundgedankengang ein, prüft sie, verbindet diesen Grundgedanken mit der wissenschaftlichen Reflexion in ihrer Gesamtheit, kritisiert die Erziehungslehren von da aus, reinigt sie von Irrtümern und Beengtheiten und klärt den Standort auf, an dem sie praktiziert werden.“ So Wilhelm FLITNER, a. a. O., S. 18.

seine Einheit gehen muß. Als Reflexionsthemen begriffen, können mithin Autonomie, Technologie und Selektion nicht isoliert behandelt werden. Sie beziehen sich derart aufeinander, daß die heute gängige Einstellung: Autonomie zu proklamieren, aber Technologie und Selektion abzulehnen, einen recht unausgewogenen Eindruck macht. Sie läuft auf einen Reflexionsverzicht in zeitlicher und in sozialer Hinsicht hinaus. Ebenso gilt jedoch die umgekehrte Beziehung: Ein Begriff der Einheit des Systems ist, heute zumindest, nur noch über Reflexionsbemühungen zugänglich, die diese drei Themenkreise einbeziehen und aufeinander beziehen. Wenn das gezeigt werden kann, und das ist unser Ziel, ist zugleich plausibel gemacht, daß die Ausdifferenzierung eines Funktionssystems für Erziehung Sinn als Sensorium für Problemfindung benutzt und in den drei Verweisungsrichtungen allen Sinns, nämlich in sachlicher, zeitlicher und sozialer Hinsicht, unterschiedliche Problemsensibilitäten entwickelt, die dann über Reflexionsprozesse interdependent gesetzt und auf die Einheit des Systems zurückbezogen werden. Wir kommen auf diese Ableitung der Problemstellungen, die wir im ersten, zweiten und dritten Teil des Buches ausführlicher behandeln, im Teil 1, Kapitel I, nochmals zurück.

Hier ist zunächst nur klarzustellen, daß in einer solchen systemtheoretischen Perspektive, die ihrerseits wissenschaftlich zu sein beansprucht, die Wissenschaftstheorie wiederum als einer ihrer Gegenstände auftaucht, nämlich als Reflexionstheorie des Wissenschaftssystems. Die Wissenschaftstheorie erscheint damit in einer Parallellage zu den Reflexionstheorien anderer Funktionssysteme, also nicht als Normgeber, wohl aber unter Umständen als instruktives Modell. Man kann die Frage, mit welchen semantischen Ressourcen und in welcher historischen Entwicklung das Erziehungssystem seine Reflexionsleistungen erbringt, jedoch eigenständig verfolgen und Vergleiche mit anderen Funktionssystemen zwar in der Begrifflichkeit vorsehen, im übrigen aber ausklammern. So werden wir vorgehen und lediglich am Schluß nochmals auf das Problem zurückkommen, das sich ergibt, wenn Systeme eine Theorie über sich selbst als Teil des Systems mitenthalten (vgl. Teil 1, Kapitel IV).

Schon diese einfachen Annahmen über Zusammenhänge zwischen gesellschaftlicher Ausdifferenzierung von Funktionsbereichen, selbstreferentieller Systembildung, Problemverdichtung und Reflexion lassen es zu, überprüfbare Hypothesen zu entwickeln. Die Reflexionsgeschichte des Erziehungssystems entwickelt sich nach dieser Auffassung parallel zur Ausdifferenzierungsgeschichte dieses Systems. Die pädagogische Semantik korreliert mit sozialen Strukturen. Beides beeinflußt sich wechselseitig, und die Ausdifferenzierung selbst sehen wir als den Schlüsselvorgang, der solche Beziehungen ermöglicht und dynamisiert.

Entsprechend komplex liegen die Sachverhalte. Zunächst gibt es sowohl im Rahmen der semantischen Tradition als auch in den sozialen Strukturen des Erziehungsvorgangs Eigendetermination für Veränderungen; denn keine Entwicklung ist unabhängig denkbar von den für sie spezifischen Ausgangsbedingungen – weder die der Semantik noch die der Sozialstruktur. Man konnte, als die uns interessierende Ausdifferenzierungsbewegung in der zweiten Hälfte des 18. Jahrhunderts begann, QUINTILIAN, COMENIUS, LOCKE usw. zitieren, und man hatte Erfahrungen mit Vätern, Müttern, Ammen, Hauslehrern und Schulen. Literatur und Organisation lagen schon vor, so daß man mit Literatur auf Literatur und mit Organisation auf strukturelle Defizienzen im Erziehungssystem reagieren konnte. Solche Anschlußentwicklungen werden seit der zweiten Hälfte des 18. Jahrhunderts jedoch in einer Weise verstärkt und beschleunigt, die aus den Ausgangslagen allein nicht erklärt werden kann. Man wird auf seiten der pädagogischen Semantik theoriebewußter, theorieempfindlicher. Man registriert im Bereich der Familien und Schulen strukturelle Mängel kritischer, umfassender, änderungsbereiter als zuvor. Eine Art „Noch-nicht-Kontingenz“ wird zum beherrschenden Modus des Erfahrens und Wirkens. Damit werden die je spezifischen Ausgangslagen änderungsrelevant, aber doch nur mit Hilfe einer Rückinterpretation, die vorliegendes Gedankengut als verfehlt oder verbraucht oder trivial beurteilt oder vorliegende Strukturen als unzureichend erscheinen läßt. Man kann gewiß Theorie nur durch Theorie, Organisation nur durch Organisation verbessern, und insofern lassen sich Stränge selbstsubstitutiver Reformbestrebungen erkennen, die in ihrer geschichtlichen Lage immer neue Gründe für Neuerungen mobilisieren. Aber daß die als Gegenwart konsolidierte Vergangenheit überhaupt in diesem Sinne Änderungsmotiv wird, also daß man Erleben und Handeln thematisch unter Defizienzgesichtspunkten auswählt, ist damit noch nicht geklärt. Diese Dynamisierung ist ihrerseits Korrelat der Ausdifferenzierung eines Systems für eine Funktion, an der dann die Zustände gemessen werden unter Abstraktion von allen mitspielenden Interferenzen, die Anlaß geben könnten, die Welt so zu lassen und für gut zu halten, wie sie ist. Die Ausdifferenzierung des Systems erklärt somit die Impulse zur pädagogischen Reflexion.

Hiermit ist schon angedeutet, daß es uns nicht ausreicht, die Reflexionsgeschichte des Erziehungssystems als eine bloße Begriffsgeschichte nachzuerzählen, um sie in heute aktuellen Themen ausmünden zu lassen. Dann wäre sie als Vorgeschichte der heutigen Diskussion „nur noch historisch relevant“, also ohne aktuellen oder aktualisierbaren Theoriegehalt. Man könnte sie weglassen, wenn es darum geht, heutige Möglichkeiten der Reflexion zu ermitteln. Über diese wechselseitige Abdichtung von Theoriediskussion und Theoriegeschichte soll uns das Konzept der gesellschaftlichen Systemdifferenzierung hinweghelfen[8]. Mit Hilfe der (soziologischen) Annahme einer funktionalen Ausdifferenzierung eines Teilsystems für Erziehung in der neuzeitlichen Gesellschaft soll erklärt werden:

(1) das *Dynamischwerden* dieses Teilsystems entlang einer funktionalen Perspektive;
(2) das damit gegebene *Geschichtlichwerden* dieses Teilsystems, nämlich die Abhängigkeit seiner je gegenwärtigen Möglichkeiten von der Reflexion seiner geschichtlichen Lage unter Einschluß von Vergangenheits- und Zukunftsperspektiven;
(3) das von dieser Geschichtlichkeit abhängige *Divergieren* von a) *semantischen* Entwicklungen des pädagogischen Denkens und b) *sozialstrukturellen* Entwicklungen im Erziehungssystem, vor allem im staatsabhängigen Organisationsbereich der Schulen und Hochschulen; und schließlich
(4) die *Interkorrelation* dieser beiden Entwicklungen in *einem* System, die gerade bei zunehmender *Eigenständigkeit* der auf semantische bzw. sozialstrukturelle Mängel reagierenden Prozesse *zunimmt*.

Dies Konzept ist auf sich selbst anwendbar. Es hat, wenn es zutrifft, sich auch selbst historisch zu lokalisieren in bezug auf sowohl theoriegeschichtliche als auch strukturgeschichtliche Ausgangsbedingungen; es hat sich, mit anderen Worten, auch in der Form der Selbstsituierung zu testen. Es nimmt selbst eine aktuelle Situation zum Ausgangspunkt, in der sich die Geschichtslage des Erziehungssystems neu zu formieren scheint, also auch eine neue Integration der jetzt relevanten Vergangenheit und Zukunft erfordert. Daraus ergibt sich die Forderung nach *theoretischer* Relevanz der Einsichten in die Systemgeschichte, speziell die Reflexionsgeschichte.
Nachdem die Ausdifferenzierung sich durchgesetzt hat und das Eigenrecht der besonderen Funktionsperspektive Erziehung selbstverständlich geworden ist, reichen heute Wertorientierungen als Reflexionsgrundlage nicht mehr aus. Sie sagen nichts Neues mehr, sie mobilisieren keine Hoffnungen mehr, sondern drücken, für sich genommen, nur noch Unzufriedenheit aus. Statt dessen findet man sich den Folgeproblemen der Ausdifferenzierung und damit auch den Folgeproblemen der sie begleitenden Werthaltungen ausgesetzt. Ein System von immenser Größe und unübersehbarer Komplexität ist

[8] Das Ausgangsproblem des Verhältnisses von Theorie und Theoriegeschichte (bzw. Wissenschaft und Wissenschaftsgeschichte, Reflexion und Reflexionsgeschichte) wird erst seit den 60er Jahren verstärkt diskutiert, und Versuche, das Problem über Gesellschaftstheorie zu lösen, sind noch kaum aufgetaucht. Vgl. zu verschiedenen Varianten: Michel FICHANT, L'idée d'une histoire des sciences, in: Michel PÊCHEUX/ Michel FICHANT, Sur l'histoire des sciences, Paris 1969; Werner DIEDERICH (Hrsg.), Beiträge zur diachronischen Wissenschaftstheorie, Frankfurt 1974.

entstanden, das jeden Änderungsanstoß in Wachstum übersetzt. Eine Art Betriebsidealismus ist quasi folgenlos institutionalisiert. Im Establishment dieses Systems ist auch der Dauerappell zur Änderung Institution geworden. Beides, Idealismus und Änderung, findet sich im Ruf nach Reformen zusammengezogen. Und überdies reagiert das System schon wieder darauf, daß dies so ist. Wo die Einheit eines solchen Komplexes liegt, der sich selbst für kontingent erklärt, ist an der Realität kaum zu erkennen. Nach wie vor dient daher die Abwertung des Vorhandenen unter der Fernperspektive des „noch nicht" als Einheitssurrogat. So wird, ähnlich wie in politischen Programmen, die Wertperspektive als letztgewisse Orientierung beibehalten und sozialwissenschaftlich neu genährt, etwa unter dem Gesichtspunkt der Chancengleichheit. Aber man kann, wenn Reformen scheitern oder gar nicht mehr unternommen werden, nicht unentwegt fortfahren, Mehr und Besseres für Erziehung zu fordern und es dabei zu belassen. Die Situation erfordert eine Neubestimmung der Einheit des Erziehungssystems und in genau diesem Sinne Reflexion.

Diese Diagnose wiederum legt es nahe, die Analyse der Reflexionsmöglichkeiten über einen bisher verdeckten Zusammenhang von pädagogischer Semantik und sozialer Struktur laufen zu lassen. Dieser Zusammenhang ist nicht selbst schon die Beziehung von Erziehung und Gesellschaft, wie ideologiekritische Analysen älteren Typs behaupteten[9]; aber er vermittelt sie. Als soziale Struktur müssen über Systemanalyse sehr viel komplexere Sachverhalte ermittelt werden als die bloße Pauschalbehauptung aufsteigender oder absteigender Klassen. Vor allem müssen Systemreferenzen unterschieden, also Sozialstrukturen des Gesellschaftssystems und Sozialstrukturen des Erziehungssystems (mit in *beiden* Fällen *wechselnder* Relevanz für Schichtung) unterschieden werden. Erst so kann man hoffen, einen hinreichend tiefenscharf analysierten „Partner" für Korrelationen mit sich ändernden semantischen Traditionen zu finden.

Mit der These, daß Beziehungen zwischen Semantik und Sozialstruktur korrelieren, das heißt nichtbeliebig variieren, ist zugleich ein „Doppelzugriff" von Gesellschaft auf Erziehung postuliert: über Ideen und über soziale Strukturen, vor allem Organisationen, des Erziehungssystems selbst. Man muß nun annehmen, daß Geschichte erst begreifbar wird, wenn man sieht, daß auch dieses Relationsgefüge variiert, und zwar abhängig vom Prozeß der

[9] Zur These eines wissenssoziologischen Zusammenhangs von Philanthropie bzw. Bildungsidealismus und aufsteigender bürgerlicher Klasse siehe Hans WEIL, Die Entstehung des deutschen Bildungsprinzips, Bonn 1930; Helmut KÖNIG, Zur Geschichte der Nationalerziehung in Deutschland im letzten Drittel des 18. Jahrhunderts, Berlin 1960; Ralph FIEDLER, Die klassische deutsche Bildungsidee: Ihre soziologischen Wurzeln und pädagogischen Folgen, Weinheim 1972.

Ausdifferenzierung und ihren Folgen. Ausdifferenzierung heißt nämlich für Semantik wie für Sozialstruktur: Steigerung der *Indifferenz* für *beliebige* und der *Sensibilität* für *bestimmte* Umweltereignisse. Das Erziehungssystem wird durch Ausdifferenzierung im Hinblick auf selbstgewählte Empfindlichkeiten im Verhältnis zur gesellschaftlichen Umwelt stärker ideenabhängig und stärker organisationsabhängig als zuvor und zugleich sehr viel unabhängiger von vielem, was sonst noch passiert.
Sprengen diese Überlegungen über dem systemtheoretischen Aufbau von Selbstreferenz und über Korrelationen von Sozialstruktur und Semantik die Reflexionsmöglichkeiten, die dem Erziehungssystem selbst zugemutet werden können? Der geisteswissenschaftlichen Pädagogik war es noch gelungen, manche der hier wieder auftauchenden Themen, namentlich Themen der Selbstreferenz und Geschichtlichkeit aller Begründungsleistungen, in Formen zu kleiden, die unmittelbare pädagogische Relevanz zu erreichen hofften. Dies scheint mit den komplizierteren Denkfiguren, die heute erforderlich und erreichbar sind, nicht mehr in gleicher Weise möglich zu sein. Eine Analyse der Reflexionsprobleme im Erziehungssystem hat sich daher zunächst im Wissenschaftssystem anzusiedeln. Entsprechend bedienen wir uns, ohne auf fachliche Identifizierbarkeit allzu großen Wert zu legen, hauptsächlich soziologischer Theoriemittel. Diese Standortwahl hat Vorteile in bezug auf Zugang zu interdisziplinär anschlußfähigen Begriffen und Theoriesyndromen. Sie zwingt zur Artikulation von Selbstreferenz, da der Soziologe von allen Theorieproduzenten am wenigsten ignorieren kann, daß er selbst mitsamt seinen Prämissen Teil der Wirklichkeit ist, die er erforscht. Nicht zuletzt folgt diese Zuordnung einem epochalen Trend, das soziale Leben mehr und mehr vor dem Hintergrund einer soziologischen Realitätskonstruktion zu erfahren, die über begriffliche Auflösung und Rekombination von Primärerfahrungen das zu ermitteln hat, was standhält.
In die eigene Begrifflichkeit rückübersetzt und in ihr reflektiert, heißt dies: daß die Reflexion des Erziehungssystems im Erziehungssystem vollzogen werden muß und hier komplexe Prozesse der Meinungsbildung und Ideenerprobung im – wir werden sagen – Establishment voraussetzt. Deren Resultate sind für die Wissenschaft, heutige Ressourcen unterstellt, nicht prognostizierbar. Aber das schließt es nicht aus, daß Reflexionsprobleme im Erziehungssystem auch für wissenschaftliche Analyse zugänglich sind; ja, daß die Wissenschaft und speziell die Soziologie sogar höhere Kontingenz zulassen und in Begriffe fassen kann als das Erziehungssystem selbst, weil es für sie nur um ein Thema und nicht um ihre eigene Systemreflexion geht.
Funktionale Differenzierung hat nicht zuletzt diesen Effekt der Kontingenzsteigerung: daß die Funktionssysteme sich wechselseitig mit Kontingenzen konfrontieren, die sie für sich selbst nicht erzeugen könnten. Es bleibt dann

eine Frage der Intersystembeziehungen, ob und wieweit die einzelnen Funktionssysteme einer so entstehenden Ausweitung des Möglichen Rechnung tragen können oder wie sie sich dagegen verschließen. In jedem Falle läßt die Gesellschaft, sofern sie Wissenschaft ausdifferenziert, Perspektiven zu, die das für andere Systeme Unmögliche als möglich erscheinen lassen und insofern verunsichernd wirken. Aber genau das könnte als Anstoß zur Reflexion wirken: daß im Unsicheren noch Struktur erkennbar bleibt.

# 1. Teil
# Kontingenz und Autonomie

## I. Pädagogik und Gesellschaftstheorie

Pädagogen erkennen und akzeptieren heute weithin den Gesellschaftsbezug ihres Wirkens und Denkens. Offensichtlich ist Erziehung ein Prozeß, der in der Gesellschaft abläuft. Nicht einmal für die Herstellung eines Kunstwerkes oder die Herstellung einer wissenschaftlichen Theorie würde man das heute bestreiten. Für Erziehung ist dies schon deshalb evident, weil sie selbst eine soziale Interaktion erfordert. Dennoch gibt es gegenüber der These des Gesellschaftsbezugs deutliche Vorbehalte und Reservationen. Erich WENIGER zum Beispiel meint, die Bildung sei nicht nur eine Funktion der Gesellschaft, sondern habe sich oft auch gegen die Gesellschaft behaupten und in sich ruhende Formen entwickeln können[1]. Herwig BLANKERTZ zum Beispiel formuliert: „Aber ganz unabhängig davon, inwieweit nun im Einzelfall pädagogische Entscheidungen als soziologisch determiniert gedacht werden, ist doch jedenfalls daran festzuhalten, daß der kritischen Reflexion über Wirklichkeit und Möglichkeit der Erziehung ein eigener Einsatz zukommt.“[2] Was mit Reflexion gemeint ist, erweist sich dann als Besinnung auf den eigentlichen Aussagegehalt einer bestimmten Tradition.

Dieser Einsatz des Begriffs „Reflexion“ ist durch einen verbreiteten, heruntergekommenen Wortgebrauch gedeckt. Er verdeckt aber zugleich eine theoretische Disposition, die wir durch Rückgang auf einen ursprünglicheren Begriffssinn aufdecken und durch Übertragung des Begriffs auf soziale Systeme ändern wollen[3]. Wir konzentrieren uns auf den Begriff der Reflexion (und im zweiten Teil auf den Begriff der Didaktik), weil gerade unter diesem Titel Autonomieansprüche und vermeintliche Reservate gegenüber „gesellschaftlicher Determination“ angemeldet werden. Dabei geht es uns nicht um eine Widerlegung der Eigenständigkeit, sondern um ihre Begründung. Allerdings

---

[1] Didaktik als Bildungslehre, Teil 1, 9. Aufl. Weinheim 1971, S. 39.

[2] Berufsbildung und Utilitarismus, Düsseldorf 1963, S. 12.

[3] Für Gesellschaftssysteme siehe hierzu auch Niklas LUHMANN, Selbst-Thematisierungen des Gesellschaftssystems, in: ders., Soziologische Aufklärung Bd. 2, Opladen 1975, S. 72–102; ders., Identitätsgebrauch in selbstsubstitutiven Ordnungen, besonders Gesellschaften, in: Odo MARGUARD / Karlheinz STIERLE (Hrsg.), Identität, München 1979, S. 315–345.

muß zuvor in einem sehr tiefgreifenden Sinne theoretisch umdisponiert werden.

Die eindrucksvolle „gesellschaftskritische" Ambitionierung der Pädagogik des letzten Jahrzehnts, auf die wir nun fast wie auf eine fatale Geschichte zurückblicken können, bietet dafür wenig Hilfreiches. Sie hatte ihrerseits die Beziehungen zwischen Erziehung und Gesellschaft in mancher Weise unzulänglich artikuliert und hatte jedenfalls nicht von einem ausreichenden gesellschaftstheoretischen Fundament aus operiert. Die Idee des mündigen Menschen, an der gemessen alle gesellschaftlichen Verhältnisse unzureichend sind, ist in sich selbst noch keine Gesellschaftstheorie. Sie kann als Prinzip kritischer Reflexion nur ein führungsloses Oszillieren zwischen Protest und Resignation auslösen. Die ebenso verbreitete Kritik privater Kapitaldisposition ist genau umgekehrt viel zu speziell gezielt, als daß sie für Erziehung viel besagen könnte. Zumindest fehlt jede genauere Vorstellung darüber, welche pädagogischen Probleme man dadurch lösen könnte, daß man Banken verstaatlicht, Steuerprogressionen erhöht, Investitionen genehmigungspflichtig macht, Produktionsbetriebe verstaatlicht oder Preise rechtlich bindend vorschreibt. Keine solcher „gesellschaftskritischen" Orientierungen verfügt über ein Theoriegerüst, das ausreichen könnte, um den Pädagogen davon zu überzeugen, daß er nicht weiterhin im Rahmen seiner Tradition für sich reflektieren kann oder daß er, wenn er rationale Didaktik betreibt, gerade dadurch die Herrschaftsverhältnisse der Gesellschaft verschleiert[4].

Ebenso fatal ist allerdings die derzeitige Tendenz, über solche Deutungszumutungen mit einem Achselzucken hinwegzugehen oder sie als Eigenart linker Sekten zu ghettoisieren. Damit sind Sachprobleme weder gelöst noch auf ein adäquates theoretisches Niveau gebracht. Statt dessen empfiehlt es sich, Grundfragen im Verhältnis von Erziehung und Gesellschaft unter Aktivierung vorhandener theoretischer Mittel neu anzugehen. Dies kann im allgemeinen Rahmen aussichtsreicher Theoriesynthesen, wie sie mit Begriffen wie System, Kommunikation, Evolution, Selbstreferenz zunächst nur angedeutet werden sollen, unter sehr verschiedenen Gesichtspunkten geschehen. Die folgenden Untersuchungen finden ihren Leitfaden in einer begrenzten Fragestellung und ziehen weitere theoretische Zusammenhänge, vor allem Gesellschaftstheorie, nur in dem Maße heran, als es zur Verfolgung dieser Fragestellung nötig ist. Sie rekurrieren damit auch nicht auf eine ausgearbeitete Gesellschaftstheorie, sondern nur auf Einzelgesichtspunkte, die verhältnismäßig sicher lokalisiert werden können.

---

[4] So Pierre Bourdieu/Jean-Claude Passeron, Die Illusion der Chancengleichheit: Untersuchungen zur Soziologie des Bildungswesens am Beispiel Frankreichs, dt. Übers. Stuttgart 1971.

Eine Kritik genügt soziologischen Ansprüchen erst, wenn sie *auch in den Erwartungen,* durch die sie sich leiten läßt, sich *an soziologischer Theorie kontrolliert.* Es reicht nicht aus, von (wie immer projektierten oder begründeten) normativen Ideen, Apriorismen oder Idealtypen auszugehen, denn diese setzen die Realität immer ins Defizit. Die Feststellung des Ungenügens der vorhandenen Einrichtungen oder Handlungsmuster ist dann leicht zu gewinnen, aber sie bleibt eine Feststellung ohne Anschlußwert. Man kann sie weder zur Erklärung noch zur Änderung der Realität verwenden.

Um diese Schwierigkeit zu vermeiden, soll die gesellschaftliche *Realität* im folgenden als *selbstkritisch* vorausgesetzt werden. Der Sachverhalt, mit dem soziologische Theorie befaßt ist, produziert immer auch Erwartungen in bezug auf sich selbst, und diese Erwartungen geben sich seit dem 18. Jahrhundert gern die Form einer theoretisch fundierten Kritik[5]. Die Prinzipien, an denen diese Kritik sich orientiert, etwa die Ideen der Freiheit, der Gleichheit, der Emanzipation oder auch Vorstellungen über technisch glatte Realisation oder optimale Rationalität, sind nun aber nicht ihrerseits schon Leitfäden soziologischer Analyse. Die gesellschaftstheoretisch orientierte Soziologie muß vielmehr solche Ideen als Produkte und als Komponenten der sozialen Systeme selbst auffassen. Die „semantische Differenz" von Idee und Wirklichkeit, Normen und Tatsachen, Reflexion und Realisation ist selbst eine Wirklichkeitsstruktur. Die soziologische Analyse kann die Maßstäbe ihrer Kritik daher nur dieser Gesamtrealität des Gesellschaftssystems entnehmen, und sie bezieht ihre Kritik auf die Art und Weise, in der die Gesellschaft oder ihre Teilsysteme sich selbst normieren, idealisieren, reflektieren[6]. Wir ersetzen, kurz gesagt, Konfrontier-Konzepte mit kritischer Grundtönung durch das Konzept des selbstreferentiellen sozialen Systems, und dies für jede Systemreferenz: für das Gesellschaftssystem im ganzen (das wir in den folgenden Überlegungen nur gelegentlich berühren werden) und für das Erziehungssystem innerhalb seiner innergesellschaftlichen Umwelt.

Dies allgemeine Konzept eines selbstreferentiellen Sozialsystems kann weiter aufgebrochen werden, wenn man bedenkt, daß jede Selbstreferenz in sozialen Systemen an die allgemeine Form von Sinn gebunden ist, das heißt einen Überschuß an Verweisungen auf anderes voraussetzt, den sie selektiv aktualisiert. Mit jeder Sinngebung sind Möglichkeiten der Artikulation in drei Dimensionen eröffnet; sie kann in sachlicher, zeitlicher und sozialer Hinsicht problematisiert werden. Überblickt man die Reflexionsgeschichte des Erziehungssystems in den letzten zweihundert Jahren, so scheinen sich in der Tat

[5] Siehe nur Reinhart KOSELLECK, Kritik und Krise: Ein Beitrag zur Pathogenese der bürgerlichen Welt, 2. Aufl. Freiburg 1959.

[6] Vgl. zusammenfassend Teil 4, Kapitel I über „Theorie im System".

drei Reflexionsschwerpunkte gebildet zu haben, die diesen Dimensionen entsprechen:

(1) In einem Problembereich geht es um die *inhaltliche* Erfassung der besonderen Aufgabe und der sachlichen Eigenständigkeit des Erziehungssystems angesichts hoher Kontingenz, rascher gesellschaftlicher Umwälzung, offener Deutungsangebote und vielfältiger Abgrenzungsnotwendigkeiten vor allem gegenüber Religion, Wirtschaft und Politik. Die Inhalte, auf die hin erzogen wird, sind nicht mehr fest vorgegeben; sie werden als etwas erst noch zu Bestimmendes erfahren. Auf der Reflexionsebene selbstreferentieller Prozesse muß die Einheit des Systems daher bewährt werden an der Frage, wie und durch wen diese Bestimmung erfolgt. Wir begreifen diese sachliche Problematik unter dem Gesichtspunkt von Kontingenz und Autonomie. Die These hierzu ist, daß sich idealisierende Kontingenzformeln entwickeln, weil Autonomie für einen Funktionsbereich gesellschaftlich nur reklamiert werden kann, wenn angegeben werden kann, was seinen besonderen Sinn ausmacht.

(2) Das Erziehungssystem nimmt aber nicht nur Autonomie, es nimmt auch *Zeit* in Anspruch, und dies in einer Phase gesellschaftlicher Entwicklung, die Änderung, Revolution, Beschleunigung und Dynamischwerden aller Verhältnisse zu spüren und zu reflektieren beginnt. Eine nichtausdifferenzierte, am Leben entlanggeführte Erziehung kann voll okkasionalistisch erfolgen, kann sich den Situationen und Motiven anschmiegen und alle Ressourcen dank ihrer Zeitelastizität ausschöpfen[7]. In Schulen muß der Erziehungsgang dagegen sequenziert werden und muß sich deshalb seine Wirkungsgrundlagen, Motive und Themen zur jeweils vorgesehenen Zeit selbst beschaffen. Aufwand und zeitliche Zuordnung werden zum Problem. Die Verantwortung für Zeit kann übernommen werden, wenn man ihre Wirkungen und gegebenenfalls ihre Fernwirkungen in Aussicht stellen kann. Das ist jedoch zuverlässig nur möglich mit Hilfe einer Technologie. Zum zweiten Reflexionsthema wird daher: ob, wie oder warum nicht das Erziehungssystem eine Technologie entwickeln kann.

(3) Die *Sozialdimension* ist wie alle Dimensionen in jedem Sinnthema impliziert, denn Sinn ist immer auch Sinn für andere. Sie wird als Reflexions-

---

[7] Dies wird, nachdem schon Schuleffekte sichtbar sind und im Kontrast zu ihnen, eine Zeitlang noch als Ideal für einen Fall weitergeführt: als angemessene Form für Prinzenerziehung. Jean de SILHON, De la certitude des connoissances humaines, Paris 1661, S. 157, fordert z. B. von der Prinzenerziehung: „qu'elle se fasse en tout temps et à toute heure: qu'elle naisse de toute sorte de suiets et de toute sorte de rencontre. Par ce moyen elle ne sera importun au Prince".

thema brisant, wenn aus systemstrukturellen Gründen ein Konsens blokkiert wird. Das gilt für den Bereich sozialer Selektion, weil hier die bevorzugte Förderung des einen eine Nichtförderung oder gar Zurücksetzung anderer mitbedeutet. Als drittes Hauptthema muß uns daher die Reflexion sozialer Selektivität im Erziehungssystem beschäftigen.

Man kann nicht sagen, und eine Überprüfung dieser Hypothese haben wir ohne gesichertes Ergebnis abbrechen müssen, daß Sachdimension, Zeitdimension und Sozialdimension als solche in Reflexionsthemen des Erziehungssystems ausformuliert worden wären. Die allgemeinen Sinndimensionen sind dafür zu allgemein, zu wenig funktionsspezifisch relevant. Auch sie unterliegen dem historischen Wandel, und auch ihre Semantik variiert mit gesellschaftsstrukturellen Veränderungen. Es ist, mit anderen Worten, kein Zufall, daß der Sachbezug („realitas"), die Temporalstrukturen und die Auffassung von Sozialität speziell im Übergang zur Moderne in Richtung auf höheres Auflösevermögen, immanente Reflexivität und stärkere wechselseitige Unabhängigkeit der einzelnen Sinndimensionen voneinander geändert werden. Aber diese Transformationen der Grundsemantik sind Korrelate der gesamtgesellschaftlichen Entwicklung und insbesondere der Änderung der Form gesellschaftlicher Differenzierung. Sie entwachsen nicht speziell den Schulen und der neuen Pädagogik des 18. Jahrhunderts. Sie verändern parallel zur zunehmenden Ausdifferenzierung des Erziehungssystems die semantischen Vorgaben, innerhalb deren ein spezifisch pädagogisches Problembewußtsein entwickelt werden kann. Sofern die Ausdifferenzierung des Erziehungssystems die funktionale Differenzierung der Gesellschaft steigert, ist auch das Erziehungssystem als Teilsystem der Gesellschaft an der Genese neuer Sachbegriffe, neuer Zeitbegriffe und intensiverer Erwartungen in bezug auf Sozialität beteiligt. Als System für sich innerhalb einer binnengesellschaftlichen Umwelt kann das Erziehungssystem diese semantischen Transformationen nur akzeptieren; es braucht sich ihnen nur anzupassen, indem die funktionsspezifischen Probleme, wie soeben skizziert, auf dem Hintergrund sich verändernder Sinnansprüche schärfer hervortreten. Je nach Systemreferenz der Reflexion, je nachdem also, ob im Erziehungssystem auf Gesellschaft oder auf Erziehung als System reflektiert wird, ergibt sich ein unterschiedliches Ausmaß der Beteiligung an strukturellen und semantischen Transformationen.
Aus dieser theoretischen Einführung der Reflexionsthemen folgt bereits, und wir stellen nochmals klar: Die Themen werden nicht aus theoretischen Axiomen deduziert. Wir gehen nicht deduktiv, sondern theoriegeleitet induktiv vor. Die Unterscheidung der Sinndimensionen formuliert nur Dimensionen der Sensibilität für Probleme, die bei der Ausdifferenzierung eines besonde-

ren Erziehungssystems belastet und dadurch reflexionsrelevant werden. Die Reflexionsthematik beruht auf einer Engführung des Bewußtseins, denn nur so entsteht in einem System das Problem seiner eigenen Identität. Sie verkürzt und simplifiziert. Sie greift nicht alles auf, was an jedem sinnhaften Erleben und Handeln im System sachlich, zeitlich und sozial impliziert ist. Reflexion verfährt, als eine Betätigung im System unter anderen, selektiv, und sie seligiert primär Probleme des Erziehungssystems, in denen die Sinndimensionen an sich selbst und in ihrer gesellschaftlichen Relevanz problematisch werden. Die Reflexion behauptet dann, daß dies alles seine Richtigkeit hat: daß (1) Kontingentes als Notwendiges und Unbestimmtes als Bestimmtes behandelt werden kann; daß (2) Zeit im Hinblick auf zu bewirkende Wirkungen verbraucht werden kann, auch wenn der Erfolg vorab nicht feststeht; und daß (3) soziale Effekte konsensfrei produziert bzw. Unschuldigkeit in dieser Hinsicht bewahrt werden kann. Die Präokkupation mit diesen Themen ergibt sich somit aus den Folgeproblemen der Ausdifferenzierung eines Systems für Erziehung in der Gesellschaft. Die Identität des Systems ist der letzte Bezugspunkt für die Verknüpfung der Auslösung und der Lösung von Folgeproblemen der Ausdifferenzierung. Und daher ist Reflexion als Selbstthematisierung die dafür notwendige Form der Problembehandlung.

Wir beginnen die Analysen mit dem Problembereich der Sachdimension. Wir wollen das Verhältnis von Erziehung und Gesellschaft (und entsprechend: von Pädagogik und Gesellschaftstheorie) zunächst an dem Punkte zu greifen suchen, an dem Pädagogen ihre Unabhängigkeit behaupten und jenen „eigenen Einsatz" an kritischer Reflexion zu erbringen versuchen. Thema der Überlegungen des ersten Teils ist somit die Abhängigkeit der Unabhängigkeit und der Formen ihrer Reflexion. Dabei geht es uns nicht um eine Entschleierung einer nur vermeintlichen Unabhängigkeit, die sich in Wahrheit (und das heißt dann: in soziologischer Analyse) als Abhängigkeit erweist – eine Theorie, die fast unvermeidlich auf falsch placierte Zurechnungen aufläuft und daran scheitert. Vielmehr geht es uns um soziologische Bedingungen von Autonomie. Und entsprechend werden wir Autonomie nicht als ein defensiv oder aggressiv vertretenes Recht ansehen; sondern wir sehen darin eine aufgezwungene Notwendigkeit, fast eine Notlage, der das Erziehungssystem mit historisch wechselnden Reflexionsleistungen mehr schlecht als recht nahezukommen versucht.

## II. Funktionale Differenzierung

Wir gehen davon aus, daß Gesellschaften als soziale Systeme begriffen werden können und in erster Linie durch die Form ihrer Differenzierung in Teilsysteme gekennzeichnet sind. Systemdifferenzierung heißt Teilsystembildung. Sie erfolgt in der Weise, daß innerhalb des Gesellschaftssystems weitere Sozialsysteme ausdifferenziert werden, die unter besonderen Voraussetzungen operieren und für die die Gesellschaft im übrigen Umwelt ist. Wir werden in Anlehnung an einen aus der Biologie stammenden Sprachgebrauch von „gesellschaftsinterner Umwelt" sprechen. Der scheinbar paradoxe Begriff der internen Umwelt registriert, daß mehrere Systemreferenzen zugleich betrachtet werden müssen.

Als *Ausdifferenzierung* begreifen wir ganz allgemein (und hier speziell: für gesellschaftliche Teilsysteme) das *Annehmen struktureller Beschränkungen* mit der Folge, daß das, was sich ausdifferenziert, *unabhängig* wird von *beliebigen* Prozessen und dafür *abhängig* wird von *bestimmten* Prozessen seiner Umwelt. Über Ausdifferenzierungen steigert man also Unabhängigkeiten und Abhängigkeiten zugleich (und nicht etwa: die einen auf Kosten der anderen). Man kann auch sagen, daß ein Strukturaufbau abläuft, der die Schwellenwerte der Sensibilität verändert in Richtung auf geringe Aufmerksamkeit für Beliebiges und hohe Aufmerksamkeit für Bestimmtes. Ob und wie lange Vorteile und Risiken sich die Waage halten können, entscheidet sich durch Evolution.

Differenzierung ist als Resultat von Evolution Moment eines historischen Entstehungszusammenhangs[8]. Wie beim Anfertigen eines Puzzles haben die schon ausdifferenzierten Teilstücke Suggestivwirkung in bezug auf das, was im Anschluß an sie möglich und nötig ist; nur ist, anders als beim Puzzle, nicht vorweg gesichert, daß ein Gesamtbild entsteht, das als Ganzes verständlich ist. So entspricht die im 18. Jahrhundert anlaufende Ausdifferenzierung eines Erziehungssystems für die Gesamtbevölkerung den Anforderungslagen und Unterstützungsaussichten, die mit einer Überschneidung von schichtmäßiger und funktionaler Differenzierung gegeben sind. Die zunehmende Ökonomisierung des Schichtenaufbaus und die Existenz einer Staatsorganisation des politischen Systems strukturieren gemeinsam ein Möglichkeitsfeld, in

---

[8] Vgl. etwa Neil J. SMELSER, Social Change in the Industrial Revolution: An Application of Theory to the Lancashire Cotton Industry 1770–1840, London 1959; ferner die theoretisch präzisierten Formulierungen bei Talcott PARSONS, Comparative Studies and Evolutionary Change, in: Ivan VALLIER (Hrsg.), Comparative Methods in Sociology: Essays on Trends and Applications, Berkeley 1971, S. 97–139 (insbes. 100 f.).

dem Erziehung gegen Religion differenziert und aus der kirchlichen Obhut ausgegliedert werden kann.

Für die Formen, zu denen Prozesse der sozialen Systemdifferenzierung gerinnen können, gibt es nur wenige typische Grundmuster, und entsprechend gibt es nur wenige Grundformen gesellschaftlicher Differenzierung. In dem Maße, als eine dieser Differenzierungsformen sich als vorherrschend erweist, kann man typische Gesellschaftsformationen unterscheiden. Es gibt, und dies entspricht einer evolutionären Sequenz, segmentäre, stratifizierte (oder geschichtete) und funktional differenzierte Gesellschaften[9]. Mit den Formen der Differenzierung variiert, das ist unsere Theoriebehauptung, nicht nur die Typik der Teilsystembildung in der Gesellschaft, sondern auch die Form der Zuordnung von Umwelt zu Systemen. Der Ausdifferenzierungsprozeß bezieht sich, mit anderen Worten, stets auf die Einheit „System und Umwelt". Deshalb haben Teilsysteme in stratifizierten Gesellschaften (soziale Schichten) andere gesellschaftsinterne Umwelten als Teilsysteme in funktional differenzierten Gesellschaften. Ein Wechsel der Form primärer gesellschaftlicher Differenzierung führt zu Veränderungen in der Art, wie Teilsysteme sich auf gesellschaftsinterne Umwelten beziehen; er ändert die Bedingungen für Autonomie und Reflexion in den Teilsystemen.

Wenn diese allgemeinen Überlegungen zutreffen, betrifft unser Thema ein *Folgeproblem gesellschaftlicher Differenzierung.* Autonomie und Reflexion sind als Strukturen und Prozesse gesellschaftlicher Teilsysteme nicht Privationen der Gesellschaftlichkeit, sie führen das Teilsystem nicht aus der Gesellschaft heraus, sondern sind selbst gesellschaftlich konstituiert, und zwar genau: durch die Form der Differenzierung konstituiert.

Der Übergang zu funktionaler Differenzierung hat für Prozesse der Sozialisation und Erziehung weittragende Bedeutung. Sie ergibt sich daraus, daß jetzt in einem Sondersystem für andere Systeme erzogen wird. In der eigenen Familie wächst der junge Mensch zunächst problemlos und nahezu übergangslos in das gesellschaftliche Leben hinein in dem Maße, als sein Aktionsradius, sein Kontaktkreis sich vergrößert. Der erzwungene Eintritt in die Schule konfrontiert ihn dagegen erstmalig und plötzlich mit der nicht mehr durch die Familie vermittelten Gesellschaft. Aber die Schule ist als Sondereinrichtung eines Funktionssystems kein repräsentativer Querschnitt des gesellschaftlichen Lebens; sie sozialisiert nur schulisch, nicht gesellschaftlich. Daß der erste Kontakt mit außerfamilialer Gesellschaft gerade diese und keine andere Form erhält – man denke nur an die Zusammenfassung Gleichaltriger in relativ großen Interaktionssystemen –, muß tiefgreifende Rückwirkungen

---

[9] Hierzu näher: Niklas LUHMANN, Differentiation of Society, Canadian Journal of Sociology 2 (1977), S. 29–53.

auf die kognitiven und motivationalen Ressourcen des gesellschaftlichen Lebens haben. Und offensichtlich ist es unmöglich, diese sozialisatorische Disbalancierung durch Stoffpläne des Schulunterrichts, durch Sozialkunde, Sexualkunde etc. auszugleichen.

Anscheinend überfordert dies Problem, das alle Möglichkeiten der Selbstkorrektur übersteigt, die Reflexionsfähigkeiten des Erziehungssystems. Wenn man von Verzweiflungsvorschlägen in Richtung auf Abschaffung der Schulen einmal absieht, bleiben sehr wenige Versuche, das Problem durch Einordnung in eine umfassendere Gesellschaftstheorie aufzuheben. HEGELS Gymnasialrede von 1811 ist ein solcher Ansatz, Robert DREEBENS „On What is Learned in School" (1968) ein anderer[10]. HEGEL meinte, die Schule vermittle zwischen Familie und wirklicher Welt, und dies durchaus im Rahmen ihrer sinngebenden Intentionen. DREEBEN hält die Anforderungen an das Verhalten in Schulklassen für repräsentativ im Sinne der Lebensanforderungen in modernen Gesellschaften, aber dies nicht auf der Ebene des Lehrplans und der angestrebten Ziele, sondern auf Grund von latenten Strukturen universalistischer, affektneutraler, leistungsbezogener Modernität. Beide Reflexionsanstöße sind in der Pädagogik nicht angekommen, und beide müßten sich die Frage gefallen lassen, ob sie auf der Ebene des Gesellschaftssystems nicht allzuviel Harmonie voraussetzen.

Eine überzeugende Direktantwort auf die hiermit aufgeworfene Frage steht noch aus. Sie wäre im übrigen nur auf Grund umfangreicher empirischer Forschungen über Dauereffekte selektiver Sozialisation durch Schulbesuch zu erbringen. Dem können wir hier nicht vorgreifen. Wir begrenzen die Analyse der Folgen funktionaler Differenzierung auf das, was sie für das Erziehungssystem selbst bedeutet, und lassen die Frage beiseite, wie und mit welchen Rückwirkungen und Gegenbewegungen die gesellschaftliche Umwelt des Erziehungssystems Sozialisation und Erziehung in Schulen verkraften kann.

Eine weitere Eingrenzung enthält unser Thema dadurch, daß es Reflexionsprobleme des Erziehungssystems betrifft. Auch damit ist vorausgesetzt, daß ein System für Erziehung unter dem Gesichtspunkt dieser Funktion ausdifferenziert ist. Diese Bedingung ist, historisch gesehen, nur in funktional differenzierten Gesellschaften erfüllt. In der gesamten gesellschaftlichen Evolution ist Erziehung nie Schrittmacher struktureller Transformationen gewesen, sondern jeweils auf sie gefolgt[11]. Stratifizierte Gesellschaften hängen ihre

---

[10] Auch Talcott PARSONS/Gerald M. PLATT, Age, Social Structure and Socialization in Higher Education, Sociology of Education 43 (1970), S. 1–37, wäre in diesem Zusammenhang zu lesen.

[11] Siehe für stratifizierte Gesellschaften Yehudi A. COHEN, Schools and Civilizational

Einrichtungen für Erziehung an strukturell bedingte Kommunikationsprobleme in den Oberschichten an. Sie spezialisieren sie deshalb für Oberschichten und, inhaltlich gesehen, auf Probleme differenzüberbrückender Kommunikation[12]. Sie vermitteln ein hochselektives und gleichwohl angeblich für das Ganze repräsentatives Orientierungs- und Verhaltensmuster. An Hand von Texten und Intentionen lassen sich Erziehung und Gesellschaft kaum unterscheiden[13]. Im Bereich erzieherischer Aktivitäten gibt es daher keinen sinnvollen Anlaß für Autonomiestreben oder für gegengesellschaftliche („kritische") Reflexion. Auch das gibt es durchaus – aber für jenen Gesellschaftstypus nur im Bereich der Religion. Noch das Erziehungswerk der Jesuiten liegt bei aller Intention auf Modernität ganz in diesem Kontext. Die Erziehung in Richtung auf „sapiens et eloquens pietas" ist an Oberschichtenfunktionen orientiert, auch wo sie Unterschichtenkinder aufnimmt. Der eindrucksvolle, durchartikulierte Erfahrungszuwachs bezieht sich auf methodische, haushälterische, organisatorische Fragen. Die Theorie aber wird aus antiken Texten gewonnen (CICERO, QUINTILIAN)[14].
Erst nachdem andere Teilsysteme der Gesellschaft, nämlich Systeme für Politik, Wirtschaft, Religion und in Ansätzen auch für Wissenschaft, an Hand jeweils spezifischer Funktionen stärker ausdifferenziert worden sind, erst nachdem also die Gesamtgesellschaft sich in ihren wichtigsten Funktionsbereichen auf funktionale Differenzierung eingelassen hat, beginnen sich um die Mitte des 18. Jahrhunderts auch die Aussichten für Erziehung zu ändern. Erst jetzt tritt der Gesellschaftsbezug der Erziehung in den Vordergrund der Diskussion[15], und entsprechend weitet sich der Begriff der Erzie-

---

States, in: Joseph FISCHER (Hrsg.), The Social Sciences and the Comparative Study of Educational Systems, Scranton, Pa., 1970, S. 55–147.

12 COHEN, a. a. O., spricht von Vorbereitung auf Kommunikation in „Grenzrollen" und nicht mehr lokal oder familial gebundenen Kontexten.

13 Vgl. etwa Howard S. GALT, A History of Chinese Educational Institutions Bd. 1, London 1951; Werner JÄGER, Paideia: Die Formung des griechischen Menschen, 3 Bde., 2. bzw. 3. Aufl., Berlin 1954/55; Eugenio GARIN, Geschichte und Dokumente der abendländischen Pädagogik, 3 Bde., Reinbek 1964–1967.

14 Vgl. zu alldem: André SCHIMBERG, L'éducation morale dans les collèges de la Compagnie de Jésus en France sous l'ancien régime (XVIe, XVIIe, XVIIIe siècles), Paris 1913; Jean-Baptiste HERMAN, La pédagogie des Jésuites au XVIe siècle: Ses sources ses charactéristiques, Louvain 1914; Josef SCHROETELER, Die Erziehung in den Jesuiteninternaten des 16. Jahrhunderts: Dargestellt aufgrund ungedruckter und gedruckter Quellen, Freiburg 1940; François de DAINVILLE, La naissance de l'humanisme moderne, Paris 1940, Neudruck Genf 1969.

15 „Am wichtigsten in all diesen unzähligen Schriften über die Erziehung", meint Eugenio GARIN für das 18. Jahrhundert, „ist die Verlagerung der Diskussion von den Einzelfragen der Methoden, der Lehrpläne, der Institute und der Schulen auf die Gesellschaft" (a. a. O., Bd. III, Reinbek 1967, S. 70).

hung aus auf die Gesamtheit der Einwirkungen, die den Menschen für ein Leben in der Gesellschaft ausrüsten[16].
Erst jetzt wird Erziehung als *universale Spezialfunktion* relevant – Erziehung nicht zum Bürger, sondern zum Menschen, um es mit ROUSSEAU zu formulieren[17]. Entsprechend beginnt eine Entwicklung, die am Ende die *Gesamt*bevölkerung in *doppelter* Weise am Erziehungsprozeß beteiligt: Jeder Einzelne wird *selbst* in einem ausdifferenzierten Erziehungssystem erzogen, und jeder Einzelne kann im Kontakt mit jedem anderen voraussetzen, daß auch dieser erzogen worden ist. Damit ist *jeder* in der Lage, *soziale* Kontakte unter anderem nach Maßgabe anerzogener Prämissen zu wählen, die er *in sich selbst und/oder in anderen* voraussetzen kann.
Diese etwas komplizierte Formulierung[18] wählen wir, um zu verdeutlichen, daß die soziale Funktion der Erziehung nicht einfach als Produktion von Eigenschaften oder Merkmalen (Kenntnissen, Fähigkeiten usw.) von Personen begriffen werden kann. Sie besteht vielmehr in der Ermöglichung von eher unwahrscheinlichen Prämissen für soziale Kontakte, und zwar für Kontakte, die normalerweise außerhalb des Erziehungssystems liegen. Daran wird zugleich deutlich, daß durch Ausdifferenzierung dieser Spezialfunktion die gesamtgesellschaftlichen Interdependenzen des Erziehungsprozesses *nicht etwa abnehmen, sondern zunehmen.*
Auf diese für alle Erörterungen über Autonomie und Reflexion weichenstellende These kommen wir ausführlich zurück. Im Augenblick geht es nur darum, unser Thema auf die Differenzierungsform des Gesellschaftssystems zu beziehen. Reflexionsprobleme entstehen im Erziehungssystem erst als *Folgeprobleme einer sich bereits abzeichnenden funktionalen Differenzierung des Gesellschaftssystems.* Historisch heißt das: Es gibt sie erst seit der Mitte des 18. Jahrhunderts, und ihre Entwicklung wird durch die Transformation der Gesellschaft in Richtung auf funktionale Differenzierung und deren

---

16 Hierzu unter der Überschrift „Naissance d'un mythe: l'Education", Jean EHRARD, L'idée de Nature en France dans la première moitié du XVIII^e siècle, Paris 1963, S. 753ff. Vgl. auch die Breite der Gesichtspunkte (Medizin einschließend), mit denen der Artikel „Education" der Encyclopédie DIDEROTS, eingeleitet wird oder die DE BONNEVAL unter dem Titel „Les éléments et Progrès de l'éducation", 2. Aufl. Paris 1751, abhandelt.

17 Zum Bezug dieser Formel auf Differenzierung von Religion und Politik vgl. Robert SPAEMANN, Natürliche Existenz und politische Existenz bei ROUSSEAU, in: Collegium Philosophicum. Festschrift Joachim RITTER, Basel 1965, S. 373–388.

18 Ihr theoretisches Modell ist die These der doppelten Kontingenz in allen Sozialbeziehungen: „that each actor is *both* acting agent and object of orientation *both* to himself and to the others" (Talcott PARSONS, Interaction: Social Interaction, in: International Encyclopedia of the Social Sciences Bd. 7, New York 1968, S. 429–440 [436]).

Folgeprobleme mitbestimmt. Theoretisch heißt das: Wir müssen die strukturellen Konsequenzen funktionaler Differenzierung analysieren, um an ihnen die Bedingungen für Autonomie und Reflexion im Erziehungssystem ablesen zu können.

Das soll in den nächsten Kapiteln geschehen. Im III. Kapitel werden wir zunächst zeigen, daß funktionale Differenzierung eine neuartige, durch Rollen vermittelte *Inklusion* der gesamten Bevölkerung in jeden Funktionsbereich erfordert. Ein zweites strukturelles Korrelat funktionaler Differenzierung (Kapitel IV und V) besteht darin, daß sie gesellschaftsintern *Systemreferenzen multipliziert und auseinanderzieht.* Das führt auf Probleme der *Autonomie* (V). Im VI. Kapitel geht es darum, daß funktionale Differenzierung auf organisatorischer Ebene nicht überall rein durchgeführt werden kann, sondern in *Überschneidungsbereichen* hängenbleibt. Mit diesen Analysen gewinnen wir strukturelle Randbedingungen gesellschaftsinterner Prozesse, die als Bedingung der Möglichkeit und zugleich als Beschränkung der Reflexion im Erziehungssystem fungieren.

## III. Inklusion

Funktionale Differenzierung verändert und verschärft das Problem der sozialen Ordnung, und dies durch den Vorgang der Ausdifferenzierung selbst. Eine Rollendifferenzierung war auch in stratifizierten Gesellschaften schon möglich gewesen. Es gab politische und geistliche Ämter, es gab handwerkliche Berufe der verschiedensten Art, es gab Soldaten und Kaufleute – all das aber gebunden an eine Zuordnung zur ständischen Struktur der Gesellschaft und dadurch bestimmt. In diesem Rahmen gab es, zugeordnet zu Tempeln oder Klöstern oder Höfen oder auch als städtisch lizensierte Privatunternehmer, auch Lehrer, die Unterricht erteilten. Über Rollendifferenzierung hatte sich denn auch ein Komplementärverhalten eingespielt[19]: So, wie man im Verhältnis zum Kaufmann nur kaufen oder verkaufen kann, so kann man im Verhältnis zum Lehrer nur lernen und im Verhältnis zum Arzt nur geheilt werden. Die Unverwechselbarkeit der Sozialtypik dieses Verhaltens ergab sich aus der Rollendifferenzierung und bedurfte keiner weiteren Reflexion. Bei auftretendem Regelungsbedarf wurde der Moralkodex rollenspezifisch aufgebrochen – etwa durch eine besondere Literatur über das Amt und die Pflichten des Fürsten, durch eine besondere Ethik ritterlicher Lebensführung

[19] Vgl. dazu Siegfried F. NADEL, The Theory of Social Structure, Glencoe, Ill., 1957, insbes. S. 50ff. und speziell S. 76, zum Aufbrechen eines anonymen Publikums anderer Leute durch Herausisolieren spezieller Kundschaften für spezifische Rollenleistungen.

oder durch die Verhaltensnormierungen der Gilden und Zünfte. Auch die ältere pädagogische Literatur, etwa QUINTILIAN, ist in diesem Sinne zu verstehen. Adressat war in jedem Falle die ausdifferenzierte Leistungsrolle (und so im allgemeinen die höheren Schichten), nicht dagegen das Verhalten in der Komplementärrolle. Für diese Form des Zugriffs reichte eine letztlich religiös fundierte Moral als Regelungsgrundlage aus, und die Kontrolle ihrer Einhaltung oblag schichtspezifischen Prozessen der Kooperation oder Konfliktaustragung oder, ergänzend dazu, organisierten Diszipliniergewalten der Kirche, der Orden, der Zünfte.

Diese Ordnung ist im Zuge des Aufbaus der neuzeitlichen, primär funktional orientierten Gesellschaftsdifferenzierung zerbrochen. Die Ausdifferenzierung von funktionalen Teilsystemen des Gesellschaftssystems geht von bereits etablierten Komplementärverhältnissen zwischen Rollen aus und nutzt diese asymmetrischen Sozialbeziehungen als Katalysatoren für den Aufbau funktionsrelevanter Sozialsysteme. So entwickeln sich Wirtschaftsbeziehungen, die nicht mehr über Rollen (Zünfte), sondern nur noch über (nationale und zunehmend internationale) Märkte zu regulieren sind. Die Beziehung von Herrscher und Untertan wird zu einer allgemeinen (passiven und aktiven) Staatsbürgerschaft generalisiert. Die Unterscheidung der Vita contemplativa und der Vita activa und mit ihr der Unterschied von Klerus und Laien wird zunächst in eine allgemeinere Form von moderner, lebenstüchtiger und verinnerlichter Pietas zurückverlegt und schließlich in ihrer religiösen Relevanz ganz aufgegeben (was ihre organisatorische Beibehaltung und deren Re-Mystifizierung in der katholischen Kirche nicht ausgeschlossen hat). Die Familienbindung wird gelockert, und jedem wird, unabhängig von seiner Herkunft, die Gründung einer neuen, zweiten, eigenen Familie durch Eheschließung freigegeben. Mit alldem werden jene Asymmetrien in funktionsspezifischen Rollenbeziehungen nicht beseitigt, sondern gerade in ihrer Eigendynamik freigesetzt.

Die Folgen dieser Entwicklung betreffen die Gesamtstruktur der modernen Gesellschaft und lassen sich hier auch nicht annäherungsweise zusammenstellen. Wir greifen unter dem Titel „Inklusion", den Talcott PARSONS eingeführt hat, nur eine wichtige und vielfältig weiterwirkende Konsequenz heraus[20]. Im Übergang zur funktionalen Differenzierung werden einerseits nicht nur die Leistungsrollen, sondern auch ihre Komplementärrollen differenziert: Man

[20] Vgl. insbes. The System of Modern Societies, Englewood Cliffs, N. J., 1971, S. 27, 87 ff. Speziell zum Erziehungssystem ders., Some Considerations on the Comparative Sociology, in: Joseph FISCHER (Hrsg.), The Social Sciences and the Comparative Study of Educational Systems, Scranton, Pa., 1970, S. 201–220 (209 ff.). Zur Anwendung auf Universitäten knappe Andeutungen in Talcott PARSONS/Gerald M. PLATT, The American University, Cambridge, Mass., 1973, S. 381 f.

ist als Staatsbürger weder auf eine bestimmte Religion noch auf bestimmte Rollen im Wirtschaftssystem, zum Beispiel bestimmte Berufe, festgelegt. Ebensowenig nimmt man nur qua Wirtschaftsrolle oder qua Stellung im Familiensystem (Familienvater) am religiösen oder am politischen Leben teil. Die Gesamtbevölkerung ist einerseits in solche Komplementärrollen, die voneinander unabhängig sind, differenziert. Rückschlüsse von der einen auf die andere sind im Einzelfall nicht mehr möglich. Andererseits muß eben deshalb der Gesamtbevölkerung Zugang zu den Komplementärrollen aller Funktionssysteme der Gesellschaft eröffnet werden; das verstehen wir unter Inklusion[21].

Inklusion kann sich nicht auf die Leistungsrollen erstrecken, sondern nur auf ihre Komplementärrollen: Nicht jeder kann Arzt werden, aber jeder Patient; nicht jeder Lehrer, aber jeder Schüler. Eben deshalb ist nicht schon die Ausdifferenzierung von Leistungsrollen, sondern erst die Differenzierung der Gesamtbevölkerung nach Maßgabe funktionsspezifischer Komplementärrollen derjenige Vorgang, der die Schichtungsordnung zerbricht und es ausschließt, daß jeder einem und nur einem Teilsystem der Gesellschaft zugeordnet wird. Inklusion heißt also nicht: Mitgliedschaft in der Gesellschaft, sondern heißt als Modus vollwertiger Mitgliedschaft: Zugang eines jeden zu jedem Funktionssystem.

Im Erziehungssystem beginnt die Thematisierung der Inklusion mit der Forderung des Comenius (die aber selbst Rousseau noch nicht ernst nimmt), daß alle Kinder in Schulen erzogen werden sollen. Die Realisationsversuche erfordern die Einführung der allgemeinen Schulpflicht – ein Prozeß, der sich von den ersten Bekenntnissen guter fürstlicher Absicht im 17. Jahrhundert bis weit ins 19. Jahrhundert hinein hinschleppt[22]. Parallel dazu wird mit verschärfter Deutlichkeit bewußt, daß Schulen, die die Gesamtbevölkerung aufzunehmen, auch die Gesamtbevölkerung zu bedienen haben. Auch die höheren Schulen sollen nicht nur Gelehrte wiederum für Schulen produzie-

---

[21] Im Unterschied zu Parsons, der darunter in einem engeren Sinne Einschluß in die integrierende „societal community" versteht – also etwa Solidarität im Sinne von Durkheim.

[22] Zur Diskussion des Themas Schulunterricht für alle im 18. Jahrhundert einen knappen Überblick bei George Snyders, Die große Wende der Pädagogik: Die Entdeckung des Kindes und die Revolution der Erziehung im 17. und 18. Jahrhundert in Frankreich. Dt. Übers. Paderborn 1971, S. 293 ff., und als charakteristischer Einzelbeleg die Erörterung bei Jean-Pierre Crousaz, Traité de l'éducation des enfans, Den Haag 1722, Bd. 1, zur Marginalie „nécessité de l'étude presque pour tout le monde" (S. 338). Die praktischen Schwierigkeiten werden deutlich bei Ferdinand Vollmer, Friedrich Wilhelm I. und die Volksschule, Göttingen 1909; ders., Die preußische Volksschulpolitik unter Friedrich dem Großen, Berlin 1918.

ren, nicht nur einen besonderen Stand reproduzieren[23]. Schulen sind für das Gemeinwesen, für den Staat, die Nation, die Gesellschaft da. DIDEROT schließlich definiert die Universität geradezu durch Inklusion: Inklusion aller auf sie vorbereiteten Kinder der Nation und aller Fächer[24]. Der Idee nach entfallen damit alle besonderen Einschränkungen der Erziehung, die nicht ihr selbst zuzurechnen sind. „Vous n'avez aucune vue particulière à remplir; votre objet unique est de rendre à l'homme l'usage de toutes ses facultés . . .", ruft MIRABEAU den Abgeordneten der Nationalversammlung zu[25].

Die Reformliteratur Frankreichs der Jahre 1760–1790 geht an inhaltlich-pädagogischen Fragen vorbei – ganz fasziniert durch die Aufgabe, zunächst einmal planmäßige, thematisch erweiterte öffentliche Erziehung durchzusetzen und den Staat als Träger dafür in Anspruch zu nehmen. Daß in Schulen beträchtliche Probleme des erzieherischen Verhaltens auftreten werden, und hier hatten die Jesuiten ja ihre Erfahrungen, konnte wohl nicht zugleich mit angebracht werden. Aber auch die nebenherlaufende pädagogische Besinnungsliteratur ist, wenigstens indirekt, dem sich verstärkenden Prinzip der Inklusion verpflichtet. Während die neuen Größenordnungen und Planungserfordernisse an den Staat adressiert werden, führt die Neueinschätzung und

---

[23] So (mit allerdings überzogener Kritik der Ordenskollegien) Louis-René DE CARADEUC DE LA CHATOLAIS, Essai d'éducation national ou plan d'études pour la jeunesse, o. O. 1762, S. 1 f.: „Nous avions une éducation qui n'étoit propre tout au plus qu'à former des Sujets pour l'Ecole. Le bien public, l'honneur de la nation [vergleichend wird auf Göttingen hingewiesen!] demandent qu'on y substitue une éducation civile qui prépare chaque génération naissante à remplir avec succès les différents professions de l'Etat." Ausführlicher im gleichen Sinne, aber noch im Rahmen eines standesspezifischen Bürgerbegriffs: Friedrich Gabriel RESEWITZ, Die Erziehung des Bürgers zum Gebrauch des gesunden Verstandes und zur gemeinnützigen Geschäftigkeit, 2. Aufl. Kopenhagen 1776. Bald darauf wird man auch in Deutschland von Nationalerziehung sprechen.

[24] So im Plan d'une Université pour le gouvernement de Russie (geschrieben 1775/76, zit. nach: Œuvres complètes Bd. III, Paris 1875, S. 429–534 [433]): „Une université est une école dont la porte est ouverte indistinctement à tous les enfants d'une nation et où des maîtres stipendiés par l'Etat les initient à la connaissance élémentaire de toutes les sciences." Und: „Je dis *indistinctement*, parce qu'il serait aussi cruel qu'absurde de condamner à l'ignorance les conditions subalternes de la société." Das wird dann durch eine Talentverteilungswahrscheinlichkeitskalkulation begründet. Im gleichen Jahr formuliert MABLY, „que la république ne formera jamais d'excellens citoyens, tant que l'éducation ne sera pas publique et générale". (De la législation ou principes des lois, 1776, zit. nach: Œuvres complètes Bd. IX, Paris 1792, S. 309.) Andererseits werden selbst bei Reformvorschlägen bis zur Französischen Revolution hin immer wieder ganze Bevölkerungsgruppen ausgegrenzt. Vgl. etwa Abbé COYER, Plan d'éducation publique, Paris 1770, S. 334f. (Bauern), oder MIRABEAU, Travail sur l'éducation publique (ed. P. J. G. CABANIS), Paris 1791, S. 35 ff. (Frauen).

[25] MIRABEAU, Travail sur l'éducation publique (ed. P. J. G. CABANIS), Paris 1791, S. 10.

Tieferlegung der Funktionsasymmetrien im Bereich der Pflege und Erziehung zu der viel diskutierten „Entdeckung des Kindes"[26].

Nach Abschluß eines Prozesses allmählicher Umdefinition wird das Kind nicht mehr wie ein unfertiger Erwachsener angesehen, der in der gleichen Welt lebt wie die Erwachsenen auch, in sie hineinwächst und deshalb von ihnen erzogen (= vervollständigt) werden kann, aber nicht unbedingt, um Mensch sein zu können, anspruchsvoll erzogen werden muß. Statt dessen gilt das Kind nun als ein Menschenwesen eigener Art in einer Welt eigener Art, das von seiner Typik her der Erziehung entgegenkommt (indem es sich zum Beispiel spontan bewegt, sensibel und neugierig ist), das aber andererseits die Erziehung durch Fehlen der Vernunftsteuerung, Schwäche und Ausgeliefertsein an die Umwelt auch besonders schwierig macht[27]. Chancenreich und schwierig also und vor allem: nicht mit den gleichen Mitteln zu beeinflussen wie Erwachsene – das begründet schließlich die Eigenständigkeit der Pädagogik in Technik und Reflexion. Und nicht zuletzt wird durch Festmachen am Kinde die universelle Inklusion der Gesamtbevölkerung in den Erziehungsprozeß begründbar; denn schließlich kommen alle hilflos auf die Welt, wachsen alle als Kinder auf, werden alle irgendwie durch ihre Umwelt erzogen, und es fragt sich nur: wie gut.

Es ist nur konsequent, dann das Objekt der Erziehung, das Kind, zum Subjekt der Erziehung zu erklären, also die generell gebrauchte Inklusionsformel anzuwenden. Die „Theorie der Bildung" schließt diesen mit ROUSSEAU begonnenen Prozeß der Neubestimmung ab. Darauf kommen wir zurück. Daß diese Wende, vor allem dieses Tieferlegen der pädagogischen Beziehung

---

[26] Vgl. Philippe ARIÈS, L'enfant et la vie familiale sous l'ancien régime, Paris 1960, und für die anschließende Diskussion u. a. John DEMOS, Developmental Perspectives in the History of Childhood, Journal of Interdisciplinary History 2 (1972), S. 315–327; L. DEMAUSE (Hrsg.), The History of Childhood, New York 1974; Wolfgang GICHLER/Kurt LÜSCHER, Die Soziologie des Kindes in historischer Sicht, Neue Sammlung 15 (1975), S. 442–463. Der genaue Zeitpunkt der „Entdeckung" ist umstritten. Wir neigen dazu, mit Roger MERCIER, L'enfant dans la société du XVIIIe siècle (avant l'Emile), Dakar 1961, und SNYDERS, a. a. O., erst das 18. Jahrhundert für entscheidend zu halten.

Für die „Entwicklungslogik", die uns auch im weiteren leiten wird, ist im übrigen bezeichnend, daß die Neueinschätzung des Kindes nicht allein von Pädagogen (geschweige denn: Schulpädagogen) getragen wird, sondern auch in pflegerischen, medizinischen und arbeitsökonomischen Themenstellungen und nicht zuletzt gesellschaftsweit in einer neuen Art Zartsinn zum Ausdruck kommt. So breit angelegt, vermag die Vorstellung, das Kind sei nicht nur ein unvollständiger Erwachsener, sondern ein Menschentypus eigener Art, dann ihrerseits Methodenüberlegungen der Pädagogik in Gang zu bringen.

[27] Vgl. aus der zeitgenössischen Literatur etwa MORELLY, Essai sur le cœur humain, ou principes naturels de l'éducation, Paris 1745, Neudruck Genf 1970, S. 33 ff.

zwischen Erzieher und Zögling in die Intersubjektivität, das Problem der Technologie des Erziehens verschärfen muß, liegt auf der Hand.
Weniger deutlich ist, ob wirklich methodische Innovationen vorliegen. Die Kritik des „mechanischen" Auswendiglernens, die Forderung, auf das Kind einzugehen und seine aktive Mitarbeit zu gewinnen, die Empfehlung, Beispiele zu benutzen[28] – all das sind ehrwürdige Themen der Tradition. Zu erklären wäre also nur, *warum sie als neu erscheinen*. Die Neuartigkeit ergibt sich in dem Umfange, in dem sie bewußt erlebt und proklamiert wird, sicher nicht aus entsprechenden Fortschritten in der Erziehungs- bzw. Unterrichtstechnologie; sie ergibt sich aus den Veränderungen des Kontextes und der Bedarfseinschätzung, auf die sie bezogen werden. Neu sind die Methoden, weil sie in einem stärker ausdifferenzierten, auf universelle Inklusion zustrebenden Erziehungssystem gehandhabt werden müssen. Die Innovation liegt nicht dort, wo man sie sucht; sie liegt auf der Ebene der Methoden*reflexion*. Im Anschluß an diese Ausgangslage wird man später Methodik und Didaktik unterscheiden.
Der Übergang zu funktionaler Differenzierung entzieht dem Erziehungsprozeß gesellschaftsstrukturelle Abstützungen und setzt ihn unter Reflexionsdruck. Was als Fortschritt, ja als Spitzenleistung menschlicher Vernunft erscheint, ist durch gesellschaftsstrukturelle Entwicklungen ausgelöst, wenn nicht erzwungen. Man muß, mit alten oder neuen Gedanken, auf die Ebene der Reflexion gehen, um sich in der neuen Situation begreifen und in ihr plausibel kommunizieren zu können. Erfolge sind damit weder determiniert noch auch nur gesichert; aber die Freiheit, die man in Anspruch nimmt, ist eine notwendige. Das läßt sich auch am Problem der Autonomie zeigen, das sich aus einer neuartigen Differenzierung der Systemreferenzen für Funktion, Leistung und Reflexion ergibt.

## IV. Funktion, Leistung, Reflexion

Jede Systemdifferenzierung führt dazu, ja besteht darin, daß sich systemintern die Systemreferenzen vervielfältigen. Mit Systemreferenz ist gemeint die Beziehung auf ein System und seine Umwelt. Von jedem Teilsystem aus ergeben sich drei Typen solcher Systemreferenzen: die Beziehung auf das

[28] Für Kontinuitäten in dieser Frage siehe z. B. Joseph Albert Mosher, The Exemplum in the Early Religious and Didactic Literature of England, New York 1911; Günther Buck, Lernen und Erfahrung: Zum Begriff der didaktischen Induktion, 2. Aufl. Stuttgart 1969, S. 83 ff.; Berthold Gerner (Hrsg.), Das exemplarische Prinzip: Beiträge zur Didaktik der Gegenwart, Darmstadt 1963.

Gesamtsystem, die Beziehung auf andere Teilsysteme und die Beziehung auf sich selbst, und all dies mit je verschiedenen Umwelten. Diese Differenzierung ist, rein logisch gesehen, unabhängig von der Form, in der Teilsysteme gebildet werden, aber sie verschärft sich in dem Maße, als die Teilsystembildung auf Gesichtspunkten der Ungleichheit beruht und somit die Systeme als verschiedene ausdifferenziert und individualisiert. Damit entstehen zugleich Integrationsprobleme. In stratifizierten Gesellschaften sind religiöse, „kosmopolitische" und begriffliche Formen denkbar, die noch ausreichen, um einen Zusammenhalt zum Ausdruck zu bringen, so etwa in der alteuropäischen Tradition der Gedanke der Einheit von Ordnung und Herrschaft[29]. Mit dem Übergang zu einer ausgeprägt funktional differenzierten Gesellschaftsordnung wird diese Möglichkeit unglaubwürdig – allein schon deshalb, weil die bisher Ordnung *und* Herrschaft garantierenden religiösen und politischen Instanzen ihrerseits als funktionsspezifische Teilsysteme ausdifferenziert werden und ihrerseits die Gesellschaft als Umwelt behandeln müssen[30].

Im Zuge der Durchsetzung dieses Differenzierungstypus ändert sich die Bewußtseinslage im gesamtgesellschaftlichen Zusammenhang. Eine wichtige Struktur, die diese Bewußtseinsveränderung latent steuert, liegt in der Notwendigkeit, Systemreferenzen schärfer zu trennen und für ihre Nichtidentität konzeptionelle Lösungen zu finden. Wir setzen die Begriffe Funktion, Leistung und Reflexion zur Erklärung der Lösung dieses Problems ein.

In funktional differenzierten Gesellschaften bringt die *Funktion* eines Teilsystems seine Beziehung auf das Gesellschaftssystem im ganzen zum Ausdruck. Genaugenommen müßte man eigentlich sagen: die Beziehung auf die eigene Umwelt, sofern und soweit sie gesamtgesellschaftliches System ist. Für das gesellschaftliche Zusammenleben muß eine Vielzahl von Funktionen erfüllt werden, die sämtlich relativ zum Entwicklungsstande der Gesellschaft notwendig und insofern gleichermaßen wichtig sind. Diese Gleichwertigkeit der Funktionen kann auf der Ebene des gesamtgesellschaftlichen Systems nicht aufgegeben werden, auch wenn innergesellschaftliche Reflexionslei-

---

[29] Vgl. zur Spätphase dieser Tradition W. H. Greenleaf, Order, Empirism and Politics: Two Traditions of English Political Thought 1500–1700, London 1964; David Little, Religion, Order, and Law: A Study in Pre-Revolutionary England, New York 1969.

[30] Für die Politik ist die Ordnung dieses neuen Verhältnisses Aufgabe des „Verfassungsstaates". Dazu Niklas Luhmann, Politische Verfassungen im Kontext des Gesellschaftssystems, Der Staat 12 (1973), S. 1–22, 165–182. Für Religion werden die Folgeprobleme – weitgehend ungelöst und daher negativ gesehen – unter dem Stichwort der „Säkularisierung" erörtert. Hierzu Niklas Luhmann, Funktion der Religion, Frankfurt 1977, S. 225 ff.

stungen die Gesellschaft als religiöse, politische oder als wirtschaftliche Gemeinschaft zu bestimmen versuchen[31]. Das sich daraus ergebende Orientierungsproblem kann aber in die Gesellschaft hineinverlagert und durch funktionale Differenzierung aufgefangen werden. Teilsysteme der Gesellschaft können einer der gesellschaftlichen Funktionen, etwa der Erziehung, den Primat geben und sich vornehmlich an ihr orientieren[32]. Sie gewinnen daraus die Form, in der sie mit Bezug auf die Gesamtgesellschaft existieren und ansprechbar sind. Die Funktion wird dadurch zu ihrem „Leitmotiv", zu einer Kontakte und Wachstumsprozesse „katalysierenden" Problemstellung; aber das bedeutet nicht, daß sie je alleinige Seinsgrundlage oder ein Prinzip der Deduktion von Verhaltensvoraussagen oder -erklärungen sein könnte. Sie bleibt eine Form oder ein Aspekt von Umweltbeziehungen unter anderen.

Neben der Funktionsorientierung gibt es immer auch Beziehungen zwischen den Teilsystemen der Gesellschaft, für die wir den Begriff *Leistung* reservieren wollen. Wir argumentieren also mit Nichtidentität von Funktion und Leistung. Die Verquickung dieser beiden Aspekte beruht auf einer Verquikkung von Systemreferenzen innerhalb differenzierter Systeme und muß bei sorgsamer Begriffsbildung vermieden werden. Die Herstellung kollektiv bindender Entscheidungen (die Erfüllung der politischen Funktion) ist als solche noch keine politische Leistung. Die Herstellung wahrer bzw. als unwahr feststehender Sätze (die Erfüllung der Funktion von Wissenschaft) ist als solche noch keine wissenschaftliche Leistung. Die Sicherung künftiger Bedürfnisbefriedigung (die Funktion der Wirtschaft) ist als solche noch keine wirtschaftliche Leistung, zum Beispiel keine Produktion brauchbarer Güter. Gewiß: Funktion und Leistung sind nicht unabhängig voneinander realisierbar, sind vor allem nicht unabhängig voneinander steigerbar. Aber ein Leistungstausch, wie er systemtheoretisch oft mit Input/Output-Modellen beschrieben wird[33], erfordert ein Eingehen auf Bedarfslagen, Normen und Gewohnheiten anderer Teilsysteme der Gesellschaft, das zur eigenen Funktion und zu deren Sub-Codes in Widerspruch treten kann. Wird politische Leistung im Sinne konsensfähiger Programmierung erwartet und erbracht,

---

[31] Speziell hierzu Niklas LUHMANN, Selbst-Thematisierungen des Gesellschaftssystems, in: ders., Soziologische Aufklärung Bd. 2, Opladen 1975, S. 72–102.

[32] Ein Zentraltheorem der PARSONSschen Theorie des Aktionssystems besagt darüber hinaus, daß trotz funktionaler Primate *alle* Funktionen auf jeder Systemebene erneut erfüllt werden müssen. Das entspricht dem Versuch, aus allgemeinen Prämissen der Handlungstheorie eine geschlossene Funktionsliste zu gewinnen. Wir teilen diese Voraussetzungen nicht.

[33] Siehe für den Schulbereich des Erziehungssystems zum Beispiel Robert E. HERRIOTT/Benjamin J. HODGKINS, The Environment of Schooling: Formal Education as an Open Social System, Englewood Cliffs, N. J., 1973.

kann dies die Funktion bindenden, Widerstand überwindenden Entscheidens gefährden und umgekehrt.
Die dritte in differenzierten Systemen mögliche Systemreferenz ist die Beziehung auf sich selbst. Wir nennen sie, eine alte Begriffstradition aufgreifend, *Reflexion*. Dabei kann es sich angesichts der Komplexität realer Systeme nie um eine volle Vergegenwärtigung der Gesamtrealität aller Strukturen und Prozesse des Systems handeln. Vielmehr benutzt das System seine Identität als Bezugspunkt für Prozesse, die es auf sich selbst richtet; es kann seine eigene Identität intendieren, mit Namen oder Symbolen repräsentieren, in der Differenz zur Umwelt feststellen und alle Einzelheiten dem Mitgemeintsein überlassen. Wie immer bei sinnhaftem Intendieren steht das unmittelbare Korrelat der Intention in einem nur appräsentierten Horizont weiterer Möglichkeiten des Erlebens und Handelns. Das zunächst nur Appräsentierte kann dann seinerseits entweder selektiv oder umfassend, aber dann pauschalierend, repräsentiert und begrifflich bezeichnet werden. Es kann, unter Vorstellungen wie Welt oder Ich oder Reich oder Nation oder Partei gesammelt, bezugsfähig werden; und *wenn* diese Möglichkeit besteht, kann sie ihrerseits der bloßen Appräsentation überlassen bleiben als ständig mitlaufende, aber nicht (oder nur selten) thematisierte Begleitung – so wie man, wenn man an der Sitzung eines Ausschusses teilnimmt, den Ausschuß selbst und seinen Sinn über alle Tagesordnungspunkte hinweg ständig gegenwärtig hat.
Im Unterschied zur Tradition und zu einem durch sie geprägten Sprachgebrauch erstrecken wir den Begriff der Reflexion auch auf soziale Systeme. Er bezieht sich hier statt auf Bewußtseinsprozesse (die immer wissen, daß sie Bewußtseinsprozesse sind) auf Kommunikationsprozesse (in denen immer mitkommuniziert wird, daß kommuniziert wird). Kommunikation erfordert natürlich Bewußtheit, sie erfordert darüber hinaus Sinngehalte, die sich als *Themen* eignen. Themen sind Abstraktionen, die Identität und Kontinuität wahren können, auch wenn verschiedene Teilnehmer zu verschiedenen Zeitpunkten Verschiedenes zum Thema beitragen. Sie behalten ihre Identität sogar, wenn sie teilweise oder ganz negiert werden, und ermöglichen so erst gezielten, sozial weiterführenden Negationsgebrauch. Insofern erhöht Thematisierung das Negationsrisiko in sozialen Systemen. Es ist nach alldem in sozialen Systemen unerläßliche Reflexionsbedingung, daß Identität überhaupt thematisierbar ist. Das versteht sich keineswegs von selbst. Thematisierungshilfen boten für ältere Gesellschaften zunächst die Verwandtschaft, der Haushalt (oikos), die Stadt (polis). In keinem Falle waren damit funktionsspezifische Subsysteme der Gesellschaft gemeint[34]. Neben derart konkreten

[34] Dies gilt auch für das griechische Verständnis von Politik. Dazu Ludwig LANDGREBE, Der Streit um die philosophischen Grundlagen der Gesellschaftstheorie, Opladen

Anhaltspunkten dürfte die Notwendigkeit des kollektiven Handelns, soweit sie reicht, Anlaß zur Selbstthematisierung geboten haben. Das reichte für schichtenmäßig differenzierte Gesellschaften aus, die Handlung und Repräsentation des Gesellschaftssystems in den höheren Schichten zusammenziehen konnten. Erst die Umstellung auf funktionale Differenzierung generalisiert Reflexionserfordernisse und erstreckt sie auf alle ausdifferenzierten Subsysteme – ob sie nun kollektiv-einheitlich handeln müssen wie das politische System in der modernen Form des Staates oder nicht.

Wir folgern aus diesen Analysen, daß das Erziehungssystem erst im Vollzug des Übergangs zu einer funktional differenzierten Gesellschaftsordnung, historisch gesprochen: erst im 18. Jahrhundert, Reflexionsfähigkeit gewinnt und sich selbst als nichtidentisch mit der vorhandenen Gesellschaft zum Thema werden kann. Außerdem legt dieser Ansatz die Vermutung nahe, daß die Nichtidentität von Funktion und Leistung zum Reflexionsanlaß wird. Wir kommen in den historischen Analysen (unten S. 42 ff.) auf diese beiden Thesen zurück, müssen jedoch, bevor dies geschehen kann, den theoretischen Rahmen der Analyse mit weiteren Gesichtspunkten anreichern.

## V. Zirkuläre Strukturen

Personale und soziale Systeme sind als Sinnsysteme mit ihrer Umwelt *zirkulär* verbunden. Das heißt: Ihr Erleben und Handeln kann von *jeder* Intention auf Umwelt sich auf das System zurückwenden, so wie umgekehrt *jede* Selbstbeziehung Umwelt zugänglich hält. Diese Grundbedingung kann nicht aufgehoben, sie kann nur ausgearbeitet werden je nach dem spezifischen Sinn, den System/Umwelt-Beziehungen gewinnen. Die kybernetische Systemtheorie läßt sich kennzeichnen als Theorie der rationalen Form solcher System/Umwelt-Verhältnisse und deren technischer Realisierung, sie ist also keine allgemeine Theorie selbstreferentieller Systeme[35]. Wir gehen deshalb von tieferliegenden Sinnstrukturen aus, die Kybernetik erst ermöglichen, und können mit diesem Ansatz verdeutlichen, welche Konsequenzen funktionale Systemdifferenzierung für ein Aufspalten zirkulärer System/Umwelt-Interdependenzen hat.

Wenn es zur Trennung von Systemreferenzen für Funktion, Leistung und

---

1975, S. 32f.; Christian Meier, Entstehung und Besonderheit der griechischen Demokratie, Zeitschrift für Politik 25 (1978), S. 1–31.

[35] Es sei denn, man halte die Realität selbst für rational in genau diesem Sinne oder die Rationalität der Realität für eine notwendige Erkenntnisbedingung. Siehe hierzu Werner Loh, Kritik der Theorieproduktion von Niklas Luhmann und Ansätze für eine kybernetische Alternative, Frankfurt 1972.

Reflexion kommt, wird die basale Zirkularität, die System und Umwelt verbindet, entsprechend aufgebrochen. Das bedeutet zugleich, daß sich keine hierarchisch-linearen Strukturen mehr einrichten lassen im Sinne von durchlaufenden Rangordnungs-, Wichtigkeits- oder Begründungsverhältnissen. Die Selbstbezüglichkeit der Reflexion eignet sich nicht, wie die klassische Subjekt-Theorie annahm, zur Begründung selbstbezüglicher Funktions- oder Leistungs-(insbes. Erkenntnisleistungs-)Beziehungen[36]. Man muß statt dessen in wechselseitigen Limitierungen denken, die immer dann eintreten, wenn eine der zirkulären Strukturen sich durch Einführung von Interdependenzunterbrechungen spezifiziert.

Durch Bezugnahme auf eine *Funktion* des Gesellschaftssystems, dem es angehört, setzt das Teilsystem sich selbst kontingent. Um die Funktion erfüllen zu können, und erst recht gilt dies für alle Operationalisierungen, muß es sich vorstellen können, was wäre, wenn es sie nicht erfüllte. Ist Kontingenz einmal in dieser Weise relationiert, läßt sich die Fragerichtung umkehren: Man kann vom Bezugsproblem aus Anforderungen der Gesellschaft, zum Beispiel Anforderungen an adäquate Erziehungsleistungen, formulieren, kann aber auch umgekehrt aus der Perspektive des Funktionssystems dessen Funktionsprimat auf die Gesellschaft rückprojizieren und von der Gesellschaft Variation ihrer Strukturen zur Ermöglichung besserer Erziehung verlangen. Wir werden bei der Behandlung der Kontingenzformeln des Erziehungssystems hierauf zurückkommen.

*Leistungen* können nur erbracht werden, wenn sie von kommunikationsfähigen Systemen der Umwelt erwartet und angenommen werden. Solche Erwartungen stellen sich auf vorhandene bzw. vermutete Leistungsfähigkeiten ein. Insofern schafft die Leistungsfähigkeit den Bedarf, den sie befriedigt; sie fügen sich selbst in die Strukturen ein, die es ihr ermöglichen, Leistungserwartungen als Erwarungen der Umwelt des Systems zu erfüllen. Daraus ergibt sich, um mit Claus Offe zu formulieren, ein logisches Prognosedefizit: „Um als ‚Anpassungsplanung' erfolgreich zu sein, hätte sie (die Bildungsplanung) sich an Daten zu orientieren, die ihr nicht nur mangels empirisch-prognostischen Wissens unbekannt sind, sondern die sie selbst *erzeugt*, und zwar nach Regeln erzeugt, die sie selbst nicht antizipieren kann."[37] Eine

---

[36] Wir stützen dies Argument auf die Erfahrung, daß es der Theorie des transzendentalen Subjekts nicht zureichend gelungen ist, ihre a priori gesetzten Annahmen auf die Realität zu beziehen – zureichend gemessen an dem Materialwissen, das in den Wissenschaften heute faktisch vorliegt. Vgl. dazu auch Willi Oelmüller, Zu einer nichttranszendentalphilosophischen Deutung des Menschen, Philosophisches Jahrbuch 82 (1975), S. 103–128.

[37] So Claus Offe, Bildungssystem, Beschäftigungssystem und Bildungspolitik – Ansätze zu einer gesamtgesellschaftlichen Funktionsbestimmung des Bildungswesens, in:

Leistungsplanung kann daher sowohl einen angenommenen Bedarf als auch ihre eigene „Verkaufsabsicht“ als Ausgangsdatum setzen und muß, langfristig gesehen, solche Setzungen variieren. Im Leistungsbereich muß ein System, mit anderen Worten, mit Invariantsetzungen inkonsistent verfahren können, um das Langfristrisiko der Setzung neutralisieren zu können.

Daß auch *Reflexion* zirkulär abläuft, ist immer schon gesehen worden. Das Sonderproblem hier ist, daß der Reflexionsprozeß selbst mit zum System gehört, daß er also, wenn er das eigene System intendiert, auch sich selbst intendieren, also auch die Selbstintention intendieren muß usw[38]. Er kann aus sich heraus niemals aufhören, da jeder Schritt ihn wieder fordert; er hat kein natürliches Ende, er ist kein teleologischer (sich selbst beenden könnender) Prozeß, er läuft in eine offene Zukunft weiter und kann nur ab extra unterbrochen werden. Betrachtet man die iterative Struktur des Reflexionsprozesses für sich allein, wird er nach zweifacher Iteration langweilig. Die Reflexion der Reflexion ist als Selbstcharakterisierung des Systems noch sinnvoll, die weitere Wiederholung ist unendlich oft möglich, aber unergiebig[39]. Aber diese zweifache Iteration genügt, um über die bloße Selbst-Thematisierung hinauszugehen und auf der dritten und letztsinnvollen Ebene mitzuberücksichtigen, daß die Reflexion selbst nur eine Systemreferenz unter anderen wählt und mit funktionalen und leistungsmäßigen Umweltbeziehungen kompatibel bleiben muß.

Betrachtet man diese je für sich zirkulär angelegten Systemreferenzen für Funktion, Leistung und Reflexion im Zusammenhang, dann scheiden lineare

---

Heinrich ROTH/Dagmar FRIEDRICH (Hrsg.), Bildungsforschung: Probleme – Perspektiven – Prioritäten. Teil 1. Gutachten und Studien der Bildungskommission des Deutschen Bildungsrates Bd. 50, Stuttgart 1975, S. 217–255 (230).

Für den Bereich der Wirtschaftsbetriebe ist aus strukturell-analogen Gründen eine Entscheidungstheorie entwickelt worden, die dem Umstande Rechnung trägt, daß der Markt keine eindeutige und bei Großbetrieben auch keine systemunabhängige Sprache spricht. Die erforderlichen Invariantsetzungen und Reduktionen müssen deshalb im systeminternen Entscheidungsprozeß selbst erbracht werden. Vgl. vor allem Herbert A. SIMON, Models of Man, Social and Rational: Mathematical Essays on Rational Human Behavior in a Social Setting, New York 1957.

38 Vgl. hierzu Teil 4, Kapitel I: „Theorie im System“.

39 Allgemeine Meinung. Vgl. z. B. Gaston BACHELARD, La dialectique de la durée, Paris 2. Aufl. 1950, Neudruck 1972, S. 100f.; Hermann Ulrich ASEMISSEN, Egologische Reflexion, Kant-Studien 50 (1959), S. 262–272 (268f.). Weniger anerkannt ist die Konsequenz, daß damit Reflexion als Form von Begründung ausscheidet – es sei denn, man akzeptiere Langweiligkeit als Letztbegründung. Siehe dazu auch die Beobachtung von Walter SCHULZ, Das Problem der absoluten Reflexion, Frankfurt 1963, S. 14, die endlose Iteration des Reflexionsprozesses könne im Deutschen Idealismus letztlich nur durch Weltbezug, also inkonsequent (?), abgebrochen werden.

oder serielle Arrangements als Systemform und ebenso als Theorieform aus. Deshalb ist die Vorstellung eines sequentiellen Prozesses der Bestimmung des Unbestimmten oder eines Aufstiegs vom Abstrakten zum Konkreten für uns unannehmbar. Statt dessen knüpfen wir an die Feststellung an, daß nicht einfach eine leere Unbestimmtheit (im Sinne eines bloßen Fehlens von Bestimmungen) vorliegt, sondern selbstreferentielle Zirkel, die durch Einführung von Interdependenzunterbrechungen zur Selbstspezifikation (Respezifikation) gebracht werden können. Dem entspricht ein Konzept historisch-kontingenter Spezifikation.

Es ist sinnvoll zu vermuten (wenngleich aus der Theorie nicht zwingend ableitbar), daß in funktional differenzierten Gesellschaften der Spezifikationsprozeß in den Leistungsbeziehungen ansetzt und daß von dort aus Funktion und Reflexion unter Kompatibilitätsdruck gesetzt werden[40]. Diese Vermutung liegt deshalb nahe, weil in funktional differenzierten Gesellschaften Teilsysteme, die Leistungen erwarten bzw. abgeben, ihre Interessen durch Organisationen und Sprecher artikulieren können, während die Repräsentanz der Gesamtgesellschaft durch die höheren Schichten sich auflöst. Im Leistungsbereich kann daher die logische Zirkularität am ehesten durch Interaktion respezifiziert werden. Vor allem Politik und Wirtschaft sind als gut organisierbare Teilsysteme Vermittlungszentralen für solche Interaktionen geworden, während das Erziehungssystem erst eine Art professionspolitische Interessenvertretung aufbauen mußte, ohne sich dabei auf die ohnehin funktions- und leistungsnotwendigen Organisationen (Schulen, Hochschulen) stützen zu können[41].

All das berechtigt nicht, unsere Gesellschaft strukturell – die motivationalen Probleme haben wir ohnehin nicht berührt – durch ein Vorherrschen des Leistungsprinzips zu charakterisieren. Wir sagen genau und nur: daß alle zirkulär angelegten Systemreferenzen ihre selbstreferentielle Unbestimmbarkeit überwinden und respezifiziert werden müssen; daß Respezifikationen

---

[40] Der Hinweis auf funktional differenzierte Gesellschaften macht diese Hypothese historisch relativ. Für geschichtete Gesellschaften gelten andere Schwerpunktverteilungen. Hier dürfte es (bei geringerer Relevanz dieser Unterscheidung überhaupt) eher der Reflexionsprozeß sein, der durch Rückwendung auf die Traditionen, die es ermöglichen, ein System zu identifizieren, Spezifikationsmöglichkeiten garantiert.

[41] Die problematischen Konsequenzen dieser Sachlage sind vor allem in den Vereinigten Staaten diskutiert worden. Vgl. z. B. Ronald G. Corwin, Education in Crisis: A Sociological Analysis of Schools and Universities in Transition, New York 1974, S. 226ff.; Dan C. Lortie, Schoolteacher: A Sociological Study, Chicago 1975, S. 216ff. Für die europäische Szene gilt vielleicht noch mehr als für die amerikanische, daß auf der Ebene organisierter Interessenvertretung der Profession die gesellschaftsstrukturellen Unterschiede von Funktion, Leistung und Reflexion kurzgeschlossen werden.

des einen Bereichs Folgen haben für Respezifikationsmöglichkeiten des anderen und daß in den Leistungsbeziehungen die Respezifikationen am leichtesten und am raschesten vollzogen werden können, weil hier die innergesellschaftliche Umwelt komplementäre Sprecher einsetzt, während für Funktionsorientierung und Reflexion in der Umwelt sozusagen die Partner fehlen. Das bedeutet Dominanz allenfalls in dem Sinne: daß diejenigen Personen oder Gesichtspunkte normalerweise im Vorteil sind, die ihre Ziele am wirksamsten operationalisieren können[42].

## VI. Formulierung der Systemreferenzen

Es gibt keine pädagogische Theorie, die es versucht hätte, vom Standpunkt des Erziehungssystems aus die Systemreferenzen für Funktion (Gesellschaft), Leistung (andere Funktionssysteme) und Reflexion (Selbstbezug) als Einheit darzustellen. Solange das Erziehungssystem nicht als Sozialsystem und als Funktionssystem der Gesellschaft betrachtet wurde, bestand auch kein Anlaß, das Problem der Einheit in dieser Form zu stellen und in die Reflexion einzubringen.

Generell gilt für das 18. Jahrhundert, daß die Reflexionsbereitschaft an anthropologische Prämissen gebunden und dadurch präformiert ist. Das entlastet zugleich von vorschnellen Blicken hinter die Kulissen der gesellschaftlichen Transformation, die bereits voll im Gange ist. Es fehlt ein Gesellschaftsbegriff, in bezug auf den man von sich ausdifferenzierenden Teilsystemen hätte sprechen können. Man spricht von Gesellschaften im Sinne alter Unterscheidungen, von häuslichen Gesellschaften, zivilen Gesellschaften, religiösen Gesellschaften usw., und die allgemeine Gesellschaft ist als der am weitesten reichende Kontaktbereich nur etwas für Personen, die solche Kontakte auch wahrnehmen können. Kinder gehören ihr ebensowenig an wie das Personal oder sonstige Unselbständige. Erziehung ist danach Vorbereitung auf Übergang in die Gesellschaft, nicht ein Prozeß, der in der Gesellschaft stattfindet.

Ebensowenig gibt es einen Inklusionsbegriff. Die Funktionsstelle dieses Begriffs ist ebenfalls anthropologisch besetzt, und zwar durch den Glücksbegriff. Glück wird explizit gegen die Schichtung gesetzt als „accessible à tous et le même pour tous"[43]. Daher wird der Glücksbegriff von äußeren Glücks-

---

[42] Vgl. den Vorschlag eines „Gresham's Law" of planning bei James G. MARCH/Herbert A. SIMON, Organizations, New York 1968, S. 185, und dazu als Fallstudie Herbert A. SIMON, Birth of an Organization: The Economic Cooperation Administration, Public Administration Review 13 (1953), S. 227–236.

[43] So formuliert Robert MAUZI, L'idée du bonheur dans la littérature et la pensée française au XVIIIe siècle, Paris 1960, S. 232.

gütern abgelöst, die ungleich verteilt sein mögen, und selbstreferentiell auf die eigene Perfektion bezogen. Erst recht gibt es keine Analytik der Systemreferenzen für Funktion, Leistung und Reflexion. Auch dieser Platz ist durch eine menschbezogene Formulierung okkupiert, und zwar durch die Einteilung der moralischen Pflichten des Menschen nach den Bezugsrichtungen auf Gott, auf den anderen Menschen und auf sich selbst[44]. Man sieht: Das semantische Feld ist so anthropologisiert, daß die Analyse nicht auf soziale Systemreferenzen gebracht werden kann, an denen allein man die sozialen Veränderungen hätte kontrollieren können. In bezug auf soziale Veränderung orientiert man sich dementsprechend an der (durch anthropologische Konstanten zusammengehaltenen) Diskontinuität von Naturzustand und Zivilzustand. Erst die Französische Revolution setzt dieser Denkweise ein Ende – nicht zuletzt deshalb, weil es nicht gelingen kann, die jetzt realisierte Diskontinuität im Sinne der Intention ROBESPIERRES als Rückkehr in den Naturzustand und als Aufbau einer neuen Zivilgesellschaft vorzuführen.

Auch für die frühe Pädagogik sind deshalb die Reflexionsmöglichkeiten nicht von sozialen Kontingenzen her vorgezeichnet, sondern von der Orientierung am Menschen. Man geht nicht vom Sozialsystem der Erziehung, sondern vom zu erziehenden Menschen aus und expliziert Erziehungsziele am Menschen. Das entspricht einer historischen Situation, die am Beginn eines neuartigen Ausdifferenzierungsprozesses noch nicht auf Erfahrungen mit dem erst zu entwickelnden Funktionssystem zurückgreifen kann und daher zu anthropozentrischen Problemformulierungen neigt, um Integrierbarkeit der angestrebten Systemstrukturen behaupten zu können[45].

Andererseits reicht diese semantische Basis nicht aus, um das Problem systemtheoretisch adäquat zu formulieren. Wir wollen den unseres Erachtens theoretisch bemerkenswertesten Versuch kurz vorführen. An ihm läßt sich ablesen, wie weit man kommt, wenn man das Problem im Rahmen einer empirischen Anthropologie vom Menschen aus stellt. Er findet sich in Ernst Christian TRAPPS Versuch einer Pädagogik[46].

TRAPP unterscheidet im Rahmen seiner Unterrichtstheorie zwischen allge-

---

[44] Dies ist bis ins späte 18. Jahrhundert eine allgemein benutzte Einteilungsschematik. Siehe z. B. Samuel PUFENDORF, De officio hominis et civis juxta legem naturalem, Buch I, Kap. III–VI, zit. nach der Auflage Cambridge 1735, vgl. insbes. S. 78; Claude BUFFIER, Traité de la société civile: Et du moyen de se rendre heureux en contribuant au bonheur des personnes avec qui on vit, Paris 1726, S. 25 ff.; Abbé JOANNET, De la connoissance de l'homme, dans son être et dans ses rapports, Paris 1775, Bd. II, S. 151 ff.

[45] Hierzu im allgemeinen Kontext der historisch-sozialen Semantik der bürgerlichen Gesellschaft Niklas LUHMANN, Frühneuzeitliche Anthropologie: Theorietechnische Lösungen für ein Evolutionsproblem der Gesellschaft, Ms. 1977.

[46] Berlin 1780. Wir zitieren nach der Ausgabe Leipzig 1913, S. 156 ff.

meinnützigen, gemeinnützigen und individuellnützigen Kenntnissen, Gewohnheiten und Fertigkeiten. Die Unterscheidung ist linear gedacht, absteigend vom Allgemeinen zum Konkreten. Sie differenziert das, was dem Menschen als Menschen nötig und nützlich ist, gegen das, was ihm für besondere Rollen in Parteien, Klassen, Konfessionen, Altersgruppen nötig und nützlich ist, und schließlich gegen das, was für ihn in seinen besonderen Anlagen und Lagen als Individuum nötig und nützlich ist[47]. Die Einheit des Zusammenhangs ist doppelt gewährleistet: durch sein Subjekt, den Menschen, und durch die lineare Form zunehmender Spezifikation von Merkmalen. Man könnte sehr leicht uminterpretieren und sagen: Allgemeinnützig ist, was den Menschen als gesellschaftliches Wesen schlechthin charakterisiert; gemeinnützig das, was es ihm ermöglicht, in gesellschaftlichen Leistungsbeziehungen seine Rolle auszufüllen; und individualnützig das, was ihm in bezug auf sich selbst nützt. Aber so war die Unterscheidung nicht gemeint gewesen. Sie ist formuliert als Unterscheidung von Merkmalen (die herzustellen der Unterricht bezweckt) und nicht als Unterscheidung von Systemreferenzen. Im übrigen wird sie neben der allgemeinen Erziehungslehre entwickelt, die sich von Vollkommenheits- und Glückseligkeitserwägungen leiten läßt, und will nur die unterrichtsmäßig erworbenen Kenntnisse und Fähigkeiten behandeln. Ihre theoretische Verankerung bleibt unsicher (TRAPP weiß nicht recht, ob er einem „Irrwisch" folgt)[48]. Sie wird in den anschließenden Theorieentwicklungen nicht fortgesetzt[49] und wird in der vorgesehenen Beschränkung auf Kenntnisse und Fertigkeiten spätestens durch die Forderung eines wahrhaft „erziehenden Unterrichts" überholt. Diese Formel löst dann die Schematik TRAPPS auf: Das Allgemeine wird in der Idee der Menschenbildung dem Individuellen zugeordnet, und das, was Gemeinnützigkeit heißen sollte, wird ausgegrenzt und in bloße Berufsschulen abgeschoben.

Eine Parallelentwicklung hierzu findet sich im Bereich der Erziehungsziele. Hier wird die überlieferte Formel der humanen Perfektion, unter der die Erziehungslehre bisher operiert hatte, aufgelöst[50] und durch ein differenzier-

---

[47] Auch STUVE ergänzt den Bezug auf allgemeinmenschliche Natur und Gesellschaft durch eine dritte Referenz: die auf die eigene Individualität. Vgl. [JOACHIM HEINRICH CAMPE (Hrsg.),] Allgemeine Grundsätze der Erziehung, hergeleitet aus einer richtigen Kenntnis des Menschen; in:, Allgemeine Revision des gesamten Schul- und Erziehungswesens von einer Gesellschaft praktischer Erzieher, Hamburg 1785, Bd. I, S. 325: „Man lasse die Anlagen und Kräfte des Menschen seiner allgemeinen menschlichen Natur, seiner Individualität und seiner Lage in der Gesellschaft gemäß sich entwickeln."

[48] A. a. O., S. 170.

[49] Vgl. dazu auch Kurt GRUBE, Die Idee und Struktur einer rein-menschlichen Bildung: Ein Beitrag zum Philanthropismus und Neuhumanismus, Halle 1934, S. 76 ff.

[50] Darauf kommen wir ausführlich zurück. Siehe unten S. 63 ff.

tes Schema ersetzt, das wiederum genau den drei Systemreferenzen entspricht. Die *Vollkommenheit* wird als Leitbegriff beibehalten und als harmonische Ausbildung aller Anlagen und Kräfte im Menschen interpretiert. Daneben wird den unterschiedlichen gesellschaftlichen Anforderungen an den Menschen (also dem, was wir Leistung nennen) durch den Begriff der *Brauchbarkeit* Rechnung getragen. Diese Differenz erzwingt die Rückverlegung des Letztzieles der Erziehung in die Selbstreferenz, in die Empfindungen, die derjenige erlebt, der sich selbst als vollkommen und brauchbar erfährt. Diese Empfindung macht, da der Mensch sich selbst liebt, ihn glückselig. *Glückseligkeit* wird auf diese Weise das Reflexionsprinzip, das die übrigen Gesichtspunkte zusammenhält, indem es sie einbezieht und in ihrer Erfreulichkeit zur Reflexion bringt.

Dem Raffinement dieser Theoriekonstruktion wird die recht oberflächliche Kritik der Kantianer, die alsbald einsetzt, kaum gerecht[51]. Sie hält die neue, kritische Moralphilosophie für eine fest etablierte Wahrheit und doziert von da aus, daß es nicht auf Glückseligkeit als solche ankommen könne, sondern nur darauf, ob man ihrer würdig sei. Andererseits brach die Konstruktion der Philanthropie nicht ohne Grund im ersten Anstoß sofort zusammen. Sie hatte als Anthropologie der Selbstliebe ein zu schwaches Fundament. Diese Anthropologie hatte ihr eigenes Induktionsproblem, nämlich wie sie über der Vielzahl von Empfindungen zur Einheit des Selbst komme, nie lösen können, hatte sich darob seit der Mitte des 18. Jahrhunderts auf Steigerungen in Richtungen auf „inquiétude, angoisse, ennui“ eingelassen[52], und war gewissermaßen schon überholt, als die Philanthropie es nochmals mit Optimismus versuchte. Von da aus konnte man sich nicht gegen eine Philosophie verteidigen, die gerade auf die empirische Unlösbarkeit des Induktionsproblems zu reagieren versuchte. Das tieferliegende Problem aber, ob es überhaupt berechtigt sei, die Systemreferenzen auf den Menschen zu beziehen statt auf das Sozialsystem, dessen Ausdifferenzierung in der Gesellschaft die neue Situation geschaffen hatte, blieb für lange Zeit verdeckt.

Wir belassen es bei diesem einen Fall, der zeigt, wie weit das Erziehungssystem davon entfernt ist, Systemreferenzen in einer pädagogisch sinnvollen Sprache zu konzeptualisieren. Das hat sehr weitreichende Folgen, weil es

---

[51] Vgl. etwa Jonathan SCHUDEROFF, Briefe über moralische Erziehung in Hinsicht auf die neueste Philosophie, Leipzig 1792, S. 43 ff.; Johann Christoph GREILING, Über den Endzweck der Erziehung und über den ersten Grundsatz einer Wissenschaft derselben, Schneeberg 1793, S. 11 ff.; Johann Heinrich Gottlieb HEUSINGER, Beytrag zur Berichtigung einiger Begriffe über Erziehung und Erziehungskunst, Halle 1794, S. 31 ff.

[52] Hierzu Jean A. PERKINS, The Concept of the Self in the French Enlightenment, Genf 1969.

dann keine Systemreflexion geben kann, die sich selbst reflektiert, das heißt: sich als eine der Systemreferenzen unter anderen verortet und vermittelt. Es kann außerdem unter diesen Bedingungen kein Konzept der Autonomie des Erziehungssystems geben, das mehr zu bieten hätte als eine bloße Hypostasierung der eigenen Funktion. Auch die Autonomie des Erziehungssystems wird dann nur anthropozentrisch, nämlich nur damit begründet, daß der Pädagoge sich in besonderer Weise um den Menschen im Menschen bemühe[53]. Autonomie ist aber eine strukturell durch Differenzierung von Systemreferenzen erzwungene Freiheit, eine Art Notlage der Unterbestimmtheit, der man nicht dadurch gerecht wird, daß man auf die Bedeutung der eigenen Aufgabe hinweist.

## VII. Autonomie

Die Vermittlung von Funktion, Leistung und Reflexion kann nur in den Funktionssystemen selbst vollzogen werden. Sie kann den Teilsystemen durch die Gesellschaft weder abgenommen noch vorgeschrieben werden. Die Differenzierungsform der Gesellschaft legt nur fest, daß, nicht wie Funktion, Leistung und Reflexion sich wechselseitig bestimmen. Die Lösung dieses Dauerproblems variiert von System zu System, ja von Situation zu Situation. Dafür brauchen Funktionssysteme Autonomie.

In der Tat entstehen im historischen Prozeß der Transformation in Richtung auf funktionale Differenzierung neuartige Autonomieansprüche auf Teilsystembasis, die sich grundlegend von Rechten und Freiheiten älteren Typs unterscheiden. Beispielsweise fordert und erreicht das politische System für sich selbst „Souveränität", und dies nicht mehr nur im mittelalterlichen Sinne der Unabhängigkeit von *politischer* Oberhoheit[54], sondern im Sinne von territorial-umfassender, funktionsbedingter Unabhängigkeit *der* Politik von religiösen, ständischen (familialen) und positivrechtlichen Interferenzen. In solcher Form der Selbstbehauptung und der Abwehr von Interventionen bringt ein Funktionssystem nach dem anderen sich selbst in seinem Verhält-

---

[53] Vgl. namentlich Georg GEISZLER, Die Autonomie der Pädagogik, Berlin/Leipzig 1929.

[54] Zur mittelalterlichen Perspektive und insbes. zur Entstehung der Formel „superiorem non recognoscens" Sergio Mochi ONORY, Fonti canonistiche dell'idea moderna dello Stato (Imperium spirituale – iurisdictio divisa – sovranità), Mailand 1951, S. 271 ff.; Brian TIERNEY, Some Recent Works on the Political Theories of the Medieval Canonists, Traditio 10 (1954), S. 594–625 (612 ff.). Zum Thema umfassend Helmut QUARITSCH, Staat und Souveränität Bd. I, Frankfurt 1970.

nis zur Umwelt zur Vorstellung. Die Anlässe sind historisch bedingt, so z. B. die zunächst über Rechtsentscheidungen laufende, dann wirtschaftspolitisch fundierte Emanzipation der Wirtschaft von Staatsmonopolen und merkantilistischer Betreuung. Das färbt die Wahl der Themen, an denen Autonomieprobleme akut werden, und setzt die dafür besonders relevanten Gegensysteme in der innergesellschaftlichen Umwelt ins Relief.

Durchweg sind Autonomiepostulate erste, rudimentäre Formen der Systemreflexion. Sie entstehen spontan ohne begrifflichen und theoretischen Apparat, sobald ein System über seine eigene Funktion als eine unendliche (unendlich schwierige), die gesamte Bevölkerung einbeziehende, nirgendwo sonst erfüllbare Aufgabe zu kommunizieren beginnt. „Was man mit Sorgfalt treiben muß", heißt es bei TRAPP (1780)[55], „dazu muß man sich gehörig vorbereitet haben; man muß der Grundsätze desselben kundig sein und ihre Anwendung sowohl theoretisch als praktisch erlernt haben. Das heißt mit anderen Worten: Die Erziehung muß als eigene Kunst von ihren eigenen Leuten getrieben werden." Parallel dazu entwickeln sich in ebenso unreflektierter Reflexion Ressentiments, wenn und soweit die erforderliche Autonomie nicht oder nicht in dem gewünschten Umfange anerkannt wird. In seiner spontanen Erstfassung wird deshalb der Autonomiebegriff leicht ein Ressentimentbegriff, unter dem unerfüllte und vielleicht unerfüllbare Erwartungen und Hoffnungen gesammelt, in kontrafaktische Form gebracht und in dieser Form als Substitut für Erfüllung aufbewahrt werden.

Speziell im Bereich des Erziehungssystems kann man ein solches Autonomiestreben auf zwei Ebenen beobachten: auf der Ebene des Lehrens und auf der Ebene der Lehre des Lehrens, der Pädagogik. Historisch gesehen wird in der zweiten Hälfte des 18. Jahrhunderts zugleich mit der Ausdifferenzierung des Erziehungssystems aus dem Religionssystem Autonomie zunächst für den Unterricht, das heißt für die professionelle Praxis des Lehrens gefordert[56]. Die Ausgliederung aus dem Religionssystem ermöglicht es, im politischen System des „Staates" einen Partner zu finden, im Verhältnis zu dem höhere Abhängigkeit und höhere Unabhängigkeit zugleich realisiert werden können.

---

[55] Ernst Christian TRAPP, Versuch einer Pädagogik, Neuausgabe Leipzig 1913, S. 8. Vgl. auch die Schrift seines Lehrers Martin EHLERS, Gedanken von den zur Verbesserung der Schulen nothwendigen Erfordernissen, Altona/Lübeck 1766.

[56] Siehe z. B. Martin EHLERS, a. a. O., S. 213 ff. (gegen detaillierte Reglementierung ganz modern im Interesse der Arbeitsfreude des Lehrers), oder auch CONDORCET, Bericht über die allgemeine Organisation des öffentlichen Unterrichtswesens, in: Robert ALT (Hrsg.), Erziehungsprogramme der Französischen Revolution, Berlin/Leipzig 1949, S. 61–117 (S. 113: „Die Unabhängigkeit des Unterrichts gehört irgendwie zu den Menschenrechten").

Schulrecht, Schulverwaltung, Schulaufsicht werden ausgebaut[57], aber zugleich werden trotz aller „Nationalerziehung" die Interferenzen politischen und pädagogischen Handelns gelockert. (Das ist gerade deshalb möglich, weil die Politik noch nicht ausschließlich demokratisch-selbstreferentiell organisiert ist, sondern Sachbereiche der Gesellschaft fördern kann ohne allzuviel Rücksicht auf „innenpolitische Kosten".) Diese Autonomie läßt sich professionspolitisch jedoch nur vertreten, wenn gezeigt werden kann, wie sie ausgefüllt werden soll. Ohnehin wird mit der Ausdifferenzierung des Erziehungssystems und der Entwicklung der Lehrer-Rolle zum Hauptberuf das Problem der Lehrerbildung akut. Daher wiederholt sich das Problem der Autonomie sehr rasch auf einer zweiten Ebene, auf der Ebene der Pädagogik. Dieser Begriff wird, und das ist symptomatisch, erstmalig in den 70er Jahren des 18. Jahrhunderts formuliert[57a]. Er wird bald darauf, zumindest in Deutschland, mit einer „Theorie der Bildung" verknüpft, der die Aufgabe zufällt, die „relative Selbständigkeit des Eigenwesentlichen . . . der Pädagogik" zu begründen[58]. Das geschieht mit Anspruch auf Wissenschaftlichkeit und durch Einrangieren der Pädagogik in eine Disziplinen-Differenzierung, die sich etwa gleichzeitig im Vollzuge der Ausdifferenzierung eines Wissenschaftssystems anbahnt[59].

Sobald der Begriff „Autonomie der Pädagogik" formuliert zur Verfügung steht[60], läßt er sich nicht mehr uneingeschränkt vertreten. Er diszipliniert dann den Übereifer des pädagogischen Strebens nach Verbesserung der Verhältnisse durch Hinweis darauf, daß auch andere Kulturbereiche Eigenstän-

---

[57] Zu der in dieser Hinsicht führenden Entwicklung in Preußen Manfred HEINEMANN, Schule im Vorfeld der Verwaltung: Die Entwicklung der preußischen Unterrichtsverwaltung von 1771–1800, Göttingen 1974; Karl-Ernst JEISMANN, Das preußische Gymnasium in Staat und Gesellschaft: Die Entstehung des Gymnasiums als Schule des Staates und der Gebildeten, 1787–1817, Stuttgart 1974.

[57a] Vgl. Wilhelm RÖSSLER, Pädagogik, in: Geschichtliche Grundbegriffe, Bd. 4, Stuttgart 1978, S. 623–647 (626f.).

[58] Zitate aus: Herman NOHL, Die pädagogische Bewegung in Deutschland und ihre Theorie, 7. Aufl. Frankfurt 1970, S. 124. Siehe dazu auch Wolfgang KLAFKI, Erziehungswissenschaft als kritisch-konstruktive Theorie: Hermeneutik – Empirie – Ideologiekritik, Zeitschrift für Pädagogik 17 (1971), S. 351–385 (358ff.); ferner als umfassende quellennahe Darstellung Gertrud SCHIESS, Die Diskussion über die Autonomie der Pädagogik, Weinheim 1973.

[59] Zu dieser eigentümlichen Konstellation vgl. Rudolf STICHWEH, Ausdifferenzierung der Wissenschaft – eine Analyse am deutschen Beispiel, Diplomarbeit Bielefeld 1977.

[60] Nach Georg GEISSLER, Die Autonomie der Pädagogik, a. a. O., S. 69, erstmals bei K. A. J. LATTMANN, Über die Frage der Konzentration in den allgemeinen Schulen, namentlich im Gymnasium, Göttingen 1860, S. 253 – also erst relativ spät.

digkeit und Autonomie beanspruchen[61]. Daraus ergibt sich der Rückzug auf eine „relative“ oder „begrenzte“ Autonomie, deren Konturen umstritten bleiben und abhängig bleiben von den Begriffen, mit denen man die Eigenständigkeit der pädagogischen Aufgabe und Verantwortung formuliert. Erst hier und jetzt akzeptiert die Pädagogik die Kontingenzformel Bildung, um im Chor der autonomen Kulturbereiche ihren eigenen Part singen zu können. Was „relative Autonomie“ angeht, führt das jedoch über endlose Akzentuierungskontroversen nicht hinaus, in denen Absolutheitsansprüche immer nur dem Gegner unterstellt werden.

An ihren Höhepunkten, die in den 20er und dann wieder in den 50er/60er Jahren nicht zufällig mit gesetzgeberischen und sonstigen reformpolitischen Aktivitäten zusammenfielen, hatte die Autonomiediskussion weniger am Autonomiebegriff selbst gefeilt. Sie hatte sich in der Hauptsache um Etablierung der Eigenständigkeit der Pädagogik als Wissenschaft bemüht. Diese Eigenständigkeit wurde an einem eigenen Gegenstand, dem pädagogischen Verhältnis, begründet. Man konnte (oder wollte) nicht sehen, daß dieses Argument in eine Sackgasse führte. Normalerweise begründen Disziplinen ihre Eigenständigkeit nicht durch Gegenstände, sondern durch Perspektiven oder Problemstellungen, die es ermöglichen, alle Gegenstände zu thematisieren, sofern sie in der Perspektive des Faches relevant werden. Jene Anomalie führte die Pädagogik konsequent in eine Randlage, in der sie ihr Verhältnis zu Psychologie und Soziologie nicht klären konnte und in der vor allem die Teilnahme an den großen interdisziplinären Theoriebewegungen der letzten Jahrzehnte schwierig, wenn nicht unmöglich wurde. Das eigene Interesse an Autonomie war für jedermann offensichtlich[62]; aber es konnte nicht adäquat mitreflektiert werden. Am zunehmend aggressiven Ton der internen Diskussionen[63] läßt sich ablesen, daß die Begrifflichkeit für eine adäquate Problem-

---

[61] Vgl. namentlich Theodor LITT, Möglichkeiten und Grenzen der Pädagogik, Leipzig 1926, neu gedruckt in: ders., Pädagogik und Kultur, Bad Heilbrunn 1965, S. 58–98; ferner Ernst LICHTENSTEIN, Gibt es eine pädagogische Autonomie?, Schule und Leben 26 (1951), S. 193–199. Wie schwer es der Pädagogik dann wieder fällt, diesen Hinweis zu beachten, zeigt die Polemik von GEISSLER, a. a. O., S. 89ff. Wenn man mit GEISSLER die Autonomie der Pädagogik auf ihre Verantwortung für den Menschen gründet, sind freilich Grenzen schwer zu akzeptieren. Auch Erich WENIGER, Die Eigenständigkeit der Erziehung in Theorie und Praxis, Weinheim o. J., S. 74, betont, die Grenzen der Autonomie der Pädagogik seien theoretisch nicht zu bestimmen, sondern nur konkret in der je historischen Realität zu erproben und hinzunehmen. Das heißt: statt Reflexion Erfahrung von Widerstand!

[62] Siehe für nur einen Fall: Bernhard SCHWENK, Pädagogik in den philosophischen Fakultäten: Zur Entstehungsgeschichte der „geisteswissenschaftlichen“ Pädagogik in Deutschland, Jahrbuch für Erziehungswissenschaft 2 (1977/78), S. 103–157.

[63] Etwa seit Helmut SEIFFERT, Muß die Pädagogik eigenständig sein?, Essen 1964.

behandlung nicht ausreicht, daß die Randlage der Pädagogik, wissenschaftstheoretisch oder auch wissenschaftssoziologisch gesehen, fühlbar wird und daß die Reflexionsdefizite gleichwohl nicht auf dem Wege der Reflexion abgetragen werden[64].

Im Abstand eines weiteren Jahrzehntes und in der Blickweise soziologischer Forschung ist heute nicht mehr zu verkennen, daß diese Thematisierung von Autonomie bestenfalls den Beginn eines Reflexionsprozesses markiert. Sie legt sich zunächst auf eine Kontrastvorstellung fest, verbittet sich Interventionen und charakterisiert dabei das, was sie nicht selbst ist oder sein will, nur negativ. Das gilt für beide Ebenen: für den Lehrer in der Schule und für die Pädagogik als Wissenschaft. So sieht der Lehrer seine Lehrtätigkeit typisch als eine Aufgabe, die nur er selbst eigenverantwortlich durchführen kann, und das bestätigt ihm die Erfahrung im Klassenzimmer jeden Tag. Eine „Einmischung" – sei es der Kultusbürokratie, sei es der lokalen Öffentlichkeit, sei es der Eltern – erscheint ihm als „sachfremd". Selbst „Curriculum-Reformen" scheinen heute in diese Abwehrzone, dieses Glacis der professionellen Autonomie zu geraten. Andererseits präsentiert eine solche Defensivautonomie eine viel zu einfache Welt. Sie findet als Element professioneller Kultur verbreitete Anerkennung, kann aber als real gelebte Einstellung gar nicht konsistent durchgehalten werden[65]. Auch die Aversion gegen „Bürokratie" und gegen nicht unmittelbar pädagogisch relevante Arbeit bleibt in diesem Sinne ambivalent[66]. Es müßte also zu einer Reflexion auf Reflexion kommen.

Man könnte vermuten, dies habe die Pädagogik zu leisten. Deren Autonomie steckt jedoch in genau der gleichen Problematik. Auf der einen Seite behaup-

---

[64] Um Einwänden wie dem von KLAFKI („daß über das Problem nicht reflektiert worden sei, läßt sich wahrlich nicht behaupten" – zit. nach SCHIESS, a. a. O., S. 158) vorzubeugen: Wir wissen natürlich, daß über das Problem nachgedacht und geschrieben worden ist, aber Denken und Schreiben ist noch keine Reflexion.

[65] Vgl. hierzu Howard S. BECKER, The Teacher in the Authority System of the Public School, Journal of Educational Sociology 27 (1953), S. 128–141; Neal GROSS/Robert E. HERRIOTT, Staff Leadership in Public Schools, New York 1965; Dan C. LORTIE, The Balance of Control and Autonomy in Elementary School Teaching, in: Amitai ETZIONI (Hrsg.), The Semi-Professions and Their Organization: Teachers, Nurses, Social Workers, New York 1969, S. 1–55; Donald E. EDGAR/Richard WARREN, Power and Autonomy in Teacher Socialization, Sociology of Education 42 (1969), S. 386–399; Hermann HOLSTEIN, Die Schule als Institution: Zur Bedeutung von Schulorganisation und Schulverwaltung, Ratingen 1972, insbes. S. 96ff., 187ff.

[66] Siehe Gerald H. MOELLER/W. W. CHARTERS, Relation of Bureaucratization to Sense of Power Among Teachers, Administrative Science Quarterly 10 (1966), S. 444–465; Gerald MOELLER, Bureaucracy and Teachers' Sense of Power, in: Robert R. BELL/Holger R. STUB (Hrsg.), The Sociology of Education: A Sourcebook, 2. Aufl. Homewood, Ill., 1968, S. 230, S. 236–250.

tet die Pädagogik ihre Eigenständigkeit als Wissenschaft und dokumentiert dies mit allen Randmerkmalen von Wissenschaft: Lehrstühlen und Fachbereichen, Literatur und Kongressen. Auf der anderen Seite lebt sie von Importen, schließt an philosophische Entwürfe und heute zunehmend auch an soziologische und psychologische Forschungen an und bleibt so einem externen Antriebsfaktor ausgesetzt, ohne jenen Grundwissenschaften die Führung zuzugestehen. Häufig wird auf den „Praxisbezug" als Merkmal der Eigenständigkeit hingewiesen; aber das differenziert nicht, denn auch Soziologie und Psychologie behaupten, für Entscheidungen über Handlungen relevant zu sein. Es scheint also nicht viel mehr vorzuliegen als eine Duplikation des Problems, die argumentationstaktisch für Verschiebe- und Ausweichmanöver genutzt werden kann: Die Pädagogik gründet ihre Autonomie auf die sachnotwendige Eigenständigkeit der Unterrichtspraxis; der Lehrer gründet seine Rollenautonomie auf die spezifisch kognitive Rationalität, die ihm eine pädagogische Ausbildung und außerdem das „Fach", das er vertritt, vermitteln. Wir werden Entsprechungen zu dieser Duplikation in der verbreiteten Unterscheidung von methodischen und didaktischen Gesichtspunkten wiederfinden[67].

Daß die Autonomie für das Erziehungsverhältnis selbst und für die Pädagogik behauptet und von jeder Seite mit Hinweis auf die jeweils andere begründet wird, ist schließlich selbst ein aufschlußreiches Phänomen. Es scheint: Hier wird nur reflektiert, daß es im Erziehungssystem zur Ausdifferenzierung eines selbst nicht unterrichtenden (oder allenfalls: Lehrer ausbildenden) Establishments gekommen ist. Seitdem gibt es unterrichtende und nichtunterrichtende Rollen, die sich wechselseitig Autonomiebegründungen zuspielen. Binnendifferenzierung in dieser oder anderer Form ist sicher eine wichtige Bedingung für Autonomie. Sie müßte auf jeden Fall ebenso wie das Interesse an Autonomie in den Reflexionsprozeß einbezogen werden. Aber mit alldem ist der Sinn von Autonomie und ihr Bezug auf die Einheit des komplexen Systems noch nicht geklärt.

Insgesamt ermutigt diese Diskussionslage also nicht dazu, die Reflexionsprozesse im Erziehungssystem mit der Behauptung von Autonomie und mit einem dadurch gedeckten Rückzug auf die eigenen Ideale abzuschließen. Um darüber hinauszugelangen, müssen wir zunächst klären, welche Merkmale der Begriff Autonomie impliziert. Es genügt dafür nicht, Autonomie nur aus der Binnenperspektive eines Systems heraus als Abwesenheit externer Zwänge oder Beschränkungen zu definieren[68]. Vielmehr meint der Autono-

---

[67] Dazu ausführlich unten Teil 2, Kapitel XI.

[68] Siehe z. B. Fred Katz, Autonomy and Organization: The Limit of External Control, New York 1968, S. 4, 14, 18 („absence of external constraint").

miebegriff, seinem Wortsinn gemäß, die Unabhängigkeit in der Selbstregulierung. Autonomie setzt mithin voraus, daß im Verhältnis zur Umwelt Abhängigkeiten und Unabhängigkeiten zusammen bestehen können – sonst gäbe es kein Regulierungsproblem. Ein Zunehmen von Autonomie kann infolgedessen nicht gedacht werden als Verminderung der Abhängigkeit und Vermehrung der Unabhängigkeit, so als ob die Umweltbeziehungen summenkonstant festlägen. Vielmehr setzt die Steigerung der Autonomie das Erreichen kombinatorischer Niveaus voraus, von denen aus mehr Abhängigkeiten und mehr Unabhängigkeiten zugleich möglich sind. Autonomiegewinn geht also nicht notwendigerweise auf Kosten derjenigen Umweltsysteme, von denen man abhängig ist; aber er kann ein Auswechseln derjenigen Umweltsysteme erfordern, von denen man abhängig zu sein bevorzugt – das hatten wir eben am Beispiel der Beziehungen des Erziehungssystems zum Religionssystem und zum politischen System gezeigt.

Systeminternes Korrelat von Autonomie ist eine strukturelle Differenzierung mehrerer Prozeßebenen[69]. Eine solche Struktur ermöglicht einerseits Entkoppelung, andererseits aggregierende Kontrolle der horizontalen Prozesse unterer Ebenen, also etwa des Unterrichts, von höheren Ebenen aus. In der klassischen Anthropologie hatte man einen solchen Systemaufbau vorausgesetzt, wenn man Freiheit nicht mehr als Freiheit des Handelns oder Nichthandelns auffaßte, sondern als Freiheit der Wahl von Motiven, über die das Handeln eigenen und fremden Bestimmungen ausgesetzt wird. Genau analog sind aber auch Reflexionsprozesse strukturiert, wenn sie selbst reflexiv werden, also sich selbst mitreflektieren. Man könnte daher die schlichte Forderung der Autonomie für ablaufende Unterrichtsprozesse als eine erste Reflexionsstufe ansehen, die auf einer zweiten und letzten Stufe ihrerseits kontrolliert wird. Letztlich kann das System dann lernen einzusehen, daß die blanke Kontrastierung von Abhängigkeit und Unabhängigkeit ebensowenig wie die Kontrastierung von Erziehung und Gesellschaft eine haltbare Position abgibt.

Allerdings ist eine solche Einsicht nur zu gewinnen und zu halten, wenn sie formuliert ist. Das gilt schon für Bewußtseinsprozesse und gilt erst recht für Kommunikationsprozesse. Damit stehen wir vor der Frage nach dem begrifflichen und theoretischen Kontext, der solche Formulierungen ermöglicht. Wir müssen diese Frage im Augenblick jedoch zurückstellen, um noch einen zweiten Überlegungsgang einzuschalten, der Grenzen der Ausdifferenzierbarkeit des Erziehungssystems betrifft.

---

[69] Vgl. hierzu Beiträge aus systemtheoretischer Sicht, in: Howard H. PATTEE (Hrsg.), Hierarchy Theory: The Challenge of Complex Systems, New York 1973.

## VIII. Überschneidungsbereiche

In der Analyse des Verhältnisses von Autonomie und Reflexion ist die Frage der strukturellen Beschränkungen inhaltlich offengeblieben. Autonomie ist nicht als Abwesenheit von Beschränkungen, sondern als Form des Umgangs mit Beschränkungen zu verstehen, und die Reflexion auf Bedingungen der Autonomie zeigt, daß sie sich nicht in Leerräumen entwickelt, sondern daß strukturelle Beschränkungen zu den Bedingungen der Autonomie selbst zählen. Mit dieser Allgemeinfeststellung ist jedoch die historische Analyse der Reflexionsprobleme des Erziehungssystems, die wir vorhaben, noch nicht ausreichend vorbereitet. Begrifflich ist das Terrain abgesteckt, aber für Reflexions*themen* muß es mehr Anhaltspunkte geben als nur die Autonomie als solche; sonst bleibt es bei jener Defensivautonomie ohne Möglichkeiten der Selbstlimitierung.

Einen ersten Ausgangspunkt bietet uns die Unterscheidung der Systemreferenzen für Funktion, Leistung und Reflexion. Wir entnehmen dieser Unterscheidung sowie der Analyse der zirkulären Interdependenzen innerhalb der einzelnen Systemreferenzen die Hypothese, daß die Reflexion sich in der Selbstreferenz nicht nur mit sich selbst, sondern auch mit ihrem Verhältnis zu Funktion und Leistung des Systems beschäftigen muß. Funktion und Leistungsbedingungen werden, gerade in ihrer Nichtidentität, zum Reflexionsthema für funktional ausdifferenzierte Systeme. So muß das Erziehungssystem sich, wenn es seine Position in der Gesellschaft reflektiert, mit der Tatsache auseinandersetzen, daß ihm die optimale Erfüllung seiner gesellschaftlichen Funktion gar nicht ermöglicht und beste Erziehung aller durchaus nicht allseits als brauchbare Leistung angesehen wird.

Wir können und werden diesen Themenstrang seit der zweiten Hälfte des 18. Jahrhunderts verfolgen. Daneben gibt es einen zweiten Reflexionsthemen generierenden Problembereich, dem wir uns nunmehr zuwenden wollen. Er resultiert aus *strukturellen Beschränkungen der Ausdifferenzierbarkeit des Erziehungssystems.*

Es versteht sich keineswegs von selbst, daß für jede Gesellschaftsfunktion besondere Handlungssysteme rückstandslos ausdifferenziert werden können, so daß die Funktion im Funktionssystem und nur dort erfüllt wird. So ist es nicht möglich, alle politisch relevante Macht auch faktisch unter die Kontrolle des politischen Systems zu bringen. Für den Erziehungsbereich erfordert Ausdifferenzierung in erster Linie, daß der ohnehin ablaufende Sozialisationsprozeß bewußt wird und daß er in seinen Themen und Themensequenzen beeinflußt wird. Durch Ausdifferenzierung besonderer Situationstypen, besonderer Rollen, schließlich sogar besonderer Sozialsysteme für Erziehung läßt sich allmählich erreichen, daß in diesem Bereich die Funktion der Soziali-

sation bzw. Erziehung den Primat gewinnt und die Themenwahl steuert, statt umgekehrt mitlaufender Nebeneffekt zu bleiben. Soweit dies möglich ist, wird die Funktion dann durch einen intentional veranstalteten Lehr-/Lernprozeß erfüllt, und zwar typisch in der Form schulmäßigen Unterrichts, die es ermöglicht, Lehrkräfte rationell, das heißt für eine Mehrzahl von Schülern zugleich, einzusetzen. In dieser Form wird Erziehung organisierbar – eine Errungenschaft, die sich im 19. Jahrhundert in großem Stil durchgesetzt hat. Der spektakuläre Erfolg schulisch organisierter Erziehung darf jedoch nicht darüber hinwegtäuschen, daß es daneben wichtige Erziehungsbereiche gibt, in denen es, bisher jedenfalls, nicht möglich gewesen ist, diese Form der Ausdifferenzierung zu wählen. Das gilt für die Erziehung in Familien, in Wirtschaftsbetrieben und in Universitäten. Wir wollen diese Bereiche als „Überschneidungsbereiche" bezeichnen. In ihnen bleibt der Erziehungsprozeß an die Erfüllung, ja an den Primat einer anderen Funktion gebunden. Bei aller Verschiedenartigkeit im einzelnen ist es wichtig, den tragenden Grund dieser Funktionssymbiosen herauszuarbeiten; denn erst dadurch wird verständlich, daß es sich um vergleichbare Phänomene handelt.
Im Unterschied zum Schulunterricht, der sich durch seine *Interaktionsform* auszeichnet, laufen Familienerziehung, Betriebserziehung und Universitätserziehung in Funktionssystemen der Gesellschaft ab, die durch Bezug der Kommunikationsprozesse auf *symbolisch generalisierte Medien* ausdifferenziert worden sind, das heißt durch besondere Codes, die ein kontingentes Annehmen von Kommunikationsleistungen regulieren[70]. Das *Familienleben* entwickelt sich seit dem 18. Jahrhundert normativ (und in erheblichem Umfange wohl auch faktisch) in Richtung auf einen Primat der Orientierung an Liebe[71]. Dabei schulden die Ehegatten einander in anderem Sinne Liebe als Eltern und Kinder. Die Integration der Vollzüge dieser beiden Codes, und das heißt nicht zuletzt: das Vermeiden von Problemverschiebungen aus dem einen in den anderen Bereich, macht die innere Form und das Gelingen des Familienlebens aus und macht die Familie fähig, verschiedenartige und fluktuierende Umwelten zu akzeptieren. Für die *Wirtschaft* der modernen Gesellschaft ist bezeichnend, daß alle wirtschaftlich relevanten Faktoren, auch Grundbesitz und auch Arbeit, durch den monetären Mechanismus erfaßt werden, also „Ware" werden, und damit einem variablen (!) Prinzip der

[70] Hierzu Niklas Luhmann, Einführende Bemerkungen zu einer Theorie symbolisch generalisierter Kommunikationsmedien, in: ders., Soziologische Aufklärung Bd. 2, Opladen 1975, S. 170–192.

[71] Zum vieldiskutierten Wandel der Familienstrukturen unter diesen Anforderungen vgl. Hartmann Tyrell, Probleme einer Theorie der gesellschaftlichen Ausdifferenzierung der privatisierten modernen Kernfamilie, Zeitschrift für Soziologie 5 (1976), S. 393–417.

Summenkonstanz unterworfen werden, das ältere, moralabhängige Knappheitsvorstellungen[72] ersetzt. Damit läuft auch die gesellschaftliche Einordnung der Knappheitsorientierung in Einzelbetrieben über Geld und nicht mehr über Moral – was HEGEL bekanntlich durch Einrangieren des Gesellschaftsbegriffs auf einer niederen Perfektionsstufe seiner Theorie registriert. Im *Wissenschaftsbereich* wird Wahrheit zunehmend auf Steigerung des Auflöse- und Rekombinationsvermögens, auf Gewinn von lebensweltlich unwahrscheinlichen Erkenntnissen, auf Defiguration der Fakten[73] und Destruktion der Evidenzen konzentriert. Dabei wird die Anknüpfung an offensichtliche oder überlieferte Weltsicherheiten ersetzt durch eine Technik des Negierens von Negationen: durch das Bestehen von Kritik. Im Zeitalter der Kritik wird schließlich jedes „a priori" zum Theorieproblem, die Autonomisierung der Wissenschaft in bezug auf alle Vorgaben wird erzwungen, und das 19. Jahrhundert beschafft durch Reorganisation der Universitäten, also in Anlehnung an Erfordernisse des Erziehungssystems, die organisatorische Infrastruktur.

Das Auseinandertreten dieser Medienbereiche, ihre Autonomisierung und die Steigerung der Erwartungen in bezug auf Liebe, Geld und Wahrheit ins Unwahrscheinliche macht diese Medien als Basis für Sozialisations- und Erziehungsprozesse problematisch; einerseits bleiben diese Medien für Erziehung partiell unentbehrlich, andererseits können sie in ihrer Eigenlogik nicht unter diese Funktion gebeugt werden. Im Kernbereich ausdifferenzierter Erziehung, in der Schule, wird die Ordnungsfunktion solcher Medien durch das Altersgefälle Lehrer/Schüler und durch die Interaktionsform ersetzt. Wo Medien-Codes für den Erziehungsprozeß gleichwohl unentbehrlich sind, ***muß die Erziehung in der modernen Gesellschaft außerhalb des Schulsystems in jenen Überschneidungsbereichen ablaufen;*** denn es ist weder möglich noch sinnvoll, die Medien-Codes eigens für Schulzwecke zu duplizieren, also einen Sonder-Code für Schul-Liebe, Schul-Geld oder Schul-Wahrheit zu schaffen, um das Lehr-/Lernverhalten zu regulieren. Gerade die hochgetriebenen Ansprüche an die Orientierung unter spezifischen Medien-Codes verhindern, daß der Schulunterricht personbezogene Liebe, monetäre Rationalität oder methodisch und theoretisch kritisch zu evaluierende Wahrheit als eigenes Erziehungsinstrument einsetzt. Solche Medien überzeugen nur im Kontext von eigens dafür ausdifferenzierten Operationen. Die Schule ihrerseits bleibt darauf angewiesen, daß anderswo geliebt, verdient und geforscht worden ist

---

[72] Speziell hierzu: George M. FOSTER, Peasant Society and the Image of Limited Good, American Anthropologist 67 (1965), S. 293–315.

[73] So eine Formulierung DIDEROTS im Rêve de d'Alembert, zit. nach: Œuvres complètes, ed. de la Pléiade, Paris 1951, S. 961.

und daß sie Resultate solcher Operationen pauschal und selektiv übernehmen kann.
Die allgemeine Formbedingung funktionaler Gesellschaftsdifferenzierung macht solche Überschneidungsbereiche von jeweils zwei Funktionskreisen aus problematisch. Sie müssen einerseits den steigenden Ansprüchen ihres jeweils eigenen Medien-Codes genügen – so in einem personalisierten und intimisierten Sinne Liebe zum Ausdruck bringen oder im gesamten Vergleichsbereich, den der monetäre Mechanismus erschließt (also insbesondere auch in bezug auf den Einsatz der eigenen Arbeitskraft), ökonomisch rational sein. Sie müssen andererseits der Ausdifferenzierung des Erziehungssystems und dem sich von der Schule her reflektierenden pädagogischen Bewußtsein genügen; sie können also nicht einfach Sozialisationsprozesse ohne jede intentionale Steuerung und Kontrolle bleiben, denn sie wirken sich auf den Schulprozeß aus bzw. schließen an ihn an. Das kombinatorische Niveau funktionaler Erfordernisse wird angehoben. Ob und welche Lösungen sich für die damit aufgeworfenen Probleme finden lassen, ist eine Frage, der wir hier nicht ausreichend nachgehen können. Ihre Antwort hängt von den strukturellen Bedingungen in den einzelnen Funktionsbereichen ab. Unserem Rahmenthema entsprechend beschränken wir uns auf die Reflexionsprobleme, die sich aus diesen strukturellen Randbedingungen für die pädagogische Selbststeuerung des Erziehungssystems ergeben. Die Pädagogik hat sich seit der zweiten Hälfte des 18. Jahrhunderts, den Grundlinien der Ausdifferenzierung des Erziehungssystems folgend, darauf eingelassen, Schulpädagogik zu sein. Gerade damit aber wurden die Überschneidungsbereiche für sie zu einem Problem, das sie nicht ignorieren und auch nicht einfach als Umweltbedingung behandeln konnte, sondern das sie in ihre Selbst-Thematisierung einbauen mußte.
Zusätzlich ist zu beachten, daß die Relevanz dieser Überschneidungsbereiche für pädagogische Ziele nicht konstant bleibt, sondern ihrerseits mit dem Fortschreiten der funktionalen Differenzierung variiert. Mit der Eigenausprägung der Funktionssysteme werden gemeinsame Einrichtungen problematisch, die Distanz zwischen Rationalitäts- und Optimierungsvorstellungen auf beiden Seiten vergrößert sich, auch wenn keine Ersatzlösungen in Sicht sind. In dem Maße, als Überschneidungsbereiche in ihrem pädagogischen Ertrag fragwürdig werden, aber gleichwohl nicht aufgegeben werden können, wird daher der Kernbereich des Erziehungssystems und besonders die schulorientierte Pädagogik zu Kompensations- und Vermittlungsmaßnahmen gezwungen. Eine solche Entwicklung läßt sich an zwei Großthemen der aktuellen erziehungswissenschaftlichen Diskussion ablesen. Sie betreffen Familie und Wissenschaft.
Das Ungenügen *familiärer* Sozialisation und Erziehung als Vor- und Begleit-

bedingung für Schulerfolge führt zur Forderung *kompensatorischer Erziehung.* Das Ungenügen *wissenschaftlicher* Forschung als Form der Produktion von unterrichtsfähigen Themen führt zur Forderung einer *Fachdidaktik* und besonders einer *Hochschuldidaktik*[74]. In beiden Hinsichten entwickelt sich eine inhaltlich sehr verschiedenartige, aber strukturell genau analog liegende Sensibilität für mangelndes „matching"[75]. Was Familie und Wissenschaft für den Erziehungsprozeß leisten, erscheint heute nicht mehr als ohne weiteres brauchbar, sondern bedarf nochmaliger systeminterner Aufbereitung. Den Soziologen wird stutzig machen, daß Probleme gestellt und mit viel Mühe und Aufwand verfolgt werden, obwohl sie technisch gar nicht lösbar sind. Erst eine Reflexion auf die Lage des Erziehungssystems im Kontext seiner innergesellschaftlichen Umwelt vermag hier, auf Dauer gesehen, Resignation zu verhüten und die Frage aufzuwerfen, ob es sich nicht trotzdem lohnt. Wir kommen darauf an späterer Stelle (S. 108) zurück.

Bevor wir auf die Reflexionsgeschichte des Erziehungssystems näher eingehen, müssen wir die Erörterung der Überschneidungsbereiche noch negativ abrunden. Das erfordert vor allem die Klarstellung des Verhältnisses zum Code der politischen Macht. Im Verhältnis zur Politik hat sich kein besonderer Überschneidungsbereich, keine Funktionssymbiose entwickeln lassen. Der Ausübung politischer Macht läßt sich offenbar kein regulärer Erziehungsprozeß affixieren. Natürlich gibt es innerhalb der politischen Organisationen Prozesse der Sozialisation von Nachwuchs; aber es gibt keine dem Konzept der Demokratie entsprechende (entsprechend universelle) politische Erziehung im politischen System. Die Inklusion der Gesamtbevölkerung in Prozesse politischen Handelns ist für pädagogische Auswertung zu marginal – was nicht heißt: ihre strukturelle Bedeutung für die Politik selbst zu unterschätzen. Auf die politische Seite des Lebens kann daher allenfalls durch eine Art spezialisierten Unterrichts in der Schule vorbereitet werden – ein Notbehelf, der in seiner eigentümlichen Geschäftsferne offensichtlich inadäquat ist und auch dem Typus der Problemlösung widerspricht, der sich an den übrigen Systemgrenzen des ausdifferenzierten Erziehungssystems angebahnt hat. So wird verständlich, daß das Erziehungssystem seinerseits gelegentlich der Versuchung ausgesetzt ist, den Erziehungsprozeß selbst als

---

[74] In diesem Zusammenhang ist es nicht uninteressant anzumerken, daß Wissenschaftshistoriker den Pädagogismus wissenschaftlicher Begriffsbildung als eine Phase im Prozeß der Befreiung wissenschaftlicher Forschung von lebensweltlichen Bindungen ansehen; so jedenfalls Gaston BACHELARD, Le matérialisme rationnel, 3. Aufl. Paris 1972, S. 27f., 30f., 117f.

[75] Zu diesem Begriff unter prinzipiellen systemtheoretischen Gesichtspunkten Uriel G. FOA/Terence R. MITCHELL/Fred. E. FIEDLER, Differentiation Matching, Behavioral Science 16 (1971), S. 130–142.

politisches Handeln zu begreifen, die Differenzierung zu leugnen und den Versuch zu unternehmen, Politik durch Erziehung moralisch zu regenerieren[76].

Erst recht dürfte es unmöglich sein, jenseits von medienspezifischen Funktionssystemen der Gesellschaft weitere Überschneidungsbereiche nach Maßgabe pädagogischer Bedürfnisse neu zu kreieren. Die Vorstellung, dem gesamten Leben sei eine pädagogische Seite abzugewinnen, bleibt eine pädagogische Vorstellung. Auch die übliche Beschränkung auf lokale (dörfliche, städtische) „Gemeinschaften"[77] verhilft nicht zur Realisierung. Es handelt sich um Umweltprojektionen des Erziehungssystems, die den Differenzierungsgrad der Gesellschaft und ihre Funktionslogik unterschätzen. Deshalb liefern sie auch, anders als die real instituierten Überschneidungsbereiche, keine stimulierenden Beschränkungen für pädagogische Reflexion.

## IX. Entwicklung von Kontingenzformeln

Jede Ausdifferenzierung von Funktionssystemen führt, nach einem alten soziologischen Denkmuster, zur Verschärfung von Problemen in den Symbolstrukturen, die eine Gesellschaft integrieren. Sie müssen einerseits auf der Ebene der *Gesamtgesellschaft* genereller und auf der Ebene des *Teilsystems abstrakter* formuliert werden; sie dürfen andererseits den Bezug zu Sinnvollzügen des täglichen Lebens nicht verlieren und müssen auf *beiden* Ebenen (möglicherweise in verschiedener Weise) *respezifizierbar* bleiben. Zu den symbolischen Strukturen, die die hier notwendigen Vermittlungen leisten, gehören Einrichtungen, die wir *Kontingenzformeln* nennen wollen.

Das Bezugsproblem, das diese Formeln bedienen, ergibt sich aus der Ausdifferenzierung von Funktionen. Es fällt also in allen Funktionssystemen an, also auch im Erziehungssystem. Durch Orientierung an Funktionen kommt es zu einer Art Generalhypothese oder Hintergrundshypothese der Kontingenz. Die Inhalte der Erfahrung, die intendierten Bezugspunkte (Themen) des Erlebens und Handelns mitsamt den zu ihrer Interpretation nötigen Abstraktionen erscheinen als „auch anders möglich". Kontingenzbewußtsein, das am Gegebenen „dies oder auch anderes" zuläßt, ist eine Form der Generalisierung und bedarf infolgedessen einer Respezifikation; denn man kann nicht mit der Vorstellung der Äquipossibilität von allem und jedem

---

[76] Hierzu Günther C. Behrmann, Soziales System und politische Sozialisation: Eine Kritik der politischen Pädagogik, Stuttgart 1972.

[77] Vgl. z. B. Fred W. Newman/Donald W. Oliver, Education and Community, Harvard Educational Review 37 (1967), S. 61–106; Morris Janowitz, Institution Building in Urban Education, Hartfort, Conn., 1969.

leben[78]. Derart unbestimmte Kontingenz erzeugt zunächst einen Leerhorizont der Kompatibilität, die Normalerwartung, daß dies und auch anderes „geht"; aber solche Projektionen müssen sinnhaft faßbar gemacht und durch Bestimmungen präzisiert werden. Unbestimmtes muß in bestimmte oder doch bestimmbare Kontingenz übergeführt werden.

Das war zunächst und bleibt auch nach ihrer Ausdifferenzierung die Funktion der Religion[79]. Deren Kontingenzformel liegt, unserer Tradition zufolge, im Gottesbegriff, über den Kompossibilitäten limitiert werden. (Die Schwierigkeiten zeigen sich nicht zuletzt an der spezifisch neuzeitlichen Frage nach der Theodizee.) In der vorneuzeitlichen pädagogischen Literatur und Praxis finden sich nur Vorläufer für Kontingenzformeln, nämlich Zentralorientierungen, um die herum dann das außerdem noch Notwendige und Nützliche arrangiert wird. So schließt die an religiösen Texten orientierte Erziehung das Angruppieren weiteren Wissens wie Medizin, Astrologie, Bautechnik nicht aus[80]; und der „vir bonus dicendi peritus"[81] der römischen Rhetorikschulung mußte natürlich, um erfolgreich reden zu können, über ein entsprechendes Sachwissen verfügen. Soviel war leicht und ohne weitere Reflexion plausibel zu machen. Von Kontingenzformel in einem genaueren Sinne kann man hierbei noch nicht reden.

Erst mit zunehmender Ausdifferenzierung in der Gesellschaft und mit zunehmender Differenzierung gegen das Religionssystem geraten außer der Religion auch andere Funktionssysteme in die Zwangslage, den Kontingenzhintergrund ihrer jeweils spezifischen Funktion interpretieren zu müssen – in der Politik etwa die besonderen Konturen des Gemeinwohls, in der Wissenschaft die Beziehung von Identität und Nichtidentität im Verhältnis von Gegenstand und Erkenntnis. Das 18. Jahrhundert scheint uns die Anlaufphase für neue Formulierungsversuche zu sein, die, um bei diesen beiden Beispielen zu bleiben, in die Formalismen des Verfassungsstaates und der transzendentalen Erkenntnistheorie und anschließend der Dialektik überführt worden sind.

Kontingenzformeln werden nicht beliebig geprägt. Die Bedingungen erfolgreicher Formulierungen sind durch ihre eigene Funktion vorgezeichnet. Sie

[78] Bei Verengung dieses Problems auf *normative* Bezugspunkte spricht man in der soziologischen Tradition im Anschluß an DURKHEIM von „Anomie".

[79] Hierzu näher Niklas LUHMANN, Funktion der Religion, Frankfurt 1977.

[80] Vgl. z. B. S. J. TAMBIAH, World Conqueror und World Renouncer: A Study of Buddhism and Polity in Thailand Against a Historical Background, Cambridge, Engl., 1976, S. 207 ff.

[81] Mit dieser Definition CATOS resümiert Marcus Fabius QUINTILIANUS die wohl einflußreichste Lehre der Erziehung, die je geschrieben wurde (Institutionis Oratoriae Libri XII, hier: XII, 1.1, zit. nach der Ausgabe von Helmut RAHN, Darmstadt 1975, S. 684).

müssen die Unbestimmtheit anderer Möglichkeiten einschränken – zum Beispiel durch Bewertung oder durch plausible Strukturen der Alternativität. Dies geschieht im Vollzuge funktionaler Gesellschaftsdifferenzierung immer stärker in Anlehnung an die jeweils spezifische Funktion des Systems (die natürlich unterschieden werden muß von der Funktion der Kontingenzformel selbst). Im Zuge der Ablösung von religiösen Grundlagendefinitionen und der Durchsetzung neuartiger Systemautonomien wird die Reflexion der Funktion zum Formulierungsprinzip, und dabei gerät man vor die Notwendigkeit der Verhältnisbestimmung von Funktion, Leistung und Reflexion. Kontingenzformeln sind, mit anderen Worten, Reflexionsleistungen, die sich auf die Funktion beziehen, dabei das Verhältnis von Funktion, Leistung und Reflexion kontrollieren müssen und deshalb Reflexion auch der Reflexion, also zweistufige Reflexion erfordern.
So gibt es einerseits einschränkende Bedingungen der Möglichkeit für sinnvolle, überzeugende Kontingenzformeln, andererseits aber auch einen Spielraum für historische Entwicklungen in Anlehnung an jeweils verfügbare Plausibilitätsstrukturen. Für das 18. Jahrhundert wurde es zum Beispiel zunehmend plausibel, sich die Zukunft als offen für die Aufnahme von Fortschritt vorzustellen und deshalb Vorhandenes als steigerungsfähig oder auch eliminierbar zu denken[82]. Damit lag es im Zeithorizont der damaligen Zeit nahe, Kontingenzformeln quasiteleologisch als Steigerungsprinzipien zu entwerfen, als Angabe einer Richtung, in der es mehr oder Besseres oder bei negativ formulierten Kontingenzformeln (zum Beispiel Knappheit) weniger geben sollte. Das mußte für Erziehung in letzter Konsequenz bedeuten, daß Differenzierungen nur linear, nur im zeitlichen Nacheinander erfolgen dürfen nach Maßgabe „der Steigerung des Begriffs“[83] – eine Vorstellung, die unter keiner Kontingenzformel hat realisiert werden können[84]. Kennzeichnend für diese formative und als Tradition bis heute nachwirkende Periode ist außerdem, daß der Steigerungsgedanke einheitlich auf die Kontingenzformel als auf einen Wert bezogen wird und deshalb zwischen den Systemreferenzen für Funktion, Leistung und Reflexion nicht differenziert. Das ermöglicht unter anderem Konzeptionen, die *Leistungssteigerung durch Reflexion* in Aussicht stellen – eine Problemfassung, die heute zwar deplausibilisiert, aber nicht zureichend ersetzt worden ist.

---

[82] Vgl. Reinhart KOSELLECK, Vergangene Zukunft der frühen Neuzeit, in: Epirrhosis: Festgabe für Carl SCHMITT, Berlin 1968, S. 551–566; Niklas LUHMANN, The Future Cannot Begin: Temporal Structures in Modern Society, Social Research 43 (1976), S. 130–152.

[83] So Christian Wilhelm HARNISCH, Deutsche Volksschulen mit besonderer Rücksicht auf die Pestalozzischen Grundsätze, Berlin 1812, S. 41, Anm. 19.

[84] Vgl. unten S. 81.

Von diesem allgemeinen, auf gesamtgesellschaftliche Entwicklungen bezogenen Theorieansatz aus ist zu erwarten, daß wir entsprechende Symbolentwicklungen auch im Erziehungssystem vorfinden werden, und zwar im Zusammenhang mit dessen Ausdifferenzierung in der Gesellschaft und mit dessen Differenzierung gegen das Religionssystem. Für diesen Sonderfall lassen sich außerdem einige Besonderheiten festhalten, die für andere Funktionssysteme nicht gelten. Neben den Besonderheiten der Funktion der Erziehung sind es vor allem drei Eigenarten, die die Reflexionsprozesse im Erziehungssystem mitbestimmen, nämlich:

(1) ein *ungewöhnlich schnell laufender, abrupter Prozeß der Ausdifferenzierung,* der seit etwa der Mitte des 18. Jahrhunderts in wenigen Jahrzehnten Tatsachen und Bewußtseinslagen verändert;

(2) ein *immenses Anwachsen möglicher Unterrichtsthemen,* das zum einen durch die raschen Entwicklungen in Wirtschaft und Wissenschaft, zum anderen aber auch dadurch ausgelöst wird, daß man im Erziehungssystem selbst jetzt über Katechisation (Unterschicht) und lateinische Eloquenz (Oberschicht) hinausgehen und sich für alle gesellschaftlich relevanten Themen öffnen muß; und

(3) eine *bleibend hohe funktionale Relevanz von Überschneidungsbereichen,* die sich der vollen Ausdifferenzierung entziehen, aber gleichwohl Erziehungsleistungen erbringen und durch den von Schulen organisatorisch getragenen Ausdifferenzierungsprozeß betroffen und verändert werden.

Die Reflexion kann sich unter solchen Bedingungen nicht auf institutionelle Erfahrungen des Systems mit sich selbst stützen; sie wird plötzlich und im Vorgriff auf eine noch zu schaffende Wirklichkeit freigesetzt. Ihr obliegt es, der Gefahr der Oberflächlichkeit angesichts der buntscheckigen Vielgestaltigkeit neuer Unterrichtsthemen durch ein Tieferlegen des Selektionsprinzips zu begegnen. Und sie findet für all das einen wichtigen Gegenhalt in den Überschneidungsbereichen, die sie, obwohl zunehmend auf Schule bezogen, mitzubetreuen hat.

Diese Vorbedingungen machen verständlich, daß das Erziehungssystem seine Kontingenzformel nicht auf Anhieb endgültig festgelegt, sondern im Laufe der letzten zweihundert Jahre mehrfach reformuliert hat. Die Kontingenzformel lautet zunächst *humane Perfektion,* dann *Bildung,* dann *Lernfähigkeit.* Ein durchlaufendes Moment im Wechsel dieser Kontingenzformeln ist das Einhalten einer Reflexionsebene, von der aus es möglich ist, *das einfache Lernen und den Erwerb bloßer Kenntnisse abzuwerten.* Erziehung wird damit als selektives Verfahren begründet. Dem dient im Kontext von *Perfektion* die Berufung auf *Vernunft* (raison), im Kontext von *Bildung* die Idee des *Allgemeinen* im Unterschied zum Besonderen (das allein gelernt werden kann) und im Kontext von *Lernfähigkeit* schließlich die *Lernfähigkeit selbst,*

das heißt die anschließenden Lernmöglichkeiten, auf die es in allem Lernen letztlich ankommt.
Andererseits kommt es auf der Basis durchgehaltener Kontinuität der Reflexionsebene auch zu kennzeichnenden Veränderungen. Der Prozeß läßt mehrere Tendenzen erkennen. In erster Linie nähert er sich schrittweise der spezifischen Funktion des Erziehungssystems; er sucht zunehmend funktionsgenaue Leitformeln. Außerdem wechselt er die Anlehnung an Überschneidungsbereiche. Während humane Perfektion eine Formel ist, die Familienerziehung und Schulerziehung übergreift, gewinnt die Formel Bildung ihren spezifischen Gehalt durch die Voraussetzung eines besonderen Erziehungswertes der Wissenschaft. Lernfähigkeit schließlich formuliert eine Kondition, die vor allem auf spätere Verwendung im beruflichen Leben blickt und besagt, daß die Erziehung, was immer sie sonst mitgibt, vor allem zum Lernen von Lernfähigkeit führen müsse, um für jede spätere Lebenslage zu wappnen. Mit diesem Wechsel der Hauptanlehnung vollzieht sich zugleich ein Prozeß der zunehmenden Ablösung von den Überschneidungsbereichen. In der Perfektionsformel ist die Familienerziehung noch gleichberechtigt und als Alternative zur Schulerziehung mitgedacht. Der Bildungsbegriff orientiert den Prozeß schulischer Erziehung nur noch am Kulminationspunkt Universität, der zugleich außerhalb der Erziehung liegt. Die Formel Lernfähigkeit schließlich enthält kaum noch erkennbare Sonderbeziehungen zu einem der Umweltbereiche; aber faktisch ist sie bei rasch zunehmender Differenzierung, Spezialisierung und Fluktuation der Arbeitsanforderungen in der Wirtschaft doch vornehmlich hierfür relevant.
Die Reihe humane Perfektion – Bildung – Lernfähigkeit ist im Sinne von Schwerpunktformulierungen, nicht im Sinne wechselseitiger Exklusivität gemeint. Die Bildungsidee – der Begriff der Bildung liegt schon seit der Mitte des 18. Jahrhunderts vor – reformuliert die Perfektionsvorstellungen mit Hilfe der Transzendentalphilosophie; sie antezipiert mit ihrer Betonung des Aneignens der Methode das Lernen für späteres Lernen. Ungeachtet solcher Vorgriffe und Rückgriffe, die eine kontinuierliche Entwicklung ermöglichen und eine theoretische (pädagogikinterne) Abgrenzung erschweren, unterscheiden sich die Formeln jedoch deutlich genug, um die These einer Entwicklung der Reflexionsthematik des Erziehungssystems zu rechtfertigen. Wir analysieren diese Entwicklung in den drei folgenden Kapiteln nunmehr als Ausformulierung der Autonomie des Erziehungssystems und, prozessual gesehen, als relativ autonome (selbstgesteuerte) Reaktion des Erziehungssystems auf die eigene Ausdifferenzierung in der Gesellschaft.

# X. Humane Perfektion

Perfektion ist ein alter Begriff zur Charakterisierung von Ergebnissen natürlicher und technischer Prozesse, schließlich von Wesenheiten schlechthin, einschließlich Gottes[85]. Die Idee der Perfektion antwortet zunächst auf die Erfahrung der Kontingenz und der Negativität durch Behauptung von Formen, deren Erreichen ein Wesen perfekt (zunächst einfach: fertig) sein läßt. Die Idee wird sodann im Kontext einer Hierarchie von Seinsstufen, an der alles Seiende partizipiert, als steigerbar vorausgesetzt, so daß jedes Wesen seine Perfektion auch aus dem Transzendieren seiner Seinsstufe (oder thomistisch: aus einem Zusammenwirken von Natur und Gnade) erhält. Nur Gott ist als „ens perfectissimum" selbstzentrierte Perfektion. Gegen diesen Traditionshintergrund kann das 16./17. Jahrhundert den Gedanken der selbstzentrierten Perfektion zwar auf den Menschen anwenden und in eine neue sich ausbildende Anthropologie übernehmen – aber nur, indem selbstzentrierte Perfektion jetzt als Negativität begriffen wird.[86]

Erst im 18. Jahrhundert setzt sich dominierend ein prozessuales, schließlich ein historisch-zeitliches Verständnis von Perfektion durch. Der Einzelmensch wird noch als *einfache* (und das heißt theologisch: unzerstörbare), aber schon als *steigerbare* Realität begriffen[87]. Im Zusammenhang damit wird, vor allem durch ROUSSEAU, die Natur von Perfektion auf Perfektibilität verlagert[88]. Die Selbstliebe wird nun auf Perfektibilität bezogen, gerät damit unter die Zeitperspektive von Entwicklung und greift damit über die Mängel des je gegebenen Wesens hinaus[89]. So hilft also Erziehung nur in dem nach, was der Mensch ohnehin an sich selbst liebt.

---

[85] Zur Problem- und Begriffsgeschichte Martin FOSS, The Idea of Perfection in the Western World, Princeton 1946. Zum Bezug auf Negativität auch Kenneth BURKE, The Rhetoric of Religion: Studies in Logology, Boston 1961, insbes. S. 283 ff.

[86] Vgl. dazu Arthur O. LOVEJOY, The Great Chain of Being: A Study of the History of an Idea, Cambridge, Mass., 1936 (Neudruck 1950, S. 94 ff. mit Hinweis auf Robert FLUDD). Ein typisches Beispiel: Pierre NICOLE, De la charité et de l'amour propre, in: ders., Œuvres philosophiques et morales, Paris 1845, Nachdruck Hildesheim 1970, S. 179–208.

[87] Siehe die Bemühung um eine Kombination dieser beiden Gesichtspunkte bei Abbé JOANNET, De la connoissance de l'homme, dans son être et dans ses rapports, Paris 1775, insbes. Bd. I, S. 96 ff.

[88] Reinhart KOSELLECK, Fortschritt, in: Geschichtliche Grundbegriffe: Historisches Lexikon zur politisch-sozialen Sprache in Deutschland Bd. II, Stuttgart 1975, S. 351–423 (375 ff.), weist für „perfectibilis" ältere Quellen nach, rechnet den hier skizzierten Begriffswandel aber ebenfalls dem 18. Jahrhundert zu.

[89] So heißt es bei Jean BLONDEL, Des hommes tels qu'ils sont et doivent être, London/Paris 1758, S. 166, unter der Überschrift Développement: „C'est l' amour propre

Perfektibilität ist der Perfektionsbegriff, der sich aus dem Wegfall der Erbsünde ergibt. Die Wesensformen der „realitas sive perfectio" werden in Bedingungen der Möglichkeit (vor allem: Sensibilität und Selbstreferenz) und in Prozeßgesetze – *beides* zunächst als „Natur" – abstrahiert. In der Anthropologie geht es demzufolge jetzt um selbstzentrierte Perfektibilität, die ihrerseits als zu negierende Negativität, als natürlich zu negierende natürliche Negativität begriffen wird[90]. Die Natur des Menschen wird aus einer gebrochenen (deprivierten) Positivität in eine ursprüngliche Negativität uminterpretiert. Der Mensch muß demzufolge durch Erziehung denaturiert werden[91], was aber durchaus auf natürliche Weise geschehen kann. Natur ist Negativität *und* Negation der Negativität zugleich. Sie ist Unbestimmtheit, „und dieser negative Vorzug ist Quelle aller obigen Vollkommenheiten"[92].
Mit diesen Umdispositionen verliert das Sperrdifferential der Realperfektion die Funktion, Veränderungen zu limitieren. Erforderliche Limitierungen müssen und können nun neu gewonnen werden in Anlehnung an besondere Bezugsprobleme und Funktionen. Vor diesem Hintergrund läßt sich die Perfektionierung oder Vollendung des Menschen als Leitformel für die Ausdifferenzierung des Erziehungssystems proklamieren. Vollkommenheit heißt, zumindest bei den Philanthropisten, proportionierliche Entwicklung aller Anlagen des Menschen. Sie ist das Prinzip, das Glückseligkeit auf Erden und in Ewigkeit bedeutet. Glückseligkeit ist der Zustand, in dem Vollkommenheit zum Selbstgenuß, zur „angenehmen Empfindung" geworden ist, und Erziehung ist das Geschäft, das sie bewirkt. Kein anderes kann wichtiger sein[93].

Die Formel Perfektion *hypostasiert* damit die Erziehung als Geschäft der Menschheitsentwicklung – und dies deshalb, weil sie noch keine ausdifferenzierte, spezifisch sensibilisierte und im übrigen gleichgültige Struktur be-

---

qui, en avertissant l'homme de sa perfectibilité, a donné, pour ainsi dire, une nouvelle vie à l'univers".

[90] Zumindest bei ROUSSEAU. Vgl. dazu Jean MOSCONI, Analyse et genèse: regards sur la théorie du devenir de l'entendement, Cahiers pour l'analyse No. 4 (1966), S. 47–82 (62).

[91] „Les bonnes institutions sociales", sagt ROUSSEAU im Emile, „sont celles qui savent le mieux dénaturer l'homme" (zit. nach: Œuvres complètes, ed. de la Pléiade, Paris 1969, S. 249). Für ROUSSEAU selbst wird im übrigen sogar Reflexion als Negation von Negativität entwickelt – „j'ose presque assurer, que l'état de réflexion est un état contre nature et que l'homme qui médite est un animal dépravé" (Discours sur l'origine de l'inégalité . . ., Œuvres complètes, ed. de la Pléiade Bd. III, Paris 1964, S. 138) –, eine These, die seinerzeit viel Widerspruch gefunden hat.

[92] So Ernst Christian TRAPP, a. a. O.

[93] Paraphrasiert nach TRAPP, a. a. O., S. 3ff., 7f. Vgl. auch Karl SCHRADER, Die Erziehungstheorie des Philanthropismus (Versuch eines Systems), Langensalza 1928, insbes. S. 10ff.

zeichnet. Fortschreitende Vervollkommnung des Menschengeschlechts bleibt eine allgemeine, auf die gesamte Gesellschaft und alle ihre Einrichtungen bezogene Formel, die es aber zugleich nahelegt, mit besonderem Nachdruck Einrichtungen und Methoden der Erziehung hierfür einzusetzen[94]. Das Erziehungssystem gewinnt mit dieser Formel den Sinn des eigenen Beitrags und dessen gesellschaftliche Relevanz. Dabei lag weder im Perfektionsbegriff noch im Gesellschaftsbegriff ein Anlaß, die Frage, ob die Perfektion der Menschen die der Gesellschaft bewirke oder umgekehrt, als Alternative zuzuspitzen[95]. Die Ausdifferenzierung, die angestrebt wird, zeigt sich zunächst nur in Abgrenzungen der Kontingenzformel – zum Beispiel in der These, daß nicht Wahrheit (und erst recht nicht: Erlösung von der Erbsünde), sondern Glückseligkeit Unterrichtszweck sei[96]. Die Formel selbst liegt noch ganz auf der Ebene realisierbarer Zwecke. Wohl nicht die nächste, aber doch die dritte oder vierte Generation könnte durch Erziehung glückselig werden. Erst KANT wird die hier nötige Unterscheidung von operativen Zwecken und regulativen Ideen zur Verfügung stellen[97], und dem entspricht dann eine Erweiterung des Zukunftshorizontes und eine Kritik des kurzfristig hoffnungsvollen „Verbesserungswahns" bei kantianisch argumentierenden Pädagogen[98].

Entsprechend überlastet erscheinen die Methoden. Es gibt erste Ansätze zu

---

[94] Vgl. z. B. CONDORCET, Bericht über die allgemeine Organisation des öffentlichen Unterrichtswesens, in: Robert ALT (Hrsg.), Erziehungsprogramme der Französischen Revolution, Berlin/Leipzig 1949, S. 61–117, insbes. 63. Siehe auch Käthe RAUHUT, Die pädagogischen Theorien der Französischen Revolution, Halle 1934.

[95] Die Ausnahme ROUSSEAU kann als in dieser Hinsicht untypisch gelten. Typischer ist ein Satz wie: „Es ist kein Gedanke wahrer und erhabener, als daß die Welt das vollkommenste Ganze ist, in dem die höchstmögliche Vollkommenheit und Glückseligkeit jedes einzelnen Gliedes die höchste Vollkommenheit des Ganzen ausmacht." STUVE, Allgemeinste Grundsätze der Erziehung, hergeleitet aus einer richtigen Kenntnis des Menschen, Allgemeine Revision, a. a. O., S. 233–382 (323).

[96] TRAPP, a. a. O., S. 141 f.

[97] Die unseres Wissens erste Übernahme der Unterscheidung von Zwecken und Endzwecken in die Pädagogik findet sich bei Johann Christoph GREILING, Über den Endzweck der Erziehung und über den ersten Grundsatz einer Wissenschaft derselben, Schneeberg 1793. Siehe auch Johann H. G. HEUSINGER, Versuch eines Lehrbuchs der Erziehungskunst: Ein Leitfaden zu akademischen Vorlesungen. Leipzig 1795, S. VI: „Der Zweck oder die Bestimmung des Menschen wird nicht aus der Erfahrung, sondern a priori erkannt." An die Stelle des Naturzweckes der Glückseligkeit tritt damit das „Streben nach der Würdigkeit, glückselig zu sein". Vgl. auch zum gesamten Kontext der Kant-Rezeption Max JAHN, Der Einfluß der kantischen Psychologie auf die Pädagogik als Wissenschaft: Ein Beitrag zur Geschichte der neueren philosophischen Pädagogik, Leipzig 1885.

[98] Siehe HEUSINGER, a. a. O. (1795), S. XIV f.

einer Unterrichtstechnologie[99]. Vor allem aber wird das spezifisch Pädagogische des Vorgehens, soweit es überhaupt theoretisch untersucht wird, als (wie immer passiv-assistierendes oder aktiv-instrumentalistisches) Ausnutzen der Selbstliebe für höhere Zwecke aufgefaßt. Da die natürliche Selbstsucht nicht allein zur moralischen Vollendung findet, muß der Pädagoge nachhelfen. Das erfordert Vorbereitung, und deshalb muß „die Erziehung als eigene Kunst von ihren eigenen Leuten getrieben werden"[100]. Zugleich begründet dieses Nichtausreichen der natürlichen Selbsterziehung den gesellschaftlichen Bedarf für Erziehung, auf den der Pädagoge sich berufen kann, wenn er Forderungen stellt oder sich zu rechtfertigen hat. Aber man sieht nicht recht, wie diese Überlegung im Unterricht verwendet werden könnte[101]. Die Kontingenzformel Perfektion benötigt und verträgt kein sich technisch problematisierendes Methodenbewußtsein; sie würde daran zerschellen.

Solange man von Perfektion, Vollendung oder Vervollkommnung spricht, wird mit diesen Begriffen bei allem Tieferlegen der Fundierung immer auch Traditionsgut weitergeleitet. Das Anlaufen pädagogischer Reflexion erfordert keinen übergangslosen Neubeginn. Das Neue muß, soll es zu einer universalen Inklusion aller in einem Funktionssystem führen, immer auch das Alte einbeziehen. Bei aller bis zum Jesuitenverbot sich steigernden Ablehnung der Geistlichkeit als Träger des Erziehungsprozesses wird die Relevanz von Religion (zumindest für die Erziehung der Unterschichten) zugestanden. Durch Erziehung allein sei keine Perfektion zu erreichen, konzediert MORELLY, das sei letztlich Sache der Religion[102]. „Der Unterricht in der Religion bleibet der wichtigste Theil des Schulamtes", meint Friedrich Samuel BOCK noch 1780[103]. Autoren des Revisionswerkes[104] sehen den Erzieher als „Mitarbeiter Gottes" und halten seine Wirkungen für ewigkeitsfest[105]. Das ist mehr als ein gelegentliches, konstruktiv überflüssiges Erwähnen der „bonté de

---

[99] Vgl. unten S. 130ff.

[100] TRAPP, a. a. O., S. 8.

[101] Und zwar auch dann nicht, wenn dieser Methodenansatz in einen ausgesprochen schulpolitischen Kontext hineinformuliert wird, wie zum Beispiel bei Friedrich Gabriel RESEWITZ, Die Erziehung des Bürgers zum Gebrauch des gesunden Verstandes und zur gemeinnützigen Geschäftigkeit, 2. Aufl. Kopenhagen 1776, insbes. S. 37ff.

[102] Essai sur le cœur humain, ou principes naturels de l'éducation, Paris 1745, Neudruck Genf 1970, S. 29, 41 f.

[103] Lehrbuch der Erziehungskunst zum Gebrauch für christliche Eltern und künftige Junglehrer, Königsberg/Leipzig 1780, S. 182.

[104] Allgemeine Revision, Bd I–XVI, 1785–1792.

[105] TRAPP, a. a. O., postuliert zum Beispiel als Einsicht, die jeder Vernünftige zugeben wird, „daß wir in der Ewigkeit um desto glücklicher sein werden, je ausgebildeter und vollkommener wir hier geworden sind" (S. 5).

Dieu". Die Perfektionsformel schließt Religion nicht aus, sondern ein; und zwar nicht nur als ein Unterrichtsfach neben anderen, sondern an der Stelle, an der man heute sagen würde: Durch Erziehung allein sei die Gesellschaft nicht zu ändern. In der zweiten Hälfte des 18. Jahrhunderts wird jedoch mit der begrifflichen Umstellung von Perfektion auf Perfektibilität bereits die Unerreichbarkeit eines Endes und eine Öffnung für immer neue Perfektionierungsmöglichkeiten formuliert[106]. Damit verschwindet sehr bald auch die Religion aus der Liste der Perfektionierungsmittel[107]. Das, was der Perfektion als Harmonie ihre Einheit gibt, erscheint nun als unbestimmt[108]; und schließlich verschwindet die Perfektion selbst (da ihr Begriff sein Verhältnis zur Realität nicht angeben kann)[109]. Der Schlußpunkt liegt dann nur noch in der Glückseligkeit: im Anschauen und Genießen der eigenen Perfektion. Die Perfektion wird als Reflexion ihrer selbst im Subjekt vollendet.

Ähnlich wie Religion behält unter der Perfektionsformel die Familienerziehung ihre Bedeutung. Auch insofern folgt die Reflexion der Ausdifferenzierung. Bis über die Mitte des 18. Jahrhunderts hinaus gibt es über Familienerziehung fast nur eine moralisierende Literatur, die Galanterie und Pedanterie, Verzärtelung und unnötige Härte geißelt, aber nicht zu positiven Vorschlägen kommt[110]. Einer Pädagogik sind damit jedenfalls Wege und Aufnahmebereitschaft bereitet. Erst nachdem die (ausdifferenzierte) Schulerziehung als Fokus aller Fortschritte ins Zentrum der Aufmerksamkeit rückt, kann auch die Familienerziehung mit Bezug auf Schule neu durchdacht werden.

Die Leitbegriffe dieser Bewegung müssen aber gleichwohl übergreifende

---

[106] Siehe die explizite Kontrastierung bei William GODWIN, Enquiry Concerning Political Justice, Buch I, Kap. V, zitiert nach der gekürzten Ausgabe Oxford 1971, S. 58 f.: „The term perfectible ... not only does not imply the capacity of being brought to perfection, but stands in express opposition to it. If we could arrive at perfection, there would be an end to our improvement. There is however one thing of great importance that it does imply: every perfection or excellence that human beings are competent to conceive, human beings, unless in cases that are palpably and unequivocally excluded by the structure of their frame, are competent to attain" (59).

[107] William GODWIN, An Enquiry Concerning Political Justice and its Influence on General Virtue and Happiness, London 1793, Buch I, Kap. IV, beschränkt sich auf die Erwähnung von Literatur (im Sinne von mündlicher und schriftlicher Diskussion), Erziehung und politischem Akzeptieren von Wahrheit und Moral.

[108] Das moniert z. B. GREILING, a. a. O. (1793), S. 26f.

[109] Vgl. HEGELS Kritik des Anselmischen Gottesbeweises (und zugleich wohl auch der Antwort, die SPINOZA gefunden hatte: realitas *sive* perfectio) in den Vorlesungen über die Philosophie der Religion, Teil II, Werke, Frankfurt 1969, S. 216.

[110] Vgl. dazu Curt GEBAUER, Studien zur Geschichte der bürgerlichen Sittenreform des 18. Jahrhunderts: Die Reform der häuslichen Erziehung, Archiv für Kulturgeschichte 20 (1930), S. 36–57.

Begriffe sein. Das nimmt nicht wunder in einer Gesellschaft, in der noch ein Viertel der Kinder höherer Schichten im Hause durch Hauslehrer erzogen und die Schule im Verhältnis zum Elternhaus mit Geringschätzung und Pressionen bedacht wird[111]. In der Optik der Zeit müssen also Familienerziehung und Schulerziehung wie zwei gleichberechtigte Möglichkeiten behandelt werden; zunächst als Alternativen und ab Mitte des Jahrhunderts zunehmend als aufeinanderfolgende Phasen des Erziehungsprozesses, die jedoch beide von der Pädagogik zu betreuen sind[112]. Daraus folgt nicht zuletzt: daß alle Erziehung Erzieher erzieht; denn nicht alle Erzogenen werden Lehrer, wohl aber normalerweise Väter bzw. Mütter. So gesehen, ist Erziehen zum Erziehen ein universaler reflexiver Prozeß. Jede Erziehung formt Erzieher. Nur deshalb konnte man glauben, über Erziehung von Erziehern allmählich immer höhere Formen der Humanität der Gesellschaft realisieren zu können (während heute umgekehrt familiale Sozialisation wegen ihrer Schichtabhängigkeit eher als Restriktion und Hindernis humaner Perfektionierung behandelt wird).

Wenn also die humane Perfektion noch an Religion gebunden bleibt, so die Reflexivität des Erziehungsprozesses an die Familie. Religionssystem und Familiensystem sind die „Herkunftsbereiche" der Ausdifferenzierung eines autonomen Erziehungssystems; mit ihnen kann gerade dann nicht abrupt gebrochen werden, wenn die Ausdifferenzierung sich an der Funktion orientiert und für diese Funktion gesellschaftsweite universale Geltung und Inklusion der Gesamtbevölkerung anstrebt. Das Räsonnement der Perfektion braucht keinen Kontrast zu familialen oder religiösen Werten, keinen Kontrast zu Natur und Moral, um sich zu entfalten. Die Logik der Perfektion hat ihren eigentlichen Widerpart auch nicht im Imperfekten, das sie ja impliziert, sondern in der Logik der Knappheit. Die (wie immer relative, kurzfristige) Nichtsteigerbarkeit der Ressourcen, die Voraussetzung ist für alles rationale Rechnen mit Summenkonstanzen, ist ihr prinzipieller Gegensatz. Knappheit aber wird annähernd parallel zu den bisher geschilderten Entwicklungen zur Kontingenzformel der Wirtschaft, und sie gewinnt hier als Knappheit von Geld funktionsspezifische Universalität[113]. Daß die Pädagogik ihren „take-off" durch die Idee humaner Perfektion symbolisiert, bringt sie in einen scharfen Kontrast zur Wirtschaft.

---

[111] Vgl. hierzu Hinweise bei Gustav STEPHAN, Die häusliche Erziehung in Deutschland während des achtzehnten Jahrhunderts, Wiesbaden 1891, S. 152 ff.

[112] Hierfür repräsentativ: Friedrich Samuel BOCK, a. a. O. (1780); August Hermann NIEMEYER, Grundsätze der Erziehung und des Unterrichts, Halle 1796.

[113] Es gehört mit in dieses Syndrom – aber darauf können wir hier nicht näher eingehen –, daß nunmehr kein anderes System als die Wirtschaft genuines Verständnis für Knappheit aufbringen kann.

Es bahnt sich heute Konsens darüber an, daß die industrielle Entwicklung, besonders in England, weitgehend unabhängig von neuartigen Vorleistungen des Erziehungssystems angelaufen ist[114]. Die „industrielle Revolution" hat die schulische Revolution nicht vorausgesetzt, sondern nachgezogen. Ungeachtet der Frage, wieweit ein Anforderungsdruck von seiten der Wirtschaft tatsächlich gegeben war[115], reflektiert die Pädagogik oder zumindest die Schulplanung einen solchen Bedarf[116]. Das bringt sie als systemeigene Umwelteinschätzung in Konflikt mit ihrer eigenen Kontingenzformel.

Damit beginnen die Orientierungen an *Funktion* und an *Leistung* des Erziehungssystems *zu divergieren*. Während die Funktion über die Kontingenzformel der humanen Perfektion begriffen wird, schätzt man die Leistungserwartungen der wirtschaftlichen Gesellschaft ein als durch Arbeitsteilung und durch Knappheit regiert. Man muß arbeiten, und zwar in einer durch den Geldmechanismus bestimmten Wirtschaft unabhängig vom Bedarf, also immer und emsig und rational, weil Geld unabhängig vom Bedarf knapp ist. Die Philanthropie sieht in der Geldwirtschaft geradezu den „natürlichen Erziehungsprozeß", im Vergleich zu dem die ausdifferenzierte Erziehung in Schulen zunächst eine Fülle von Problemen und Nachteilen mit sich bringt[117]. Unter den vorgegebenen Bedingungen eines arbeitsteilig und schichtmäßig differenzierten Wirtschaftssystems führt Arbeit jedoch nicht zur Vollendung des Menschen, und wir können heute getrost anfügen: auch Nichtarbeit (= Arbeitslosigkeit) nicht. In dem Maße, als die Wirtschaft in systemmäßiger Ausdifferenzierung ihre rationale Leistungsfähigkeit gewinnt, versagt sie sich

[114] Siehe Sidney POLLARD, Die Bildung und Ausbildung der industriellen Klassen Britanniens im 18. Jahrhundert, in: Rudolf BRAUN et al. (Hrsg.), Gesellschaft in der industriellen Revolution, Köln 1973, S. 147–161.

[115] Siehe dazu für einen frühen Zeitpunkt und mit regionaler Begrenzung die Untersuchung von William BOYD, Education in Ayrshire Through Seven Centuries, London 1961, S. 74 ff.; ferner Alexander LAW, Education in Edinburgh in the Eighteenth Century, London 1965; Donald WITHRINGTON, Education and Society in the Eighteenth Century, in: N. T. PHILLIPSON/Rosalind MITCHISON (Hrsg.), Scotland in the Age of Improvement: Essays in Scottish History in the Eighteenth Century, Edinburgh 1970, S. 169–199. Die Untersuchungen in Schottland sind für unsere Fragestellung insofern besonders aufschlußreich, weil hier eine merkantilistische Wirtschaftspolitik fehlt, die die Orientierungen durch zentrale politische Vermittlung verzerrt, und zugleich das Erziehungssystem energischer ausgebaut wird als etwa in England.

[116] Vgl. etwa August GANS, Das ökonomische Motiv in der preußischen Pädagogik des 18. Jahrhunderts, Halle 1930.

[117] Vgl. TRAPP, a. a. O., S. 151 f.: „Die Grundverfassung der natürlichen Erziehung besteht darin, daß der Zögling sich seinen Unterhalt selbst verdiene. Solange dies nicht geschieht, scheint mir eine Quelle unzähliger Übel in den Erziehungsanstalten und im menschlichen Leben nicht verstopft und viele Schwierigkeiten bei der Erziehung nicht behoben werden zu können."

dem ihr von außen angetragenen Ziel der Selbstverwirklichung des Menschen.

Auf die damit offene Problemlage reagiert die zeitgenössische Pädagogik auf den beiden Ebenen der Reflexion. In einem direkten Sinne wird das Problem durch die Industrieschulbewegung angegangen. Es werden Schulen gegründet, die Arbeitsvollzug nicht nur lehren, sondern zugleich auch sind, und sich wirtschaftlich tragen, wenn nicht gar Gewinn abwerfen wollen[118]. Damit hofft man, die Vorteile der „natürlichen Erziehung" in ausdifferenzierte Erziehungsanstalten wiedereinbringen zu können. Das hieß, systemtheoretisch gesprochen, den Überschneidungsbereich, in dem zugleich gelernt und produziert wird, in Organisationen des Erziehungssystems und nicht in Organisationen des Wirtschaftssystems anzusiedeln. Das ist mißlungen[119]. Die Verhaltensprägung durch das wirtschaftliche Motiv (vielleicht kann man auch sagen: der Operationalisierungsvorsprung der Wirtschaft) erwies sich als stärker. Es war nach dieser Erfahrung konsequent, lieber der Wirtschaft Erziehungsleistungen zuzumuten, als die Schule zum Arbeitsbetrieb entarten zu lassen.

Neben diesem Versuch, pädagogische Verantwortung zu übernehmen für Leistungen des Erziehungssystems, die kaum noch der Reflexion seiner Funktion entsprechen, gibt es auch die Reflexion genau dieses Problems. Es wird sehr rasch bewußt, daß die auf Leistung zielende Respezifikation der Kontingenzformel in Widerspruch tritt zu ihr selbst. Das Problem wird als Widerspruch von Vollkommenheit und Brauchbarkeit des Menschen gefaßt[120]. Damit verliert der Begriff der Vollkommenheit seine Stellung als

---

118 Vgl. Kurt IVEN, Die Industrie-Pädagogik des 18. Jahrhunderts: Eine Untersuchung über die Bedeutung des wirtschaftlichen Verhaltens für die Erziehung, Berlin 1929; Bruno BENDOKAT, Industriepädagogik bei den Philanthropen und bei PESTALOZZI, Halle 1934; Achim LESCHINSKY/Peter Martin ROEDER, Schule im historischen Prozeß: Zum Wechselverhältnis von institutioneller Erziehung und gesellschaftlicher Entwicklung, Stuttgart 1976, S. 283 ff.

119 Bereits in den 90er Jahren des 18. Jahrhunderts schwillt die Kritik an. Siehe etwa Christian Daniel VOSZ, Versuch über die Erziehung für den Staat, als Bedürfniß unsrer Zeit, zur Beförderung des Bürgerwohls und der Regenten-Sicherheit, Halle 1799, Bd. I, S. 280 ff., Bd. II, S. 364 ff.

120 Siehe Peter VILLAUME, Ob und inwiefern bei der Erziehung die Vollkommenheit des einzelnen Menschen seiner Brauchbarkeit aufzuopfern sey, in: Allgemeine Revision, Bd.III, 1785, S. 435–616. Bald darauf wird es üblich, zwischen Erziehung des Menschen als Menschen und Erziehung des Menschen als Bürger (d. h. für bestimmte gesellschaftliche Bedingungen) zu unterscheiden – siehe z. B. Johann Christoph GREILING, Ueber den Endzweck der Erziehung, und über den ersten Grundsatz einer Wissenschaft derselben, Schneeberg 1793, S. 44 ff.; Heinrich STEPHANI, Grundriß der Staatserziehungswissenschaft, Weißenfels/Leipzig 1797, S. 99 ff.; Friedrich Wilhelm LEHNE, Handbuch der Pädagogik nach einem systema-

erstes Prinzip; denn *Vollkommenheit* muß mit *Brauchbarkeit* noch vermittelt und außerdem, damit sie *Glückseligkeit* werde, noch empfunden und reflektiert werden[121]. Eine solche Auflösung der Kontingenzformel, bei der Funktion (Vollkommenheit), Leistung (Brauchbarkeit) und Reflexion (Glückseligkeit) auseinandertreten, so daß ihr Zusammenhang nur noch über Relationen formuliert werden kann, verlangt theoretisch wie praktisch nach einer Neuformierung der Pädagogik.

Theoretische Lösungen sind zunächst nicht in Sicht. Das Problem Vollkommenheit/Brauchbarkeit bzw. Mensch/Bürger stellt sich für Autoren aller Schattierungen – ein Anzeichen dafür, daß ein nicht mehr ignorierbares Strukturproblem angesprochen ist. Praktische Lösungsvorschläge finden sich im Revisionswerk in zweifacher Form: über Sequenzierung und über Selektion. Man kann den Widerspruch in ein Nacheinander auflösen, nämlich erst für menschliche Vollkommenheit sorgen und dann, wenn die Zeit drängt, dies abbrechen und auf Brauchbarkeit zusteuern[122]. Selektion dagegen wird als Aufstiegsauslese begriffen in der Annahme, daß höhere Stände bessere Chancen bieten, menschliche Vollendung zu erreichen[123].

Es sind einerseits die ungelösten Theorieprobleme, die den „Pragmatismus"

---

tischen Entwurfe Bd. I, Göttingen 1799, S. 38 ff., 54 f. Das geschieht jedoch bei Autoren, die sich bereits auf KANT berufen, nicht mehr „systemgerecht" und wird mit Recht moniert – siehe Johann Heinrich Gottlieb HEUSINGER, Beytrag zur Berichtigung einiger Begriffe über Erziehung und Erziehungskunst, Halle 1794, S. 19 f. Nach der neuen Philosophie muß der Gesellschaftsbezug in moralischer Veredelung aufgehoben, das heißt als besonderes Erziehungsziel weggelassen werden. Und trotzdem ist die Unterscheidung Mensch/Bürger nicht auszumerzen. Heinrich STEPHANI, System der öffentlichen Erziehung, Berlin 1805, S. 95 ff., übernimmt sie ausdrücklich trotz aller Kritik, wenn auch (verharmlosend) nur zur Einteilung und näheren Bestimmung des Stoffes der Erziehung (S. 96, Anm.). Ähnlich abschwächend – die Erziehung zum Bürger sei eine bloße Erweiterung der Erziehung zum Menschen – Karl Heinrich Ludwig PÖLITZ, Die Erziehungswissenschaft, aus dem Zwecke der Menschheit und des Staates practisch dargestellt, Leipzig 1806, Theil 1, S. 7, 307 ff. Hierzu ferner Herwig BLANKERTZ, Berufsbildung und Utilitarismus, Düsseldorf 1963, S. 46 ff.

121 Zu diesen sich im Philanthropismus durchsetzenden Einschränkungen, die dann im neuhumanistischen Bildungsbegriff wiederaufgehoben werden, siehe auch Kurt GRUBE, Die Idee und Struktur einer rein-menschlichen Bildung: Ein Beitrag zum Philanthropismus und Neuhumanismus, Halle 1934, S. 72 ff.

122 Ähnlich – erst allgemeine Bildung, dann spezielle Bildung – noch Heinrich STEPHANI, System der öffentlichen Erziehung, Berlin 1805, S. 354. Zur zeitgenössischen Kritik vgl. BLANKERTZ, a. a. O., S. 115; Günther DOHMEN, Bildung und Schule: Die Entstehung des deutschen Bildungsbegriffs und die Entwicklung seines Verhältnisses zur Schule Bd. II, Weinheim 1965, S. 162 f.

123 So formuliert VILLAUME, a. a. O., S. 526, zum Beispiel: „Er [d. h. der Erzieher] muß seinen Zögling nicht vollkommener machen, als es sein Stand erlaubt; außer, wenn er sieht, daß dessen Kräfte ihn offenbar zu einem anderen Stande bestimmen."

und die Glückseligkeit-Seligkeit der Aufklärungspädagogik bald in Verruf bringen. Daneben verschiebt sich, mehr oder weniger unbemerkt, die Respezifikationsproblematik. Die Formel humane Perfektion war entworfen worden im Vertrauen darauf, daß ihre Operationalisierung über Natur und Moral laufen könne. Humane Perfektion sollte sein *moralische* Vollendung der menschlichen *Natur*. Beides, Natur und Moral, symbolisiert gesellschaftsweit geltende Strukturen und korreliert als Gebrauchssymbolik insofern mit noch unvollständiger Ausdifferenzierung der Funktionssysteme. Das Postulat der „natürlichen Bildung" wird jedoch angesichts einer zunehmenden Spezifikation pädagogischer Bemühungen und Interessen fragwürdig[124]. Bei fortschreitender Ausdifferenzierung und funktionaler Spezifikation der Schuleinrichtungen des Erziehungssystems verlagert sich die Respezifikation statt dessen auf die Leistungsperspektive. Bei der Auswahl eines Fächerkanons und bei der Festlegung von Lernzielen und Lehrplänen müssen Entscheidungen getroffen werden, die am besten durch Vorgriff auf einen Bedarf artikuliert werden[125].

Damit müßte im Verhältnis zu Funktion und Reflexion von Erziehung ihr Leistungsbezug auf andere Teilsysteme der Gesellschaft die Respezifikationsfunktion übernehmen. Funktions- und Reflexionsaussagen bleiben übergeneralisiert und überfordern jede Hermeneutik, die sie interpretiert. Andererseits liegt es der Pädagogik zunächst begreiflicherweise fern, sich auf Wirtschaft, Beruf und Arbeit hin zu relativieren[126]. Sie sucht die Problemlösung deshalb nicht in einer Neubalancierung der Systemreferenzen von Funktion, Leistung und Reflexion, sondern in einer anderen Kontingenzformel: Bildung, und in der Anlehnung an einen anderen Überschneidungsbereich: Wissenschaft.

Das Problem der Arbeitsteilung bleibt dabei zunächst ausgeklammert und ebenso das Problem der Knappheit. Erst ein Jahrhundert später macht Emile

---

124 Dazu DOHMEN, a. a. O., Bd. II, S. 146 ff.

125 Es muß natürlich miterwähnt werden, daß man gleichzeitig in der „neuhumanistischen" Rückwendung zur Antike eine Alternative sucht. Aber dafür muß in einem Zeitalter, das bereits historisch denkt, ein zu hoher Preis gezahlt werden: die apodiktische und unbeziehbare Behauptung des Bildungswertes der Antike an sich. Anders war die Sachlage in der Antike selbst. Unter den Prämissen einer *stratifizierten* Gesellschaft (vgl. oben S. 26 f.) war die Frage *kontrovers* geblieben, ob Erkenntnis als „Philosophie" einen intrinsischen Wert für Erziehung habe oder ob die praktische Erfolge erstrebende Rhetorik den Vorzug verdiene. Vgl. z. B. Aubrey GWYNN, Roman Education from CICERO to QUINTILIAN, Neudruck New York 1964, S. 46 ff.

126 Dies unterstellt erst die neuhumanistische Kritik der Philanthropie, um sich selbst von jeder Berufs- und Leistungsorientierung freizusprechen. Siehe Friedrich Immanuel NIETHAMMER, Der Streit des Philanthropinismus und Humanismus in der Theorie des Erziehungsunterrichts unserer Zeit, Jena 1808, z. B. S. 25.

Durkheim[127] bewußt, *daß es keinen Weg zur Vollkommenheit gibt, der an der Arbeitsteilung vorbeiführt,* und reformuliert das Problem der Moral als *daraus sich ergebendes* Problem der Solidarität. Aber das ist schon Soziologie.

## XI. Bildung

Die Lösung der offenen Reflexionsprobleme hat man um 1800 noch nicht in einer Sozialtheorie suchen können. Deren Platz war durch die Reflexion der Moral besetzt. Für das neu sich formierende Gesellschaftssystem bot sich in Ablösung der politischen eine wirtschaftliche Konzeption an, die aber die politische nicht ersetzen, sondern sich nur neben sie setzen konnte. Das führt zur Formel Staat und Gesellschaft, die als Abschlußformel sozialer Relevanzen Erziehung nicht eigens berücksichtigt[128]. Selbst die „Kritik der politischen Ökonomie" kritisiert nicht etwa dieses Zweierparadigma als solches, sondern festigt es durch Kritik zu einem Traditionsbestand, der bis heute nachwirkt.

Das Erziehungssystem findet in dieser Lage keinen Anschluß an eine Sozialtheorie, findet aber im Staat ein zunehmend wirksames Organisationspotential, mit dessen Hilfe der Ausdifferenzierungsprozeß im Schul- und Universitätsbereich vorangetrieben werden kann. Daraus folgen Anreize zur Kurzschließung von Reflexion und Organisation, von Philosophie und Administration, die in dem Maße Plausibilität gewinnen, als Akademiker in Verwaltungspositionen rekrutiert werden. Im Begriff der Bildung finden diese neuen Formierungen Ausdruck und Legitimation. Aber ist die Neuaufladung eines seit Mitte des 18. Jahrhunderts verbreiteten Begriffs nur durch die veränderte Situation bedingt, oder leistet sie auch eine Änderung des semantischen Gehalts, wenn nicht gar eine plausiblere Lösung der offenen Reflexionsprobleme?

Kontinuitäten sind unübersehbar. Die Thematisierung des Menschen als selbstreferentielles Subjekt, die Kontrastierung von Innen und Außen, der Formbegriff und das Verständnis von Erziehung als Gestaltung der „inneren Form" – all das war schon vorformuliert als Erläuterungsmaterial für humane

---

127 De la division du travail social, Neudruck Paris 1973, insbes. S. 4 f., und speziell für Allgemeinbildung, die ihm nur noch als oberflächliche möglich erscheint, S. 364 f.

128 Vgl. Adalbert von Unruh, Dogmenhistorische Untersuchung über den Gegensatz von Staat und Gesellschaft vor Hegel, Leipzig 1928; Erich Angermann, Das Auseinandertreten von Staat und Gesellschaft im Denken des 18. Jahrhunderts, Zeitschrift für Politik 10 (1963), S. 89–101; Manfred Riedel, Gesellschaft, bürgerliche, in: Geschichtliche Grundbegriffe: Historisches Lexikon zur politisch-sozialen Sprache in Deutschland Bd. II, Stuttgart 1975, S. 719–800.

Perfektion[129]. Selbstreferenz und Form zusammengenommen hatten die Einsicht erzwungen, daß „erziehender Unterricht" die „Selbsttätigkeit" des zu Erziehenden zu fördern habe[130], daß er eben deshalb auf die Mitarbeit des sich Bildenden angewiesen sei und daß es im pädagogischen Geschäft darauf ankomme, diese Mitarbeit zu stimulieren. *Innere* Form ist danach Resultat des Zusammenwirkens *externer und interner* Kräfte. Mit diesen Vorgaben kann man nahezu bruchlos die Idee der Bildung als Form des inneren Verhältnisses zur Welt konstruieren.

Gleichwohl kommt es, vornehmlich im Anschluß an die kantische Philosophie[131], zu einer prinzipiellen Wendung, und zwar im Fundierungsverhältnis von Erziehung und Moral. Die These, Sittlichkeit beruhe auf Erziehung, wird ersetzt durch die These, Erziehung beruhe auf Sittlichkeit[132]. Die kantisch apriorisierte Moral scheint ein festes Fundament zu bieten für eine Neuformulierung des Erziehungszwecks, die von allem Eigennutz, allen angenehmen Empfindungen, allem Folgenkalkül abstrahiert und damit auch das Reflexionsprinzip der Glückseligkeit aufgibt[133]. Diese Umkehrung erzwingt eine neue, nichtempirische, eine philosophische Theorie der Bildung, die zunächst – das werden wir im zweiten Teil unserer Untersuchungen behandeln – von den schon formulierten Problemen technologisch kontrollierbarer Bewirkung von Wirkungen im Erziehungsprozeß wegführt.

Neu ist, formal gesehen, auch das Transzendieren der Ebene erreichbarer (und damit auch: verfehlbarer) Zwecke durch Apriorisierung regulativer Ideen. Damit wird der Humanismus aus der gefährlichen Zone des Widerlegbaren herausgebracht, in die er durch den Abbau theologischer Grundlegungen zunächst geraten war. Neu sind außerdem inhaltlich die Verstärkereffekte, die sich aus der Formel-Konstruktion selbst ergeben oder mit ihrer Hilfe anschließbar sind. Sie betreffen *Individualität* und *Wissenschaftlichkeit* der Bildung.

---

[129] Vgl. dazu ausführlich DOHMEN, a. a. O. Für einen kürzeren Überblick vgl. auch Clemens MENZE, Bildung, in: Handbuch pädagogischer Grundbegriffe Bd. I, München 1970, S. 134–184; Rudolf VIERHAUS, Bildung, in: Geschichtliche Grundbegriffe: Historisches Lexikon zur politisch-sozialen Sprache in Deutschland Bd. I, Stuttgart 1972, S. 508–551.

[130] Siehe STUVE, a. a. O., S. 347 ff.

[131] Vgl. zur Kant-Rezeption auch oben Anm. 97. Ferner zur Parallelentwicklung im revolutionären Verständnis von Perfektibilität oben Anm. 106.

[132] Speziell hierzu: Jonathan SCHUDEROFF, Briefe über Moralische Erziehung in Hinsicht auf die neueste Philosophie, Leipzig 1792, insbes. S. 73 ff.; Johann Christoph GREILING, Über den Endzweck der Erziehung und über den ersten Grundsatz einer Wissenschaft derselben, Schneeberg 1793, S. 11 ff.; (anonym), Über moralische Erziehung, Archiv der Erziehungskunde für Deutschland 4 (1794), S. 1–38.

[133] Dazu auch oben S. 65 mit weiteren Hinweisen.

In der „Theorie der Bildung", wie HUMBOLDT sie anstrebt, fließen einerseits die Tendenzen zu einer Wissenschaftswissenschaft, die die sich rasch diversifizierenden Kenntnisse und Fächer zusammenhält (und insofern Grundlage einer „Universität" bilden kann), und andererseits die Subjektheit des Objekts der Erziehung zusammen. So wird der individuelle Mensch, sofern er sich selbst bildet, zu demjenigen Gesichtspunkt erklärt, von dem aus die Theorie der Bildung eine Wissenschaftswissenschaft zu sein beansprucht – eine Alternative also zur transzendental-philosophischen Reflexion, und nicht in erster Linie eine Pädagogik. Die Art, wie Individualität und wie Wissenschaft aufgefaßt wird, zwingt diese Neufassung der Kontingenzformel auf eine Ebene stärkerer Generalisierung. Man geht jetzt von als Individuen geborenen Menschen aus (also nicht mehr: von natürlich-indifferenten Sensibilitäten), sieht gerade darin (und nicht in einer abstrakt-gleichbleibenden „Natur") die Erziehbarkeit begründet und begreift daher Erziehung nicht mehr als Konstituieren, sondern als Idealisieren der Individualität: als Hinführen auf eine Funktion für das Repräsentieren des Allgemeinen. Außerdem kann die Bezugnahme auf Wissenschaft in der Perspektive des Erziehungsprozesses nicht sinnvoll zwischen Humanwissenschaften und Realwissenschaften wählen und den einen größeren Bildungswert zuerkennen als den anderen. Also muß ein Wissenschaftsbegriff postuliert werden, der diese Differenz übergreift und die Erziehung vom Schema wissenschaftsinterner Fächerdifferenzierung unabhängig macht. Das gelingt in einer Neuformierung der Universitätsidee – zwar nicht wissenschaftstheoretisch definitiv, aber doch so, daß man den Bezug auf alles Wissen (als Kulturgut) am Bezug auf den Menschen, also am Verstehen, modelliert.
Sowohl Individuum als auch Wissenschaft werden in dieser „Theorie der Bildung" als Träger eines Weltverhältnisses gesehen, die sich in der Reflexion auf eben dieses Verhältnis selbst begründen. Das ermöglicht es, eine Weltformel, nämlich „Harmonie", auf das Individuum zu übernehmen[134]. Der Gedanke der Harmonie eignet sich vorzüglich als Kontingenzformel, weil er die Kontingenz einer Gesamtheit durch Negation der Kontingenzen in der Gesamtheit aufhebt. Die Nichtnotwendigkeit des Ganzen wird durch innere Notwendigkeiten balanciert[135]. Dieser am Kunstwerk abgelesene, an der Welt

[134] Zuzugestehen sind frühere Formulierungen. Der Gedanke tritt nicht erstmalig bei neuhumanistischen Autoren und nicht nur im Zusammenhang mit einem internalisierten Weltbegriff auf, sondern ist auch unabhängig davon als Stabilisierungsformel für Selbstgenuß entwickelt worden. Siehe Abbé JOANNET, De la connoissance de l'homme, dans son être et dans ses rapports, Paris 1775, Bd. I, S. LIVf.

[135] Vgl. hierzu HUSSERLS Skizze „Über die Möglichkeit der Nichtexistenz der Welt", Beilage XI zu: Erste Philosophie Bd. 2, Husserliana Bd. VIII, Den Haag 1959, S. 391 f. HUSSERL dekomponiert die Möglichkeit der Nichtexistenz (Kontingenz)

ausprobierte Gedanke wird auf das Individuum übertragen, fortsetzend und übersteigernd, was man zuvor als proportionierliche Entfaltung aller Anlagen gefordert hatte. Entsprechend wird der Wissenschaftsgedanke umformuliert: Aus einer Sammlung, Sichtung und Ordnung gesicherten Wissens wird ein System der Erkenntnis, das aus einem Prinzip begründet werden kann[136]. Individualität und Wissenschaftlichkeit konvergieren in der Idee der Bildung. Die (als Begriff einmal gesicherte) Bildung ermöglicht Zuschreibungen in diesen beiden Richtungen: Die Bildung wird dem Individuum, die Wissenschaftlichkeit wird der Bildung zugeschrieben. Die Kontingenzformel wird eingesetzt als Vermittler von Attributionsprozessen, die Individualität und Wissenschaftlichkeit zusammenschließen[137]. Individualität wird dabei gedacht als fähig zur Anreicherung über Prozesse der Erkenntnis von Welt. Sie entwickelt sich am Bezug auf das Allgemeine. Die Berufung auf Individualität kann dann nicht mehr gut benutzt werden, um den zu Erziehenden (im Sinne von: individuelles Schicksal!) in die ständische Struktur einzuordnen[138]. Qua Individuum steht dem Menschen die Welt offen. Qua Wissenschaft kann er diesen Weltbezug realisieren. Die Schulnähe bzw. Universitätsnähe der Schlußfolgerung kann man dadurch regulieren, daß man in der Ausführung des Konzepts stärker die Individualität bzw. stärker die Wissenschaftlichkeit betont, ohne den Gesamtzusammenhang aus den Augen zu verlieren, in dem das Konzept als Kontingenzformel fungiert.

Aber kann man Individuum-Sein lernen? Und kann man das Allgemeine lernen? Wie verhält sich die Kontingenzformel zum Lernprozeß und zur

---

der Welt in 1. die Möglichkeit der Auflösung der harmonischen Struktur der Weltwahrnehmung und 2. die Möglichkeit, daß diese Welt und eine Welt überhaupt ein „Nichts" wäre. Der Zusammenhang beider Aspekte läßt auf Kontinuierungszwänge in der Welterfahrung und insofern auf Limitationalität schließen, wird von Husserl aber nicht als Regel der Substitution von Notwendigkeiten für Kontingenzen aufgefaßt.

[136] Für die Übertragung des Harmoniegedankens vom Individuum auf die Wissenschaft siehe Humboldts Formulierung im litauischen Schulplan (Werke, a. a. O., Bd. IV, S. 190): „Denn im Gemüth und in der Wissenschaft (die nur sein von allen Seiten vollständig gedachtes Object ist) steht jeder einzelne Punkt mit allen vorigen und künftigen in Contact, ist kein Anfang und kein Ende, ist alles Mittel und Zweck zugleich ..."

[137] Man beachte dazu als Parallele die Stellung des Begriffs der Arbeitsteilung als Mittler von Individualität und Gesellschaft bei Emile Durkheim, De la division du travail social, Paris 1893. Siehe auch ders., Leçons de Sociologie: Physique des mœurs et du droit, Paris 1950, S. 68ff., insbes. zur Kritik der Vorstellung, Individualität sei eine Reflexionsleistung des Individuums selbst. Wenn Individualität nicht mehr von Bildung, sondern von Arbeitsteilung abhängt, wird es möglich, sie schichtunabhängig zu denken und die pädagogische Tradition ihrerseits soziologisch zu analysieren.

[138] So noch Stuve, a. a. O., S. 261.

Technik und Didaktik des Unterrichts? Dies sind die Fragen, mit denen die Formel Bildung sich respezifiziert[139]. Für einen ganz von der Lehre (an Universitäten) her bestimmten Lernprozeß formuliert SCHELLING: „. . . nur das Besondere kann gelernt werden, und in der Qualität des Gelerntseins ist alles nur ein Besonderes."[140] (Das klingt im übrigen wie ein Bedauern über das Investiertsein und die mangelnde Liquidität von Kapital als Erfordernis des Produktionsprozesses.) Aber die Konsequenz, bei SCHELLING, läuft noch nicht in Richtung auf ein reflexives Lernen des Lernens[141], sondern wird in einer Selektionsregel für das Individuum (!) zusammengefaßt: „Lerne nur, um selbst zu schaffen."[142]

Von einer solchen Fassung des Kontingenzproblems her läßt der Leistungsbereich sich allenfalls als Leben des Individuums in der Welt thematisieren – in SCHLEIERMACHERS pädagogischen Vorlesungen zum Beispiel als Leben unter der Grundbedingung eines Gegensatzes von Regel und Freiheit[143]. Was damit gewonnen wird, ist vor allem eine *neue Distanz zum Problem der Nützlichkeit der Erziehung.* Nützlichkeit braucht nicht als Widerspruch zur Bildung begriffen oder gar als Zielvorstellung dementiert zu werden; sie versteht sich für ein gebildetes Individuum, das weiß, wie es mit der Welt zurechtkommt, von selbst[144]. Mit einem Begriff wie „Welt" ist der Realitäts- und vor allem der Gesellschaftsbezug von Erziehung allerdings sehr hoch aggregiert. Die Abstraktheit und, wenn man so formulieren darf, soziale Transzendentalität der Begriffe Welt und Individuum erübrigen hier weitere Reflexion und bescheinigen zugleich deren Unergiebigkeit; denn die Weltverhältnisse sind auf der Basis von Individualität in unendlich-vielgestaltigen Brechungen gegeben, und das gerade individuiert das Individuum.

---

139 So besonders ausgearbeitet im relationistischen Konzept von Johann Jakob WAGNER, Philosophie der Erziehungskunst, Leipzig 1803.

140 F. W. J. SCHELLING, Vorlesungen über die Methode des akademischen Studiums, Hamburg 1974, S. 37.

141 Obwohl dieser Gedanke bei Zeitgenossen schon auftaucht. Vgl. Hinweise Anm. 166.

142 A. a. O., S. 35.

143 Die Vorlesungen begreifen dann den Prozeß der Erziehung als einen Vorgang, der diesen *Gegensatz* in ein *Nebeneinander und Miteinander* von freiheitsbezogenen Gesinnungen und regelbezogenen Fertigkeiten überführt. Siehe „Theorie der Erziehung", in: Friedrich E. D. SCHLEIERMACHER, Ausgewählte pädagogische Schriften, hrsg. von Ernst LICHTENSTEIN, 2. Aufl. Paderborn 1964, S. 36–243. Damit wird zwar eine Respezifikation der Funktion der Erziehung versucht, ihre Leistung aber kaum adäquat erfaßt.

144 Wir lassen hier die Extremposition HUMBOLDTS außer acht, der die Vorbereitung auf das Leben den „speciellen Schulen" vorbehalten möchte und darin eine bloße „Abrichtung" sieht, die die zur Bildung bestimmten Köpfe verdirbt. (Zitate aus dem Königsberger Schulplan.)

Ein weiterer Aspekt dieser semantischen Transformation ist: die Hineinnahme von Arbeit als Selbsttätigkeit in das Subjekt. Damit wird (bei HUMBOLDT selbst allerdings noch nicht ganz klar) die alte Kontraststellung von *Bildung* (qua Muße) und *Arbeit* gesprengt. Es entsteht an deren Stelle ein neuer Gegensatz, nämlich der von *Bildung* und *Entfremdung*. Er kontrastiert unterschiedliche Chancen der Selbstaktualisierung im Verhältnis von Individuum und Welt. Bald darauf wird MARX den Zirkel im Begriff der „Entfremdung von sich selbst" durch eine Gesellschaftsanalyse durchbrechen, und das ermöglicht den Gedanken, daß Gebildete und Entfremdete in einem unterschiedlichen, ja in einem gegensätzlichen Verhältnis zur Gesellschaft stehen, was einer gegensätzlichen Klassenlage in einem Zweiklassensystem entspreche.

Erst *nachdem* all dies gesagt ist, übernimmt die Pädagogik in einer Art zweiten, breiteren Rezeption den Bildungsgedanken. Worauf beruht jetzt aber die Sicherheit des Vertrauens in solche „Fluchtformeln" Welt und Individualität, die jede soziale Relevanz, ja jede negierbare Struktur transzendieren?

Die „polit-ökonomische Kritik" der Bildungstradition müßte hier sagen: auf Kapitalbesitz und auf (wenn auch indirekter) politischer Herrschaft der Bourgeoisie. Diese Erklärung bleibt jedoch belastet mit der Schwierigkeit, die besondere Relevanz der Komplexe Wirtschaft und Politik für unser Problem zu begründen. Sie hätte auch zu erklären, weshalb diese Kontingenzformel Bildung nicht in England, sondern in Preußen entwickelt wurde. Ohne Interdependenzen im Rahmen des allgemeinen Prozesses funktionaler Gesellschaftsdifferenzierung bestreiten zu wollen, und das gilt besonders für die Ausbildung eines stärker generalisierten Vertrauens in spezifische Medien-Codes wie politische Macht, Geld, Liebe und Wahrheit, sehen wir unser Sonderproblem in einem engeren Kontext. Die Semantik von Bildung selbst verweist auf Wissenschaft. Deshalb vermuten wir, daß der Wechsel der Kontingenzformel von Perfektion auf Bildung mit einem *Auswechseln des Überschneidungsbereichs* zusammenhängt, an den die Reflexionsleistungen der Pädagogik sich primär anlehnen.

Während die perfektionsgesteuerte Pädagogik aus einer Literatur hervorgegangen war, die von der Familienerziehung ausging, sich primär an die Väter als die Verantwortlichen wandte und erst auf dieser Folie das Verhältnis von häuslicher und schulischer Erziehung diskutierte[145], basiert die Bildungspäd-

---

[145] Siehe nur John LOCKE, Some Thoughts concerning Education (1690), zitiert nach: Works, London 1823, Neudruck Aalen 1963, Bd. IX, S. 1–205; Jean-Pierre de CROUSAZ, Traité de l'éducation des enfans; Den Haag 1722; oder (als intensive Kritik der Latein-Schule, wohin die Väter ihre Kinder abschieben, eher ein Grenz-

agogik auf einer Literatur, die sich an die Pädagogen selbst (und in Ressourcen-Fragen an den Staat) wendet und ihren Verwirklichungsmodus in der Schule sucht[146]. Der Schulpädagoge, dem die natürlich-diffusen Autoritätsgrundlagen der Eltern fehlen[147], findet Ersatz in der professionellen Kompetenz und in der Wahrheitsqualität der Themen des Unterrichts. Er ist zur Strukturierung des Unterrichts in der Klasse auf kognitive Thematiken angewiesen, deren Geltung vorweg feststehen muß. Gerade weil es der pädagogischen Reflexion des Schulunterrichts nicht mehr nur auf „mechanisches Lernen" von Wissen und Fähigkeiten ankommt, sondern auf erziehenden Unterricht, wird Wahrheit zum Garanten dafür, daß Lernen zum einsehenden Erkennen führt.

Mit aller Deutlichkeit kommt diese Ablösung von der Familie und der Unterrichtsbezug der Bildungsidee bei Hegel zum Ausdruck, und zwar besonders in der Gymnasialrede 1811[148]. Bildung ist nur über Unterricht in Schulen erreichbar, weil erst dieser Unterricht den Bruch mit der Unmittelbarkeit des Familienlebens und, analog zur Arbeit, Entfremdung bewirkt als Voraussetzung der Etablierung eines Verhältnisses zu sich selbst[149]. Mit dieser Entfremdung gewinnen dann kognitive Themen an Bedeutung, an denen entlang der Entfremdete zu sich selbst zurückfinden kann. In dieser Version wird das, was im Kopfe des Einzelnen geschieht, zum Zwecke des Unterrichts und zum Fokus der Theorie, und die Idee der Bildung überblendet die sozialstrukturellen Probleme des Interaktionssystems Unterricht.

---

fall) Nicolas Gedoyn, De l'éducation des enfans, in: Œuvres diverses, Paris 1745, S. 1–52.

146 Abweichend auf schon kantischen Grundlagen noch Heusinger, der Bildung noch mit Unterricht als bloßer Wissensvermittlung assoziiert und demgegenüber die Erziehungsleistung der Eltern betont. Siehe: Johann H. G. Heusinger, Beytrag zur Berichtigung einiger Begriffe über Erziehung und Erziehungskunst, Halle 1794, und ders., Versuch eines Lehrbuchs der Erziehungskunst: Ein Leitfaden zu akademischen Vorlesungen, Leipzig 1795.

147 Ausdrücklich behandelt Martin Ehlers, Gedanken von den zur Verbesserung der Schulen nothwendigen Erfordernissen, Altona/Lübeck 1766, S. 165 ff., die daraus resultierenden Autoritäts- und Vertrauensprobleme, speziell auch im Hinblick auf die größere Auffälligkeit und Unverzeihlichkeit von Fehlern der Lehrer im Vergleich zu Eltern.

148 Siehe Werke Bd. IV, Frankfurt 1970, S. 344 ff. Hier wird auch der institutionelle Bezug auf Schule in fast soziologischen Analysen herausgearbeitet. Die Ausführungen in der Phänomenologie des Geistes sind dagegen stärker in den Duktus der Gesamttheorie eingespannt und verraten wenig über den sozialen Kontext, dem sie entstammen.

149 Die soziologische Version hierzu, die aber das Verhältnis zu sich selbst einfach wegläßt und es mit der Gesellschaftlichkeit genug sein läßt, ist: Robert Dreeben, On What is Learned in School, Reading, Mass., 1968.

Es kommt aber auch strukturell bedingten Bedürfnissen des ausdifferenzierten Schulbetriebs entgegen, den Lernprozeß nach dem Prozeß des Erkennens zu modellieren, und das kann um 1800 nur heißen: ihn am Prozeß wissenschaftlicher Forschung als dem Prototyp neuzeitlicher Erkenntnis zu orientieren. Damit wird die Universität, an der man im Forschungsprozeß oder doch in unmittelbarer Nähe des Forschungsprozesses lernt, zum eigentlichen Ort der Erziehung. Der Widerstand, den die Objektwelt dem forscherischen Zugriff entgegensetzt, wird zum Lernanlaß, zum Anlaß für die Einsicht, daß Erkenntnis kein beliebiger, aber doch ein eigener Objektbezug ist. Genau die gleiche Erfahrung kann man natürlich auch im Handeln unter der Bedingung von Knappheit gewinnen, denn auch Knappheit vermittelt Strukturerfahrung mit kontingenter Wahl eigener Realisationen. Aber die Schulpädagogik optiert für Wissenschaft, nicht für Wirtschaft, weil sie mit Bezug auf Wissenschaft den Unterricht besser abstützen kann.
In SCHLEIERMACHERS Vorlesungen findet diese Sachlage in der Form einer Unterscheidung dreier Abschnitte oder Perioden des Erziehungsprozesses Ausdruck[150]. Die erste Periode ist Erziehung im Inneren der Familie. Die zweite kombiniert den Einfluß der großen Lebensgemeinschaften mit der Entwicklung des Individuums zu größerer Selbständigkeit. Sie liegt in Schulen und Universitäten und bildet den Kernbereich pädagogischer Bemühung. Die dritte Periode liegt nach der Entscheidung für einen Beruf. „Es ist dies die letzte Periode der Erziehung, in der die eigentlich pädagogische Tätigkeit nur noch partiell ist, während der das pädagogische Verhältnis allmählich in Null aufgeht."[151] Wir halten nur fest, daß die Randbereiche der Familien- und der Berufserziehung schon marginalisiert sind, daß die Wissenschaft eine Sonderstellung einnimmt im Sinne einer „propädeutischen" Präsenz des eigentlichen Erziehungsziels in den Schulen und seiner Realisierung in den Universitäten. Sie ist als das Höchste der Bildung ihr eigentlicher Gegenstand[152]. Sie wird nicht als ein Überschneidungsbereich wie die anderen marginalisiert, sondern mit dem Gang zur Selbständigkeit identifiziert.
Die Konsequenzen werden zunächst auf organisatorischem Wege gezogen. Die „allgemeinbildenden" Schulen erhalten ihren Sinn als Vorbereitung auf ein Universitätsstudium. Zumindest bestimmt diese Funktion ihre Rangstellung im Erziehungssystem. Ein zweiter Zusammenhang läuft über Personalpolitik. Die Universitätserziehung wird zur Vorbereitung auf den Lehrberuf, und die philosophischen Fakultäten werden als Realisationsinstrument dieses Konzepts besonders gefördert. Beides heißt im Prinzip: vom Erwachsenen

150 Vgl. Theorie der Erziehung, a. a. O., S. 194 ff.
151 A. a. O., S. 195.
152 A. a. O., S. 169.

auf das Kind zurückkonstruieren. Ganz im Gegensatz zu den familienorientierten Betrachtungen über Erziehung im 18. Jahrhundert ist das ein für „Päd"agogik zunächst befremdlicher Ausgangspunkt. Außerdem werden die Volksschulen in der besonderen Perspektive der Bildungsbewegung an die Peripherie versetzt, obwohl gerade für sie eine pädagogische im Unterschied zu fachlich-wissenschaftlicher Orientierung wichtig ist. Im Widerspruch zur Einheit der Kontingenzformel, die eine lineare Sequenzierung aller Schulkarrieren gemäß der „Steigerung des Begriffs" erfordern würde[153], gliedert HUMBOLDT das Schulsystem in Elementarunterricht und Schulunterricht[154]. Mehr und mehr gliedern sich Gymnasien seitdem einen eigenen Elementarunterricht an (Vorschulklassen). Nicht zuletzt wurde das Problem des Einbaus der Pädagogik in die Fächereinteilung der Universität und in die zur Schule hinführenden Studiengänge nicht gelöst.

Ebensowenig wie der Perfektionsbegriff war die Idee der Menschenbildung ein auf schulische Erziehung beschränktes Prinzip gewesen. Das allgemeine Individuum ist der Geist, der sich selbst bildet. Die Schule bleibt ihm äußerlich. Der Einbau in eine (wie immer konstruierte) subjektmetaphysische Spekulation trägt auch die Einheit von Wissenschaft und Bildung. Erst der abrupte Zusammenbruch dieser Spekulation erzwingt die systemfunktionale Spezifikation. Er hinterläßt der Pädagogik die Idee der Bildung metaphysisch verwaist als einen ungedeckten Begriff, und erst im letzten Drittel des 19. Jahrhunderts gewinnt Bildung hier wieder zentrale Bedeutung. Dabei bleibt die Ausrichtung auf das Individuum leitend und zunächst gerade auch pädagogisch plausibel; aber die Frage des Soziologen wäre, ob und wie von hier aus Reflexionsprobleme des *Sozialsystems* für Erziehung thematisiert werden können.

Hält man im nun deutlicher ausdifferenzierten, durch Pädagogik gesteuerten Erziehungssystem an der These fest, daß die Genese der Individualität (oder gar: der Menschlichkeit) über Bildung laufe, Bildung erfordere, also ohne Bildung mißlinge, dient diese Kontingenzformel jetzt der *Hypostasierung einer Einzelfunktion der Gesellschaft als Grundlage aller.* Sich selbst „Bildungssystem" nennend, hypostasiert das Erziehungssystem sich der Gesellschaft[155] (sofern man das Wort „Bildung" nicht nur alltagssprachlich verwen-

---

[153] Vgl. oben S. 60

[154] Wilhelm VON HUMBOLDT, Königsberger Schulplan, in: Werke Bd. IV, 2. Aufl. Darmstadt 1969, S. 168–187, mit dem bemerkenswerten Mut, dann trotzdem noch jedem, auch dem Ärmsten, eine vollständige Menschenbildung zu versprechen (S. 175).

[155] Otto WILLMANN, Didaktik als Bildungslehre – nach ihren Beziehungen zur Socialforschung und zur Geschichte der Bildung, Braunschweig 1882–1889. Zwar bedarf es – nach den Worten WILLMANNS – der „Trennung der beiden Disziplinen (Pädago-

det, sondern dabei noch an den Begriff denkt). Zugleich gibt es aber schon andere, konkurrierende Theorien, die die Genese von Individualität erklären – so die soziologische Theorie der Arbeitsteilung und Rollendifferenzierung Emile DURKHEIMS. Damit wird Bildung als funktionssystemspezifische Formel, als Perspektive eines Teilsystems, als funktionsabhängige Ideologie erkennbar. Das aber bedeutet, daß auf der Ebene der Reflexion der Reflexion diese Kontingenzformel nicht mehr befriedigen kann. Sie macht Überzogenheit der eigenen Ansprüche und zugleich historische Distanz bewußt. Die einfache Reflexion, nicht aber die Reflexion der Reflexion kann sich in der Tradition verschanzen.

Denn man kann in dieser Tradition, und das sichert sie wiederum ab, die Reflexion nicht nochmals reflektieren. Die Kontingenzformel Bildung hat die Probleme der Reflexion und der Autonomie, die sich mit der Ausdifferenzierung des Erziehungssystems ergeben hatten, in der Weise zu lösen versucht, daß sie beides in den Begriff der Bildung aufnahm. Die den Erziehungsprozeß führende Selbstreferenz wird in das Individuum ausgelagert. Gebildete Subjekte sind durch Reflexion ihres Weltverhältnisses autonom. Der Erziehungsprozeß führt sie in diesen Zustand. Er kann dies nur, wenn er selbst autonom ist und seine Bildungsziele reflektiert. Aber so kommt man nur zu einer vom Individuum abgeleiteten Autonomie und nicht zu einer Reflexion des Erziehungssystems selbst. Die Leistungsbeziehungen des Erziehungssystems werden dethematisiert, und damit entfällt auch die Differenz von Funktion und Leistung (vormals: von Vollendung und Brauchbarkeit) als Thema der Systemreflexion. Die Möglichkeit, Bildung und Ausbildung im Sinne von Funktion und Leistung der Erziehung zu unterscheiden[156], läßt sich nicht ausnutzen. Als Beschreibung eines individuellen Subjekts kann Bildung nicht mit Hilfe einer Negation von Ausbildung bestimmt werden oder umgekehrt[157]; die Trennung von Bildung und Ausbildung widerspräche

---

gik und Didaktik!), aber dazu ist es nicht gekommen. (Zitiert nach der 5. Aufl. Braunschweig 1923, S. 49; vgl. auch Berthold GERNER, Otto WILLMANN im Alter, Ratingen 1968, S. 266f.).

156 Siehe die Unterscheidung der beiden Bildungen, der allgemeinen und der speziellen, im litauischen Schulplan (Wilhelm VON HUMBOLDT, Werke, a. a. O., Bd. IV, S. 187–195), die aber durch keinen gemeinsamen Grundbegriff mehr verknüpft, sondern nur noch so benannt wird.

157 Vgl. dazu Theodor LITT, Technisches Denken und menschliche Bildung, Heidelberg 1957. Daß in *diese* Frage außerdem die Differenz von Geisteswissenschaften und Naturwissenschaften bzw. Technik hineinspielt, zeigt erneut die Wissenschaftsabhängigkeit der Bildungsformel und an dieser Stelle zugleich die Notwendigkeit, die pädagogische Reflexion von ihr abzulösen. Die geisteswissenschaftliche Zuordnung der Pädagogik selbst kann nicht dazu führen, den Bildungswert von Naturwissenschaft und Technik einfach zu bestreiten.

dem Modus, in dem der Bildungsbegriff das Reflexionsproblem durch Subjektbezug gelöst hatte, und wird deshalb aufgegeben. Die Bewegung läuft aus in einem nur noch negativen Konzept der Emanzipation, dessen pädagogische Sterilität der Auffüllung durch gesellschaftskritische Politisierung bedarf.

Achtet man darauf, daß mit Individuum und Welt eigentlich nur innere und äußere Unendlichkeit aufeinander bezogen werden, steht man erneut vor der Frage der Respezifikation. Woher kommen und wie gelingen Einschränkungen? Die Philosophen meinen, das Individuum lerne *nur aus der Welt,* wie es sich zu sich selbst zu verhalten habe. Weltbezug gilt als Garant dafür, daß Selbstkultivierung den Begriff der Menschheit mit Inhalt fülle[158]. Heißt dann aber dieser Weg zur Bildung individueller Selbstreferenz nicht zugleich, das Individuum lerne *aus der Welt nur,* wie es sich zu sich selbst zu verhalten habe? Liegt die Respezifikation in dieser Verschiebung des „nur"? Dann wäre verständlich, daß das Bildungsprinzip sehr rasch in ein gesellschaftspolitisches Abseits gerät. Der nicht negierbare Bezugspunkt, der seine Kontingenz limitiert, erscheint dann als „gesellschaftlich exterritoriale Personalität"[159], der keine „bildungspolitischen" Informationen mehr abgewonnen werden können.

Dieses Leerwerden ermöglicht aber auch die Weiterverwendung. Der Bildungsbegriff selbst wird zunächst durch Extension und Generalisierung gerettet. Die anfangs nicht miterfaßte Beziehung zur Sphäre beruflicher Arbeit wird nachträglich hineinsubsumiert[160]. Die Bildungsformel verliert damit die besonderen Konturen ihres Bezugs auf Welt, Wissenschaft und Individualität im *allgemeinen.* Man substituiert nach und nach Tradition für Definition. Am Ende ist Bildung nur noch ein Ersatzausdruck für Erziehung, der anscheinend immer dann einspringt, wenn es gilt, Orientierungslosigkeit durch Berufung auf Werthaftes zu überspielen. Wortwucherungen wie Bildungsforschung, Bildungsplanung, Bildungsdefizit, Bildungsrat, Bildungskommission, Bildungseinrichtungen, Bildungswert, Bildungssystem konvergieren in einer Semantik der Ratlosigkeit. Thematische Behandlungen des Bildungsbe-

---

158 Wilhelm VON HUMBOLDT formuliert: „Die letzte Aufgabe unseres Daseyns: dem Begriff (sic) der Menschheit in unsrer Person ... einen so großen Inhalt, als möglich, zu verschaffen, diese Aufgabe löst sich allein durch die Verknüpfung unsres Ichs mit der Welt zu der allgemeinsten, regesten und freiesten Wechselwirkung" (Theorie der Bildung des Menschen, in: Werke Bd. I, 2. Aufl. Darmstadt 1969, S. 234–240 [235 f.]).

159 Nach einer Formulierung von STRZELEWICZ in: Willy STRZELEWICZ/Hans-Dietrich RAAPKE/Wolfgang SCHULENBERG, Bildung und gesellschaftliches Bewußtsein: Eine mehrstufige soziologische Untersuchung in Westdeutschland, Stuttgart 1966, S. 11.

160 Diese Entwicklung schildert und bejaht Herwig BLANKERTZ, Berufsbildung und Utilitarismus: Problemgeschichtliche Untersuchungen, Düsseldorf 1963.

griffs verlieren jede begriffliche Strenge[161]. Die Kontingenzformel Bildung löst sich in jene Unbestimmtheit auf, die zu bestimmen ihre Funktion hätte sein sollen.

## XII. Lernfähigkeit

Die Kontingenzformel Bildung war nicht genau genug auf die *Funktion* von Erziehung zugeschnitten worden und konnte deshalb, das ist nur auf den ersten Blick paradox, auch für die Leistungen und die Reflexion des Erziehungssystems nicht genug besagen. Sie war überdies nicht abgestimmt auf die sich bereits abzeichnende Inklusion der Gesamtbevölkerung in den Prozeß ausdifferenzierter, schulischer Erziehung[162]. Diese Kritik zielt nicht nur auf die viel gerügte Esoterik und Schichtabhängigkeit der Idee[163]. Sie gibt auch zu bedenken, was Individualität als Erziehungsziel unter der Bedingung allgemeiner Schulpflicht eigentlich besagen kann. Die Ersatzformel muß deshalb eine zugleich universellere und spezifischere Orientierung anbieten, die für jede Art Unterricht in Betracht kommt und zugleich eine nur im Unterricht erreichbare Spezifikation aufweist.

Die Übergangslage hat bis heute noch kein eindeutiges Profil. Einerseits kommt es erneut und immer wieder zu bloßen Gegenüberstellungen, jetzt zur Kontrastierung von Bildung (Selbstverwirklichung) und Leistung (Anpassung an gesellschaftliche Anforderungen)[164]. Das ist kein Fortschritt gegenüber dem, was im 18. Jahrhundert mit der Gegenüberstellung von Vollkommenheit und Brauchbarkeit schon erreicht war. Andererseits wird die pädagogische Relevanz oft in einer „kritischen" Einstellung zu den Leistungsanforderungen der Gesellschaft gesehen: Man solle sie prüfen, bevor man sie sich zu eigen mache[165]. Aber „Kritik" ist, soviel Erfahrung hat man

[161] Vgl. als charakteristisches Beispiel: Leonhard FROESE, Der Bedeutungswandel des Bildungsbegriffs, Zeitschrift für Pädagogik 8 (1962), S. 119–142.

[162] Immerhin ging es HUMBOLDT nicht mehr um Ausgrenzung besonderer Bevölkerungsgruppen, sondern um Ausgrenzung spezieller Bedürfnisse (was die Bevölkerungsgruppen dann unterschiedlich treffen mußte). So heißt es im litauischen Schulplan (a. a. O., S. 188): „Alle Schulen aber, deren sich nicht ein einzelner Stand, sondern die ganze Nation, oder der Staat für diese annimmt, müssen nur allgemeine Menschenbildung bezwecken."

[163] Neuerdings wieder Ralph FIEDLER, Die klassische deutsche Bildungsidee: Ihre soziologischen Wurzeln und pädagogischen Folgen, Weinheim 1972.

[164] Vgl. z. B. Wolfgang-P. TESCHNER, Studie zum Leistungsbegriff in der Pädagogik, Neue Sammlung 9 (1969), S. 427–443, im Anschluß an VON HENTIG.

[165] Vgl. Carl-Ludwig FURCK, Das pädagogische Problem der Leistung, Weinheim 1961.

inzwischen, wiederum nicht unabhängige Kritik; sie macht sich von ideologischen Vorgaben abhängig, ohne die sie gar nicht möglich ist. Im übrigen fehlt dem Prinzip der Kritik noch die pädagogische Spezifikation, die erst mit Hilfe einer Rückübersetzung in Unterscheiden- und Lernenkönnen erreichbar ist. Die heute adäquate Kontingenzformel kann nicht auf bloßes Kritisieren, sie muß auf Lernenkönnen abstellen.

Die Teilnahme am Unterricht führt zum Lernen des Verhaltens in lernspezifischen Interaktionssystemen, führt im Erfolgsfalle zum Lernen des Lernens und entwickelt somit generell einsetzbare Lernfähigkeiten. Mit dem Lernen des Lernens beendet der Erziehungsprozeß sich selbst, und zwar dadurch, daß er das Lernen auf Dauer stellt. Nicht die Selbstreferenz der Person in ihrem Verhältnis zur Welt, sondern die Selbstreferenz des Funktionsprozesses zeichnet den Steigerungseffekt aus, der durch Ausdifferenzierung von Erziehungsprozessen erreichbar ist. Die dies formulierende Kontingenzformel wollen wir einfach Lernfähigkeit nennen.

Wie die zum Bildungskonzept überleitenden Begriffe als Erläuterungsmaterialien im Kontext humaner Perfektion schon vorbereitet waren, so ist auch die Ersatzformel für Bildung in dieser Idee mit angelegt gewesen. HUMBOLDT etwa sagt vom Schüler, der im Schulunterricht auf den Universitätsbesuch vorbereitet wird: „Er ist also auf doppelte Weise, einmal mit dem Lernen selbst, dann mit dem Lernen des Lernens beschäftigt."[166] Genau dies auf Schulunterricht zugeschnittene Konzept verliert dann für den selbsttätig-forschenden Bildungserwerb an Universitäten seine Bedeutung. Was im Rückblick von der Universität her Vorbereitung ist, wird jedoch zum zentralen Prinzip, wenn die Schulpädagogik selbst im Blickpunkt steht. Und dann kann man auch fragen, warum das Lernen des Lernens nur aufs Studium und nicht aufs Leben vorbereiten soll. Lernfähigkeit ist kein neuer Begriff, aber gleichwohl bricht man mit der Tradition des Bildungsgedankens, wenn man im Lernen des Lernens die Zentralfigur sieht, um die alles andere gravitiert.

---

[166] Wilhelm VON HUMBOLDT, Königsberger Schulplan, a. a. O., S. 170. Eine interessante Variante findet sich im übrigen in SCHLEIERMACHERS Rezension zu ZÖLLNERS „Ideen über Nationalerziehung" (zitiert nach: SCHLEIERMACHER, [LICHTENSTEIN]), a. a. O., S. 13–17): Die moralischen Schwierigkeiten und die Verantwortung des Erziehers seien zu groß, wenn er das Besondere der Bestimmung des einzelnen vorhersehen und dafür erziehen solle. Deshalb komme es darauf an, „der allgemeinen Vorbereitung die größtmögliche Gründlichkeit und Ausdehnung zu geben, um die besondere, wenn sich auch der Beruf erst mit Entwicklung bestimmter Anlagen und Neigungen entschiede, desto schneller vollenden zu können. Dadurch wird nun das Lernen des Lernens und die Fertigkeit, Fertigkeiten zu erlangen, der Mittelpunkt allen Unterrichts" (16). Vgl. ferner das Abstellen auf „Geschmeidigkeit" und weitere Perfektibilität als Erziehungszielen bei Kajetan WEILLER, Versuch eines Lehrgebäudes der Erziehungskunde Bd. 2, München 1805, insbes. S. 150 f., 170 f.

Daß man Lernfähigkeit und Lernen für erforderlich hält und bewertet, ist selbstverständlich. Was dies Konzept in die Funktionsstelle einer Kontingenzformel einrücken läßt, ist nicht schon diese bloße Schätzung, sondern ein nicht so selbstverständliches Zusatzmerkmal: daß die Formel ausschließlich für den Bereich der spezifischen Funktion des Erziehens Selbstreferenz und damit Geschlossenheit symbolisiert[167]. Es kommt in allem Lernen, das ist gemeint, nicht auf das Anhäufen zutreffender Kenntnisse oder brauchbarer Fähigkeiten als solcher an, sondern auf die dabei mitgelernte Fähigkeit, das Gelernte als Grundlage weiteren Lernens zu verwenden. Was zutrifft und was brauchbar ist, ist eben dasjenige Wissen und Können, das es ermöglicht, in späteren Situationen erneut erfolgreich zu lernen. Damit ist natürlich nicht jenes „studendum vero semper et ubique" QUINTILIANS[168] gemeint, jene bloß repetierende Übung des einmal gelernten Verbalvermögens bei jeder passenden Gelegenheit; sondern zu lernen ist die Dauerbereitschaft, Neuem durch Änderung von bereits gelernten Erwartungsmustern zu begegnen.

Es gibt, und deshalb können wir uns in diesem Urteil einigermaßen sicher fühlen, genaue Parallelen in anderen Funktionssystemen der Gesellschaft. Im Wissenschaftssystem wird die Erkenntnisbegründung seit dem 18. Jahrhundert nicht mehr auf Simultanschöpfung von Erkenntnis und Gegenstand, sondern auf Erkenntnistheorie verwiesen. Im Wirtschaftssystem wird die „natürliche" Knappheit der Güter und Leistungen auf eine künstlich knappgehaltene Geldmenge bezogen, deren Verknappung sich mit Bezug auf das Wirtschaftssystem selbst reguliert oder regulieren läßt. Das politische System steuert sich selbst durch Prozesse, die in der Lage sind, Themen zu politisieren. Das Rechtssystem regelt über „Verfassungen" rechtlich, wie Recht geschaffen und aufgehoben wird. Diese Form der Selbststeuerung besagt nicht, daß es neben anderen Prozessen nun auch solche der reflexiven Selbstregulierung geben müsse. Die reflexiven Mechanismen treten nicht einfach an die Stelle der „maior et sanior pars" im Modell hierarchischer Herrschaft. Sie verändern die Gesamtqualität des Systems auch dort, wo Wertvorstellungen, Normen oder Gepflogenheiten sich als identische durchhalten. Die Bedingung der Einheit des Mannigfaltigen liegt jetzt nicht mehr im Bezug auf ein oberstes Prinzip, sondern im Bezug auf Reflexivität, und jeder Prozeß des Systems steht unter dieser Bedingung der Selbstreferenz.

Auf der Ebene prozessualer Selbststeuerung (etwa: Erziehung der Erzieher) haben sich, den operativen Notwendigkeiten folgend, Reflexivmodelle schon

---

[167] Diese Zweckimmanenz des Erziehens hatte angesichts der Ruinen des Bildungsgedankens bereits eine frühe soziologische Interpretation herausgestellt: Theodor GEIGER, Erziehung als Gegenstand der Soziologie, Die Erziehung 5 (1930), S. 405–427.

[168] Inst. Or. X, 7, 27, a. a. O., Bd. 2, S. 540.

im 18. Jahrhundert formulieren lassen. Der entsprechende Verzicht auf eine A-priori-Absicherung der Kontingenzformel fällt jedoch schwer und bedarf besonderer Anstrengungen der Reflexion. Für das Erziehungssystem ist dieses Problem im Kontext der Bildungstradition nicht lösbar gewesen. Lernfähigkeit dagegen ist ein Konzept, dessen formale Universalität und funktionale Spezifikation ein dafür adäquates Bewußtsein stimulieren könnte.

Das Konzept des zu lernenden Lernenkönnens paßt sich in eine funktional differenzierte Gesellschaftsordnung ein. Es kann insofern als Korrelat evolutionärer Veränderungen des Gesellschaftssystems begriffen werden: Höhere Komplexität, die selektives Verhalten erzwingt, erfordert höhere Umstellfähigkeit auf der Ebene sozialer wie auf der Ebene personaler Systeme[169]. Die Formel Lernfähigkeit bezeichnet keine Universaltugend, bietet keinen Ersatz für Gerechtigkeit als Basistugend politischer Gesellschaft oder für Frömmigkeit (pietas) als Basistugend religiöser Gesellschaften. Vielmehr geht es um eine *gelegentlich* intensiv einsetzbare und dafür *dauerhaft* bereitzuhaltende Spezialkompetenz. Abgerufen wird Lernpotential durch Konstellationen, die im einzelnen unbekannt sind und in Prämissen weiteren Erlebens oder Handelns umgearbeitet werden müssen. Es kann sich um unerwartete oder erwartete, um sich aufdrängende oder um gesuchte Überraschungen handeln. In jedem Falle bedeutet Lernbereitschaft, und das ist ihr Risiko, das zu übernehmen man erst lernen muß, daß Erwartungen zur Disposition gestellt und in der Situation umstrukturiert werden. Lernfähigkeit hängt deshalb davon ab, daß kognitiv und nicht normativ, änderungsbereit und nicht kontrafaktisch-durchsetzungsbereit erwartet wird[170].

Erziehung ist nur möglich, wo Lernfähigkeit vorausgesetzt werden kann[171]. Die Kontingenzformel formuliert den Erziehungsprozeß als Steigerbarkeit seiner eigenen Prämisse, als Selbststeigerung. Lernfähigkeit ist also nicht einfach nur der „Output", nicht nur die erst am Ende fertige Leistung des Erziehungssystems, sondern die Betriebsprämisse, die durch laufende Inanspruchnahme entwickelt wird. Insofern ist die Funktion keine erst künftig eintretende Gegenwart, sondern je gegenwärtige Zukunft. Das Lernen lernt sich selbst.

---

169 So mit einer Kombination PARSONSscher und neodarwinistischer Begriffsmittel Michael FULLAN/Jan J. LOUBSER, Education and Adaptive Capacity, Sociology of Education 45 (1972), S. 271–287.

170 Zur Unterscheidung dieser Erwartungsstile Niklas LUHMANN, Rechtssoziologie, Reinbek 1972, Bd. I, S. 40ff.

171 In der Tradition war diese Prämisse als Erfahrungsabhängigkeit des Lernens thematisiert worden und setzte in dieser Form eine Vorwegabstimmung von Erkenntnisfähigkeit und Realität voraus. Vgl. dazu Günther BUCK, Lernen und Erfahrung: Zum Begriff der didaktischen Induktion, 2. Aufl. Stuttgart 1969.

Die Frage ist dann nur: unter welchen Bedingungen, für welche Lernanlässe und in welchen Dimensionen der Unwahrscheinlichkeit. Auf diesen Aspekt der Steigerung beziehen sich Erforderlichkeit und Technologie des Unterrichts. Nur durch Unterricht wird Lernen von Zufallsanlässen abgekoppelt und hinreichend intensiv eingeübt. Nur in bezug auf Unterricht können Lernthemen gewählt und auf Situationen nach einem vorentschiedenen Plan verteilt werden. Nur über Themenplanung für Unterricht kann man Themen begünstigen, die eher Lernen des Lernens als Lernen von Wissen ermöglichen. All das läßt sich in der These zusammenfassen, daß diese Kontingenzformel auf *unterrichtsbezogene Respezifikation* angelegt ist.

Wenn die Kontingenzformel Lernfähigkeit als Symbol für die *Funktion* von Erziehung eingesetzt wird, ergibt sich von da aus eine veränderte Blickweise auf die Leistungen der Erziehung für andere Teilsysteme der Gesellschaft. Anders als in der klassischen Bildungsformel werden Leistungen nicht mehr nur als „spezielle“ Vorbereitung auf das Leben ausgegrenzt und dann wieder einbezogen durch eine zweite, inkonsequente Verwendung eines allgemeine und spezielle Bildung übergreifenden Bildungsbegriffs. Wenn man auf Lernfähigkeit abstellt, kann das Verhältnis von Funktion und Leistung rekonstruiert werden als Verhältnis von Lernen und Können. Unter dem Gesichtspunkt der Funktion interessieren Wissensthemen und sonstige Fähigkeiten in ihrer Eignung, als Ausgangspunkt für Anpassungsprozesse zu dienen. Unter dem Gesichtspunkt der Leistung interessieren Anpassungsprozesse, soweit sie im Verwendungskontext der Fähigkeiten abgerufen werden und nützlich sind. Lernfähigkeit kann nur an Stoffen oder Verhaltensweisen eingeübt werden. Sie geht andererseits als adaptive Kapazität in das Können selbst ein und wird mit nachgefragt, wenn Kenntnisse oder Fähigkeiten gesucht werden.

Allerdings muß beachtet werden, daß auch das einfache Lernen selbst seinen Tribut fordert und immer auch *Einschränkungen* weiterer Lernmöglichkeiten festlegt. Man kann sich die Zukunft nicht beliebig offenhalten und muß im Lernen ja zunächst die Überzeugung von der Richtigkeit des Gelernten gewinnen. Wie in der Wirtschaft sich Investitionen zumeist nur mit Verlusten wieder liquidieren, das heißt in Geld zurückverwandeln lassen, ist auch im Erziehungssystem der Weg zur Leistung mit Liquiditätsverzichten belastet. Das ist nur ein speziellerer Ausdruck für die bereits allgemein formulierte These, daß Funktion und Leistung verschiedene Systemreferenzen repräsentieren und Leistung nicht in Funktionalität aufgelöst werden kann. Gleichwohl besteht zwischen Lernen der Lernfähigkeit (Funktion) und Lernen eines verwendbaren Könnens (Leistung) kein Verhältnis wechselseitiger Exklusivität und kompromittierender Kompromisse, sondern ein Verhältnis wechselseitiger Bedingung, das sehr unterschiedliche Ausprägungen zuläßt;

und hier liegt auch der Grund, weshalb das Erziehungssystem nicht entlang einer Unterscheidung von Bildung und Ausbildung oder von Funktion und Leistung differenziert werden kann.
Welche Probleme bleiben offen? Abgesehen einmal von allen Fragen der Detaillierung und der Kombination von Lernen und Können im einzelnen wird auch hier eine lineare Sequenzierung gemäß der „Steigerung des Begriffs" nicht gelingen. Gewiß kann man sich Schwierigkeitsstufen und Rangverhältnisse vorstellen, denen zufolge in der „höheren" Erziehung die Anforderungen an Lernfähigkeit zunehmen. Das gilt zum Beispiel immer dann, wenn Aufgaben eine Entscheidung über die Wahl der Methode erfordern, also eine Art Vor-Lernen voraussetzen, das Methodenkenntnis in Anspruch nimmt, aber überschreitet. Gleichwohl sind Schulkarrieren nicht derart linearisierbar, daß der Lernprozeß kontinuierlich-schrittweise das Lernen der Lernfähigkeit im Lernen des Könnens steigern könnte; dazu sind die strukturellen Vorbedingungen des Lernens zu heterogen.
Während die Idee der Bildung sich weder im Bezugspunkt Welt noch im Bezugspunkt Individualität immanent begrenzen kann, ist gerade diese Selbstbegrenzung ein Erfordernis der Lernfähigkeit. Lernfähigkeit kombiniert Unsicherheit in bezug auf die Umwelt mit Sicherheit in bezug auf sich selbst, nämlich in bezug auf eigene Auffangstellungen. Diese Sicherheit kann nur in der Erfahrung des Lernens selbst gefestigt werden. Der Aufbau einer solchen Kombination von Unsicherheit und Sicherheit kann aber begrenzt werden im Hinblick darauf, welche Unsicherheiten die relevante Umwelt tatsächlich produzieren wird[172]. Und er muß begrenzt werden, denn Vorbereitung auf alle Eventualitäten könnte nur durch Indoktrination starrer, durchhaltefähiger Einstellungen erreicht werden. Die Formel Lernfähigkeit ist auf Selbstbeschränkung und damit auch auf interne Diversifikation angewiesen; sie läßt sich nicht parallel zu einem hierarchischen Aufbau elementarer, mittlerer, höherer und hoher Schulen als linear steigerbar denken.

---

[172] Berufsausbildung ist in diesem Sinne Vorbereitung auf die „relevant uncertainties" des Berufs durch die Sicherheit, etwas Einschlägiges zu können. Vgl. z. B. Renée Fox, Training for Uncertainty, in: Robert K. Merton et al. (Hrsg.), The Student-Physician: Introductory Studies in the Sociology of Medical Education, Cambridge, Mass., 1957, S. 207–241; John H. McNamara, Uncertainties in Police Work: The Relevance of Police Recruits' Backgrounds and Training, in: David J. Bordua (Hrsg.), The Police: Six Sociological Essays, New York 1967, S. 163–252, oder zur „preparation for contingencies" im Lehrerverhalten und in der Lehrerausbildung Louis M. Smith/William Geoffrey, The Complexities of an Urban Classroom: An Analysis toward a General Theory of Teaching, New York 1968, S. 100 ff. Dabei ist die offene Frage, wieweit die erworbene Sicherheit nur Durchhaltefähigkeit oder auch Lernfähigkeit, nur Rigidität oder auch ein elastisches Sicheinlassen auf Veränderungen der Umwelt vermittelt.

Diesem technischen Erfordernis der Selbstbeschränkung als Bedingung des Bewirkens von Lernfähigkeit entsprechen Erfordernisse der Reflexion. Als Kontingenzformel ist Lernfähigkeit nicht schon technisch erreichbares Ziel, sondern zunächst einmal ein Reflexionsausdruck der Funktion des Erziehungssystems. Die Reflexion erfüllt ihre eigene Funktion nur, wenn es ihr gelingt, Schranken der Steigerbarkeit festzumachen, und zwar mit Bezug auf das System in seiner Umwelt. Lernfähigkeit kann man sich einerseits als beliebig steigerbar vorstellen, weil jede Situation mit Überraschungen und Unbekanntheitshorizonten die Möglichkeit offenläßt, mehr und besser zu lernen. Andererseits läuft schrankenlose Lernbereitschaft auf ungehemmte Anpassungswilligkeit hinaus. Keine Gesellschaft, kein Sozialsystem, keine Person kann jede ihrer Strukturen vorab als eine solche definieren, die im Lernfalle zu ändern ist. Das käme einem Verzicht auf Normativität gleich, einem Verzicht auf Gewissen[173], einem Verzicht auf Recht und auf eine Vielzahl weiterer Überzeugungsgrundlagen für Kommunikationen im Bereich von Religion, Moral, Politik, Liebe usw.

Verabsolutiert man Lernfähigkeit, erfordert sie demnach auf der technischen Ebene Rigidität, auf der Reflexionsebene beliebige Anpassungsfähigkeit. Mit diesem Widerspruch läßt sich keine Reflexion der Technologie des Erziehungssystems entwickeln, und der Lernprozeß selbst wird nur von seiner Unmöglichkeit her begriffen. Wie aber findet und reflektiert der Lernprozeß seine eigene Schranke, ohne vorab und vielleicht voreilig auf Lernfähigkeit zu verzichten?

Eine Antwort auf diese Frage findet man in der Analyse von Autonomie; genauer gesagt: in der Analyse von Systemen, die sich als selbstreferentiell reflektieren. Wir hatten schon notiert: Autonom ist ein System, das seine Abhängigkeiten von der Umwelt wählen kann. Das setzt systemintern eine Ebenendifferenzierung voraus, so daß die operative Umweltabhängigkeit von der reflektierten unterschieden werden kann. Im gleichen Sinne kann man sagen: Autonom ist ein System, das die Hinsichten wählen, in denen es normativ bzw. lernbereit erwarten will, und das auch diese Wahl bei Bedarf wiederum normativ bzw. lernbereit programmieren kann. Die Grundfigur ist auch hier: daß für den Vollzug selbstreferentieller Prozesse eine operative und eine sie reflektierende (und darin ihrerseits wiederum: operative[174]) Ebene zur Verfügung steht.

---

173 Zur hier vorausgesetzten Interpretation des Phänomens Gewissen näher: Niklas LUHMANN, Das Phänomen des Gewissens und die normative Selbstbestimmung der Persönlichkeit, in: Franz BÖCKLE/Ernst-Wolfgang BÖCKENFÖRDE (Hrsg.), Naturrecht in der Kritik, Mainz 1973, S. 223–243.

174 Ähnliche Schlüsse in bezug auf operative Grundlagen aller Reflexion werden bekanntlich in der Philosophie gezogen. Siehe z. B. Eugen FINK, Operative Begriffe in

Damit ist aber nur die Form angegeben, die das Reflexionsproblem löst. Die Inhalte, die den Lernprozeß bzw. den Reflexionsprozeß stoppen, bleiben historisch. Man hat seit dem Beginn rücklaufender Selbsterfahrung mit funktionaler Differenzierung vergeblich versucht, die Geltung von Inhalten durch Bezug auf a priori Geltendes zu begründen. Das Interesse am „a priori" ist selbst ein historisches. Nur die Systemform kann die laufende Katalyse, das laufende Regenerieren von jeweils plausiblen Stoppregeln garantieren. Wenn das Erziehungssystem einen abermaligen Wechsel der Kontingenzformel vollzieht und von Bildung zu Lernfähigkeit übergeht, muß es diese Konsequenz akzeptieren.

Da Abschlußprobleme der soeben erörterten Art innerhalb der Wissenschaften unlösbar sind und da man dies heute weiß oder doch wissen kann, verliert der bisher dominante Überschneidungsbereich Wissenschaft mit dem Übergang zur Formel Lernfähigkeit seine dominierende Stellung. Er liefert Wissensstoff mehr denn je, aber ohne Antwort auf die Reflexionsprobleme des Erziehungssystems. Die Universitäten lassen sich nicht mehr im Sinne HUMBOLDTS reformieren[175], sondern werden einbezogen in das, was HUMBOLDT Schulunterricht genannt und dem Lernen des Lernens zugedacht hatte. Wohin verlagert sich dann aber die Leitorientierung?

Schon innerhalb der semantisch noch durchgehaltenen und generalisierten „Theorie der Bildung" hatte sich mit KERSCHENSTEINER und SPRANGER eine Wendung zur Primärorientierung an Arbeit und Beruf vollzogen[176]. Noch unter der Ägide von „Bildung" wird also eine Ablösung von Wissenschaftsbezug durch Wirtschaftsbezug eingeleitet, „die Berufsbildung steht an der Pforte der Menschenbildung"[177], und die Formel Lernfähigkeit übernimmt schließlich nur, was schon nahezu selbstverständlich geworden war. Allerdings müssen wir eine doppelte, sich wechselseitig ermöglichende Entwicklung in Rechnung stellen. Einerseits gewinnt das Erziehungssystem mit der funktionsspezifischen Kontingenzformel Lernfähigkeit im Verhältnis zu den

---

HUSSERLS Phänomenologie, Zeitschrift für philosophische Forschung 11 (1957), S. 321–337.

175 Vgl. dazu Helmut SCHELSKYS Entwicklung von: Einsamkeit und Freiheit: Idee und Gestalt der deutschen Universität, Reinbek 1963, bis: Abschied von der Hochschulpolitik oder Die Universität im Fadenkreuz des Versagens, Bielefeld 1969.

176 Siehe Georg KERSCHENSTEINER, Theorie der Bildung, Leipzig/Berlin 1926; ders., Ausgewählte pädagogische Schriften, 2 Bde., Paderborn 1966 und 1968; Eduard SPRANGER, Berufsbildung und Allgemeinbildung (1929), neu gedruckt in: Hermann RÖHRS (Hrsg.), Die Bildungsfrage in der modernen Arbeitswelt, Frankfurt 1963, S. 17–34. Vgl. hierzu außer RÖHRS, a. a. O., auch Udo MÜLLGES, Bildung und Berufsbildung: Die theoretische Grundlegung des Berufserziehungsproblems durch KERSCHENSTEINER, SPRANGER, FISCHER und LITT, Ratingen 1967.

177 KERSCHENSTEINER, a. a. O., S. 94.

Überschneidungsbereichen die bisher größte Distanz. Lernfähigkeit läßt sich ohne simultanen Leistungsbezug auf andere Systeme konzipieren und entwickeln. Andererseits gibt es einen Lernort, an dem man das Lernen mit Hilfe des Gelernten erst richtig lernt: die sogenannte „Praxis". Die „Praxis" wird so zur „letzten Instanz", in der man über Gelerntes lernend disponiert, sei es auf Grund einer gelernten Lernfähigkeit, sei es improvisierend und ad hoc.

Zahlreiche Erfahrungsberichte und Untersuchungen, die unter dem Stichwort „Realitäts-Schock" gesammelt werden, haben gezeigt, daß bei aller Berufsorientierung der Ausbildung der Eintritt in den Beruf eine oft einschneidende und enttäuschende Neudisposition über das Gelernte erzwingt[178]. Im Vergleich dazu vollzieht sich der Übergang ins Berufsleben bei fehlender oder geringwertiger Ausbildung relativ problemlos[179]. Mit den Anforderungen an die Ausbildung nehmen also die Diskrepanzen zu den realen Anforderungen an das Verhalten im Beruf zu; die Ausbildung mindert nicht, sie steigert diese Diskrepanz. Es wäre ganz falsch, die Schuld hieran bei einem „zu theoretischen" oder „akademischen" Charakter der Ausbildung zu suchen, wie es zumeist geschieht. Bei aller möglichen Kritik von Lehrplänen und Lernzielen – gerade Abstraktion und theoretischer Gehalt, gerade Buchwissen und kondensierte Fremderfahrung ließen sich nicht eliminieren, ohne daß die Ausbildung als Ausbildung zusammenbräche. Man wird deshalb (falls nicht eine grundlegende, soziologisch nicht prognostizierbare Revolutionierung aller Lehrpläne in Richtung auf „Praxisrelevanz" gelingt) davon ausgehen müssen, daß zunehmende Ausbildungs- und Qualitätsanforderungen des Erziehungssystems mit zunehmender Selektivität der Verwendung in der Berufspraxis korrelieren.

Weil und soweit die alte Kontinuität des „Lernens in der Praxis" aufgegeben werden mußte, kommt es beim Übergang in die Praxis zu diesem „Realitäts-Schock". Dieser schafft seinerseits eine lerngünstige Situation – eben weil das Gelernte versagt oder doch neu evaluiert und entdogmatisiert werden muß. Das Erziehungssystem verwendet also seine Differenz zur Umwelt, um das,

---

178 Vgl. z. B. Ronald G. CORWIN, The Professional Employee: A Study of Conflicts in Nursing Roles, The American Journal of Sociology 66 (1961), S. 604–615; Friedrich FÜRSTENBERG, Normenkonflikte beim Eintritt in das Berufsleben, in: Theodor SCHARMANN (Hrsg.), Schule und Beruf als Sozialisationsfaktoren, Stuttgart 1966, S. 194–204; Wayne K. HOY, The Influence of Experience on the Beginning Teacher, School Review 76 (1968), S. 312–323; M. T. WHITESIDE/G. BERNBAUM/ G. NOBLE, Aspirations, Reality Shock and Entry into Teaching, Sociological Review 17 (1969), S. 399–414; Roger MANSFIELD, The Initiation of Graduates in Industry, Human Relations 25 (1972). S. 77–86.

179 Siehe etwa Michael P. CARTER, Home, School and Work: A Study of the Education and Employment of Young People in Britain, Oxford 1962, S. 195, 207 ff.

was nicht erreicht ist, dann doch noch zu erzwingen. Auch dieser Lerneffekt ist also dem Erziehungssystem zuzurechnen. Allerdings ist dies letzte Mittel zugleich das schlechteste: Das geschockte Lernen bleibt situationsgebunden, es verläuft weitgehend ohne begriffliche Kontrolle und kann nicht in immer neue Situationen überführt werden. So wird abruptes Lernen, zumeist mit Verhärtungseffekten, aber nicht fortsetzbare Lern*fähigkeit* bewirkt. Praktiker betonen hernach vor allem die Praxis und den Wert von Erfahrungen – und meinen damit ihre eigenen. Die hohe Diskontinuität von Ausbildung und Erfahrung wird kaum abzuschwächen sein; aber das braucht Momente der Kontinuität und der Vorbereitung auf die typischen Unsicherheiten gerade dieser Übergangssituationen nicht auszuschließen.

Dieses Problem stellt die Formel Lernfähigkeit in ein neues Licht. Der Übergang in den Beruf erfordert auf jeden Fall hohe adaptive Flexibilität, und die Frage ist, wodurch das Erziehungssystem dafür ausrüstet: durch schichtbedingte Sicherheit des Daseins und Auftretens, durch Stolz, die Schule geschafft zu haben, durch das Gefühl, irgendwie auf die relevanten Unsicherheiten des Berufs vorbereitet zu sein, oder auch durch kognitiv fundierte und im Beruf abrufbare Lernfähigkeiten. Die Formel Lernfähigkeit meint den letztgenannten Fall und meint in dessen Rahmen: problemlosen Übergang in den Beruf. In gewisser Weise ist ihr Muster also der Lehrling, der im Beruf lernt, so daß eine Diskrepanz gar nicht erst aufkommen kann. Sie versucht das, was hier von selbst anfällt, auf Umwegen unter anspruchsvolleren Zielsetzungen wiederzuerreichen. Der Überschneidungsbereich Betriebserziehung ist weder Basis wie die Familie noch Ideal wie die Bildungsuniversität. Aber er liefert doch die Folie, auf der sich erst Licht und Schatten einer gesteigerten und gerade deshalb bei weitem nicht zureichenden Lernfähigkeit abzeichnen.

Für die Anthropologie der humanen Perfektion war die Schichtungsstruktur der Gesellschaft noch selbstverständlich gewesen; insofern hieß es: Perfektion nach Maßgabe des Standes[180]. Das Bildungsideal interpretierte die Leitorientierung durch einen idealen Kulminationspunkt, der Unterschiede der Bildung und Unterschiede der Schichtung in den „gebildeten Ständen" konvergieren ließ[181]. Die Formel Lernfähigkeit gehört dagegen in eine funktional differenzierte Gesellschaft, die ihrer eigenen Folgen ansichtig wird und es fast nur noch damit zu tun hat, die Folgeprobleme hochriskanter Strukturentscheidungen wenigstens einigermaßen in den Griff zu bekommen. Der Lehrling wird nicht zum Ideal, die Betriebserziehung wird nicht zum Fokus der Erziehung schlechthin, dazu ist die Funktion jetzt zu stark ausdifferenziert.

---

180 Hinweise bei Vierhaus, a. a. O., S. 512 ff.

181 Hierzu Hans Weil, Die Entstehung des deutschen Bildungsprinzips, 2. Aufl. Bonn 1967, S. 84 ff.

Und doch bestimmt dieser Überschneidungsbereich die Problem- und Funktionsorientierung, weil das, was hier so einfach war, unter komplexeren und anspruchsvolleren Bedingungen mit aller Anstrengung nicht wieder zu erreichen ist.

## XIII. Der Lehrplan: Zur Respezifikation der Kontingenzformel

Mit der Abstraktion von Einheitsformeln ist die Autonomie der Funktionssysteme noch nicht ausgefüllt. Aus der Einheitsformel können die Bedingungen der Respezifikation nicht hergeleitet werden. Gerade das ist ihre Funktion: Unabhängigkeit trotz Abhängigkeiten zu ermöglichen; und die Frage ist, wie die Reflexion verfährt, damit Kontingentes als Notwendiges und Unbestimmtes als Bestimmtes behandelt werden kann[182]. Hierfür steht seit alten Zeiten die Einrichtung des Lehrplans ein[183], insofern der Lehrplan mit der Welt artikuliert wird. Lehrpläne sind mit der Kodifizierung von Stoffen befaßt. Stoffe sind nicht Lernziele: also nicht Zustände von Personen. Stoffe sind Mittel für Lernprozesse und haben traditionsbildende Effekte, die sich nicht genau danach bemessen lassen, wieviel Stoff nachher in den Köpfen der Schüler vorhanden ist. Über diesen angestrebten Effekt, Stoffe in die Köpfe zu bringen, tritt als weiterer Gesichtspunkt die Funktion der Form, in der Stoffe überhaupt verfügbar sind, hervor. Stoffe müssen im Lehrplan eine Form finden, die darauf eingerichtet ist, daß Lehrprozeß und Lernprozeß nicht beliebig kombinierbar sind.

Diese wenigen Bemerkungen genügen, um zu verdeutlichen, daß diese Einrichtung eine funktionale Spezifikation des „Lehrgefüges" zur Voraussetzung hat[184]. Solange Erziehung sich noch am epischen Erzählkontext der homerischen Texte hielt, kam es auf einen Lehrplan nicht an. Erst die Revolutionierung der griechischen Pädagogik durch die griechischen Philosophen bringt diese Einrichtung hervor, indem Stoffe aus lokalen, multifunktionalen, askriptiven Bindungen herausgelöst, auf Themen bezogen werden können, in bezug auf welche Aussagen wahr oder falsch sind[185]. Stoffe stehen unter bestimmten Bedingungen für die Verwendung in Erziehungs- und Unterrichtsprozessen zur Verfügung: Bedingungen, die dann sowohl den funk-

---

[182] Hierzu Teil II, „Pädagogik und Gesellschaftstheorie".

[183] Vgl. Josef DOLCH, Lehrplan des Abendlandes, 3. Aufl., Ratingen 1971.

[184] Vgl. Friedrich W. DÖRPFELD, Grundlinien einer Theorie des Lehrplans, zunächst für Volks- und Mittelschulen, 3. Auflage Gütersloh 1910; so auch Erich WENIGER, Didaktik als Bildungslehre, Teil 1, a. a. O., S. 21ff.

[185] Hierzu Eric HAVELOCK, Preface to PLATO, Cambridge, Mass., 1963.

tionsspezifischen Kontext pädagogischer Praxis als auch die Artikulation mit der Welt betreffen. Der Lehrplan ist also eine Einrichtung, die einerseits Externa einbezieht, andererseits am internen Schicksal partizipiert.

Mit der Ausdifferenzierung des Erziehungssystems büßt der Lehrplan den direkten Weltbezug ein. Nicht mehr ist der Lehrplan eine soziale Struktur, in der gesellschaftliche Realitätskonstruktionen zum Ausdruck kommen, sondern eine Struktur des Erziehungssystems, die mit gesellschaftlichen Bedingungen nur kompatibel sein muß. Als solche vertritt der Lehrplan die Realität als eigenständige Repräsentanz der Sachdimension im Erziehungssystem. Der Lehrplan kann somit nicht nur als Mittel des Bewirkens von beabsichtigten Effekten im Schüler betrachtet werden; denn was den Lehrplan angeht, hat das Erziehungssystem auch die Funktion der Reproduktion von Kultur im Nachwuchs, relativ unabhängig davon, wer im einzelnen was davon mitbekommt. Wenn das Stoffangebot auch einen eigenen Sinnbezug in sich selbst hat, ist seine Realisierung nicht unabhängig von der Frage der sozialen Übermittlung und der zeitlichen Beständigkeit des pädagogischen Erfolgs. Der Lehrplan betreibt sein Geschäft: die Mobilisierung von Ressourcen an „Stoffen", also im Rahmen der Möglichkeiten, wie sie jeweils durch die Kontingenzformeln abgesteckt sind.

Ist der Lehrplan in diesem Sinne Struktur des Erziehungssystems, bezieht er sich auf die Größe des Erziehungssystems, innerhalb dessen für ein Item – z. B. eine Person oder ein Thema – Beziehungen herstellbar sind. Die Ausdifferenzierung erzeugt also größenabhängige Beziehungsmöglichkeiten im System, die ihrerseits dann seinen weiteren Ausbau ermöglichen, wenn die strukturellen Probleme der Mobilisierung gelöst werden können. Insofern ist der Lehrplan sowohl von der gesellschaftlichen Entwicklung abhängig als auch auf diese bezogen; er ist ein Reflexionsanlaß besonderer Art, um die Bedingungen der Autonomie auszufüllen: „Stimmen die deutschen Lehrpläne noch?"[186]

Es ist ein allgemeines Merkmal funktionaler Differenzierung auf der Ebene des Gesellschaftssystems, daß sie nicht themenspezifisch erfolgen kann. Das ist ein Aspekt der Zentralität von Funktionen. Es gibt keine Inhalte, die per se notwendig unpolitisch wären, die nicht Gegenstand von Wissenschaft werden könnten oder per se unökonomisch wären. Daraus folgt, daß man die Argumentation auf eine höhere Ebene der Abstraktion verlagern und sich fragen muß, wie solche Spezifikation aufs Unspezifische gehandhabt wird. Unsere erste Antwort sind die Kontingenzformeln, die Limitationen des Möglichen symbolisieren. Die Frage dieses Kapitels zielt auf die Behandlung

---

[186] Fragt Heinrich ROTH, in: Frank ACHTENHAGEN / Hilbert L. MEYER (Hrsg.), Curriculumrevision, 3. Aufl. München 1971, S. 47–56 (47).

der Kontingenzformeln in Ansehung des Lehrplans; wobei unsere These ist, daß unter Verblassen von naturalen und normativen Bezügen mit der Entwicklung der Kontingenzformeln in Richtung Lernfähigkeit an die Handhabung der Autonomie, d. h. an die Planung des Lehrplans unter spezifisch pädagogischen Gesichtspunkten, zunehmend größere Anforderungen gestellt werden, weil sich die Limitierung des Möglichen von den größten auf die kleinsten Subsysteme verlagert. Auf diese Weise verdichten sich ebenenspezifische Reflexionsschwerpunkte, die ihrerseits die Bedingungen der Möglichkeit der Lehrplanfunktion spezifizieren. Solange der Lehrplan nur „Gelegenheitsaktivitäten" einer stratifizierten Gesellschaft unterstützte, mußte das interne Schicksal der kodifizierten Stoffe nicht eigens reflektiert werden. Schichtung als Vorselektor spezifischer Kommunikationschancen bot ausreichend Gewähr, Bildungsgüter zu übertragen[187]. Erst das Inklusionspostulat bringt Anforderungen ins Spiel, die nur unter Berücksichtigung der Programmebene, die nun den Lehrplan artikuliert, behandelbar sind. Wenn alle Kinder in Schulen erzogen werden sollen, ist es mit dem Verlaß auf funktionsspezifische Rollenfähigkeiten nicht mehr getan, um das Ankommen der Stoffe in den Köpfen der Kinder ausreichend zu garantieren. Es ist dann die Programmebene, die erlaubt, Bedingungen der Richtigkeit des Verhaltens gesellschaftsweit zu formulieren; und der Lehrplan wird zu derjenigen Komponente von Erziehungsprogrammen, die der Dominanz der Sozialdimension im „pädagogischen Verhältnis" Grenzen setzt.

Wie verfährt nun die Reflexion, um in diesem Sinne an „Stoffen" zur Mobilisierung der Ressourcen des Erziehungssystems beizutragen? Im Rahmen der Reflexion der Kontingenzformeln haben wir strukturelle Beschränkungen der Ausdifferenzierbarkeit des Erziehungssystems unter dem Stichwort von Überschneidungsbereichen analysiert. Im Zuge des ziemlich abrupt ablaufenden Ausdifferenzierungsprozesses wirken die Überschneidungsbereiche aber nicht nur als Einschränkungen, sondern auch als Bedingungen der Ermöglichung spezifischer Steigerungsinteressen an Erziehungsleistungen. Sollen die bislang unbeschulten Kinder in den funktionsbestimmten Erziehungsprozeß eingefädelt werden, sind zunächst Fähigkeiten empfohlen, die auch im Rahmen der Familienerziehung vermittelt werden. So hebt PESTALOZZI seine Reflexionen ausdrücklich auf den Wohnstubencharakter der Elementarmethode ab. Gesellschaftsrelevante Schulerziehung und Familienerziehung sind also im Hinblick auf Gemeinsamkeiten reflektiert[188]; wobei die Familienerziehung als Umweltbedingung des Erziehungssystems dem Lehrplan im Er-

[187] Vgl. DOLCH zur „enkyklios paideia", a. a. O., S. 24 ff.

[188] Wir kommen darauf ausführlicher zurück in Teil 2, Kapitel V: „Pädagogik auf dem Wege zur ‚absoluten Methode'?"

ziehungssystem noch keine eigene Chance gibt. Das bedeutet bekanntlich nicht, daß der Stoffkomponente bislang noch keine Beachtung geschenkt worden ist; aber es ging bei der Artikulation der unterrichtsbezogenen Stoffe noch nicht um die Mobilisierung von Ressourcen der Erziehungsfunktion, sondern generell um Fragen der Repräsentation im Rahmen vorgegebener Realitätskonstruktionen. So intendieren die Auseinandersetzungen um die Berücksichtigung von Realien in der Übermacht der Sprachen im 17. Jahrhundert noch nicht die Herstellung neuer Beziehungsmöglichkeiten innerhalb des Erziehungssystems; aber auch die Diskussionen über die „alten" Sprachen am Ausgang des 18. Jahrhunderts reflektieren noch nicht Steigerungsbedingungen der Lehrplanfunktion[189]; denn die Ausdifferenzierung ist zunächst auf der Ebene des Erziehungsprozesses relevant geworden.

Erst mit dem Aufbau der Schulorganisation als Voraussetzung von und Bedingung für Leistungssteigerung im Bereich der Erziehungsfunktion tritt die Lehrplanfunktion in Bezug zur Größe des Erziehungssystems. Nicht ohne Seitenblicke auf die von PESTALOZZI ausgehenden formalen Tendenzen betonen SCHLEIERMACHER und HERBART die Bedeutung der Inhalte für den Erziehungsprozeß (ohne die Organisationsabhängigkeit dieser Reflexionen ausreichend mitzureflektieren). Die Organisation übernimmt die strukturelle Sicherung der Lehrplanfunktion. Im Hinblick auf den Lehrplan kann mit Bezug auf die Stoffe nach der Anzahl unterschiedlicher Beziehungen, die innerhalb einer Zeiteinheit realisiert werden können, gefragt werden. Und gerade das ist die Bedingung für die Planung des Lehrplans unter spezifisch pädagogischen Gesichtspunkten. Gäbe es in der Umwelt des Erziehungssystems schon ein festliegendes Arrangement, etwa unter dem Gesichtspunkt der Wichtigkeit, gäbe es im Erziehungssystem weder Möglichkeiten noch Notwendigkeiten einer Lehrplanung. Diese Autonomieleistungen laufen zunächst ausschließlich über Organisation; und es sind vornehmlich politische Vorgaben und Eingriffe, die hier Beziehungen fixieren[190]: Man stellt aber

---

[189] Im Falle der philanthropisch-neuhumanistischen Auseinandersetzungen sogar eher Defensivbedingungen des Erziehungssystems, das beginnt, sich von den Beschränkungen der Familienerziehung frei zu machen, um mit dem Schwierigkeitsgrad der Lehrinhalte professionspolitisches Prestige einzuhandeln. Vgl. Ernst Christian TRAPP, Über das Studium der alten classischen Schriftsteller und ihrer Sprachen, in pädagogischer Hinsicht; in: Allgemeine Revision, a. a. O., Bd. VII, S. 309–533.

[190] An berühmter Stelle die sog. STIEHLschen Regulative von 1854 mit der Absicht, die Volksschulbildung auf ihr richtiges Maß und ihr christliches Fundament zurückzuführen: „Es ist daher an der Zeit, das Unberechtigte, Überflüssige, Irreführende auszuscheiden und an seiner Stelle dasjenige nunmehr auch amtlich zur Befolgung vorzuschreiben, was von denen, welche die Bedürfnisse einer wahrhaft christlichen Volksbildung kennen und würdigen, seit lange als notwendig gefühlt, von treuen und erfahrenen Schulmännern als dem Volke wahrhaft frommend und als ausführ-

alsbald fest, daß die richtige Auswahl und feste Begrenzung der Unterrichtsgegenstände ein Problem besonderer Art ist, auf das zwar extern vielfältige Interessen wirken, das aber nicht aus der „Hand" des Erziehungssystems gegeben werden kann, ohne die Beschulung aller Kinder, also ein gesellschaftsrelevantes Größenwachstum des Erziehungssystems, zu gefährden. So schlagen sehr bald die in der „Konzentration" der Lehrstoffe angelegten Einseitigkeiten der preußischen Regulative nachteilig zu Buche; nicht mehr ist es mit politischen Auseinandersetzungen und mit pädagogischer Infiltration der politischen Verwaltungen allein getan, das zuständige Establishment beginnt, die internen Bedingungen und Abhängigkeiten mit einer Theorie zu überziehen, die über der zunehmend unerkennbar und vor allem unkontrollierbar werdenden Binnenstruktur des Erziehungssystems die Funktion übernimmt, „Grundlinien" für die Programmierung der Erziehungsorganisation zu abstrahieren[191].

DÖRPFELD beruft sich auf die wissenschaftliche Auffassung der Lehrplanfrage, wenn es darum geht, den der politischen Verwaltung gegebenen Rat zu generalisieren. Das pädagogische Denken läuft gleichsam im Wissenschaftsbereich noch einmal ab, um eine Semantik pädagogischen Denkens zu generieren[192], um die Einräumung sachunterrichtlicher Fächer im Lehrplan der Volksschulen und Mittelschulen zu kontinuieren: „Der Lehrplan muß qualitativ vollständig sein. Daraus folgt: Der sachunterrichtlichen Fächer müssen drei sein. Warum nicht mehr? Weil es keine mehr gibt. Warum nicht weniger? Weil eine Lehranstalt, die wie die Volksschule nicht Fachschule, sondern Bildungsanstalt sein soll, keins derselben entbehren kann."[193] Die Pädagogik befindet sich nicht nur im Gespräch mit sich selbst im Rahmen eines schon generalisierten Verständnisses der Bildungsformel, sondern zugleich auch mit dem Wissenschaftssystem: Die wissenschaftliche Disziplinstruktur ist berufen, die Unentbehrlichkeit der getroffenen (politischen) Entscheidung zu legitimieren[194]. An wissenschaftliche Forschung kann auf diese Weise angeschlossen werden; aber die Schule kann sich auch nicht von Forschung abhängig machen: „Wie ist das aber möglich zu machen – in einer Schule, die

---

bar erprobt worden ist." Zitiert nach Gerhardt GIESE, Quellen zur deutschen Schulgeschichte seit 1800, Göttingen 1961, S. 151.

[191] An erster Stelle also DÖRPFELD, a. a. O.: von DÖRPFELD als „Novum" hervorgehoben.

[192] DÖRPFELDS Theorie also im Anschluß an die politische Entscheidung in Sachen Lehrplan: so im Gefolge der Schulkonferenz die Lehrordnung vom 15. Oktober 1872 (vgl. GIESE, a. a. O., S. 168ff.).

[193] DÖRPFELD, a. a. O., S. 9.

[194] nämlich die Einteilung: Naturkunde, Menschenleben (in Gegenwart und Vergangenheit), Religion, a. a. O., S. 1.

80 bis 90 bis 100 Kinder zählt?"[195] So bewirken die Wissenschaften auch Reflexionsanstöße, um Selbstlimitierungen einzufügen: „... die Lehrpläne der verschiedenen Bildungsanstalten verhalten sich zueinander wie Figuren, welche in der Form (qualitativ) ähnlich, aber in der Größe (quantitativ) ungleich sind. Das ist die Kardinalwahrheit der Pädagogik, die oberste in der Theorie des Lehrplans."[196] Hierbei geht es nicht nur um Erfordernisse weiterer Aufbereitung unterrichtsfähiger Themen, sondern auch um Fragen der Strukturierung der Lehrgänge selbst[197]; aber nicht nur in dieser mehr lehrgangsbezogenen, sondern auch in der mehr stoffbezogenen Hinsicht folgen die pädagogischen Reflexionen politischen Entscheidungen im Organisationsbereich des Erziehungssystems im Überschneidungsbereich der Wissenschaft. WILLMANNS Überlegungen zum Beispiel zum Bildungsgehalt der Wissenschaften folgen dem Gesetzgebungswerk zum Reichsvolksschulgesetz vom 14. Mai 1869, die – entgegen den Bestrebungen WILLMANNS – mit der Güterlehre schließlich die Umbildung des Lehrplans zum fächerbezogenen Lehrplan legitimieren helfen. Was kommt aber dann, wenn wissenschaftlich angeleitete Lehrplanüberlegungen und noch am Konzentrationsprinzip festhaltende Lehrgangsüberlegungen nicht mehr in Einklang zu bringen sind?[198] Eine Emanation der Lehrplansüberlegungen in der Verkleidung organischer Metapher. Die pädagogische Semantik der Lehrplanstruktur jedenfalls verkommt. Schulorganisatorische Fragen und Lehrgangsüberlegungen beherrschen die Lehrplanüberlegungen im Erziehungssystem. Erst die preußischen Richtlinien von 1925 lösten eine neue Hausse pädagogischen Nachdenkens in der Lehrplanfrage aus.

DÖRPFELD hatte zwar schon auf die zukünftigen Verhältnisse als Legitimationsgesichtspunkte des Lehrplans hingewiesen, schließlich aber befunden: „Die Notwendigkeit folgt ... aus dem Begriff der Bildung."[199] Diese Art der Selbstverständigung bot nach der Wendung der „Theorie der Bildung" zur Primärorientierung an Arbeit und Beruf für die Reflexionen im Erziehungssystem keine ausreichende Orientierung mehr. Wenn schließlich mit der Volksschule für alle Kinder Ernst gemacht werden soll, somit an die Mobili-

[195] A. a. O., S. 61 f.

[196] A. a. O., S. 162.

[197] Für DÖRPFELD die Frage: „ob der Lehrgang in konzentrischen Kreisen fortschreiten soll, oder aber ... nach sog. kulturhistorischen Stufen": a. a. O., S. 179.

[198] Siehe auch SCHWENK, a. a. O., S. 62. – Für WILLMANN: „Die folgenreichste Verständigung aber, welche die wissenschaftliche Didaktik zu stiften vermag, ist die zwischen der geistlichen und weltlichen Lehrerschaft, eine wesentliche Bedingung der einheitlichen und sittlichen Wirkung des Unterrichts. Eine rationalistische Pädagogik wirkt hier trennend ..."; zitiert nach SCHWENK, a. a. O., S. 57.

[199] DÖRPFELD, a. a. O., S. 21.

sierungsfunktion der Stoffe gesteigerte Anforderungen herangetragen werden, dann sind normative Vorgaben, wie sie der Bildungsbegriff formuliert, nicht mehr durchzuhalten. Dennoch scheint eine Ablösung der Bildungsformel nicht in Sicht: weil sie inmitten eines Wissenschaftsbetriebes, auf den man sich eingelassen hat, Eigenständigkeit verspricht. In dieser prekären Reflexionssituation kommen pädagogische Lehrplanüberlegungen, soweit sie nicht schon in den Bereich „ewiger" Werte abgewandert sind, im Grunde über fächerbezogene „Grundlagen" nicht hinaus[200]. Eine im materialen Sinne einheitliche Bildung für alle wird nicht mehr für möglich gehalten. Die Auswahl des Stoffes wird zur Aufgabe des Lehrers. Das ist schließlich eine Position, von der aus keine Inhalte mehr ableitbar sind. Es stellt sich die Frage, wie die Autonomie noch ausgefüllt werden kann[201].

Das Dilemma liegt, abstrakt formuliert, in der Beziehung von Sachdimension und Sozialdimension unter der Bedingung zunehmender Größe, zunehmender Komplexität und funktionaler Spezifikation. Die Auswahl der Stoffe, die Komposition des Lehrplans wird zum Problem. Einerseits kann man sie nicht allein unter didaktischen Gesichtspunkten entscheiden, man kann nicht allein auf die sozialen Bedingungen des Unterrichtserfolgs abstellen. Der Unterricht seligiert ohnehin aus dem Stoffangebot das, was ankommt und haftenbleibt. Man kann aber nicht die Antezipation von Bedingungen und Grenzen didaktischen Könnens vorweg schon zum Leitprinzip der Stoffauswahl machen. Andererseits fehlt es aber auch an hinreichenden stoffimmanenten Kriterien der Wichtigkeit. Der Lehrplan kann nicht bestimmt werden unter Gesichtspunkten wie: Was lohnt sich zu tradieren, was muß auf alle Fälle bewahrt und vermittelt werden, was wird auf Grund einer immanenten Logik der Relevanz in Zukunft gebraucht werden? Und selbst wenn es möglich wäre, so zu disponieren, wären die Grundlagen dafür so wenig gesichert, daß die Frage gestellt werden müßte, ob und weshalb gerade die Pädagogen zu so weitreichenden Dispositionen berechtigt sind. Je mehr Können sie sich zu-

---

200 Vgl. Erich WENIGER, Die Grundlagen des Geschichtsunterrichts: Untersuchungen zur geisteswissenschaftlichen Didaktik, Leipzig 1926; ders., Didaktik als Bildungslehre, Teil 1: Theorie der Bildungsinhalte und des Lehrplans, a. a. O.

201 WENIGERS Lehrplantheorie als Rekonstruktion eines komplexen Modells von Lehrplanschichten und Bedingungsfaktoren vor dem Hintergrund eines Entscheidungsprozesses „objektiver Mächte" läßt genau die Funktionsstelle pädagogischer Semantik offen, wenn man pädagogische Verantwortung und wohlmeinende Hoffnung auf einen normativen Staatsbegriff nicht schon für ausreichende Garantien hält. Hierzu auch Herwig BLANKERTZ' Kritik an WENIGER (Theorien und Modelle der Didaktik, 2. Aufl. München 1969, S. 116ff.) mit der bemerkenswerten Konsequenz, dennoch an einem „nur noch formal umschreibbaren Bildungsbegriff" festzuhalten (S. 121).

muten können, um so problematischer wird ihre Legitimation. Wenn aber niemand die Kompetenz zur Lehrplanung hat, bliebe die Auswahl allein dem Mißerfolg in der Verfolgung universaler Ambitionen überlassen, und man hätte sich zu begnügen mit einer nachträglichen Anpassung der Erwartungen an das, was gegangen ist. Es käme in anderer Weise, als WENIGER[202] es sich vorstellte, zu einer Auswahl durch „existentielle Konzentration", und die Lehrplanung hätte die Memoiren des Systems zu schreiben.

In dieser Situation, in der die pädagogische Semantik – in Anbetracht der von der Bildungsformel nicht mehr ausreichend symbolisierten Limitationen des Möglichen – sozusagen die Selbstauflösung der pädagogischen Betreuung der Lehrplanstruktur hinnimmt, erweisen sich Organisation und Wissenschaft immer noch als verläßliche (externe) Faktoren, um in der Baisse pädagogischer Orientierung Anstöße in das Erziehungssystem zu geben. Nachdem es im Gefolge eines verlorenen Krieges, eines unter Besatzungsmächten wiedererstandenen Schulwesens zu einem „Schulchaos" gekommen war, wurde 1953 der „Deutsche Ausschuß für das Erziehungs- und Bildungswesen" geschaffen, mit der Aufgabe, „die Entwicklung des deutschen Erziehungs- und Bildungswesens zu beobachten und durch Rat und Empfehlung zu fördern"[203]. Ohne hier die Beiträge und Empfehlungen dieses Ausschusses im einzelnen würdigen zu wollen, in Reflexion auf die Lehrplanstruktur ist der Versuch unternommen worden, sich der Kontingenz und der Komplexität der möglichen Lehrinhalte durch eine gewisse Vereinheitlichung im Schulaufbau gewachsen zu zeigen[204]. Wie man die Vorschläge, ihre Teilrealisationen und Folgewirkungen auch beurteilt, sie haben ihren Schwerpunkt im organisatorischen Bereich; sie sind deshalb von einer weltweiten Entwicklung gleichsam überrollt worden, die als curriculare Bewegung sich gegenüber der Arbeit des „Deutschen Ausschusses" nicht nur durch ihren Totalitätsanspruch, sondern im Zusammenhang mit der Szientifizierung des Weltbildes auch durch ihren weltweiten wissenschaftlichen Elan im Umgang mit der Realität hervorhob. In solchen Haussezeiten bedarf es im Erziehungssystem offenbar einer auf Schlüssigkeit bedachten Semantik nicht; jedenfalls nicht, solange die Reflexion im Erziehungssystem vollauf mit den angestoßenen Neuerungen zu tun hat. Erst als Folgen erkennbar wurden, erst als sich vor dem Hintergrund der konturlos gewordenen Bildungsformel die Frage stellte, wie denn nun im Zeichen der Wissenschaftsorientierung im einzelnen

---

202 A. a. O. (1965), S. 95 ff.

203 So der Auftrag des Ausschusses (§ 1), der am 1. Juli 1965 seine Arbeit abschloß. Hierzu Hans BOHNENKAMP, Walter DIRKS, Doris KNAB, Empfehlungen und Gutachten des Deutschen Ausschusses für das Erziehungs- und Bildungswesen 1953–1965, Stuttgart 1966.

204 Hierzu Alfons O. SCHORB (Hrsg.), Für und wider den Rahmenplan, Stuttgart 1960.

die sachliche Stoffauswahl erfolgen solle, wurde die Autonomiefrage (wieder) virulent. Wird nach den internen Selektionsgesichtspunkten gefragt, werden die Einrichtungen prekär, die bislang die Hauptlast dieser Reduktionsleistungen getragen haben: die Fächer[205]. Also müssen die Fächer wieder stabilisiert werden. Die Curriculum-Bewegung ist in eine auf *abstraktere Muster* setzende *fachbezogene* Neubesinnung der Stoffbehandlung und Stoffauswahl eingemündet[206]. Das Problem scheint zur Zeit zu sein, dem mangels interner Selektionsgesichtspunkte überfordernden Problem der Stoffauswahl auf der Sozialdimension mit überlegeneren und effektiveren Reduktionsleistungen zu Hilfe zu kommen. Man einigt sich über die Stoffauswahl, oder man überläßt dem Schüler die Selektion aus einem Angebot[207].

Die Frage der Adäquität dieser Bemühungen im Sinne einer sie leitenden Formel der Kontingenz scheint aus den Augen verloren zu sein, wiewohl die Merkmale der „Lernfähigkeit" im hohen Maße erfüllt werden. Die Stoffe ordnenden Muster können nicht dechiffriert werden[208]. Das ist – soziologisch gesehen – genau ihre Funktion: denn diese symbolisieren eine Einheitsvorstellung, deren Universalität im Erziehungssystem insoweit keiner normativen Vorgaben bedarf, als sie die Erziehungsfunktion spezifizieren: also die Muster der eigenständigen Repräsentanz der Realität sich einerseits auf die Welt einstellen, andererseits mit ihren Prämissen an die Kontingenzformel anschließen[209]. Damit wäre eine Ebene der Reflexion eingestellt, die als Versammlung von Gesichtspunkten begriffen werden kann, die sowohl gegenüber Effektivitätsgesichtspunkten als auch gegenüber dem „pädagogischen Verhältnis" die „Mitte" einhält.

---

205 Hierzu Herwig BLANKERTZ, Fachdidaktische Curriculumforschung: Strukturansätze für Geschichte, Deutsch, Biologie, Essen 1973; Frank ACHTENHAGEN und Peter MENCK, Langfristige Curriculumentwicklung und mittelfristige Curriculumforschung, in: ACHTENHAGEN/MEYER, a. a. O., S. 197–215.

206 Um es nur auf eine Formel zu bringen: statt didaktischer Prinzipien (z. B. Hans SCHEUERL, Die exemplarische Lehre, 3. Aufl. Tübingen 1969) Strukturgitter oder Wissenschaftstheorie. Die fachdidaktischen Veröffentlichungen folgen in großer Zahl diesem Schema.

207 Vgl. hierzu die unter dem Stichwort „offenes Curriculum" laufende umfangreiche pädagogische Literatur.

208 Wir können uns kaum vorstellen, daß die oftmals nur in Kurzfassung einleitend dargebotenen „wissenschaftstheoretischen Begründungen" für fachdidaktische Aufbereitungen von den Autoren selber als ernsthafte, wissenschaftsbezogene Überlegungen verstanden werden.

209 Interesse am Richtigen; Nichtfestgestelltheit von Realität; Relativität der Verständigung u. a. m. Hierzu die vielversprechenden Arbeiten von Klaus GIEL und Gotthilf G. HILLER zu einem „mehrspektivischen Unterricht" für den Bereich der Grundschule (Sachunterricht); vgl. Klaus GIEL, u. a., Stücke zu einem mehr-perspektivischen Unterricht, Stuttgart 1974.

# XIV. Formentwicklung der Reflexion

Die Reihe der symbolisch generalisierten Formeln, die das Erziehungssystem einsetzt, um die durch funktionale Ausdifferenzierung entstehenden Kontingenzen zu strukturieren, bietet der Pädagogik Anhaltspunkte für interpretierende Respezifikation. Sie ist durch diese Formeln so wenig festgelegt, daß sie für ihr Geschäft Autonomie in Anspruch nehmen – nicht nur kann, sondern auch muß. Ohne hier Möglichkeiten abzuschneiden, kann man aber auch die Reihe als Reihe betrachten und auf ihre Nichtbeliebigkeiten hin analysieren. Das soll hier, andeutungsweise, im Kontext einer Theorie gesellschaftsstruktureller Evolution geschehen.

Bei allen evolutionären Strukturänderungen stellt sich das Problem der Erklärung des Ausmaßes und des Tempos von an sich unwahrscheinlichen Innovationen[210]. Zieht man die kontinuierliche Umweltabhängigkeit aller Systeme und zugleich die Schwierigkeiten des Einpassens von Strukturänderungen in ein bereits komplexes Gefüge in Betracht, muß man das faktisch gegebene Evolutionstempo durch besondere Beschleuniger erklären oder annehmen, daß nachweisbare strukturelle Eigenschaften gegebener Systeme einer weiteren Evolution besonders entgegenkommen. Wir können die damit verbundenen Probleme der Theorie soziokultureller Evolution hier nicht behandeln, stellen aber die Reflexionsgeschichte des Erziehungssystems in diesen Zusammenhang. Unsere These ist: daß symbolische Strukturen des Gesellschaftssystems dessen Evolution zwar nicht erklären und auch nicht zielgerichtet steuern, wohl aber als unerläßliche Beschleuniger dienen. Sie beschleunigen, sie ermöglichen kritische Zeitgewinne durch die Art, wie sie Altes und Neues provisorisch vermitteln.

Im Mitvollzug der (wie immer ausgelösten) funktionalen Ausdifferenzierung des Erziehungssystems stellen sich Reflexionsprobleme spezifischer Art. Man geht in dem Maße, als Veränderungen sichtbar werden, von einem Kontrast des Alten und des Neuen aus, kann aber gleichwohl das Neue nicht einfach an die Stelle des Alten setzen[211]. Der Umbau des Gesellschaftssystems in

---

210 Ein bekannter Ausgangspunkt für Kritik an der ursprünglichen Fassung der Evolutionstheorie DARWINS. Siehe z. B. Jack Lester KING/Thomas H. JUKES, Non-Darwinian Evolution, Science 164 (1969), S. 788–798.

211 Diese Aussage muß sicher für den besonderen Bereich der Kunst und speziell für den Wechsel von Stilrichtungen modifiziert werden, da hier wegen der Abgeschlossenheit des jeweils einzelnen Kunstwerkes relativ anschlußlose Neuentwicklungen möglich sind. Die größere Freiheit neuer Kunst im Umgang mit alter war im 17. und 18. Jahrhundert, man denke an die „querelle des anciens et des modernes", ein über die Kunst selbst hinausweisender Faktor. Auch in anderer Weise wurde im 18. Jahrhundert die sich neu formierende Pädagogik von der (noch nicht rein

Richtung auf funktionale Differenzierung vollzieht sich in Prozessen der Selbstsubstitution. Er steht unter Anschlußzwang, da die Gesellschaft nicht einfach aufgegeben und neu begonnen werden kann[212].

Bei zunehmender Systemdifferenzierung und erst recht beim Übergang zu einem neuen Formtypus der Gesellschaftsdifferenzierung gewinnt dieses Anschlußproblem besondere Aktualität. Gerade die Ausdifferenzierung spezieller Funktionen und Funktionssysteme kann nur gelingen, wenn eine neue Form der Funktionserfüllung – etwa: öffentliche Schulen – für jeden Bedarfsfall bereitgestellt wird. Wenn damit universalistische Formen der Problemlösung an die Stelle von partikularen, nämlich gruppen- oder schichtspezifischen Problemlösungen treten, so erfordert gerade dieser Universalismus den Einbau der alten Einrichtungen und der sie tragenden Bevölkerungsgruppen in die neue Ordnung. Übergang zur Demokratie kann nicht bedeuten, daß den bisher politisch führenden Schichten die Mitwirkung nun verweigert, dem Adel zum Beispiel das Wahlrecht vorenthalten wird. Zunehmende Differenzierung, formuliert PARSONS, „cannot be merely ‚separation', but must be capable of continuing ‚inclusion' in the same system, hence have a sufficient compatibility with the older system from which it has differentiated to remain within the same more complex and assume a certain complementarity to the reshaped older elements"[213].

Etwas verschärft und abstrahiert kann man diese Einsicht auch wie folgt formulieren: Ein sich ausdifferenzierendes Funktionssystem kann zwar Abstoßpositionen in der Gesellschaft negieren, nicht aber die Gesellschaft im ganzen oder einzelne ihrer Funktionssysteme; es würde sonst unweigerlich die Gegennegation der Gesellschaft auf sich ziehen. Die Negation, die zur strukturellen Neuerung führt, muß, mit anderen Worten, asymmetrisch bleiben und eingebaut werden in einen im Funktionssystem und in seiner gesellschaftlichen Umwelt noch interpretierbaren Kontext[214].

Aus diesen Gründen versteht es sich von selbst, daß die Bewegung, die im 18. Jahrhundert die Ausdifferenzierung eines Erziehungssystems für die Gesamtbevölkerung einleitet, die vorhandenen Träger des Erziehungsprozesses,

---

„ästhetischen") Kunst-Lehre beeinflußt – so im Formbegriff, im Bildungsbegriff, in der Vorstellung der Erziehung als Kunst. Das macht die Sachlage themengeschichtlich komplizierter, als im folgenden dargestellt werden kann.

212 Hierzu auch Niklas LUHMANN, Identitätsgebrauch in selbstsubstitutiven Ordnungen, besonders Gesellschaften, a. a. O.

213 Talcott PARSONS, Some Considerations on the Comparative Sociology, in: Joseph FISCHER (Hrsg.), The Social Sciences and the Comparative Study of Educational Systems, Scranton, Pa., 1970, S. 201–220 (204).

214 Siehe zu symmetrischem und asymmetrischem Negieren in diesem Sinne Hans Ulrich GUMBRECHT, Über gegen-kulturelle Funktionen der Literatur im hohen und späten Mittelalter, Ms. Bielefeld 1977.

nämlich Familie und Religionssystem, nicht einfach desavouieren kann. Man beschränkt sich auf eine Kritik der Form, in der Erziehungsaufgaben hier bisher wahrgenommen wurden, etwa auf eine Kritik der in höheren Schichten verbreiteten Gewohnheit, die Erziehung der Kinder dem Personal zu überlassen[215]. Das aber bedeutet, daß auf der Ebene der Reflexion für das Verhältnis von Familie, Religion und Erziehung Synthesen gefunden werden müssen, die eine wechselseitige Blockierung vermeiden und gerade den Zusammenhang von Familie, Religion und Erziehung in den Dienst der funktionalen Differenzierung stellen können.

Generell kann man sagen, daß die Anthropologisierung der Philosophie und die Moralisierung der Religion sowie später die Ökonomisierung des Bürgers und der Gesellschaft geeignete Übergangskonzeptionen bereitgestellt hatten. Speziell für das Erziehungssystem haben wir das Abstellen auf humane Perfektion als eine Diskontinuierungen ermöglichende Kontinuität aufgefaßt. Die Weiterentwicklung über Bildung zu Lernfähigkeit streift bei aller Fortführung semantischer Inhalte und begrifflicher Traditionen jene Plausibilitätsbedingungen der Übergangszeit allmählich ab. Das ausdifferenzierte, in Schulen und Hochschulen als riesiges Organisationssystem existierende Erziehungssystem plausibilisiert sich selbst; denn wer würde leugnen wollen, daß es in unserer Gesellschaft Einrichtungen dieser Art geben muß!

Dieses Entwicklungsresultat hat die strukturellen Bedingungen für Reflexion im Erziehungssystem verändert. Nach vollzogener, in Organisationen abgesicherter Ausdifferenzierung werden nun Grenzen des weiteren Fortschreitens und darüber hinaus Folgeprobleme einer weitgetriebenen funktionalen Gesellschaftsdifferenzierung sichtbar. Ähnliche Veränderungen treten auch in anderen Funktionssystemen der Gesellschaft zutage, so daß man gesellschaftsweit mit einem tiefgreifenden Wandel der Voraussetzungen und Bedingungen für plausible Kommunikation rechnen muß. So ist es zum Beispiel die Frage, wieweit der negatorische Apparat bürgerlicher Gesellschaftskritik im Sinne von ROUSSEAU, HEGEL oder MARX noch mitgeschleppt werden muß. Gewiß findet man noch genug Munition, Rückstände aus vergangenen Kriegen; aber als Geschäft der Reflexion läuft Kritik heute leer, weil zu wenig

[215] Vgl. die oben in Anm. 145 angegebenen Schriften. Siehe ferner Roger MERCIER, L'enfant dans la société du XVIII$^{e}$ siècle (avant l'Emile), Dakar 1961. Die seit dem Anfang des 18. Jahrhunderts rasch anschwellende Kritik der Erziehungspraxis des Jesuitenordens, die ihn schließlich überrollt, hat eine ähnliche Beschränkungsfunktion: Der Orden bietet den Angriffspunkt – und nur das erklärt die Intensität und den Erfolg der Kritik –, an dem man die Ablösung vom Religionssystem vollziehen kann, ohne die Funktion der Religion und ihre Bedeutung für die zu erziehenden Menschen negieren zu müssen.

erkennbar ist, wie durch Negation von Negativität anstehende Probleme gelöst werden können[216].

Die damit auf gesellschaftsstruktureller Ebene gekennzeichneten Veränderungen lassen sich auch an der parallellaufenden Semantik der Kontingenzformeln ablesen. Deren Transformation läuft, wie gezeigt, von Perfektion über Bildung zu Lernfähigkeit. Im Zuge dieser Veränderung wird in den Formeln gesellschaftliche Vorwegbestimmung abgebaut und offene Kontingenz eingebaut. Die gesellschaftlich begründete, standesspezifische Perfektion, bei der die Gesellschaft selbst als stratifiziertes System Kontingenz abzufangen und in Ordnung zu transformieren hatte, wird zunächst durch das Harmonieprinzip der Bildung ersetzt, das in jedem Individuum anders und insofern kontingent, aber auf der Basis von Individualität zugleich als innere Notwendigkeit zu realisieren ist. Diese Lösung wird schließlich wieder überboten dadurch, daß das Individuum auch intern auf Kontingenz hin erzogen werden, nämlich in seiner Lernfähigkeit gesteigert werden soll. Damit wird das Offenhalten der Kontingenz – für was immer kommt – zum Direktionsprinzip, und die Gesellschaft selbst wird wieder zur Umwelt, in der sich ergibt, was zu lernen ist; nun allerdings zu einer ebenfalls offenen, in ihrer Zukunft noch unbestimmten Umwelt.

Während diese Entwicklungslinie das Kontingenzproblem in die Kontingenzformel hineinarbeitet und diese damit auf ihre Funktion zuschneidet, führt sie zugleich eine Annäherung an die spezifische Funktion von Erziehung herbei. Die Formel wird stärker auf die besondere Problemlage des Erziehungssystems zugeschnitten. Im Laufe der semantischen Arbeit an Umformulierungen tritt dieses Bedürfnis nach Funktionsgenauigkeit und Exklusivität auf. So lehnt zum Beispiel Kajetan Weiller die Formeln der Glückseligkeit und der Vollkommenheit ab mit der Begründung, daß sie letztlich alles menschliche Streben und nicht nur Erziehung umfaßten[217] und Erziehung nicht hinreichend gegen andere Künste differenzierten. Ähnliche Vorbehalte finden sich aber auch gegenüber einer allzu „philosophisch" angesetzten Theorie der Bildung. Erst die Spezialisierung auf Lernfähigkeit scheint eine Funktion anzugeben, für die zwar überall in der Gesellschaft Bedarf ist, auf die aber kein anderes Funktionssystem sich primär ausrichten kann.

Solche strukturellen und semantischen Veränderungen berühren und verän-

---

216 Wir denken hier durchaus auch an relativ stringente Formen der „Ideologiekritik", nämlich an theorieabhängige Theoriekritik, die mit Mitteln der eigenen Theorie nachzuweisen versuchen, daß Gegner dieser Theorie so denken müssen, wie sie denken. Wieweit diese Form von Kritik als Moment soziologischer Theorieentwicklung normalisiert werden kann, bleibt abzuwarten.

217 Versuch eines Lehrgebäudes der Erziehungskunde Bd. 1, München 1802, S. 65 ff., 78 f.

dern schließlich auch den Reflexionsstil, mit dem das Erziehungssystem sich selbst und seine Sonderperspektive in der Gesellschaft thematisiert. Die erste Phase einer *Durchsetzungsreflexion,* die neue Synthesen suchte und dabei auf den Menschen als Menschen abstellte, war mit dem Aufbau eines Schulsystems, mit dem Ingangbringen pädagogischer Forschung und mit der Ausdifferenzierung eines (nicht direkt unterrichtenden) pädagogischen Establishments abgeschlossen. Ihr ist zunächst eine *Reformreflexion* gefolgt, mit der eben dieses Establishment die noch nicht erreichten Ziele einzuklagen versucht.

Reformreflexionen machen sich abhängig von der historischen Lage, in der sie sich finden. Sie gehen von einer Kenntnis der Verhältnisse aus und erstreben das Auswechseln von Zuständen mit bekannten Nachteilen gegen Zustände mit unbekannten Nachteilen. Sie nutzen also die *Zeitdifferenz* zwischen bekannten und unbekannten Zuständen als Handlungsimpuls[218]. Relativ zur Gesamtwissenslage genügen dafür stark vereinfachte Theorien mit ideologischer Deckung. In diesen Kontext gehört zum Beispiel der Umbau von Chancengleichheit aus einer Prämisse in eine Realisationsforderung, aus einem Input- in einen Outputwert[219]. Aber als bloßer Ameliorismus, in der Verfolgung einer bloßen Steigerungsintention bleibt der Reformeifer unreflektiert. Er vermag keine Grenzen des Erreichbaren in sich aufzunehmen und das Erreichte daher auch nicht anders denn als defizient einzuschätzen.

Gerade der Zusammenhang von immanenter Selbstbeschränkung und struktureller Diversifikation ist jedoch ein technisches und ebenso ein Reflexionserfordernis der Lernfähigkeit[220]. Mit einer Option für diese Formel würde sich deshalb die Reflexionslage im Erziehungssystem abermals wandeln. Die Reformreflexion, die nur den Erfüllungsstand unerreichbarer Idealziele mißt,

---

218 Älteren Autoren stand für die Formulierung des gleichen Problems der Reform nur die Vorstellung einer *Wissensdifferenz* zur Verfügung. Am Anfang des ersten Buches of the Laws of Ecclesiastical Polity von Richard HOOKER (1593, zit. nach der Ausgabe der Everyman's Library Bd. 1, London 1954, S. 148) heißt es zum Beispiel: „He that goth about to persuade a multitude, that they are not so well governed as they ought to be, shall never want attentive and favourable hearers; because they know the manifold defects whereunto every kind of regiment is subject, but the secret lets and difficulties, which in public proceedings are innumerable and inevitable, they have not ordinarily the judgment to consider." Das läuft auf einen elitären Konservativismus hinaus, während nach unserem Konzept Reformbewegungen ein Produkt des Tempos und des Tiefgangs von Veränderungen sind.

219 Vgl. zu dieser Wendung James S. COLEMAN, The Concept of Equality of Educational Opportunity, Harvard Educational Review 38 (1968), S. 7–22. Vgl. ferner unten 3, VII.

220 Vgl. oben S. 89.

ließe sich überführen in eine *relativierende Reflexion,* die die Folgen funktionaler Gesellschaftsdifferenzierung registriert und angesichts dieser Folgen auch das Prinzip, auf dem sie selbst beruht, in Frage stellen kann.

Eine Konsequenz funktionaler Ausdifferenzierung des Erziehungssystems ist es zum Beispiel, daß es für die Pädagogik selbst keine regulierenden Knappheiten, keine Moral der Bescheidenheit mehr gibt, sondern daß Knappheiten als extern auferlegt erfahren werden – als Sache des Geldes oder seiner Derivate wie Bauten oder Planstellen. Ebenso werden pädagogische Zielvorstellungen in Richtung auf den Staat externalisiert, soweit sie kollektivbindender Entscheidungen bedürfen. Hier bildet die Belastbarkeit demokratisch strukturierter Politik mit Entscheidungszumutungen eine Schranke, für die im pädagogischen Denken Sinnkorrelate fehlen. Daß „Reformen" schon in der Entscheidungsphase (und nicht erst in der Realisierung) scheitern, wird dann der Politik zum Vorwurf gemacht. Daß Familien in einer Weise erziehen, die „kompensatorische" Eingriffe nötig macht, wäre ein weiterer Fall, und, strukturell genau analog, sieht sich das Erziehungssystem im Verhältnis zu den Wissenschaften vor die Notwendigkeit gestellt, deren Themenproduktion erst noch „fachdidaktisch" aufbereiten zu müssen. In all diesen Richtungen hat die funktionale Differenzierung der Gesellschaft im Zuge funktionsspezifischer Steigerungsleistungen zu Grenzphänomenen geführt, die jedes Funktionssystem für sich intern zu verarbeiten hat. Die Frage ist, ob das Erziehungssystem und in ihm die Pädagogik auf all diese sich verschärfenden Grenzprobleme mit adäquaten Reflexionsformen reagieren kann oder nur mit einem trendbedingten Oszillieren zwischen Forderungen, Vorwürfen und Resignationen.

Relativierende Reflexion ist ein Konzept für diese Situation. Sie bezieht die Forderung der Lernfähigkeit nicht mehr nur auf den zu erziehenden Menschen, sondern auch auf die Profession der Erzieher[221], ja letztlich auf das Erziehungssystem als ganzes. Lernanlässe für das Erziehungssystem ergeben sich als Folge seiner Ausdifferenzierung, als strukturell bedingt und, rekurrent auftretend, vor allem in den Grenzbeziehungen zu anderen Funktionssystemen. Sie in die Systemreflexion einzubeziehen heißt: die eigene Autonomie als differenzierungsabhängige Variable sehen und strukturell bedingte Problemlagen dem Prinzip zurechnen, auf dem sie beruht. Autonomie wird damit, im System selbst wie in seiner gesellschaftlichen Umwelt, zur Hypothek, die durch Lernleistungen abzuverdienen ist. Man kann dann nicht mehr ausschließen, daß eine relativierende Reflexion die Bedingungen ihrer eigenen

---

[221] Hierzu Niklas LUHMANN/Karl Eberhard SCHORR, Ausbildung für Professionen: Überlegungen zum Curriculum für Lehrerausbildung, Jahrbuch für Erziehungswissenschaft 1976, S. 247–277.

Möglichkeit, ihre Systemgrundlage in Frage stellt. Erst diese letzte Form der Reflexion hätte damit die Möglichkeit, sich selbst trotzdem zu wollen und sich selbst lernbereit einzuschränken.

## XV. Reflexion der Autonomie

Funktional differenzierte Gesellschaftssysteme autonomisieren ihre Teilsysteme, sie erzwingen Teilsystemautonomie als Korrelat hoher gesellschaftlicher Komplexität, und dies in erheblichem Maße ohne Rücksicht auf die technische Kompetenz der Teilsysteme, ihre eigene Autonomie selbst zu verwalten. Was den Pädagogen als ein zu erkämpfender Freiheitsraum und als ein Wert erscheint, ist zugleich auch strukturell auferlegter Zwang, nämlich notwendige Bedingung der Ausdifferenzierung spezifischer Funktionssysteme und der Entlastung anderer Funktionssysteme von operativ nicht mehr anschließbaren Aufgaben. Einerseits wird für ein prätendiertes Können ein Betätigungsfeld reklamiert, das ist die Perspektive der Pädagogik; andererseits wird ein Funktionsbereich abgesteckt und dann gefragt, ob er technologisch auch ausgefüllt werden kann, und das ist die Perspektive der Gesellschaftstheorie.

Die gesellschaftstheoretische Sicht auf Probleme der Technologie im Erziehungssystem wird uns im zweiten Teil dieser Arbeit beschäftigen. Den ersten Teil schließen wir ab mit der Frage, wie im Erziehungssystem selbst unter diesen Umständen Autonomie reflektiert werden kann.

Wir gehen erneut von bisherigen Reflexionsansätzen aus[222]. Sehr verbreitet ist eine hierarchisierende Form der Problembehandlung, bei der die Pädagogik selbst als Kulminationspunkt und als eigentlicher Ort der Autonomie erscheint, und dies insofern, als sie Wissenschaft ist. So unterscheidet zum Beispiel Gerhard Kropp[223] drei Ebenen: das faktische Erziehungsgeschehen im Rahmen der Schulorganisation, das pädagogische Denken und Wollen des einzelnen Lehrers und die Pädagogik selbst als Wissenschaft von der Erziehung. Diese Ebenen sind zugleich Stufen zunehmender Autonomie bzw. abnehmender gesellschaftlicher Abhängigkeiten. Der eigentliche Autonomiegarant ist danach die Pädagogik selbst. Die Pädagogik gewinnt ihre Autonomie als Wissenschaft, indem sie sich im interdisziplinären Kontext zwar einem Gedankenaustausch stellt und Einflüsse aufnimmt, sich aber zugleich

[222] Vgl. oben Kapitel VII.

[223] Das Problem der Autonomie der Pädagogik, Bildung und Erziehung 19 (1966), S. 163–173. Siehe auch die ähnliche Unterscheidung bei Erich Weniger, Die Eigenständigkeit der Erziehung, a. a. O., S. 75.

am eigenen Gegenstand ihrer Unabhängigkeit versichert. Die unteren Ebenen verfügen danach nur über eine abgeleitete Autonomie, sofern sie nämlich als Lehrer pädagogisch gebildet oder als Schule pädagogisch geplant sind.
Jede Reflexion thematisiert das System, dem sie selbst angehört, selektiv. Das ist notwendiges Procedere und nicht zu beanstanden. Gleichwohl lassen sich die spezifischen Optionen, die einer bestimmten Reflexion zugrunde liegen, aufdecken und in Frage stellen. Uns erscheinen am vorgeführten Fall vor allem drei Aspekte bemerkenswert:

(1) Autonomie wird *nicht für das Erziehungssystem als ganzes* vertreten, sondern vornehmlich für einen Bereich, der bestenfalls Teilsystem im Erziehungssystem (und zugleich: Teilsystem im Wissenschaftssystem) sein kann: die pädagogische Forschung und Lehre. Das Erziehungsgeschehen kommt nur als „Gegenstand" der Pädagogik in Betracht.
(2) Die Autonomie wird *nicht auf die Eigenart einer Technologie* gegründet (so wie jeder Arzt im sicheren Besitz einer Technik der Diagnose und Therapie dem Patienten sagen kann: Wenn du meinem Rat nicht folgst, ist es dein Begräbnis).
(3) Statt dessen wird das Fundament der Autonomie in der Wissenschaftlichkeit der Pädagogik, das heißt in einer *nicht erziehungsspezifischen Struktur* gesucht; man könnte auch sagen: Es wird in die Wissenschaft ausgelagert.

Diese Option entspricht einer eigentümlichen Zwischenlage im Prozeß funktionaler Ausdifferenzierung, wie wir sie auch an der Kontingenzformel Bildung abgelesen hatten. Das Problem der Autonomie wird schon gestellt, aber es wird noch nicht autonom gelöst. Die Pädagogik begreift sich (und abhängig davon: das Erziehungssystem) nicht mehr als Annex von Religion oder als Mittel für die spezialisierten Zwecke der Wirtschaft oder der Politik. Aber diese Distanz ist bedingt durch die Annahme der Wissenschaftsform, insbesondere der Grundrelation von Erkenntnis und Gegenstand. Erziehung garantiert danach nicht als Erziehung die Autonomie des Funktionssystems, sondern als Gegenstand einer Erkenntnis, die sich den Kriterien der Wissenschaftlichkeit zu fügen hat und insofern extern dirigiert wird. Läßt man sich darauf ein, muß man das Verhältnis von „Theorie und Praxis" diskutieren, muß man sich den Anforderungen anwendungsbezogener Wissenschaften stellen, gerät man in innerwissenschaftliche Profilierungsprobleme und wird zu Konzeptualisierungsstrategien, Sprachformen und Entscheidungen geführt, bei denen heute immer deutlicher wird, daß ihr „Verhältnis zur Praxis" schwierige Fragen aufwirft. Als Wissenschaft kann sich die Pädagogik dann immer noch auf die übliche Gegenstandsdistanz, auf Hypothetik, Vorläufigkeit, nur analytische Relevanz und auf Probleme der Komplexität in Theorie und Gegenstand zurückziehen. Als Teilsystem des Wissenschaftssystems wäre Pädagogik ihrerseits nicht ohne weiteres lehrbar. Ihrer eigenen Didaktik müßte wie allen Fächern eine besondere Fachdidaktik der Didaktik vorgeschaltet werden, bis schließlich der Verdacht aufkommt, daß die Autonomiegarantie nur noch in einer für Außenstehende unentwirrbaren Komplexität der Gedankengänge dieser Wissenschaft liegt. Spätestens dann müßte man überlegen, ob man durch Entkoppelung von heterogenen Funktionen Vereinfachungen erreichen kann, die sich auszahlen. Erziehungswissenschaft mag im Kontext des Wissenschaftssystems nach dessen Regeln Forschungen über Erziehung betreiben und verstärken; daß dies geschieht und wie dies geschieht, wäre aber kein Argument mehr für die Autonomie des Erziehungssystems, geschweige denn deren Garantie. Auch in dieser Hinsicht muß die Anlehnung an die Systemgrenze zur Wissenschaft hin und an den Überschneidungsbereich Erziehung/Forschung aufgegeben werden. Sosehr die Wissenschaftstheorie heute den „pédagogisme" ihrer Begriffe und Theorien als Durchgangsphase der eigenen Entwicklung von Lebensweltbedingungen zur Ausdifferenzierung betrachtet[224], so sehr müßte auch die Reflexion des Erziehungssystems in der Lage sein, sich von Szientismen in der Selbstthematisierung und in der Erziehungspraxis (falls sie dorthin je vorgedrungen waren) zu trennen, was Orientierung an Resultaten genuin wissenschaftlicher Forschung nicht ausschließt, sondern gerade erst ermöglicht.

Kommt es zu dieser Zäsur, muß das Problem der Autonomie des Erziehungssystems neu gestellt werden. Dann kann man sich zur Begründung von Autonomie weder auf die Wissenschaftlichkeit der Bildung, die vermittelt wird[225], noch auf die Wissenschaftlichkeit der Pädagogik berufen. An die Stelle der unmittelbaren Berufung auf eigene Wissenschaftlichkeit, an die Stelle des Sich-selbst-für-Wissenschaft-und-deshalb-für-autonom-Haltens müßte dann die Orientierung an theoriegeleiteten wissenschaftlichen Forschungen treten, die das Problem der Autonomie des Erziehungssystems aufgreifen und thematisieren. Wissenschaftliche Theorien haben und behalten dann ihren spezifisch fachlichen Sinn im Kontext des Wissenschaftssystems. Hier müssen sie auf Methodengerechtigkeit, Anschlußfähigkeit, Vergleichbarkeit achten. Für eine soziologische Theorie wäre es zum Beispiel nicht adäquat, Autonomie und Reflexion im Erziehungssystem mit prinzipiell anderen Begriffen zu konzeptualisieren (weil es sich um Erziehung handelt) als Autonomie und Reflexion in Religion, Politik, Wirtschaft, Wissenschaft. Für das Erziehungssystem wirken wissenschaftliche Theorien dann wie maßgeschneiderte Reflexionsvorschläge, die verwendet werden können, um die

[224] So Gaston BACHELARD, Le matérialisme rationnel, 3. Aufl. Paris 1972, S. 27f., 30.
[225] Vgl. oben S. 74ff. zur „Theorie der Bildung".

ohnehin täglich anfallenden Erfahrungen auf ihren Systemkontext zu beziehen, ihnen einen breiteren Sinn zu geben und sie eventuell mit Variationsmöglichkeiten auszustatten.

Diese Überlegungen haben Konsequenzen für die begriffliche Fassung ebenso wie für die Begründung des Problems der Autonomie des Erziehungssystems. Dem suchen die hier vorgelegten Analysen gerecht zu werden. Das Erziehungssystem ist aus gesellschaftsstrukturellen Gründen autonom (und nicht deshalb, weil es eine eigene Idee verwirklicht, für die es den Entfaltungsraum erst einklagen muß). Die Autonomie geht letztlich darauf zurück, daß die gesellschaftliche Ausdifferenzierung das Erziehungssystem kontingent und kontingenzbewußt werden läßt. Kontingenz heißt beides: „auch anders möglich" und deshalb „beinflußbar" bzw. „abhängig von". Die Kontingenz bezieht sich systemintern sachlich auf die Lehrpläne, zeitlich auf die dadurch nicht ausreichend festgelegte Sequenzierung des Lehrens und Lernens und sozial auf die in verschiedener Weise mögliche Ausgestaltung der Beziehungen zwischen Erzieher und Zögling. All dies gerät in Bewegung, ohne daß von einem Punkte aus – etwa vom Lehrplan oder vom „pädagogischen Verhältnis" her – alles andere sich festlegen ließe. Insofern wird Kontingenz zum Modus des Systems. Das 18. Jahrhundert hantiert noch mit „Natur", um feste Grundlagen zu gewinnen. Das 19. Jahrhundert sieht sich – nicht zuletzt angesichts eines neuen Vertrauens in Organisation – in der Lage, diese Sicherheit aufzugeben bzw. in interpretationsbedürftige Abstraktionen zurückzuverlagern. Kontingenz wird dann zum allgemeinsten, systemnotwendigen Reflexionsbegriff, und Autonomie wird zum Symbol dafür, daß das Notwendige auch gewünscht und gewollt ist.

Das Problem der Autonomie liegt daher nicht in der Rechtfertigung einer Zweckidee, sondern in der Ausfüllung eines durch Ausdifferenzierung konstituierten Spielraums. Die Reflexion der Autonomie kann sich also nicht mit dem Propagieren der Idee, für die Eigenständigkeit und Lehrstühle gefordert werden, begnügen; sie muß den Bezug auf Kontingenz herstellen. Deshalb haben wir die Leitideen des Erziehungssystems als Kontingenzformeln interpretiert. Deren Funktion liegt nicht in der bloßen Verkündigung des Vollendeten, sondern in der Limitierung des Möglichen, auf das hin das System sich konstituiert.

Eine solche Orientierung leistet indes nicht selbst schon die Ausfüllung des Spielraums. Sie gibt der Kontingenz Form, sie beseitigt aber nicht, sondern strukturiert nur die Erfahrung, daß alles anders sein könnte. Sie schließt den Reflexionsprozeß nicht ab, sondern gibt ihm nur einen Rahmen für weitere Themen. Vor allem gewinnt durch diese Rückführung auf Kontingenz das Technologieproblem Reflexionswert. Denn angesichts hochkontingenter Verhältnisse wird die Frage zentral, ob die Technologie des Erziehens speziell in Schulen und Hochschulen ausreicht, um eine selbstregulierte funktionsorientierte Praxis einzurichten. Weniger die Abwehr von Eingriffen als das eigene Können steht in Frage.

Daß das Interaktionsgeschehen in ausdifferenzierten Einrichtungen des Erziehungssystems Schüler und Studenten beeinflußt, ist selbstverständlich. Daß es einen Unterschied ausmacht, ob man die Schule besucht oder nicht, steht außer Zweifel, und insofern wirkt eine unbestreitbare Kausalität des Unterrichts sich aus. Die Reflexion der Autonomie setzt erst ein, wenn man fragt, ob und wie das Erziehungssystem seine eigene Verfahrensweise beeinflussen, das heißt über Änderung von Prämissen sich an die Umwelt oder an Erfolge und Mißerfolge anpassen kann. Von Technologie kann (oder sollte) man erst sprechen, wenn ein Verhalten in seiner relationalen Struktur so weit durchsichtig ist, daß es für ändernde Zugriffe offenliegt. Insofern entsprechen sich die Begriffe Autonomie und Technologie, und es wird zur vordringlichen Aufgabe einer Reflexion der Autonomie, die Technologie des Systems zu klären. Denn nur wenn die relationale Struktur des Bewirkens von Wirkungen hinreichend durchsichtig ist, kann man über Zugriffe auf den Prozeß sinnvoll entscheiden, und nur wenn dies möglich ist, kann das System sich selbst steuern.

Eine funktionierende Technologie sichert nicht unbedingt Erfolge, also nicht unbedingt eine Verbesserung der Erziehungsleistungen, denn es ist keineswegs gesagt, daß sie alle relevanten Ursachen kontrollieren kann. Aber sie ist unerläßliche Voraussetzung für ein Herausfiltern von Situationsmerkmalen und Problemen, die auf höheren Ebenen relevant sein und aggregierendem Entscheiden zugeführt werden können. Technologie ist somit Vorbedingung für Hierarchisierungen[226], und nur hierarchisierte Systeme können Autonomie in Entscheidungen über Entscheidungen aktualisieren.

Technologie oder Unterrichtstechnologie ist also keineswegs ein „nur technisches Problem" im Sinne einer bloßen Instrumentierung gegebener Ziele. Der Begriff bezeichnet vielmehr die prozessuale Basis für Systemrationalität. Adäquate Technologie ist, historisch gesehen, keine Vorbedingung für Prozesse der Ausdifferenzierung, für Autonomie und für Reflexion. Hierüber wird in der gesellschaftlichen Evolution vordisponiert. Aber damit sind nur Rahmenbedingungen möglicher Rationalität vorgehalten, und es fragt sich, wie sie ausgefüllt werden.

Es gibt, unserem Eindruck nach, eine heimliche Dominanz des Reflexions-

---

[226] Das gilt, mutatis mutandis, auch für organische Systeme. Siehe zu diesem Vergleich im Rahmen einer allgemeinen Theorie hierarchischer Systemdifferenzierung Howard H. PATTEE (Hrsg.), Hierarchy Theory: The Challenge of Complex Systems, New York 1973.

themas Technologie, seitdem man von „erziehendem Unterricht" spricht. Aber weil die Technologie diesem Postulat nicht entspricht, gilt sie selbst nicht als reflexionswürdig; das System identifiziert sich nicht mit seiner Technologie, sondern mit seinen Idealen, und dorthin wird die Reflexion abgelenkt.

Im zweiten Teil unserer Analyse sollen die begrifflichen Dispositionen genauer dargestellt werden, die die Reflexionslast bei ungesicherter Technologie zunächst zu tragen hatten, bis schließlich, nachdem die Ausdifferenzierung des Erziehungssystems selbstverständlich geworden ist, das Verhältnis von Lernfähigkeit und Technologiedefizienz die Reflexion der Identität funktional ausdifferenzierter Erziehung mehr und mehr zu bestimmen beginnt.

# 2. Teil
# Pädagogik zwischen Technik und Reflexion

## I. Pädagogik im Sog selbstgeschaffener Unterrichtsprobleme

Unterricht ist eine seit alten Zeiten bekannte Form, Erziehungsleistungen zu intensivieren. Sie erfordert Einrichtung und kettenförmige Wiederholung besonderer Interaktionssysteme mit komplementären Rollen für Lehrer und Schüler, zumeist einen Lehrer und mehrere Schüler. Auf der Ebene des Interaktionssystems war damit immer schon funktionale Spezifikation verwirklicht gewesen, und ohne diese Vorgabe, ohne diesen Beweis institutioneller Möglichkeiten hätte die gesellschaftsweite Ausdifferenzierung eines alle Personen erfassenden Funktionssystems für Erziehung nicht eingeleitet werden können.

Wenn Unterricht so als Katalysator eines die gesamte Gesellschaft betreffenden Differenzierungsprozesses dient, dann verändert umgekehrt aber auch dieser Differenzierungsprozeß die Erwartungen in bezug auf Unterricht. Die alten Begriffe „educatio, institutio, instructio" werden gekreuzt, und es entsteht im auslaufenden 18. Jahrhundert die hybride Formel „erziehender Unterricht"[1]. Während Diderot noch deutlich sieht und sagt, daß Pläne für

[1] Man darf annehmen, daß die breite Kant-Rezeption an den deutschen Universitäten in den 90er Jahren die dafür notwendige Grundlagensicherheit geschaffen hatte. Der Kantianer Johann Heinrich Gottlieb Heusinger unterscheidet aber noch scharf zwischen Erziehung und Unterricht (Beytrag zur Berichtigung einiger Begriffe über Erziehung und Erziehungskunst, Halle 1794, S. 67ff., insbes. 109f.; Versuch eines Lehrbuchs der Erziehungskunst, Leipzig 1795, S. XIV, 90ff.). Wenig später weist Karl Heinrich Ludwig Pölitz, Die Erziehungswissenschaft, aus dem Zwecke der Menschheit und des Staates practisch dargestellt, Leipzig 1806, Bd. II, S. 323, diese Trennung als überspitzt zurück und gibt damit einer grundsätzlich veränderten Auffassung Raum. Max Jahn hält Karl Günthers Kurze Theorie der Unterrichtskunst nach den Grundsätzen der kritischen Philosophie, Züllichau 1796, für die erste ausgearbeitete Theorie erziehenden Unterrichts (siehe: Der Einfluß der kantischen Psychologie auf die Pädagogik als Wissenschaft: Ein Beitrag zur Geschichte der neueren philosophischen Pädagogik, Leipzig 1885, S. 33f.). Noch 1798 kann aber ein Praktiker (B. M. Snethlage, Über den gegenwärtigen Zustand der niedern Schulen und ihre zweckmäßigere Einrichtung, Münster 1798, S. 17) formulieren: „Thöricht wär' es freilich, von den Schulen mehr zu erwarten, als sie ihrer Natur nach zu leisten im Stande sind: sie können nicht erziehen, d. h. den Menschen nach richtigen Grundsätzen zu handeln gewöhnen; sie können nur unterrichten, die Fähigkeiten entwickeln, und den Geist mit nützlichen Kenntnissen bereichern."

ein „enseignement public“ auf Kosten der Individualität gehen müssen[2], wird genau dies geleugnet, als die Pädagogik sich zum Eindringen in die Schulen zu formieren beginnt. Evidentes verschwindet. Die Formel „erziehender Unterricht“ registriert veränderte Erwartungen, die in unterrichtstechnische, schließlich sogar organisatorische[3] Reformpostulate umgesetzt werden. Mehr als zuvor werden auch Zweck und Struktur der Erziehung durch Unterricht zum Problem.

Man wird kritisch und in bezug auf Kombination oder sogar Einheit von Erziehung und Unterricht optimistisch[4]. Die Philanthropisten sehen den Unterricht noch als Teilvorgang im Gesamtkomplex Erziehung und als spezialisiert auf Erkenntnisbildung. Erzieher- und Lehrerfunktion werden noch deutlich unterschieden bei aller Betonung der Interdependenz[5]. Um die Jahrhundertwende wird aber die Schule so sehr Zentrum aller Erziehungs- und Reformüberlegungen, daß die Pädagogik sich mehr und mehr auf den Schulunterricht konzentriert und ihm selbst Erziehungsleistungen abverlangt. Aber die Technologie des Unterrichts kommt nicht mit.

In Entsprechung zu gesellschaftsstrukturellen Veränderungen erweitert und vertieft sich der Funktionsraum der Erziehung zu einem unendlich-offenen Innenhorizont, in dem nichts mehr von sich aus feststeht. In zuvor unbekanntem Umfange und Tempo der Erscheinungsfolge und Rezeption war in der zweiten Hälfte des 18. Jahrhunderts eine von Schulmännern für Schulmänner geschriebene Literatur entstanden. Diese Literatur gewinnt ihre Hauptorientierung jetzt aus der neuen kritischen Philosophie. Der Prozeß der Aneignung und Rezeption dieser Philosophie, die ihrerseits durchaus spekulative, hypothetische und denktechnisch-spezialisierte Züge hatte, verstärkt das Gefühl der Grundlagensicherheit[6]. Aber selbst wenn es gelungen

---

[2] „Mais des lois propres à la généralité des esprits ne peuvent être des lois particulières; utiles au grand nombre, il faut nécessairement que quelques individus en soient lésés“, und: „La manière d'élever cent étudiants dans une école est précisément l'inverse de la manière d'en enseigner un seul à côté de soi“, heißt es im Plan d'une université pour le gouvernement de Russie (zit. nach: Œuvres complètes Bd. III, Paris 1875, S. 429–534 [434]). Ähnlich urteilt de BONNEVAL, Reflexions sur le premier age de l'homme, Paris 1751, S. 25: Nutzen für das Vaterland gehe vor Individualgerechtigkeit.

[3] Dies zum Beispiel bei E. G. GRAFF, Die für die Einführung eines erziehenden Unterrichts nothwendige Umwandlung der Schulen, 2. Aufl. Leipzig 1818.

[4] Vgl. z. B. Joseph SCHRAM, Die Verbesserung der Schulen in moralisch-politischer, pädagogischer und polizeilicher Hinsicht, Dortmund 1803.

[5] Vgl. hierzu Karl SCHRADER, Die Erziehungstheorie des Philanthropismus (Versuch eines Systems), Langensalza 1928, S. 78ff.

[6] Vgl. Jonathan SCHUDEROFF, Briefe über moralische Erziehung in Hinsicht auf die neueste Philosophie, Leipzig 1792; Johann Christoph GREILING, Über den Endzweck der Erziehung und über den ersten Grundsatz einer Wissenschaft derselben,

wäre, für Pädagogen eine vierte Kritik zu schreiben: Die Sicherheit der a priori geltenden Gesichtspunkte konnte praktische Regulative für das Verhalten der Pädagogen nicht ersetzen. Was immer a priori gilt, kann zwar wie ein Stöpsel verhindern, daß die Wässer der Spekulation abfließen und man aufs Trockene gerät. Aber kann man schwimmen – und wie und wohin?
Die Pädagogik steht damit vor der Frage, wie sie in dieser noch viel zu unbestimmten, aber anforderungsreichen Situation den daraus sich ergebenden Regulierungsanforderungen nachkommen kann. Als Wissenschaft etwa mit Hilfe der Wahrheitsgarantien ihrer eigenen Wissenschaftlichkeit?[7] Oder durch Übersetzung in Organisationsformen, die den neuen Zielen zur Realisation verhelfen? Die HUMBOLDT vorschwebende „Theorie der Bildung" reformuliert zunächst nur das Problem und weist es dem Individuum zu, dem die Pädagogik, die Schule, der Unterricht nur helfen soll, sich selbst zu erziehen. Sicher müssen in dieser Gesellschaft jetzt auch Individuum, Welt und Wissenschaft als unendlich offene Horizonte der Selbstbestimmung begriffen werden[8]. Aber damit ist der Pädagogik noch nicht problemspezifisch genug geholfen. Vielmehr ist die Pädagogik in dieser historisch-gesellschaftlichen Situation aufgerufen, sich ihre eigene Limitationalität selbst zu schaffen. In einer Zeit, die überall neue Generalformeln und Kollektivsingulare bildet[9], um die evolutionär ausgelösten Orientierungserweiterungen zu reformulieren, liegt es auch für die Pädagogik nahe, den Eigenbedarf mit Hilfe von symbolischen Generalisierungen zu decken, also wenn nicht Ideale, so doch Allgemeinzwecke anzugeben, denen die Erziehung zu dienen hat[10]. Damit

---

Schneeberg 1793; Johann Heinrich HEUSINGER, Beytrag zur Berichtigung einiger Begriffe über Erziehung und Erziehungskunst, Halle 1794; ders., Versuch eines Lehrbuchs der Erziehungskunst, Leipzig 1795.

7 Die Wissenschaftlichkeit der neuen Grundlagen (!) wird viel gerühmt – aber selten kritisch analysiert. Eine Ausnahme: RITTER, Kritik der Pädagogik zum Beweis der Nothwendigkeit einer allgemeinen Erziehungs-Wissenschaft, Philosophisches Journal 8 (1798), S. 47–85.

8 Zu den entsprechenden Transformationen des Weltbegriffs vgl. Ingetrud PAPE, Von den „möglichen Welten" zur „Welt des Möglichen": LEIBNIZ im modernen Verständnis, Studia Leibnitiana Supplementa I, Akten des Internationalen Leibniz-Kongresses Hannover 1966, Bd. I, Wiesbaden 1968, S. 266–287.

9 Hierzu und zu den dadurch ausgelösten Ideologisierungen die Einleitung von Reinhart KOSELLECK zum Wörterbuch Geschichtliche Grundbegriffe: Historisches Lexikon zur politisch-sozialen Sprache in Deutschland Bd. I, Stuttgart 1972, insb. S. XVII f.

10 So wird das Revisionswerk mit einem Beitrag „Über den Zweck der Erziehung" von BAHRDT eingeleitet, in dem allerdings der systematische Bezug auf Pädagogik über weite Strecken verlorengeht. Vgl. Allgemeine Revision, Bd. I, S. 1–124. Den Kantianern gilt dann aus a priori akzeptierten Gründen Sittlichkeit als der Endzweck – wobei nicht ganz klar ist, wie man von der Sittlichkeit des Erziehers zur Sittlichkeit des Zöglings als Zweck des Erziehers kommt.

wird das Problem ins Normative abgeschoben, das auch und gerade dann richtig bleibt, wenn die Realität ihm nicht oder noch nicht genügt. Vor allem der Zweckbegriff – im Kampf gegen die Finalursachen lange genug widerlegt, um jetzt wiederbelebbar zu sein – bietet die Aussicht auf eine Verbindung von Theorie und Praxis. Dabei ist der Zweck jetzt nicht mehr eine handfeste Regel der Perfektion, an der man feststellen könnte, wann die Erziehung zu Ende ist und ob sie geglückt oder gescheitert ist; vielmehr nimmt der Zweck als „Endzweck" Momente der Idealität in sich auf und erzeugt dadurch ein Dauerbewußtsein des Abstandes, mit dem die Pädagogik sich identifiziert. Im Bereich zwischen Technik und Reflexion sich aufhaltend, kann die Pädagogik ihre Zwecke bejahen und dekorieren; sie kann sie auf Fundamente in der transzendentaltheoretisch neu begründeten praktischen Philosophie beziehen, und sie kann sie als empirische Orientierungsgrößen wissenschaftsnah ausarbeiten. Aber es gibt keinen logisch zwingenden Schluß vom Zweck auf das Mittel. Die Rationalität dieser neuen pädagogischen Bewegung kann sich deshalb nicht als schlichte Zweckrationalität der Mittel etablieren. Irgendetwas wird übersehen, irgendein Widerstand wird nicht adäquat konzeptualisiert. Bei aller Betonung des „erziehenden Unterrichts" findet die Technologie der Erziehung auf dieser Ebene nicht genug Aufmerksamkeit, zumindest nicht Aufmerksamkeit in Formen, die für die Reflexionsprobleme relevant werden könnten. Gerade die Unterscheidung von Zwecken und Mitteln zerschneidet, in beiden Hinsichten inadäquat, den engen Zusammenhang von Reflexion und Technologie.

## II. Das doppelte Problem der Unterrichtstechnologie

Unter „Technologie" verstehen wir nicht eine Wissenschaft besonderer Art, auch nicht die Wissenschaft von der Anwendung wissenschaftlicher Erkenntnisse[11]. Vielmehr klammern wir den Bezug auf Wissenschaft aus der Begriffsbildung aus (weil wir gerade ihn am Fall der Pädagogik problematisieren und deshalb nicht darüber vorentscheiden wollen). Statt dessen schließen wir an einen in der Organisations- und Professionssoziologie eingebürgerten Sprachgebrauch an. Von Technologie wird in diesem Forschungsbereich mit speziellen theoretischen Absichten gesprochen. Der Begriff bezieht sich auf

[11] Hierzu Hans ALBERT, Probleme der Theoriebildung, in: ders. (Hrsg.), Theorie und Realität: Ausgewählte Aufsätze zur Wissenschaftslehre der Sozialwissenschaften, Tübingen 1964, S. 3–70. Im Anschluß daran z. B. Herbert STACHOWIAK, Gedanken zu einer Wissenschaftstheorie der Bildungstechnologie, in: Brigitte ROLLETT/Klaus WELTNER (Hrsg.), Fortschritte und Ergebnisse der Bildungstechnologie 2, München 1973, S. 45–57 (48): „Technologie ist auf Technik bezogene Aktionswissenschaft."

die operative Ebene eines Systems, auf der der Gegenstand seiner Tätigkeit durch geordnete Arbeitsprozesse in Richtung auf Ziele verändert wird. Die Technologie eines Systems ist die Gesamtheit der Regeln, nach denen dieser Veränderungsprozeß abläuft, also zum Beispiel Schüler das lernen, was ihnen gelehrt wird. Hypothesen, die mit diesem Begriff arbeiten, postulieren einen Zusammenhang der Technologie mit anderen Variablen des Systems[12].
Die bisher vorliegenden Forschungen lassen allerdings noch kein klares Bild erkennen[13]. Das liegt nicht zuletzt daran, daß der Begriff Technologie unterschiedlich verstanden, unterschiedlich aufgebrochen und unterschiedlich korreliert worden ist, also an mangelnder Forschungsabstimmung, die hätte vermieden werden können[14]. Immerhin kann man der bisherigen Forschung Problemorientierungen und Anhaltspunkte dafür abgewinnen, in welchen Hinsichten Technologien so differieren können, daß sie Konsequenzen haben für andere Variablen im System. Durchweg steht das Ausmaß an Routinisierbarkeit der Arbeit, an Vorhersehbarkeit der Ereignisse, an Regelbestimmtheit im Vordergrund bzw. umgekehrt das Ausmaß an Unsicherheit, Instabilität und Variabilität der Umstände, die den Arbeitsablauf bestimmen.
Weshalb gerade dieser Aspekt? Unsere These ist, daß auf dieser Dimension die Technologie eines Systems vorentscheidet über Möglichkeiten, den Arbeitsprozeß des Systems *von anderen Ebenen aus* zu erkennen und durch

---

[12] So prinzipiell: Charles PERROW, A Framework for the Comparative Analysis of Organizations, American Sociological Review 32 (1967), S. 194–208.

[13] Vgl. z. B. Joan WOODWARD, Industrial Organization: Theory and Practice, London 1965 (mit einem für unsere Zwecke zu eng auf industrielle Produktion zugeschnittenen Technologiebegriff), und andererseits David J. HICKSON et al., Operations Technology and Organization Structure: An Empirical Reappraisal, Administrative Science Quarterly 14 (1969), S. 378–397; Lawrence B. MOHR, Organizational Technology and Organizational Structure, Administrative Science Quarterly 16 (1971), S. 444–459; John CHILD/Roger MANSFIELD, Technology, Size and Organization Structure, Sociology 6 (1972), S. 369–393; Pradip N. KHANDWALLA, Mass Output Orientation of Operations Technology and Organizational Structure, Administrative Science Quarterly 19 (1974), S. 74–97. Als Untersuchungen speziell im Bereich des „people processing" vgl. Jerald HAGE/Michael AIKEN, Routine Technology, Social Structure, and Organizational Goals, Administrative Science Quarterly 14 (1969), S. 366–376; Donald E. COMSTOCK/W. Richard SCOTT, Technology and the Structure of Subunits: Distinguishing Individual and Workgroup Effects, Administrative Science Quarterly 22 (1977), S. 177–202; Peggy OVERTON et al., An Empirical Study of the Technology of Nursing Units, Administrative Science Quarterly 22 (1977), S. 203–218.

[14] Zur Kritik der bisherigen Forschungspraxis vgl. unter anderen Beverly P. LYNCH, An Empirical Assessment of PERROW's Technology Construct, Administrative Science Quarterly 19 (1974), S. 338–356; Gary G. STANFIELD, Technology and Organization Structure as Theoretical Categories, Administrative Science Quarterly 21 (1976), S. 489–493.

Entscheidung über Entscheidungsprämissen zu steuern. Technologie scheint der Schlüssel für die Frage zu sein, ob und in welchen Formen ein System „hierarchisiert", das heißt in mehrere Ebenen auseinandergezogen und gleichwohl über Erkenntnis- und Entscheidungsprozesse reintegriert werden kann. Je stärker die Operationen routinemäßig beherrscht werden können, voraussehbar sind und in etwaigen Störungen rasch diagnostiziert werden können, desto leichter lassen sich Probleme der Erkenntnis, der Strukturänderung oder der Entstörung zentralisieren; je unsicherer, situationsabhängiger, unübersehbarer die Operations- und Anschlußbedingungen im Arbeitsprozeß sind, desto mehr ist er auf Hilfe angewiesen und desto weniger kann er Hilfe „von oben" erhalten.

Erst die neueste, erst die soziologisch inspirierte Forschung über Unterricht in Schulen spricht in etwa diesem Sinne von „Technologiedefizit"[15]. Sie hat dabei strukturelle Probleme vor Augen und nicht nur augenblicklich vorhandene, aber kurzfristig oder doch auf längere Sicht behebbare Mängel. Probleme der Technologie werden also nicht einfach im Blick auf zu erreichende technische Verbesserungen zum Thema gemacht. Im Unterschied zu einer inhaltlichen, zielorientierten Kritik ist mit Technologiedefizit nicht gemeint, daß in Sachen Erziehung wahrscheinlich falsch oder stümperhaft gehandelt wird. Man kann sich durchaus vorstellen, daß das Technologiedefizit durch Intuition oder Erfahrung des Lehrers mehr als ausgeglichen wird. Was interessiert, sind die strukturellen Bedingungen und die strukturellen Konsequenzen einer unzureichenden Technologie, und darunter vor allem: daß eine auf Metaebenen nicht behebbare Unsicherheit darüber besteht, ob falsch oder richtig gehandelt worden ist.

Eine allgemeine Prämisse rationaler Technologien, nämlich eine zureichende Isolierbarkeit von kausalen Faktoren, bereitet mehr oder weniger allen Professionen Schwierigkeiten. Im Falle der Schulerziehung stellt dieses Problem sich besonders kraß, weil hier die Nichtisolierung (des Kindes in der Schulklasse) ihrerseits Voraussetzung aller möglichen Technologien ist. Das Erreichen der Lernziele stößt daher nicht nur auf psychologisch individualisierbare, kognitive oder motivationale Widerstände „in den Köpfen der Schüler", und die Technologie des Unterrichts ist deshalb nicht einfach eine Konditionierung von schwierigen Lernprozessen. Auch das Verhalten des Lehrers wird zum Problem – zum einen, weil es nicht beliebig instrumentalisierbar

[15] So insbes. Robert DREEBEN, The Nature of Teaching: Schools and the Work of Teachers, Glenview, Ill., 1970. Vgl. ferner Philip W. JACKSON, Life in Classrooms, New York 1968; Louis M. SMITH/William GEOFFREY, The Complexities of an Urban Classroom: An Analysis Toward a General Theory of Teaching, New York 1968; Dan C. LORTIE, Schoolteacher: A Sociological Study, Chicago 1975.

ist; zum anderen, weil der Lehrer nicht wissen (bzw. nicht schnell genug durchdenken und entscheiden) kann, welches Verhalten Erfolg haben wird. Lehrer und Schüler verhalten sich deshalb notgedrungen so, daß sie sich wechselseitig Kontingenz des Handelns zuschreiben, also davon ausgehen, daß der andere auch anders handeln könnte. Die Unterrichtssituation ist wie jede soziale Situation eine Situation mit *doppelter Kontingenz,* die als solche auf *beiden* Seiten bewußt wird: Beide wissen, daß beide wissen, daß man auch anders handeln kann[16].

Diese Grundbedingung, diese „condicio socialis" bedeutet, daß im kommunikativen Kontakt jedes Handeln als Selektion interpretiert werden muß und deshalb über wechselseitigen Sinnbezug der Selektionen soziale Systeme entstehen, die mit den psychischen Prozessen, geschweige denn mit den konkreten Personen der Beteiligten nicht identisch sein können. Das Sozialsystem Unterricht ist somit nicht die konkrete Gesamtheit (Gruppe) der in der Klasse anwesenden Lehrer und Schüler, sondern eine selektive Relationierung, die die unübersehbare Komplexität möglicher Relationierungen immer schon reduziert und nur so existieren kann. Dieses Sozialsystem ist notwendige intervenierende Variable, wenn es gilt, psychische Prozesse im Schüler zu beeinflussen. Und in jeder Kommunikation, was immer sie psychisch auslöst und was immer psychisch durch sie bewirkt wird, bezieht dieses Sozialsystem sich immer auch auf sich selbst.

Ein interaktives Sozialsystem dieser Art, in dem Zeithorizonte, Erwartungen und Erinnerungen der Beteiligten übereinandergreifen, ist nicht rational dekomponierbar. Das heißt: Es läßt sich nicht in Teile oder Teilschritte zerlegen, zwischen denen keine (oder so gut wie keine) Interdependenzen bestehen[17]. Das macht Planung und schrittweise vorgehende Progression schwie-

---

[16] Vgl. eine entsprechende Formulierung bei Talcott PARSONS, Interaction: Social Interaction, International Encyclopedia of the Social Sciences Bd. 7, New York 1968, S. 429–441 (436). Zum Problem der doppelten Kontingenz allgemein auch Talcott PARSONS/Edward SHILS (Hrsg.), Toward a General Theory of Action, Cambridge, Mass., 1951, S. 16; Niklas LUHMANN, Generalized Media and the Problem of Contingency, in: Jan J. LOUBSER et al. (Hrsg.), Explorations in General Theory in Social Science: Essays in Honor of Talcott PARSONS, New York 1976, S. 507–532. Abgesehen von dieser spezifisch soziologischen Literatur läßt sich auch auf einer allgemeineren systemtheoretischen Ebene zeigen, daß Indeterminierbarkeiten und damit Ordnungsbedürfnisse höherer Ordnung entstehen, wenn komplexe Systeme miteinander kommunizieren. Vgl. z. B. Donald M. MACKAY, On the Logical Indeterminacy of a Free Choice, Mind 69 (1960), S. 31–40; ders., Freedom of Action in a Mechanistic Universe, Cambridge, Engl., 1967; John R. PLATT, Programme für den Fortschritt, München 1971, insbes. S. 172.

[17] Zu den Vorteilen von „near decomposability" eine einfache Einführung bei Herbert A. SIMON, The Sciences of the Artificial, Cambridge, Mass., 1969, S. 99 ff.

rig[18] und schließt direkte technische (das heißt: unreflektiert anwendbare) Durchgriffe von einer Festlegung (Selbst- oder Fremdfestlegung) des Lehrerverhaltens auf Lernprozesse auf seiten der Schüler aus. Alle Technik muß sich in der Anwendung selbst kontrollieren an der jeweiligen Lage des Sozialsystems Unterricht, an seiner unmittelbaren Vergangenheit und an den im Moment implizierbaren oder erfolgreich suggerierbaren Zukunftsaussichten. Alle Rezeptierung muß diese Brechung durch die Selbstreferenz des Sozialsystems berücksichtigen. Alle Technologie ist in der Situation anwendbar oder nicht anwendbar, ohne daß die Entscheidung darüber auf eine Liste abprüfbarer Bedingungen zurückgeführt und an Hand dieser Liste später kontrolliert werden könnte. Unterrichtstechnologie ist damit nicht schon vorab für unmöglich erklärt, aber sie hat es unter diesen Bedingungen unausweichlich mit einer *doppelten Systemreferenz* zu tun: Sie bezieht sich immer, mag das nun eingeplant sein oder nicht, auf personale Systeme und auf ein soziales System zugleich. Die übliche Vorstellung, Unterricht sei ein Verhältnis zwischen Lehrer und Schüler, täuscht über diesen Sachverhalt hinweg – ob man dabei nun an Personen oder an Rollen denkt. Das gilt erst recht für Stilisierungen einer solchen Zweierbeziehung als pädagogisches Verhältnis oder als pädagogischer Bezug. Theorieentwicklungen, die eine solche Zweierbeziehung zum Gegenstand haben, können daher gar nicht zu einer adäquaten Technologie kommen, da sie schon vorab, schon in ihrer Gegenstandsauffassung, die Komplexität der Sachlage verkennen. Und das kann dann weder durch Idealismus noch durch Bekenntnis zur Praxisnähe, weder durch Darstellung guten Willens noch durch Polemik gegen mechanistische Techniken ausgeglichen werden.

Aber wir greifen vor. Bevor wir auf Verkürzungen der Problemsicht und Ausweichmanöver der Theorie näher eingehen, muß die Problematik der doppelten Problematik der Unterrichtstechnologie noch deutlicher herausgearbeitet werden. Sie ist nicht eigentlich neu; sie wird auch bei älteren Autoren schon gesehen[19], sie bekommt aber erst in der neuesten Forschung ein Ge-

---

[18] Nicht zu verkennen ist natürlich, daß es dafür Substitute gibt, die eine Art lineares Fortschreiten des gesamten Systems suggerieren, vor allem Texte, die man „durchnimmt".

[19] Symptomatisch für die „Stimmung" älteren Problembewußtseins Ernst Christian Trapp, Versuch einer Pädagogik, Berlin 1780, zit. nach der Neuausgabe Leipzig 1913, S. 10: „Immer wird der Erzieher das Problem aufzulösen haben: Wie bearbeitest Du den rohen Geist der Jugend am besten? Welches ist die natürlichste Folge der Ideen, Kenntnisse und Beschäftigungen? Auf welche Art gehst Du am besten vom Leichteren zum Schwereren fort? Wie machst Du aus einem jeden Kopf und Herzen, was daraus werden kann? Wie spornst Du den Trägen? Wie zäumst Du den Voreiligen? Wie erweckst, nährst, leitest Du die Empfindungen? Wie richtest Du die nötigen Gewöhnungen am zweckmäßigsten ein? Wie erhältst Du die Kinder ge-

wicht, das zu der Frage berechtigt, ob und wie Unterrichtstechnologie unter diesen Bedingungen überhaupt möglich ist.

Bei allen intentionalen Handlungen des Lehrers, die auf Wirkungen abzielen, kann sich ein Widerspruch ergeben zwischen der Orientierung an einzelnen Schülern und der Orientierung an „der Klasse". Der Unterricht muß weitergehen, auch wenn einzelne Schüler zurückbleiben, und er kann sehr oft denen nicht folgen, die mehr lernen könnten. Disziplinarprobleme können nicht unbeachtet bleiben, wenn sie im Aufmerksamkeitshorizont der Klasse liegen, auch wenn das Übergehen und Ignorieren im Einzelfall pädagogisch sinnvoll wäre. Die Dauer der Beschäftigung mit einzelnen Schülern muß begrenzt werden, sollen nicht anderen unerträgliche Wartezeiten zugemutet werden und Ablenkung und Langeweile um sich greifen. Das Vorführen von Lernerfolgen eines Einzelnen als Demonstration für die Klasse mag diesem Primusallüren anerziehen, so wie umgekehrt Mißerfolge stärker deprimieren und demotivieren, wenn sie zum Gegenstand klassenöffentlicher Aufmerksamkeit gemacht werden. Ob solche Diskrepanzen, wie sie jedem Lehrer bekannt sind, auftreten, hängt von der Art ab, wie sich die Beteiligten im unmittelbaren situationsgeschichtlichen Ablauf am Interaktionssystem Unterricht orientieren. Es ist deshalb kaum möglich, an Hand einer Vorausplanung oder gar nach lernbaren Rezepten darauf zu reagieren.

Diese Problematik mehrfacher Systemreferenzen in einer Situation verstärkt

---

sund? Und besonders, *wie hast Du dies alles anzufangen bei einem Haufen Kinder, deren Anlagen, Fähigkeiten, Fertigkeiten, Neigungen, Bestimmungen verschieden sind, die aber doch in einer und eben derselben Stunde von Dir erzogen werden sollen?*"

Ferner S. 96: „Weil bei einem Haufen Kinder, die zugleich erzogen und unterrichtet werden sollen, unmöglich auf eines jeden besondere, noch weniger auf eines jeden augenblickliche Disposition Rücksicht genommen werden kann, sondern ein ungefährer Durchschnitt gemacht werden muß; weil aber die Kinder sich nach ihren besonderen und jedesmaligen Dispositionen und nach den in ihnen rege werdenden Ideen und Empfindungen verhalten, folglich den mit diesen Dispositionen nicht harmonierenden Unterricht nicht Eingang finden lassen (welches Übel, wenn es sich in dem ersten Augenblick nur bei einem oder bei einigen findet, sich in den folgenden Augenblicken leicht dem ganzen Haufen mitteilt, weil die Äußerungen und Wirkungen eines Knaben immer wegen der homogenen Dispositionen die nämlichen bei seinen Nachbarn veranlassen, und weil zur Vergrößerung des Übels auch die Ideenverbindung und der magnetische Zug der Kinder zueinander mitwirkt), *so muß Reiz und Zwang gebraucht werden, um zum vorgesetzten Ziel zu gelangen.*" (Hervorhebungen durch uns.) Wie die langen Zitate deutlich machen, steht dem Verfasser das Problem der gleichzeitigen Behandlung einer Vielzahl von verschiedenen Individuen und sogar die Eigentümlichkeit des Sozialsystems Unterricht vor Augen, das diese Schwierigkeiten teils steigert, teils auch vereinfacht. Nur steht der Lehrer noch außerhalb des Sozialsystems Unterricht und dirigiert es von außen: durch Reiz und Zwang.

sich in dem Maße, als die Intention über unmittelbare Wirkungen – das Durchnehmen einer Lektion, das Wachhalten von Aufmerksamkeit, das Abkorken aufkommender Unruhe und Disziplinlosigkeit – hinausgeht und längere Wirkungsketten kontrollieren will. Mit jeder Erweiterung und mit größerer Tiefenschärfe des Zeithorizontes nimmt auch die Wahrscheinlichkeit von Diskrepanzen zu. Man wird nach alldem die Möglichkeit von Verhaltenstechniken, die die Herstellung, Entproblematisierung und laufende Reproduktion des Sozialsystems Unterricht kurzfristig günstig zu beeinflussen suchen, nicht bestreiten wollen[20]. Sie dienen aber allenfalls dem Vorhalten einer lerngünstigen Umwelt für Schüler und können kaum als Technologien eines Lehr- und Lernprozesses gelten[21].

Wenn wir jetzt den Begriff der Technologie wiedereinführen, den wir am Ende des vorigen Teiles mit Bezug auf Probleme der Autonomie (Selbststeuerung) festgelegt hatten, dann ergibt sich die Frage, wie auf diesem Unterbau eines Interaktionssystems Unterricht eine Hierarchie des Entscheidens über Entscheidungsprämissen errichtet werden kann; wie es, mit anderen Worten, möglich sein kann, Entscheidungsprobleme herauszufiltern und so zu raffen, daß ausschlaggebende Verhaltensprämissen getroffen werden. Technologien sollten es ermöglichen, mit *wenigen* Entscheidungen *wichtige* Wirkungen zu erzielen. Dem stehen jedoch die Schwierigkeiten rationaler Dekomposition und die Doppelung aller Problemorientierungen auf personale und soziale Systemreferenzen entgegen: Die untere Ebene des Erziehungssystems, die Ebene des faktischen Unterrichtsvollzugs, wird dadurch in eigentümlicher Weise autonom; sie bleibt auf situative Selbststeuerung angewiesen. Damit kann sich aber weder das Erziehungssystem als Teilsystem mit gesamtgesellschaftlicher Verantwortung noch die Pädagogik, soweit sie diese Verantwortung artikuliert und in praxisbezogene Erkenntnisse umsetzt, zufriedengeben. Was kann geschehen? Und was ist geschehen?

---

20 Vgl. dazu besonders den Versuch einer Typenbildung bei Smith/Geoffrey, a. a. O.

21 Ein frühes Zeugnis hierzu vor Einführung der Formel „erziehender Unterricht“ in einem anonym erschienenen Artikel Über die Erziehung, Schleswigsches Journal 1793, Heft 3, S. 1–66: Erziehung im Unterricht könne nur den Sinn haben, Kinder für den Unterricht zu erziehen, das heißt, sie in Ordnung zu halten, damit sie unterrichtet werden können und keinen Unfug treiben.

## III. Organisation und Wissenschaft

Die Entwicklung geht zunächst auf Distanz. Seit dem Beginn des 19. Jahrhunderts sieht man zwei Möglichkeiten, zur Festlegung von Verhaltensprämissen für den Vollzug unterrichtlichen Wirkens zu kommen: Organisation und Wissenschaft. Diese Doppelorientierung fängt ihrerseits aufkommende Skepsis ab und ermöglicht es, den Optimismus in bezug auf Möglichkeiten zu kontinuieren, den das Erziehungssystem braucht, um seine funktionale Ausdifferenzierung voranzutreiben. Man kann nämlich Zweifel an Organisationsmöglichkeiten durch Wissenschaftsvertrauen kompensieren oder umgekehrt. Man kann eine Polemik gegen staatlich-organisatorische Bevormundung durch das Konzept der Pädagogik als Wissenschaft abdecken (HERBART), ebenso aber auch umgekehrt die Bildungsidee unmittelbar in Organisation umzusetzen versuchen, ohne dabei besonders intensiv an das Kind oder den Lehrer oder den pädagogischen Bezug zu denken (HUMBOLDT). Eine hinreichend tiefenscharfe Analyse des Technologieproblems unterbleibt. (Wir werden in den folgenden Kapiteln zeigen, mit welchen Denkmitteln ihr ausgewichen wird.) Deshalb wird auch nicht bewußt, daß Organisation und Wissenschaft unter dem hier interessierenden Gesichtspunkt nur Varianten ein und derselben Problemverschiebung sind, die sich nicht wechselseitig entlasten können, wenn es an Voraussetzungen fehlt, auf die beide sich einlassen müssen.

Die gemeinsame Voraussetzung ist, systemtheoretisch formuliert, das Vorliegen von Mehrebenenstrukturen oder Hierarchisierungen als Bedingung für Prozesse der Selbstabstraktion oder Selbstsimplifikation in Systemen[22]. Hierarchisierung ist die Strukturform, mit der ein System auf gesellschaftliche Ausdifferenzierung und auf zugemutete Autonomie reagiert – auf gesellschaftsstrukturell erzwungene Entwicklungen also, wie wir sie im ersten Teil beschrieben haben. Entscheidungen über umweltrelevantes Verhalten brauchen dann nicht mehr auf einer Ebene oder gar an einer Stelle zu fallen; ihre Willkür kann systemintern (und insofern: autonom) wieder eingeschränkt werden.

In Systemen mit funktionierender Trennung und Verknüpfung mehrerer Prozeßebenen beschränken die unteren Ebenen den Realitätsbereich der höheren; die Prozesse auf den höheren Ebenen können dagegen auf unteren Ebenen spezifische Änderungen auslösen und das System in diesem Sinne

---

[22] Hierzu allgemein: Lancelot L. WHYTE/Albert G. WILSON/Donna WILSON (Hrsg.), Hierarchical Structures, New York 1969; M. D. MESAROVIĆ/D. MACKO/Y. TAKAHARA, Theory of Hierarchical, Multilevel Systems, New York 1970; Howard H. PATTEE (Hrsg.), Hierarchy Theory: The Challenge of Complex Systems, New York 1973.

durch selektiven Zugriff steuern[23]. Die Verknüpfung der Ebenen erfordert Informationsraffungen oder „records“, über die auf höheren Ebenen wie über Einheiten disponiert werden kann[24]. Das verhaltenstheoretische Korrelat dazu ist die Abhebbarkeit von *Verhaltensprämissen,* nämlich von Informationen oder Gesichtspunkten, die im Verhalten benutzt werden, um die Komplexität des Möglichen zu reduzieren[25]. Unter dieser Voraussetzung können auch Verhaltensprämissen Gegenstand besonderer Operationen werden, von denen man sinnvollerweise nicht verlangen kann, daß sie Erfolge auf der Wirkungsebene, also Erziehungserfolge, technisch unmittelbar sicherstellen.

Wie immer es um Möglichkeiten der Wissenschaft oder der Organisation im allgemeinen und in bestimmten historischen Lagen des Gesellschaftssystems bestellt sein mag: ihr Beitrag zur Selbststeuerung des Erziehungssystems beruht auf der Möglichkeit hierarchischer Kontrolle, das heißt der Möglichkeit, mit wenigen Selektionen viele Selektionen bestimmen zu können. Als Wissenschaft befaßt die Pädagogik sich mit dem *Erkennen* derjenigen Verhaltensprämissen, die, wenn man sie setzt oder ändert, den Erziehungsprozeß in angebbare Richtung beeinflussen. Das setzt, wie immer die Begriffe dann verschönt und plausibilisiert werden, ein erhebliches Maß an Abstraktion voraus. Beim Organisieren geht es dagegen um *Entscheiden* über Entscheidungsprämissen, ob dies Entscheiden nun durch Wissen gedeckt ist oder nicht[26]. Die „Sicherheitsgrundlagen“ des Abstraktionsprozesses divergieren; sie beruhen im Falle der Wissenschaft auf (wie immer ihrerseits gesicherter) Wahrheit, im Falle von Organisation dagegen auf politisch oder durch Mitgliederkonsens gedeckter Macht. Diese Differenz macht ein Miteinanderfungieren von Wissenschaft und Organisation, ein wechselseitiges Sichergänzen durch Orientierung an verschiedenen symbolischen Codes und Anzapfen

---

[23] Speziell hierzu Donald T. CAMPBELL, „Downward Causation“ in Hierarchically Organized Biological Systems, in: Francisco Jose AYALA/Theodosius DOBZHANSKY (Hrsg.), Studies in the Philosophy of Biology: Reduction and Related Problems, London 1974, S. 179–186.

[24] Vgl. Howard H. PATTEE, Physical Conditions für Primitive Functional Hierarchies, in: WHYTE et al., a. a. O., S. 161–171 (166 ff.).

[25] In bezug auf Organisationssysteme definieren Herbert A. SIMON/Donald W. SMITHBURG/Victor A. THOMPSON, Public Administration, New York 1950, S. 57, diesen Begriff (der hier seine Karriere begann) wie folgt: „Important in the explanation of organization behavior are the premises upon which employees behave – that is, the criteria or guides they use in narrowing down the multitude of possibilities to the single actuality.“

[26] Hierzu Niklas LUHMANN, Allgemeine Theorie organisierter Sozialsysteme, in: ders., Soziologische Aufklärung Bd. 2, Opladen 1975, S. 39–50; ders., Organisation und Entscheidung, Opladen 1978.

verschiedener Sicherheitsquellen sinnvoll. Aber sie beruht auf Möglichkeiten der Selektion von Prämissen, die einen über Erkenntnis oder Entscheidung laufenden Zugriff auf Verhalten ermöglichen. Weder Wissenschaft noch Organisation vertragen es, mit der konkreten Totalität des im Erziehungssystem ablaufenden faktischen Verhaltens konfrontiert zu werden.

Behandelt man in diesem Sinne Wissenschaft und Organisation als Ebenen eines mehrstufig differenzierten Systems, läßt sich genauer angeben, welche Konsequenzen eine unzureichende Technologie haben muß. Daß auf der Ebene von Wissenschaft und Organisation Erfolge des technischen Wirkens nicht unmittelbar erzielt oder sichergestellt werden können, versteht sich von selbst[27]. Auf der operativen Ebene können Versehen passieren, Außeninterventionen erfolgen oder auch Direktiven absichtlich durchkreuzt werden. Das kann keine Technologie verhindern. Außerdem ist jeder Wissensstand in sich selbst unvollkommen und jede Organisationsentscheidung von eigenen Fehlerquellen bedroht. Auch das darf man nicht einem „Technologiedefizit" anlasten. Das Fehlen einer in Wissen und Organisation verankerten Technologie besagt nur, aber das ist entscheidend, daß gar nicht feststellbar ist, auf welche dieser Fehlerquellen Mißerfolge (oder allgemeiner: verbesserungsfähige Leistungsniveaus) zurückzuführen sind.

Das fällt nicht weiter auf, wenn das Erziehungssystem nicht ausdifferenziert und nicht autonomisiert ist, wenn gar keine besondere Ebene für die Behandlung von Verhaltensprämissen vor Augen steht. Wenn dies aber der Fall ist, erzeugt ein Technologiedefizit einen Widerspruch zwischen Anspruch und Wirklichkeit: Die Fehlerquellen sind dann differenzierbar, aber die Fehler nicht zurechenbar. Neben der primären Ungewißheit, ob man richtig handelt, entsteht eine sekundäre Ungewißheit, ob es am Wissensstande, an den Organisationsformen oder am eigenen Verhalten liegt, wenn Mißerfolge eintreten oder ein gegebenes Leistungsniveau nicht weiter angehoben werden kann. Im Schutze dieser sekundären Ungewißheit wird die primäre Ungewißheit stabilisiert: Sie wird einerseits erträglich, andererseits auf Dauer gestellt; denn niemand kann jemandem unwiderlegbar klarmachen, wie es besser gemacht werden könnte.

Unter solchen Bedingungen ist zu erwarten, daß Wissenschaft und Organisation als unentbehrliche Ebenen im Gesamtaufbau sich auf genau diese Typik von Ungewißheit einstellen, sich in ihr einrichten, mit ihr leben und dafür passende Legitimationsformeln finden. Das werden wir im einzelnen zu zeigen versuchen.

---

[27] Nur wenn das behauptet würde, könnte man sinnvoll von Technokratie sprechen oder entsprechende Vorwürfe erheben. Im Grunde sind das aber Vereinfachungen, die niemand, der sich am Forschungsstande orientiert, vertreten kann und die daher immer nur in bezug auf andere behauptet werden.

Zu Beginn des 19. Jahrhunderts, am Anfang eines Ausdifferenzierungsprozesses, der Wissenschaft und Organisation in seinen Dienst zieht, findet man natürlich keinen strukturell verankerten Skeptizismus. KANT hatte einen höchst modernen und zugleich „bildungsnah" formulierten Organisationsbegriff gewählt, der die preußischen Reformer beflügeln konnte, ohne in Widerspruch zur Moral zu geraten[28]. Angesiedelt im Verknüpfungsbereich von Kausalität und Teleologie ist Organisation für KANT Selbstorganisation auf Grund von im einzelnen undurchschaubaren Kausalitäten. Selbstorganisation, das grenzt ab gegen Maschinen, heißt wechselseitiges Sichhervorbringen der Teile. Die Hierarchisierung wird (ohne Verwendung dieses Begriffs) im Zweck/Mittel-Schema ausgelegt und in die Teile hineinverlegt, so daß alles für sich selbst und für anderes Zweck und Mittel ist. (Kein Wunder, daß man dann Kausalität zwar voraussetzen, aber auf Kausalanalyse verzichten muß!) Dies „Prinzip der inneren Zweckmäßigkeit" besagt dann: „. . . ein organisiertes Produkt der Natur ist das, in welchem alles Zweck und wechselseitig auch Mittel ist. Nichts in ihm ist umsonst, zwecklos, oder einem blinden Naturmechanism zuzuschreiben."[29]

Bei rasch aufkommendem Zweifel an den Möglichkeiten der Deduktion des Systems der Pädagogik aus einem ethischen Apriori à la KANT brauchte man mit diesem Organisationsbegriff nicht zu brechen. Man konnte ihn als Praxis voraussetzen und dazu ansetzen, diese Praxis als moralische Veranstaltung auf ihren Begriff zu bringen. Die Möglichkeiten, das, was als „Praxis" vorgefunden wird, auf Theorie zu beziehen und zugriffswirksam zu organisieren, waren noch nicht ausprobiert. Sie werden unterstellt. Das Problem wird in der Formenwahl gesehen, etwa in den Begriffsschematiken, mit denen HERBART und SCHLEIERMACHER die Eigenart des Erziehungsprozesses erfassen und dann wieder an ihn herantragen wollen. Es geht nicht um die Frage, ob die Realität des Erziehens einer Abstraktion hinreichend entgegenkommt, ob sie hinreichend selbstabstraktiv geordnet ist. Es genügt zu betonen, daß die Theorie (nicht beliebige Spekulation sei, sondern) sich auf Praxis beziehe und damit Theorie sei.

Erst in den letzten Jahren, erst im Rückblick auf sehr umfangreiche Forschungs- und Organisationserfahrungen scheint sich eine Wende anzubahnen. Die Literatur bietet zwar ein uneinheitliches Bild ohne große Perspektiven, aber eine Fülle von symptomatischen Details. Was Unterrichtsforschung mit den Verfahren der empirischen Sozialforschung angeht, kommen Überblicke zu der Feststellung, daß trotz immensen Aufwandes kaum gesichertes

---

[28] Vgl. Kritik der Urteilskraft §§ 65 und 66, Werke Bd. V, S. 483 ff., zitiert nach der Ausgabe Wilhelm WEISCHEDEL, 7 Bde., Darmstadt 1956 ff.

[29] A. a. O., S. 488.

Wissen über Korrelationen (von Kausalbeziehungen ganz zu schweigen) zwischen Lehrerverhalten oder -methodik und Erfolgen bzw. Mißerfolgen vorliegt[30]. Zieht man einen weiteren organisatorischen Kontext in Betracht (etwa in Form vergleichender Untersuchungen ganzer Schulsysteme), fällt es ebenfalls schwer, Einzelvariablen für erfolgreichen Zugriff zu isolieren[31]. Der beste Prädiktor für Output ist bei diesen Forschungen im allgemeinen die Kenntnis des Input. Die entscheidungstheoretisch orientierte Organisationsforschung steht vor ähnlichen Problemen und muß sich heute fragen, ob und wie organisatorischer Zugriff auf Unterricht überhaupt möglich ist. Aus dieser Perspektive erscheint der Unterricht als ein nichtbeliebiges Durcheinander von Entscheidungsvorgängen, die weder mit normalen statistischen Verfahren noch mit Kontrolle einzelner Entscheidungsprämissen zu erfassen sind[32]. So wird verständlich, um eines von vielen Details anzuführen, daß bei einer Untersuchung von Schulrektoren deren Bereitschaft, sich für eine Verbesserung der Unterrichtsqualität in ihren Schulen tatkräftig eingreifend einzusetzen, mit Länge der Ausbildung, Länge der Lehrerfahrung und Länge der Verwaltungserfahrung abnimmt[33]. Wissen und Erfahrung scheinen also dazu zu disponieren, eine Art Betriebs- und Erfolgsverantwortung hintanzustellen und die Undurchdringlichkeit des Unterrichtsgeschehens in der Klasse zu respektieren.

Sucht man für all diese Einzelerkenntnisse eine einheitliche Formel, so bietet es sich an, dafür auf den allgemeinen systemtheoretischen Zusammenhang von Technologie und Mehrebenenstruktur zurückzugreifen. Das, was wir

---

30 Vgl. nur Donald M. MEDLEY/Harold E. MITZEL, Measuring Classroom Behavior by Systematic Observation, in: N. L. GAGE (Hrsg.), Handbook of Research on Teaching, Chicago 1963, S. 247–328 (dt. Bearbeitung: Wolfgang SCHULZ/Wolfgang P. TESCHNER/Jutta VOIGT, Verhalten im Unterricht: Seine Erfassung durch Beobachtungsverfahren, in: Handbuch der Unterrichtsforschung, Teil I, hrsg. von Karlheinz INGENKAMP, Weinheim-Berlin-Basel 1970, Sp. 633 ff.); Sarane S. BOOCOCK, An Introduction to the Sociology of Learning, Boston 1972, S. 129 ff.

31 Kritiker dieser Forschungsrichtung verweisen dann wieder auf Unterrichtsforschung – so Stephan RICHER, School Effects: The Case for Grounded Theory, Sociology of Education 48 (1975), S. 383–399.

32 Vgl. z. B. Michael D. COHEN/James G. MARCH/Johan P. OLSEN, A Garbage Can Model of Organizational Choice, Administrative Science Quarterly 17 (1972), S. 1–25; Michael D. COHEN/James G. MARCH, Leadership and Ambiguity, New York 1974; James G. MARCH/Johan P. OLSEN, Ambiguity and Choice in Organizations, Bergen 1976; Karl E. WEICK, Educational Organizations as Loosely Coupled Systems, Administrative Science Quarterly 21 (1976), S. 1–19.

33 So Neal GROSS/Robert E. HERRIOTT, Staff Leadership in Public Schools, New York 1965, S. 64 ff. Die Autoren setzen sich, ohne diesem Warnzeichen nachzugehen, auf Grund anderer Korrelationen dennoch organisationspolitisch für eine Verstärkung der Führungsqualitäten ein.

Technologiedefizit genannt haben, bedeutet nicht unbedingt irriges oder falsches Handeln, gefährdet aber die Hierarchisierbarkeit des Systems: das Auseinanderziehen und selektive Verknüpfen einer Mehrheit von Beschreibungs- und Steuerungsebenen. Damit entfällt die Möglichkeit, oder sie wird zumindest erschwert, *höhere* Systemebenen anzuvisieren, wenn es darum geht, ein System zu *begreifen* oder zu *steuern*, und *untere* Ebenen dagegen anzuvisieren, wenn es darum geht, ein System zu *beschreiben* oder zu *realisieren*[34]. Die Verknüpfung ist, um eine solche Trennung zu ermöglichen, nicht sicher genug, und man kann demzufolge nie sicher sein, ob man das begreift, was man beschreibt, oder das steuert, was man realisiert. Operationen im Bereich der Wissenschaft oder der Organisation des Erziehungssystems behalten daher im Verhältnis zum funktionstragenden Unterricht eine Art Eigenständigkeit, die nicht oder nur zum Teil auf Prozessen selektiver Abstraktion beruht. Damit wird weder Forschung noch Organisation sinnlos. Aber sie sind *zusätzlich belastet* mit dem Problem einer *Reaktion auf das Technologiedefizit*.

Diese Reaktion kann ihrerseits verschieden verarbeitet werden. Die immer neu einsetzende (oder: immer wieder als neu erscheinende) Suche nach technologischen Verbesserungen ist eine der Möglichkeiten. Die Umstellung der Pädagogik von Kompensation auf Reflexion des Technologiedefizits wäre eine andere.

## IV. Techniker und Technologen: Zur Problemfassung der Philanthropie und der kritischen Philosophie

Grundlegend für alle Folgebemühungen ist die Einsicht in die engen Grenzen, die die Unterrichtssituation dem Lehrer und Erzieher praktisch zieht. Sie wird literaturfähig im praxisnahen Kontext der philanthropischen Bemühungen um Erziehung und Unterricht. Der Lehrer ist, wie man deutlich sieht und deutlich formuliert, niemals in der Lage, selbst die Erkenntnisse zu gewinnen, die er zu einem fachlich fundierten Unterricht oder gar zur Reform des Erziehungswesens benötigen würde. Sein Aufmerksamkeitspotential ist dafür zu gering. „Der Lehrer kann ordentlicherweise von all dem, was um ihn vorgeht, eher nichts merken, als bis es so arg wird, daß es ihn stört."[35]

---

[34] Zu diesem Vorteil gut hierarchisierter Systeme vgl. M. D. Mesarović/D. Macko, Foundations for a Science of Hierarchical Systems, in: Whyte et al., a. a. O., S. 29–50 (33 ff.).

[35] Ernst Christian Trapp, Versuch einer Pädagogik, Berlin 1780, Neuausgabe Leipzig 1913, S. 38.

Und dies zu seinem Glück. Denn: „Wenn er alles bemerken könnte, so würde sein Verdruß noch weit größer sein; denn er kann so schon von dem, was er sieht, das Wenigste abändern, höchstens kann er's auf einige Augenblicke hemmen; was würde es nicht erst sein, wenn er alles sähe, was vorgeht!"[36] Reformen sind, wenn man diese Lage der Lehrerrolle bedenkt, auf dieser Ebene nicht zu erwarten. „Wer den ganzen Tag sich an der Jugend müde doziert und gezankt und gestraft hat, der dankt Gott, wenn er sich nun ruhig hinsetzen und den Schweiß sich abwischen und frische Luft schöpfen und vom Denken sich ganz losmachen kann. Muß er ja denken, so ist es auf die Lektionen des folgenden Tages. Wie kann er sich nun noch mit Gedanken der Verbesserung des Schulwesens befassen?"[37] Also kommt alles darauf an, die Arbeit an den wissenschaftlichen Grundlagen des Erziehungssystems, an seiner Planung, Leitung und Verbesserung gegen den Unterrichtsvollzug zu differenzieren. Es kann nicht beides zugleich auf einer Ebene geschehen. Die Ausdifferenzierung des Erziehungssystems verlangt mithin als interne Struktur eine Differenzierung von mindestens zwei Ebenen, nämlich der des technischen Vollzugs der unterrichtsmäßigen Operationen und der ihrer höher aggregierten Erforschung und planmäßigen Leitung. „Erziehungswissenschaftler sind die Technologen der Erziehung. Die Lehrer sind bloße Techniker."[38]

Das ist eine klare, nie mehr widerrufene Begründung für die Notwendigkeit hierarchischer Entlastungs- und Aggregationsverhältnisse – zunächst ganz unabhängig von ihrer organisatorischen Konstruktion und von Kompetenz- und Weisungsverhältnissen. Das Verhältnis von Technik und Technologie muß von dieser Ebenendifferenz her gesehen und zur Reflexion gebracht werden. Der Unterrichtsvollzug braucht Technik im Sinne einer Entlastung von unnötiger Aufmerksamkeit, im Sinne von Konzentration auf das, was wahrscheinlich Erfolg bringt, und im Sinne von nicht an den Moment gebundener Planbarkeit und Wiederholbarkeit. All das muß auf der Ebene aggregierter Daten, statistischer Wahrscheinlichkeiten und bewährter Prämissen des Entscheidens erarbeitet werden und wird in diesem Sinne zur Technologie. Das Erarbeiten einer solchen Technologie fände in den Daten des Unterrichtsvollzugs die Realitätsbasis, die garantiert, daß Dispositionen über Erkenntnisse und Entscheidungsprämissen den Unterricht wirklich greifen und ihn beeinflussen können. Wie könnte das möglich sein?

Die sonst nicht gerade skeptischen Philanthropisten resignieren bereits ange-

---

36 A. a. O., S. 99f.

37 A. a. O., S. 11.

38 Diese Formulierung bei Karl SCHRADER, Die Erziehungstheorie des Philanthropismus (Versuch eines Systems), Langensalza 1928, S. 104.

sichts der Datenprobleme der Unterrichtsforschung[39]. Das Vertrauen in eine wissenschaftliche Basis für die Überbrückung der Ebenendifferenz für Erkenntnis und Leitung des Systems hebt sich in eigentümlicher Weise von den Daten ab. Im Theoriebereich hält man, unabhängig von aller Unterrichtsforschung, eine Wissenschaft vom Menschen für möglich und für auswertbar. Hier kündigt sich schon an, daß die Pädagogik nur eine Sekundärwissenschaft sein will. Im Methodenbereich vertraut man in eine Art Gleichlauf von Psychologie und Logik. An die Aufnahmebedingungen kognitiver bzw. motivationaler Art im Schüler soll angeknüpft werden durch das Herausziehen sinnfälliger Aspekte des Unterrichtsstoffes bzw. durch seine analytische Dekomposition. Das ist, wir kommen darauf gleich zurück, die Quintessenz der Elementarmethode. Aber wer oder was garantiert die psychologische Affinität einer logisch analytischen Dekomposition? Wie ist die Affinität dann noch im „elementaren Gang" durchzuhalten oder zu reproduzieren? Und wie ist die unterrichtsmäßige Durchführbarkeit angesichts unseres Doppelproblems aller Unterrichtstechnologie gesichert?

Solange diese Fragen nicht beantwortbar sind, kann man die Lösung des Mehrebenenproblems nicht ernstlich als technologisch charakterisieren. Das Problem bleibt gestellt, und am Anfang hat man durchaus das Recht, mit der Antezipation seiner Lösbarkeit (und nicht: mit der Reflexion seiner Unlösbarkeit) zu leben. Wenn aber die Technologie nicht gesichert ist, wird man es der Wissenschaft verwehren, die Praxis, auf die sie sich bezieht, als Technik zu charakterisieren. Dagegen setzt Herbart den Begriff des „Taktes" – und läßt das Problem der engbegrenzten Aufmerksamkeit untergehen in der Vorstellung des intuitiven Erfassens der richtigen Weise des Vorgehens in komplexen Situationen.

Solche Probleme spezifisch erzieherischer Komplexität hätte man am Anfang wohl übersehen oder bagatellisieren können. Nicht an ihnen scheitert der Versuch, die Pädagogik auf eine wissenschaftliche Menschenkunde, auf eine empirische Anthropologie zu gründen und sie dadurch selbst als Wissenschaft in Gang zu bringen. Der Versuch wird gestartet im Moment einer tiefgreifenden erkenntnistheoretischen Krise der Wissenschaft, ausgelöst durch die Kritik des Induktionsschlusses und der Möglichkeit, überhaupt zu unbedingt gesichertem empirischem Wissen zu kommen. Alle Schwierigkeiten, auf die er stößt, können in dieser Situation als Beleg für falsch placierte Ambitionen gelesen werden[40]. Das gibt jener kritischen Philosophie ihre

---

[39] „Ich weiß wohl, daß es nie geschehen wird, aber lächerlich kann ich's doch nicht finden", meint Trapp, a. a. O., S. 40.

[40] So mit explizitem Rückgriff auf das Problem der induktiven Generalisierung Jonathan Schuderoff, Briefe über Moralische Erziehung in Hinsicht auf die neueste Philosophie, Leipzig 1792, S. 85 f.

Chance, die meint, dieses Problem umgehen und reine wie praktische Vernunft aus sich heraus begründen zu können. Die nunmehr richtungweisenden Bemühungen um Pädagogik als Wissenschaft werden auf die Platte der kantischen Philosophie überspielt und von dort aus vielfältig und verschiedenartig reproduziert.

Die kantische Theoriedisposition verlangte, das Problem der Technologie als Problem der Selbstreferenz des individuellen Subjekts zu sehen. Selbstreferenz wiederum heißt: Indeterminierbarkeit der sozialen Beziehungen und insofern Freiheit. Damit war eine folgenreiche *Problemstellung* gewonnen, die es ermöglichte, nach der Pädagogik als wissenschaftlicher Disziplin zu fragen. Das Leitproblem mußte nun lauten: Wie ist Erziehung möglich? Oder genauer: Wie ist Erziehung eines freien, sich selbstreferentiell bestimmenden Subjektes möglich?[41] Selten ist so deutlich zu greifen, daß es eine Problemstellung ist (und nicht etwa ein „Zweck"), wodurch die Einheit einer wissenschaftlichen Disziplin konstituiert wird. Aber dieses Theorieformat war um mehrere Nummern zu groß gewählt. Die Form der Problemstellung vom Typus einer Frage nach Bedingungen der Möglichkeit suggerierte Auswege, die unter dem Niveau der Frage blieben, nämlich den Ausweg einer bloßen Metaphorisierung[42], ferner den Ausweg der Vernichtung der Freiheit im Kinde[43] oder schließlich (unter Verkennung des theorieerzeugenden Sinnes einer solchen Frage) den Hinweis darauf, daß Erziehung praktisch immer schon stattfinde und nur noch zu erkennen sei[44]. Keine dieser Antworten gibt ausreichende Hinweise für die Analyse des Technologieproblems. Die Kausalfrage wird durch einen naiven Glauben an die wirkungstechnische Überlegenheit der Moral selbst erledigt[45]. Man liest, der Erzieher dürfe sich selbst nicht als wirkende Ursache ansehen – und findet im selben Buch wenige Seiten später als Antwort auf die Frage „Was kann er dann tun?" kausalana-

[41] Für explizite Formulierungen siehe: Ritter, a. a. O., S. 71; Karl Salomo Zachariae, Über die Erziehung des Menschengeschlechts durch den Staat, Leipzig 1802, S. 21, 98ff.; Johann Jakob Wagner, Philosophie der Erziehungskunst, Leipzig 1803, S. 50f.

[42] So Wagner, a. a. O., mit der Auskunft, Erziehung sei „Erregungskunst". Andere beschränken Erziehung auf ein Anbieten, ein Vorlegen.

[43] So Fichte in den Reden an die deutsche Nation (zweite Rede), zitiert nach: Ausgewählte Werke Bd. V, Darmstadt 1962, S. 392f.

[44] Vgl. unten S. 190.

[45] So heißt es z. B. in dem (anonym erschienenen) Aufsatz Über moralische Erziehung, Archiv der Erziehungskunde für Deutschland 4 (1794), S. 1–38 (25): „Die moralische Gewalt über die Gemüther ist weit größer, als die physische." Und damit wird begründet, daß eine Erziehung auch bei vollem Respekt vor der Freiheit des Zöglings ihr Ziel erreichen könne.

lytische Ausführungen[46]. Es nimmt dann nicht wunder, daß die Instrumentierung der Antworten durch methodische Empfehlungen auf längst Bekanntes zurückfällt[47]. Daraus hat sich im weiteren Verlauf dann die Gewohnheit entwickelt, das Technologieproblem durch ein Technologieverdikt zu lösen. Mechanisches Bewirken von Wirkungen sei für Umgang mit Menschen inadäquat. Was man nicht kann, will man gar nicht erst können, und Gründe dafür findet man nicht zuletzt wieder in der kantischen Moraltheorie. Wir kommen darauf zurück.
Man mag es als Glück oder als Unglück der Pädagogik ansehen, daß sie in jener Zeit einer abstraktionsträchtigen Krise der Wissenschaft dazu ansetzte, Wissenschaft zu werden und darin die Autonomie zu finden, die ihr gesellschaftlich abverlangt war. Jedenfalls war von hier aus der Weg zu einer empirisch-technologischen Wissenschaftsorientierung zunächst verbaut, dafür aber der Weg zu einer raschen Breitenwirkung auch außerhalb jener Literatur eröffnet, die Schulmänner für Schulmänner schreiben.

## V. Pädagogik auf dem Wege zur „absoluten Methode"?

Parallel zu dem idealischen Schwung, der die Pädagogik der Menschenbildung in metainduktive, metatechnologische Abstraktionshöhen führt, entwickeln sich autonomisierende Ansätze auch im Bereich der Erziehungspraxis selbst. Der Begriff des Elementaren, der im Zeichen der „Menschenliebe" die Erziehungsbücher hatte anschwellen lassen[48], wird problematisiert: „Ich suche den menschlichen Unterricht zu psychologisieren; ich suche ihn mit der Natur meines Geistes und mit derjenigen meiner Lage und meinen Verhältnissen in Übereinstimmung zu bringen."[49] Das führt zur Entwicklung

[46] So (anonym) Original-Ideen über die Kunst der Erziehung und besonders der Bildung zur Sittlichkeit, Leipzig 1804, S. 64 ff.

[47] Siehe etwa Wagner, a. a. O., zur sokratischen Methode. (Die kritischen Bemerkungen zu Wagner sollen im übrigen nicht verdecken, daß hier einer der wenigen auch heute noch ernst zu nehmenden Theorieversuche vorliegt.)

[48] „Wirklich sind die neuesten Erziehungsbücher so voll von Vorschriften, was alles, und in welchem bunten Stundenwechsel, und durch wie unzählig viele Kunstgriffe es gelehrt werden solle . . ." Johann Friedrich Herbart, Ideen zu einem pädagogischen Lehrplan für höhere Schulen (1801), in: Sämtliche Werke Bd. I, hrsg. von Karl Kehrbach, Langensalza 1887, S. 130.

[49] Pestalozzi, Sämtliche Werke, hrsg. (begründet) von Artur Buchenau, Eduard Spranger, Hans Stettbach, Berlin und Leipzig 1927 ff., Bd. XIII, S. 105. Wir zitieren nach der „Kritischen Ausgabe" (KA) bzw. der Seyffarthschen Ausgabe (S. I–XII), Pestalozzis Sämtliche Werke, hrsg. von L. W. Seyffarth, 12 Bde.,

eines genuin pädagogischen Methodenbewußtseins, das sich zunächst durchaus in der Sprache einer Technik anbietet[50]. Alles Insistieren auf Uranfängen, alles Beharren bei elementaren Strukturen des Wissens und Könnens dient dazu (und deshalb: Beharren!), einen Prozeß des Sich-Abhebens einzuleiten, der zunehmend auf seine eigenen Errungenschaften, auf schon Gelerntes zurückgreifen kann und sich in dem Maße verselbständigt, als er die Selbstbeziehung ins Spiel bringen kann.

Mag für PESTALOZZI selbst der Umstand seiner erzieherischen Erfahrungen von besonderer Bedeutung gewesen sein[51], von der Warte des explizierten Problemverständnisses ist die Problemlage des Unterrichtsgeschehens auf neue Weise gesehen: PESTALOZZI hat den Unterricht als einen Prozeß vor Augen, der von gegebenen Anfängen unabhängig geworden ist und der gerade deshalb pädagogisch strukturiert werden kann. Unterricht ist damit mehr als ein bloßes Beibringen von Wissen und Fähigkeiten, und Erziehung ist mehr als bloßes Assistieren bei einem natürlichen Prozeß.

Schon die Philanthropie war mit der Perfektionsformel über die Natur hinausgegangen; sie hatte Erziehung sogar explizit auf Anlagen in der menschlichen Natur bezogen, die sich nicht von selbst entwickeln[52]. Freilich blieb die Natur die Basis und die Bedingung der Möglichkeiten des Über-sie-Hinausgehens. Für PESTALOZZI liegt weniger in den hochgetriebenen Glückseligkeitszielen als in den Ausgangsbedingungen der Grund, die Erziehung nicht mehr der Natur zu überlassen. Die Methode muß sich daher selbst ihre Einsatzbedingungen erst schaffen, indem sie abstrahiert, was an Natur für sie verwendbar ist. Und während die Glückseligkeitsziele, ja selbst der Vollendungseifer rasch verfliegen – Humanismen sind nur allzu leicht widerlegbar –, bleiben die Probleme der Ausgangsbedingungen dauerhafter Zwang zur Methodenabstraktion. Was zur Abstraktion zwingt, ist dann letztlich nicht die Idealität

---

2. Aufl. 1899–1902. (Wenn wir uns im folgenden an PESTALOZZI halten, dann in Verfolg des genannten Sachgesichtspunkts. Das bedeutet, daß wir uns vornehmlich auf die Heranziehung der methodischen Schriften beschränken.)

[50] Für Bemühungen um eine „Nachidealisierung" kennzeichnend: Christian Wilhelm HARNISCH, Deutsche Volksschulen mit besonderer Rücksicht auf die Pestalozzischen Grundsätze, Berlin 1812.

[51] Bekannt ist, daß PESTALOZZI selbst von Erfahrungen der Verwahrlosung und der Bettelei ausging: „Ich lebte jahrelang im Kreise von mehr als fünfzig Bettlerkindern", KA XIII, S. 183f.; 187.

[52] Vgl. Ernst Christian TRAPP, Versuch einer Pädagogik, Berlin 1780, Neuausgabe Leipzig 1913, S. 8: „Es gibt Anlagen in der menschlichen Natur, die sich selbst nicht entwickeln, die aber, sobald sie gehörig entwickelt werden, die Menschen sowohl einen jeden für sich, als alle, die miteinander in Gesellschaft leben, glücklicher machen, als sie es sonst gewesen sein würden. Diese Entwicklung ist Erziehung."

des Zieles, sondern die Unwahrscheinlichkeit von (wie immer bescheidenen) Erfolgen unter gegebenen Bedingungen[53].

PESTALOZZI beruft sich auch auf die Natur, aber ihre Funktion ist relativiert: Am Kind ist bewußt geworden, wie schwierig es ist, Personen in Kommunikationssystemen zu engagieren, wenn sie in ganz verschiedenen Welten leben; am Fortschritt der Wissenschaften und Künste ist die Möglichkeit bewußt geworden, die Lage der Menschheit über die Kunst der Erziehung zu verbessern. Erziehung kann deshalb nicht mehr als synchron mit der Natur gedacht werden[54]. Sie baut nach ausgiebiger Beharrung bei den Anfängen zunehmend auf selbsterzeugten Grundlagen auf; sie autonomisiert sich methodisch. Demgemäß wird der Gegenstand von Erziehung und Unterricht: der Mensch, sich selbst „Mittelpunkt"[55]. „Natur und Kunst [sind] innig zu vereinigen."[56]

Welcher Art sind nun die Prämissen, die solche (anspruchsvolle) pädagogische Methodisierung des Unterrichtsprozesses ermöglichen sollen? PESTALOZZI geht von einer „dreifachen Quelle" aus: der „Quelle der Natur selber" (1), der Sinnlichkeit der menschlichen Natur (2) und der Individuallage des Menschen (3)[57]. Für die Ausarbeitung der Methode kommt zunächst die „Natur selber, vermöge welcher sich unser Geist von dunklen Anschauungen zu deutlichen Begriffen emporschwingt": also die „Anschauung", in Frage[58]. Ihre Dekomposition wird aber nur insoweit methodisch relevant, als sie „psychologisch" angepaßt ist. Deshalb gilt es, sich der Übereinstimmung des Allgemeinen und des Individuellen zu versichern. Dafür steht grundsätzlich die Sinnlichkeit der menschlichen Natur ein; das aber nur insofern, als das Individuum gemäß seiner Individuallage „gereizt" wird. Die methodischen Schritte müssen deshalb angemessen sein, wobei der Prozeß seine Zukunft dadurch gewinnt, daß (erstens) jeder Schritt zur Klarheit des Kindes gebracht ist (indem „ihm seine Erfahrung nichts mehr beyzutragen vermag"), womit

[53] Somit auch Beobachtung, die nun aber „richtige" Individualitätsbeobachtung als autonomisierende Bedingung pädagogischen Strebens zur Voraussetzung hat: „Folglich müssen wir, um einen Menschen genau und richtig zu kennen, ihn in Momenten und Augenblicken handeln sehen, wo seine Anlagen in einer auffallenden Verbindung seines ganzen Totalcharakters hervorstechend erscheinen . . ." (Brief v. 24. 4. 1782; zitiert nach Karl-Ernst NIPKOW, Die Individualität als pädagogisches Problem bei PESTALOZZI, HUMBOLDT und SCHLEIERMACHER, Weinheim 1960, S. 31).

[54] Z. B. COMENIUS' „naturgemäße" Methode, mit der er nicht zurechtkam.

[55] Damit er sich „im ganzen Umfange des Wortes als Mensch fühlen" kann: Elementarbildung als Voraussetzung von Individualitätsbildung, S III, S. 381.

[56] „Natur und Kunst im Volksunterricht so innig zu vereinigen, als sie jetzt gewaltsam in demselben getrennt sind!", KA XIII, S. 199ff.

[57] PESTALOZZI, KA XIII, S. 294ff.

[58] „. . . in der Anerkennung der Anschauung als dem absoluten Fundament aller Erkenntnis . . .", KA XIII, S. 305.

die „Stufenfolge der zu entwickelnden Kräfte und Fähigkeiten allmählich angebahnt" wird, in welcher (zweitens) die Stufenfolge der Gegenstände (nach welcher fortgeschritten werden muß) und (drittens) der Zeitpunkt des Gelernthabens enthalten sind[59]. Nach diesem Konzept hat PESTALOZZI – in ständiger Rückkoppelung mit stattfindenden Unterrichtsprozessen – die fünf Sinne des Menschen auf drei „Urmittel" abstrahiert: auf die Form, die Zahl und den Schall. „Ich urtheilte also: Zahl, Form und Sprache sind gemeinsam die Elementarmittel des Unterrichts ... Die Kunst muß es also zum unwandelbaren Gesetz ihrer Bildung machen, und von diesem dreyfachen Fundamente auszugehen und dahin zu wirken."[60]

Wie kommt man aber zur Methode, da mit den „Urmitteln" zunächst nur Grundrelationen abstrahiert sind, nicht schon die „Stufenfolge" konstruiert ist? „Es kommt daher alles auf die genaueste Kenntnis dieser Urform an. Ich faßte deswegen die Anfangspunkte, aus denen diese abstrahiert werden, immer und immer wieder von neuem ins Auge."[61] Denn die Schrittfolge des Unterrichts muß mit den „Kräften des Kindes genau Schritt halten"[62], damit ein produktives Weiterarbeiten ermöglicht wird.

Ohne hier auf alle Wege und Irrwege PESTALOZZIS einzugehen: Diese Konstruktion der Methode hat ihr Problem nicht nur darin, „Anfänge" des Unterrichtens „aufzufinden", die „seine [menschlicher Geist] Empfänglichkeit am meisten reitzen"[63], sondern diese auch als *Elemente des Unterrichtens* behandeln zu können, indem durch sie „eine einzige richtige Stufenfolge"[64] gegeben ist, so daß die ganze Methode „für einen jeden [zum] Spiel [wird], sobald er den Faden ihrer Anfangspunkte in die Hand kriegt"[65].

---

[59] Kurzfassung „dieses Gangs der Natur in der Entwicklung unsers Geschlechts", KA XIII, S. 321.

[60] PESTALOZZI, KA XIII, S. 256: PESTALOZZI verweist auf den empirischen Gang, der (ihn zum Abc der Anschauung) hingeleitet habe: Denn „den Grundsatz angenommen: sagte ich [in den Rapports], die Anschauung ist das Fundament aller Kenntnisse, folgt unwidersprechlich: die Richtigkeit der Anschauung ist das eigentliche Fundament des richtigsten Urteils. Offenbar aber ist in Rücksicht auf Kunstbildung die vollendete Richtigkeit der Anschauung eine Folge der Ausmessung des zu beurteilenden Gegenstandes, oder einer so weit gebildeten Kraft des Verhältnisgefühls, welche die Ausmessung der Gegenstände überflüssig macht" (S. 283).

[61] PESTALOZZI, KA XIII, S. 253 f.

[62] PESTALOZZI, KA XIII, S. 195.

[63] Damit der Mechanismus der Lehrart (durch den „das Lernen" erzielt wird) konstruiert werden kann: „Die Kunst, diejenigen Formen aufzufinden, die seine [menschlicher Geist] Empfänglichkeit am meisten reitzen, ist der Mechanismus der Lehrart, ...", KA XIII, S. 208.

[64] Über Schwierigkeiten der Ausführung ausführlicher Wolfgang KLAFKI, Das pädagogische Problem des Elementaren und die Theorie der kategorialen Bildung, 3./4. Aufl. Weinheim 1964, S. 48 ff.

[65] KA XIII, S. 239 f.

„Damit ist ein neues Prinzip eingeführt."[66] Warum kann sich – wiewohl der Unterrichtsprozeß methodisch subjektiviert ist: mit den „Kräften des (individuellen) Kindes Schritt halten muß" – „Subjektivierendes" und „Objektivierendes" derart verbinden, daß er seine Zukunft gewinnt? Zunächst ist an dieser Methode (als psychologisches „Geheimnis") bemerkenswert das Festhalten des „einfachen Anfangspunktes"[67]; das aber, um sich gerade von den Anfängen („Natur") unabhängig zu machen, damit der Unterricht allmählich auf selbstgeschaffenen Prämissen aufbaut[68]. Die Grundintention der Elementarmethode ist ein zeitliches Sequenzieren, wobei weder der Natur noch dem Stoff die Bestimmung über den Zeitfluß der Erziehung zukommt, sondern allein dem Gelernthaben. Wie ist aber die unterrichtsmäßige Durchführbarkeit gesichert, wenn diese vom individuellen Lernfortschritt abhängig ist?
Pestalozzi hat das Kind vor Augen, das schon „gebildet" ist[69]. Das Gelernthaben tritt an die Stelle von natürlichen Prämissen (Anlage, Begabung). Gerade deshalb muß am Anfang auf den Grundlagen so ausgiebig insistiert werden. Somit hat die Methode ihren Zugriffspunkt in der (individuellen) Lernfähigkeit. Dabei ist an Individualitätsbeobachtung gedacht[70]. Weil ihre Funktion aber auf die „Einheit der Ausbildung der Menschennatur im ganzen" (Solidität, Humanität, Kraft)[71] bezogen ist[72], somit von der Gleichheit der Voraussetzungen ausgegangen ist, ist das gegenwärtige Kind nur als Vergangenheit vorgeführt[73]. Wo liegen dann die Gründe für individuelle Erfolge bzw. Mißerfolge und entsprechende Korrekturmöglichkeiten? Mit Blick auf den notwendigen (methodischen) Zusammenhang „der Anfangspunkte eines jeden Erkenntnisfaches mit seinem vollendeten Umriß"[74] können diese Probleme des Unterrichtsgeschehens lediglich als Abweichung von der Normalität und die Problembehandlung schließlich nur als Einrenken oder Normalisieren begriffen werden.

---

[66] Soweit: Klafki, a. a. O., S. 50.

[67] Pestalozzi, KA XVI, S. 57.

[68] Die Methode dann auch als Grundlage zur Herstellung von Elementarbüchern („Buch für Mütter"). KA XIII, S. 259 ff.

[69] Die Schulkinder waren schon gebildet, wenn auch „außer der Methode", KA XIII, S. 201.

[70] Pestalozzi, KA I, S. 115 ff.; 176 ff.

[71] Pestalozzi, S X, S. 358.

[72] In Form pädagogischer Einwirkungen: Unterstützung, Aufmunterung, Bestrafungen u. a.

[73] „. . . und so wie ich die Anfänge des Unterrichts bis auf ihre äußersten Punkte verfolgte, suchte ich jetzt auch die Anfangszeit des unterrichteten Kindes bis auf seinen ersten Punkt zu erforschen und ward bald überzeugt: die erste Stunde seines Unterrichts ist die Stunde seiner Geburt." Pestalozzi, KA XIII, S. 196.

[74] Pestalozzi, KA XIII, S. 189; vgl. auch Klafki, a. a. O., S. 50.

Die von der Methodisierung des Unterrichtsgeschehens hervorgetriebenen Fragen sprengen die assoziierten Zusammenhänge von „elementar und natürlich", von „elementar und notwendigem Anfangen"[75]. Hervor tritt die Differenzierung von „besonderen Einlenkmitteln" und „allgemeinen Einlenkmitteln"[76], die unter dem Stichwort „Wohnstubenproblematik" als möglicher Beitrag zur pädagogischen Technologie jedoch nicht der Erörterung bedarf, da sie auf Persuasivtechnik abhebt, die zur Routine verführt und ein Zurücktreten der personalen Aspekte der Kommunikation motiviert[77]. PESTALOZZI hat zwar auch die Elementarisierung (Auflösung) dieses „größern Problems" gefeiert[78], damit aber gerade die von der „Elementarmethode" aufgebrochenen individuellen Voraussetzungen des Unterrichtsgeschehens wieder verdeckt. Die Bedingungen (individueller) Lernfähigkeit als Voraussetzung der Methodisierung des Unterrichts – das ist als Problemstellung pädagogischen Bemühungen nunmehr vorgegeben – können jedenfalls nicht als Sequenz begriffen werden. Können die Probleme des Unterrichts dann noch in einer Ebene zusammengezogen werden?

„Absolute" Methode scheint dies zu fordern. Ihre Absolutheit wird aber in zweifachem, wenn nicht dreifachem Sinne begriffen, und man sieht nicht recht, wie im Gang des Unterrichts deren Einheit gewahrt bleiben könnte. Absolut ist die Methode zunächst als Ablösung von Anfangsbedingungen, als sich selbst ihre Voraussetzungen schaffend[79], als Produktion aus ihren eigenen Produkten und in diesem Sinne: als Reproduktion[80]. Sie ist absolut aber

---

[75] „Doch ich sehe mich bey den Anfangspunkten eines weit größeren Problems, als dasjenige ist, welches ich aufgelöst zu haben glaube; ich sehe mich bey den Anfangspunkten des Problems: Wie kann das Kind, wiewohl in Absicht auf das Wesen seiner Bestimmung als in Absicht des Wandelbaren seiner Lage und seiner Verhältnisse also gebildet werden, daß ihn das, was im Laufe seines Lebens Not und Pflicht von ihm fordern werden, leicht und womöglich zur andern Natur wird?" KA XIII, S. 340.

[76] PESTALOZZI, KA XIII, S. 109 f.

[77] „Dieses Habituellmachen durch täglich wiederholtes Tun ist entscheidend wichtig." So kommentiert KLAFKI die „Funktion sittlicher Bildung", a. a. O., S. 57 ff.

[78] „Eben die Gesetze des physischen Mechanismus, die die sinnlichen Fundamente der Weisheit in mir entwickeln, entwickeln auch die sinnlichen Erleichterungsmittel meiner Tugend", PESTALOZZI, KA XIII, S. 340.

[79] Was seit dieser Zeit immer leicht heißen kann: Kritik der elterlichen Erziehung (Vorschulerziehung) als Vorbereitung auf schulische Erziehung. Siehe z. B. Christian Daniel VOSZ, Versuch über die Erziehung für den Staat, als Bedürfniß unsrer Zeit, zur Beförderung des Bürgerwohls und der Regenten-Sicherheit, Halle 1799, Bd. I, S. 147 ff. Insofern ist absolute Methode dann immer auch eine Methode, die die Einheit der häuslichen und der schulischen Erziehung für sich reklamiert und darin nicht mehr in alter Weise (QUINTILIAN, Institutionis Oratoriae I, 2) ein Wahlrecht des Vaters erblickt.

[80] Darauf stellt in mehr theoretischen Rekonstruktionen auch WAGNER, a. a. O., ab, siehe insbes. S. 48.

auch in einem zweiten Sinne, insofern nämlich, als sie die konkrete Individualität mit all ihren Merkmalen voll einbezieht und ihr sozusagen keine Chance läßt, sich mit unerfaßten Kraftreserven gegen die Erziehung durchzusetzen. Dieser zweite Sinn hat eine soziale Variante, die in der Formulierung zum Ausdruck kommt, die Methode sei die Konkretion des individuellen Lehrer/Schüler-Verhältnisses selbst[81]. Wenn dies alles zusammenkommt, gibt es in der Tat nichts mehr, was einen Mißerfolg herbeiführen oder erklären könnte. Absolute Methode ist die Hypostasierung der Ausdifferenzierung des Erziehungssystems in zeitlicher, sachlicher und sozialer Hinsicht; aber sie läßt außer acht, daß solche Ausdifferenzierung Umweltabhängigkeiten nicht aufhebt, sondern, im Gegenteil, gerade vervielfältigt.

## VI. Die Theorie der Bildung als „take-off" der Pädagogik zur Wissenschaft

In Anbetracht der Sorgen und Probleme, die der Unterricht aufwirft, war das 18. Jahrhundert von einer Art Subsumtionstechnologie ausgegangen: von „Erziehungsgesetzen", die in der „Praxis" angewandt werden müssen, wobei es keine feste Zuordnung von Gesetz und praktischem Fall gibt, sondern dies dem Judiz und der Erfahrung des Praktikers überlassen wird[82]. Insofern ist weder das Technologieproblem noch das Bewußtsein einer Distanz von Theorie und Praxis neu[83]. Erst das Aufkommen des neuen Sicherheitsgefühls, das die KANT-Rezeption mit sich führt, bringt grundsätzlich Bewegung in das auch von Traditionen (zum Beispiel von Gesichtspunkten der Arbeitsteilung zwischen Lehrer und Erzieher) mitgetragene Technologieverständnis. Hier kommt es mit dem deutschen Bildungsbegriff, der um 1800 Bezug nimmt auf Wissenschaft, zu einer bemerkenswerten Tieferlegung pädagogischer Autonomievorstellungen. Zwar hatte das 18. Jahrhundert es bereits als Problem der Erziehung gesehen, die personale Aktivität mit sozialen Bedingungen zu vermitteln[84], aber erst die erkenntnistheoretische Sprengung der Naturlimitationalität versetzt die Pädagogik in die Situation der Selbstbegründung[85].

[81] Vgl. den Beitrag „Was ist Methode?", in: Rudolf JOERDEN (Hrsg.), Dokumente des Neuhumanismus Bd. I, Weinheim 1962, S. 116–131.

[82] So noch GREILING a. a. O., S. 91 ff. (§ 22 Unterschied der Erziehungswissenschaft von der Erziehungskunst).

[83] Das Verhältnis von Theorie und Praxis nehmen wir mit dem Kapitel X noch einmal auf.

[84] Wobei die Frage, unter welchen Voraussetzungen Erziehung operiert, offenblieb. Vgl. Lester E. CROCKER, An Age of Crisis, Baltimore 1959, S. 174.

[85] Durch KANTS Überlegungen auf dem Gebiet der Erkenntnistheorie an Hand der Frage, wie es möglich sei, trotz Nichtidentität von Erkenntnis und Gegenstand noch eine Identität als Bedingung der Erkenntnis zu denken.

Fortan geht es der pädagogischen Reflexion nicht nur darum, den Unterrichtsprozeß als solchen zum Gegenstand von Operationen zu machen: daß also zum Beispiel Schulen eingerichtet werden, daß Regeln für den Unterrichtsprozeß aufgestellt werden, daß Erzieher erzogen werden. Eine neue (zweite) Stufe wird erreicht, indem solche Prozesse wiederum zum Gegenstand pädagogischer Reflexion werden. Auf diesem Weg sind für die Pädagogik neue Problem-Ansichten maßgeblich geworden. „Es konnte mir bei diesen Untersuchungen und Erörterungen überall nicht darum zu thun sein, ob man der Idee der Sittlichkeit gemäß erziehen *werde,* und in wie weit man durch Umstände beschränkt oder begünstigt ihr gemäß erziehen *könne*? Es schien mir, als müßt' ich von einem *Prinzip* ausgehen, welches, sobald es als das höchste erwiesen und anerkannt ist, nothwendig und allgemein begründet; . . ."[86]

Diese Umkehrung des Fundierungsverhältnisses, die sich auf die Formel bringen läßt: daß Sittlichkeit nicht auf Erziehung beruhe, sondern Erziehung auf Sittlichkeit[87], verlangt eine völlig neue Form pädagogischer Theorie. Ist die Sittlichkeit etwas prinzipiell Notwendiges, a priori mit dem Menschsein Verknüpftes, dann beruht alle Erziehung darauf, daß sich dieses Prinzip der Welt aussetze: Die Person habe durch Selbstkultivierung diesen Begriff der Menschheit mit Inhalt zu füllen (Bildung als Selbstbildung)[88]. Obliegt der Erziehung, dieses Prinzip zu generieren, nimmt Pädagogik die Form einer aprioristischen Wissenschaft an. Auch Autoren mit keinem oder nur lockerem Bezug auf KANT verschreiben sich jetzt einem solchen Wissenschaftsprogramm[89]. Da nach einer Generation Bemühung der Erfolg auf der Ebene der praktischen Methoden nicht greifbar wird, verlagert man die Heilserwartung in die Grundsätze. Es ist diese Form, die dann als Grundlage des neuen pädagogischen Wissenschaftsvertrauens in der Verbreitung und Diversifikation eines neuen Erziehungsverständnisses grundsätzlich erhalten bleibt[90].

Die Neuerung, der die Theorie der Bildung Raum gibt, liegt nicht in der Individualität des Individuums allein. Denn das hatte man natürlich immer

---

86 Jonathan SCHUDEROFF, a. a. O., S. IX.

87 Und die begleitet ist von der Polemik gegen die Philanthropie (und überhaupt gegen die bisherige Erziehungstheorie): an prominenter Stelle schließlich Friedrich Immanuel NIETHAMMER, Der Streit des Philanthropinismus und Humanismus in der Theorie des Erziehungs-Unterrichts unserer Zeit, Jena 1808.

88 Vgl. Wilhelm VON HUMBOLDT, Theorie der Bildung des Menschen 1793, in: Werke Bd. I, 2. Aufl. Darmstadt 1969, S. 234–240.

89 Vgl. nur Friedrich Wilhelm LEHNE, Handbuch der Pädagogik nach einem systematischen Entwurfe Bd. I, Göttingen 1799, S. 11 ff.; Kajetan WEILLER, Versuch eines Lehrgebäudes der Erziehungskunde Bd. I, München 1802, S. 23 ff.

90 Auch wenn dieses Wissenschaftsvertrauen in der Folgezeit auf verschiedene Weise herausgefordert und gewissermaßen substituiert wird.

gewußt, daß Schüler Individuen sind und, soweit möglich, mit Rücksicht auf ihre Individualität erzogen werden müssen. Bis zur Philanthropie hin hatte man jedoch die Individualität des Einzelnen als Endpunkt von Konkretisierungsüberlegungen begriffen, die von allgemeinsten Gattungsmerkmalen jedes Lebewesens über das Allgemeinmenschliche, über die Besonderheiten staatsbürgerlichen Lebens, die Standeszugehörigkeit, die lokalen und familialen Eigentümlichkeiten bis zur konkreten Einzelperson hinführten, jeweils Merkmale hinzufügend, die auf einer höheren Stufe der Abstraktion nicht mehr als allgemeingültig unterstellt werden konnten. Das Individuum war für dieses Denken der Endpunkt gattungslogischer Konkretisierung, war eben damit aber nicht repräsentativ für das, was als Mensch und als Bürger durch Erziehung erreicht werden sollte[91]. Das Individuelle war, mit anderen Worten, der gattungslogische Grenzfall dessen, was für Erziehung noch in Betracht kam; oder auch die unvermeidliche Konkretheit, die es überhaupt erst ermöglicht, als Mensch und als Bürger zu existieren. Insofern lagen dann alle Generalisierungen in Außenbeziehungen, in Verwendungen der Erziehung – sei es zugunsten der Menschheit schlechthin, sei es zugunsten bestimmter Gesellschaften oder arbeitsteiliger Aufgaben in ihnen. Es war, so gesehen, nur konsequent, den Zweck der Erziehung in ihrem Nutzen zu sehen, der das Individuum dann, wenn es sich selbst so erfährt, „glückselig" macht. Und deshalb mußte hier auch die ständische Bestimmung als natürliches Merkmal der Individualität auftauchen, gleichsam als Zuschnitt des Gattungswesens Mensch auf mögliche Individualität hin.

Die Theorie der Bildung gibt dieses Konzept auf[92]. Sie schließt die Reihe Mensch – Bürger – Individuum sozusagen kurz, indem sie behauptet, das Allgemeine am Menschen sei gerade seine Individualität oder genauer: die Fähigkeit, sich über die animalische Einzelexistenz hinaus auch geistig zu individualisieren[93]. Das ist der Sinn der „absoluten Methode"[94]. Individuali-

[91] Siehe die Unterscheidung von allgemeinnützigen, gemeinnützigen und individuellnützigen Kenntnissen bei Trapp, a. a. O., S. 156 ff. Ähnlich Johann Stuve, Allgemeine Grundsätze der Erziehung, hergeleitet aus einer richtigen Kenntnis des Menschen, in: Allgemeine Revision, Bd. I, S. 233–382 (325).

[92] Übrigens nur in Deutschland. Seitdem laufen denn auch die semantischen Traditionen, die sich mit dem Begriff der Individualität (und folglich: mit Vorstellungen über Kollektivität, Staat, Gesellschaft) verknüpfen, in Deutschland und im Westen Europas getrennt, und nirgendswo sonst entsteht eine „geisteswissenschaftliche Pädagogik". Vgl. dazu Louis Dumont, Religion, Politics, and Society in the Individualistic Universe, Proceedings of the Royal Anthropological Institute 1970, S. 31–41.

[93] Dies Argument macht die kuriosen Ausfälle der Neuhumanisten gegen die „bestialische" Erziehung der Philanthropisten verständlich. Vgl. Niethammer, a. a. O., oder August Evers, Über die Schulbildung zur Bestialität, Aarau 1807, neu gedruckt in Rudolf Joerden (Hrsg.), Dokumente des Neuhumanismus Bd. I, Weinheim 1962.

[94] Vgl. das vorige Kapitel.

sieren heißt jetzt: das allgemeine Weltverhältnis in je einem Fall zu aktualisieren und dabei, da dies nur dem Menschen, aber auch jedem Menschen zufalle, soviel Menschheit wie möglich in sich zu verwirklichen. Zum Kollektiv gelangt man dann nicht mehr auf dem einfachen Wege des Weglassens aller individuellen Besonderheiten, also auch nicht durch Bildung einer „volonté générale". Aber wie sonst? „Ohne vereinigtes, verschmolzenes Wollen giebt es keine Gesellschaft", konstatiert HERBART[95], und: „Dies Wollen ist in einem Jeden nur, sofern er voraussetzt, es sey auch in dem Andern." Nicht Absehen von sich selbst und Verzicht auf nur eigennützige Interessen stellt die Gemeinschaft her, sondern ihre Verwirklichung im Individuum selbst und die Unterstellung, daß dies auch im anderen geschehe. Erziehung bekommt deshalb diesen anspruchsvollen Sinn: das Allgemeine im Besonderen zu realisieren, nämlich die Art, wie das Individuum sich zu sich selbst verhält, als Weltverhältnis zu gestalten. Selbst Disziplinprobleme im Schulunterricht werden jetzt aufgefaßt als Probleme der *individuellen* Behandlung des *einzelnen* Zöglings[96].

Welche Theorieprobleme immer auf diese Weise gelöst werden: Wenn alle Individualität sich über selbstreferentielle Prozesse bestimmt und sich nur so zur Menschlichkeit bilden kann, ist jeder Gedanke an Technologie ausgeschlossen bzw. auf subalterne Stufen der Instrumentierung des Lehrens und Lernens verwiesen. Die Argumentationsfigur, die das klarmacht, setzt die zeitgenössische Interpretation von Technik und Technologie im Rahmen des Zweck/Mittel-Schemas voraus. Technologie wird dabei begriffen als Anleitung zur Wahl von Mitteln bei gegebenen Zwecken[97]. Wenn der Zögling ausnahmslos selbstreferentiell erlebt und handelt und nur so sich individualisiert, setzt *jede* pädagogische Einwirkung Mitwirkung des Zöglings voraus; dann darf man aber *nie* von gegebenen Zwecken ausgehen, also nie einer Technologie folgen, weil das unweigerlich hieße: gegen den kategorischen Imperativ zu verstoßen und den Zögling, wenngleich in seiner selbstbezogenen Aktivität, *nur* als Mittel zum Zwecke zu benutzen. Die komplizierten Vorentscheidungen begrifflicher und theoretischer Art, die in dieses Argument eingehen, werden nur noch selten mitgeführt; aber die Inkompatibilität

---

95 Allgemeine practische Philosophie (1808), Joh. Fr. HERBARTS Sämtliche Werke Bd. II, hrsg. von Karl KEHRBACH, Langensalza 1887, S. 424. Wir zitieren HERBART nach dieser Ausgabe, 19 Bde., Langensalza 1887–1912 (K I–XIX).

96 Siehe z. B. Karl Heinrich Ludwig PÖLITZ, Die Erziehungswissenschaft, aus dem Zwecke der Menschheit und des Staates practisch dargestellt, Leipzig 1806, Theil 1, S. 275 ff.

97 So bis in dieses Jahrhundert hinein. Siehe z. B. Willy MOOG, Vom Wesen des pädagogischen Aktes, Zeitschrift für pädagogische Psychologie 26 (1925), S. 1–12.

von Technologie und Humanität im allgemeinen und Erziehung im besonderen gilt seither als gesichert[98].

Ist das Individuum in dieser Weise (neu) konzipiert, braucht die Pädagogik einen neuen Wissenschaftsbegriff, denn eine Pädagogik, die sich (in diesem Sinne) an der Individualität orientiert, sieht sich nicht nur um ihre Handlungsrationalität, sondern auch um die Grundlage ihrer Wissenschaftlichkeit gebracht[99]. Jedenfalls ist es mit den üblichen kantianischen Transfers in die Pädagogik nicht getan. Man stellt alsbald fest: Die bisherige Deduktion der Einheit des Begriffs der Erziehung sei nicht gelungen. Ein praktisches Gesetz könne kein theoretisches Prinzip sein. Es sei überhaupt nicht gesichert, daß der Lehrer auch tun könne, was er nach dem Sittengesetz wollen solle. Das Problem sei, wie man trotz Freiheit erzogen werden könne und wie gesichert werden könne, daß der Zögling sich trotz Freiheit richtig verhalten werde[100]. Die kantische Philosophie nötigt der Pädagogik das Verständnis einer sie als Wissenschaft fordernden Problemstellung auf: Muß auf Technologie verzichtet werden, wird Wissenschaftlichkeit verstärkt gebraucht. ZACHARIAE lehnt es ausdrücklich ab, von einer Erklärung des Wortes Erziehung auszugehen: „Sondern wir stellen uns zu dem Ende ein Problem als das Problem der Erziehungswissenschaft auf; und ohne uns darum zu bekümmern, ob diese Aufgabe der gewöhnlichen Bedeutung des Worts Erziehung durchgängig entspricht, sind wir zufrieden, wenn sich nur die Realität dieser Aufgabe an sich durch Vernunft oder Erfahrung bestätigen läßt.“[101]

Die Problemstellung führt als theoretische Fragestellung (zunächst jedenfalls)[102] nicht zum Ziele. Deshalb zieht ZACHARIAE eine praktische Problemlösung in Betracht. Während die Theorie mit dem Freiheitsbegriff allenfalls eine

---

[98] Gerade hier ist übrigens der nur ideologische, professionsstützende Gebrauch dieser Argumentationsfigur mit Händen zu greifen. Sie wird nur benutzt, um das Technologieverdikt zu begründen. Ansonsten macht der Pädagoge sich kaum Gedanken darüber, ob er gegen den kategorischen Imperativ verstößt, wenn er im Unterricht Lernziele voraussetzt. Was nicht bedacht wird und was Pädagogen sich heute von Ökonomen sagen lassen müssen, ist: daß das Prinzip der freien Wahl von Zwecken, in einen sozialen Kontext gesetzt, Rationalität ausschließt. Vgl. z. B. G. L. S. SHAKLE, Time, Nature, and Decision, in: Money, Growth, and Methodology and Other Essays in Honor of Johan ÅKERMAN, Lund 1961, S. 299–310 (299 f.).

[99] Insofern sie bisher entlang der Kausalkategorie gearbeitet ist und dementsprechend das Verständnis darauf festgelegt ist, Wirkungen sicher in den Griff zu bekommen.

[100] So RITTER, Kritik der Pädagogik zum Beweis der Nothwendigkeit einer allgemeinen Erziehungs-Wissenschaft, Philosophisches Journal 8 (1798), S. 47–85.

[101] Karl Salomo ZACHARIAE, Über die Erziehung des Menschengeschlechts durch den Staat, Leipzig 1802, S. 21.

[102] HERBART verspricht (1806) eine „zweyte Hälfte der Pädagogik . . ., in welcher die Möglichkeit der Erziehung theoretisch erklärt . . . würde“, für die Zukunft: K II, S. 10.

Beseitigung von Hindernissen, also einen negativen Einfluß auf die Moralität des Zöglings begründen kann, läßt sich ein darüber hinausgehender „zweiter Fall" nur praktisch begründen: „Der zweyte Fall, in welchem eine Erziehung in der engeren Bedeutung zulässig seyn würde, wäre dieser, wenn die praktische Vernunft selbst eine solche Erziehung, ungeachtet ihrer Unbegreiflichkeit, zur Pflicht machte."[103] „Der einzelne Mensch [muß] als Gegenstand der Pflicht" aufgefaßt werden[104]. Der Erzieher wird so über Moral verpflichtet, etwas zu tun, was er nicht begreifen kann; etwas für möglich zu halten, von dem er die Bedingungen der Möglichkeit nicht einsehen kann. Auf diesem Wege gelangt die Pädagogik zum Typus einer Wissenschaft, die zwar von der Begründung der Moral durch KANT ausgeht[105], die aber nicht mehr unmittelbar den kantischen Moralbegriff selbst traktiert[106].

Mit dieser Option geht eine weitreichende Umorientierung der Pädagogik einher: Die Problemorientierung verschiebt sich vom Schüler auf den Lehrer bzw. vom Zögling auf den Erzieher. Dies ist eine Folge der kantischen Version unseres Begriffs des Technologiedefizits. Das Problem der Erziehung wird an der Orientierung des Erziehers und nicht mehr am Zögling expliziert, und „Pädagogik ist die Wissenschaft, deren der Erzieher für sich bedarf"[107]. Mit dieser Verschiebung der Erziehungsproblematik auf die Position des Erziehers wird ein Arrangement eingeleitet, das nicht nur dem neuen Verständnis des Individuums (das sich nur über selbstreferentielle Prozesse bilden kann) verpflichtet ist, sondern das auch darauf angelegt ist, das Problem des Technologiedefizits in der Perspektive der Theorie der Bildung zu verfolgen. Die Abhängigkeit der Wissenschaft von Technologie kann umgekehrt werden, und Feinstausprägungen von Wissenschaft können benutzt werden, das Technologieproblem aufzubrechen und seine Lösung stückweise zu erleichtern.

Für diesen Neubeginn der Pädagogik wird der Realismus berufen. HERBART

---

103 ZACHARIAE, a. a. O., S. 108.

104 HERBART, K II, S. 441. – Beachtet auch von Josef L. BLASZ, Pädagogische Theoriebildung bei Johann Friedrich HERBART, Meisenheim am Glan 1972, S. 216: als wesentlich für den „Prozeß der pädagogischen Theoriebildung".

105 „Moralität, als höchster Zweck des Menschen und folglich der Erziehung, ist allgemein anerkannt. Wer dies leugnete, müßte wohl nicht eigentlich wissen, was Moralität ist; wenigstens hätte er kein Recht, hier mitzusprechen." Und: die „aber nicht die mindeste Einmengung der idealistischen [duldet]. Kein leisester Wind von transzendentaler Freiheit darf in das Gebiet des Erziehers durch irgendein Ritzchen hineinblasen." HERBART, Über die ästhetische Darstellung der Welt, als das Hauptgeschäft der Erziehung (1804), K I, S. 259–274 (259/261).

106 Man beachte die darauf einsetzende Varianz pädagogischer Grundbegriffe: etwa bei HERBART.

107 HERBART, Allgemeine Pädagogik (1806), K II, S. 10.

betont die „realistische Ansicht" der Erziehung[108], die Notwendigkeit der Besinnung auf den gegebenen Begriff der Erziehung, wodurch Pädagogik „zum Mittelpunkte eines Forschungskreises würde"[109], wiewohl die Apriorität des kantischen Moralbegriffs Rückhalt pädagogischer Theoriebildung bleibt. Dieser Rückhalt behindert aber den Prozeß der pädagogischen Theoriebildung nicht mehr. Im Gegenteil: Sind mit der Problemverschiebung die Bemühungen um das Theoriegebäude der Pädagogik auf eine zweite Reflexionsstufe gebracht, kann der ins Individuum ausgelagerte Funktionsprozeß zurückgeholt werden, weil es sich um Reflexion auf Beziehungen zwischen reflektierenden Wesen handelt[110]. Man kann es dann als die Aufgabe der Reflexion ansehen, zu erkennen und zu bestimmen[111], was geschieht, wenn der Unterricht seinen Gang nimmt. Das setzt Situationen oder Rollen oder „Wissenschaft" voraus, die sich von dem unmittelbaren Vollzug des Geschehens distanzieren können. Der Umweg über die zweite Reflexionsstufe erschließt aber nicht nur neue Möglichkeiten der Problembearbeitung, sondern kompliziert auch das Anwendungsproblem: Wie läuft eigentlich die Transformation von solchen Reflexionspositionen in die Unterwelt der „Praxis"? Das Problem wird in der Formenwahl gesehen[112], denn nicht alle Formen sind geeignet.

Wissenschaft ist als Form des Zugriffs auf die Erziehungsproblematik in Aussicht genommen: „praktische Begriffe", weil eine theoretische Lösung noch nicht in Sicht ist. Welcher Art sind eigentlich die Prämissen für die Formenwahl? Herbart hat Wissenschaft gefordert für den, der durch Unter-

---

[108] „realistische Ansicht": das ist keine Berufung auf den Empirismus (i. G. zum Idealismus), sondern steht für eine Begriffsarbeit, die gegebene Begriffe (für die Allgemeine Pädagogik: Vielseitigkeit, Interesse, Charakter, Sittlichkeit) in Prozeßgesetze abstrahiert: „Jenes Sondern und Zusammenschmelzen der Begriffe hat hier eine ganz andere Bedeutung, der man bisher schwerlich genug nachgedacht haben möchte; wenigstens ist hier gerade der Punkt, von wo aus ich mich genötigt geglaubt habe, die bisher gebahnten Wege zu verlassen und einen eigenen zu suchen." Über philosophisches Wissen und philosophisches Studium (1798), K I, S. 88. Vgl. auch Hauptpuncte der Metaphysik (1808), K II, S. 175–226. Zu dieser Umorientierung in der Begriffsbildung siehe auch Blasz, Systemtechnik und pädagogisches Denken bei Johann Friedrich Herbart, in: Friedrich W. Busch/Hans-Dietrich Raapke (Hrsg.), Johann Friedrich Herbart: Leben und Werk in den Widersprüchen seiner Zeit. Neun Analysen, Oldenburg 1976, S. 67–78.

[109] K II, S. 8.

[110] Herbart in der Einleitung zur Allgemeinen Pädagogik (1806): „Erheben wir uns ins Allgemeine! Denken wir uns die Odyssee als den Anknüpfungspunkt einer Gemeinschaft zwischen Zögling und dem Lehrer . . .", K II, S. 15.

[111] Bestimmung der Pädagogik als Wissenschaft ist Sache der Philosophie (K II, S. 143): „Bei ihr ist das Abstrahieren nur Nebensache; sie soll erklären und beweisen." K I, S. 87f.

[112] Siehe oben S. 128.

richt erziehen will. „Was man wolle, indem man erzieht und Erziehung fordert, das richtet sich nach dem Gesichtskreis, den man zur Sache mitbringt."[113] Die Wahl steht unter den Bedingungen begrifflicher Dispositionen. Eine wissenschaftliche Darstellung des Erziehungsprozesses ist versprochen, die sich für „Erziehung" eignet. Mit der Formenwahl steht ein Begriffsmodell zur Entscheidung an, das – vor dem Hintergrund des Technologieverdikts oder Technologiedefizits – den Ablauf des gesamten Erziehungsprozesses vorsieht.

Darauf hat es die Formenwahl mit einer doppelten Reflexionsproblematik zu tun[114]: Die Form muß nicht nur die Eigenart des Erziehungsprozesses erfassen, sondern dadurch Anwendung ermöglichen. Mit der Form ist also eine Entscheidung über entgegengesetzte Gebrauchsmöglichkeiten (die sich zudem wechselseitig bedingen) getroffen. Und um falsch placierte Anwendungsvorstellungen von vornherein abzuwehren: Die als Allgemeine Pädagogik ins Auge gefaßte Darstellungsform ist limitiert[115]; deshalb das Konzept des pädagogischen Takts, „des höchsten Kleinods für die pädagogische Kunst"[116]. Eine Form ist in Betracht gezogen, um dem Erzieher das „ganze Problem" der Erziehung deutlich vor Augen zu führen. Während die „conventionelle Erziehung"[117] mit allen Folgen rechnen muß, weil „jeder nach seiner Erfahrung [spricht]"[118], sollen in der Form „allgemeiner Begriffe und deren allgemeinen Verknüpfungen" Prozeßbedingungen der „Charakterbildung" dargestellt werden. Kommt der Form Bedeutung und Funktion als Realitätsrepräsentanz zu, stellt sich nicht nur die Frage nach den Sicherheitsgrundlagen, sondern auch die Frage der Kompensation des Technologiedefizits: nach der Art und Weise, wie die Zweck/Mittel-Problematik auf der Ebene von Wissenschaft aufgelöst wird; aber auch die Frage, ob bzw. in welcher Hinsicht durch die verfolgten Perspektiven das übernommene Technologieverständnis aufgebrochen ist und neue Gesichtspunkte zum Tragen kommen[119].

---

113 So die Anfangsworte zur Allgemeinen Pädagogik, K II, S. 5.

114 Auch Blasz, Pädagogische Theoriebildung bei Johann Friedrich Herbart, a. a. O., S. 80ff., reagiert auf diese Problematik: „doppelte Reflexion", die das Studium (!) der Allgemeinen Pädagogik erfordert.

115 „Die allgemeine Pädagogik darf sich ins specielle nicht so einlassen, daß der Überblick sich vom ganzen auf irgend einen Theil besonders hinzöge." K II, S. 58.

116 K II, S. 14; 39; K I, S. 286: „der unmittelbare Regent der Praxis".

117 „die jetzigen Übel zu verlängern [sucht]": so Herbart, K II, S. 7.

118 K II, S. 7.

119 Wir verfolgen in unserem Sachzusammenhang nicht eigens die wissenschaftssystematischen Aspekte dieser Fragestellung, aber auch nicht ihre wissenschaftshistorischen Aspekte mit Bezug auf einen einzelnen Autor, die nicht ohne Grund besonders an Herbart orientiert sind und inzwischen eine vornehmlich exegetisch arbei-

„Wie kann der Mensch, da er bey seinem Eintritt in die Welt nicht das ist, was er seyn soll, durch äußere Ursachen dahin gebracht werden, daß er das wird, was er werden soll?"[120] Diese äußere Ursache ist in einer engeren Fassung des Begriffs der Erziehung der Erzieher, der sich explizit um die Erziehung des Kindes kümmert. Diese Einschränkung ermöglicht es dann, den kantischen Moralbegriff auf den Erzieher anzuwenden und die Erziehung dadurch zu bestimmen. Ist das Problem der Erziehung an der Orientierung des Erziehers (Lehrers) zu explizieren, kollidiert – im Banne des neuen Individualitätsverständnisses – die Absicht auf Sicherstellung der Effekte mit der Charakterisierung des Problems (wie man trotz Freiheit erzogen werden könne) und der Objekte der Erziehung. Der Versuch der Bestimmung der Erziehung sieht sich mit „gespaltenen Rücksichten" (HERBART) konfrontiert[121]. Ersichtlich ist es mit der Abstraktion des Erziehungsprozesses auf Allgemeinbegriffe allein nicht getan[122]. Wie aber dann?

Dank der kantischen Unterscheidung von operativen Zwecken und regulativen Ideen[123] kann die Problemstellung aus der Zweckformel der „conventionellen Erziehung"[124] übernommen werden, um sie in der Form von „Mittelgliedern zwischen dem Sinnlichen und Übersinnlichen"[125] in *einen* „Gesichtskreis" zu verarbeiten. Ist mit der „praktischen Lösung" auch keine theoretische Begründung versprochen, die Darstellung „praktischer Begriffe" („Landkarte") des gesamten Erziehungsprozesses impliziert die Einheit eines Begründungszusammenhangs. Das bedeutet, daß das anliegende Problem über relationstheoretische Überlegungen abzuwickeln ist[126]. Von KANT

---

tende, anspruchsvolle pädagogische Literatur hervorgebracht haben: Josef L. BLASZ, HERBARTS pädagogische Denkform, Wuppertal 1969; ders., Pädagogische Theoriebildung bei Johann Friedrich HERBART, a. a. O.; Wolfgang KLAFKI, Der zwiefache Ansatz HERBARTS zur Begründung der Pädagogik als Wissenschaft, in: Pädagogische Blätter (Festschrift Heinrich DÖPP-VORWALD), Ratingen 1967, S. 76–102; Bernhard SCHWENK, Das Herbartverständnis der Herbartianer, Weinheim 1963.

120 Karl Salomo ZACHARIAE, a. a. O., S. 21 f.

121 So will auch RITTER Dualitäten als Einheit gedacht wissen; aber es bleibt bei dem leeren Wollen, a. a. O.

122 „Damit aber ist nicht gesagt, daß nicht das Viele der Erziehung sich leicht Einem oder wenigen formalen Hauptbegriffen unterordnen lasse." So HERBART, K II, S. 27f.

123 Vgl. die Unterscheidungen, die die Kritik der Urteilskraft unter dem Stichwort der „Zweckmäßigkeit der Natur" als „Mittelglied" der Kausalität der Natur und der Freiheit an die Hand gegeben hat. Werke, a. a. O., Bd. V, S. 248 ff.

124 Beispielsweise August Hermann NIEMEYER, Grundsätze der Erziehung und des Unterrichts, Halle 1796.

125 K X, S. 6.

126 Hierzu grundlegende Ausführungen in theoretischer Absicht bereits bei Johann Jakob WAGNER, Philosophie der Erziehungskunst, Leipzig 1803.

her und von der Idee des Welt in sich aufnehmenden Individuums aus gesehen, tritt auf der Ebene innerpädagogischer Zweckorientierung die Dualität von Bildung (Unterricht) und Erziehung (Zucht) verstärkt ins Relief: „Aus der Natur der Sache – kann sich unmöglich Einheit des pädagogischen Zwecks ergeben." Und HERBART liefert Begründung und „Lösung" gleichermaßen mit: „. . . eben darum, weil alles von dem Einen Gedanken ausgehen muß: der Erzieher vertritt den künftigen Mann beim Knaben; folglich, welche Zwecke der Zögling künftig als Erwachsener sich selbst setzen wird, diese muß der Erzieher seinen Bemühungen jetzt setzen; ihnen muß er die innere Leichtigkeit im voraus bereiten."[127] Ist die Dualität durch die Reflexion auf die Problemverschiebung von dem Zögling auf den Erzieher bewußt geworden, wird die Frage der Einheit des pädagogischen Zwecks zum Methodenproblem[128].

Es sind dann wissenschaftliche Bemühungen, die, in Verfolg der eingebrachten Perspektive[129], einen Auflösungsdruck und Rekombinationszwang in Gang setzen, um schließlich das, was man unter Individuum zu verstehen hat, „synthetisch" zu verwässern. Doch zunächst geht es nur darum, die Totalität der Person auf das „Wollen"[130] zu abstrahieren, um – im Anschluß an die kantische Unterscheidung – für die innerpädagogische Zweckorientierung davon auszugehen, daß der Endzweck der Erziehung nicht ein bestimmtes künftiges Vermögen betreffe, sondern nur die Fähigkeit, dieses Vermögen selbstreferentiell zu betätigen; womit sich der Begriff der Sittlichkeit auf ein „vorauszusetzendes Wollen [beziehen lasse]"[131], das dann als selbstzentrierte Perfektibilität negiert und relationiert[132], kurz: auf Formen gebracht ist, die den Bildungsvorgang kategorisieren.

Gehen wir von einem solchen Modell aus, mit dem die Problematik des Unterrichts und der Zucht aufgearbeitet wäre, „um das, was zugleich durchdacht, was zugleich getan werden muß, einem Anblick hinzulegen . . ."[133], was wäre mit einem solchen „Gesichtskreis" gewonnen (da doch das Wirkungsproblem offengehalten ist)? Die Interpretation spricht von „Fundör-

---

127 HERBART, K II, S. 27.

128 Im einzelnen BLASZ, HERBARTS pädagogische Denkform, a. a. O.; Pädagogische Theoriebildung bei Johann Friedrich HERBART, a. a. O.

129 Für HERBART im Rahmen der „praktischen Lösung": „Lassen wir allen Dispüt! Es fragt sich ja für uns bloß: Können wir Zwecke des künftigen Mannes voraus wissen, welche frühzeitig statt seiner ergriffen und in ihm selber verfolgt zu haben, er uns einst danken wird? Alsdann brauchts keiner weitern Gründe." K II, S. 26.

130 K II, S. 28.

131 Über die ästhetische Darstellung der Welt, . . . (1804), K I, S. 261.

132 Für die Limitationalität der Negierbarkeiten der realen Basis des Ich: Hauptpuncte der Metaphysik (1808), K II, S. 175 ff.; vgl. auch K IV, S. 234.

133 K II, S. 58.

tern" (VOLKMANN), von „pädagogischen Topen" (BLASZ), von „Such- und Rahmenformeln" (LAUSBERG), die Tradition von einem „Begriffslabyrinth" (REIN); und HERBART selbst kokettiert mit einem „öffentlichen Geheimnis", bedient sich der Metapher des „Zeigens", der „Landkarte", des „Gesichtskreises". Wie soll man es auch anders sagen, wenn die Pädagogik pädagogisch relevant ist, wenn sie (als Theorie) in ihrem eigenen Objektbereich wieder vorkommt?

Hier hilft die Fragestellung des anstehenden Sachzusammenhangs weiter. In seiner Perspektive (auf das Wirkungsproblem) ist zunächst auf HERBARTS Analysen selbst hinzuweisen: auf den Stand der Kategorisierung des „Unterrichts", der auf die „Materie des Unterrichts" bezogen[134] wird, auf die Kategorisierung der „Zucht", die „unmittelbar auf das Gemüt wirkt"[135].

In Anbetracht so ungleicher „Brüder" (Ursachenklassen) stellt sich die Frage, wie und unter welchen Bedingungen eine Beziehung zwischen so verschiedenen Ursachen hergestellt werden kann[136], wenn mit der Allgemeinen Pädagogik mehr als nur eine „zur Praxis anregende Darstellung"[137] intendiert ist. Geht es um ein Erkenntnisproblem, um erkenntnismäßig disponieren zu können, kann man bei dem (jeweiligen) Stand der Ausarbeitung nicht stehenbleiben, weil die Theorie der Bildung zunehmende Rigidität in der Kategorisierung des Unterrichts erfordert[138]. Wie anders soll man in Anbetracht der gemachten Erfahrungen (mit der begrenzten Bildsamkeit) die Darstellung des „ganzen Problems" der Erziehung versprechen? So ist es der Gesichtspunkt der „Einheit", der weitere Analysen zur wechselseitigen Kategorisierung[139] herausfordert. Wo von „wechselseitiger Beziehung" zwischen Unterricht und Zucht ausgegangen ist, wo es um die Herstellung von Interdependenzen geht, muß nach ihrer – wie auch immer durch Wahrheit vermittelten – Realität gefragt werden können.

---

[134] „Beim Unterricht gibt es allemal etwas Drittes: womit Lehrer und Lehrling zugleich beschäftigt sind." K II, S. 110f.

[135] K II, S. 111.

[136] Die „wirkliche Aufgabe der Zucht [besteht darin], während des ganzen Fortgangs der Erziehung [das Verhältnis zwischen Bildung und Charakter überhaupt und Bildung zur Sittlichkeit] zu beobachten und zu berichtigen. – Aber wie soll man es anfangen, Regeln zu geben zur Beobachtung und Berichtigung eines so wichtigen Verhältnisses?" K II, S. 133.

[137] Über die dunkle Seite der Pädagogik (1812), K III, S. 153.

[138] Dies übrigens als „Widerspruch" der Allgemeinen Pädagogik HERBARTS, der die Theoriebemühungen weitertreibt in Richtung „Umriß": in kombinierter Darstellungsweise, um den gemachten Erfahrungen angemessener begegnen zu können, denn: „Die Pädagogik darf jedoch auch keine unbegränzte Bildsamkeit voraussetzen." K X, S. 70. Was dann Umbauten am Theoriegebäude nach sich zieht.

[139] Etwa im Falle des Merkens: die Theorie der Aufmerksamkeit. K X, S. 146ff.

Wir fragen hier nach der Kompensation des Technologiedefizits. Zunächst ist der Pädagogik auf diesem Wege „einheimischer" Begriffsbildung ein „Gesichtskreis" eingerichtet, der weiteres Reflektieren offenhält: über Begriffe, von denen in der normativen Aufladung „praktischer Begriffe" eine begriffliche Sensibilisierung des Alltagsverhaltens gedacht werden konnte, auch ohne daß eine gesetzliche Verknüpfung von Handlung und Folgen vorläge[140]. Aber diese Reflexion auf die Reflexionsposition bringt uns noch nicht an den „Widerspruch" heran, der die Pädagogik veranlaßt, gerade „das Pädagogische" zu überschreiten: in Richtung Psychologie; also zu überschreiten in Richtung auf ein Wirkungsproblem, dessen andrängende Komplexität offenbar mit der Form „einheimischer Begriffe" unbegriffen bleibt. Deshalb fragen wir nach der Formalität der gewählten Form der Begriffe, in die die Zweck/Mittel-Problematik aufgelöst ist. Ist mit der Form Gleichzeitigkeit abstrahiert, können keine Interdependenzen, kann keine Kausalität hergestellt werden; somit könnte in der Zeit eines aufbrechenden Temporalbewußtseins auch die Flucht vor der Realität symbolisiert sein: Denn mit dieser Darstellungsform (Allgemeine Pädagogik) ist „vollständige Deutlichkeit ... in der Pädagogik [nicht zu erreichen]"[141].

## VII. Die Pädagogik im Horizont eines neuen, zukunfts- und vergangenheitsorientierten Temporalbewußtseins

„Das Wichtigste von dem, was noch zu thun übrig ist, besteht nun im Überschauen einer längern Zeitreihe, wohinein die Dinge sammt ihrem künstlichen und natürlichen Ursprunge gehören"[142]: Denn der Erzieher vertritt den künftigen Mann beim Knaben; er präsentiert dem Individuum („Knaben") dessen eigene Zukunft. Mit Herbart ist die Zeitdimension des Erziehungsprozesses als Differenz von Zukunft und Vergangenheit am Erzieher festgemacht. Diese Problemfassung ist im Hinblick auf wissenschaftliche Abwicklung erfolgt. Wie ist diese vorbereitet? Was bringt sie für die Kompensation des Technologiedefizits (Technologieverdikts), was für das Verständnis des Wirkungsproblems?
Mit Rousseau beginnt die Pädagogik, sich auf eine Erziehungsproblematik in (und mit) der Zeitdimension einzustellen. Sie reagiert auf Voraussetzungen

---

140 „Denn was mit Plan, das geschieht nach Begriffen; und Begriffe sind es auch allein, die mit Sicherheit in Worte gefaßt, zu bestimmten Vorschriften ausgeprägt, und als solche vom Lehrer an den Schüler überliefert werden können." Pestalozzis Idee eines ABC der Anschauung (1802), K I, S. 162.

141 Herbart zur Problematik der Darstellungsform, Pädagogische Schriften, hrsg. von Walter Asmus, Düsseldorf und München 1966, Bd. 3, S. 158.

142 Herbart (Umriß 1835/41), K III, S. 166.

des Erziehungsgeschehens, deren Thematisierung als Konzeptdifferenzierung fortan nicht mehr außer acht gelassen werden kann. Hatte die Pädagogik des 17. Jahrhunderts in Entsprechung zum allgemeinen Naturverständnis der Zeit die sachliche Ausdifferenzierung der pädagogischen Theorie betrieben[143]: mit der „Entdeckung des Kindes" als Persontyp mit eigenen Perspektiven und Formen der Erlebnisverarbeitung ist bewußt geworden, daß die Probleme der Erziehung sich nicht in sachliche Prozesse verlagern lassen. Erziehung (und Unterricht) hat es immer auch mit spezifischen Problemsichten sozialer Integration zu tun. Diese Problemsicht bewirkt eine ziemlich markante Umstellung ihrer nunmehr auf „Empfindung" und „Gefühl" setzenden Begrifflichkeit[144]. Schließlich aber genügt auch diese Differenzierung nicht, weil sich der Pädagogik die Erziehungsprobleme im Horizont eines neuen, zukunfts- und vergangenheitsorientierten Temporalbewußtseins stellen: Die Realität ist von Perfektion auf Perfektibilität umgedacht. Für die Pädagogik lebt damit der comenianische Gedanke von der Wichtigkeit der frühen Kindheit für die Erziehung in einem neuen, erweiterten Sinn wieder auf: Die Erziehung des Kleinkindes soll bedeuten, daß man einwirken muß, *bevor* die Folgen einer fehlerhaften Entwicklung des Kindes sichtbar und Fehler irreparabel werden. Das heißt: Man soll nicht nur auf Situationen und sichtbare Probleme reagieren, sondern vorgreifend handeln und entsprechend planen[145]. Aber wie? Tauchen nicht nur in der sachlichen, sondern auch in der sozialen und zeitlichen Dimension Erfahrungen auf, die nicht mehr auf gesellschaftliche Grundvorstellungen zurückverweisen, muß sich pädagogisch praktisches Wirken in der Gesellschaft seine eigene Limitationalität sozusagen selbst erst schaffen und wird unter dieser Bedingung ein reflektiertes Unternehmen. Die Lösung dieses Autonomieproblems ist (noch) mit dem Begriff der Natur gearbeitet, und dafür wird die Form des Erziehungsromans gewählt[146].

Der Erzieher hat seinen Zugriffspunkt in der Perfektibilität des Zöglings. Die Natur ist als Perfektibilität verstanden; wobei der Naturbegriff auch als Platzhalter für einen noch nicht verfügbaren Zukunftsbegriff fungiert. Er ist

---

143 Und die soziale Integration, die die Erziehungsfunktion zur Bedingung hat, über „geordnete Bewegung", gesetzmäßiger Ablauf, series rerum: also über sachliche Inhalte vermittelt. Vgl. Wilhelm DILTHEY, Pädagogik: Geschichte und Grundlinien des Systems, Gesammelte Schriften, Bd. IX, Stuttgart/Göttingen 1960/61, S. 169.

144 Im Banne eines pädagogischen „Grundgedankens" registriert Wilhelm FLITNER diese Umstellung als sprachliche „Verschiebung": Allgemeine Pädagogik, 12. Aufl. Stuttgart 1968, S. 142.

145 Vgl. Jean Pierre de CROUSAZ, Traité de l'Education des enfans, Den Haag 1722, S. 9ff.

146 Jean-Jacques ROUSSEAU, Emile ou de l'éducation, Œuvres complètes, ed. de la Pléiade, Bd. IV, Paris 1969.

deshalb entsprechend unbestimmt: „On ne connoit point l'enfance: ... Ils cherchent toujours l'homme dans l'enfant, sans penser à ce qu'il est avant que d'être homme."[147] Was aber ist „avant"? ROUSSEAU spricht von „origine" und „naissance". Das sind zwar vergangenheitsbezogene Begriffe, aber sie sind nicht historisch gemeint; denn die „dispositions primitives" sind als Problemlage der Kindheit begriffen: als Offensein für Prägungen, für erzieherische Maßnahmen, was durch dem Erzieher entgegenkommende Gefühle ermöglicht sein soll. Und der Weg des Gefühls wäre dann der Weg von der Unfertigkeit zur Fertigkeit, die Überwindung einer *zeitlichen* Distanz mit Hilfe des Erziehers. Das wäre aber eine unzulässige Feststellung; denn das Kind ist als Kind gerade fertig, ist als Kind schon im Recht. Das Kind muß also als fertig und als unfertig *zugleich* betrachtet werden; als fertig in seiner kindgemäßen Perfektibilität und als unfertig im Erreichen dessen, was durch Perfektibilität ermöglicht wird. Das ist der Sinn der Verschiebung des Perfektionsbegriffs in einen Modalbegriff (Perfektibilität). Wie ist ROUSSEAU mit diesem „zugleich" zurechtgekommen?

Erziehung ist als Abfolge datierbarer Phasen vorgeführt. Der Zeit ist die Aufgabe zugedacht, die Voraussetzungen dafür in der Form der Entwicklung des Kindes vorzugeben. Dieser Auffassung entspricht die Form des chronologischen Romans. Das Kind ist aber nicht nur „unfertig" im Erreichen dessen, was die Perfektibilität ermöglicht, sondern auch ein „fertiges" Wesen: Es ist (auch) ein „sensibles" Wesen, das „est tout pour lui"[148].

Es ist also in seiner Weise ein fertiges Wesen, das die Welt um sich herum so organisiert, wie es sie braucht; das sich aber dadurch korrumpiert, weil es (in *sozialer* Hinsicht) ein hilfsbedürftiges Wesen ist, das für (erzieherische) Außeneingriffe, für Abhängigkeit von externen Umständen sensibel macht. Die ursprüngliche Natur des Kindes kommt dem Erzieher also auch als „unfertige" Natur entgegen, die über soziale Mechanismen zur Entscheidung gebracht werden muß und *nur* über soziale Mechanismen zur Entscheidung gebracht werden kann[149]. Nachdem kognitive Strukturen und Moralen dafür keine unbezweifelbare Sicherheit mehr zu leisten vermögen, setzt ROUSSEAU auf das Gefühl. Gefühle individualisieren stärker als Kenntnisse, die objektiviert und für alle dieselben sind. Bei Meinungsverschiedenheiten sind die Meinungen selbst entweder richtig oder falsch. Im Gefühlsbereich denkt man

---

[147] A. a. O., S. 241 f. („Die Kindheit ist etwas uns vollkommen Unbekanntes ... Immer suchen sie im Kind den Erwachsenen, ohne zu bedenken, was ein Kind vorher ist"; zit. nach SCKOMMODAU/RANG, Emile oder Über die Erziehung, herausgegeben von Martin RANG, Stuttgart 1970, S. 102).

[148] A. a. O., S. 249 („... ist sich selbst alles"; zit. nach SCKOMMODAU/RANG, S. 112).

[149] Man denke hier an die Faszination des 18. Jahrhunderts durch Wolfkinder und dergleichen.

nicht sofort an Gleichheit, sondern an Komplementarität als ein Verhältnis zwischen Individuen. Jeder liebt den anderen, weil er ein anderer ist. Darin kommt die höhere Komplexität der sozialen Beziehung, die Gleichheit und Ungleichheit zwischen Personen übergreift, zum Ausdruck. Was bedeutet dieser Perspektivengewinn für das Verständnis der Erziehung, was für die pädagogische Konzeption?

Mit ROUSSEAU ist die soziale Dimension des Erziehungsgeschehens herauspräpariert, aber nicht selbst als (eigenständige) Gewißheitsgrundlage etabliert, weil sie nur über die „Unfertigkeit" des Kindes ermöglicht ist. Sie verliert im Laufe der Zeit ihre Möglichkeit – ein Abbau; denn die Zeit selbst ist nur als Verzögerung der Vollendung begriffen[150]. Ist die Zeitdimension mit der Sozialdimension konzeptionell verquickt, kommt auch die Sozialdimension sozusagen nicht zu ihrem Recht. Sie ist zwar am Kind als Objekt erzieherischer Tätigkeit erkannt und gepflegt, ihrerseits aber nur über eine Sequenzierung des Erziehungsprozesses verfügbar, welche als Irreversibilität der Zeit zur Vorstellung kommt. Wenn derart die Gegenwart des Kindes *ganz* als Mittel für die Gestaltung der Zukunft benutzt ist[151], wird verständlich, warum dies zugleich als problematisch empfunden ist: „Il ne me reste qu'une seule inquiétude, c'est que vous n'ayez entrepris cette grande tâche sans en prévoir toutes les difficultés, et qu' en s'offrant de jour en jour elles ne vous rebutent. . . . mais un soin continuel accable à la fin; et les meilleures résolutions, qui dépendent de la persévérance, sont rarement à l'épreuve du temps."[152]

Kann diese Konzeptualisierung der Zeitdimension der Pädagogik als Grundlage ihres praktischen Wirkens dienen? Wie hoch man auch immer die Absicherung durch eingebaute „Instanzen" (Phasen) veranschlagt, die Zeit kann bei diesem linearen Verständnis auch in der Assoziation mit Gefühl schwerlich als Realitätsrepräsentanz fungieren[153]. Verständlich, daß bei diesem Stand der Konzeptualisierung ROUSSEAU ausdrücklich auf die Existenz

---

150 „Oserai-je exposer ici la plus grande, la plus importante, la plus utile règle de toute l'éducation? Ce n'est pas de gagner du temps, c'est d'en perdre" (zit. Emile, a. a. O., S. 323).

151 So auch Martin RANG, a. a. O., S. 84 (Einleitung).

152 Correspondance Générale de J.-J. ROUSSEAU, herausgegeben von Théophile DUFOUR, 20 Bde, 1924–1934, Bd. X, S. 253 („Mir bleibt immer eine Angst, die ihren Grund in der extremen Schwierigkeit einer solchen Erziehung hat, daß sie nämlich nur als ganze gut ist . . . geht man nicht bis zum Ende, so ist es ein großes Unrecht, überhaupt begonnen zu haben"; zit. nach der Übersetzung SCKOMMODAU/RANG, a. a. O., S. 957).

153 Zu der sie mit dem aufbrechenden Temporalbewußtsein, das von der Punktualisierung der Gegenwart ausgeht, gefordert ist. Vgl. Georges POULET, Etudes sur le temps humain, Paris 1950.

„externer" Kontrollen hinweist, die sich (auch) auf den Funktionsraum der Erziehung beziehen, ohne von ihm selbst abzuhängen: auf die Rolle des Erziehers, die nicht schon durch die Rollenkomplementarität definiert ist, sondern in der Form von Rollenanforderungen für spezifische Problemsituationen des Erziehungssystems gesellschaftliche Konsensgarantien voraussetzt. Genau diese werden unter der Verwendung des Vertragsgedankens angefordert: Wenn der Erziehungsbedarf konkrete Interaktion erfordert, somit Erziehung in diesem anspruchsvollen Sinne jeweils kommunikativ verlaufen muß, dann hat die Verwendung des Vertragsgedankens zur Bedingung, daß dieser Gedanke nicht mehr einfach auf bestehende Gesetze der Herrschaft bezogen ist, sondern an politisches Ideengut anschließt, das mit der hier entfalteten Problemsituation des Erziehungsprozesses kompatibel ist. Somit ist die (sich autonomisierende) pädagogische Konzeption der Erziehung in der Stoßeinheit pädagogischer und politischer Ideen auf den Weg gebracht. Und gerade das macht – historisch – ihre Faszination, aber auch ihren Übergangscharakter aus.

Die gesellschaftspolitische Breitenwirkung kommt zunächst ohne Thematisierung des Zeitproblems aus. Sie beläßt es vorerst bei dieser Behandlung von Zeit als Dimension der Entwicklung des Zöglings. Gleichwohl kann man spätestens an der Philanthropie ablesen, wie eine offene, auf Steigerungsfähigkeit hin ausgelegte Zukunft die gesellschaftliche Lage „historisiert" und in diesem Sinne temporalisiert. Je möglichkeitsreicher, je „entzückender" die Aussichten auf Zukunft, desto restriktiver, desto verantwortungsreicher muß die Wahl der Mittel und Methoden gehandhabt werden; desto mehr kommt es darauf an, daß man jetzt richtig vorgeht, und desto kritischer fällt das Urteil über die vorgefundenen Verhältnisse aus. Gerade weil so viel möglich ist, ist nur Bestimmtes richtig, und im Vergleich dazu versagt die Gegenwart. Sie ist als Status quo aber der einzige Ausgangspunkt für eine bessere Zukunft; also muß man kritisieren, polemisieren, reformieren, revolutionieren. Diese Orientierungskonstellation historisiert das Bewußtsein, ohne daß man schon den „Zeitgeist" beschwört, um eine bestimmte Richtung der Erziehung empfehlen zu können[154].

Die Philanthropisten fangen an, mit der – für Erziehung zur Verfügung stehenden – Zeit zu rechnen: Sind die Grenzen der Früherziehung offenkundig geworden[155], muß man sich auch um den Zukunftshorizont der Zeit

[154] So dann Christian Daniel Vosz, Versuch über die Erziehung für den Staat, als Bedürfniß unsrer Zeit, zur Beförderung des Bürgerwohls und der Regenten-Sicherheit, 2 Bde., Halle 1799: Erziehung für den Staat als politische Alternative zur Französischen Revolution.

[155] Joachim Heinrich Campe, Über die große Schädlichkeit einer allzufrühen Ausbildung der Kinder, in: Allgemeine Revision, Bd. VI, S. 1–160.

kümmern: „Wie lange dürfen wir bei der Erziehung unserer Kinder der Natur gemäß verfahren?“[156], um auch mit den Anforderungen der „Bürgerbildung“ noch zurechtzukommen? „Man erwäge zuvörderst die Bestimmung des Zöglings, dann berechne man nach Wahrscheinlichkeit die Zeit, welche erfordert wird, ihn zu dieser seiner Bestimmung in der bürgerlichen Gesellschaft vorzubereiten; ziehe darauf diese Zeit von der für die ganze menschliche und bürgerliche Erziehung bestimmten Zahl von Jahren ab, und was übrigbleibt, das widme man getrost der Erziehung der Natur.“[157] Nicht zuletzt ist damit Erziehung darauf verwiesen, sich selbst zu beschleunigen und ihre Themen und Methoden unter Zeitaspekten zu wählen. Und wo sehr wenig Zeit ist für Erziehung, nämlich in den Unterschichten, muß man der schnellsten Erziehung das Feld überlassen: der religiösen Erziehung[158]. Mögen uns solche Berechnungen gar simpel erscheinen, sie geben zu erkennen, daß die Pädagogik nun auch auf *innerhalb* des Erziehungssystems entstehende Reflexionsprobleme reagiert. Durch das Subtraktionsverfahren wird deutlich, daß die Zeit nicht mehr nur als Vergangenheitshorizont gegenwärtiger Objekte berücksichtigt ist, sondern auch als ihr Zukunftshorizont (um den Erziehungsprozeß zu differenzieren). Die *Form* dieser Strukturierung verrät überdies, daß bereits in Abhängigkeit organisatorischer Schematisierung gegenwärtiger Repräsentationen gedacht ist. ROUSSEAUS „Träumereien“ von der Gegenwärtigkeit der Gegenwart (unter Abstreifen jeder Zukunft und jeder Vergangenheit) sind überflüssig geworden. Die Pädagogik rechnet mit der Verfügbarkeit von Zeit, indem die Zeit als Jederzeitigkeit des Einsatzes pädagogischer Mittel (oder auch als Jederzeitigkeit des Anfanges) reflektiert wird: „Es wird uns nie gelingen, dem Unterricht das nöthige Interesse zu geben . . ., wenn wir uns nicht zur Regel setzen, vom *Gegenwärtigen* auszugehen.“[159] Wie unzureichend die Zeit selbst auch erfaßt ist – als Vergangenheits- bzw. Zukunftshorizont *gegenwärtiger* Objekte –, sie findet in dieser linearen und instrumentellen Form Eingang in die pädagogischen Reflexionen, um den weiteren Ausbau pädagogischer Techniken voranzu-

[156] A. a. O., S. 70.

[157] A. a. O., S. 71 f. Gleichermaßen Ernst Christian TRAPPS Berechnung auf die Frage: „Wieviel Zeit einem guten Kopf vergönnt wird, sich mit den Alten zu beschäftigen.“ Ders., Über das Studium der alten classischen Schriftsteller und ihre Sprachen, in pädagogischer Absicht, in: Allgemeine Revision, Bd. VII, S. 385.

[158] So Jacques NECKER, De l'importance des opinions religieuses, London – Lyon 1788, zitiert nach: Œuvres complètes Bd. XII, Paris 1821, S. 39 f. Die religiöse Moral sei „par son action rapide“ die einzige, die schnell genug, „avec célérité“, überzeugen könne, da sie mit der Aufklärung zugleich das Herz bewege.

[159] Ernst Christian TRAPP, Über den Unterricht überhaupt, in: Allgemeine Revision, Bd. VIII, S. 163.

bringen: „Zu diesem Ende muß man alle Gegenstände des Unterrichts, in ihre Bestandteile zerlegt, vor sich haben, um einem jeden dieser Teile die nötige Zeit zuzumessen, auch zugleich die Ordnung zu bestimmen, worin sie aufeinander folgen müssen.“[160]

Solche Vorstellungen einer zeitlichen Sequenzierung nach Art eines Bewegungsverlaufs oder einer Entwicklung kollidieren jedoch gegen Ende des 18. Jahrhunderts verstärkt mit einer Art innerer Reflexivität von Zeit, nämlich mit der ebenfalls gepflegten Vorstellung der Zeitlichkeit einer jeden Gegenwart, die je eigene Zeithorizonte aktualisiert und nur über ihre Zeithorizonte mit künftigen und vergangenen Gegenwarten integriert werden kann. Dies Problem entwickelt sich vor dem Hintergrund einer semantischen Tradition, in der der Mensch vom Tier dadurch unterschieden wird, daß er in seiner Gegenwart Vergangenes und Künftiges verknüpfen kann und deshalb nicht der bloßen Gegenwart triebhaft ausgeliefert ist[161]. Das dafür zuständige Vermögen war als „prudentia“ gefeiert worden. Bereits Hobbes hatte jedoch diese Topologie mit zwei Bemerkungen gesprengt: nämlich daß Tiere oft mehr „prudence“ besäßen als Kinder[162] und daß die Extension der Zeithorizonte dem Menschen Angst bereite[163]. Man sieht schon hier, wie kindbezogene und auf die politische Gesellschaft bezogene Argumente im Zeitproblem konvergieren können. Der Zusammenhang wird nicht registriert. Er ermöglicht es anscheinend aber doch, in der zweiten Hälfte des 18. Jahrhunderts die Makrozeit der Gesellschaft ebenso wie die Mikrozeit des Kindes und seines Erziehers komplexer zu denken und auf die jeweilige Gegenwart zu beziehen. Die Gattungsausstattung des Menschen mit „prudentia“ erscheint dann nicht mehr als befriedigende Auskunft. Die Gesellschaft sucht neue Zeitordnungen über konstitutionell gesicherte Politik und über Kapital akkumulierende Wirtschaft; die Pädagogik analysiert seit Herder[164] vor allem Sprache

---

[160] A. a. O., S. 184. Alsbald versteht die Pädagogik sich dann auch darauf, den Weg der Jugend „durch viele Zwischenziele [zu] verkürzen und angenehm [zu] machen“, und diese als Anlaß für Belohnungen, aber auch für weitere Anstrengungen zu thematisieren.

[161] Typisch fungiert Cicero, de officiis I, c. IV 11, als Referenz. Für das Weiterführen dieses Topos im 18. Jahrhundert vgl. etwa Georges Louis Le Sage, Le mécanisme de l'esprit, neu gedruckt als Anhang zu: Cours abregé de Philosophie par aphorismes, Genf 1718, S. 346; Claude Buffier, Traité de la société civile, Et du moyen de se rendre heureux, en contribuant au bonheur des personnes avec qui l'on vit, Paris 1726, S. 20ff.; Abbé de Mably, Principes de Morale, Paris 1784, insbes. S. 150f.

[162] Leviathan I ch. 3 (zitiert nach der Ausgabe der Everyman's Library), London 1953, S. 11.

[163] Leviathan I ch. 12, a. a. O., S. 54f.

[164] Johann Gottfried Herder, Abhandlung über den Ursprung der Sprache (1772), in: Herders Sämtliche Werke, hrsg. von Bernhard Suphan, Berlin 1891, Bd. 5,

als gegenwartsunabhängige Struktur selektiver Verfügung über Zeithorizonte[165].

Wenn man sich angesichts der Komplexität von Zeitbezügen und vor allem angesichts der inneren Reflexivität der Zeithorizonte in der Zeit von einfachen Prozeßmodellen lösen muß, sprengt dies auch die noch gängige Vorstellung von Technologie. Man kann dann Erziehung nicht mehr denken als einen Bewegungsverlauf, in dem ein Zustand den nächsten erzeugt, indem er durch ihn abgelöst wird; in dem jeder Schritt auf eine Position führt, von der aus der nächste Schritt getan werden kann, und man nur Regeln oder Zwecke braucht, um die Richtung halten zu können. Statt dessen geben die Zeithorizonte jeder Gegenwart ihr Eigenrecht. Die gerade gegenwärtige Vergangenheit dominiert; die gerade vergegenwärtigte Zukunft bemächtigt sich der Situation; aber ob dies die vergangenen Gegenwarten objektiv fortsetzt und ob dies für künftige Gegenwarten angemessen ausstattet, ist von den Zeithorizonten der gerade gegenwärtigen Gegenwart aus nicht sicher zu bestimmen. Handeln überhaupt – aber ganz besonders pädagogisches Handeln – kann in der gegenwärtigen Gegenwart zwar deren Zeithorizonte nutzen, nicht aber von da aus den Boden vergangener oder künftiger Gegenwarten erreichen. Die gegenwärtige Zukunft ist nicht identisch mit der Reihe künftiger Gegenwarten, und wenn man diese Differenz aufspürt oder gar begrifflich reflektiert, entsteht aus der Zeitstruktur heraus ein Indeterminierbarkeitsproblem, auf das dann mit höherstufiger Reflexion reagiert werden muß.

Sehr pauschal kann man sagen, daß alle Antworten, die die neuhumanistische Pädagogik sucht, und daß vor allem ihr Insistieren auf Selbstreferenz mit diesem Zeitproblem zusammenhängen. Deutlich kommt heraus, daß man Begriffe für *gegenwartswirksame Vergangenheit* und *gegenwartswirksame Zukunft* sucht, die zugleich einen *dynamischen* Sinn einbringen, also auf *Veränderung in der Gegenwart* zielen. Das geschieht nicht durch Einführung einer neuartigen Terminologie, sondern durch emphatische Verstärkung bereits gebrauchter Termini. Die gegenwartswirksame Vergangenheit wird zum Beispiel als *Kraft,* die gegenwartswirksame Zukunft als *Wollen* präsentiert[166].

---

S. 1–147. Mit Recht bemerkt Klaus GIEL, Vorbemerkungen zu einer Theorie des Elementarunterrichts, in: ders. u. a., Stücke zu einem mehrperspektivischen Unterricht: Aufsätze zur Konzeption 2, Stuttgart 1975, S. 57, den mangelnden Tiefgang dieser Diskussion.

[165] Damit ist zugleich angedeutet, daß die breite Diskussion über den Stellenwert der alten Sprachen im Erziehungsplan mehr Tiefgang hat als eine Diskussion über Stoffauswahl und differentielle Nützlichkeiten. Es geht, wie immer begeisterte Reformer oder Humanisten argumentieren mögen, um die Struktur der Kompetenz der Verfügung über Zeit.

[166] Statt Kraft kommt zuweilen auch „Anlage“ wieder zu Ehren. So bei Kajetan WEILLER, Versuch eines Lehrgebäudes der Erziehungskunde, 2 Bde., München 1802

Die Kraft, zu wollen, oder die Fähigkeit, sich anzustrengen, wird etwas, was der Erzieher sowohl voraussetzen als auch erzeugen muß; wird also der Punkt, an dem der Erziehungsprozeß seinerseits selbstreferentiell ablaufen muß[167].

Man kann gewiß nicht behaupten, daß die pädagogische Literatur der Reformzeit um 1800 diesem Problem, das sich ihr stellt, theoretisch und argumentativ voll gewachsen war. Um so mehr lohnt es sich, Formen und Grenzen der Verarbeitung etwas genauer zu betrachten.

Die Frage nach Reaktion und Orientierung der Pädagogik hat auch für SCHLEIERMACHER im Hinblick auf die sich einstellende Problematik in (mit) der Zeitdimension einen eigenständigen Problembezug. Es wird auf die Tatsache reagiert, daß Erziehung weder mehr ausschließlich von der Vergangenheit (Natur; gegenwärtiges Kind) noch von der Zukunft (Reich Gottes; angestrebte vollendete Persönlichkeit) her gedacht werden kann: „Darf man den gegenwärtigen Lebensmoment einem zukünftigen aufopfern?“[168] Die determinierende Wirkung des jeweiligen Zeitzielpunktes ist zugunsten einer „integraldialektischen Vermittlung“[169] aufgehoben, indem das Problem des Widerspruchs der Zeitmodi auf die Selbstreferenz des Zöglings (als Bestimmung von Zuständen) bezogen ist[170]. Diese dialektische Auflösung zielt auf

---

bzw. 1805. Hier wird im übrigen reinster Aristotelismus als vollständig neue Wissenschaft präsentiert – ein bemerkenswerter Beleg für das plötzliche Abreißen von Traditionszusammenhängen und für eine Orientierung auf den Zeitgeist hin, der nur Neues akzeptiert, ohne immer die Kraft zu geben, neu zu denken.

167 Eben deshalb können an diesem Punkte auch eher konservative und eher progressive Ideologien abzweigen, je nachdem, wie stark das Voraussetzen bzw. das Erzeugen betont wird. Die konservative Linie wird sehr klar und eindrucksvoll ausargumentiert bei Ernst BRANDES, Über einige bisherige Folgen der Französischen Revolution in Rücksicht auf Deutschland, Hannover 1792: Perfektibilität könne nicht als allgemein und gleich verbreitet vorausgesetzt werden. Die Kraft, sich anzustrengen und gebildet zu werden, sei nur bei einem kleinen Teil des großen Haufens gegeben (S. 36 f.). Sie könne auch durch Erziehung gefördert werden, und dies sei die Aufgabe – darf man schon sagen: die latente Funktion? – des Lateinunterrichts (S. 73 f.). Wir zitieren dies auch als Beleg für die sehr indirekte und unklare Form, in der der Zeitbezug von Sprache zur Sprache kommt.

168 Friedrich E. D. SCHLEIERMACHER, Ausgewählte pädagogische Schriften, besorgt von Ernst LICHTENSTEIN, 2. Aufl. Paderborn 1964, S. 81.

169 Vgl. Ernst LICHTENSTEIN, Schleiermachers Pädagogik, in: Neue Zeitschrift für Systematische Theologie und Religions-Philosophie 10 (1968), S. 346 (mit weiteren Texthinweisen).

170 Unsere Formulierung, unsere Interpretation, Friedrich E. D. SCHLEIERMACHER, Pädagogische Schriften, hrsg. von Erich WENIGER/Theodor SCHULZE, 2. Aufl. Düsseldorf-München Bd. 1, S. 27: „Wenn der Mensch nur als Selbständiges und Selbsttätiges Gegenstand der Erziehung sein kann, so ist also was in der Entwicklung begriffen, ist auch zu seiner Selbsttätigkeit gehörig anzusehen . . .“ Im einzel-

„persönliche Eigentümlichkeiten"[171]; auf Individualität[172]. Damit ist auch die Zweck/Mittel-Problematik in die Zeitdimension aufgelöst. Die kantische Regel, die alle Technologie blockiert[173], daß der Zögling nicht als bloßes Mittel zu einem feststehenden Zweck behandelt werden dürfe, lautet dann, daß man ihm ein Stück Gegenwärtigkeit als Selbstzweck belassen müsse. Anstelle externer, zeitlich definierter „Stoppregeln" muß „in der Erziehung selbst das Prinzip liegen, die verschiedene Qualität zu entwickeln und auch zu erkennen"[174].

Um sich dieses „Prinzips" zu versichern, bedarf es besonderer Reflexionen, die nicht einfach die Reflexion über die Erziehungswirklichkeit wiederholen, sondern es als ihre *Aufgabe* ansehen, die „Praxis" (die sich selber hervorbringt) als Prinzip „wirklicher Erziehung" zu erkennen[175]. Wir kommen damit zu einem Konzept von Pädagogik, das das Autonomieproblem sicher nicht mit dem Begriff eines desiderablen Naturzustandes, aber auch nicht mehr mit einem bewußt normativen Ansatz bearbeitet, sondern in der Absicht zu erkennen *und* zu bestimmen, was geschieht, wenn im Erziehungssystem „sich selber hervorbringende" Erziehungsprozesse ablaufen: Pädagogik ist damit von der jeweils ausschließlichen Bindung an eine normativ wirkende Anthropologie („die immer gleiche Menschennatur") oder Ethik (abstrakte Sollwerte) gelöst und als „schwebende" Wissenschaft über eigenem Terrain

---

nen zu den Argumentationsreihen SCHLEIERMACHERS zur Auflösung des „Widerstreits in der Erziehung": Johannes SCHURR, Schleiermachers Theorie der Erziehung, Düsseldorf 1975, S. 356–377: eine Arbeit, der das Verdienst zukommt, die Bedeutung der Zeitlichkeit für SCHLEIERMACHER beachtet zu haben.

171 SCHLEIERMACHER (LICHTENSTEIN), S. 93.

172 Der einzelne Mensch wird zum „Trichter" des Weltbezugs: „Die Erziehung setzt den Menschen in die Welt, insofern sie die Welt in ihn hineinsetzt; und sie macht ihn die Welt gestalten, insofern sie ihn durch die Welt läßt gestaltet werden." SCHLEIERMACHER (LICHTENSTEIN), S. 35 – Wie bei NIETZSCHE gehören Erziehung/Bildung und Kunst zusammen: „Die Bestimmung des Menschen ist, die Welt in sich aufzunehmen und sich in der Welt darzustellen" (S. 260). Bildung als ästhetische Weltbewältigung: spätestens seit SCHILLERS „Briefe über die ästhetische Erziehung des Menschen" und GOETHES „Wilhelm Meister" eine bevorzugte Problembehandlung.

173 Vgl. oben S. 133 ff.

174 SCHLEIERMACHER (WENIGER/SCHULZE), Bd. 1, S. 377. Vgl. auch Ernst LICHTENSTEIN, Schleiermachers Pädagogik, a. a. O., S. 355: „Jetzt ist nicht mehr von „festen Punkten" die Rede, Anfangs- und Endpunkt meint hier nur Denkansätze zur dialektischen Bewältigung eines zirkelhaften Zusammenhangs, der im Grunde nur aus seiner ‚Mitte' heraus zu verstehen ist."

175 Ernst LICHTENSTEIN noch: „Sie [die Pädagogik] muß auf das zurückgehen, ‚was wirklich gegeben ist' " (a. a. O., S. 356). Wir reformulieren dieses Problembewußtsein in der Problemsicht zweistufiger Reflexion: also nicht „zurückgehen", sondern sozusagen Reflexionen der „wirklichen Erziehung": Aufgabenanalyse.

verselbständigt. Wie kann daraufhin der Unbestimmbarkeit des Erziehungsgeschehens abgeholfen werden? Welche Lösung hat der Beitrag SCHLEIERMACHERS ausgebildet?

SCHLEIERMACHER hat das Konzept der Erziehung mit dem Leitbegriff des Lebens ausgearbeitet: „Die Lebenstätigkeit, die ihre Beziehung auf die Zukunft hat, *ist* zugleich auch ihre Befriedigung in der Gegenwart."[176] Aber diese „Lebenstätigkeit" ist nicht vollkommen. Sie liegt insoweit „im Zwecke der Erziehung, [als sie] der Idee des Guten nicht widerstreitet"[177]. Die Pädagogik ist also nur insofern autonom, als sie die „Probe für die Ethik ist"[178]. Für die Etablierung der Pädagogik im Horizont des Zeitproblems bedeutet das: Die Pädagogik gewinnt ihre Eigenständigkeit aus der Differenz zwischen Realität (Empirie) und Norm (Spekulation), d. h. aber eben aus der Zeitdifferenz von Gegenwart und Zukunft, welche beide selbst keine „Stoppregeln", keine „festen Punkte"[179] mehr darstellen; denn weder ist der Zielpunkt des pädagogischen Handelns klar[180], noch sind es die anthropologischen Voraussetzungen[181]. Die Problematik der Zerdehnung und Selbstentleerung der Zeit auf die Zukunft hin wird (nur!) in der Zeit selbst wieder aufgefangen, indem die Gegenwart als Leben und als Ort sozialer und pädagogischer Kommunikation ihr Recht über *ihre* Zeithorizonte Vergangenheit und Zukunft zur Geltung bringt.

Dank dieser Engagierung von Gegenwart kann nunmehr der Problembezug der Erziehung, nämlich die Behandlung des Zöglings, die seine Gegenwart seiner gegenwärtigen Zukunft unterordnet, mit dem Begriff menschlicher Beziehung rekonstruiert werden: „Lebenstätigkeit", die grundsätzlich als „System der Wechselwirkung" vorausgesetzt ist[182]. Menschliche Beziehung

---

[176] Interpretiert SCHURR, a. a. O., S. 375.

[177] SCHLEIERMACHER (WENIGER/SCHULZE) Bd. 1, S. 27.

[178] SCHLEIERMACHER (WENIGER/SCHULZE) Bd. 1, S. 428.

[179] SCHLEIERMACHERS eigener Ausdruck; siehe SCHLEIERMACHER (LICHTENSTEIN), S. 46 bzw. 262.

[180] „Wir haben schon gesehen, daß sich kein bestimmter Grenzpunkt des Endes der nicht gelten lassen; es hört zwar, sobald diese eingetreten ist, alle Erziehung auf, allein schon von ihr gibt es wieder partielle Endpunkte, und selbst die Mündigkeit ist kein absolut fester Punkt" (SCHLEIERMACHER, [LICHTENSTEIN], S. 132). Das Ende ist bei SCHLEIERMACHER nicht mehr zeitlich definiert, sondern: Individualität. „Das Ende der Erziehung ist die Darstellung einer persönlichen Eigentümlichkeit des einzelnen" (S. 68).

[181] „. . . Unentschiedenheit der anthropologischen Voraussetzungen" (S. 50; vgl. auch S. 90 f.).

[182] SCHLEIERMACHER (WENIGER/SCHULZE) Bd. 1, S. 100. Hinweise auf SCHLEIERMACHERS „Sittenlehre", wo sich begriffliche Abgrenzungen des „Gesamtlebens" findet (S. 428). Auf Bedeutung und Funktion der Auseinandersetzung mit der platonischen

basiert auf Menschenkenntnis und Verstehen. So kann der Erzieher nur erziehen, soweit er über Menschenkenntnis verfügt. Aber auch umgekehrt bildet sich der Zögling nur durch eigene selbsttätige Menschenkenntnis, die er in Beziehung zum Erzieher ausbildet. Menschenkenntnis ermöglicht wechselseitiges Verstehen im Sinne einer Selbstangleichung an den anderen, einer inneren Bereicherung dadurch, daß man auch so empfinden kann, wie der andere empfindet. SCHLEIERMACHER spricht deshalb davon, daß „die Entwicklung des Willens in dem Bande der Liebe gehalten werde, daß man durch die Liebe und zur Liebe erziehe“[183]. Die Menschenkenntnis ist in diesem Konzept also *direkt* in die Dynamik des Bildungsprozesses eingebaut, so daß jede Art von Technisierung unangemessen ist, weil sie dann bedeuten muß, daß der Mensch dem Menschen nicht gerecht wird[184].

Diese Art von Menschenkenntnis bedeutet noch nicht, daß jeder Gedanke an Technologie in der „wirklichen Erziehung“ ausgeschlossen ist. Aber die Placierung ist vorentschieden, wenn man über „menschliche Beziehung“ auf ethische Limitierung der Willensfreiheit und der Selbsttätigkeit kommt – dann gibt es nur noch Erziehungskunst in einem Sinne, der gegenüber der Tradition der „artes“ eigentlich nichts Neues bringt. Die Auffassung von Limitationalität als ethisch lenkt vom Problem der Technologie ab und lenkt zurück auf die Auffassung von Erziehungslehre als Kunstlehre: Unterstützung und Gegenwirkung/Verhütung, Spiel und Übung, Regel und Freiheit im Hinblick auf Gesinnung und Fertigkeit, Individuelles und Universelles, häusliche und öffentliche Erziehung stehen unter der pädagogischen Maxime „Alle Vorbereitung muß zugleich unmittelbare Befriedigung und alle Befriedigung zugleich Vorbereitung sein“, wobei „dem Leben selbst ... dann zu überlassen [ist], was in jedem Augenblick getan werden solle“[185, 186].

---

und aristotelischen Philosophie (Freundschaftslehre!) für SCHLEIERMACHERS Erziehungstheorie kann hier nur hingewiesen werden (Nachweise bei LICHTENSTEIN, a. a. O., S. 346f.). Im Sinne der Reflexionsproblematik des Erziehungssystems (bzw. der Pädagogik) ist jedenfalls die Problematik der „wirklichen Erziehung“ auf die Zweierbeziehung zwischen Erzieher und Zögling bezogen.

183 A. a. O., S. 221.

184 Hierzu SCHLEIERMACHERS Polemik gegenüber PESTALOZZI: Wo alles auf das „Frische, Freie, Lebendige, Unmittelbare“ ankommt, da ist „das Mechanische ..., das Tote.“ SCHLEIERMACHER (LICHTENSTEIN), S. 101; 221.

185 A. a. a. O., S. 268; vgl. auch S. 84: „Die Lebenstätigkeit, die ihre Beziehung auf die Zukunft hat, muß zugleich auch ihre Befriedigung in der Gegenwart haben, so muß auch jeder pädagogische Moment, der als solcher seine Beziehung auf die Zukunft hat, zugleich auch Befriedigung sein für den Menschen, wie er gerade ist“. Siehe auch S. 92.

186 Nach LICHTENSTEIN, Schleiermachers Pädagogik, a. a. O., S. 353, „überschreitet Schleiermachers Pädagogik ... noch (diesen) hermeneutischen Horizont.“

Ist diese Berufung auf „das Leben selbst" eine Konsequenz der – durch SCHLEIERMACHER in einem neuen (sozialen) Sinn entfalteten – Orientierung der Pädagogik am Menschen oder eine Folge der getroffenen Theoriedisposition? Was die Möglichkeiten der Theoriebildung an den (eingeführten) Leitbegriffen „Leben" und „menschliche Beziehung" angeht, wirkt dieses nicht spezifisch pädagogische Gedankengut deutlich der Art und Begrifflichkeit entgegen, in der das Technologieproblem formuliert war. Insofern stellt sich – in Anbetracht des Technologiedefizits – die Frage der Adäquität dieser Allgemeinvorstellungen, die einst Gesellschaft und bei SCHLEIERMACHER noch Geselligkeit als solche bezeichnet hatten, für die Problemfassung der Ausdifferenzierung des Unterrichtsgeschehens.

Das gilt zunächst schon für die Problemerfassung des Unterrichtsgeschehens, die von einer Zweierbeziehung ausgeht. Hier ist deutlich zu machen, daß die begriffliche Bearbeitung der Erziehungssituation als einer menschlichen Beziehung, die dem Sittengesetz (Idee des Guten) nicht widerstreben darf, schon vom Ansatz her weitere Theoriedispositionen der Unterrichtsanalyse verstellt, wiewohl das Sittengesetz zugleich die Problematik interpersonaler Beziehung vorbereiten hilft. Auf welche Zustände soll sich die Theorie eigentlich beziehen, wenn dem Leben (Praxis) überlassen ist, zu den Respezifikationsproblemen zu führen? „Wenn auch die Idee des Guten als vollkommen bekannt vorausgesetzt werden könnte, so bedürfte doch diese Formel in der Anwendung einer näheren Bestimmung in Beziehung auf den jedesmaligen Zustand, in welchen der Erzogene hineintreten soll. Also auch hier muß eine faktische Grundlage sein."[187] Schließlich bleibt in Anbetracht dieser Auffassung der menschlichen (sozialen) Beziehung für den Erzieher nur „die Pflicht, [Selbstreferenz als Eigenschaft] vorauszusetzen"[188], um anfangen zu können. Aber es ist nicht eigentlich die aprioristische Form dieser Theoriebildung (die hinreichender Analytizität der Begriffsbildung Grenzen setzt), die hier die pädagogische Begrifflichkeit sozusagen im Stich läßt, sondern ihre vorgängige Problemreduktion auf die Zweierbeziehung. Damit ist das Doppelproblem der Technologie übersprungen. Und es ist diese Reduktion auf der grundbegrifflichen Ebene, die dieser Variante pädagogischer Theoriebildung den Zugang zu den Reflexionsproblemen des sich organisierenden Erziehungssystems vorenthielt[189]. Ist auf diese Weise die Zweck/Mittel-Pro-

---

[187] SCHLEIERMACHER (WENIGER/SCHULZE), Bd. 1, S. 22.

[188] SCHLEIERMACHER (WENIGER/SCHULZE), Bd. 1, S. 27. – Dies gilt auch, wenn sie ausdrücklich unter den Gesichtspunkt der Freiheit gestellt ist. Probe auf den Begriff menschlicher Beziehung wäre die Behandlung abweichenden Verhaltens.

[189] Wiewohl sie ausdrücklich auf Institution als faktisch gegebenes Verhältnis des Einzelnen zur Gesamtheit Bezug nimmt.

blematik eliminiert, kann die entwickelte Theorieposition nicht erklären, unter welchen Bedingungen und Belastungen „Zeit“ für die Konstituierung von Erziehungsprozessen gebraucht wird[190].

Auch HERBARTS Theorieposition ist auf eine begriffliche Erfassung des Gebrauchs von „Zeit“ in Erziehungsprozessen ausgespannt. Jedenfalls steht auch hier die offene Zukunft im Gesichtskreis der pädagogischen Bemühungen: Zeit als offener Zukunftshorizont; und doch ist der Mensch als erst anzustrebende vollendete Persönlichkeit vorgeführt. Wie kann daraufhin Pädagogik möglich werden? Zur Beantwortung dieser Frage nehmen wir die bereits vorgetragene und verfolgte Problemstellung noch einmal auf, um sie nun auf den Umgang in und mit der Zeitlichkeit zuzuspitzen. Das Problem der Erziehung ist an der Orientierung des Erziehers expliziert. Es ist dieser eigenständige Problembezug der Zeitlichkeit der Erziehung: der Widerspruch der Zeitmodi, gesteigert durch die Temporalisierung der Alltagswelt, der der Theorie der Bildung die Chance gibt, für das Problem der Ungewißheit die Apriorität des Begriffs der Sittlichkeit zu substituieren, um ihn alsdann als Differenzbegriff am Erzieher reformulieren zu können. Denn für die Orientierung am Erzieher kann nun auf eine a priori gesicherte Begrifflichkeit zurückgegriffen werden, die ihrerseits im gesamten Erziehungsprozeß keinen bestimmten Zeitstellenwert hat (wie empirische Zwecke), sondern jederzeit in Anspruch genommen werden kann. Das korrespondiert dann mit der Auflösung der Empirizität künftiger Zwecke, die darin liegt, daß die Zukunft des Zöglings nicht mehr als ein bestimmter Zustand, sondern als Selbstreferenz der Bestimmung von Zuständen: als Wollen, charakterisiert wird[191]. Die Zeitdifferenz als Verzeitlichung des Technologieproblems kann damit auch zur Differenz verschiedener Handlungstypen: „Unterricht“ und „Zucht“, uminterpretiert werden. Für diese Differenz können im Anschluß daran Beziehungen postuliert werden[192]; immer aber sind es Differenzbegriffe, die erst die Einheit von Erkenntnissen ermöglichen: Von der „völligen Abtrennung“ der „Zwecke der Willkür“ von den notwendigen Zwecken der Sittlichkeit bis zur Differenz am Erzieher (als Vertreter des künftigen Mannes

[190] Es sei denn durch den Einbau recht globaler temporaler Strukturen. Zuerst soll das Kind im wesentlichen durch Spiel erzogen werden, also durch eine als Gegenwart sinnvolle Beschäftigung, später dagegen mehr und mehr durch Übung, also durch eine nur im Blick auf die Zukunft sinnvolle Beschäftigung.

[191] K II, S. 28; K I, S. 261 (Freiheit als Freiheit der Selbstwahl).

[192] Vgl. die tabellarische Darstellung der Zucht, die in Analogie und Symmetrie zur Darstellung des Unterrichts gearbeitet ist, dann aber doch nicht in die Allgemeine Pädagogik aufgenommen wurde: Die Leser „werden mich entschuldigen, daß ich hier nicht noch einmal eine immer undeutliche Skizze der Verflechtung jener Begriffe versuche . . .“ K II, S. 129. Hierzu und zur Geschichte ihrer Interpretationsversuche vgl. BLASZ, Pädagogische Denkform . . ., a. a. O., S. 57f.

beim Knaben) ist die Pädagogik als eine eigene Zeitebene der „Mitte" über Differenzen konstruiert, weil nur auf diese Weise das Wirkungsproblem als Realitätsbezug mit theoretischem Gehalt angesteuert werden kann!

Damit ist abschließend die Frage aufgeworfen: Womit trägt diese Kompensation des Technologieproblems zum Wirkungsproblem bei? Zunächst dadurch, daß sie seine Relevanz neutralisiert, ja eigentlich ausschließt. Im Rahmen der Formalität der Begriffsschematik, die den Sinn der Zeitabstraktion der Gleichzeitigkeit hat, ist für Kausalbeziehungen kein Platz. Aber dann ist nach dem Verhältnis von Begrifflichkeit und Zeitlichkeit weiterzufragen: Wie wird die Begrifflichkeit selbst praktiziert? Indem sie Zeit und Kausalität in Anspruch nimmt? Und wie kann von den Reflexionspositionen her das, was diese problematisieren, auf sie selbst angewendet werden? Die vorliegenden Kategorisierungen sind darauf angesetzt, die relationale Struktur des Unterrichtsprozesses für ändernde Eingriffe (der Zucht) durchsichtig zu machen[193], etwa mit dem – wie auch immer tauglichen – Versuch der Mathematisierung des Bildungsprozesses: „Klar tritt die Funktion der Orientierungshilfe hervor."[194] Aber kann man bei Begriffsschematiken stehenbleiben, wenn man orientieren, wenn man das Unterrichtsgeschehen diagnostizieren will? Man müßte erkennen, daß wir es hier mit Ansätzen einer Aufgabenanalyse, mit einem Forschungsprogramm zu tun haben. Dem stand der aprioristische Zuschnitt pädagogischer Konstruktionen im Banne der Theorie der Bildung einstweilen entgegen, mit der Folge, daß die sich entwickelnde Organisation die ausgereifteren Theoriestücke aus dem Theoriegebäude herausbrach und dazu benutzte, das Technologieproblem zu dekomponieren, um seine Lösung stückweise zu erleichtern.

## VIII. Pädagogische Wissenschaft zwischen Idealismus und Organisation

Mit der kantischen Philosophie war für die neue Pädagogik erstmals eine Möglichkeit sichtbar geworden, das empirische Durcheinander der bisherigen Bemühungen unter einem Prinzip zu ordnen[195]. Ordnung soll an Stelle des Zufalls treten, und der Endzweck ist das Ordnungsprinzip, verstanden im Sinne einer regulativen Idee.

Mit dieser Konzeption stößt man in dem Maße, als die Pädagogik und die

[193] Vgl. Anhang BLASZ, Herbarts pädagogische Denkform, a. a. O., S. 163ff.
[194] Darin folgen wir BLASZ, a. a. O., S. 176.
[195] Dies wird in der KANT anwendenden erziehungswissenschaftlichen Literatur ganz deutlich gesagt: GREILING 1793; HEUSINGER 1794.

Organisation auszweigen, auf Schwierigkeiten. Die Anzahl der beschulten Kinder nimmt im ersten Drittel des 19. Jahrhunderts sprunghaft zu[196], was „zu einem wüsten und wirren Durcheinander des täglichen Unterrichts geführt [habe]“[197]. Organisation differenziert sich mit eigenen Nöten und Anforderungen faktisch gegen Wissenschaft. Hierbei ist nicht nur an den Ausbau der Schulen selbst zu denken, sondern auch an den Auf- und Ausbau eines immer komplexeren Apparats der für die Schulaufsicht und Schulangelegenheit zuständigen Verwaltung[198]. Das alles geschieht, ohne daß man sich bereits im ausreichenden Maße auf Erfahrungen stützen kann. Jedenfalls können neu sich einstellende Erfahrungen nicht mehr nach dem kantischen Einheitsbegriff verarbeitet werden. „Konzentration“ wird zum Ersatzbegriff, der nun stärker mit den Mitteln der bereits eingerichteten Organisation arbeiten will und hofft, hierzu die in Ausarbeitung befindliche Pädagogik in Anspruch nehmen zu können.

Die Herkunft des Konzentrationsbegriffs verweist auf die Zeit, in der die MASSOWschen Reformpläne in Preußen diskutiert wurden. Nach der Ära WÖLLNER[199], die auf nur staatliche Schulpolitik abhob, stellte sich die Frage eines sachverständigen Einsatzes staatlicher Organisationsmittel für das Unterrichtswesen um so nachdrücklicher. Ist der allgemeinen Staatsbezogenheit der Nationalerziehung Rechnung zu tragen, muß der entstandenen Zersplitterung des Schulwesens Einhalt geboten werden. Dabei geht es nach den Vorstellungen VON MASSOWS um Regelungen, die „allen Mitgliedern des Staates Nutzen [bringen]“[200]. In diese Zweckbestimmung der Nationalerziehung ist die „künftige Bestimmung“ der Betroffenen einbezogen. Damit ist die Standes-Orientierung noch nicht eliminiert, aber das Interesse für den Zustand des ganzen Unterrichtswesens programmiert. Entsprechend sehen die MASSOWschen Reformpläne zunächst die Förderung der Elementarschulen vor, die nach der Finanzverfassung im Schulwesen benachteiligt waren. Am Berufsbezug trennen sich Gelehrten- und Bürgerschulplanung. In der Konse-

---

196 Für Berlin genauere Angaben bei Detlef K. MÜLLER, Sozialstruktur und Schulsystem, Göttingen 1977, S. 346; 347 ff.

197 Karl Ferdinand SCHNELL, Die Centralisation des allgemeinen Schulunterrichts, 1850 (zitiert nach Bernhard SCHWENK, Unterricht zwischen Aufklärung und Indoktrination, Frankfurt 1974, S. 29).

198 Vgl. Gerhardt GIESE, Quellen zur deutschen Schulgeschichte, Göttingen 1961; Manfred HEINEMANN, Schule im Vorfeld der Verwaltung: Die Entwicklung der preußischen Unterrichtsverwaltung von 1771–1800, Göttingen 1974; Karl-Ernst JEISMANN, Das preußische Gymnasium in Staat und Gesellschaft: Die Entstehung des Gymnasiums als Schule des Staates und der Gebildeten, 1787–1817, Stuttgart 1974.

199 Zur Ära WÖLLNER siehe JEISMANN, a. a. O., S. 119 ff. (127).

200 Zit. nach JEISMANN, a. a. O., S. 178.

quenz dieser Wendung zum berufsbezogenen Erziehungssystem[201] liegt aber auch, den Übergängen zwischen den verschiedenen Schularten Aufmerksamkeit zu widmen, um schließlich die Zusammenfassung mit staatlichen Organisationsmitteln sichern zu helfen, die dann auch die „gelehrte Schule“ mit einschließt.

Ist der Gedanke der Zusammenfassung und Konzentration der Schularten in dieser Weise für das Schulsystem fruchtbar gemacht, sind auch die Pädagogen aufgefordert, ihren Beitrag unter dem Blickwinkel ihres Sachverstandes zu leisten. In dieser Zeitlage kommt der pädagogische Gebrauch des Konzentrationsbegriffs in Gang. August Hermann NIEMEYER[202] empfiehlt nicht nur die Konzentration des Lehrplans der Gymnasien, sondern auch die Konzentration von Ausbildungskarrieren: „Überhaupt kann die Anzahl der auf der Universität zu Prüfenden nicht genug vermindert werden. In der herrschenden Meinung sind die hier angestellten Examina alle ungleich leichter als die Schulprüfungen.“[203] „Konzentration“ ist angesetzt, um zur Organisation hin zu vermitteln, denn nur „Konzentriertes“ kann konzentriert geprüft werden. „Konzentration“ ist aber auch von der Organisation abhängig, insofern die Pädagogik eine Vereinheitlichung ins Auge faßt, weil anderenfalls ein Prüfungssystem sinnlos wäre bzw. unvergleichbare Resultate lieferte. Das geschieht noch ohne terminologische Absicht. Erst die neue, an der faktischen Organisation sichtbar gewordene Erfahrungswelt erzwingt eine terminologische Entscheidung. „Konzentration [wird zum] Stichwort, das für das zweite Drittel des Jahrhunderts ebenso charakteristisch ist wie allgemeine und allseitige Bildung für das erste.“[204] Nicht mehr ist im Hinblick auf Moralität an „Vereinigung“ gedacht, „Konzentration“ selbst ist die Formel der „rechten Verbindung von Vielem und Einem“[205], wobei nun Organisation als Realphänomen mitgedacht ist.

---

201 Vgl. auch Christian Daniel VOSZ, Versuch über die Erziehung für den Staat, als Bedürfniß unsrer Zeit, zur Beförderung des Bürgerwohls und der Regenten-Sicherheit, Halle 1799.

202 Als auswärtiges Mitglied des Oberschulkollegiums um ein Gutachten über die Verbesserung im Unterrichtswesen gebeten. Weitere Angaben bei JEISMANN, a. a. O., S. 205.

203 Zit. nach JEISMANN, a. a. O., S. 206: Organisation also auch als der über Prüfungen laufende organisatorische Zugriff auf Selektion. Hierzu Teil 3 XI.

204 So Friedrich PAULSEN, Geschichte des gelehrten Unterrichts, Berlin und Leipzig 1921, 2. Bd., S. 389. Weitere Hinweise zur Historie bei SCHWENK, Unterricht zwischen Aufklärung und Indoktrination, a. a. O., S. 28–32 (138–142). Textgrundlagen in: Encyklopädisches Handbuch der Pädagogik, hrsg. v. W. REIN, Bd. 5, 2. Aufl. Langensalza 1906, S. 77–85 (Rud. SCHUBERT); S. 85–101 (Jos. LOOS).

205 SCHUBERT, a. a. O., S. 77.

Wie konnte das geschehen? Welche Umdispositionen waren vorausgegangen, daß davon ausgegangen werden konnte, pädagogische Wissenschaft in den Dienst des Organisationsinstruments zu stellen? Bevor wir uns mit dem Versprechen selbst, das mit „Konzentration" gesetzt ist, beschäftigen, wollen wir uns zunächst der zugrundeliegenden engen Beziehungen zwischen Pädagogik und Organisation versichern, auf die im Lichte der an Organisation gemachten Erfahrungen zurückgegriffen worden ist.
Für die engen Beziehungen zwischen Organisation und Pädagogik ist als Ausgangspunkt der Zusammenhang von Idealismus und Organisation bedeutsam, mit dem die Entwicklungen des 19. Jahrhunderts eingeleitet werden. Das vernunftgemäße Ideal, dem man näherzukommen sich bemüht, erscheint als die erste und wichtigste Bedingung für Organisation. Dieser Zusammenhang findet seinen gedankenmäßigen Systementwurf in KANTS „Kritik der Urteilskraft"[206]. Nachdem Organisation und Zweck in bezug auf natürliche Dinge verhandelt worden sind (Dinge als Naturzwecke sind organisierte Wesen) – und dies in der analog zur Reflexion reflexiven Strukturiertheit von Organisation („sich selbst organisierendes Wesen") –, bemerkt KANT in bezug auf die Übertragung dieses Begriffs auf den nicht natürlichen, d. h. gesellschaftlichen Bereich: „So hat man sich, bei einer neuerlich unternommenen gänzlichen Umbildung eines großen Volkes zu einem Staat, des Worts *Organisation* häufig für Einrichtung der Magistraturen usw. und selbst des ganzen Staatskörpers sehr schicklich bedient. Denn jedes Glied soll freilich in einem solchen Ganzen nicht bloß Mittel, sondern zugleich auch Zweck und, indem es zu der Möglichkeit des Ganzen mitwirkt, durch die Idee des Ganzen wiederum seiner Stelle und Function nach bestimmt sein."[207] Vor dem Hintergrund dieses gedankenmäßigen Konzepts ist Organisation unerläßliche Bedingung für die Realisation vernunftgemäßer Ideen, und ebenso ist umgekehrt die Idee Garant der planmäßigen Einheit von Organisation. Der Zweckbegriff dient dann als Vermittlungsbegriff insofern, als er Einzeltätigkeiten verteilen und instruieren kann. Dies alles findet sich – im Vorgriff auf eine noch nicht vorhandene Organisation – nicht nur mit idealistischem Schwung formuliert[208], sondern auch als unerläßliche Bedingung vorgetragen, um die Forderung nach einer solchen Organisation zu begründen[209].

---

[206] Siehe Kritik der Urteilskraft § 65, a. a. O., S. 483 ff.

[207] A. a. O., S. 487 Anm.

[208] Beispielsweise bei Johann Gottlieb FICHTE, Reden an die deutsche Nation (14. Rede), a. a. O., S. 228 ff.

[209] Vgl. Heinrich STEPHANI, Grundriß der Staatserziehungswissenschaft, Weißenfeld und Leipzig 1797: „weil nach einem ewigen Naturgesetze jede Kraft zu ihrer Wirksamkeit Organe nöthig hat, durch welche sie sich zweckmäßig äußern kann" (S. 43).

An dieser Kette „Vernunftschema – Zweck – Organisation“ kann nunmehr in der Pädagogik unschwer Erziehung durch Zwecke auf Organisation zurückinterpretiert werden. Das Ergebnis ist der kantischen Gedankenfigur analog: „Die Konzentration des erziehenden Unterrichts ist nicht ein Accidens, sondern ein wesentlicher Charakter derselben; sie ist nicht eine willkürlich ersonnene Zutat zum Unterrichte, sondern eine logische Konsequenz aus dem Zwecke des Unterrichts und der natürlichen psychischen Entwicklung.“[210] In der „Konzentration“ als der „rechten Verbindung von Vielem und Einem“ wird dann (1) auf dem Hintergrund *innerpädagogischer Zweckbestimmungen* die Vielseitigkeit zur Einheit gebracht bzw. ist der Einheit ihre Vielseitigkeit garantiert[211]. In ihr sucht (2) die *Pädagogik* die Sicherung des *Zusammenhangs* zwischen Didaktik und Methodik[212] (bei ZILLER[213]) als „Ausgangspunkt für die spezielle Methodik“ und kommt so (3) an *Organisation überhaupt* heran.

(1) Was stand den Pädagogen an Organisationsproblemen eigentlich vor Augen, als sie um die Mitte des 19. Jahrhunderts darangingen, „Konzentration“ auch in bezug auf Organisation anzuwenden? Die Realisierung der Schulpflicht machte im ersten Drittel des 19. Jahrhunderts sprunghafte Fortschritte. Die Anzahl der Kinder in einzelnen Klassen erreicht nicht selten comenianisches Ausmaß. Mit der Differenzierung des Klassensystems und der Neugründung weiterer Schuleinheiten kam man gleichsam immer zu spät; denn die Kinder waren anwesend in übergroßer Zahl, um unterrichtet zu werden. Es ist nicht „einerlei, womit man [sie] beschäftige ... Alles, was [der Unterricht] darbietet, soll endlich zusammenwirken, weshalb es bei ihm auf die Ordnung und die Folge wesentlich ankommt“[214]. Kommt es in Anbetracht des „Übel[s], das bekämpft werden soll“[215], vor allem auf Unter-

---

210 M. ENGEL, Konzentration des Unterrichts. Allg. Deutsche Schulzeitung 1883, Nr. 8 u. 9; zit. bei: SCHUBERT, a. a. O., S. 79.

211 „Wahrhaftige Vielseitigkeit einer Individualität erfordert allemal Konzentration“: SCHUBERT, a. a. O., S. 79.

212 Bzw. in der Nachfolge von Karl MAGER auch in der Form von Schulwissenschaften. Weitere Hinweise bei SCHWENK, a. a. O., S. 40; 148. Zur Problemsicht und Semantik des Didaktik/Methodik-Verhältnisses ausführlicher Kapitel XI.

213 Wenn wir uns im folgenden an Tuiskon ZILLER orientieren, dann deshalb, weil das durch ihn etablierte (pädagogische) Organisationsdenken schließlich repräsentativ wird für die Pädagogik über das 19. Jahrhundert hinaus. Hierzu auch SCHWENK, a. a. O., S. 33 ff.; 142 ff.

214 Tuiskon ZILLER, Grundlegung zur Lehre vom erziehenden Unterricht (1864), hrsg. v. Theodor VOGT, 2. Aufl. Leipzig 1884, S. 291.

215 „Seitdem der Jugendunterricht seine jetzige Ausdehnung erhalten hat; denn hiermit ist für eine Beurteilung nach Größenbegriffen noch mehr Veranlassung gegeben als früher, und das Übel beträchtlich angewachsen.“ ZILLER, a. a. O., S. 423.

richt an, „droht“ allen Beteiligten am Unterricht die Überforderung[216]. Angesichts der auftretenden Organisationsprobleme verschafft der Konzentrationsbegriff der Pädagogik das gute Gewissen seiner innerpädagogischen Ausdeutung.

Das Ziel des Unterrichts, das in der von Religionslehre/Ethik erarbeiteten normativen Zweckdefinition der „sittlich-religiösen Persönlichkeit“ („beseelte Gemeinschaft“) gipfelt[217], wird ausgelegt als wohlproportionierte „Ausbildung des ganzen Menschen“[218]. Diese „höhere Art von Bildung“, durch die der „Zögling überhaupt menschlich gemacht werden [soll]“[219], bezweckt die Ausbildung eines „gleichschwebend vielseitigen Interesses“: nämlich vielfältige Einheit bzw. einheitliche Vielfalt[220]. Dank des Konzentrationsbegriffs erhalten diese klassischen Topoi der Pädagogik einen neuen Sinn: Immer geht es um Probleme der Zusammenfassung[221]; denn sie sind zum Programm für ein ganzes Schulsystem geworden und nicht nur Ziel des Handelns einzelner Pädagogen. Deshalb kann man „durch den Unterricht [nur] erziehen, wenn er ... planmäßig betrieben [wird]“[222]. Der Konzentrationsbegriff verschafft der Pädagogik (auch) das gute Gewissen, auf das Individuum durchzugreifen[223], und das heißt für sie „das wissenschaftliche Gewissen“, ihre wissenschaftlichen Vorgaben (allgemeine Menschenbildung als psychologische Fragestellung) auf unterrichtsmäßige Erfordernisse hin zu beziehen. Im Unterricht Anfallendes (Organisatorisches) kann damit „wissenschaftlich“ anvisiert werden, ohne allzu mächtig zurückzuwirken.

---

216 Dazu ZILLER in pädagogischer Phrasierung: „Verderbnis der Gesinnung“, a. a. O., S. 423.

217 „Ideal der Persönlichkeit“, das – anders als der Endzweck der Erziehung nach HERBART – nun milder (gegenwärtige) Wirklichkeit kontrastiert: „Das ist die Gestalt, die der zu Erziehende annehmen soll und die sich allerdings nicht sicher aus der Erfahrung entnehmen läßt“. Tuiskon ZILLER, Allgemeine Pädagogik (1876), hrsg. v. Karl JUST, 2. Aufl. Leipzig 1884, S. 22. Deshalb stellt sich die Frage seiner Vermittlung: „Es ist ein Ideal der Gesinnung, des Willens, das zuerst in der christlichen Lehre ausgebildet ...“ (a. a. O.). Die Religionslehre hier in der Funktion einer „Vermittlungstheologie“ für die Programmierung der Schulorganisation. Für Verbindungslinien zu Ferdinand STIEHL und den „Regulativen“ Hinweise bei Hugo G. BLOTH, Neuere Diesterweg-Forschung, Zeitschrift für Pädagogik 20 (1974), S. 117–127 (122).

218 ZILLER, Grundlegung, a. a. O., S. 27.

219 A. a. O., S. 27.

220 Allgemeine Pädagogik, a. a. O., S. 242 ff.

221 Z. B.: „... durch Verschmelzung des Ich in der Gemeinschaft mit anderen ...“ (!), ZILLER, Grundlegung, a. a. O., S. 423.

222 ZILLER, Grundlegung, a. a. O., S. 187.

223 Psychologie als „nähere Bestimmung des Unterrichtszweckes“, Grundlegung, a. a. O., S. 316 ff.; denn auch „dem Zöglinge fehlt es an Konzentration“ (S. 439).

(2) ZILLER bleibt jedoch bei dieser innerpädagogischen Ausdeutung der Konzentrationsidee nicht stehen, sondern erhebt sie auch zum „Ausgangspunkt für die spezielle Methodik“[224]. So werden unter „Konzentration“ der Stoffumfang sowie Auswahl, Aufeinanderfolge und der Zusammenhang bedacht: um die Vielseitigkeit der in die Schulen drängenden „Stoffe“ auf einen „Mittelpunkt“ zu bringen[225].
Aber auch unter dem Stichwort der „Methodik“ selbst kommt Organisatorisches nicht eigenständig zur Geltung; vielmehr wird es in demselben Maße pädagogisch-wissenschaftlich qualifiziert, wie für die Methodik die wissenschaftliche Legitimationssicherung beigebracht werden[226] muß. Das wird für ZILLER besonders prekär, insofern sich die Didaktik schon zur Bildungslehre wegentwickelt und er alle Mühe hat, dem sich damit einstellenden Steuerungsdefizit entgegenzuarbeiten: „Wenn man ... die pädagogischen Unterrichtsmethoden leugnet, so leugnet man die wissenschaftliche Natur der Pädagogik und der Didaktik insbesondere.“[227] Es sei deshalb unverantwortlich, daß man „in neuerer Zeit [anfängt] – ... auf die Bemühungen der Wissenschaft um die Methodik des Unterrichtes mit Geringschätzung oder Gleichgültigkeit herabzublicken und die Unterrichtsmethoden selbst als ein Schaugepränge und Gaukelspiel, als leere Erfindungen oder Phantasie, als Pedanterien und Künsteleien, die mehr verderben als helfen, zu betrachten“[228]. Doch auch ZILLER steht noch immer oder schon wieder unter dem Einfluß der angesichts der Erfahrungen mit dem aller Steuerung sich verweigernden Menschen skeptischen bis resignativen Pädagogik. Auch er weiß, daß es „nicht irgend ein Methodenbuch geben [kann], wonach der Zögling ganz genau und buchstäblich sich unterrichten ließe“[229]. Deshalb muß als unbestimmtes, pädagogisches Feingefühl der Takt der Sicherung des Unterrichts durch psychologische Affinitäten („natürlicher Entwicklungsgang“) beispringen. Immerhin: ZILLER wehrt sich gegen die Verdrängung der sich unterrichtsmethodisch artikulierenden Organisationserfordernisse.
(3) Ist durch ZILLER nachhaltig belegt, wie die Pädagogik versucht, mit einem neuen Realphänomen zu Rande zu kommen, wird schließlich das Organisationsproblem für die Pädagogik an einer Stelle bedeutsam, an der sie nicht

[224] „... weil zugleich die Konzentrationsidee leiten muß.“ Allgemeine Pädagogik, a. a. O., S. 292.
[225] Als Programmierbasis für die Organisation unter dem Stichwort „Gesinnung“. Vgl. ZILLER, Allgemeine Pädagogik, a. a. O., S. 189ff.
[226] „... die Methoden selbst sind nichts anderes als konkrete Formen für die unwandelbaren Gesetze des menschlichen Geistes, und werden durch diese Gesetze vorgezeichnet.“ Grundlegung, a. a. O., S. 186.
[227] Ein Argument auf dem Boden der „Gegner“! A. a. O., S. 187.
[228] A. a. O., S. 179f.
[229] A. a. O., S. 183.

ausweichen kann: im Verhältnis zwischen Regierung, Unterricht und Zucht[230]. Das nahm gewissermaßen seinen Anfang schon beim „Realisten" HERBART: Schulen als „Nothilfen"[231]. So ist HERBARTS Allgemeine Pädagogik im Schatten mitlaufender struktureller Bedingungen auf den Weg gebracht[232]. Sie selbst unterliegt deshalb der Meinung, daß es ihr Spezialanliegen sei, den Menschen als Individuum gegen Objektivitäten und Objektivierungen zu verteidigen. Im Zuge dieser Verkürzungen der Problemsicht wird dem Pädagogen Organisation zu einem „bedeutsamen Wort ... von zweifelhaftem Wert"[233]. Nach der faktischen Ausarbeitung der Organisation kann die Pädagogik „Organisation" als strukturelle Bedingung nicht mehr übergehen: „Regierung" wird zur unerläßlichen Bedingung des Unterrichts („Fundament des Erziehungsgebäudes"), denn ohne sie „kömmt namentlich der Unterricht nicht in Gang: Denn die Erziehung muß mit dem beginnen, was nicht bildet, was nicht erzieht ..."[234] Diese Einsicht bleibt jedoch (auch bei ZILLER) ambivalent, denn die Regierung kann sogleich wieder als dem pädagogischen Geschäft entgegengesetzte „abrichtende Gewöhnung" denunziert oder, weniger scharf, durch Takt gemildert werden und wird schließlich „durch Erziehung selbst entbehrlich gemacht"[235]. Unter dem Druck unmit-

---

230 Vgl. Tuiskon ZILLER, Die Regierung der Kinder, Leipzig 1857; Grundlegung, a. a. O., S. 1 ff. (§ 1 Regierung und Unterricht); Allgemeine Pädagogik, a. a. O., S. 106–133.

231 HERBART im Räsonnement „Ueber Erziehung unter öffentlicher Mitwirkung": „Weit milder in jeder Hinsicht fällt also das Resultat aus, wenn wir die Pädagogik, wie sichs ohnehin gebührt, auf ihre eigenen Füße stellen; wenn wir sie ansehn als die Wohlthäterin der Einzelnen, deren jeder ihrer Hülfe bedarf, um das zu werden, was er einmal wünschen wird, geworden zu seyn. Alsdann aber verschwinden uns sogleich die Schulen ...", K III, S. 77.

232 Die Allgemeine Pädagogik geht von der Voraussetzung der strukturellen Integration der Kinder aus: „Diese Dinge müssen überall vorher abgemacht werden, ehe man bilden kann. Die Knaben in der Schule müssen still sitzen, ehe sie dem Lehrer zuhören (Regierung der Kinder)." Wenn aber erst mit Bezug darauf die Einheit des Erziehungsprozesses garantiert ist, welchen Zweck kann sie dann dafür ausweisen, um den Zusammenhang mit „Unterricht und Zucht" darzutun? „Man frage nun nicht nach einer positiven Definition, welche den Zweck der Regierung der Kinder feststelle: Bildung und Nicht-Bildung, das ist der contradictorische Gegensatz, welcher die eigentliche Erziehung von der Regierung scheidet." HERBARTS Replik gegen JACHMANNS Recension, K II, S. 166.

233 Friedrich Adolph Wilhelm DIESTERWEG, Zur Revue über einige Reformvorschläge für die Volksschule, in: Sämtliche Werke, hrsg. von Heinrich DEITERS u. a., Berlin 1956 ff., Bd. XI, S. 217; und das gilt bekanntlich nicht nur für das 19. Jahrhundert: vgl. Hermann HOLSTEIN, Die Schule als Institution, Ratingen 1972, S. 119 ff.

234 ZILLER, Allgemeine Pädagogik, a. a. O., S. 12; 107.

235 A. a. O., S. 110.

telbarer Organisationserfahrungen, die jedoch als mitwirkende Umstände nicht thematisiert werden, verliert die Begrifflichkeit des „erziehenden Unterrichts" viel von ihrer pädagogischen Schärfe. Eine Tendenz der Verbegrifflichung unscharfer Kontexte pädagogischen (oder: Erziehung aufnehmenden) Handelns breitet sich aus: „Die Zucht stimmt . . . in ihrem Ziele mit dem Unterricht völlig überein. Sie sucht ebenso . . . dem Zöglinge eine höhere Bildung und dadurch einen absoluten Wert zu verschaffen . . ., seinem Verhalten und Geistesleben die Richtung auf Tugend und Glauben zu geben."[236] Weil die Pädagogik als Wissenschaft Zentralität beansprucht, muß sie in dieser Situation die mitwirkenden Umstände (Organisation) in die Stellung eines bloßen Kontextes rücken.

Bei aller Unsicherheit in der Beurteilung von „Regierung", bei aller Ambivalenz gegenüber Organisatorischem, die Organisation hat sich nicht nur gemeldet, sondern zwingt der Pädagogik die Modifizierung ihres Problemverständnisses auf. Kann in der Pädagogik Erziehung durch Zwecke auf Organisation zurückinterpretiert werden, ist der Konzentrationsbegriff das Versprechen, um in der Organisation qua Pädagogik Einheit garantieren zu können. Deshalb stellt sich nun die Frage, wie dieses Versprechen in der Welt der Schulen umgesetzt worden ist[237].

Die Welt der Schulen: die repräsentiert nicht mehr nur die sich von „Religion" und „Staat" emanzipierende Pädagogik, sondern ist eine besondere Welt spezifischer Erfahrungen, an denen weder die wissenschaftliche Pädagogik noch das politische System vorbeigehen können. Das betrifft zunächst die Absicht des Staates, sich des Sachverstandes bedeutender Schulmänner zu versichern[238]; es betrifft aber auch die Schulverwaltungen selbst[239]. Sind der Pädagogik in dieser Weise Organisationsstrukturen vorgegeben, sieht sie sich nicht nur angehalten, sich mit Folgeproblemen zu beschäftigen, ihr eröffnen sich nun auch Reflexionschancen, indem der faktische Aufbau der Organisa-

[236] Grundlegung, a. a. O., S. 150; womit Begriffselaborate, die für die Zentrierung des Erlebens in Organisationen funktionslos werden, schließlich marginalisieren, z. B. „Zucht oder Charakterbildung", vgl. ZILLER, Allgemeine Pädagogik, a. a. O., S. 393ff.

[237] Zu den „zwei Seiten" des Konzentrationsbegriffs, allerdings ohne auf seine Organisationsabhängigkeit durchzureflektieren, vgl. auch SCHWENK, a. a. O., S. 38; 60; 147.

[238] Hierzu Karl-Ernst JEISMANN, Die „Stiehlschen Regulative", in: Dauer und Wandel der Geschichte: Aspekte europäischer Vergangenheit (Festschrift Kurt v. RAUMER), Münster 1966, S. 423–447; SCHWENK, a. a. O., S. 23ff.

[239] Die nun die politische Kontrolle des entstehenden Schulwesens benutzt, um qua Verordnungen und Erlassen angeleitete Reflexionsanstöße im Erziehungssystem zu erzeugen. Vgl. GIESE, a. a. O.

tion die Respezifikation der Problemhinsichten übernimmt: zunächst in der Form interner Differenzierung nach Schultypen als Folge des Wachstums und des Selektionszwanges[240]. Die Pädagogik beginnt, der Differenzierung zu folgen. Dies erleichtert wiederum die Reorientierung nach pädagogischen Zwecken, was eine Formalisierung des Unterrichtsgeschehens ermöglicht: nämlich Thematisierung pädagogischer Funktionen in Formen der Organisationsfunktionen[241]. Dank dieses Führungswechsels kann nun Organisation benutzt werden, um das Technologiedefizit zu kompensieren bzw. zu minimieren.

Hier hatte HERBART mit der Abstraktion von Begriffsreihen bereits vorgearbeitet, indem diese ihrerseits im Unterrichtsvollzug keinen bestimmten Zeitstellenwert haben (wie empirische Zwecke), sondern jederzeit in Anspruch genommen werden können: so daß es „nur" noch des Einbaus eines Zeitschemas bedarf[242], um einer technologisch interpretierbaren Regelung des Erziehungsprozesses den Weg zu bereiten. Grundlage dieses neuartigen Technologieverständnisses sind dann nicht mehr Formen des Erkennens und Begreifens, sondern organisatorisch präsentierte und garantierte Zeitschemata. Damit sind die Sicherheitsgrundlagen der Allgemeinen Pädagogik HERBARTS ausgewechselt. Die Pädagogik hat sich auf die Realitätsrepräsentanz organisatorischer Strukturvorgaben eingestellt, indem sie das Unterrichtsgeschehen unter dieser Voraussetzung und in struktureller Analogie hierzu thematisiert. Begriffsbezug und Organisationsbezug werden – wenn nicht in der Realität, so doch in der pädagogischen Semantik – integriert. Werden die Bedingungen für Entscheidungen über die Richtigkeit des Verhaltens der Beteiligten in dieser Weise vorgegeben, stellt sich der Pädagogik nur (!) noch die *Aufgabe*, Dekompositionsleistungen der Organisation aufgabenbezogen, d. h. im Hinblick auf die Lösung des Wirkungsproblems im Unterricht abzurufen. Wie kann der Einsatz dieses „Technologieversprechens" *pädagogisch* kontrolliert werden?

Was die Frage der Zugriffsfähigkeit (auf Lernfähigkeit) angeht, werden die HERBARTschen Begriffsreihen als Entscheidungsprämissen verstanden, weil diese sich nun auf einen Kontext beziehen, der solche Zugriffe reguliert und

---

240 Womit auch das Ideal der Allgemeinbildung an Kontur verliert, was für das Gymnasium den „Verlust" ihres „Gesamtschulcharakters" zur Folge hat. Hierzu näher Detlef K. MÜLLER, a. a. O., insbes. S. 173 ff. (bei MÜLLER allerdings in anderer Bewertung).

241 Sog. „Theorie der formalen Stufen des Unterrichts" als allgemeine Unterrichtsmethodik: ZILLER, Allgemeine Pädagogik, a. a. O., S. 259 ff.

242 Zunächst bedarf es aber „spezieller Regierungsmaßregeln für den Schulunterricht", um seine Komplexität überhaupt dekomponierbar zu machen: „feststehender Sitten", Raumreihen, Zeitreihen u. a. m., Allgemeine Pädagogik, a. a. O., S. 125 ff.

garantiert[243]: indem nämlich ein Zeitschema verwendet ist, das die Rolle des Lehrers im Hinblick auf die Gegenrolle variiert und *dabei voraussetzt*[244], daß im nächsten Moment Konditionierung und Einflußnahme in der Gegenrichtung erfolgen. In Anbetracht dieses semantischen Kontextes kann dann gefordert werden, die Zweck/Mittel-Rationalität auf Lernfähigkeit einzustellen: Der Fortgang des Unterrichtsprozesses hänge nach den Regeln der Organisation von der Feststellung ab, ob der Effekt eingetreten sei oder nicht. Die Erfolgskontrolle falle zeitlich mit dem Ende der Operationen (die die Technologie angibt) zusammen. Das ist eine wichtige Limitierung auf mögliche Zielsetzungen: Die Ziele dürfen nicht so formuliert werden, daß ihr Eintritt erst lange nach dem Abschluß der Operationen erwartet werden kann. Diese Bedingung zwingt eine Erziehungstechnologie in die Form einer seriellen Produktion. Die „Stoffe" müssen hinreichend dekomponiert sein, um dem Erfordernis der Isolierbarkeit von Faktoren (an denen der Effekt festgestellt werden kann) Rechnung zu tragen: Es muß somit abschnittsweise, und das heißt gemäß zweckentsprechender Bearbeitung der Stoffe, aber auch in „methodischen Einheiten" vorgegangen werden[245].

Erziehungstechnologie ist aber auch abhängig von der Zurechenbarkeit von Resultaten. Wie steht es mit diesem Erfordernis, wenn zu den Systembedingungen der Technologie zählt, daß die Schülerrolle durch eine Vielzahl von Personen besetzt ist (und die daraus sich ergebenden Probleme jede einzelne Kommunikation beherrschen)? „Der Unterricht muß sich stets an die ganze Klasse wenden und doch zugleich die lebendigste Wechselwirkung mit dem Einzelnen herstellen, in dessen Sonderbewußtsein er eindringen soll."[246] Diese Form, dem doppelten Problem der Unterrichtstechnologie zu begegnen, mag als „Regierungsmaßregel" angehen, sie reicht nicht aus, um hier – pädagogisch verantwortlich – Entscheidungen zu treffen, d. h. zuzurechnen. Auf dem Wege der Berücksichtigung der sozialen Dekomposition des Tech-

---

[243] Zur Frage der Umdeutung der Allgemeinen Pädagogik HERBARTS in eine allgemeine Unterrichtsmethode siehe auch die Interpretation von BLASZ mit weiteren Hinweisen auf HERBART und ZILLER, a. a. O., S. 125 ff., die sozusagen darin ihre Exklusivität hat, daß von der inzwischen erfolgten Erweiterung des Bedingungsumfangs von Erziehung keine Notiz genommen ist.

[244] Zur Legitimation dieser Voraussetzung kann hier nur auf die Determinationslehre der Psychologie ZILLERS im Anschluß an HERBARTS Psychologie hingewiesen werden. Hierzu näher Bernhard SCHWENK, Das Herbartverständnis der Herbartianer, Weinheim 1963.

[245] „Im Fortschritt des Unterrichts . . . muß sich immer eine methodische Einheit an die andere anschließen. So versinkt der Unterricht nicht in bloße Darstellung einzelner Notizen." Allgemeine Pädagogik, a. a. O., S. 263; 294.

[246] Allgemeine Pädagogik, a. a. O., S. 12.

nologieproblems ist man aber weitergekommen[247]: durch Feindifferenzierung die Schule mit einem feinmaschigen Netz organisatorischer Art zu überziehen[248]; dies allerdings mit der Folge, daß damit mehr als zuvor alle den Schüler individualisierenden Merkmale ausgeschaltet werden.
Im Banne der Konzentrationsidee ist die Pädagogik als Planungswissenschaft in Anspruch genommen worden; aber die Organisation selbst hat die Funktion der Technologie übernommen, die auf der Unterrichtsebene auftauchenden Probleme so zu dekomponieren, daß der Lehrer in der Klasse operationsfähig wird. Das Technologieproblem wird so auf Pädagogik und Organisation verteilt. Das ist das Geheimnis für den historischen Erfolg der Formalstufentheorie in einer Zeit enormer Expansion des Schulwesens: die Verarbeitung des von HERBART vorgearbeiteten pädagogischen Problemlösungswissens[249] mit organisatorisch vorgehaltenen und garantierten Entscheidungsstrukturen. Aber die Konzentrationsidee ist nicht nur als Versprechen in die Welt der Schulen eingeführt worden, um auf der Ebene des Unterrichtsgeschehens Ordnung zu schaffen, sondern muß eine Operationalisierung der Erziehungsfunktion ermöglichen; mit der Funktion der Organisation als Technologieersatz ist jedoch gerade diese Vermittlung sozusagen unterbro-

---

[247] „Das zu Lernende ist daher immer zunächst mit nur einem auszuüben, und dabei hören die anderen bloß aufmerksam zu, nur so lernen sie mit. Höchstens darf einer von ihnen, bei dem vorausgesetzt wird, daß er das Einzuübende schon versteht und kann, zum Einhelfen herangezogen werden, wenn alles versucht ist, ob sich der zuerst zum Lernen Herangezogene mittels dessen, was er wirklich weiß und kann, nicht selbst zu helfen vermag. Auch der zum Einhelfen Aufgeforderte darf ihm zunächst nur nötigen Falls einen Wink geben durch den Hinweis darauf, worauf es ankommt, was fehlt oder was zu thun ist, und erst wenn dieser Wink nicht genügt, darf er das Geforderte selbst tun. Keineswegs darf ein zweiter zum Einhelfen aufgefordert werden, wenn der erste die Hilfe nicht zu bringen vermag. Sonst wächst die Dunkelheit im Bewußtsein der Klasse viel zu sehr an, und das Nichtwissen, das wiederholt an den Tag gelegt wird, übt auf alle einen Druck aus, dem die schwächeren Kräfte erliegen. Was daher der erste, der zum Einhelfen aufgefordert worden ist, nicht zu leisten vermag, das muß dann der Lehrer auf der Stelle wirklich leisten, oder es muß mit Hilfe z. B. eines Buches geleistet werden." ZILLER, Allgemeine Pädagogik, a. a. O., S. 276 f.

[248] „Jedenfalls muß das Ganze in das Bewußtsein jedes einzelnen eindringen und die Gewißheit, daß das wirklich erreicht ist, sucht man sich bei jedem größern Abschnitt zuletzt dadurch zu verschaffen, daß man ihn in ganz kleinen Teilen in rascher Aufeinanderfolge von beliebigen einzelnen darstellen läßt . . ." Allgemeine Pädagogik, a. a. O., S. 278. Oder Gruppenunterricht: nur „daß dabei kein System zurückbleiben darf". Grundlegung, a. a. O., S. 455. – Wir kommen mit dem Kapitel XIII darauf zurück.

[249] Und hier immer noch in einer Art Gleichlauf von Psychologie und Logik; allerdings auf eine zweite Reflexionsstufe abstrahiert: auf der Basis eines zumindest ausgearbeiteten psychologischen Mechanismus. Vgl. im Unterschied hierzu noch die Problemfassung der Philanthropie, oben S. 132.

chen. Der Pädagogik ist der Boden entzogen worden, die Selbstreferenz im Menschen und im Erziehungsprozeß noch wirklichkeitsnah zu thematisieren und zu operationalisieren; sie hat sich auf die Existenz einer Arbeitsteilung eingelassen, man kann auch sagen: auf die Trennung von Ideal und Wirklichkeit, und hat sich im Rahmen dieser *Differenz* die Thematisierung des Ideals vorbehalten. Damit driftet das Erziehungssystem – die Wirklichkeit einseitig der Organisation überlassend – in Richtung „Leistung" ab.

Hätte man dem eine *Reflexion* des Technologiedefizits entgegensetzen können?

Die Pädagogik war durch ihre eigene Entwicklungsgeschichte darauf nicht vorbereitet. Sie hatte sich einerseits auf ein Technologieverdikt festgelegt und sich andererseits auf Organisation eingelassen. Sie konnte Selbstreferenz im Menschen und im Erziehungsprozeß nicht negieren, konnte Humanität nicht verleugnen und fühlte sich doch gehalten, „der Praxis" etwas zu bieten. In der Wissenschaftslage des vorigen Jahrhunderts fehlten außerdem Anhaltspunkte, die es nahegelegt oder auch nur ermöglicht hätten, Organisationsverhältnisse mit hinreichender Tiefenschärfe als Probleme von Entscheidungszusammenhängen zu sehen und zu erforschen. Eine Reflexion des Technologiedefizits in Erziehungsorganisationen hätte verlangt, daß man genauer nachfragt, wie denn überhaupt Zweck/Mittel-Zusammenhänge in Entscheidungszusammenhänge übersetzt werden können und wie dies möglich sei unter den Situations- und Interaktionsbedingungen von Unterricht – und wie denn Pädagogik als praktische Wissenschaft ineinandergreifende Entscheidungen von Lehrern und Schülern im raschen, konstellationsreichen, stimmungsanfälligen Hin und Her des Unterrichts präformieren könne. Die Distanz zur Organisation und zur politischen Verfügbarkeit von Organisation hätte zuallererst eine Selbstbezweifelung erfordert, denn der Schluß liegt doch nahe: Was die Organisation nicht kann, kann die Pädagogik auch nicht.

Daß eine wissenschaftlich und akademisch noch nicht hinreichend abgesicherte Pädagogik nicht in dieser Weise auf Distanz gehen konnte, liegt auf der Hand. So stützt die Pädagogik durch Rat und Tat die Organisierung der Schulen und begegnet den sich aufbauenden Entscheidungssequenzen mit der „Flucht" in ästhetische Weltbewältigung oder in eine politisierende Pädagogik. In Schleiermachers Ausgleichsformel von der Individualität waren bereits Momente der schon in Gang gekommenen Weltfluchtbewegung eingegangen. Hieran brauchte nur angeknüpft zu werden, um mit Erziehung/Bildung und Kunst eine Symbiose zu stilisieren: um mit dem Doppelaspekt von Offenheit und Verdeckung zur „Lösung" des Autonomieproblems beizutragen.

## IX. Orientierung der Pädagogik am Menschen

Bei allem Wechsel wird eine Tradition in der Pädagogik durchgehalten: die Berufung auf den Menschen. Hier interessiert, in welcher Weise diese Berufung für die Theorieentwicklung der Pädagogik in bezug auf das Technologiedefizit des Unterrichtsgeschehens bedeutsam geworden ist.

Ausgangspunkt für den hier behandelten Sachzusammenhang ist die allgemeine Berufung auf Menschenkenntnis bei den Philanthropisten und ihren unmittelbaren Nachfolgern. Hier geht es um ein allgemeines Erfordernis jeder empirischen Bemühung der Pädagogik: im Verständnis der Philanthropie gesehen als Voraussetzung für die erfolgreiche Wahl von Mitteln und Methoden der Erziehung (und des Unterrichts) durch den Erzieher (Lehrer), also empirisch und psychologisch. Von hier aus wäre es möglich gewesen, über die Entwicklung von Durchschnittsbegriffen und in der Schulklasse bewährten Einsichten eine Technologie in unserem Sinne zu entwerfen. Statt dessen bricht der Neuhumanismus mit dieser Vorstellung und ersetzt sie durch eine stärker verinnerlichte Konzeption der Menschenkenntnis als Voraussetzung für Verstehen sowohl auf seiten des Erziehers als auch des Zöglings[250]. Wir sind hierauf bereits eingegangen. In jedem Falle ist Verstehen in diesem neuhumanistischen (und später geisteswissenschaftlichen) Verständnis mehr als nur ein besonders kompliziertes Verfahren der Datenerhebung. Aber dieses „Mehr" wird nicht so gekehrt, daß darüber auf höheren Ebenen der Aggregation disponiert werden könnte. Es eignet sich jedoch, auf diese Weise die Interaktionsabhängigkeit der Erziehung und damit die Grenzen der Organisation und Grenzen gesellschaftsstruktureller Einwirkung zu symbolisieren.

Dieses Denkmuster des Verstehens und der dadurch ermöglichten Einfühlung in das, was andere Menschen (oder kulturelle Sachverhalte) von sich aus sind, hat langfristige Bedeutung gewonnen[251]: als Möglichkeit feinfühliger Unterscheidungen in der Interaktion selbst. Aber vielleicht sind diese auf der Ebene von Wissenschaft und von Organisation nicht mehr verfügbar. Wenn wir deshalb hier das Thema kompensatorische Theorieentwicklung der Pädagogik aufnehmen und in diesem Sinne von der Berufung auf Menschlichkeit als Kompensation des Technologiedefizits ausgehen, dann in der Annahme, daß dieses Unvermögen von Wissenschaft (und von Organisation) dazu

---

250 Vgl. Kurt GRUBE, Die Idee und Struktur einer rein menschlichen Bildung: Ein Beitrag zum Philanthropismus und Neuhumanismus, Halle 1934, S. 159 ff.

251 Wir zitieren mit Bedacht eine Position, die solche „Spuren" nicht ohne weiteres erwarten läßt: Georg KERSCHENSTEINER, Das Grundaxiom des Bildungsprozesses, 10. Aufl. München und Stuttgart 1964, insbes. S. 65 ff.

benutzt werden kann, um in der Theorie (oder organisatorisch im Erlaßwege) genuines Menschenverständnis vorauszusetzen oder zu fordern und sich damit zu begnügen (DIESTERWEG) bzw. sich mit der Sabotage der Probleme zu beschäftigen (NIETZSCHE).

Menschenkenntnis und Verstehen im Sinne der um 1800 anlaufenden Tradition waren an ein Zweipersonenschema gebunden gewesen, und je höhere Anforderungen man stellte, desto zwingender. Durchweg extrahiert die jetzt gültige Pädagogik ein Verhältnis von Erzieher und Zögling oder Lehrer und Schüler, die beide je sich selbst und den anderen als Mensch vorführen und verstehen können. Schon mit dieser Dyadisierung eskamotiert sie das Technologieproblem[252]; denn dieses entsteht unter anderem gerade dadurch, daß die typische Sozialsituation der Erziehung und des Unterrichts keine Vollthematisierung der Menschen füreinander ermöglicht[253]. Aber auch davon abgesehen: Die Sozialität der Dyade wird theoretisch nicht angemessen konstruiert[254], sondern sozusagen den Beteiligten selbst zum Verstehen überantwortet. Erst recht wird kein plausibles Konzept asymmetrischer Sozialität ausgearbeitet. Bei so unentwickelten begrifflichen Ressourcen entsteht kein operations- und anschlußfähiges Theoriekonzept, und dann kann man schließlich ebensogut die Problemstellung nochmals zusammenziehen, die Differenz von Ego und Alter überspringen und nur noch vom „Menschen" sprechen. Im Vergleich zu allen anderen Kulturbereichen behauptet schließlich die Erziehung sich als derjenige, der sich um den Menschen kümmere und darin sein Eigenrecht, seine Autonomie habe.

Die Vorleistung dafür hatte der Neuhumanismus mit der Neukonzipierung des Individuums erbracht[255]. Damit hatte sich die pädagogische Orientierung auf den menschlichen Innenraum und dessen Welthaftigkeit verlagert. Daran zerbricht aber auch die alte Merkmalsgesamtheit der Menschheit, die teils allgemeine, teils gruppenspezifische, teils individuelle Merkmale aufweist.

---

[252] So wie umgekehrt die Ablehnung der Zumutung, technologisch zu verfahren, sich immer wieder auf die Mensch-zu-Mensch-Beziehung beruft, die das Grundmodell des pädagogischen Verhältnisses abgebe. Siehe nur Theodor LITT, Das Wesen des pädagogischen Denkens, in: Hermann RÖHRS (Hrsg.), Erziehungswissenschaft und Erziehungswirklichkeit, a. a. O., S. 73 ff.

[253] Das war im übrigen bekannt gewesen. Siehe SCHLEIERMACHERS Versuch einer Theorie des geselligen Betragens, in: Werke. Auswahl in 4 Bänden, Bd. II, 2. Aufl. Leipzig 1927, S. 1–31.

[254] Als Vergleichspunkt siehe etwa das soziologische Konzept der doppelten Kontingenz und der reflexiven Erwartungsstrukturen in Interaktionen. Dazu Talcott PARSONS/Edward A. SHILS (Hrsg.), Toward a General Theory of Action, Cambridge, Mass., 1951, S. 8 ff.; Talcott PARSONS, Interaction: Social Interaction, in: International Encyclopedia of the Social Sciences, New York 1968, Bd. 7, S. 429–440.

[255] Dazu und zum Folgenden vgl. oben 74 ff., 141 ff.

Individuum und Gemeinschaft treten auseinander. So findet DIESTERWEG zwei Zugriffs- und Haltepunkte der pädagogischen Orientierung, denen die innere theoretische Verknüpfung fehlt: beim Einzelnen „Individualität, Subjektivität und Charakter"[256], beim „Ganzen", politisch getönt, „liberaler Unterricht, liberale Schulerziehung"[257].
Auf die Wahrnehmung und Lösung der Unterrichtsproblematik wirkt diese Verlagerung zwiespältig: Obgleich das Technologieproblem von DIESTERWEG deutlich gesehen ist, so etwa in der Ebenendifferenzierung von Erziehungs*wissenschaft* und Erziehungs*kunst* mit der Einsicht in die Notwendigkeit der ersteren wegen der Unvollkommenheit der letzteren[258], verstellt er sich doch zugleich eine wirklichkeitsnahe Reflexion, indem er diese Ebenendifferenz nun selbst mit den in bezug auf die allgemeinen „Erziehungs- und Unterrichtsfragen"[259] von der Erziehungswissenschaft ausgebildeten Gegensatzpaaren bearbeitet. Der „kleine Streifzug in die Politik"[260] wirkt sich aus: Denn der der politischen Szene abgelauschte Gegensatz von „äußerer Autorität oder innerer Selbstbestimmung"[261] überformt in seiner pädagogischen

---

[256] Vgl. den Aufsatz „Individualität, Subjektivität und Charakter", in: DIESTERWEG, Werke a. a. O., Bd. X, S. 58–74.

[257] Vgl. den Aufsatz „Über liberalen Unterricht, liberale Schulerziehung", in: Bd. VII, S. 348–357.

[258] „Möchte es doch bereits so weit gekommen sein . . ., daß wir nicht nur mit untrüglicher Gewißheit wüßten: jenes ist gut, dieses ist nicht gut – jenes wirkt so, dieses wirkt so –, sondern daß wir auch die Gründe dieser Wirkungen, ja ihre Notwendigkeit angeben könnten . . . Wüßten wir nur erst einmal ganz untrüglich, wie man es machen müßte, um gute, unfehlbar gute Menschen zu erziehen; besäßen wir also nur einmal die Erziehungs*kunst:* dann wollten wir allenfalls die Erziehungs*wissenschaft* noch ohne Schmerz entbehren" (Über das oberste Prinzip der Erziehung, in: Bd. II, S. 21–31 [21]). Die Erziehungswissenschaft arbeitet also daran, sich selbst überflüssig zu machen, „wie es die Aufgabe des Erziehers ist, nach erreichter Selbständigkeit des Individuums sich zurückzuziehen" (Drei kleine Aufsätze über Pädagogik und Lehrerbestrebungen; I. Was will denn die Pädagogik, was soll sie, welches ist ihre Aufgabe?, in: Bd. XIII, S. 202–213 [203]).

[259] Trotz der Trennung: „Die Technik der Pädagogik gehört in Schulblätter; die Unterrichts- und Erziehungsfragen aber müssen vor und mit der ganzen Nation diskutiert werden" (Was fordert die Zeit?, in: Bd. VII, S. 358–369, 361 Anm.).

[260] Über liberalen Unterricht, liberale Schulerziehung, a. a. O., und das, obgleich er immer wieder darauf hinweist, daß „man die Parteiungen im Leben nicht in die Schule hineinziehen soll" (S. 357).

[261] „Äußere Autorität oder innere Selbstbestimmung? Auf diese Frage, welche die Kämpfe der Gegenwart umschließt und ihr inneres Wesen ausmacht, läßt sich auch der Unterschied zwischen der alten und der neuen Schule reduzieren . . . Autorität oder Selbstbestimmung? . . . in dieser Frage liegt der Streit der Welt beschlossen, der Weltstreit in der Religion und auf dem Gebiete der Kirche, der Weltstreit auf dem Gebiete der Politik und des öffentlichen Lebens. Der eine Teil der Menschen will die Autorität, ihre Festhaltung oder, wenn es sein muß, Zurückführung, der andere Teil

Umbesetzung in die Alternative „Generalisieren und Uniformieren – oder Spezialisieren und Individualisieren"[262] die Wahrnehmung der unterrichtlichen Problematik derart, daß er dort als der Gegensatz von stofflichem Substrat/pädagogischer Technik und inspirierender, freier und liberaler Lehrart wiedergefunden wird: „Der Stoff ist tote Materie; die Kraft belebt ihn. Es kommt auf diese Kraft an."[263] „Der Geist ist das Wesen und gestaltet die Form."[264] Und: „Nicht der Stoff ist die Hauptsache, nicht das Kennen und Wissen, nicht die Gelehrsamkeit, sondern der Mensch, der lebendige, der lehrende und erziehende Lehrer."[265] Das Menschsein ist – in der Nachfolge des neuhumanistischen Verständnisses – als eine steigerbare Qualität behandelt[266]. Weil die Begriffsschematiken von DIESTERWEG nicht quer, sondern parallel zum Technologieproblem an den Unterricht herangebracht werden[267], bleibt dieses selbst unbearbeitet; Es wird dem Gegensatz von alter und neuer Schule, „supranaturalistisch-orthodoxer" und „ideal-realer" Lehrart[268] synchronisiert. Die gerade wahrgenommene, für die Reflexion der Zeit- und Sozialdimension folgenreiche Komplexität von „Individualität" ist unterrichtsmäßig nicht bedacht, sondern als Rückendeckung in den Dienst einer mit epochalem Selbstbewußtsein[269] auftretenden politisierenden Pädagogik gestellt: gegen das „alte mechanische, verdummende Lern- und Abrichtungssystem"[270]; kurz: gegen Konservativismus und Reaktion[271]. Dem dort vertre-

---

will sich selbst bestimmen und selbst regieren" (Der Eintritt in ein neues Zeitalter, in: Bd. X, S. 276–297 [293 f.]).

262 Die drei Preußischen Regulative II, in: Bd. XII, S. 7–17 (10).

263 Zur Revue über einige Reformvorschläge für die Volksschule, S. 215–224 (217). – Hierher gehört auch seine Polemik gegen die Versuche, „die eigentlichen geistig weckenden, geistig bildenden Methoden [zu] verdrängen, den Mechanismus an die Stelle der geistigen Entwicklung [zu] setzen" (Über die Bell-Lancastersche Schulverfassung, in: Bd. I, S. 50–61 [53]).

264 Das Prinzip der modernen (neuen) Schule, in: Bd. XI, S. 396–407 (396).

265 Über liberalen Unterricht, liberale Schulverfassung, S. 351; denn: „Das Menschliche, das echt Menschliche, das rein Menschliche, der Mensch in seinem Kerne, nach seiner bleibenden Wesenheit, soll zutage gefördert werden" (S. 352).

266 In diesem Falle in einer Art Entelechiebegriff.

267 Über liberalen Unterricht, liberale Schulverfassung, S. 357: „Der Liberalismus ist die wahre Lebens- und darum auch die wahre Schulpraxis."

268 Drei kleine Aufsätze über Pädagogik und Lehrerbestrebungen II. Charakter der wahren Erziehung und des Unterrichts, in: Bd. XIII, S. 205–209 (206).

269 Der Eintritt in ein neues Zeitalter, S. 288: „Ein neues Weltalter bricht herein, ist angebrochen."

270 A. a. O., S. 292.

271 Vgl. die Liste der „Hauptgegensätze, welche auf die Pädagogik der Gegenwart Einfluß haben", in: Zur Pädagogik der Gegenwart, in: Bd. VII, S. 284 f. – Hierher gehört auch DIESTERWEGS Auseinandersetzung mit den Preuß. Regulativen. Vgl. Die drei Preußischen Regulative I/II/III, S. 3–19.

tenen „Prinzip der Willkür“[272] wird sofort die „Summe aller pädagogischen Weisheit oder das eine, einzige Prinzip wahrer Menschenerziehung“ entgegengestellt: „*Entwicklung*, natürlich: *freie* Entwicklung“[273]. „Ihr Ideal ist, daß jeder eine ganz eigentümliche Erziehung genieße.“[274] Nur diese ist „etwas Lebendiges, Strebendes, Geistiges“[275], das die Mannigfaltigkeit des Lebens respektiert, während jene es abtötet: „Uniformität und Konformität sind der Tod, Verschiedenheit will das Leben.“[276]
Im Übereifer und Engagement des politischen Kampfes geht die Einsicht in methodisch-technische Zwänge des Unterrichts mit über Bord, und die politischen Zielformeln überwuchern die pädagogischen Prämissen: Wo nur Selbstregierung und Selbstbestimmung akzeptiert sind[277], dort erscheinen methodische und organisatorische Eingriffe verderblich. Der Mechanismus will „den Menschen äußerlich *machen*, ihn formen, ihm dieses und jenes aneignen, beibringen, ihn brauchbar machen, abrichten“[278] – und das noch vor kurzem hochgehaltene Prinzip der allgemeinen Menschenbildung erscheint schon veraltet: „. . . schlimm genug, daß das Prinzip der Menschengleichheit ein Schulprinzip ist.“[279] Gegen diejenigen gerichtet, die „*den Menschen und die Dinge machen wollen*“[280], aus deren „Fabriken“ lauter „Maschinen“ hervorgehen, „schwarz“, „einerlei und monoton“, „verderbliche Uniformität“[281], wird das „Heiligtum der persönlichen Wesenheit eines

[272] Das Prinzip der modernen (neuen) Schule, S. 397.
[273] Drei kleine Aufsätze über Pädagogik und Lehrerbestrebungen, S. 208.
[274] Über liberalen Unterricht, liberale Schulverfassung, a. a. O., S. 354.
[275] Das Prinzip der modernen (neuen) Schule, S. 398. – „Das Entwicklungsprinzip ist das Lebensprinzip. Leben heißt *werden*. Ihm gehört die Zukunft“ (S. 403).
[276] A. a. O., S. 400.
[277] Der Eintritt in ein neues Zeitalter, S. 280: „Die neue Zeit verträgt nur Selbständigkeit im Denken. Denn ihr ganzer Charakter besteht in dem Dringen und Drängen nach selbständiger, freier Entwicklung, nach Selbstregierung und Selbstbestimmung.“ „Der Mensch der Gegenwart steht auf dem Standpunkte des Selbstbewußtseins, der Selbstbestimmung, der Selbstführung“ (S. 281).
[278] Das Prinzip der modernen (neuen) Schule, S. 297.
[279] Individualität, Subjektivität und Charakter, S. 61. – Man beachte auch die neue Reihenfolge der pädagogischen *Aufgabe:* 1. ein Individuum, 2. ein nationales Individuum und erst 3. ein Mitglied der Menschheit zu bilden. Vgl. Drei kleine Aufsätze über Pädagogik und Lehrerbestrebungen, S. 202.
[280] Der Eintritt in ein neues Zeitalter, S. 296.
[281] Individualität, Subjektivität und Charakter, S. 67. Diesterweg warnt vor der „Vernichtung der Individualität“: „Soldaten darf man uniformieren, Geister nicht. Uniformierte Geister tragen die Zeichen geistiger, das der entehrendsten, verderblichsten Knechtschaft“ (S. 59). „Ein nach bloß kluger Berechnung, nach orthodoxem oder irgendeinem andern *System* erzogener Mensch ist nichts anderes als eine Karikatur, ein Machwerk, einer gleicht dem anderen wie ein Ei dem anderen“ (Die drei Preußischen Regulative, S. 12).

Menschen" mobilisiert, seine unveräußerliche „Eigentümlichkeit, Besonderheit, Individualität"[282].

Ja, sogar gegen die Erziehungswissenschaft, insofern sie ihre Reflexionen systemmäßig zusammenbindet, bleibt DIESTERWEG skeptisch: „Die Pädagogik dieser [liberalen] Schule stellt ... kein System auf. Die menschliche Natur in der unendlichen Mannigfaltigkeit ihrer Entwicklung leidet keinen Systemzwang. ... Dem Evolutionsprinzip entsprechen nur Grundsätze, keine Systeme", will sie (die neue Schule) doch „freie Entwicklung der Menschennatur in ihrer unendlichen Mannigfaltigkeit"[283]. Dazu aber braucht sie weniger Methode als vielmehr „Liebe": „Es gibt in der Wirklichkeit keine abstrakte, sondern nur eine konkret-individuelle Erziehung, wie es keine abstrakte, sondern nur eine persönliche Liebe gibt usw."[284]

Gerade von dieser Stelle her, wo „Liebe" der Pädagogik Trost beim Menschen verschafft[285], erscheint DIESTERWEGS pädagogische Konzeption insgesamt als defekt. Weil sie auf den Druck der Unterrichtsproblematik nicht „einheimisch" reagiert, sondern von den in der Kontaktzone von politischem und Erziehungssystem artikulierten „Widersprüchen" her die unterrichtseigenen Erfordernisse bedenkt, steuert sie nichts zur Lösung des Technologiedefizits bei. Deshalb bleibt auch der Versuch, für die Pädagogik als Wissenschaft Selbständigkeit zu demonstrieren[286], letztlich erfolglos. Bei dieser Konzentration pädagogischer Aufmerksamkeit auf den politischen Aspekt – verständlich in einer Phase, in der die verschiedenen gesellschaftlichen Funktionsbereiche mit gegenseitigen Begriffsentlehnungen sich zu systemmäßiger Autonomie aneinander „abarbeiten" – bleibt die Frage, wie man mit dem Unterrichtsgeschehen (besser) zurechtkommt, unerledigt liegen. Die exklusive Wahrnehmung der pädagogischen Belange in der politischen Parole – bei DIESTERWEG noch Indiz für eine „objektive" (!) Problemlage des Erziehungssystems[287] – wendet sich jedoch wenn auch noch nicht gegen den Erfinder, so doch gegen dessen Nachkommen: Die pädagogische Politik gebiert eine

[282] Individualität, Subjektivität und Charakter, S. 59.

[283] Das Prinzip der modernen (neuen) Schule, S. 400.

[284] Individualität, Subjektivität und Charakter, S. 70.

[285] Weshalb auch DIESTERWEGS Votum für „Methode" letztlich unklar bleibt: So wendet er sich eine Seite später gegen die Diffamierung der Methode als „dummes Zeug" (S. 71).

[286] Drei kleine Aufsätze über Pädagogik und Lehrerbestrebungen. III. Die Ziele der Lehrerbestrebungen für alle Zeiten, in: Bd. XIII, S. 209–212 (209): „So wenig wie einer anderen Wissenschaft dürfen ihr von irgendeiner Seite her Voraussetzungen, Lehrsätze, Dogmen, denen sie sich zu fügen haben, aufgenötigt werden."

[287] Man denke hier nur an DIESTERWEGS Kämpfe gegen das politische System in Fragen der Lehrerbildung!

politisierende Pädagogik, die zuletzt nichts anderes mehr im Kopf (und auf der Zunge) hat, als was nicht jeder andere auch hätte: Emanzipation.
Von ganz anderem Zuschnitt sind die pädagogischen Ausweichmanöver, die NIETZSCHES Bildungsreflexionen unternehmen: Sie vollziehen sich im moralisch-kulturellen Vorraum[288] zu der am Erziehungsverhältnis selbst aufbrechenden Problematik und werden als entsprechende Vivisektion an der „Kultur der Jetztzeit" durchgeführt. In dieser moral-/kulturkritischen Expansion erreichen NIETZSCHES Reflexionen über Bildung dann einen Tiefgang, der es ihm umgekehrt erlaubt, von der Unterrichtsproblematik nicht zu handeln, sie aber doch mit zu intendieren: um ihre spezifische Problematik zu sabotieren[289].
Was liegt vor? Die Unterrichtslehre hat sich – unter dem Eindruck der parallellaufenden Historisierung der Ziele wie Inhalte des Unterrichts – zur „Didaktik als Bildungslehre" wegentwickelt[290]. Hintergrund dieser Abkehr von dem vernunftgemäßen Systemkonzept war die Enttäuschung im Umgang mit der Vernunft[291]. Die mit dem Systemaufbau anfallenden Erfahrungen werden mit der wachsenden Dominanz des Ästhetischen bei der Reinterpretation des Bildungsgeschehens kompensiert: „... denn nur als ästhetisches Phänomen ist das Dasein und die Welt ewig gerechtfertigt ..."[292] Das Gefühl, die Dinge nicht im Griff zu haben, kann dann mit dem Einbau von Reflexionsgrößen größerer Unbestimmtheit ausgeglichen werden. Wenn die Berufung auf Menschlichkeit auf der Ebene von Wissenschaft nicht mehr verfügbar ist, kann man sie um so eher fordern, zumal auf der Interaktionsebene genuines menschliches Verstehen und Einsatz von Menschenkenntnis zur Kompensation fehlender technologischer Regeln kaum unterscheidbar sind. Ist das Autonomieproblem des Erziehungssystems (bzw. der Pädagogik) erst einmal auf diesen Doppelaspekt von wahrer Menschlichkeit und nur geheuchelter Menschlichkeit umkontextiert, kann das Problem der Unbestimmbarkeit des Unterrichtsgeschehens mit NIETZSCHES Unterscheidung von „Bildung" und Bildung eliminiert werden: Die Analysen werden in diesem

---

288 Vgl. Rainer KOKEMOHR, Zukunft als Bildungsproblem, Ratingen 1973, S. 17: „Das Problem der ‚Bildung' ist für NIETZSCHE an die Frage nach der Kultur als ganzer gebunden."

289 „Es wird irgendwann einmal gar keinen Gedanken geben als Erziehung." Friedrich NIETZSCHE, Werke in drei Bänden, hrsg. von Karl SCHLECHTA, 8. Aufl. München 1977; hier zitiert nach KOKEMOHR, a. a. O., S. 107.

290 Otto WILLMANN, Didaktik als Bildungslehre (1882/1889), 5. Aufl. Braunschweig 1923.

291 Formiert als „Wissenschaftliche Pädagogik": hierzu Bernhard SCHWENK, Unterricht zwischen Aufklärung und Indoktrination, a. a. O.: „Die Ablösung von ZILLER" (S. 53 ff.).

292 NIETZSCHE, Die Geburt der Tragödie, in: Bd. 1, S. 40.

Kontext darauf eingestellt, Erziehungswirklichkeit und pädagogische Absichtserklärungen bzw. Beteuerungen zu kontrastieren mit dem Ziel, die letzteren als täuschendes Dekor zu entlarven und der von ihr plakatierten „Bildung“ („Bildungsphilister“) die wahre Bildung entgegenzusetzen[293]. Die erste ist für NIETZSCHE summierendes Negativ-Etikett seiner Bildungskritik, die zweite Leitbegriff (meditatio generis futuri[294]) seiner allerdings nur ex negatione vorgebrachten positiven Bestimmung von Bildung. Diese beginnt für ihn „erst in einer Luftschicht, die hoch über jener Welt der Not, des Existenzkampfes, der Bedürftigkeit lagert. ... Denn die wahre Bildung verschmäht es, sich mit dem bedürftigen und begehrenden Individuum zu verunreinigen: sie weiß demjenigen, der sich ihrer als eines Mittels zu egoistischen Absichten versichern möchte, weislich zu entschlüpfen ... Also, meine Freunde, verwechselt mir diese Bildung, diese zartfüßige, verwöhnte, ätherische Göttin nicht mit jener nutzbaren Magd, die sich mitunter auch die ‚Bildung‘ nennt, aber nur die intellektuelle Dienerin und Beraterin der Lebensnot, des Erwerbs, der Bedürftigkeit ist. Jede Erziehung aber, welche an das Ende ihrer Laufbahn ein Amt oder einen Brotgewinn in Aussicht stellt, ist keine Erziehung zur Bildung, wie wir sie verstehen, sondern nur eine Anweisung, auf welchem Wege man im Kampfe um das Dasein sein Subjekt rette und schütze.“[295]

Warum können diese Analysen dem Erziehungssystem als vom Erziehungssystem erbrachte Reflexionsleistungen zugerechnet werden? Was erlaubt, sie der pädagogischen Reflexionsgeschichte einzubauen? Wir denken nicht so sehr an einflußreiche „atmosphärische“ Tendenzen im Nachdenken über Erziehung, die von NIETZSCHE ausgehen, sondern an den Zuschnitt der Unterrichtsproblematik auf den Gegensatz von gesellschaftlicher und individueller Existenz. Es ist die Vorstellung dieser Differenz als Differenz von Ideal und Wirklichkeit, die von einem sozialen System (wie dem Erziehungssystem) dazu benutzt werden kann, um in einer gesellschaftlichen Entwicklungsphase, in der es notwendig geworden ist, die gesamtgesellschaftliche Erziehungsfunktion mehr denn je in der spezifischen Form von Outputleistungen zu erfüllen (die von den anderen Teilsystemen aufgenommen werden), die Steuerungsprobleme zu vereinfachen. Denn kann der Versuch, die

---

293 „... das, was mit Recht ‚klassische Bildung‘ zu nennen wäre, jetzt nur ein in freier Luft schwebendes Bildungsideal ist, das aus dem Boden unserer Erziehungsapparate gar nicht hervorzuwachsen vermöge ... eben nur den Wert einer anspruchsvollen Illusion hat.“ Über die Zukunft unserer Bildungs-Anstalten, in: Bd. 3, S. 214.

294 Fünf Vorreden zu fünf ungeschriebenen Büchern. 2. Gedanken über die Zukunft unserer Bildungs-Anstalten, in: Bd. 3, S. 273.

295 Über die Zukunft unserer Bildungs-Anstalten, S. 230f.

individuelle Existenz als Zukunft zu idealisieren, noch ernsthaft mitgemacht werden?

Unter den gegebenen Bedingungen, wo alle ontologisch-metaphysischen und wissenschaftlichen Vorgaben und Absicherungen als lebensbedingte perspektivische Wertschätzungen, als „kollektive Fiktionen" durchschaut sind[296], wo es also auch keine Haftpunkte für die pädagogische Reflexion mehr gibt, ihre traditionellen Inhalte nicht mehr ausgewiesen sind und nicht mehr steuern[297], sieht sich das pädagogische Problembewußtsein auf das Subjekt als archimedischen Punkt zurückverwiesen, genauer noch: nach Dekomposition des Subjekts selbst auf dessen anthropologisches Substrat, seine anonymen „Instinkt-Tätigkeiten". Die begleitenden Vorstellungssyndrome und Begriffe wie „Leben", „plastische Kraft", „Streben" – als Figur schöpferischen Selbstwiderspruchs –, die Unterscheidung zwischen „gewöhnlichem" und „höherem" Selbst, sie alle signalisieren den gleichen Vorgang: daß die Weltkonstruktion im ganzen und mit ihr Bildung ihren Ausgangspunkt beim Menschen nehmen[298], ja die letztere zum Paradigma der Selbstgenese überhaupt gesteigert werden kann[299]. Bildung wird zum hygienischen, d. h. zugleich destruktiven wie produktiven Vorgang der Selbstwerdung – vorgestellt im Horizont ästhetischer Daseinsinterpretation am Modell des Kunstschaffens: „NIETZSCHE versteht Bildung als Kunstwerk."[300] Sie gewinnt genieästhetisch-aristokratisches[301] Format im Akt des Sich-selber-Schaffens, in der Dialektik von Selbstüberwindung und (als) Selbststeigerung.

Vor dem hier „aufgespürten" Widerspruch des geschichtlichen Lebens (Lebenssteigerung nur durch Selbstüberwindung, Leiden als Moment der Steigerung)[302] verfällt die Selbstgenügsamkeit, die blasierte Gefälligkeit der soge-

---

296 Zu NIETZSCHES Wissenschaftskritik: „Es dämmert jetzt vielleicht in fünf, sechs Köpfen, daß Physik auch nur eine Welt-Auslegung und Zurechtlegung . . . und *nicht* eine Welt-Erklärung ist." Jenseits von Gut und Böse, in: Bd. 2, S. 578.

297 Was die Berufspädagogen zur zunehmend historisierten Bildungstheorie treibt.

298 Vgl. etwa: „Das Subjekt allein ist beweisbar: Hypothese, daß es nur Subjekt gibt – daß ‚Objekt' nur eine Art Wirkung von Subjekt auf Subjekt ist . . . ein modus des Subjekts." In: Bd. 3 (Nachlaß), S. 535).

299 Dies eine Folge der normativen Fassung des (neuhumanistischen) Bildungsbegriffs: die späte *Übersteigerung* eines schon lange vorhandenen Gedankens.

300 KOKEMOHR, a. a. O., S. 94.

301 KOKEMOHR spricht hier vom „aristokratisierenden Kurzschluß" (S. 94) bei NIETZSCHE und kritisiert ihn – angeblich mit NIETZSCHE selbst.

302 Man vgl. die häufigen Bemerkungen über das Leiden: „Ihr wollt womöglich – und es gibt kein tolleres ‚womöglich' – das Leiden abschaffen; und wir? – es scheint gerade, wir wollen es lieber noch höher und schlimmer haben, als es je war! . . . Die Zucht des Leidens, des großen Leidens – wißt ihr nicht, daß nur diese Zucht alle Erhöhungen des Menschen bisher geschaffen hat?" Jenseits von Gut und Böse, S. 689.

nannten „Bildung", die in Wahrheit nichts als eine „inzwischen übergehängte ... Bildungshaut"[303] innerlicher Barbaren ist, der bissigen Kritik. „Dem ganzen höheren Erziehungswesen in Deutschland ist die Hauptsache abhanden gekommen: Zweck sowohl als Mittel zum Zweck. Daß Erziehung, Bildung selbst Zweck ist – und nicht ‚das Reich' –, daß es zu diesem Zweck der Erzieher bedarf – und nicht der Gymnasiallehrer und Universitäts-Gelehrten – man vergaß das."[304]
Demgegenüber macht die wahre Bildung, der Prozeß einer permanenten Selbstüberwindung, einsam, steckt sich Ziele über Geld und Erwerb hinaus, verbraucht viel Zeit und ist nur wenigen vorbehalten[305]: den „starken Persönlichkeiten". Bildung wird nicht nur ausschließlich vom Subjekt her gedacht, dem nun nach dem Wegfall aller teleologischen Sinnprämissen die Initiative der geschichtlichen Steigerung zugemutet wird; sie wird wieder elitär – denn „die allergemeinste Bildung ist eben die Barbarei"[306]. Bezieht man dies auf die „Erzieher-Welt, [die] ... mit ‚Unterricht', mit Gehirn-Dressur auszukommen"[307] glaubt, so klingt das Ergebnis des Vergleichs entmutigend: ‚Wir haben keine Bildungs-Anstalten, wir haben keine Bildungs-Anstalten!'"[308]
Vielleicht kann das aber auch den Pädagogen zugleich Mut machen[309]: Wo Bildung ohnehin zu schwierig, zu unwahrscheinlich geworden ist, braucht man sich auch nicht mehr um sie (d. h. den Unterricht, der sie „erzeugt") zu kümmern – man überläßt sie am besten dem Zufall.

## X. Theorie und Praxis

Ein weiterer Versuch, das Technologieproblem ausweichend zu behandeln, präsentiert sich uns in dem Dual von „Theorie und Praxis" und in der Darstellung der Pädagogik als praktischer Theorie, als Theorie für eine Pra-

303 Über die Zukunft unserer Bildungs-Anstalten, S. 189.
304 Götzen-Dämmerung, S. 986.
305 „Jede Bildung ist hier verhaßt, die einsam macht, die über Geld und Erwerb hinaus Ziele steckt, die viel Zeit verbraucht: man pflegt wohl solche andere Bildungstendenz als ‚höheren Egoismus', als ‚unsittlichen Bildungsepikureismus' abzutun." Über die Zukunft unserer Bildungs-Anstalten, S. 191.
306 Über die Zukunft unserer Bildungs-Anstalten, S. 192.
307 Nachlaß, S. 428; vgl. auch Götzendämmerung, Bd. 2, S. 1006: „ ‚Was ist die Aufgabe alles höheren Schulwesens?' – Aus dem Menschen eine Maschine zu machen. – ‚Was ist das Mittel dazu?' – Er muß lernen, sich langweilen. – ‚Wie erreicht man das?' – Durch den Begriff der Pflicht. – ‚Wer ist sein Vorbild dafür?' – Der Philolog: der lehr ochsen. – ‚Wer ist der vollkommene Mensch?' – Der Staats-Beamte." Vgl. auch NIETZSCHE, Polemik gegen den Staat als „Leitstern der Bildung". Über die Zukunft unserer Bildungs-Anstalten, S. 226 ff.

xis. Beide, „Theorie“ und „Praxis“, waren aus der Tradition als hochdignifizierte Begriffe verfügbar. Im übrigen war es, seitdem KANT Einwände gegen seine Sittenlehre unter dem Gesichtspunkt von Theorie und Praxis diskutiert hatte, und dann wieder seit den Kontroversen der Junghegelianer üblich geworden, das Verhältnis von Theorie und Praxis als Relation zu behandeln, wenn nicht gar als sich in sich selbst spiegelnde Relation zu behaupten. Das Dual selbst hatte dadurch eine eigentümliche Sinnfestigkeit gewonnen, ohne daß diese Diskussion die Funktion von Theorie speziell im Kontext der Produktion oder Rechtfertigung wissenschaftlicher Aussagen oder den Motiv- und Verwendungsbereich von Handlungen einbezogen hätte. Vielmehr tendierte das Dual eher zur Selbstraffinierung, indem nun die Theorie als Praxis oder das Theorieverhältnis der Praxis oder die Einheit von Theorie und Praxis als Praxis oder als Theorie diskutiert wurden[310]. Tendenziell verleihen diese Begriffe sich schließlich nur noch wechselseitig ihre Bedeutung[311] so daß man eigentlich mit einem von ihnen auskommen könnte.

Auch die Pädagogen sind sehr rasch dazu übergegangen, dieses Formular zu benutzen. Weil es zu wenigem verpflichtet? – das wäre die einfachste Erklärung. Aber es geht vermutlich um mehr. Zunächst konnte mit Hilfe dieses Schemas das schwierige Verhältnis der alten Kunstlehre zur neuen Wissenschaft der Erziehung reformuliert werden. Vor allem aber bot die Formulierung Theorie und Praxis die Möglichkeit vorzuführen, daß man keineswegs an eine technologische Anwendung von Wissenschaft denkt, sondern, wie beteuert, sich außerhalb technologischer Konzeptionen bewegt.

Die Wende der philanthropisch bewegten Pädagogik auf die kantische Philosophie hin hatte es mit sich gebracht, auch die Erziehungslehre der neuen kritischen Fragestellung und damit einem neuartigen Wissenschaftsanspruch zu unterwerfen[312]. Entsprechend der von KANT erhobenen Forderung, den

---

308 Über die Zukunft unserer Bildungs-Anstalten, S. 234.

309 „Ich will dir jetzt etwas zu deinem Troste sagen. Wie lange glaubst du wohl, daß das auf dir so schwer lastende Bildungsgebaren in der Schule unsrer Gegenwart noch dauern werde? Ich will dir meinen Glauben darüber nicht vorenthalten: seine Zeit ist vorüber, seine Tage sind gezählt. Der erste, der es wagen wird, auf diesem Gebiete ganz ehrlich zu sein, wird den Widerhall seiner Ehrlichkeit aus tausend mutigen Seelen zu hören bekommen.“ Über die Zukunft unserer Bildungs-Anstalten, S. 196f.

310 Vgl. dazu Rüdiger BUBNER, Theorie und Praxis – eine nachhegelsche Abstraktion, Frankfurt 1971.

311 „Der Begriff der Praxis hat nämlich nur Bedeutung in Verbindung mit seinem ‚Gegenbegriff‘, dem der Theorie“, meint z. B. Albrecht KWAST, Theorie und Praxis in der soziologischen Theorie, insbesondere in der dialektischen Soziologie, in: Teorie en Praxis in de sociologiese teorie, Amsterdam 1976, S. 66–75 (68).

312 Vgl. oben Kapitel VI.

Mechanismus in der Erziehungskunst in Wissenschaft zu verwandeln[313], suchte man über das „Aggregat von Bemerkungen, Erfahrungen und Regeln . . ., . . . durch kein gemeinschaftliches Band innerlich verbunden und geordnet"[314], hinauszukommen und die Erziehung auf systematische und wissenschaftliche Fundamente zu stellen. Leitend für die Bearbeitung des dadurch aufgeworfenen Fragenkomplexes wurde die Unterscheidung zwischen Erziehungswissenschaft und Erziehungskunst, zwischen Theorie und Praxis – und das in der Erwartung, daß, „je vollständiger und richtiger man . . . die Theorie kennt, desto geschickter sollte man auch in der Kunst seyn"[315]. Was ergab sich im Umgang mit dem Theorie/Praxis-Schema, und hatte man dabei auch immer das „Mittelglied der Verknüpfung und des Überganges von der einen zur anderen"[316] im Auge? War mit der Ebenendifferenzierung auch die operative Einheit des Erziehungssystems gewährleistet, d. h., war ihre Trennung scharf genug, um nicht wieder auf irgendeiner Seite kurzgeschlossen zu werden?

Herbart, der ein selbständiges pädagogisches Denken zu „kultivieren" und die Pädagogik zum „Mittelpunkt eines Forschungskreises" zu erheben große Anstrengungen machte[317], dachte immerhin (zugleich) auch daran, den gerade erst der wissenschaftlichen Bearbeitung freigegebenen Raum wieder einzuziehen: „Wollen wir nur sämtlich bedenken: Daß jeder nur erfährt, was er versucht!"[318] Die kantische Warnung jedoch, daß man „durch Herumtappen in Versuchen und Erfahrungen, ohne . . . gewisse Prinzipien", in seinem Fach ein „Ignorant" bleiben müsse[319], überzeugte auch ihn („daß man aus einer Erfahrung nichts lernt, und aus zerstreuten Beobachtungen ebensowenig")[320], und so wählte er dann schließlich einen Weg, der beide, den Erzieher

---

[313] Immanuel Kant, Über Pädagogik (1803), Werke, a. a. O., Bd. VI, S. 704: „Der Mechanismus in der Erziehungskunst muß in Wissenschaft verwandelt werden, sonst wird sie nie ein zusammenhängendes Bestreben werden, und eine Generation möchte niederreißen, was die andere schon aufgebaut hätte."

[314] Johann Christoph Greiling, Ueber den Endzweck der Erziehung, a. a. O., Vorrede, S. 3.

[315] So August Hermann Niemeyer in seinem für die Pädagogik um 1800 maßgeblichen Handbuch „Grundsätze der Erziehung und des Unterrichts für Eltern, Hauslehrer und Erzieher" (Halle 1796). Unveränd. Nachdruck, a. a. O., S. 78.

[316] Vgl. Immanuel Kant: Über den Gemeinspruch: Das mag in der Theorie richtig sein, taugt aber nicht für die Praxis, in: Werke, a. a. O., Bd. VI, S. 127: „Daß zwischen der Theorie und Praxis noch ein Mittelglied der Verknüpfung und des Überganges von der einen zur anderen erfordert werden, die Theorie mag auch so vollständig sein wie sie wolle, fällt in die Augen."

[317] Herbart, K II, S. 8.

[318] A. a. O., S. 7.

[319] Kant, Über den Gemeinspruch . . ., a. a. O., S. 128.

[320] Herbart, K II, S. 7.

und den Wissenschaftler, zufriedenstellen soll: „Pädagogik ist die Wissenschaft, deren der Erzieher für sich bedarf."[321] Entsprechend machte er sich daran, vorerst nur eine „Landkarte" für den von „practischen Ueberlegungen", „mit welcher Absicht [er] sein Werk angreifen soll"[322], umgetriebenen Erzieher anzufertigen, und verwies die zweite Hälfte der Pädagogik, „in welcher die Möglichkeit der Erziehung theoretisch erklärt und als nach der Wandelbarkeit der Umstände begrenzt dargestellt würde", zunächst als „frommen Wunsch" in die Zukunft[323] – in der Ahnung, daß man dann nicht mehr zur Praxis zurückfinden würde? Auf jeden Fall war HERBART in bezug auf die der Rollendifferenzierung parallel laufenden Theorie/Praxis-Unterscheidungen skeptisch (unsicher?), sympathisierte mit der Personalunion von Erzieher und Pädagogen (Erziehungswissenschaftler) und trug dem dadurch Rechnung, daß er den kantischen „Mittelbegriff", den „Actus der Urteilskraft"[324], konzeptionell verankerte: als „Takt"[325].

SCHLEIERMACHER nahm dann schon gar nicht mehr die erkenntnistheoretische Frage nach den „Bedingungen der Möglichkeit" von Erziehung auf, setzte vielmehr als bekannt voraus, was man im allgemeinen unter Erziehung verstehe[326], und wollte die gegebene Praxis durch dialektische Kunst zu einer „bewußteren"[327] erheben: der als Kunst verstandenen Erziehung eine Kunstlehre beigeben. HERBARTS Doppelstrategie im Umgang mit dem Theorie/Praxis-Schema – einerseits braucht man Theorie über die erzieherische Tätigkeit, andererseits muß sie beim Erzieher selbst bleiben – ist dabei über den dialektischen Stil der Problembearbeitung[328] in das SCHLEIERMACHERsche Gesamtkonzept makroskopisch eingegangen: Einerseits nämlich ist die „Dignität der Praxis . . . unabhängig von der Theorie"[329], insofern schon immer und auch ohne Theorie erzogen wird, andrerseits bestimmt jedoch Theorie eben diese Praxis, insofern sie τέχνη ist: „Denn jede Kunst erfordert eine Kunstleh-

321 HERBART, K II, S. 10.
322 HERBART, K II, S. 10.
323 HERBART, K II, S. 10.
324 KANT, Über den Gemeinspruch . . ., a. a. O., S. 127.
325 HERBART, (z. B.) K II, S. 14: „Takt" als Stück zwischen/gegen/über Theorie und Praxis, Didaktik und Methodik; später wird diese „Naturgabe" (KANT) im „Verstehen" gefunden. Vgl. Elisabeth BLOCHMANN, Der pädagogische Takt, Die Sammlung 5 (1950), S. 712–720.
326 SCHLEIERMACHER (WENIGER/SCHULZE), Bd. 1, S. 7.
327 A. a. O., S. 11.
328 Vgl. hierzu Wolfdietrich SCHMIED-KOWARZIK, Dialektische Pädagogik, in: Erziehungswissenschaftliches Handbuch, herausgegeben von Thomas ELLWEIN u. a., Berlin 1975, Bd. 4, S. 89–145 (129f.).
329 SCHLEIERMACHER (WENIGER/SCHULZE) Bd. 1, S. 11.

re."[330] Damit wird zugleich HERBARTS Sorge um Rückübersetzung der Theorie in die Praxis ausgeräumt. Aber anders als bei einer Subsumtionstechnologie kann SCHLEIERMACHER die Theorie/Praxis-Relation als eine Einheit fassen, die sich selbst auf ihre Relata wechselseitig abbilden läßt: weil er – in Verarbeitung der andrängenden Zeitproblematik – eine übergreifende Bezugsperspektive anvisiert, in der Theorie und Praxis ineinanderlaufen, zumindest sich gegenseitig determinieren. Das ist dann „die geschichtliche Wirklichkeit", die jeweils ihren eigenen Theoriestil verlangt und deren Theorie sich jeweils ihre eigene Praxis „besorgt"[331]. Die Defizite der Subsumtionstechnologie sind damit in einer übergreifenden Bezugsperspektive „aufgehoben".

Immerhin: SCHLEIERMACHER hatte eine Formulierung des Problemniveaus von Theorie/Praxis getroffen, die Trennung und Verknüpfung treffsicherer zugleich hätte erlauben können; denn was man dichter knüpfen kann, muß man zuvor schärfer auseinanderziehen können und umgekehrt. Die weitere konzeptionelle Entwicklung mußte es jedoch belasten, daß seine pädagogische Kunstlehre in einem unklaren „oscillierenden"[332] Doppelstatus zwischen spekulativ-gedanklicher Arbeit und erkundender Empirie belassen war. War man dagegen gefeit, daß diese Doppelorientierung eventuell selbst auf das Theorie/Praxis-Verhältnis zurückkopiert werden würde? Und war man vor allem imstande, mit der Systemgeschichte mitzugehen, d. h., war die Praxis vor „praktischer" Theorie geschützt, zumal wenn diese in Gefahr stand, sich zu überlasten, z. B. durch Diskussion ihrer Wissenschaftlichkeit?

Von dieser Gefahr waren die pädagogischen Reflexionen im Anschluß an die „großen" Theorieleistungen und Theorieversuche des ersten Drittels des 19. Jahrhunderts noch weit entfernt. Hatte die Organisation die Betreuung der operativen Ebene übernommen, konnte die Pädagogik sich der Ausbildung (und Bereinigung) der „Grundlagen" ihrer Wissenschaftsorientierung widmen. Wiewohl Pädagogik und Organisation gleichermaßen auf Technologie angewiesen sind, die „historische" Option für Organisation reduziert das Selbstverständnis der Erziehungswissenschaft auf eine Art Aufgaben- oder genauer: Berufswissenschaft[333] im Zusammenhang von Theorie und Praxis: Aufgabe der „allgemeinen Pädagogik" ist, den Zweck der Erziehung zu

[330] A. a. O., S. 9. – Vgl. dazu die diffizilen Ausführungen von Johannes SCHURR, Schleiermachers Theorie der Erziehung: Interpretationen zur Pädagogikvorlesung von 1826, Düsseldorf 1975, der den τέχνη-Charakter der Schleiermacherschen Erziehungstheorie als Schlüssel seiner Interpretation wählt (dort S. 20).

[331] Historiker wissen seitdem um den Doppelsinn von „Geschichte": 1. Geschichte „an sich" (Praxis) und 2. das Bewußtsein von dieser Geschichte (Theorie).

[332] SCHLEIERMACHER (LICHTENSTEIN), S. 262.

[333] Hierzu Wilhelm FLITNER, Allgemeine Pädagogik, 12. Aufl. Stuttgart 1968, S. 14 f.

untersuchen und „aus diesem mit Hülfe psychologischer Deductionen die allgemeinen Mittel und Methoden [abzuleiten], welche für diesen Zweck am kräftigsten und sichersten zu wirken versprechen“[334], während die „angewandte Pädagogik in bestimmter Weise jener gegenübergestellt ist: nämlich unter Berücksichtigung der besonderen Verhältnisse die Benutzung der Bildungsmittel ins einzelne zu verfolgen“[335]. Das Verhältnis von Theorie und Praxis wird (als solches) terminologisch benutzt, um der entstandenen komplexen Darstellungsproblematik der Erziehungswissenschaft einen der nachhegelschen Wissenschaftsentwicklung vergleichbaren Zuschnitt zu geben. Waren auf diese Weise Aufgabenbereiche „der beiden Teile der Pädagogik“ definiert, konnte darangegangen werden, das Technologieproblem in den Formen des Theorie/Praxis-Verhältnisses zu reformulieren. Weil „eine absolut vollständige Erziehungswissenschaft nicht möglich ist“[336], muß sowohl der „Theoretiker“ dem Umstand Rechnung tragen, daß Theorie nicht in Praxis aufgeht, wie dem „Praktiker“ bewußt sein muß, daß Praxis ohne Theorie über „blindes Versuchen“ (und Probieren) nicht hinauskommt. Was aber nun das „wirkliche Verhältnis“ von Theorie und Praxis sei?[337] Von der Beantwortung dieser Frage dispensierte sich die erste Pädagogen-Generation im Anschluß an Herbart und Schleiermacher mit dem Bemerken, daß es Aufgabe der Theoriebildung sei, an das Theorie/Praxis-Verhältnis anzuknüpfen, um sich der Vorzüge wissenschaftlicher Arbeit zu versichern. Dafür dient das Theorie/Praxisschema als Formular[338]. Dank dieser Wissenschaftsorientierung wird die Erziehungswissenschaft in den Stand gesetzt, auf die Erforschung sowohl der Kausalitätsverhältnisse als auch der Wert- und Zweckbestimmungen der Erziehung zu setzen und dies als eine Aufgabe vorzuführen, die mit dem Technologieverdikt verträglich sei: „die Aufgabe der allgemeinen Pädagogik“[339], die unter der Bedingung steht, daß ihr Gegenstand nicht der Gegenstand der „angewandten Pädagogik“ ist.

---

[334] Theodor Waitz, Allgemeine Pädagogik, Braunschweig 1852, S. 9.

[335] A. a. O., S. 14: „ein wesentlicher Theil derselben werden Didaktik und Schulkunde sein“; „wegen der unendlichen Mannigfaltigkeit der individuellen Bestimmtheiten ... tritt deshalb hier die Erziehung als Kunst auf, welche persönlichen Takt und Talent zu ihrer Ausübung erfordert“ (S. 10).

[336] A. a. O., S. 17.

[337] A. a. O., S. 19. – Vgl. hierzu auch die Hamburger Dissertation (1975) von Jürgen Oelkers, Die Vermittlung zwischen Theorie und Praxis in der deutschen Pädagogik von Kant bis Nohl: Eine ideengeschichtliche Untersuchung, die ihre Pointe darin hat, mit Bezug auf die Vermittlung zwischen Theorie und Praxis der Pädagogik die Defizite ihrer Geschichte sozusagen ins Stammbuch zu schreiben. Zur Bedeutung der Beiträge von Waitz insbes. S. 112ff.

[338] Dazu Oelkers: „die Vermittlung von Theorie und Praxis aber wird, entgegen der erklärten Absicht, eigentlich gar nicht diskutiert ...“ a. a. O., S. 119.

[339] Waitz, a. a. O., S. 9f.

Mit dieser Orientierung kann man den Primat für die Theorie fordern, ohne befürchten zu müssen, daß ihre Praxis als „Praxis“ der Erziehung angefordert würde; aber kann das (ungeklärte) Theorie/Praxis-Verhältnis solche Orientierung auch tragen? WAITZ beruft zwar den „Uebelstand eines Zwiespalts von Theorie und Praxis“[340] und verspricht eine theoretische Pädagogik als Lösung der „Aufgabe“, in der „alle Fäden der Psychologie und Ethik zusammen[laufen]“[341], aber ohne „Mittelglieder“ kommt die Erziehungswissenschaft hier nicht voran: „So soll Theorie und Praxis [durch pädagogische Seminare oder ähnliche Einrichtungen] in eine engere Verbindung gesetzt werden.“[342] In der Abhängigkeit vom Theorie/Praxis-Formular steuern die pädagogischen Reflexionen eigens „rechte Mittelglieder“[343] an. Damit konnte die zunehmende Abhängigkeit von den entstehenden Organisationsstrukturen abgefangen werden in Gestalt „übersichtlicher Formalbegriffe für das Wirkliche“[344], soweit sie aus der Erziehungswissenschaft heraus geleistet werden. Dank dieser Zugehörigkeit zu (organisierten) Systemstrukturen ist das Theorie/Praxis-Verhältnis als Sicherheitsnetz für „eigenständige“ wissenschaftliche Bemühungen etabliert, dessen fehlende Vermittlung[345] zwar methodologische und erkenntnistheoretische Fragen provoziert, nicht aber ihre Funktion, das Technologiedefizit zu kompensieren, in den Blick nimmt.
Die heimliche Voraussetzung all dieser Überlegungen war: daß es eine Art *Rationalitätskontinuum* gebe[346], das vom Denken bis zum Handeln reiche. Diese Annahme war noch selbstverständlich und war nicht angewiesen auf das Regel-/Anwendungsmodell der Subsumtionstechnologie. Sie mochte es nahelegen, Technologie zu verabschieden, ohne daß die Frage aufgetaucht wäre, ob man damit nicht auf Rationalitätstransfers vom Denken ins Handeln oder umgekehrt verzichte. Die Gleitschiene für solche Transfers wurde unterstellt, solange es nur in der Theorie und der Praxis um dasselbe ging: um die Bildung des Menschen. Die Voraussetzung des Rationalitätskontinuums zerbrach jedoch, ohne daß sie je thematisiert und abgelehnt worden wäre, an der hohen Eigenkomplexität der wissenschaftlichen Artikulation[347], der Organisation und der Unterrichtssituation selbst. Hier ist auf die Expansion des

340 A. a. O., VI (Einleitung).
341 A. a. O., VIII.
342 Tuiskon ZILLER, Grundlegung zur Lehre vom erziehenden Unterricht (1864), hrsg. von Theodor VOGT, 2. Aufl. Leipzig 1882, S. 195.
343 ZILLER spricht vom „rechten Takt“ u. a. m. Allgemeine Pädagogik, a. a. O., S. 44 ff.
344 Tuiskon ZILLER, Allgemeine philosophische Ethik, Langensalza 1880, S. 429.
345 Abgesehen von der „Rezeptierung wissenschaftlicher, u. d. h. ‚gesetzmäßiger‘ Einsichten im Sinne naturwüchsiger Theorie-Praxis-Vermittlung“: so auch OELKERS, a. a. O., S. 397 (Anm. 45).
346 Den Begriff verdanken wir einer Anregung von Rudolf BLUHM.
347 Wir werden das in Kapitel XI: „Didaktik und Methode“, nachzuzeichnen versuchen.

Erziehungssystems und die fortschreitende Systemdifferenzierung hinzuweisen, die die „Praxis" für eine Praxis der Theorie zu unübersichtlich werden ließ. Daß es daraufhin nicht zum griffsicheren Umgang mit dem Theorie/Praxis-Schema im 19. Jahrhundert gekommen ist, liegt auf der Hand: Hatte sich eine reduzierte Operationsfähigkeit mit ihm ergeben, geriet dieses Formular selbst aus dem Blick[348]; jedenfalls findet eine pädagogisch spezifische Verkleidung des Theorie/Praxis-Verhältnisses statt; die Didaktik ist inzwischen so gewuchert, daß sie jetzt als pädagogische Theorie schlechthin auftritt[349].
So beginnt die Erziehungswissenschaft, sich von der Problemführung der Didaktik/Methodik-Diskussion her der Explikation des Theorie/Praxis-Verhältnisses zu nähern: als geisteswissenschaftliche Pädagogik, die sich zugute hält, die „Orthodoxie" der Erziehungswissenschaft als „abgeleitete" (sekundäre) Wissenschaft „intern" überwunden zu haben, wobei diese, durch DILTHEYS Vermittlung, emphatisch auf „Einsichten" SCHLEIERMACHERS zurückgriff. So versucht Theodor LITT – im Sinne SCHLEIERMACHERS –, die heftig diskutierte Frage nach der Wissenschaftlichkeit der Pädagogik von aller Außenorientierung weg- und über eine Analyse der methodischen Struktur des pädagogischen Denkens nach innen zurückzunehmen, geht ihre Beantwortung aber im Horizont einer als Bildungslehre gefaßten Didaktik[350], und das heißt letztlich unter dem Vorzeichen eines schleichenden Didaktik-(Theorie-) Primats an: Didaktik/Methodik- und Theorie/Praxis-Debatte hängen in der geisteswissenschaftlichen Pädagogik dann eng zusammen. Wie sieht das im einzelnen aus?
Wo alles unter der überwältigenden Eigenmächtigkeit des „Lebens" steht – ein Begriff, der in wissenschaftssystematischer Reichweite die Nachfolge der „geistig-geschichtlichen Wirklichkeit" SCHLEIERMACHERS angetreten hat –, worauf man nur „verstehend", „schauend" sowie „sich entscheidend" reagieren kann, droht zugleich das operative Theorie/Praxis-Schema selbst unterlaufen zu werden; sein Technologie-Bezug verliert sich, indem Theorie nun an den „Strom lebendigen Werdens"[351] selbst kurzgeschlossen wird und die Praxis eigentlich konzeptionslos bleibt (indem sie durch theoretische Okkupation unselbständig wird). In dem Bemühen, jede Bestimmung des

[348] Vgl. Wilhelm REIN, Pädagogik in systematischer Darstellung, 3 Bde., 2. Aufl. Langensalza 1911/12, Bd. 1, S. 397.
[349] Vgl. unten Kapitel XI.
[350] Explizit seit Otto WILLMANN, Didaktik als Bildungslehre nach ihren Beziehungen zur Sozialforschung und zur Geschichte der Bildung, 2 Bde. 1882/89. Vgl. Theodor LITT, Die Methodik des Pädagogischen Denkens, Kant-Studien 26 (1921), S. 17–51, neu gedruckt unter dem Titel „Das Wesen . . ." in RÖHRS' Erziehungswissenschaft und Erziehungswirklichkeit, a. a. O., S. 58–82.
[351] Vgl. LITT, in: RÖHRS a. a. O., S. 80.

Theorie/Praxis-Bezugs durch eine Zweck/Mittel-Relation als unmöglich zu erweisen, die subsumtive „Anwendung“ von Theorie auf Praxis als dem Wirklichkeitszusammenhang der Erziehung unangemessen zu demonstrieren[352], fährt LITT sich fest: Was er deshalb zusammenbringt, bekommt er nicht mehr auseinander. Das „Mittelglied“ der Verknüpfung überwuchert hier die Pole, die nur noch als „sekundäre Ausgestaltung“[353] von etwas Drittem angesehen werden, nämlich der „Grundstellung zum Problem der ‚Erziehung‘“, „die über dem Gegensatz von Theorie und Praxis, Tatsachenforschung und Zielsetzung steht“[354]. Was SCHLEIERMACHER noch als Kunstlehre von der Ausübung der Kunst selbst trennte, wird hier zum „Stück Lebenspraxis“[355], zum Ausdruck einer „Weltstellung“[356] und eines „geistigen Gesamtverhaltens“, „das mit seinen tiefsten Wurzeln unter diesen Gegensatz von Theorie und Praxis hinabgreift“[357]. Die SCHLEIERMACHERsche Dialektik von Theorie und Praxis wird radikalisiert und gerade so suspendiert: Theorien werden zu wahlfreien „Formulierungen von pädagogischen Grundhaltungen“[358], die darüber Auskunft geben, „wie ein Mensch überhaupt im und zum Leben steht“[359]. War die pädagogische Thematik bei SCHLEIERMACHER in die Differenz zwischen Theorie und Praxis gelegt, so wird sie von der geisteswissenschaftlichen Pädagogik in ihrer „Synthese“ gefunden: Theorie und Praxis werden in den „pädagogischen Akt“ eingeschmolzen, jenem pulsiven Zentrum, in dem die „pädagogische Gesinnung“ im „Einsatz der persönlichen Tat“[360] gestaltend (bildend!) durchbricht. Die in dieser Fusion von Theorie und Praxis im lebendigen, schöpferischen und bildungsträchti-

[352] Vgl. auch S. 63 ff. – LITTS Ergebnis: „Die Form einer Technologie kann . . . die Theorie der Erziehung unter keinen Umständen annehmen“ (S. 70). „Der Erzieher hat weniger Freiheit der Gestaltung als der Künstler, weniger Willkür der Zusammenordnung als der Techniker – aber er hat mehr Spielraum der ‚Bildung‘ als der Züchter.“ S. 73.

[353] S. 75.

[354] S. 75.

[355] S. 62.

[356] Erich WENIGER: Theorie und Praxis in der Erziehung, in: ders., Die Eigenständigkeit der Erziehung in Theorie und Praxis, 3. Aufl. Weinheim 1964, S. 17.

[357] LITT: Das Wesen . . ., a. a. O., S. 81.

[358] Herman NOHL, Die pädagogische Bewegung in Deutschland und ihre Theorie, 7. Aufl. Frankfurt am Main 1970, S. 107.

[359] NOHL, a. a. O., S. 106.

[360] Erich WENIGERS Charakterisierung der reformpädagogischen Bewegung: „Die neue Erziehung bedarf letzten Endes nicht des Beweises durch irgendeine Theorie – . . . denn sie ist, erwachsen aus ursprünglichen Lebenserfahrungen, eine Sache des Willens, sie verlangt eine Entscheidung, die ihr durch keine Theorie abgenommen werden kann, und den Einsatz der persönlichen Tat“ (Neue Erziehung und philosophische Bewegung in Deutschland, in: Die Eigenständigkeit der Erziehung in Theorie und Praxis, a. a. O., S. 57).

gen „pädagogischen Akt" dokumentierte Demontage des operativen Theorie/Praxis-Schemas ist denn auch von der geisteswissenschaftlichen Pädagogik an nur noch „theoretisch" zu retten; denn sobald es nur noch auf einer höheren Schicht zerlegbar ist, wo die „Theorie des Theoretikers" in einer Art „Arbeitsteilung" der Theorie/Praxis-Praxis entgegentritt[361], scheint es selbst seine Fortdauer doch nur mehr eben dieser „Theorie des Theoretikers" zu verdanken.

Woran liegt dieses allen ursprünglichen Erwartungen an das Theorie/Praxis-Schema entgegengesetzte Ergebnis? War man in der „Theorie" der Geschichte seiner „Praxis" nicht nachgekommen, oder war schon im Ansatz dieses Schemas einseitig optiert worden? In jedem Fall ist mit der geisteswissenschaftlichen Pädagogik herausgekommen, daß mit diesem Schema keine Operationalität zu sichern ist, wenn es auf die Zweierbeziehung zwischen Erzieher und Zögling bezogen wird[362]. Wo das „Du"[363] in der „bildenden Begegnung" alle Aufmerksamkeit beschlagnahmt[364] und wo jede „Rede von ‚Stoff', ‚Material', ‚Objekt' ... etwas Anstößiges"[365] an sich hat und als „mechanistische Vergewaltigung"[366] des doch „so ganz und gar unmechanistischen Verhältnisses"[367] zwischen dem Lehrer und seinem Zögling gilt[368] – weil Techni-

[361] So in WENIGERS Stufenmodell: Der Ausdruck „Arbeitsteilung" findet sich dort S. 20 (ebenso der Ausdruck „Theorie des Theoretikers").

[362] Hierzu unsere Ausführungen in Kapitel VII. Vgl. auch Erich WENIGER, Theorie und Praxis in der Erziehung, in: Die Eigenständigkeit der Erziehung in Theorie und Praxis, a. a. O., S. 7–22 (8): „In dem, was man gemeinhin Praxis nennt, ist zunächst, wenn von der Praxis der Erziehung die Rede sein soll, das herauszustellen, worin wirklich die Erziehung stattfindet, d. h. die konkrete Einwirkung des einen, des Erziehers, auf den anderen, den Zögling, oder der Erziehungsgemeinschaft auf die Zöglingsgemeinschaft."

[363] NOHL, a. a. O., S. 115: „das das lebendige Objekt der pädagogischen Einwirkung ist".

[364] So erhielt Martin BUBER Beifall von allen Seiten – und SPRANGER empfiehlt denn auch der Pädagogik konsequent: „Liebe". Vgl. Eduard SPRANGER, Ist Pädagogik eine Wissenschaft?, in: Philosophische Pädagogik, hrsg. v. Otto F. BOLLNOW u. Gottfried BRÄUER, Heidelberg 1973, S. 341–350 (350).

[365] LITT, Das Wesen ..., S. 62.

[366] A. a. O., S. 69.

[367] A. a. O., S. 81.

[368] Deutlich auch im Didaktik-Komplex WENIGERS: „Lehrer und Schüler haben ... als lebendige Menschen eine Tiefe, die wesensmäßig der rationalen Erfassung und also auch der Vorhersage und der Vorausbestimmung spottet" (WENIGER, Didaktik als Bildungslehre, Teil 1, Theorie der Bildungsinhalte und des Lehrplans, 9. Aufl. Weinheim 1971, S. 12), sowie: „Erstens hat es die Erziehung mit lebendigen Menschen zu tun, die ... den mechanischen Lösungen nicht unterworfen werden dürfen; zweitens haben die Zöglinge immer etwas in sich, was jeder Berechnung spottet, etwas Irrationales, Individuelles, Unwiederholbares; drittens ..." (ders.,

sierung dann bedeuten muß, daß der Mensch dem Menschen nicht gerecht wird! –, dort arbeitet man, sobald man eben dies mit dem Theorie/Praxis-Modell einfangen bzw. abstützen will, an dessen eigener Demontage. Indem man das „Lehrgefüge" auf die lebensvolle „konkrete Beziehung zwischen zwei Menschen"[369], auf das von einer „uninteressierten Liebe zu dem Menschen in seiner Einmaligkeit und Fragwürdigkeit"[370] getragenen „dialogischen Grundverhältnis"[371] zwischen dem „kämpfenden, zweifelnden, suchenden"[372] Lehrer und seiner „geistigen Nachkommenschaft"[373] reduziert[374], überspringt und verdeckt man nämlich das Technologieproblem, zu dessen Bearbeitung ursprünglich die Theorie/Praxis-Beziehung eingeführt wurde – mit dem schon angesprochenen Ergebnis, daß nun die „Theorie" nur noch die Darstellung dieses Dilemmas übernimmt.

Mit der Reduktion des Theorie/Praxis-Verhältnisses in einer Grundidee kann die Mensch-zu-Mensch-Beziehung auf „den Menschen" verkürzt werden. Was bringt dieser angebliche Vertiefungsvorgang für das Verständnis der Erziehungs- und Unterrichtssituation[375], wenn schließlich der Geschichte: der „Offenheit in die Zukunft hinein", aufgegeben ist, „Entwurf" und „Vorwegnahme" einzulösen?

Hier brachte das von den Sozialwissenschaften übernommene „offene"[376] Theorieverständnis Bewegung in die geisteswissenschaftliche Fusion von Theorie und Praxis, und zwar an einer Stelle, die als „Mittelglied" zwischen

---

Didaktik als Bildungslehre, Teil 2, Didaktische Voraussetzungen der Methode in der Schule, 4./6. Aufl. Weinheim 1965, S. 71).

369 WENIGER, Theorie und Praxis in der Erziehung, in: Die Eigenständigkeit ..., a. a. O., S. 8.

370 WENIGER, Die Autonomie der Pädagogik (1929), in: Die Eigenständigkeit ..., S. 78.

371 WENIGER, Die Pädagogik in ihrem Selbstverständnis heute (1950), in: Die Eigenständigkeit ..., S. 167.

372 WENIGER, Die Grundlagen des Geschichtsunterrichts: Untersuchungen zur geisteswissenschaftlichen Didaktik, Leipzig – Berlin 1926, S. 231.

373 A. a. O., S. 235.

374 Daran ändert auch nichts der Verweis auf eine „Dreiseitigkeit": „Herman NOHL hat die Doppel- oder eigentlich Dreiseitigkeit des Erziehungsgefüges, in dem der Erzieher in Autorität und Liebe, der Zögling in Liebe und Gehorsam, und die Sache in Wahrheit und Geltung vereinigt sind, in seiner Lehre vom pädagogischen Bezug entwickelt" (WENIGER, Die Pädagogik in ihrem Selbstverständnis heute, a. a. O., S. 167) – denn gleich darauf heißt es, daß die „eigentümliche Wirkform der Erziehung" als „dialogisches Grundverhältnis" interpretiert werden müsse.

375 „Die augenblicks vorherrschende Meinung ist, daß die Erziehung durch das Bild vom Menschen entscheidend bestimmt werde, so daß also die Anthropologie die Grundwissenschaft der Pädagogik sei." So WENIGER 1950 in: Die Eigenständigkeit ..., S. 159. Im übrigen kann man nicht mehr von dem Menschen sprechen, ohne das Auflöse- und Rekombinationsniveau moderner Wissenschaften zu ignorieren.

376 Man kann auch sagen: hypothetische, analytische, selektive.

Theorie und Praxis schon im 19. Jahrhundert sich zur Vermittlung empfohlen hatte. Hatte ZILLER die Lehrer ausbildenden Einrichtungen als Vermittlungsinstanzen in Betracht gezogen, sind es nun diese Einrichtungen selbst, die – konfrontiert mit einem neuen Schub gesamtgesellschaftlicher Anforderungen an Erziehungsleistungen – die geisteswissenschaftliche Fusion von Theorie und Praxis auseinanderbringen, um für die Ausbildung der Handlungs-(Entscheidungs-)Fähigkeit der zukünftigen Lehrer in organisierten Schulsystemen die Differenz von Theorie und Praxis als operatives Postulat zurückzugewinnen. Hier ist es vor allem die über Paul HEIMANN laufende Kritik an der geisteswissenschaftlichen Pädagogik gewesen[377], die mit Bezug auf ein „empirisches"[378] Verständnis der Theorieposition ausdrücklich auf die „Bildung eines leistungsfähigen, ‚theoretischen Bezugsfeldes' von hoher operativer Bereitschaft" setzt[379]. Deutlich ist hier (wieder) die Differenz von Theorie und Praxis als operative Bedingung in den Blick genommen: so radikal, daß der mit Bezug auf den Unterrichtsprozeß nicht limitierbare Entscheidungsbedarf zur Eliminierung der Differenz von Theorie und Praxis führt: „So elastisch hat nun einmal eine Theorie, die sich am Prozeßcharakter des Unterrichts verbindlich orientiert, zu sein."[380] Das Verhältnis von Theorie und Praxis ist auf die Vorstellung eines didaktischen Entscheidungsprozesses reduziert, für den die Theorieposition nur mehr „für die Entstehung eines operativen theoretischen Bewußtseins", für den „persönlichen Unterrichtsstil"[381], relevant ist. Das ist die Auflösung der Theorie/Praxis-Relation auf der Ebene der Funktionsbestimmung selbst: Didaktik als Theorie und Lehre. Diese „Didaktisierung" der Theorie/Praxis-Relation hat mit der geisteswissenschaftlichen Kompensation des Technologiedefizits nur noch die Verlagerung der Problemorientierung vom Schüler auf den Lehrer (Erzieher) gemein: Nicht nur ist der in der Entwicklung der Didaktik zur Theorie der Bildung (und geisteswissenschaftlichen Didaktik) unversorgt gebliebene Bereich der Lehr- und Lernmittel (wieder) „entscheidungsbedacht", sondern sind auch die Bedingungen „anthropologisch-psychologischer" sowie „situativ-sozial-kultureller Art" als den „Unterrichtsstil" des Lehrers *konditionierende* Faktoren anerkannt. Damit ist grundsätzlich die pädagogische Refle-

[377] Instruktiv hierfür auch die Frühschrift Paul HEIMANNS, Pädagogische Theorie und „Praktikum", in: Didaktik als Unterrichtswissenschaft, hrsg. und eingeleitet von Kersten REICH und Helga THOMAS, Stuttgart 1976, S. 39–58.

[378] HEIMANNS prozessuales Theorieverständnis. Vgl. HEIMANN, a. a. O., S. 144 f.: „Theoretisieren zu lehren" als didaktisches Ausbildungspostulat! (S. 150).

[379] A. a. O., S. 42: auch wenn das „vorübergehend eine Minderung des „spontanen" Leistungsvermögens zur Folge [hat]" (S. 41).

[380] A. a. O., S. 166 („Didaktik als Theorie *und* Lehre": 1962).

[381] A. a. O., S. 166 f.

xion an den Ort zurückgebracht, an dem im ersten Drittel des 19. Jahrhunderts statt des Technologieproblems die Instrumentierung der Erziehungsfunktion mit dem Didaktik/Methodik-Schema auftauchte. Zwar formuliert Paul HEIMANN (noch): „Wesentliches ist bereits vorentschieden, wenn man das Theorie-Praxis-Verhältnis nicht technologisch interpretiert, so als ob didaktische Entscheidungen in konkreten Situationen schlicht aus zuhandenen Theoremen deduziert werden könnten . . .“[382], aber die von ihm eingeleitete Neuorientierung ist bereits auf dem Wege, das Problem des Technologiedefizits im Kontext des Lehr-/Lernprozesses selbst zu reformulieren.

## XI. Didaktik und Methode

Die Beziehung von Didaktik und Methode nimmt die Stelle ein, an der die Operationalisierung der Funktion von Erziehung zu erwarten wäre. Diese Beziehung ist nicht unabhängig von der Entwicklung des Erziehungssystems zu verstehen. Sie bezeichnet nicht eine rein semantische oder gar kategoriale Verbesserungsleistung, keinen Wissensfortschritt in diesem Sinne, sondern folgt bestimmten Linien der Entwicklung des Erziehungssystems. Das wollen wir jetzt zeigen.

Bis 1800 unterscheidet man Erziehung und Unterricht noch klar im Sinne von „educatio“ und „institutio“, wobei man verschiedene Aktivitäten vor Augen hat und den Unterricht allenfalls mit erzieherischen Aufgaben belastet, wenn vom „Erziehungslehrer“ gesprochen wird. Dem entspricht die Vorstellung, in der die Familie erzieht und für Unterricht zu sorgen hat, der gegebenenfalls in Schulen oder durch Hauslehrer zu absolvieren ist.

Die stärkere Ausdifferenzierung des Erziehungssystems bedeutet dann, daß das Erziehungssystem „erziehenden Unterricht“ erteilen muß und die Familie auf eine Vorbereitungs-, Begleit- und Stützfunktion zurückgedrängt wird. Diese Schwerpunktverlagerung, die mit der Realisierung der Schulpflicht einhergeht, führt zu einem Umbau des Erziehungssystems, dem auch das auf Erziehung bezogene Denken seinen Tribut zollen muß, indem die zentralen begrifflichen Unterscheidungen zwar nicht ihre Leitqualitäten verlieren, wohl aber durch Bedeutungsverschiebungen und -tausch die Orientierungslosigkeit unter den mit Erziehung Befaßten steigern und über eine wiederum darauf reagierende Literaturproduktion die allgemeine semantische Konfusion bereichern. Die in verschiedene Richtungen laufenden Differenzierungen des Erziehungssystems, etwa die Differenzierung von Erziehungssystem und Wissenschaftssystem und die damit zusammenhängende bewußte De-

[382] A. a. O., S. 149.

komposition des homogenen Erziehungsvorganges über Zwecke und Mittel, die Ebenen- und Rollendifferenzierung und die darauf bezogene Orientierung an „Theorie und Praxis“ oder das Unterlaufen der Zeitlimitationen durch die „Entdeckung“ von Individualität, überschneiden sich und wirken insgesamt auf eine Steigerung des Problembewußtseins hin, das seinerseits in begriffliche Neubildungen umschlägt bzw. auf Korrektur eingespielter Terminologien drängt. In diesen „Zeiten des Schwindels“[383], die durch eine „allgemeine Gärung in Erziehungssachen“ (CAMPE) und die verschiedentlich anlaufenden Offensiven zur Expansion von Erziehungsvorgängen und Steigerung von Erziehungsleistungen ohnehin das begriffliche Reaktionsvermögen des eben erst vom praktischen Erziehungsgeschäft entlasteten „Pädagogikers“[384] zu überfordern drohen, gerät auch das Bedeutungsgefüge von Pädagogik – Erziehung – Didaktik – Unterricht durcheinander und wird selbst „unter den Männern vom Fach . . . schwankend“[385].
NIEMEYERS „Grundsätzen“ (1796) liegt noch die herkömmliche Trennung von Erziehung und Unterricht zugrunde, wobei die Pädagogik oder Erziehungswissenschaft auf die erstere zielt, während die Didaktik, verstanden als Methodik des Unterrichts, sich mit dem letzteren befaßt[386]. Beide sind zudem abgeleitete Wissenschaften, die auf Anthropologie, Psychologie und Ethik zurückgreifen[387], erheben also beide noch nicht so explizit den Führungsanspruch auf Begleitung systemspezifischer Funktionen, wie es die als Bildungslehre aufgefaßte Didaktik später tut, sondern bringen nur verwendungsspezifisch allgemeine „Wahrheiten“ zum Ausdruck. Insofern deutet bei NIEMEYER zunächst noch nichts darauf, was zur Zersetzung der traditionellen Unterscheidung geeignet wäre. Auch die Anmerkung, daß „jeder gute Unterricht erziehend seyn sollte“[388], scheint hier, von ihrer Folgenlosigkeit für die weiteren Ausführungen her betrachtet, terminologisch nichts in Bewegung zu setzen[389]: Der Unterricht, die „absichtliche und planmäßige Mittheilung gewisser Kenntnisse an den Lehrling“[390], bleibt Gegenstand der von der Pädagogik abgehobenen „Lehr- oder Unterrichtswissenschaft“ der Di-

[383] August Hermann NIEMEYER, Grundsätze der Erziehung und des Unterrichts für Eltern, Hauslehrer und Erzieher (1796), Paderborn 1970, S. 5 (Brief Niemeyers an Wieland vom 17. März 1797).
[384] A. a. O., S. 77.
[385] Friedrich Heinrich Christian SCHWARZ, Lehrbuch der Erziehungs- und Unterrichtslehre (3. Aufl. 1835), Paderborn 1968, S. 11.
[386] Vgl. NIEMEYER, a. a. O., S. 22.
[387] Vgl. a. a. O., S. 355.
[388] A. a. O., S. 207.
[389] Hierzu NIEMEYERS im Vorwort geäußerte Zurückhaltung, ein neues System aufzustellen oder eine „Kritik“ aller Pädagogik zu leisten (S. 10).
[390] A. a. O., S. 208.

daktik. Daß dann jedoch neben diese – abgesehen von der zwecks ihrer Applikation nötigen Lehrkunst – eine eigene „Methodik oder Methodologie" tritt[391], weist bereits auf Unzulänglichkeiten in der Verwendung der eingespielten Unterscheidung hin: In demselben Maße nämlich, wie die Didaktik die Unsicherheiten der Zweckbestimmungen mitzureflektieren hat[392], faltet sie sich über die zunächst vorsichtig eingeführten Ergänzungsbestimmungen wie „allgemeine" und „spezielle Didaktik" auseinander, wobei die jeweiligen Aspekte zugleich verschiedene Sicherheitsgrade der Technisierbarkeit angeben – ein Vorgang, der besonders an der zweiten der drei Hauptfragen der allgemeinen Theorie des Unterrichts (worin, wie und in welcher Ordnung zu unterrichten sei) ablesbar ist: Die noch vom Vertrauen auf technologische Griffsicherheit getragene Frage „Wie muß man unterrichten?"[393] spaltet sich unter Einfluß der Zweck/Mittel-Optik in gesonderte Fragehinsichten nach Lehrart und Lehrform[394], die jedoch von NIEMEYER als unsichere „Begriffsexperimente" zugleich wieder zurückgenommen werden, indem sie austauschbar bleiben.

SCHWARZ' „Lehrbuch der Erziehungs- und Unterrichtslehre" (1805) dokumentiert den weiteren Schritt auf dem Wege der begrifflichen Erosion der traditionellen Beziehung zwischen Pädagogik und Didaktik und zugleich der zukünftigen Neufassung. Die inzwischen gewachsene Attraktivität des „erziehenden Unterrichts"[395] bringt es mit sich, daß jetzt nicht mehr die Didaktik, sondern die „Methodik oder die Lehrkunst des erziehenden Unterrichts" der Pädagogik gegenübergestellt wird, die nun ihrerseits in den Umkreis von „Bildung" getreten ist[396]. Interessant sind die aus dieser Umstellung resultierenden Konsequenzen für den Didaktikbegriff, der nun in schillernder, zumindest in doppelter Bedeutung gebraucht wird. Einerseits bezeichnet im Anschluß an den Sprachgebrauch Didaktik bei SCHWARZ noch nach wie vor

---

391 A. a. O., S. 210: „Die Anleitung, wie die Wissenschaften überhaupt zu lehren sind, heißt die Methodik oder Methodologie . . ."

392 A. a. O., S. 208: Da der Unterricht jetzt selbst erziehend geworden ist, liegt der Unterschied zur Erziehung „bloß in den Mitteln".

393 A. a. O., S. 212.

394 Eigentlich unterscheidet NIEMEYER drei Aspekte der zweiten Hauptfrage („Wie muß der Elementarunterricht beschaffen seyn?": 1. „Wahl des Lehrstoffes", 2. „Mittel, den allgemeinen Zweck alles Lehrens, die Bildung des Verstandes, zu befördern" (Lehrart), und 3. „Form der Mittheilung" (Lehrform). A. a. O., S. 213 f.

395 Vgl. SCHWARZ, Lehrbuch . . ., a. a. O., S. 144: „Der Unterricht, welcher nicht erziehend ist, bleibt etwas Einseitiges . . ."

396 Dort S. 59: „Bildung und Erziehung sind auf die Entwicklung angewandt gleichbedeutend", sowie überhaupt die 2. Abtheilung der Pädagogik: „Erziehung und Bildung" (S. 106–140).

die „Lehre von dem Unterricht überhaupt"[397]. Andererseits stirbt der Didaktikbegriff, da er jetzt zum „erziehenden" erweitert ist, in dieser alten Bedeutung ab. Er kann, nahegelegt durch die schon immer mitgeführte Gleichsetzung von Didaktik und Methodik[398], durch Methodik als Bezeichnung für die „Lehre vom erziehenden Unterricht" ersetzt werden und seinerseits selbst in deren Funktionsbereich übersiedeln. Didaktik wird neben der „eigentlichen Methodik" und der „Pädeutik" als die Lehrkunst von den „Gegenständen" zum dritten Teil der Methodik[399]. Ein Ortswechsel, dessen willkürlichen Bedeutungstausch[400] SCHWARZ als Begriffsverwirrung seiner Kollegen vorführt: „Es ist also nicht leicht, die Begriffe von Erziehung und solchem [erziehenden] Unterricht gegenseitig zu begränzen, und noch immer zeigt sich hierin manche Verwirrung, welche zum Theil durch die Verwechslung der Methodik mit der Didaktik entsteht."[401]

Immerhin ist durch diese Umstellung, von ihrer Problemfassung her gesehen, die Konsolidierung der Konfusion der Begriffsbildungsvorschläge bereits vorbereitet: Die Methodik tritt zwar bei SCHWARZ zunächst an die Stelle der ehemaligen Didaktik und hat von daher diese im Griff. Das gleichzeitige Unterverhältnis der Methodik aber, wonach diese noch einmal als „allgemeine" der „speziellen" Didaktik gegenübertritt[402], mußte in dem selben Maße, wie die anthropologisch-psychologischen Naturgrundlagen der Lehrkunst problematisch[403] und die inhalts- und gegenstandsbezogenen Fragen im Sog

397 A. a. O., S. 143.

398 Vgl. NIEMEYER, Grundsätze ..., a. a. O., S. 22: „... betrifft die Methodik des Unterrichts, und handelt die Grundsätze, sowohl der allgemeinen als speciellen Didaktik ab." (!)

399 Vgl. SCHWARZ, Lehrbuch ..., a. a. O., S. 144: „... die Lehrkunst für den erziehenden Unterricht in drei Theile zerfällt, wovon der erste die Gesetze derselben abhandelt, als eigentliche Methodik, der zweite die Gegenstände, als Didaktik, der dritte die Verbindung mit der erziehenden Gesammtthätigkeit, als Pädeutik."

400 Er scheint uns tatsächlich recht willkürlich: Denn erstens hätte auch der Methodikbegriff die Rolle des Didaktikbegriffs übernehmen können, haben zweitens das ja wohl auch die Kritisierten gemacht und lief es schließlich drittens, wie es bei SCHWARZ vorgezeichnet ist, nur wieder mit vertauschten Begriffen.

401 A. a. O., S. 144.

402 Eigentlich bei SCHWARZ noch komplizierter: Denn schon im Raum der „allgemeinen" Methodik tritt die Didaktik von der Problemstellung her auf, insofern die dreistellige Dekomposition des Unterrichts das „Object", den „Lehrgegenstand", eigens zum Thema erhebt. – Daneben das „Subject" = „Lernender" und die „Beziehung von beiden" = „das Lehren selbst" (S. 159), von SCHWARZ als „nächster Inhalt der Methodik" bestimmt (also eine weitere Einschränkung von „Methodik") (vgl. S. 145).

403 Bei SCHWARZ wird auch, schon nicht mehr ganz zeitgemäß, der „erziehende Unterricht" selbst „Methode" genannt, „weil der den Weg führt, den die Natur selbst in ihrer Entwicklung vorschreibt". A. a. O., S. 143.

des Bildungsbegriffs bedeutungsvoll wurden[404], sich gewichtsmäßig zugunsten der Didaktik verschieben. In der Konsequenz konnte dann die „Klammer" der Methodik (über/zwischen „allgemeiner" und „spezieller" Methodik-Didaktik) selbst wegfallen bzw. konnte, der Priorität der Didaktik Rechnung tragend, ein erneuter Positionswechsel vorgenommen[405] werden. Steuerungsvorstellungen der Unterrichtswirklichkeit waren nun in einer vertikalen Struktur, in der die Didaktik als Bildungslehre das Grundsätzlichere ist, zu verfolgen.

Daß das SCHWARZsche Verfahren, die ursprüngliche Gleichung Didaktik/Methodik über Methodik aufzulösen, sich nicht durchgesetzt hat und von der späteren Sprachregelung her nur als Umweg erscheinen muß, zeigt BENEKES „Erziehungs- und Unterrichtslehre". Hier ist zunächst, um einen doppelten Didaktikbegriff zu vermeiden, der neutralere Ausdruck „Unterrichtslehre" belassen worden[406], innerhalb dieser aber findet, wenn auch immer noch unter den Nachwirkungen des semantischen Durcheinanders und deshalb terminologisch zögernd, das Didaktik/Methodik-Schema deutliche Anwendung: Entsprechend der Doppelfrage nach den Unterrichtszwecken und -mitteln[407] hat die Didaktik die Aufgabe, „die Gegenstände des Unterrichts auszuwählen, zu begränzen, nach ihrer Bildungskraft zu würdigen", und zielt die Methodik darauf ab, „die Art und Weise zu bestimmen, wie der Unterricht ertheilt werden soll: die Regel, die Methode . . ."[408]

[404] „Gegenstand des Unterrichts ist alles das, was der Schüler lernen soll. Der erziehende Unterricht erhält seine Gegenstände aus dem Ziel und Gange der Bildung" (S. 156).

[405] Die spätere Unterscheidung zwischen einem weiteren und einem engeren Didaktikbegriff und die Rede vom „Primat" der Didaktik legen das nahe. Insofern ist der Weg, den SCHWARZ einschlägt, indem er die Didaktik der Methodik einarbeitet und nicht umgekehrt, ein Umweg. NIEMEYER unterschied (dieses Tauschverfahren abkürzend) deshalb gleich zwischen einer „allgemeinen" und „speziellen" Didaktik, und MILDE ordnet ähnlich die „allgemeinen Grundsätze über die materielle Bildung" der Didaktik, „die aus diesen Grundsätzen abgeleiteten und auf einzelne Fälle oder Gegenstände sich beziehenden Vorschriften" der Methodik zu. Vgl. Vinzenz Eduard MILDE, Lehrbuch der allgemeinen Erziehungskunde (1811), Paderborn 1965, S. 314.

[406] Mit dem Nachteil, die alten Begriffe (Erziehung – Unterricht) in neuer Bedeutung mitzuschleppen: Friedrich Eduard BENEKE, Erziehungs- und Unterrichtslehre, (1835), 3. Aufl. Berlin 1864 (Zweiter Band: Unterrichtslehre).

[407] Interessant ist, daß jetzt durch die Integrationsformel „erziehender Unterricht" nicht nur die weitgehende Zweckidentität von Erziehung und Unterricht behauptet ist – wie bei NIEMEYER –, sondern auch die der Mittel (vgl. BENEKE, Erziehungs- und Unterrichtslehre, a. a. O., 2. Bd., S. 14: „Auch die Mittel sind für den Unterricht im Allgemeinen dieselben, wie für die Erziehung überhaupt, nur in eigentümlicher Mischung und perspektivischer Abstufung"). Ergebnis des vertikal zur Unterscheidung von Unterricht und Erziehung liegenden Didaktik/Methodik-Schemas.

[408] BENEKE, a. a. O., S. 20. Vgl. auch S. 42: „Wir können die Methode . . . zunächst ganz populär bestimmen als den Weg, welchen der Lehrer mit dem Schüler geht, um ihn zum Zielpunkte des Unterrichtes zu führen."

In einem die Diskussion der ersten Jahrzehnte des 19. Jahrhunderts resümierenden Lexikonartikel über „Didaktik“ (1843) finden sich dann schon deutlich die neuen Begriffsverhältnisse aufgezeigt: Zwar wird die Didaktik auch hier noch als Unterrichtswissenschaftslehre dem zweiten Hauptteil der Erziehungswissenschaft zugewiesen, ihre Gliederung in „allgemeine“ und „besondere“ ist jedoch deutlich als die Unterscheidung zwischen Didaktik und Methodik verstanden, da die letztere ausdrücklich als Methodik bezeichnet wird[409]. Didaktik wird auch als übergreifender Integrationsbegriff verwandt, der den vier Klassen von Anwendungsfällen entsprechend in vier Hauptteile gegliedert ist[410]: Didaktik im engeren und strengen Sinne – Methodik – Schulkunde – Schuldisziplin, von denen die beiden ersteren deutlich die eigentliche Didaktik/Methodik-Dichotomie repräsentieren. Die Formulierung, daß die „didaktische Würdigung der Unterrichtsgegenstände“ auf deren „Bildungswerth“ ziele[411], während die Methodik allein mit der „Form“ des Unterrichts, d. h. mit der Frage „Wie soll gelehrt werden?“ beschäftigt sei[412], zeigt dann an, daß die *Didaktik* sich nun endgültig auf dem Weg zur „Lehrfürstin“[413] befindet: Didaktik als Bildungslehre. Damit ist der zukünftige Doppelbegriff der Didaktik etabliert: Sie ist einmal im Didaktik/Methodik-Schema der Methodik konfrontiert und zugleich die dieses Schema übergreifende Instanz: Bildungslehre[414].

---

409 Art. Didaktik, in: Pädagogische Real-Encyclopädie oder Encyclopädisches Wörterbuch des Erziehungs- und Unterrichtswesens und seiner Geschichte für Lehrer an Volksschulen und andren Lehranstalten, für Eltern und Erzieher, für Geistliche, Schulvorsteher und andere Freunde der Pädagogik und des Schulwesens, bearbeitet von einem Verein von Predigern und Lehrern u. redigiert v. Karl Gottlob HERGANG, Bd. 1, Grimma 1843, S. 488.

410 Interessant ist, daß zu den beiden Hauptpunkten von SCHWARZ: dem Subject und dem Object, hier noch der Lehrer selbst hinzukommt und daß der dritte Punkt bei SCHWARZ, die „Beziehung von beiden“, hier variiert erscheint: als die „äußern Verhältnisse, in welchen der Schüler sich befindet. Grund: Die „Beziehung zwischen beiden“, die Lehrform, war bei SCHWARZ Methodik; hier aber ist deutlich zwischen allgemeiner und spezieller Didaktik unterschieden, und da die spezielle Didaktik Methodik ist, kann sie nicht noch einmal in der allgemeinen auftauchen bzw. mit dieser identisch sein. Vgl. bei SCHWARZ, Lehrbuch . . ., a. a. O., S. 145; beim Artikel S. 488).

411 Art. Didaktik, S. 493.

412 Art. Methodik in demselben Lexikon, Bd. 2, S. 256: „Methodik oder Methodenlehre ist diejenige Wissenschaft, welche die Grundsätze über die Art und Weise aufstellt, in welcher der Unterricht zu ertheilen ist, und diese Grundsätze auf die einzelnen Lehrgegenstände anwendet. Sie beantwortet also die Frage: ‚wie soll gelehrt werden?‘ . . . Die Methodik bildet den zweiten Theil der Didactik; . . .“

413 Art. Didaktik, S. 489.

414 *Überblick:* 1. Der ursprüngliche Didaktikbegriff, der, wie die Pädagogik der Erziehung zugeordnet ist, auf den Unterricht geht, kennt keine Differenz zu einem

Mit dieser Konsolidierung ist der begriffliche Kontrollapparat auf eine vertikale Struktur gebracht, die einen systemeinheitlichen Basisprozeß, nämlich Schulunterricht, reguliert. Die Differenz der Tätigkeitsweisen Erziehung und Unterricht und die ihr zugeordnete Differenz praktischen Wissens ist aufgehoben. Das entspricht der Erfahrung, daß der Schulunterricht die Ausdifferenzierung des Erziehungssystems führt und die Erziehung im Elternhaus auf Vorbereitungs- und Nachbereitungsfunktionen reduziert. Der alte, von der Familie her gedachte Vorrang des Erziehens vor dem bloßen Unterrichten läßt sich angesichts der neuen Typik von Ausdifferenzierung nicht mehr vertreten. Andererseits läßt eben diese Ausdifferenzierung Probleme der Autonomisierung und des Kontingentwerdens der Bildungsinhalte und Zwecke entstehen, die durch Vertikalisierung aufgefangen werden müssen:

---

irgendwie eigenständigen Methodikbegriff: *Didaktik* ist als Unterrichtskunst/-lehre *zugleich* auch *Methodik* (Niemeyer).

2. Dieses begriffliche Gleichgewicht wird gestört durch die Begriffskreuzung in der Formel vom *„erziehenden Unterricht"* und das *Zweck/Mittel-Schema*. Beides wirkt so, daß die Differenz zwischen Erziehung und Unterricht diffus wird und daß gleichzeitig durch die Zweck/Mittel-Optik wie auf einer zu dieser Differenz quer liegenden Achse diese (alten) Begriffe *„gebrochen"* werden.

3. In der Folge treten, da man mit den vorgegebenen Ausdrücken weiter operiert, *Begriffsdoppelungen* auf: Entweder differenziert sich die Didaktik (= Methodik) in *„allgemeine"* und *„spezielle"* – so bei Niemeyer, wobei hier der „speziellen" noch der ebenengleiche Korrespondenzbegriff fehlt:

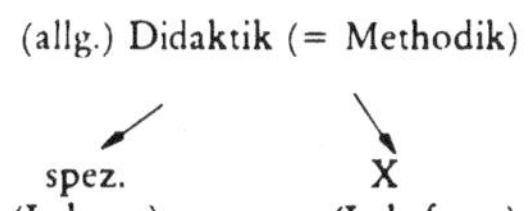


(Niemeyer ist noch nicht soweit, die neue Differenz begrifflich aufzubauen, etwa durch Trennung zwischen Didaktik und Methodik; er arbeitet noch mit ihrer Identität); oder es differenziert sich die Methodik (= Didaktik) in *„eigentliche"* Methodik und spezielle *Didaktik* – so bei Schwarz:

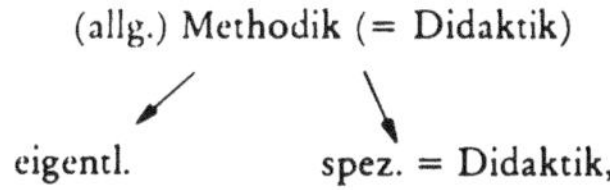


oder es treten *Didaktik* und *Methodik* selbst direkt auseinander, wobei in Erinnerung an die alte Bedeutung von Didaktik der neutralere Ausdruck „Unterrichtslehre" gewählt ist – so bei Beneke:

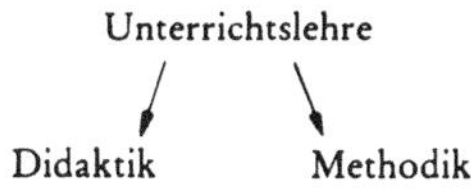

Eine Ebene der Sinnbestimmung muß die Kontingenz absorbieren und Zwecke festlegen, eine andere auf dieser Grundlage, die keine absolute sein kann, die Praxis methodisch gestalten.

Das Revirement der Begriffe, zunächst ein eher chaotischer Vorgang, wird als Begleiterscheinung eines gesellschaftsstrukturellen Umbaus von epochalen Ausmaßen verständlich. Die „Didaktik“ rückt dadurch aus einer eher subordinären Stellung in eine Steuerungsfunktion ein, mit der sie sozusagen das pädagogische Anliegen in der Schule vertritt und an Stoffen und Zwecken operationalisiert. Didaktik wird Bildungslehre. Sie hat das Vermögen und die Pflicht, die Zwecke zu problematisieren und damit zugleich die humanistische bzw. geisteswissenschaftliche Ablehnung der Technologie zu systematisieren. „Wir unterscheiden von dem Gesamtgehalt eines Lehrgegenstandes dessen Bildungsgehalt und verstehen unter dem letzteren eben die Teile und Momente des ersteren, von welchen dessen Bewurzelung und Verinnerlichung ausgeht, und von deren Haften und Nichthaften der Wert des Lernens und Übens wesentlich abhängt.“[415] Die Zwecke stehen nicht fest, und die Didaktik hat auch die Bedeutung der Zwecke zu präsentieren: Der „Bildungsinhalt“ ist nicht nur Mittel des Subjekts, sondern „Lehrgut zugleich“[416], das als solches, d. h. unabhängig von der Problematik der Unterrichtsinteraktion, als externer Faktor „wirkt“. Die Didaktik hat eine höhere Ebene anvisiert, um die Probleme von Didaktik und Methodik auf die richtigen Begriffe zu bringen und damit (!) die Unterrichtsleistungen zu verbessern.

---

4. In demselben Maße, wie die Unterscheidung zwischen Erziehung und Unterricht unscharf wird, verliert zunächst der jeweilige alte Oberbegriff (Niemeyer: Didaktik; Schwarz: Methodik) seine Bedeutung; wo Erziehung und Unterricht sich so nahegetreten sind, daß sie weder von ihren Zwecken (Niemeyer) noch von ihren Zwecken und Methoden (Beneke) her eindeutig getrennt werden können, *„stirbt“* der alte Didaktikbegriff *„ab“*, ohne daß damit die *Problemstelle* einer *neuen Integration* zwischen Didaktik und Methodik aufgegeben wäre.

5. Mit der Festigung des neuen Didaktik/Methodik-Schemas, mit der von der Zweck/Mittel-Optik her beschlossenen Gewichtsverteilung zugunsten der Zwecke (d. h. in Übertragung: zugunsten der Gegenstände und Inhalte des Unterrichts, also der Didaktik) und unter dem Einfluß des Bildungsbegriffs steigt in der alten Begriffsdoppelung der neue Didaktikbegriff empor: *Bildungslehre.*

6. Die Weichenstellung für die weitere Begriffsentwicklung sieht dann wie folgt aus: Der *doppelte Gebrauch* des Didaktikbegriffs ist über der Demontage des alten Begriffsgefüges (Didaktik – Pädagogik) beibehalten, die Bedeutungen haben sich jedoch geändert. Die alte Differenz von Didaktik und Pädagogik ist in der nun als *Bildungslehre* konzipierten Didaktik eingezogen; darunter wird mit der *Didaktik der Didaktik/Methodik-Dichotomie* gearbeitet, aber so, daß sie selbst „schräg“ nach oben zur Bildungslehre hin drängt.

[415] Otto Willmann, Didaktik als Bildungslehre, a. a. O., S. 326.

[416] A. a. O., S. 326 f.

Trägt die Didaktik in dieser Form zur Stabilisierung der Unterrichtssituation bei, stellt sich die Frage, wie das Erziehungssystem mit dieser Begriffsentscheidung in der Folgezeit zurechtgekommen ist. Wenn man die relativ scharfe Trennung von Organisation (Technologieersatz) und Humanität bzw. Sittlichkeit in Anschlag bringt, dann müßte dies eigentlich zu der Konsequenz führen, daß es auf die Didaktik (als Bildungslehre) gar nicht ankommt; denn wenn es auf sie ankäme, wäre sie damit als bloßes Mittel für Zwecke kompromittiert. Entgegen diesen Überlegungen nimmt jedoch die Bedeutung der Didaktik zu: Sie muß dabei, um einer Instrumentalisierung, einem Abgleiten ins bloß Methodische zu entgehen, eine Gesinnungskomponente in sich aufnehmen; sie ist also nur mit rechter Gesinnung und Engagement zu handhaben, ohne daß diese Gesinnung nun wieder als Instrument begriffen werden dürfte[417]. Daher ist ihr das Mitformen der Zwecke aufgegeben. Wie immer die Antagonisten in den Auseinandersetzungen um die Bildungs- und Erziehungsziele der Volksschule im letzten Drittel des 19. Jahrhunderts im Streit um den konfessionellen Charakter der Schule operieren[418], das Erziehungssystem muß seine gesellschaftliche Funktion erfüllen. Es baut die externen Bestimmungen in Gestalt von Stoff- und Themenanforderungen ein, deren Politisierbarkeit und Ideologieanfälligkeit mit dem Schema Didaktik und Methode und den zugeordneten Begriffsentscheidungen abgefangen werden sollte – und dies ohne Rekurs auf „Technologie"! Wenn es ein Erfordernis der Technologie des Lehrens ist, daß der Lehrer sich die Ziele der Organisation zu eigen macht, dann sollte die Didaktik (als Bildungslehre) jedenfalls in der Lage sein, zu einer partiellen Übereinstimmung von Präferenzen beizutragen. Genau diesen Part bleibt die Didaktik jedoch schuldig, wenn die Inhalte (und Ziele) zunehmend der Historisierung ausgesetzt sind. Dann ist es mit der wie auch immer begründeten Berufung auf „objektive Güter" nicht getan. Die Zieldiskussionen des ausgehenden 19. Jahrhunderts halten deshalb zu weitergehenden Abstraktionen an: Die Legitimation des Bildungsgehalts der Stoffe wird im „Koinzidenzpunkt des subjektiven [formalen] und des materialen Poles ... [als der] Urerfahrung des Gebildetwerdens überhaupt"[419] gesehen.

---

[417] Schon Kajetan WEILLER hatte sich dies überlegt, war dann aber doch zu der Überzeugung gekommen, daß es für die konkrete Ausgestaltung der Lehre auf die rechte Absicht ankomme und nicht nur auf die Wahl der rechten Mittel. Vgl. Über den nächsten Zweck der Erziehung, Regensburg 1798, S. 102 ff.

[418] Hierzu Christa BERG, Die Okkupation der Schule, Heidelberg 1973, S. 89 ff.; 110 ff.

[419] So interpretiert Wolfgang KLAFKI das Problem des „Bildungsgehalts" an WILLMANN und seinen Nachfolgern, um in der Wellenbewegung des didaktischen Begriffsgefüges zwischen Bewährung und Verfall die Unterscheidung zwischen formaler und materialer Bildung als Auffangstellung vor der Wachablösung durch die Curricu-

Wie wenig dem Erziehungssystem mit dieser Verlagerung des Technologieproblems gedient war, zeigt der Strukturverlust, dem sich die pädagogischen Reflexionen auf diese Weise aussetzen: Ist die materiale Position wissenschaftlich nicht mehr zu halten, kann von der Basis dieser Unterscheidung aus kein Beitrag zur Konsolidierung mehr erwartet werden[420]. Das methodische Denken der Reformpädagogik wirkt deshalb überlastet. Der von WILLMANN kritisch apostrophierte „didaktische Formalismus" führt zu einer „erstaunlichen Produktivität"[421] im Bereich des Methodischen, dem abhanden kommt, was das didaktische Problembewußtsein in Gang hielt: auf der Ebene des Begriffs zum Problem der Unterrichtssituation beizusteuern. Mit der Abstraktion des „materialen Poles" auf die Wertebene[422] ist das Problem einer funktionsbezogenen Reflexion des Erziehungssystems der Eigendynamik der Interaktionsebene überlassen. Als „Neuerungen" kommen methodische Erfindungen wieder zu Ehren, die in der Geschichte des pädagogischen Methodendenkens nicht neu sind[423]. Aber „neu" ist die Problemstellung, auf die sie antworten: Das übernommene Didaktik/Methodik-Konzept kann sich in einer Phase steigender Ansprüche an das Schulsystem[424] nicht bewähren und verliert an Ansehen. Also muß die Ebene der Realisierung selbst und differenzierter angegangen werden. Das geschieht im Kontext der Begriffssprache, die als Stütz- und Begleitsprache die Struktur des Didaktik/Methodik-Schemas mitträgt[425]; und es geschieht im Rahmen der anthropolo-

---

lum-Diskussion nochmals zu beleben. In: Das pädagogische Problem des Elementaren und die Theorie der kategorialen Bildung, 3./4. Aufl. Weinheim 1964, S. 183.

420 So die zur Beliebigkeit neigenden Zielerörterungen der Reformpädagogik: „Die formale Bildung führt den Geist dazu, das Wesentliche vom Unwesentlichen zu unterscheiden und eben nur auf das Wesentliche Wert zu legen. Der herkömmliche Unterricht dagegen führt dazu, das Unwesentliche dem Wesentlichen gleichzusetzen, ja, in vielen Einzelfällen es ihm vorzuziehen. Der Unterricht in der lateinischen Sprache ist typisch dafür." Bertold OTTO, Der Lehrgang der Zukunftsschule: Formale Bildung ohne Fremdsprache, 2. Aufl. Berlin-Lichterfelde 1912, S. VII.

421 Vgl. Georg GEISZLER, Das Problem der Unterrichtsmethode in der pädagogischen Bewegung, 8. Aufl. Weinheim 1970.

422 Zur axiologischen Seite des Bildungsbegriffs Georg KERSCHENSTEINER, Theorie der Bildung, Leipzig – Berlin 1926, S. 57ff.

423 Hierzu Hinweise auch bei GEISZLER, a. a. O., Einleitung.

424 Speziell: etwa die Beschulung der nicht deutsch sprechenden Kinder in West- und Ostpreußen, in Posen, Oberschlesien und Pommern; generell: die Anhebung des Elementarschulwesens: „Wir sind jetzt . . . der gemeinsamen Überzeugung, daß man der Volksschule erst eine Grundlage geben muß und daß erst die breite Masse der Kinder befriedigt, erzogen und gebildet werden muß . . ." (aus einer Rede GOSZLERS 1884). Weitere Hinweise bei BERG, a. a. O., S. 230; 175; 247.

425 Neben der Unterscheidung zwischen formalem und materialem Unterricht auch Kraft und Stoff, Lehrform und Lehrart; aber auch die Wiederbelebung eines

gischen Reduktion auf „den Menschen", mit Bezug auf den für die Ebene des Interaktionssystems Unterricht „Begegnung", „Nähe" und ähnliche Wärme-Metaphern angeboten sind[426]. Unlösbare Technologieprobleme werden metaphorisiert und dadurch sozusagen satzreif gemacht, aber sie tragen auf der Ebene der Organisation nicht zur Technologie des Lehrens bei[427].
Hier setzen die externen Abhängigkeiten des Erziehungssystems im Anschluß an die November-Erlasse in Preußen, an Reichsverfassung und Reichsschulgesetz neue Akzente. Und nach dem Motto: Wenn es die Organisation nicht kann, dann kann es die Pädagogik (Didaktik) auch nicht, bereiten verschiedene Erlasse über die Neuordnung des Schulwesens eine Regenerierung des Didaktik/Methodik-Schemas vor[428]. Nach „nicht endenwollenden Diskussionen"[429] setzen externe Anforderungen genau auf der Ebene der Ziele („Eigenart") ein, um – in Entsprechung mit der „vollen Gegenwartsbewegung von Wissenschaft und Leben"[430] – (wieder einmal) von der Stoffseite her zur Stabilisierung der Unterrichtssituation beizutragen. Für unser Sachinteresse ist nicht nur von Belang, daß es aus diesem Anlaß zur Reaktivierung der vertikalen Struktur kommt, die das Didaktik/Methodik-Schema dirigiert, sondern auch zu seiner Umkontextierung, indem die angemeldeten Anforde-

---

pädagogisch-methodischen Naturalismus und anderes mehr. Mit Bezug auf die entstandene Reflexionslage wäre es sicher überzogen, vor allem aber dem pädagogischen Engagement der Beteiligten ganz unangemessen, mit Julius LANGBEHN zu sagen: „Zur Gegenwart: Ist das Chaos da, ist die Schöpfung nah" (obwohl sein Buch „Rembrandt als Erzieher" Von einem Deutschen, 1890, in der Folge der NIETZSCHE-Rezeption nicht ohne Wirkung war).

[426] Etwa in der Methodik des nacherlebenden Verstehens (Waltraut NEUBERT, Das Erlebnis in der Pädagogik, 2. Aufl. Göttingen 1930, S. 53 ff.) die Rede vom „vollen, wollend-fühlend-denkenden Menschen"; während die Reformpädagogik ihr Technologieverdikt mit Kälte-Metaphern ausstattet. – Zu Ansätzen für eine Metaphorologie der Pädagogik: Hans SCHEUERL, Über Analogien und Bilder im pädagogischen Denken, Zeitschrift für Pädagogik 5 (1959), S. 211–223; Friedjof RODI, Zur Metaphorik der Aneignung, Bildung und Erziehung 20 (1967), S. 425–438.

[427] Wir gehen auf die Metaphern im Umkreis der pädagogischen „Psychologie", die an die psychologische Fiktion des Bildungsbegriffs anschließen, nicht weiter ein: an prominenter Stelle Hugo GAUDIG, Didaktische Präludien, 2. Aufl. Leipzig – Berlin 1921, S. 1, mit der Rede von der „schaffenden Formkraft".

[428] Hierzu die Denkschrift des preußischen Unterrichtsministeriums über die Neuordnung des höheren Schulwesens (1924), Richtlinien für die Lehrpläne der höheren Schulen Preußens v. 6. April 1925. Vgl. Gerhardt GIESE, Quellen zur deutschen Schulgeschichte seit 1800, Göttingen 1961, S. 231 ff.; Bernhard SCHWENK, Unterricht zwischen Aufklärung und Indoktrination, a. a. O., S. 93 ff.

[429] Der Reformpädagogik: so auch SCHWENK, a. a. O., S. 110.

[430] So die Denkschrift von 1924 über die Neuordnung des preußischen höheren Schulwesens, zit. nach GIESE, S. 264 ff. (271).

rungen[431] im Kontext der geisteswissenschaftlichen Theorie DILTHEYS verarbeitet werden. Erich WENIGER spricht von „der erneuerten Wissenschaftstheorie“[432] als Voraussetzung, um „das Ganze des Bildungsvorganges ... von einer didaktischen Gesamtschau aus in Angriff zu nehmen, nicht aber durch methodische Erwägungen irgendwelcher Art zu lösen. Die Methodik rückt überhaupt durchaus in eine zweite Stellung ...“[433] Hat sich damit – im Verständnis von WENIGER und NOHL – die Didaktik der Form versichert, die dem komplexen Charakter der Unterrichtswirklichkeit angemessen ist, bleibt sie in der Immanenz ihres Gegenstandes der „Gefangene“ ihrer Möglichkeiten, insofern sie auf die Totalität (Geschichtlichkeit) der Erziehungswirklichkeit bezogen ist[434]. Das dem geisteswissenschaftlichen Theoriebegriff implizierte methodische Postulat „zwingt“ die Didaktik, die Bezugsrelativität der erhellten Prämissen der Unterrichtswirklichkeit in Anschlag zu bringen: Einsichten in die Unterrichtswirklichkeit in diesem didaktischen Verständnis sind Erkenntnisgewinne, die nicht einfach generalisiert werden können; dafür sind sie auf die pädagogische Verantwortung bezogen[435]. Für das didaktische Vermögen, die Zwecke zu problematisieren, hat dies eine Limitierung („Subjektivierung“) ihres theoretischen Potentials an den „objektiven Mächten“ zur Konsequenz. Deshalb ist die didaktische Theoriebildung zu weiterer Abstraktion veranlaßt, um – wenn nicht im Hinblick auf die Stoffbestimmung, so doch auf dem Wege über die „innere Form des Lehrers“[436] – zur

[431] Mit dem deutlichen Akzent, den fachbezogenen Unterricht weiter zu stärken. Das betrifft dann in erster Linie die „höheren Schulen“ (um ihrem „Erbübel ...: der qualitativen Überbürdung“, abzuhelfen), hat aber auch seine Tendenz auf die Grundschulen. Vgl. GIESE, a. a. O., S. 253 ff., S. 273.

[432] Im einzelnen dazu Wolfgang KLAFKI, Didaktik, in: Geisteswissenschaftliche Pädagogik am Ausgang ihrer Epoche – Erich WENIGER, herausgegeben von Ilse DAHMER/Wolfgang KLAFKI, Weinheim und Berlin 1968, S. 138–173 (138).

[433] Erich WENIGER, Die Grundlagen des Geschichtsunterrichts: Untersuchungen zur geisteswissenschaftlichen Didaktik, Berlin – Leipzig 1926, S. 3.

[434] sie somit Phänomene der Unterrichtswirklichkeit nur in ihrem Verhältnis zum Ganzen: von ihrem immanenten Sinne (nicht „von außen“), verstehen kann.

[435] Diesem Zuschnitt des Reflexionsproblems der Erziehungsfunktion auf die „pädagogische (oder didaktische) Verantwortung“ (hierzu näher Hans THIERSCH, Pädagogische Verantwortung, in: DAHMER/KLAFKI, a. a. O., S. 81 ff.) gleichermaßen verpflichtet ist auch die „Berliner Didaktik“: ein Erbe der humanistischen Technologieversion oder Korrelat für ausgelassene Identitätsbestimmung des Erziehungssystems? Vgl. Paul HEIMANN, Didaktik als Theorie und Lehre, in: Didaktik als Unterrichtswissenschaft, a. a. O., S. 151: dies allerdings mit Zuwendung zur „offenen“ Theorie begriffen.

[436] Erich WENIGER, die didaktischen Reflexionen abschließend: „Das Alles läßt sich zusammenfassen unter dem Begriff der inneren Form des Lehrers, der der Zentralbegriff der Didaktik der Geisteswissenschaften ist.“ In: Die Grundlagen des Geschichtsunterrichts, a. a. O., S. 194.

Funktionsbestimmung beizutragen[437]; denn „der Stoff an sich hat keinerlei bildenden Wert, erst im Durchgang durch den Geist des Lehrers, in der Formung, die er der ungegliederten Fülle der Tatsachen verleiht, kann sich die lebendige Kraft der Geschichte auswirken"[438].

Die Didaktik hat auf diesem Wege ihre „Würde" wiedererlangt. Im Kontext des entstandenen Wissenschaftsbetriebes und seines analytischen Auflösevermögens stellt sich jedoch die Frage, ob das den Wissenschaften entliehene Ansehen[439] in dieser Form Bestand haben kann[440]. Mag diese Verbreiterung der didaktischen Themenstellung durchaus mit der zunehmenden Bedeutung der Lehrerausbildung für das Erziehungssystem korrelieren: Es ist nicht zu sehen, wie auf dem reflexiven Wege des Erziehers der Erzieher zur Herstellung einer Entscheidungsgrundlage beitragen kann, wenn das ungelöste Technologieproblem ausgelassen ist[441]. Wie kann man sich, ohne das Technologieproblem gelöst zu haben, zur Wissenschaft erheben? Als Bildungslehre?

Hier sind neben einer Unzahl von Bemühungen um eine Wiederbelebung des Exemplarischen, des Typischen und so fort vor allem KLAFKIS Bemühungen um die kategoriale Bildung anzuführen, weil sie genau den Punkt aufsuchen, an dem – im Kontext geisteswissenschaftlicher Theoriebildung – noch am

---

[437] Also im Sinne der Erziehung der Erzieher: in Entsprechung zum derzeitigen Aufbau einer akademischen, d. h. funktionsspezifischen Lehrerbildung. Hierzu Erich WENIGER, Die Eigenständigkeit der Erziehung in Theorie und Praxis, a. a. O., insbes.: Die Motive der akademischen Bildung des Volksschullehrers, S. 23 ff.

[438] Grundlagen, a. a. O., S. 192.

[439] „Die Aufgabe der Didaktik wäre es . . ., die Verbindung zwischen Wissenschaft und Schule aufrechtzuerhalten, die Fortschritte der Forschung für den Unterricht fruchtbar zu machen und aus der Überfülle des Stoffes und der Erkenntnisse der Wissenschaft eine Auswahl gemäß den Bedürfnissen der Schule zu treffen." Erich WENIGER, Didaktik als Bildungslehre, Teil 2: Didaktische Voraussetzungen der Methode in der Schule, a. a. O., S. 30.

[440] Wir gehen hier nicht noch einmal auf die Lehrplantheorie WENIGERS ein, wiewohl sie als Kernstück der geisteswissenschaftlichen Didaktik gilt, weil diese u. E. eher Bedingungen der Autonomie des Erziehungssystems betrifft als einen unterrichtsbezogenen, die Technologie des Lehrens intendierenden Beitrag. Verständlich deshalb, daß dieser Theorieteil im Zusammenhang der überzogenen Forderungen der Curriculum-Bewegung zum Modell für Planungsüberlegungen des Systems wurde. Hierzu an zentraler Stelle Herwig BLANKERTZ, Theorien und Modelle der Didaktik, München 1969, S. 116 ff., mit der Kritik an WENIGER, nicht zur „konstruktiven Planung" vorzudringen. Hierzu unsere grundsätzlichen Ausführungen in Kapitel 1/XIII: „Der Lehrplan: Zur Respezifikation der Kontingenzformel".

[441] Bezeichnend dafür die auf Reflexion setzenden Bemühungen von Josef DERBOLAV um eine „wissenschaftstheoretische Grundlegung der Didaktik", die in der Erziehungswissenschaft vergleichsweise ohne nachhaltige Wirkung blieben: Versuch einer wissenschaftstheoretischen Grundlegung der Didaktik, in: Zeitschrift für Pädagogik, 2. Beiheft (1959), S. 17–45, mit Hinweisen auf gleichsinnige Bemühungen von Franz FISCHER.

ehesten ein Beitrag zur Stabilisierung zu erwarten gewesen wäre: nämlich an der Funktion der Stoffe, die – nur soweit sie unabhängig von der Unterrichtsinteraktion gegeben sind – den bildungstheoretischen Anspruch der Didaktik einzulösen in der Lage wären. Da sich jedoch ein Selektionskriterium – auch zur Überzeugung der „Zunft" (?) – nicht hat durchsetzen lassen[442], sind inzwischen Alternativen zum Zuge gekommen.

In dem Maße, als Organisation in die Schule und in den Unterricht vordringt, beginnt man, an Entscheidungen über Prämissen von Entscheidungen zu denken, also an curriculare Vorschriften, an Lernziele, die mit Kontrollmöglichkeiten ausgestattet sind, so daß Lehrer und Schüler feststellen können, ob das System sein Ziel erreicht hat oder nicht. Die Curriculum-Bewegung sucht mit weltweitem Elan, in der vertikalen Problemsicht des Didaktik/Methodik-Schemas mit Hilfe von Instrumenten und Erkenntnissen der empirischen Sozialwissenschaften zur Steuerbarkeit der Unterrichtsprozesse zu gelangen. Dabei wird in anderer Terminologie und mit einem Zuschuß an neuem Vertrauen in Empirie genau die Struktur kontinuiert, zu der das Denken in Didaktik und Methodik hingefunden hatte: die vertikale Differenzierung zweier Ebenen, deren eine der anderen die Prämissen vorgibt.

Formal war also der curricularen Bewegung der Boden bereitet, das erklärt ihre rasche Ausbreitung. Allerdings mußte diese Bewegung ihrerseits nun auf Forschungstechnologie oder auf parallel dazu gestaltete Unterrichtstechnologie zurückgreifen. Das wiederum bot Gelegenheit, die Technologieaversion zu reaktivieren und die Diskussion zum Verhältnis von Didaktik und Methodik erneut in Gang zu bringen[443]. Aber es scheint, daß der überschuldete Nachlaß des bildungstheoretischen Didaktik-Konzepts weder in eine neue Firma übergeführt, noch aus sich selbst heraus saniert werden kann. Der Versuch des Rückgriffs auf Fragestellungen und Methoden, die für empirische Sozialforschung sich eignen, hat ein Komplexitätsbewußtsein erzeugt – darf man schon sagen: hinterlassen? –, das die Vertikalisierung einerseits als notwendige Reduktion, andererseits als nicht rezeptfähig erscheinen läßt. Das Problem muß unter dem Eindruck der Komplexität in einer Form gestellt werden, die das Zugeständnis erzwingt, daß es ohne Technologie nicht, oder jedenfalls nicht glatt und sauber, zu lösen ist.

---

[442] Oder anders formuliert: Kann „Bildung" als *Referenz* dienen, obwohl sie *Selbstreferenz* sein will? Vgl. Wolfgang KLAFKI, Das pädagogische Problem des Elementaren und die Theorie der kategorialen Bildung, Weinheim 1959.

[443] Vgl. Wolfgang KLAFKI, Zum Verhältnis von Didaktik und Methodik, Zeitschrift für Pädagogik 22 (1976), S. 77–94; ders./Peter MENCK, Anmerkungen zum Begriff der Didaktik, Zeitschrift für Pädagogik 22 (1976), S. 793–810 – eine Diskussion, die vollauf mit sich selbst beschäftigt ist in dem Bemühen, Defizite zu markieren und Mißverständnisse zu konstatieren.

# XII. Unterrichtsforschung

Es entspricht dem Universalitätsanspruch von Wissenschaft, jeden Gegenstand für erforschbar zu halten, warum also nicht auch Erziehung und Unterricht! Niemand wird das bestreiten wollen. Andererseits gibt es auch die umgekehrte Einsicht, daß sehr hohe Komplexität eines Gegenstandes seine Erforschbarkeit erschwert bzw. in so hohe Abstraktionslagen zwingt, daß praktisch verwertbare Resultate nicht zu erwarten sind. Einerseits erwartet man von der Forschung die Entwicklung von Technologien auf der Grundlage gesicherten Wissens, und in diesem Sinne bedeutet Technologie seit der zweiten Hälfte des 18. Jahrhunderts geradezu angewandte Wissenschaft; und andererseits setzt die Erforschbarkeit eine technologische Durchrationalisierung ihres Gegenstandes bereits voraus, weil ohne sie gar nicht abzusehen ist, welche Ursachen hinreichend konstant und hinreichend wiederholbar welche Wirkungen haben können. Technologie ist somit gleichsam das Mittelglied in der Verbindung von Unterricht und Forschung. Dies Mittelglied wird gebraucht, um den Zirkel des Sich-wechselseitig-Voraussetzens von Forschung und Unterrichtsplanung zu durchbrechen. Wenn es fehlt und nach Meinung der geisteswissenschaftlichen Pädagogik sogar fehlen soll: Wozu und wie ist dann Unterrichtsforschung sinnvoll?

Die schnelle und breite Entwicklung der empirischen Sozialforschung in diesem Jahrhundert hat im Vergleich zum 18. und 19. Jahrhundert neue Ausgangspunkte geschaffen. Vor allem hat sie sich in der Experimentiertechnik, in der Datenerhebung, in den Meßverfahren und in der statistischen Datenanalyse, also in der Forschungsmethodologie, eine eigene Technologie geschaffen. Diese Forschungstechnologie garantiert keine Wahrheitserfolge, keine konsistent bleibenden Resultate, ganz zu schweigen von praktisch brauchbaren Rezepten; aber sie garantiert das Erkennen und sehr genaue Zurechnen von Fehlern. Deshalb ist das Prinzip der Falsifikation eine zu ihr passende Ideologie. Sie kann also Selbstkritik und weitere Forschung stimulieren, kann den Zusammenhang von methodischen Techniken und Ergebnissen erkennen und variieren und Fragestellungen für weitere Forschung verfeinern. Sie eignet sich nicht zur Kalkulation eines vertretbaren Verhältnisses von Aufwand und Ertrag (was nicht heißen soll, daß Forschungspraktiker solche Erwägungen auf Grund ihrer Erfahrung nicht anstellen könnten), aber sie mag gleichwohl langfristig gesehen einen Zugewinn an Erkenntnissen liefern. Jedenfalls erfordert und liefert sie gegenwärtig eine so tiefgreifende Auflösung allzu kompakter Leitideen und so stark verfeinerte Fragestellungen, daß seriöse Forschung an der Feinmechanik dieser Technologie nicht mehr vorbeikommt. Der Anspruch auf Wissenschaftlichkeit wird von hier aus erfolgreich okkupiert und die Legitimation von Erziehung und Unterricht qua Wissenschaft daran gebunden. Wenn überhaupt, dann so.

Angesichts dieser Entwicklung im Wissenschaftssystem ist die alte Beziehung von Wissenschaft und Erziehung oder Wissenschaft und Pädagogik, wie sie um 1800 konzipiert worden war, nicht unverändert fortsetzbar. Sie wird jetzt ambivalent[444]. Sie wird selbst Gegenstand der wissenschaftlichen Forschung und Geschichtsschreibung. Einerseits bleibt der Bedarf an wissenschaftlicher Absicherung und Qualifikation im Erziehungssystem bestehen, gerade angesichts des eigenen Technologiedefizits. Daß er nur unter Einbeziehung empirischer Forschung befriedigt werden kann und nicht mehr durch unmittelbare (wie immer geisteswissenschaftliche) Sachintuition und Eigenerfahrung, ist heute unbestritten. Andererseits wird die eigene Technologieaversion unbesehen auf die unkontrolliert freigesetzte Forschungsmethodologie ausgedehnt: Einige sprechen von „politökonomisch ableitbaren Tendenzen [der Unterrichtsforschung; d. V.], den gesamten Ausbildungssektor nach Maßgabe der industriellen Produktion umzuorganisieren"[445]; andere verlangen die Kontrolle solcher Technologien durch eigene Ziele und „erkenntnisleitende Interessen", etwa Emanzipation[446]. Dabei wird durchweg ein engliegendes Verhältnis von Forschungstechnologie zu Erziehungstechnologie unterstellt, so als ob Forschungstechnologie in Anwendung auf das Erziehungssystem Erziehungstechnologie sein würde[447]; oder so, als ob die Entwicklung von Lehrtechniken ihrerseits als Forschungsprozeß vollzogen und wissenschaftlich haltbare Resultate abwerfen könnte[448]; aber auch so, als ob durch „konstruktive Tätigkeiten" sich die „im Unterricht auftretenden Erscheinungen

444 Zur Historiographie des Problems siehe etwa, begrenzt auf die USA, Geraldine Joncich CLIFFORD, A History of the Impact of Research on Teaching, in: Robert M. W. TRAVERS (Hrsg.), Second Handbook of Research on Teaching, Chicago 1973, S. 1–46.

445 So im Rahmen eines Wörterbuchartikels (!) Jürgen ZINNECKE, Unterrichtsforschung, in: Christoph WULF (Hrsg.), Wörterbuch der Erziehung, München 1974, S. 598–607 (601).

446 So die praxisbegleitende Forschung, Handlungsforschung, action research u. dgl. Zu dieser Forschungsanlage Wolfgang KLAFKI, Handlungsforschung im Schulfeld, Zeitschrift für Pädagogik 19 (1973), S. 487–516; Jürgen DIEDERICH, Die praxisbegleitende Forschung, in: Bildungsforschung: Probleme – Perspektiven – Prioritäten (Deutscher Bildungsrat, Gutachten und Studien der Bildungskommission, Bd. 50/51), Stuttgart 1975 (Teil 2), S. 183–216; Gerald STRAKA, Art. Handlungsforschung, in: Leo ROTH (Hrsg.), Methoden erziehungswissenschaftlicher Forschung, Stuttgart 1978, S. 168–187.

447 Kritisch genau hierzu: Friedrich THIEMANN, Der Beitrag empirischer Unterrichtsforschung für die Konzeption von Unterricht, Bad Heilbrunn 1973.

448 So die Hoffnung von Karl-Heinz FLECHSIG, Die technologische Wendung in der Didaktik, Konstanz 1969, S. 20.

und Bedingungen" unter wissenschaftliche Kontrolle bringen ließen[449]. In solchen Positionen wird die Differenz der Funktionen und Systemreferenzen Wissenschaft bzw. Erziehung unterschätzt, sie tritt jedenfalls hinter hochabstrahierten gesellschaftstheoretischen Fragestellungen, etwa hinter Alternativen wie Emanzipation versus technische Rationalität, zurück. Dabei wird das Technologiedefizit im Erziehungssystem zum Ausgangspunkt für die Erwartungen in bezug auf Unterrichtsforschung mit dem Effekt, daß diese Erwartungen zu direkt, zu positiv und zu negativ zugleich ausfallen und im Erziehungssystem selbst kontrovers bleiben[450].

Mit einer rein wissenschaftstheoretischen Betrachtung und mit dem Einklagen der Maßstäbe korrekter Wissenschaftlichkeit ist hier nicht weiterzukommen[451]. Hier wird schlicht vorausgesetzt, daß bei wissenschaftstheoretisch und methodologisch korrektem Verhalten sich der Erfolg schon einstellen werde. Gerade das muß man jedoch angesichts der Form, in der bisher Resultate anfallen, in Zweifel ziehen. Der Eindruck, den ein unvoreingenommener Beobachter gewinnen müßte, ist eher der: daß Anspruchsrichtung und Steigerungsintentionen von empirischer Unterrichtsforschung und Unterrichtspraxis divergieren[452]. Die empirische Forschung zersetzt Aussageformen, in denen man bisher, gestützt auf professionelle Erfahrung und Literatur, behaupten konnte: Beispiele geben eine Lernhilfe, anschaulicher Unterricht sei besser als unanschaulicher Unterricht, man müsse vom Einfachen zum Komplexen voranschreiten. Sie zersetzt sie, aber sie ersetzt sie nicht. Die Sprache der Datenbearbeitung ist keine Sprache, in der Unterricht abgehalten werden kann. Sie ist überhaupt keine auf das einzelne Interaktionssystem Unterricht zugeschnittene Sprache, kann also auch kaum benutzt werden, um ein solches

---

449 So Herwig BLANKERTZ, einflußreich und programmatisch: Theorien und Modelle der Didaktik, 4. Aufl. München 1970, S. 91; ferner auch Peter MENCK, Unterrichtsanalyse und didaktische Konstruktion, Frankfurt am Main 1975, im Anschluß an und unter Berufung auf BLANKERTZ.

450 Wir registrieren natürlich, daß dies in einem literarisch vermittelten Kommunikationsprozeß nicht geschehen kann, ohne daß sich *in bezug darauf* Würdigungs-, Abschwächungs- und Vermittlungspublikationen einstellen. Auch ist die Rückführung der Schwierigkeiten auf zentral liegende Komplexitäts- und Interdependenzprobleme inzwischen geläufig. (Vgl. statt vieler Günther DOHMEN [Hrsg.], Forschungstechniken für Hochschuldidaktik, München 1971, S. 11 f., 21 f.). Wir vermissen aber originär und theoretisch ansetzende Analysen.

451 Hierfür bezeichnend: Wolfgang BREZINKA, Von der Pädagogik zur Erziehungswissenschaft: Eine Einführung in die Metatheorie der Erziehung, 3. Aufl. Weinheim 1975. Ferner etwa Bruno MEILE, Voraussetzungen der empirischen Pädagogik, Zeitschrift für Pädagogik 18 (1972), S. 709–733.

452 Vgl. hierzu Heinrich SEILER, Moderne Forschungstheorie und Erziehungswissenschaft: Bemerkungen zum Programm der empirischen Pädagogik, Zeitschrift für Pädagogik 15 (1969), S. 501–528.

System zur Reflexion über sich selbst, etwa zur Diskussion aufgetretener[453] Probleme oder unbefriedigter Wünsche der Beteiligten, zu bringen.

Es gibt durchaus Daten und Datenaggregationen, deren Kenntnis jeden besonnenen Lehrer stutzig machen und in der Richtung seiner Aufmerksamkeit beeinflussen müßte – etwa Daten über den Zusammenhang von Schichtung und Selektion oder Daten, die den extrem hohen Anteil des Lehrers im Verhältnis zum einzelnen Schüler oder auch zur gesamten Klasse am Kommunikationsprozeß, an Initiativen, am Fragenstellen belegen. Aber solche Erkenntnisse bleiben rein deskriptiv. Ihnen läßt sich nicht entnehmen, was die beschriebenen Sachverhalte bewirken, wie sie geändert werden könnten und was es bewirken würde, wenn sie geändert werden würden. Sie werden, mit anderen Worten, nicht oder nur über höchst ungesicherte Annahmen in eine Kausalkonstellation eingebracht. Sie werden durch Kontrastierung zu heimlichen Gleichverteilungserwartungen „interessant gemacht", zu Gleichverteilungserwartungen, die auf ideologisch fundierte Gleichheitspostulate gestützt sein können. Insofern verhilft eine Ideologie der Empirie sehr rasch, zu rasch zu interessanten Ergebnissen. Aber zunächst ist ja keineswegs ausgemacht und vor allem empirisch keineswegs geklärt, ob eine starke Bevorzugung von Kindern höherer Schichten im Erziehungsprozeß oder eine starke Begünstigung der vom Lehrer ausgehenden Kommunikation im Unterrichtsprozeß nicht auch pädagogisch die besten Ergebnisse verspricht. Jedenfalls können aus quantitativen Verteilungen noch keine Schlüsse auf Annehmbarkeit oder Verwerfbarkeit oder Änderungsbedürftigkeit von Sachlagen gezogen werden.

Will man über eine derart kurzschlüssige Auswertung von Ergebnissen empirischer Forschung hinausgelangen, stößt man auf das Problem von Kausalfeststellungen[454]. Trotz umfangreicher Bemühungen und Forschungen, die Kausalfeststellungen ermöglichen sollten, und trotz nicht gerade kleinlichen Umgangs mit methodologischen Bedenken[455] konnten noch kaum brauchba-

[453] Wie Karlheinz WÖHLER, Unterrichtssoziologie: Eine Einführung in die sozialen und organisatorischen Bedingungen des Unterrichtsprozesses, München 1977, es fordert.

[454] Selbstverständlich stehen auch Kausalfeststellungen für ideologisch begründete oder Funktionen maximierende Wertungen zur Verfügung; es geht uns nicht etwa abstrakt um eine Art Wertfreiheit oder Ideologie-Unabhängigkeit empirischer Forschung. Aber Kausalfeststellungen haben auch in sich schon einen praktischen Orientierungswert, nämlich als Feststellungen über ein Können bzw. Nichtkönnen oder ein durch Kosten oder Nebenfolgen bedingtes Können. Diese Fragen stehen jedoch in zweiter Linie, solange nicht klar ist, ob und wie man überhaupt zu Kausalfeststellungen gelangen kann.

[455] Wir denken zum Beispiel an die Annahme, daß der Faktor, der die meiste Varianz erklärt, zugleich derjenige sei, bei dem Reformmaßnahmen am ehesten anzusetzen hätten (bzw. auf Grund der Art des Faktors nicht ansetzen könnten).

re und gesicherte Ergebnisse hinterlegt werden. Das gilt für Forschungen über das Erziehungssystem im großen, aber auch speziell für die Unterrichtsforschung. Forschungsüberblicke kommen immer wieder zu diesem negativen oder doch skeptischen Resultat[456]. Das gilt für die differentielle Kausalität von Unterschieden des Lehrerverhaltens, zum Beispiel der Methodenwahl oder des „Führungsstils" oder der Lehrererwartungen, aber auch für eher organisatorische Variablen wie Klassengröße oder Formen der Unterrichtsdifferenzierung (ability grouping) oder des programmierten vs. konventionellen Unterrichts. Die Forschung hinterläßt den Eindruck (der natürlich täuscht), daß das System primär extern gesteuert werde und daß die Kenntnis des Input der beste Prädiktor für den Output sei; aber zugleich weiß man doch auch, daß die Schüler ohne Lateinunterricht kaum Latein lernen würden und daß Schulen nicht abgeschafft werden könnten, ohne daß die Gesellschaft sich erheblich ändern würde[457]. Die Forschung produziert derzeit den Bedarf für weitere Forschung auf Grund einer vertieften Analyse des Interaktionssystems Unterricht und einer besseren Berücksichtigung multifaktorieller Konstellationen[458]. Sie will komplexitätsadäquater vorgehen. Oder sie zieht sich, bescheiden geworden, auf die Absicht zurück, dem Lehrer bloße Möglichkeiten der Analyse anzubieten[459]. Ihr gegenwärtiger Stand läßt kaum andere Schlüsse zu. Aber damit wird nicht gerade wahrscheinlicher, daß ihre

---

[456] Vgl. z. B. Sarane S. BOOCOCK, An Introduction to the Sociology of Learning, Boston 1972, insbes. S. 129ff., 154ff.; Günther DOHMEN, Unterrichtsforschung und didaktische Theoriebildung im Rahmen der modernen Erziehungswissenschaft, in: ders. et al. (Hrsg.), Unterrichtsforschung und didaktische Theorie, München 1970, S. 11–34 (21ff.). Robert DUBIN / Thomas C. TAVEGGIA, Das Unterrichtsparadox: Eine vergleichende Analyse der Unterrichtsmethoden an Colleges, in: Peter MENCK/Gösta THOMA (Hrsg.), Unterrichtsmethode: Intuition, Reflexion, Organisation, München 1972, S. 14–42; THIEMANN, a. a. O., S. 19ff.; A. WEBER, Effektives Lehrerverhalten: Ein Forschungsprogramm ohne Konsequenzen für die schulpädagogische Praxis, Die Deutsche Schule 65 (1973), S. 291–304.

[457] In einem ähnlichen Dilemma befinden sich „impact"-Forschungen auch auf anderen Gebieten, so etwa Forschungen über die Auswirkungen von Massenmedien.

[458] Vgl. für solche Schlüsse neben BOOCOCK, a. a. O., etwa Lee S. SHULMAN, Reconstruction of Educational Research, Review of Educational Research 40 (1970), S. 371–396; Stephen RICHER, School Effects: The Case for Grounded Theory, Sociology of Education 48 (1975), S. 383–399; Christopher J. HURN, Theory and Ideology in Two Traditions of Thought about Schools, Social Forces 54 (1976), S. 848–865; Thomas HEINZE, Unterricht als soziale Situation: Zur Interaktion von Schülern und Lehrern, München 1976; Andreas KRAPP, Bedingungsfaktoren der Schulleistung, in: Hans-Jürgen APEL/Christine SCHWARZER (Hrsg.), Schulschwierigkeiten und pädagogische Interaktion, Bad Heilbrunn 1978, S. 61–81 (75).

[459] So z. B. D. G. BOYLE, Has Psychology Anything to Offer the Teacher?, Scottish Educational Studies 6 (1975), S. 49–62.

Resultate sich in einen Kausalplan[460] für Lehrer oder gar in Strategiewahlen werden umsetzen lassen.

Dieser Befund bietet kaum Anlaß, Hoffnungen und Befürchtungen, die Pädagogen in den 60er Jahren auf empirische Unterrichtsforschung bezogen hatten, aufrechtzuerhalten[461]. Für die Reflexion des Erziehungssystems, und um sie allein geht es hier, genügt es nicht, auf das Fehlen hinreichender gesellschaftlicher oder pädagogischer Relevanz in dieser Forschung hinzuweisen und aus diesem Fehlen (!) dann auf nichtformulierte gesellschaftliche Interessen oder gar auf die Absicht zu schließen, Reformen zu verhindern. Eine so gewundene Argumentation taugt allenfalls noch als Reflexion auf die eigene Absicht, Reformen voranzutreiben. Ebensowenig hilft es weiter (obwohl es das Problem besser klärt, wenn man fordert, die empirische Unterrichtsforschung solle sich stärker auf die klassische abhängige Variable oder den „Endzweck" der Pädagogik einstellen: auf die „Freisetzung der Subjekte zum Denken"[462]). Denn das Ausgangsproblem war seit eh und je ja gewesen, daß diese Selbstreferenz kein isolierbarer Endeffekt einer Kausaltechnologie sein könne, sondern in ihrer Entstehung und Erzeugung vorausgesetzt werden müsse. Immerhin führt dieses zukunftsoptimistische Argument uns zurück in die Vergangenheit, und zwar erneut zurück zum Problem des Technologiedefizits.

An der Unterrichtsforschung, ihrer Abhängigkeit von ihrer eigenen Technologie, ihren Ergebnissen und ihrer praktischen Resultatlosigkeit begegnet der Pädagoge nicht so sehr Mängeln der Forschung als vielmehr wiederum nur dem Teufel Technologie. Wenn die Unterrichtsforschung eine eigene Technologie nutzt, nützt ihr das wenig, solange ihr *Gegenstand*, das Interaktionssystem Unterricht, keine Technologie besitzt. Ihr fehlen dann diejenigen Vereinfachungen im Objekt, die sie braucht, um unabhängige und abhängige Variablen zu trennen und Einzelfaktoren in ihrer kausalen Relevanz über das

---

460 „Cognitive map" im Sinne von Robert AXELROD (Hrsg.), Structure of Decision: The Cognitive Maps of Political Elites, Princeton, N. J., 1976.

461 Unbeirrt, weil gezwungen durch seinen Wissenschaftsbegriff, Wolfgang BREZINKA, Von der Pädagogik zur Erziehungswissenschaft: Eine Einführung in die Metatheorie der Erziehung, 3. Aufl. Weinheim 1975; die Forschung erscheint dann nur als rückständig, als technologisch noch nicht ausgereift. Ähnlich bei aller Kritik an den Fragestellungen der empirischen Forschung im Schulbereich auch Urs HAEBERLIN, Empirische Forschung und Schulreform, Die Deutsche Schule 61 (1969), S. 605–619.

462 So mit diesen Worten THIEMANN, a. a. O., S. 110. Ähnlich auch Horst RUMPF, Sachneutrale Unterrichtsbeobachtung?, Zeitschrift für Pädagogik 15 (1969), S. 293–314; ders., Unterrichtsanalysen im Zuge von Curriculumentwicklung, Zeitschrift für Pädagogik 21 (1975), S. 843–865 (hier S. 851 ein besonders deutlicher Beleg für die Zufallsabhängigkeit einer Didaktik, die am Schüler selbst zu entwickeln sucht, was von ihm kommt).

situationsweise wechselnde Mitspielen anderer Faktoren und je anderer erinnerter Geschichten hinaus zu generalisieren. Die Anstrengung der Unterrichtsforschung war für das Erziehungssystem ein Versuch, Wissenschaft in Anspruch zu nehmen, um das unterrichtstypische Technologiedefizit abzubauen. Die Kritik der methodisch-technologisch vorgehenden Unterrichtsforschung war für das gleiche System eine Möglichkeit, sein Technologieverdikt in der veränderten Situation fortzusetzen. Beide Möglichkeiten werden zugleich praktiziert[463]. Gerade dieses Zugleich könnte nun aber ein Anlaß sein, in der Reflexion auf den gemeinsamen Ursprung der entgegengesetzten Einstellungen zurückzukommen.

## XIII. Organisatorische Differenzierung

In der Zeit, in der die Pädagogik ihre gesellschaftliche Funktion entdeckt, wird die Organisation zum bevorzugten Formtypus des Erziehungssystems. Die Organisation wird nicht mehr nur von ihren selektiven Effekten her wahrgenommen[464], sondern selbst als Form in den Dienst des Inklusionspostulats gestellt. Schulreformer operieren in der Wertperspektive von Gleichheit und Freiheit mit der Vorstellung einer allgemeinen Organisation des öffentlichen Unterrichtswesens. STEPHANIS einflußreicher Grundriß der Staatserziehungswissenschaft[465] legt dafür einen vernunftgemäßen Systementwurf vor. Im Banne der Wertbegriffe sind die antezipierten Leistungsversprechen weit überzogen. Das ist jedoch genau die Konstellation, um die längst verkündete Schulpflicht für alle aus dem Stadium der Proklamation in das Stadium der Realisierung zu überführen. Wenn für jeden Heranwachsenden über sehr lange Zeiträume Schulerziehung realisiert werden soll, dann müssen nicht nur hinreichende Größenverhältnisse vorliegen; es muß auch auf Bereitschaft zur sozialen Determination des Schullebens zurückgegriffen werden können: Freiheit ist im Zeichen der Gleichheit angefordert. Sind Freiheit und Gleichheit zugleich in organisationsspezifische For-

---

[463] Vgl. dazu Wolfgang KLAFKI, Erziehungswissenschaft als kritisch-konstruktive Theorie: Hermeneutik – Empirie – Ideologiekritik, Zeitschrift für Pädagogik 17 (1971), S. 351–385 – eine im ganzen aber wohl zu positive und zu unkomplizierte Einschätzung der Entwicklungsfähigkeit beider Tendenzen.

[464] So noch Ernst Christian TRAPP, Vom Unterricht überhaupt, in: Allgemeine Revision Bd. VIII, S. 183, mit dem Rat, ggf. die Norm des Unterrichts zu variieren: „Für die ganz schlechten Köpfe läßt sich selten Rath schaffen. Sie brauchen mehr Zeit. Man darf aber den übrigen diese Zeit nicht entziehen . . .“

[465] Heinrich STEPHANI, Grundriß der Staatserziehungswissenschaft, Weißenfels/Leipzig 1797.

men zu übersetzen – damit sich Ansprüche an Organisation realisieren lassen –, muß sich die zugemutete Ungleichheit (sprich: Differenzierung) in der Organisation[466] an einem Kriterium orientieren, das nicht nur funktionsspezifisch plausibel, sondern für alle das „gleiche“ sein kann. Der Aufbau der Schulorganisation wird deshalb über die Jahrgangsklasse geleitet und setzt diese Differenzierungsform unter den denkbaren und möglichen Optionen als Subeinheit der Lehr-/Lernprozesse generell durch. Wir sind davon ausgegangen, daß Organisation den Prozeß nur greifen kann, wenn Technologie vorausgesetzt werden kann, wenn man also weiß, welche Prämissen Erfolg haben und welche nicht Erfolg haben, und wie man Fehler feststellen und beseitigen kann. Deshalb ist zu fragen, wie und mit welchen Folgen Organisation in Anbetracht des Technologiedefizits der stattfindenden Erziehungsprozesse und angesichts der Technologieaversion der Gruppe der Pädagogen in Anspruch genommen worden ist.

Unsere Überlegungen gehen von der Verlagerung des Erziehungsverlaufs von der Einheit der Person des Kindes auf eine organisationsabhängige Verlaufseinheit aus. Mit der Durchsetzung der Jahrgangsklasse gibt es einen organisatorischen Synchronisationsvorgang von Lebensalter und Altersveränderung mit Stoffen, Lehrerzuweisungen, Zeugnissen u. dgl. Die Klassenfolge wird dann gleichsam zur Chronologie des Erziehungsprozesses. Es ist diese Betonung der Gleichheit als Voraussetzung von und Bedingung für den Organisationsmechanismus, die Differenzierungsformen als Ersatztechnologien mobilisiert. Die Pointe dieser Problembehandlung ist, daß den Pädagogen „die Verschiedenheit der Köpfe“[467] wohl vertraut war. Das ist zugleich ein früher Hinweis dafür, daß die anfallenden Erfahrungen auf zweierlei Weise verrechnet werden können: sowohl von einer Betonung der Gleichheit der Voraussetzungen als auch von einer Betonung der Gleichheit der Ergebnisse her. In der Phase des Auf- und Ausbaus der Organisation des Erziehungssystems kommt es zu dieser Unterscheidung noch nicht. Die Differenzierung orientiert sich an der Jahrgangsklasse als solcher und führt sowohl zur Bildung verschiedener Schultypen entsprechend den verschiedenen Fähigkeiten der Schüler[468] als auch zur Differenzierung der „Schulklasse“ unter Berücksichti-

[466] Weil ohne Differenzierung nichts geht.

[467] So HERBART, der deshalb die Schulgesetze verurteilt, weil sie „den Despotismus der Schulmänner begünstigen und alles nach einer Schnur zu hobeln veranlassen.“ J. F. HERBART, Pädagogische Schriften, herausgegeben von Otto WILLMANN u. a., Osterwiek und Leipzig 1914, Bd. III, S. 110.

[468] Zu dieser Differenzierungsbewegung vergleiche HERBARTS „Pädagogisches Gutachten über Schulklassen“ (Stellungnahme zu GRAFFS Schrift: Die für die Einrichtung eines erziehenden Unterrichts nothwendige Umwandlung der Schule), K IV, S. 519–556, insbes. S. 552 f.: „Was heißt nun das: die Gymnasien, Hauptschulen und kleinen Schulen sollen zu Einem Ganzen vereinigt werden?“

gung der Resultate des Unterrichts. Die Organisation gibt also Raum, das Technologieproblem sowohl von seiten der Eingangsbedingungen des Unterrichtsgeschehens als auch von seiten seiner Ergebnisse aufzubrechen.
Mit der Grobdifferenzierung nach Schultypen, Fachtypen u. dgl. wird die Organisation nicht unmittelbar an gesellschaftliche Problemlagen angeschlossen; sie entwickelt sich vielmehr selbst und entnimmt die Garantie für Dauer und rekurrente Aktivität nicht den zufällig anfallenden Bedürfnissen, sondern ihrer dogmatischen Interpretation[469]. Damit ist die Ausbildung eines Sonderbewußtseins verknüpft. Ihren Mitgliedern kann eine Gesinnung zugemutet werden[470]. Das Kind ist dann nicht mehr nur Schüler, sondern Sextaner. Mit dieser Zuweisung kann der Lehrer auf die Bereitschaft zum „Latein" rechnen, denn die Zuweisung beruht auf eben dieser Regulierung, der man zustimmt, wenn man in der Sexta ist. Natürlich führt diese Entwicklung zu einer rigideren Ausformung der Schullaufbahnen. Auf den „Verlust" an Gesamtschulcharakter für das Gymnasium haben wir hingewiesen[471].
Aber die Dekomposition des Technologieproblems nimmt nicht nur Organisation in Richtung funktionale Spezifikation in Anspruch, sondern auch im Hinblick auf das Geschehen in der Schulklasse. Nach dem Stufenmodell ZILLERS[472] wird das Unterrichtsgeschehen mit Hilfe eines Entscheidungsprozesses gesteuert, für den der Organisationsmechanismus in Form eines Zeitschemas Realität und Abfolge der Prämissen vorgibt, so daß von einem diesbezüglichen Entscheidungsbewußtsein der Beteiligten (Lehrer und Schüler) ausgegangen werden kann[473]. Auf diese Weise kann dann nicht nur die sachliche, sondern auch die soziale Komplexität der Schulklasse kleingearbeitet werden, so daß sich günstigere Bedingungen – z. B. für gezielte Nachhilfen – einstellen.
Mit dem Komplexitätszuwachs aus Anlaß dieser (und anderer) Organisationsleistungen wird auch die Funktionsbestimmung komplexer. Das Bil-

---

[469] GEISZLER spricht von „der Gliederung nach Bildungsidealen [die] nur als solche pädagogisch verständlich und gerechtfertigt [sei]." (Georg GEISZLER, Strukturfragen der Schule und der Lehrerbildung, Weinheim 1969, S. 209ff.: Freiheit und Gleichheit in der Bildungsorganisation); HERBART (beispielsweise) von der „Würde der Gymnasien . . . als strenge Richter über diejenigen ihrer eignen Schüler", in: Pädagogisches Gutachten über Schulklassen und deren Umwandlung (1818), K IV, S. 547.

[470] Zur Mitgliedschaft als Organisationsrolle Niklas LUHMANN, Funktionen und Folgen formaler Organisation, 3. Aufl. Berlin 1976.

[471] Hierzu und zu dieser Interpretation Detlef K. MÜLLER, Sozialstruktur und Schulsystem, Göttingen 1977. Siehe auch oben S. 166ff.

[472] Tuiskon ZILLER, Allgemeine Pädagogik, 2. Aufl. Leipzig 1884, insbes. S. 259ff.

[473] Hierzu im einzelnen unsere Ausführungen oben S. 124ff.

dungssystem kann das Technologieproblem nicht mehr ausreichend mit einer Differenzierungspraxis steuern, die sich nur an der Verlagerung des Erziehungsverlaufs auf die Jahrgangsklasse als solche orientiert. Wird sowohl von der Betonung der Gleichheit der Voraussetzungen als auch von der Betonung der Gleichheit der Resultate ausgegangen, werden mit der Differenz dieser Betonungen Möglichkeiten eines reflektierteren Gebrauchs des Differenzierungsprinzips in den Blick genommen[474], um den Folgen dieser Verlagerung für die Schüler („vom Kinde aus") besser Rechnung zu tragen. In drei Schulsystemgründungen aus dem ersten Drittel dieses Jahrhunderts wurde darauf (auf unterschiedliche Weise) mit bestimmten Formentscheidungen operiert. Das Mannheimer Schulsystem geht von „drei parallelen Klassenzügen" aus[475], denen die Schüler nach dem Grad ihrer Leistungsfähigkeit zugeordnet werden. Hier ist Organisation benutzt, um nach den Ergebnissen von Unterricht homogene Gruppierungen einzurichten, als Bedingung für aussichtsreichere Wirksamkeit von Unterricht. Von entgegengesetzten Überlegungen geht die Waldorfschule aus. Wenn nicht nur Technologiedefizit, sondern auch Technologieaversion in Rechnung zu stellen sind, dann kommen vor allem Formen in Frage, die in Alternative zur Leistungsdifferenzierung Bedingungen vorgeben, die zugleich das formen, was sie „auswählen". In den Waldorfschulen ist Organisation in Anspruch genommen, um eine Mitgliedergesinnung zu erzeugen, die eine unterrichtsbezogene Virtuosität in der Handhabung solcher Mittel fördert, und das als einen Weg zeigt, das Technologiedefizit anzugehen[476]. Schließlich ist in diesem Zusammenhang noch auf die Jena-Plan-Schule hinzuweisen, die insofern eine besondere Form einführt, als sie vom Alter als primärem Differenzierungskriterium abgeht[477], um mit einer Kombination von Kriterien Bedingungen für indivi-

---

474 Zwar hatte die Gruppe der Pädagogen aus Anlaß der Durchsetzung der Jahrgangsklasse am Problem des „Endes" den Gesichtspunkt der Individualität des Schülers angemahnt: an prominenter Stelle Eberhard Gottlieb Graff, Die für die Einführung eines erziehenden Unterrichts notwendige Umwandlung der Schulen, 2. Aufl. Leipzig 1818; aber abgesehen von der Forderung auf Einrichtung von Übungsklassen und Episoden laufen die Anregungen nur auf eine Auflösung des gerade im Aufbau befindlichen Jahrgangssystems hinaus. Herbart darauf mit entwaffnendem Realitätssinn: „Genug geträumt! Nicht ich bin Gesetzgeber der Schulen." K IV, S. 556.

475 Anton Sickinger, Über naturgemäße Organisation des großstädtischen Volksschulwesens im allgemeinen und über das Mannheimer Volksschulsystem im besonderen, Frankfurt 1913, S. 6.

476 Vgl. K. Rittersbacher, Zur Beurteilung der Pädagogik Rudolf Steiners, Basel 1969. Wir übersehen dabei nicht, daß Rudolf Steiner schon äußere Differenzierung ab der 9. Klasse vorgesehen hatte.

477 „Statt von Klassen reden wir von Gruppen", Peter Petersen, Der Kleine Jena-Plan, 54./55. Aufl. Braunschweig 1974, S. 26.

duelle Einzelarbeit während der Stillbeschäftigung, für Gruppenarbeit in den Stammgruppen und für Niveaukurse zu schaffen[478].

Eine Schulorganisation, die, wenn auch nicht unmittelbar aus, so doch in Entsprechung mit der gesellschaftlichen Entwicklung entstanden ist, konnte schwerlich einseitige Differenzierungstypen generalisieren, um das Technologieproblem aussichtsreicher anzugehen[479], aber sie konnte daraus lernen. Für die Entwicklung des Schulsystems impliziert dies die Bildung größerer Schuleinheiten, um die kombinatorischen Möglichkeiten, das Technologieproblem kleinzuarbeiten, zu vermehren. Vom Problem des Technologiedefizits her ist dann die „Gesamtschule" als koordiniertes Schulsystem, in dem alle Schullaufbahnen auf Ausgänge und Übergänge abgestimmt und zugleich ein Höchstmaß an Realisierung der jeweils individuellen Bildungschancen aus Mitteln der Organisation bereitzustellen sind, der logische Endpunkt. Im Banne der „Gesamt"-Ideologie[480], aber in Abhängigkeit von dem, was in Organisation möglich ist, hat sich inzwischen sowohl eine unterrichtsnah elaborierende als auch forschungsgemäß operierende Erziehungswissenschaft der „Differenzierung als Problem und Aufgabe der Unterrichtsorganisation" angenommen[481], um die Orientierung des Erziehungssystems an dieser Funktion der Differenzierung mitzutragen[482].

Diese Funktion der Differenzierung ist im Zuge der jüngeren Anpassungsbewegung des europäischen Schulwesens hervorgetreten[483]. Sie hat sich sowohl in der Kritik an überzogenen Erwartungen mit Bezug auf die „äußere Differenzierung"[484] als auch in der Verlagerung des Interesses auf die „innere Differenzierung"[485] gemeldet. Dank der Beteiligung der Wissenschaft er-

---

478 Fritz PEICHERT, Organisation der Kurse nach dem Jena-Plan, in: Peter PETERSEN, Die Praxis der Schulen nach dem Jena-Plan (Jena-Plan III), Weimar 1934.

479 Darin liegt dann auch die Faszination, die von diesen partikularen Problembehandlungen ausgeht.

480 Hierzu prinzipielle Ausführungen von Wolfgang SCHULZ, Zur Differenzierung in Gesamtschulen, in: Die differenzierte Gesamtschule, hrsg. von Adalbert RANG und Wolfgang SCHULZ, München 1969, S. 181–204.

481 So Hans-Dieter HALLER, Differenzierung als Problem und Aufgabe der Unterrichtsorganisation, in: Rudolf MESSNER, Horst RUMPF (Hrsg.), Didaktische Impulse, Wien 1971, S. 175–195.

482 Helmut FEND u. a., Gesamtschule und dreigliedriges Schulsystem: Eine Vergleichsstudie über Chancengleichheit und -durchlässigkeit, Stuttgart 1976 (Deutscher Bildungsrat, Gutachten und Studien der Bildungskommission, Bd. 55).

483 Alfred YATES, Grouping in Education, New York/London/Sydney 1966 (deutsche Übersetzung, Lerngruppen und Differenzierung, Weinheim/Basel 1972).

484 Etwa Wolfgang P. TESCHNER (Hrsg.), Differenzierung und Individualisierung des Unterrichts, Göttingen 1971.

485 Etwa Wolfgang KLAFKI/Hermann STÖCKER, Innere Differenzierung des Unterrichts, Zeitschrift für Pädagogik, 22 (1976), S. 497–523.

scheint die Unterscheidung zwischen äußerer und innerer Differenzierung relativiert: Denn in der Forschung vermochte der Differenzierungsfaktor nicht widerspruchsfrei zu diskriminieren[486]. Man muß vielmehr die Instabilität der Differenzierungskriterien in Rechnung stellen[487]. Im Direktzugriff lassen sich bestimmte Wirkungen des Unterrichts auf diese Weise nicht garantieren. Es ist deshalb auch zweifelhaft, ob Individualisierung des Unterrichts[488] eine angemessene Zielvorstellung sein kann, wenn es darum geht, den Organisationsmechanismus in Anspruch zu nehmen, um zu verbesserten Bedingungen des Unterrichtsgeschehens zu gelangen. Die Forschung bleibt Kausalfeststellungen auch hier schuldig. Sie hat – etwa mit der Auflösung der Annahmen über homogene Leistungsdifferenzierung – auch zu einer Relativierung des Differenzierungsinstruments beigetragen: Auf der Suche nach einer wirkungsvolleren Strukturierung des Unterrichtsgeschehens löste sich das elementare Verständnis der Unterrichtsorganisation auf. Das Differenzierungsproblem ist in einen Zusammenhang verschiedener Variablen des Unterrichtsgeschehens gestellt. Damit ist zwar die Vorstellung von Unterrichtsorganisation mobilisiert, zugleich aber auch ihre spezifische Funktion eliminiert: In welchen Kombinationen soll Differenzierung nun zur Steuerung des Unterrichtsgeschehens beitragen?[489]
Die Forschung hat das Verständnis für die Wirkungsproblematik des Unterrichts erhöht; sie hat auf diese Weise auch die Variabilität der Unterrichtsorganisation vermehrt; aber sie hat sich selbst auch neue Probleme aufgegeben, derweil das Erziehungssystem dazu übergegangen ist, die Schulen mit einem Netz organisatorischer Art zu überziehen, um Verlaufseinheiten und Sequenzen zu schaffen, die dann wenn auch nicht technologisierbar, so doch besser regulierbar sind[490]. Gesamtschul- und sonstige Zentralschulbewegung auf der

[486] Peter Martin ROEDER, Modelle der Differenzierung in Abhängigkeit von Leistungsdifferenzierung neuerer einzelner Fächer, Stuttgart 1974; Hans-Dieter HALLER, a. a. O.; Wolfgang P. TESCHNER, a. a. O.; u. a.

[487] Vgl. Diether HOPF, Differenzierung in der Schule, 2. Aufl. Stuttgart 1976, S. 36 ff.

[488] Zwar wird der „recht diffus gebrauchte Terminus Individualisierung" beklagt, es wird aber auf ihn nicht verzichtet: verständlich, wenn man die Tradition der pädagogischen Kritik an der Schematisierung des öffentlichen, d. h. organisierten Unterrichts vor Augen hat. Statt anderer HOPF, a. a. O., S. 15, 45, 61 ff.

[489] KLAFKI/STÖCKER bieten dafür (a. a. O., S. 508) ein Ordnungs- und Suchraster an: „Zur Verwirklichung innerer Differenzierung" (!). Mit der Forderung (HOPF, a. a. O., S. 60) der „Entwicklung präziser didaktischer Modelle" als Voraussetzung organisatorischer Maßnahmen hat sich die erziehungswissenschaftliche Diskussion jedoch bereits außerhalb der Realitätsbedingungen des Organisationsmechanismus angesiedelt.

[490] Zur Steuerbarkeit der Resultate des Unterrichtsgeschehens qua organisatorischer Differenzierung („strukturelle Merkmale") vergleiche nur die Ausführungen des Bildungsratgutachtens zur Gesamtschule (FEND), a. a. O., S. 67; 143; 191 ff. Wir

einen Seite und klassenunabhängige Kurssystembildung auf der anderen Seite haben in Subeinheiten Bedingungen hervorgebracht, unter denen sekundärrationale Strategien der Lehrer bessere Chancen für Erfolge haben. Hier schließen die Anstrengungen der Erziehungswissenschaftler an, nicht nur durch Bündelung und vielleicht auch Fixierung von Prämissen für die Lehrer eine günstigere Ausgangslage zu erreichen[491], sondern durch Verlagerung der anstehenden Entscheidungen auf die Ebene des Unterrichtsgeschehens das Technologieproblem (Steuerung des „Lernertrags") den Beteiligten selbst in der Form der Beteiligung an einem Entscheidungsprozeß über Mittel und Zwecke des Unterrichts zu überantworten[492].
Mit dieser Auflösung des Differenzierungsinstruments in der „flexiblen Unterrichtsorganisation" hat das Technologieproblem eine Konkretion erreicht, mit der es in der Referenz des Organisationsmechanismus durchgearbeitet ist[493]. Es bleibt dann nur zu hoffen, daß Zeit „zur Lösung eines bestimmten Problems tatsächlich zur Verfügung steht"[494]. Mit der Organisation ist aber „gleiche Zeit" (für alle) vorgegeben. Wenn dann „interne Selektion" möglichst vermieden werden soll[495], dann bedeutet das grundsätzlich einen Verzicht auf organisatorische Differenzierung als Bedingung unwahrscheinlicher Lernerträge. Das widerspricht der Absicht „optimaler Förderung des jungen Menschen in allen Persönlichkeitsdimensionen . . ., und zwar jeweils im Hinblick auf die Entfaltung von individueller Identität und sozialer Beziehungsfähigkeit"[496]. Jeder Eingriff in den Zeitablauf des Unterrichtsgeschehens mit der erklärten Absicht, den Lernertrag zu steigern, ist mit der Steigerung

---

kommen darauf unter dem Gesichtspunkt der Selektionsproblematik im dritten Teil zurück.

491 Denn mit einer Aufarbeitung der Argumente in Form von Kreuztabellen oder anderen Formen der Tabellierung ist nicht schon eine Begründung, geschweige Verbesserung der Unterrichtserfolge gesichert. Deshalb geht es Klafki/Stöcker konsequent um Gesichtspunkte zur Verwirklichung der inneren Differenzierung. A. a. O., S. 503 ff.

492 Hierher gehören Themenabsprache zwischen Lehrer und Schüler, Projektunterricht und anderes mehr. Klafki/Stöcker anspruchsvoll a. a. O., S. 518 f. Zur Ausstrahlung dieser Problemauffassung in die fachdidaktische Literatur statt anderer Hans Josef Tymister, Konstruktion fachdidaktischer Curricula als schul- und hochschuldidaktisches Problem, Düsseldorf 1974.

493 Man kann sich dann auch vorstellen, „den Primat der Administration ab[ge]schüttelt [zu haben]" (so Haller, a. a. O., S. 183); aber hier bleibt festzuhalten, daß auch diese Strategie auf Mitgliedschaftsregeln im Kleinstformat, also auf Organisation einschließlich ihrer bürokratischen Bedingungen baut, auch wenn eine Rosinenorientierung diese nicht zur Kenntnis nimmt.

494 So Hopf, a. a. O., S. 78.

495 So Klafki/Stöcker mit Bezug auf die Grundschule, Orientierungsstufe und integrierte Gesamtschule, a. a. O., S. 499.

496 Klafki/Stöcker, a. a. O., S. 502.

der Selektionsvorgänge verknüpft[497]. Durch diesen Widerspruch sind dem Einsatz organisatorischer Differenzierung Grenzen gesetzt. Man gewinnt so den Eindruck, daß die Möglichkeiten, mit Mitteln organisatorischer Differenzierung Kleinsteinheiten zu schaffen und auf diese Weise das Problem der Unterrichtstechnologie aufzubrechen, entwickelt, gesteigert, schließlich überreizt worden sind. Einerseits melden sich Widersprüche zu anderen Zielvorstellungen – etwa dem der Vermeidung von zu viel und zu dicht gesetzten Selektionszwängen. Andererseits setzt jede Organisationsplanung ihrerseits Technologie voraus, weil sie anders im Haltlosen operieren müßte. Sie kann nicht davon ausgehen, daß sie selbst alle Bedingungen für Technologie erst schaffen muß. Das mag so sein; aber für die Planung der Organisation fehlen damit eben die von ihr unabhängigen Leitlinien. Das Problem des Technologiedefizits wird auf diese Weise also in die Organisationsplanung verschoben. Man kann dann mit Organisation experimentieren, kann Modelle ausdenken, kann neue Differenzierungsformen ausprobieren – aber man kann ihr Scheitern nicht auf eine eigenständige Kausaltechnologie der Erziehung zurückinterpretieren. Man greift deshalb auf ideologische Kontroversen als Orientierungshilfen zurück. Das bedeutet, wie sich am Thema Gesamtschule abzeichnet, Politisierung der Entscheidungsprozesse, also insoweit: Verzicht auf pädagogische Autonomie.

## XIV. Einheit des Mannigfaltigen: Zur Reflexion temporaler Komplexität

Im Laufe unserer Analyse des Technologieproblems hat eine zentrale Frage sich immer wieder neu gestellt: Wie ist es möglich, einen *Zeitverlauf* (Erziehung, Unterricht) über *Prämissen* ohne Beteiligung an der Interaktion selbst zu *steuern*? Wie ist es möglich, Bedingungen für Erfolg bzw. Mißerfolg zu aggregieren und auf höheren Ebenen zur Disposition zu stellen, wenn der Erfolg suchende Prozeß selbst Zeit braucht und im Zeitlauf ständig auf sich selbst und seine soeben geschaffene Situation reagiert? Das kann offensichtlich nicht über die Beschreibung und Normierung von Zuständen geschehen. Aber wie sonst, wenn überhaupt?

Die Lösungsversuche, die eine historische Analyse aufdecken kann, abstrahieren allesamt von Zeit. Das heißt nicht, daß Zeit in der Erziehungswissenschaft unbeachtet geblieben wäre. Wir haben gezeigt, wie sie zur Sprache kommt. Aber das Endproblem der Einheit des Mannigfaltigen wird in die

[497] Deshalb ROEDERS Mahnung: „Die Zeitspanne für die Trainingskurse . . . so kurz wie möglich zu bemessen." A. a. O., S. 20f.

Form einer Zustandsformel gebracht. Zustandsformeln sind unter den gegebenen Bedingungen jedoch keine Zugriffsformeln, und sie lassen sich auch nicht in Zugriffsweisen respezifizieren.

In der Tradition, die die Pädagogik vorfand, hatte man die Naturmetapher der Bewegung verwenden können, um Einheit einer Vielheit im Zeitablauf ausdrücken zu können[498]. Die Weiterführung dieser Semantik wird jedoch aus einer Mehrzahl von Gründen schwierig und schließlich aus dem vermeintlich Begrifflichen ins bloß Metaphorische abgedrängt. Teils liegt dies an der mittelalterlichen Erweiterung der dreifachen Bewegungsreferenzen Quantität, Qualität, Ort (ARISTOTELES) auf Substanz; teils an Entwicklungen innerhalb der neuzeitlichen Physik; teils und vor allem schließlich: an dem Einbau selbstreferentieller Entscheidungsstationen in das, was man Lebensbewegung oder Entwicklung des Menschen nennen könnte. Trotz mannigfacher Ansätze zum Umdenken in Bewegungsbegriffe, besonders im späten 18. und im 19. Jahrhundert[499], ist es denn auch nicht gelungen, der Bewegungsmetapher auf der ganzen Breite ihrer Inanspruchnahme den Status eines analytisch brauchbaren, theoriefähigen Begriffs zu geben. Andererseits hielt sie den Platz, an dem Zeitbegrifflichkeiten hätten erscheinen müssen, besetzt. Das Problem der Temporalisierung von Komplexität wurde deshalb nicht differenziert genug angepackt.

Die spezifisch pädagogischen Konzepte, die wir angetroffen haben, halten zum Teil den Bewegungsbegriff als eine Art Abschlußformel noch im Hintergrund; so alles, was von KANT in Gang gebracht war und Einheit der Mannigfaltigkeit als Synthesis, das heißt als transzendentale Bewegung voraussetzt. In die Pädagogik umgesetzt wird aber nicht diese Bewegung selbst, sondern nur ihr Bezugspunkt: die Zweckidee. Diese Zweckidee degeneriert rasch zur Vorstellung eines zu erreichenden Endzustandes der Erziehung. Vom Ende her konnte aber die Verlaufskomplexität nicht zureichend geordnet werden. Die Synthesis des Erziehungsprozesses hätte ein gleich unmittelbares Verhältnis jedes Aktes von Erzieher und Zögling zur Idee der Erziehung gefordert, aber das wäre weder mit der sozialen Asymmetrie des Verhältnisses von Erzieher und Zögling noch mit der Temporalisierung von Komplexität, mit der Verlagerung von Verschiedenheit in ein Nacheinander des Verschiedenen

---

498 Vgl. Friedrich KAULBACH, Der philosophische Begriff der Bewegung: Studien zu ARISTOTELES, LEIBNIZ und KANT, Köln – Graz 1965; ferner Anneliese MAIER, Zwischen Philosophie und Mechanik: Studien zur Naturphilosophie der Spätscholastik Bd. V, Rom 1958, und zum allgemeinen Rahmen der Problemstellung auch Arthur O. LOVEJOY, The Great Chain of Being: A Study of the History of an Idea, Cambridge, Mass., 1936.

499 Vgl. zuletzt: Reinhart KOSELLECK, „Neuzeit“: Zur Semantik moderner Bewegungsbegriffe, in: Studien zum Beginn der modernen Welt. Industrielle Welt Bd. 20, Stuttgart 1977, S. 264–299.

vereinbar gewesen. Die Synthesis war als Zweck nur formulierbar (und das mochte für einen Standpunkt der Erkenntnis genügen), aber sie war nicht respezifizierbar im Hinblick auf Möglichkeiten des operativen Gebrauchs von Verschiedenheit in sozialer und zeitlicher Staffelung. Der optimale Kompromiß ist vielleicht noch der Vorschlag HERBARTS, die Zeitdimension über die Sozialdimension zu operationalisieren, nämlich die *Zukunft* des *Zöglings* als *Gegenwart* des *Erziehers* auftreten zu lassen. Das rechtfertigt zwar die soziale Asymmetrie aus der zeitlichen – aber eben nur, wenn der Erzieher die Einheit der Vielheit von Schritten, die Gegenwart mit Zukunft verknüpfen, in der Hand oder doch im Begriff hat.
Die Maxime der Konzentration formuliert wiederum nur die Einheit der Vielheit und fordert sie als Konvergenzpunkt für Organisation, Wissenschaft und Erziehung. Die Vermittlung wird theoretisch nicht geleistet. Sie wird dem Schematismus der Organisation überlassen, der den Gesamtkomplex der schulischen Erziehung in soziale und zeitliche Teilkomplexe, in Schulklassen, Fächer, Ausbildungssequenzen dekomponiert, in bezug auf die dann die Frage nach der Fixierung von Prämissen durch das selbst nicht unterrichtende „Establishment" des Erziehungssystems neu gestellt werden kann.
Jetzt wird auch eine Art vertikale Problemsicht sinnvoll. Das Schema Theorie/Praxis hat sie vorbereitet; das Schema Didaktik/Methodik folgt nach im Sinne einer zweistufigen Behandlung der Konkretisierung der Prämissen. Die „Einheit der Mannigfaltigkeit" ist jetzt nicht mehr als ein Problem aktuell, das man thematisch durch Reflexion und Begriffsbildung zu lösen versucht. Insoweit reagiert man entmutigt – und komplexitätsbewußt. Aber sie steuert noch die Versuche, eine Einheitsorientierung (Didaktik der Bildung) mit operativen Anweisungen für erfolgswirksame Verhaltensschritte auszustatten. Damit kehren schließlich in den letzten beiden Jahrzehnten auch technologiebezogene Themen mit Anwartschaft auf Relevanz in die Diskussion zurück. Aber da es nach wie vor kein gesichertes Kausalwissen gibt, das den Zeitverlauf der Erziehung abbilden bzw. steuern könnte, bleibt nach wie vor offen, wie der Durchgriff über Prämissen auf Prozesse eigentlich zu bewerkstelligen oder auch nur zu denken ist.
Im Unterschied zu diesen Versuchen der Thematisierung und Dekomposition von Einheit der Mannigfaltigkeit gehen wichtige Beiträge der neuen soziologischen Literatur von einem Technologiedefizit im Erziehungssystem aus[500]. Das Fehlen einer erfolgversprechenden Technologie wird zunächst als ein Faktum gesetzt, das Konsequenzen hat, wenn man trotzdem darangeht, ein Leistungssystem für „people processing" und speziell für Erziehung einzurichten. Damit tritt in der Analyse die strukturelle Reaktion des Sy-

[500] Hinweise oben Anm. 15.

stems auf sein eigenes Ungenügen in den Vordergrund. Das Technologiedefizit wird mit Komplexitätsproblemen der Unterrichtssituation begründet. Also geht es im Kern um die Tatsache (und um die strukturelle Anpassung an die Tatsache), daß das System mit der eigenen, mit der selbsterzeugten Komplexität nicht fertig wird. Man nimmt an – und wer den Gegenbeweis führen will, kann es versuchen –, daß weder Wissenschaft noch Organisation Instanzen hervorbringen kann, die in der Lage sind, angesichts der Komplexität des Erziehungssystems funktionierende Technologien zu entwickeln. Damit wird auch die Erwartung, über Setzung von Prämissen des Lehr- und Lernverhaltens Erziehung regulieren zu können, enttäuscht. An die Stelle einer Hierarchie für hochaggregierende Disposition von oben nach unten tritt eine Doppelung des Komplexitätsproblems selbst: Der Begriff Komplexität ist zunächst wieder nur eine weitere Formel für die Einheit des Mannigfaltigen; er bezeichnet in einem zweiten Sinne aber zugleich ein Problem der strukturellen Überforderung des Systems durch sich selbst. Die eigentümliche Sterilität des bloßen *Begriffs* der Komplexität, der die Einheit des Mannigfaltigen nur postuliert, wird durch diese Zweitproblematisierung in Richtung auf Praxis aufgebrochen. Und erst die operative und technologisch griffige Unlösbarkeit des Problems der Komplexität wird das Bezugsproblem, im Hinblick auf welches Strukturen des Erziehungssystems funktional analysiert und im Anschluß daran sekundäre Verhaltensrationalitäten entworfen werden können.

Hiermit sind die Reflexionsprämissen ausgewechselt, von denen die Pädagogik bisher ausgegangen war. Das eröffnet neue Freiheiten für die Analyse der Reflexionsgeschichte des Erziehungssystems. Davon haben wir Gebrauch gemacht. Man kann die Verlegenheiten, in die man bei der Behandlung von Problemen gerät, unbefangener analysieren, wenn man gar nicht mehr die Absicht hat, ein so gestelltes Problem zu lösen. Dennoch ist die Berufung auf Komplexität und auf Technologiedefizite alles andere als ein Resignationsmotiv. Vielmehr ist ein Anschluß an Traditionslinien und eine Fortsetzung der Systemreflexion mit anderen Mitteln denkbar.

Es ist kein Zufall, daß das Problem der Komplexität am Technologieproblem als prekär und schließlich als unlösbar erscheint; denn Technologie involviert Zeit – und im Falle der Erziehung: lange Zeit. Differenzen in der Sozialdimension hatte man durch Abstraktion von Regeln überbrücken können; zumindest erschien dies als adäquat auch bei erheblichen individuellen Unterschieden und auch bei Asymmetrien in den sozialen Beziehungen[501]. Diffe-

[501] Ein typisches Beispiel: Père Buffier, Traité de la société civile, Paris 1726, Buch IV, S. 27 f., macht sich den Einwand, daß die Maxime „ne point faire à autrui ce que nous ne voudrions pas qu'on fit à nous mêmes“ auf einen Funktionsträger wie einen

renzen in der Zeit können, wenn die Gesellschaft komplexer wird und mehr Möglichkeiten anbietet, deren Aktualisierbarkeit von Moment zu Moment wechseln kann, nicht auf die gleiche Weise wegabstrahiert werden. Sie sind nicht bagatellisierbar, sind nicht weniger bedeutsam als das Prinzip der Einheit. Gerade das vorzügliche Handeln hängt unter der Bedingung hoher temporalisierter Komplexität davon ab, daß es Konstellationen nutzt, die sich nur situationsweise ergeben.

Von hier aus ließe sich eine „machiavellistische" Pädagogik der Opportunität entwerfen. Es wäre jedoch kaum sinnvoll, die damit eröffneten Einstellungen auf Komplexität in Begriffe wie „virtú" zusammenzupressen. Die sozialstrukturellen Kontexte und die analytischen Möglichkeiten haben sich seit dem 16. Jahrhundert grundlegend geändert. Lehrer sind Beamte, und Beamte haben keine „virtú". Sie haben es mit den „complexities of the classroom" zu tun, also mit organisatorisch erzeugter Interaktionskomplexität. Sie sind ein selbst mit hineinorganisierter Faktor der Unterrichtskomplexität, dessen „Dominanz" zur ohnehin komplexen Konstellation noch hinzukommt und die Situationen auch für sie selbst noch komplexer, das heißt noch schwieriger werden läßt. Die organisatorischen und sozialstrukturellen Vorkehrungen für Kontrolle der Komplexität machen, weil man sich darauf zusätzlich noch einstellen muß, das Interaktionssystem sogleich viel komplexer. Die Komplexität wächst (weil die Schüler auch Menschen sind) proportional zum Versuch, sie zu beherrschen, und dies in dem scheinbar übersichtlichen Klassenzimmer. Es kann dann zu der Versuchung kommen, nur noch Überlebens- und Disziplinprobleme zu sehen und die Situationen entsprechend zu vereinfachen. Aber damit wird das aus der Hand gegeben, was temporalisierte Komplexität in der Abfolge von aufeinander reagierenden Ereignissen hätte sein können.

Es sind, mit anderen Worten, systemabhängige und sehr spezifische Komplexitätslagen und dadurch trotz allem gut analysierbare, gut verständliche Bedingungen, mit denen eine Unterrichtspädagogik es zu tun hat. Zugespitzt auf den Zeitaspekt, handelt es sich vor allem um ein hohes Maß an Gleichzeitigkeit relevanter Einflüsse. Diese Gleichzeitigkeit läßt sich bei der Vielzahl der anwesenden Personen, bei unterschiedlichen Sensibilitäten, Wahrnehmungsspektren und Kausalplänen, nicht serialisieren. Daher bleibt das päd-

---

Erzieher oder einen Richter nicht anwendbar sei. Er geht deshalb auf die allgemeinere Regel zurück, „de chercher en tout notre avantage, reuni à celui des hommes avec qui nous avons à vivre". Die Reziprozitätsregel wird durch die Regel der individuellen Glückssuche unter sozialen Nebenbedingungen ersetzt. Das ist ohne jede Rücksicht auf Zeit gedacht, obwohl HOBBES die Bedeutung der Zeit für soziale Beziehungen bereits aufgewiesen und damit das klassische Naturrecht gesprengt hatte (vgl. auch oben Anm. 161–163).

agogische Verhalten situationsabhängig[502]. Die Planung des Lehrens mag an Stoffen entlang trotzdem quasi linear und zielgerichtet erfolgen, und insofern bleibt das reine Unterrichten etwas anderes als Erziehen. Das Unterrichten ist dann immer nur ein Anlaß, vielleicht ein Verfahren zur laufenden Erzeugung von pädagogisch auswertbaren oder auch pädagogisch blockierten Situationen; und es ist keineswegs gesagt, daß diese Art, Situationen zu generieren, bei jeder Art von Schülerpersönlichkeit gute oder auch nur einigermaßen sinnvolle Erziehungsmöglichkeiten eröffnet.

Diese Gegenläufigkeit anzuerkennen heißt nicht: Unterricht und Erziehung wie in alten Zeiten zu trennen. Aber man wird Programmtypik und Technologien für beide Aufgaben verschieden sehen und verschieden entwickeln müssen. Während Unterricht eher im Hinblick auf Ziele programmiert werden kann, die fixieren, was gelernt worden sein soll, muß Erziehung eher konditional und wirkungsoffen progammiert werden; sie muß an educogene Situationen anschließen und dem Moment Tragweite geben können. Soweit für Erziehung überhaupt Programmformen und erfolgsträchtige Verhaltensstrategien entwickelt werden können, müssen sie daher auf Anlaßtypisierungen und letztlich auf einer Situationsdiagnostik beruhen, die Vergangenes und Gegenwärtiges grob resümiert, weil es in der Situation gerade einmal in einer bestimmten Konstellierung greifbar und entwickelbar ist.

Wenn in bezug hierauf noch von Technologien gesprochen werden kann, dann in einem mehrfach modifizierten Sinne. Da man von einem Technologiedefizit als uneinholbarer Gegebenheit auszugehen hat, erscheinen alle Verhaltenstechnologien für den Handelnden selbst wie Schneisen in einem im übrigen undurchsichtigen Gelände. Sie sind rational nur deshalb, weil das Erziehungssystem selbst keine Gesamttechnologie entwickeln kann, also auch die Erfolgsbedingungen nicht zentral auswählen und in der Form von Ressourcen und Verhaltensprämissen an die Hand geben kann. Das heißt keineswegs: alle Technologie zur Eigenleistung des einzelnen Lehrers zu erklären. Geht man vom Technologiedefizit aus, bedeutet dies im Gegenteil: daß das gesamte Erziehungssystem begriffen werden muß als Umgang mit selbsterzeugter Komplexität. Die Reduktionen stehen in einem Verhältnis, teils der Interdependenz, teils der funktionalen Äquivalenz. Hier greifen dann strukturelle und prozessuale, rational intendierte und latent kompensatorische Mechanismen ineinander. Die Dekomposition der Gesamtkomplexität stützt sich weitgehend auf organisatorische Differenzierungen, ohne daß über Organisation Erfolge sichergestellt werden könnten (so daß im Bild der empiri-

---

502 Hierzu besonders: Louis M. Smith/William Geoffrey, The Complexities of an Urban Classroom: An Analysis Toward a General Theory of Teaching, New York 1968.

schen Forschung der Organisationsfaktor nicht oder kaum oder widersprüchlich diskriminiert). Ein zugleich gepflegter Berufsidealismus läßt sich ebenfalls nicht an Verantwortung für Erfolge bzw. Mißerfolge binden und nimmt dadurch kompensatorische Züge an. Zu erkennen ist, zusammengefaßt, ein Zusammenspiel verschiedenartiger Mechanismen der Abarbeitung von strukturell erzeugter Überkomplexität. Diesen Kontext als Einheit vorzustellen, in dem sich allenfalls die Gewichte und Entlastungsverhältnisse unter den Einzelbeiträgen verlagern können, ist Reflexion des Erziehungssystems. Jede wissenschaftliche Forschung muß bereits Segmente herausschneiden und mit Ceteris-paribus-Annahmen arbeiten. Und Verhaltenstechnologien können wiederum durch Forschung nicht abgesichert, sondern allenfalls in ihren analytisch-diagnostischen Vorarbeiten gefördert und in ihrer intersubjektiven Diffusion beschleunigt werden.

Es besteht in dieser Sicht durchaus ein Zusammenhang von Reflexion und Technologie. Er wird durch das Problem der Temporalisierung von Komplexität hergestellt. Aber Technologie ist, gerade durch Reflexion, gegen Überforderung zu schützen, ebenso wie gegen eine Ablehnung aus Prinzip. Im Begriff der Technologie steckt kein Nachfolgebegriff für „prudentia", keine Kompetenz, der Gegenwart eine Vorzugsanweisung zu geben für die temporale Integration von Vergangenheit und Zukunft, von Kraft und Wollen, von Anlage und Bildung. Andererseits machen der Bezug auf die strukturellen Gründe für Überlastung der Gegenwart mit Gleichzeitigem und rasche, sozial nicht immer integrierbare Abfolge von Situationen erst deutlich, wo die Probleme für Verhaltenstechnologien eigentlich liegen.

# 3. Teil
# Gleichheit und soziale Selektion

## I. Gleichheit als Symbolisierung der Gesellschaft

Jede Reflexion auf Teilsystembasis hat es auch mit dem umfassenden System der Gesellschaft zu tun. Differenzierte Gesellschaften bringen ihre eigene Differenzierung durch ein Auseinanderziehen der Systemreferenzen zur Geltung mit der Folge, daß der Reflexionsprozeß in funktional differenzierten Gesellschaften zwischen Funktion (Gesellschaftsbezug), Leistung (Teilsystembezug) und Reflexion (Selbstbezug) zu unterscheiden hat. Davon ausgehend hatten wir im ersten Teil unserer Untersuchungen das Verhältnis von Autonomie und Reflexion analysiert. Mit der Funktionsorientierung sind jedoch die gesellschaftlichen Bindungen des Reflexionsprozesses noch nicht ausreichend gekennzeichnet. Der Funktionsbezug bringt (ebenso wie in anderen Gesellschaftsformationen die Schichtzugehörigkeit) nur das zum Ausdruck, was die Teilsysteme differenziert, das heißt ungleich macht. Teilsysteme sind aber nie nur für sich bestehende verschiedenartige und insofern ungleiche Systeme; sie sind immer auch wechselseitig füreinander Umwelt, und auch diese Seite ihrer Zugehörigkeit zur Gesellschaft, ihre Eignung als Umwelt für andere Systeme, wird in Reflexionsprozessen symbolisiert. Dies Wechselseitig-füreinander-mögliche-Umwelt-Sein läßt sich in der Reflexion durch den Gleichheitsgedanken vertreten. Das Schema Ungleichheit/Gleichheit bringt mithin die Doppelmitgliedschaft eines jeden Teilsystems als System und als Umweltkomponente in der innergesellschaftlichen Umwelt anderer Teilsysteme zum Ausdruck, und insofern muß sich der Reflexionsprozeß der Funktionssysteme die Gesellschaftszugehörigkeit nicht nur als Funktion, sondern auch als Gleichheit symbolisieren.

Kurz und bezogen auf das Gesamtsystem Gesellschaft kann man daher auch formulieren: Die Gesellschaft symbolisiert ihre Einheit als Gleichheit, ihre Differenziertheit als Ungleichheit. Die Gleichheit bedarf, da Einheit Voraussetzung der Differenzierung ist, keiner weiteren Begründung. Sie wird im älteren Denken deshalb auch als „Natur“ angenommen. Durch Bezugnahme auf oder Anknüpfung an Gleichheit versichert sich der Reflexionsprozeß seiner Gesellschaftszugehörigkeit. Dies geschieht in stratifizierten Gesellschaften typisch mit Hilfe der Religion, die es übernimmt darzustellen, daß die Menschen in wesentlichen Merkmalen ihres Menschseins (also nicht nur in organischen Merkmalen im Vergleich zum Tier) gleich sind, aber dennoch durch ihr Geschick, ihr Karma oder den Ordnungswillen der Schöpfung unterschiedlich placiert leben müssen[1]. Im Übergang zu primär funktionaler Gesellschaftsdifferenzierung löst diese Form des symbolischen Ausgleichs von Gleichheit und Ungleichheit sich auf[2] – einerseits, weil das Religionssystem selbst stärker ausdifferenziert und funktional spezifiziert wird; andererseits deshalb, weil nicht mehr nur Rang-, Wohlstands- und Standesunterschiede symbolisch auszutarieren sind, sondern weil neue funktionsspezifische Inklusionserfordernisse ganz neuartige Probleme stellen. Die Gleichheit der Ungleichen kann jetzt nicht mehr zureichend durch gleichen Bezug auf einen die Gesellschaft transzendierenden Gesichtspunkt begründet werden; sie muß in der Gesellschaft im Zugang zu den Funktionen realisiert werden und bedarf zu diesem Zwecke einer neuen Begründung: Gleichheit wird mit Freiheit identifiziert, auf Freiheit gegründet oder zur Begründung der Freiheit verwendet.

Seit der zweiten Hälfte des 18. Jahrhunderts wird diese neue Version rasch akzeptiert[3]. Sie ermöglicht eine Umkehrung der Problemstellung. Während es in geschichteten Gesellschaften um die Gleichheit der Ungleichen gegangen war, geht es nunmehr – man denke an den Discours ROUSSEAUS – um die Ungleichheit der Gleichen[4]. Was immer in den Einzugsbereich funktionsspezifischer Operationen gerät, muß zunächst als gleich angesehen werden, es sei denn, daß die Funktion eine Ungleichbehandlung erfordert. Im Erziehungssystem erforderte dieses Prinzip zunächst: gleichen Unterricht für alle, schließt aber die aus Erziehungserfolgen sich ergebende Ungleichheit nicht aus. So wie einst Gleichheit und Ungleichheit im Transzendenz-Bezug zusammenfielen, ergaben sich jetzt Gleichheit und Ungleichheit aus der Frei-

[1] Vgl. die allgemeine These einer kommunalen Antistruktur bei hierarchischer Strukturierung der Gesellschaft bei Victor W. TURNER, The Ritual Process: Structure and Anti-Structure, London 1969.

[2] Zur religiösen Legitimation von Schichtung bis gegen das Ende des 18. Jahrhunderts vgl. etwa Jacob VINER, The Role of Providence in the Social Order: An Essay in Intellectual History, Philadelphia 1972, S. 86ff. Vgl. oben Teil 1, III.

[3] Vgl. hierzu Otto DANN, Gleichheit, in: Geschichtliche Grundbegriffe: Historisches Lexikon zur politisch-sozialen Sprache in Deutschland, Bd. 2, Stuttgart 1975, S. 997–1046.

[4] Insofern tritt dann die Gesellschaft selbst als Bezugspunkt der Gleichheit an die Stelle der Transzendenz – und bleibt ebenso wie diese kompatibel mit Ungleichheit. „Untereinander selbst mögen also die Menschen immer verschieden bleiben und einander in Rang, Titeln, Reichthümern, Kenntnissen, wirklichen Nutzleistungen, Religionsmeinungen, u.s.w. bald vorgehen, bald nachstehen. Nur gegen die Gesellschaft, gegen den Staat, müssen sie alle *gleich* seyn und mit edlem Eifer auf diese Gleichheit halten", formuliert diese zeittypische Einstellung Carl Friedrich BAHRDT, Rechte und Obliegenheiten der Regenten und Unterthanen in Beziehung auf Staat und Religion, Riga 1792, S. 37.

heit. Gerade daß die Gleichheit in der Freiheit lag, mußte bedeuten und mußte plausibel machen, daß sie Ungleichheit zur Folge haben würde je nach Art und Umständen, in denen die Freiheit sich realisiert. Und wenn nur ausreichend Vorsorge dafür getroffen war, daß die Freiheit erhalten blieb, konnte man erwarten, daß eben damit auch Gleichheit sich immer wieder regenerieren würde.

Freiheit und Gleichheit werden in der sich etablierenden bürgerlichen Gesellschaft wertthematisch, nicht aber reflexionsthematisch akzeptiert. Sie werden als Wertgesichtspunkte kritisch gegen die formal noch vorhandene Ständegesellschaft eingesetzt; sie können aber nicht im gleichen Zuge auch schon die Logik der neuen Differenzierungstypik reflektieren. Auch die selbstkritisch werdende bürgerliche Gesellschaft sieht ihr Problem immer noch im Abbau von Schichtung, obwohl sie längst schon überrollt zu werden beginnt von den Folgen ihrer eigenen Differenzierungsform. Offensichtlich machen gerade in einer funktional differenzierten Gesellschaft Wertgesichtspunkte, die das Gesamtsystem als eines und als differenziertes symbolisieren, noch nicht in hinreichendem Maße Strukturerfahrungen verfügbar und ermöglichen daher nicht den Übergang von Wertappellen zur Reflexion.

Daß in der zweiten Hälfte des 18. Jahrhunderts auch die Pädagogik neue Wege sucht und daß sie sich dabei stärker auf Schulunterricht zu konzentrieren beginnt, mußte zu einer Aufgeschlossenheit des Erziehungssystems für den bürgerlich reformulierten Symbolkomplex Freiheit und Gleichheit führen. Es ist dabei nicht so wesentlich, daß man die Ziele der Erziehung zunächst noch an den ständischen Strukturen der Gesellschaft ausrichtet – so wenn die Philanthropisten von Glückseligkeit nach Maßgabe der „Bestimmung" des Menschen sprechen (seine Natur aber als „unbestimmt") voraussetzen[5]. Wichtiger, weil von bleibender Bedeutung, ist, daß das Gleichheitsprinzip nur als Wertidee und nicht als Reflexionsbegriff wirkt, das heißt der Ungleichheit nur kontrastiert, aber nicht als Ungleichheit der Gleichen mit ihr vermittelt wird. Im Reflexionsabschluß durch Wertbegriffe liegt der Ausgangspunkt für Ideologiebildung, die dann das 19. und 20. Jahrhundert beherrschen wird[6].

In einer Hinsicht allerdings ist Gleichheit Reflexionsbegriff immer gewesen und immer geblieben – auch und gerade in der Formulierung als „natürliche

---

[5] Vgl. z. B. Ernst Christian TRAPP, Versuch einer Pädagogik, Berlin 1780, zit. nach der Ausgabe Leipzig 1913, S. 8 f. Das Begriffspaar Unbestimmtheit/Bestimmung bietet hier eine nicht mehr religionsabhängige und schon temporalisierte, aber noch auf Stratifikation bezogene Fassung für Gleichheit/Ungleichheit.

[6] Ideologie hier begriffen als Wahl der Werte und Wertkontexte im Hinblick auf ihre Orientierungsfunktion. Vgl. näher Niklas LUHMANN, Wahrheit und Ideologie, in: ders. Soziologische Aufklärung, Bd. 1, 4. Aufl. Opladen 1974, S. 54–65.

Gleichheit". Wie immer unvorsichtige Formulierungen einen solchen Eindruck erwecken könnten: Gleichheit besagt nie, die Menschen seien in ihrer konkreten Ausformung oder auch nur in den natürlichen Anlagen oder Fähigkeiten gleich, mit denen sie auf die Welt kommen. Und entsprechend geht es auch nicht um den Wert der Unterschiedslosigkeit oder um eine Norm, der zufolge die Menschen in einen Zustand der Ununterschiedenheit gebracht werden sollten. Gleichheit meint vielmehr immer das, was die Menschen von der Identität des Gesellschaftssystems her sind oder doch sein sollten. Gleichheit symbolisiert diese Identität (ohne daß dies nun wiederum in einer Reflexion der Reflexion mit bewußt geworden wäre). Für das 18. Jahrhundert heißt dies, „daß alle Menschen unter naturgegebenen Bedingungen, d. h. unter Absehung von den geschichtlichen Entwicklungen, in ihrem Verhältnis zueinander gegenseitig gleichen Wert und gleiches Recht haben"[7]. Worin aber besteht diese Abstraktion, die für das 18. Jahrhundert Absehen von geschichtlich gegebenen Bestimmungen war? Worin besteht sie heute?
Vielleicht hilft ein sehr formales Modell weiter. Zwei Bocciakugeln erscheinen als gleich, wenn man sie einzeln unabhängig voneinander nebeneinander betrachtet. Im Spiel dagegen verlieren sie ihre Gleichheit, sie treten in mögliche und realisierte kausale Interdependenzen ein, die die Gleichheit der Kugeln nur noch voraussetzen. Ihr Sinn wird ergänzt durch Wurffolge, momentane Lage, Chancen und Gefahren, die die Kugeln ungleich machen. Gleichheit ist nur eine Kategorisierung des voneinander Unabhängigen, sie gewinnt im System die Funktion der Ausschaltung von Kausalitäten, die stören bzw. zu hohe Komplexitäten erzeugen würden (wenn etwa die Kugeln unterschiedlich klein und groß, glatt und rauh, leicht und schwer, hart und weich, vorgegeben wären). Die Abstraktion der Gleichheit ist die Abstraktion von Kausalität. Bei der Einfügung in einen Kausalzusammenhang, also beim Einbau in Systeme, geht diese abstrakte Gleichheit verloren, dafür gewinnt aber reale Gleichheit in spezifischen Hinsichten die Funktion der Ausschaltung von Ursachen und der Herstellung einer „gesunden Mischung" von Independenzen und Interdependenzen, die die Orientierungsmöglichkeiten im System nicht überfordert, sondern spezifizierbar macht.

Fordert man gleiche Behandlung der Kinder, kann nur genau dies gemeint sein: die Ausschaltung von zahlreichen Ursachen (nach welchen Kriterien immer). Daß Kausalität Ungleichheit erzwingt, wird man weder leugnen noch abschaffen können. Und auch ein Verzicht auf Kausalität steht für die Pädagogik, bisher jedenfalls, nicht zur Diskussion. Eine Pädagogik, die sich diesen Gleichheitsbegriff zu eigen macht, findet darin einerseits eine technische Entlastung, zumindest eine Berechtigung für den Versuch, störende

[7] DANN, a. a. O., S. 1009.

Interferenzen auszuschalten. Sie findet und erreicht jedoch nie die Gleichheit selbst – weder in dem Sinne, daß der Anfangszustand, bei dem sie einsetzt, gleich und insofern unproblematisch ist; noch in dem Sinne, daß der Endzustand gleich werden solle und es deshalb darauf ankäme, Abweichungen zu verhindern oder wieder einzurenken. Mit jeder Aufstellung eines Kausalplans ist Ungleichheit schon postuliert, und jeder Beginn der Interaktion diskriminiert. Die Reflexion kann deshalb Gleichheit nicht an die Stelle setzen, wo die Einheit des Komplexen oder die Einheit von Interdependenz und Independenz im Kausalzusammenhang zu denken wäre. Tut sie das, so formuliert sie eine Reflexion verkürzende Wertperspektive, eine Ideologie.

## II. Schichtung

Eine zweite Vorüberlegung, die den Zugang zum Thema Selektion trassieren soll, betrifft Schichtung. Sie ist deshalb nötig, weil die pädagogische und die soziologische Diskussion von Selektionsproblemen ganz überwiegend unter dem Blickpunkt der Schichtung geführt wird[8]. Unter Selektion versteht man dann, daß die Gesellschaft die Kinder unter Mißachtung ihrer natürlichen Gleichheit und gleicher Förderungswürdigkeit der Schicht ihrer Eltern zuordnet. Wenn und soweit Selektion im Erziehungssystem von der Schichtzugehörigkeit der Eltern abhängt oder auch nur mit ihr korreliert, gilt allein diese Feststellung schon als Mißstand – ohne Rücksicht darauf, daß vielleicht höhere Schichten dank ihrer besonderen Merkmale besonders gut in der Lage sind, ihre Kinder auf Schulerziehung vorzubereiten und in der Schulerziehung zu unterstützen. Alle Befunde sprechen dafür, daß es diese besonders erziehungsgünstigen Ressourcen jedenfalls in den Mittelschichten gibt und daß sie sich wohl kaum in Unterschichten überführen lassen[9]. Um so mehr überrascht, wenn ausgerechnet Pädagogen das, was ihnen hier entgegen-

---

[8] Vgl. u. a. Hans-G. Rolff, Sozialisation und Auslese durch die Schule, 5. Aufl. Heidelberg 1972; Hans Hielscher (Hrsg.), Die Schule als Ort sozialer Selektion, Heidelberg 1972; Klaus Hurrelmann, Erziehungssystem und Gesellschaft, Reinbek 1975, S. 107ff.; Gesine Bühlow et al., Integration und Selektion in der Gesamtschule: Soziale Erfahrungen von Gesamtschülern, Teil 2, Weinheim 1977.

[9] Siehe als eine besonders klare Darstellung: Jürgen Feldhoff, Schule und soziale Selektion, Die Deutsche Schule 61 (1969), S. 676–689, neu gedruckt in: Hielscher, a. a. O., S. 18–36. Ferner etwa Kurt H. Stapf et al., Psychologie des elterlichen Erziehungsstils: Komponenten der Bekräftigung in der Erziehung, Bern/Stuttgart 1972, insbes. S. 149f.; Andreas Krapp, Bedingungen des Schulerfolgs: Empirische Untersuchung in der Grundschule, München 1973, S. 110ff.; Helmut Lukesch, Kriterien sozialer Schichtung und ihre Beziehung zu Merkmalen des Erziehungsstils, Zeitschrift für experimentelle und angewandte Psychologie 22 (1975), S. 55–78.

kommt, so barsch kritisieren[10]. Wollen sie Chancen nicht wahrnehmen, weil sie nicht in jedem Fall zutreffen?
Verblüffen muß auch, daß zwei Argumentationsstränge zugleich verfolgt werden, die kaum miteinander zu vereinbaren sind. Der eine besagt: Höhere Schichten bieten günstigere Erziehungsvoraussetzungen[11]. Der andere besagt: Wenn Lehrer, wie es oft der Fall ist, Kinder aus höheren Schichten bevorzugt fördern, folgen sie einem Vorurteil – und nicht etwa einer Realitätswahrnehmung[12]. Anscheinend werden im Forschungsestablishment Argumente ohne Rücksicht auf ihre Kompatibilität „gesucht", die nur ideologisch konvergieren. Das aber heißt: ein Vorurteil der Forschung in ein Vorurteil der Lehrer umzukehren.
Man wird nicht fehlgehen in der Vermutung, daß hier das Postulat der Chancengleichheit die Urteilsbildung leitet. Aber es bleibt zu erklären, weshalb es sich gerade gegen eine schichtabhängige Ungleichheit richtet. Ähnlich wie Gleichheit unbesehen bejaht wird, wird Schichtung unbesehen abgelehnt. Die Bejahung der Gleichheit hatten wir als semantisches Korrelat funktionaler Differenzierung erklären können. Die Einstellung zur Schichtung hat denselben Grund.
In welthistorischem Rahmen gesehen, hat mit dem Übergang zur Neuzeit die Form primärer Gesellschaftsdifferenzierung sich geändert. An die Stelle der Einteilung nach Schichten ist die Einteilung nach Funktionsbereichen getreten[13]. In stratifizierten Gesellschaften hatte die Kommunikation in der Oberschicht Funktionsdifferenzen übergreifen und die Gesellschaft integrieren können (bzw. war an dieser Funktion gescheitert). Umfang und Komplexität eines Gesellschaftssystems fanden darin ihre Grenze. Mit dem Ausbau ihrerseits sehr komplexer Funktionssysteme für kirchlich-dogmatisch organisierte Religion, territorial souveräne Politik, international marktorientierte Wirtschaft und schließlich Wissenschaft wurde seit dem späten Mittelalter jedoch dieser Rahmen gesprengt, und das hob die Repräsentativität der Oberschicht

[10] Feldhoff geht als Soziologe so weit, eine „Veränderung des Ausbildungssystems selber im Sinne einer kritischen Distanz zur etablierten Mittelschichtstruktur" zu fordern – a. a. O. (1972), S. 36. Und er gibt damit eine auch unter Pädagogen verbreitete Auffassung wieder.

[11] So Feldhoff, a. a. O.

[12] So z. B. Günther Steinkamp, Lehrer voller Vorurteile? Soziologische Analyse der Schülerbeurteilung in der Volksschule, Die Deutsche Schule 60 (1968), S. 802–816, neu gedruckt in: Hielscher, a. a. O., S. 60–80. Eine sorgfältige empirische Untersuchung über Lehrerurteile – Walter Brandis/Basil Bernstein, Teachers' Ratings of Children in the Infant School, London 1974 – läßt sich dagegen durchaus im Sinne von Realitätswahrnehmung interpretieren.

[13] Hierzu Niklas Luhmann, Differentiation of Society, Canadian Journal of Sociology 2 (1977), S. 29–53.

für gesamtgesellschaftliche Belange aus den Angeln[14]. Das hatte einen Doppeleffekt: Die Differenzierung nach Funktionsprimaten trat als primäre Dekomposition des Gesellschaftssystems an die Stelle der Ständehierarchie. Und zugleich wurde deren hierarchische Form selbst kritisierbar, weil die Oberschicht die Ordnung nicht mehr trug.

Dieser Umbau hatte indes keineswegs eine Beseitigung der Schichtung zur Folge. Keine Gesellschaft kann nach nur einer einzigen Differenzierungsform strukturiert werden. So wie es in ständisch stratifizierten Gesellschaften auch schon funktionale Differenzierungen gab, führt umgekehrt funktionale Differenzierung nach ihrer eigenen Logik zur Reproduktion von Schichten, die nunmehr „Klassen" heißen. Dieser Vorgang kann in seiner ganzen Komplikation und in seiner vielfältigen Brechung, vor allem durch Organisation und organisationsabhängige Karrieren, hier nicht adäquat behandelt werden. Es muß uns genügen, das Prinzip zu bezeichnen, das Schichtung laufend regeneriert; denn hier liegt der Anstoß sowohl für schichtspezifische Selektion als auch für ihre Kritik.

Gerade wenn für alle wichtigen Gesellschaftsbereiche Funktionssysteme gebildet werden, welche Sachlagen unter dem Primat jeweils einer Funktion bearbeiten, kommt es zu intensiven Prozessen der Abweichungsverstärkung im Sinne von positivem Feedback. So können kleine Anfangsvorteile relativ rasch große Wirkungen erhalten[15]. Wer schon Kapital hat, bekommt eher Kredit und hat eher Chancen, wirklich reich zu werden. Wer schon öffentliches Ansehen genießt, hat es leichter, in einer politischen Partei zu Einfluß zu gelangen. Wer schon educogen sozialisiert ist, findet sich im Prozeß der weiteren Erziehung bevorzugt. Und wie bei einer Kristallbildung absorbieren die schon begonnenen Kristallisationsprozesse die Ressourcen, die auch anderswo hätten verwendet werden können.

All dies hat sowohl in den Bedingungen als auch in den Effekten keinen zwingenden, wohl aber einen faktischen Bezug auf Schichtung. Er ergibt sich daraus, daß Startvorteile nicht zufällig streuen und daß selbst bei zufälliger Streuung sich nach kurzer Zeit eine nicht mehr zufällige Ordnung ergeben würde[16]. Insofern ist Schichtbildung (im Vergleich zu funktionaler Differenzierung) ein relativ natürlicher Prozeß, das heißt ein Prozeß, der mit geringen Voraussetzungen anlaufen kann. Hinzu kommt, daß Schichtung Startvorteile über verschiedene Funktionsbereiche bündeln kann, so daß es nicht zu verwundern braucht, wenn höhere Schichten in sehr verschiedenen Funktions-

---

[14] Zu einigen Konsequenzen vgl. Niklas LUHMANN, Interaktion in Oberschichten: Zur Transformation ihrer Semantik im 17. und 18. Jahrhundert, Ms. 1978.

[15] Wir werden einen für uns wichtigen Aspekt dieses Sachverhalts in der Analyse von Karrieren in Kapitel 3 IX weiterverfolgen.

[16] Sehr schön zeigt dies Heinrich POPITZ, Prozesse der Machtbildung, Tübingen 1968.

bereichen erhöhte Partizipations- und Chancennutzungsfrequenzen aufweisen, in der Medizin wie in der Politik, bei der Einholung von Rechtsauskünften wie bei der Ausnutzung von Steuerermäßigungen, in den Bürgerinitiativen wie im Tourismus.

Offenbar hat dieser Mechanismus der fast voraussetzungsfrei möglichen Abweichungsverstärkung den Aufbau stratifizierter Gesellschaften aus segmentären Gesellschaften ermöglicht[17]. Das Problem funktional differenzierter Gesellschaften ist: daß er jetzt nahezu funktionslos abläuft[18]. Wenn aber nur Funktionen Ungleichheit begründen können, entsteht für Schichtung ein Legitimationsdefizit[19]. Schichtung ist nur noch unbeabsichtigt mitproduzierte Nebenfolge funktionaler Differenzierung. Deshalb hat die Kritik hier ein ebenso dauerhaft reproduziertes wie argumentativ wehrloses Ziel – eine Hydra, die kein Gift mehr sprüht.

Durch den Wandel von stratifizierter zu funktional differenzierter, nur soziale Klassen erzeugender Gesellschaftsordnung[20] hat sich die Sinngebung für selektive Schulen verschoben. In der älteren Ordnung hatten die Schulen die Aufgabe und die Chance, diejenigen auszubilden und zu sozialisieren, die mit hoher Wahrscheinlichkeit zu Höherem bestimmt waren. So hatten sehr bewußt die Jesuiten ihre Unternehmungen im Schulbereich begriffen und angelegt. Es ging nicht zuletzt auch um Behebung des Bildungsrückstandes und der religiösen Unsicherheit in den Oberschichten. Nach Durchsetzung funktionaler Differenzierung und nach voller Ausdifferenzierung des Erziehungssystems erzeugt das Erziehungssystem selbst einen gut Teil jener Chancen, für die es sozialisiert, und damit ist die Verantwortung für Selektion tiefer gelegt[21].

---

17 Deren Stabilisierung ist dann freilich ein anderes Problem, das wir hier mit Verweis auf Oberschichtenkommunikation nur andeuten können.

18 Wir teilen mithin nicht die viel und kritisch diskutierte Auffassung der „funktionalistischen Schichtungstheorie", daß Schichtung selbst vor allem in bezug auf Aufstiegsmotivation und Personalauslese noch eine Funktion hätte. Dabei wird ein Argument, das für Organisation paßt, auf die Gesellschaft übertragen.

19 Erst recht gilt dies für eine noch ältere Form der Differenzierung: für Segmentierung in gleiche Einheiten. So ist z. B. nicht recht einzusehen, weshalb gleiche Elementarschulen eine unterschiedliche Aussonderungs- und Sitzenbleiberpolitik verfolgen bzw., statistisch gesprochen, die interschulische Varianz so hoch ist. Siehe dazu Rudolf Biermann, Zur Praxis schulischer Selektion, Düsseldorf 1975.

20 Hierzu auch Roland Mousnier, Les hiérarchies sociales de 1450 à nos jours, Paris 1969.

21 Daß damit die alte Aufgabe nicht erledigt ist, wahrscheinliche Spitzenkräfte besser zu sozialisieren und zu erziehen, auch wenn und gerade weil sie ihre spätere Stellung nicht der Schule verdanken, wird selten genug gesehen und bleibt im Reformtrend unberücksichtigt. Siehe immerhin eine knappe Bemerkung aus England: „that the school system has a peculiarly important role in socializing those who are likely to

Ein weiterer Aspekt dieses Wandels und zugleich Bedingung für die Radikalisierung der Selektionsfunktion ist, daß der moderne Schichtungs- bzw. Klassenbegriff auf Individuen, nicht auf Familien bezogen wird. Und auch das wird zum Moment der Kritik: Die Familie erscheint als suspekt, wenn sie ihre Merkmale, und das sind nicht zuletzt Schichtmerkmale, auf den Nachwuchs zu übertragen sucht. Aber das liegt in ihrer Sozialisationsfunktion. Man kann nicht erwarten, daß die Familie für jedes andere Funktionssystem gleichermaßen optimale Voraussetzungen schafft. Die konkrete Persongebundenheit ihres Milieus und ihre Art, wirtschaftliche, berufliche, bildungsmäßige, prestigegebundene Sachlagen zu schichtspezifischem Lebensstil zu verknüpfen – das sind für sie zugleich Sicherheitsgrundlagen, auf denen sie sich dem Orientierungsprimat einzelner Funktionssysteme, und sei es Erziehung, entzieht. Die Kritik der Schichtung wird letztlich immer eine Kritik der Familie sein müssen, und sie wird sich hier festbeißen.

Erziehung müßte demnach, um Schichteffekte wirklich eliminieren zu können, voraussetzungsfrei anfangen können. Eine voraussetzungsfreie Situation kann in einer immer geschichtlich gegebenen Gesellschaft aber weder vorgefunden noch hergestellt werden. Und es wäre im strikten Sinne ein Übergriff in einen anderen Funktionskreis, wollte Erziehung sich zumuten, einen Aufstieg aus dem Nichts zu arrangieren.

Zum Abschluß der Kapitel über Gleichheit und Schichtung sei eine Frage formuliert, deren Beantwortung wir offenlassen müssen. Es gibt im Zuge der quantitativen Vermehrung des Zugangs zu höherer Bildung und der Verlängerung der in Schulen und Hochschulen verbrachten Lebenszeit deutliche Tendenzen zur Veränderung des Selektionsverständnisses. Diese Tendenzen sind nicht leicht zu erkennen, denn sie werden durch eine Negation des Seligierens schlechthin überlagert und verschleiert[22]. Offensichtlich kann Selektion jedoch nicht einfach unterlassen werden; sie würde sich dann nur andere Wege, andere Ausdrucksformen suchen und vielleicht schwieriger zu kontrollieren sein. Das eigentliche Problem ist: ob Inklusion der Gesamtbevölkerung in das Erziehungssystem und Reproduktion von Schichtung in der Form bloßer Klassen die *Orientierungstypik der Selektion* verändert haben *und* ob dies ein zwangsläufiger, irreversibler Prozeß ist.

Es fällt auf, daß bis in dieses Jahrhundert hinein Selektion *Auszeichnung einer Minorität* gewesen ist. Wie immer diese Minorität gebildet wurde, und das ist eine sekundäre Frage, war der Selektionsprozeß in Schulen an den „besten

gain power of kinds *which are not accessible by academic success.* The gifted individual who ist not well socialized into the values of the culture is dangerous, whether his gifts are intellectual or otherwise" (John PEARCE, School Examinations, London 1972, S. 35, Hervorhebung durch uns!).

[22] Darauf werden wir in den Kapiteln V und VII ausführlich zurückkommen.

Schülern" orientiert. Das kam einer typischen und verbreiteten Einstellung der Lehrer entgegen, die mit guten oder gar vorbildlichen Schülern mehr Freude und weniger Mühe haben als mit den anderen. Unter dieser Selektionsorientierung wurde denn auch eine Diskrepanz zwischen Erziehung und Selektion kaum empfunden. Die Auszeichnung der Ausgezeichneten war das krönende Moment, war Form der Selbstdarstellung, war befriedigende Symbolik für das Ganze. Man denke an Schulfeiern, Festreden, Abschlußzeremonielle. Die hier zugrunde liegende Orientierungstypik hat sich tiefgreifend geändert, ja fast in ihr Gegenteil verkehrt[23]. Auszeichnungen sind allenfalls noch gute oder beste Werte auf einer Skala, aber die Skala, nicht die Auszeichnung, symbolisiert das Ganze. Die Selektion hat ihren Sinn nicht mehr als Hervorhebung, sondern als Einrangieren der Gesamtpopulation in vorgegebene Klassifikationen[24]. Entsprechend wird das Auszeichnen der dafür Geeigneten fast als Provokation der anderen empfunden und eher beiläufig praktiziert. Das entspricht der geldanalogen Struktur symbolisch generalisierter Selektivität, auf die wir unten (Kapitel XIV) ausführlicher zurückkommen werden. Die Selektivität ist mit dieser Transformation universell gesetzt, sie betrifft jeden in jeder Phase seiner Schul- oder gar seiner Lebenskarriere, und diese Universalität ist, wie immer absurd das klingen mag, auch Voraussetzung für die Ablehnung von Selektion schlechthin.

Manches an dieser Veränderung mag irreversibel mit den angedeuteten Strukturänderungen des Gesellschaftssystems zusammenhängen, und dies auch dann, wenn es gewissen „natürlichen" Tendenzen des Lehrers auf Hervorhebung und Auszeichnung der besten Schüler widerspricht. Dies braucht jedoch nicht zu bedeuten, daß das Erziehungssystem auf besondere Selektion und besondere Förderung kleiner Minderheiten von Hochbegabten verzichten oder dabei das Odium von „black papers" und „Elitismus" auf sich ziehen muß. Gerade das vorherrschende Selektionsmuster macht gegentendenzielle Anschlußmaßnahmen aktuell[25]. In dem Maße, als man sich auf kompensatorische Erziehung einläßt, wird man auch Probleme der Kompen-

---

[23] Dafür sehr typisch: Aldo AGAZZI, The Educational Aspects of Examinations, Straßburg 1967, z. B. S. 29 f.

[24] Sie bleibt gleichwohl *Selektion*. Die neuerliche Gegenüberstellung von (Minderheiten-)*Selektion* und (diagnostischer) *Klassifikation* – vgl. z. B. Kurt HELLER, Der Übergang zu weiterführenden Schulen, in: Karl J. KLAUER (Hrsg.), Handbuch der Pädagogischen Diagnostik, Düsseldorf 1978, S. 965–975 (969 f.) – ist ein nicht ganz redliches semantisches Manöver, mit dem verschleiert wird, daß in beiden Fällen Klassifikation *und* Selektion vorliegen.

[25] Siehe zum Problem auch Lilli KEMMLER, Schulerfolg und Schulversagen: Eine Längsschnittuntersuchung vom ersten bis zum fünfzehnten Schulbesuchsjahr, Göttingen 1976, S. 257 f. Ferner Philip E. VERNON/Georgina ADAMSON/Dorothy F. VERNON, The Psychology and Education of Gifted Children, London 1977; Hansgeorg

sationskompensation auslösen. Die zu kurz gekommenen Hochbegabten würden in solchem Falle wie Sonderschüler mit umgekehrtem Vorzeichen aussortiert werden müssen, weil sie *für das System nicht repräsentativ sind.* Ob die Logik des Gesellschaftssystems wirklich bis in dieses Detail hinein zwingend ist und ein so merkwürdiges Arrangement als den einzig sinnvollen Ausweg erscheinen läßt, mag hier offenbleiben. Nur soviel läßt sich gesichert sagen: daß mindestens dies zu einer ausbalancierten Behandlung des universell sich stellenden Problems der Selektion gehört.

## III. Natürliche Selektion

Wir haben, um die Prämissen des aktuellen Problembewußtseins offenzulegen, die geschichtliche Entwicklung übersprungen und wollen jetzt an den Anfang des modernen Erziehungswesens zurückkehren, um auch entlang der Geschichte zeigen zu können, daß und wie Selektion mit Differenzierung zusammenhängt. Solange man Erziehung in erster Linie als Familienangelegenheit ansah, mußte Selektion als kosmologisch rückversicherter, natürlicher Prozeß erscheinen. Aus dem Familienleben heraus ergaben sich Kinder und Heranwachsende mit unterschiedlichen Fähigkeiten, unterschiedlicher Anregbarkeit, unterschiedlicher Kraft und Anstrengungsbereitschaft. Dies ist für das 18. Jahrhundert ein noch unbestrittener Ausgangspunkt. Andererseits wird die Gleichheit aller Menschen schon postuliert, die Umstellung auf Inklusion aller in jeden Funktionsbereich macht sich schon bemerkbar. Es fehlt noch ein pädagogisches Establishment, das sich zumuten könnte, die Verantwortung für Selektion zu übernehmen. Die Natur lenkt die Neigung, von seltenen Ausnahmefällen abgesehen, in die Bahnen des angeborenen Standes. „Diese Neigung wird, das ist weise Einrichtung Gottes, gewiß Hundert gegen Eins, im angebohrnen Stande oder demselben in der Nähe in einem nahegränzenden Stande bleiben."[26] Man spricht also schon von Neigung und von Wahl des Standes, vertraut aber zugleich auf Natur als normalisierenden Faktor. Die Philosophen, Theologen und einzelnen Schulmänner, die über Erziehungsfragen schreiben, sehen verständlicherweise davon ab, eine Mitverantwortung für den Selektionsprozeß, der Ungleichheit herstellt, zu beanspruchen. Selektion wird nicht reflektiert und bleibt auch insofern natürliche Selektion.

---

Bartenwerfer, Identifizierung von Hochbegabten, in: Karl J. Klauer (Hrsg.), Handbuch der Pädagogischen Diagnostik Bd. 4, München 1978, S. 1059–1069.

26 So ein Schulmann: J. C. R. Eckermann, Über die Erziehung der Kinder in Beziehung auf die Wahl ihres künftigen Standes, Lübeck 1779, S. 16.

Die Folgerungen aus dem neuen Prinzip der Inklusion zieht DIDEROT in einfacher Weise und unmittelbar. Sie werden im Plan für eine russische Universität gesehen und berücksichtigt[27]. Wenn die Universität, und so ist sie definiert, für alle Landeskinder offenstehen soll, ist zu erwarten, daß am Anfang der großen „avenue", die durch das Erziehungssystem führt, die Menge der Talente sich drängen wird. Im Fortschreiten des Erziehungsprozesses werden jedoch nach und nach immer mehr Personen ausscheiden, sei es, weil ihre Begabung oder ihre Ausdauer nicht ausreicht, sei es, weil sie an Interesse verlieren oder weil sie durch äußere Gründe abgezogen werden[28]. Es wird ein Prozeß des Aussortierens stattfinden, die „avenue" entvölkert sich von selbst durch natürliche Selektion. Deshalb ist es, und hier erst setzt die Problematisierung ein, notwendig, die Lehrpläne auf diesen Selektionsvorgang einzustellen. Die Lehrpläne bestimmen nicht die Selektion, die Selektion bestimmt die Lehrpläne.

Wenn es, wie für DIDEROT, vor allem auf das Prinzip der (gesellschaftlichen) Utilität ankommt, muß man die Anwesenheit der Vielen am Anfang nutzen, um das zu lehren, was den relativ größten Nutzen verspricht. Der sich verringernden Zahl kann dann immer noch das weniger Nützliche beigebracht werden. Durchhaltefähigkeit wird mit Esoterik belohnt. Diejenigen, die für ihren Beruf am längsten studieren müssen, werden dann zugleich diejenigen sein, die am wenigsten in der Lage sind, ihre Studien in gesellschaftlichen Nutzen umzusetzen. Das sind die Dichter. Gelehrsamkeit wird nicht nur polemisch behandelt, wie es in jener Zeit üblich war. Sie wird auch nicht einfach durch Schultypendifferenzierung begrenzt zugelassen[29] (was auf der Ebene der Universität nicht mehr möglich gewesen wäre). Sie wird durch die Nutzenstaffelung der Lehrpläne ans Ende der Erziehung geschoben und so durch die Automatik der Selektion für die wenigen reserviert.

Uns interessiert nicht das Problem der Durchführung dieses Lehrplanungs-

---

[27] Siehe Plan d'une Université pour le gouvernement de Russie, in: Œuvres complètes Bd. III, Paris 1875, S. 429–534.

[28] Daß die natürliche Entwicklung des Menschen natürliche Unterschiede verstärke und dadurch selektiv wirke, war zu jener Zeit verbreitete Überzeugung, und Erziehung wurde nicht zuletzt begriffen als Förderung (zumindest: Nichtverhinderung) dieser Selektion. Vgl. Abbé DE MABLY, Principes de Morale, Paris 1784, S. 247 ff.: Einige Kinder zeigen besondere Anlagen und perfektionieren sie, „si des instituteurs maladroits n'arrètent pas leur progrès" (248).

[29] So annähernd gleichzeitig Friedrich Gabriel RESEWITZ, Die Erziehung des Bürgers zum Gebrauch des gesunden Verstandes und zur gemeinnützigen Geschäftigkeit, 2. Aufl. Kopenhagen 1776; ferner für fortdauernde Aktualität des Themas Gottlob B. GERLACH, Über Schulreformationen zu Gunsten des gemeinen Bürger- und Soldatenstandes, Berlin 1801. Dabei geht es zunächst jedoch nur um Diversifikation des Angebots, nicht um selektive Mobilität zwischen den Schultypen.

prinzips, uns interessiert also nicht DIDEROTS Problem. Daß ein detailliertes Arrangieren der Stoffgebiete und Themen kollinear zum gesellschaftlichen Nutzen gelungen sei, wird man kaum behaupten wollen. Bemerkenswert bleibt indes, daß die Lehrplanung sich von der Selektion distanziert, indem sie sie als unabhängiges Geschehen, als natürlichen Prozeß voraussetzt und sich dann nur auf sie bezieht. Die Karriere, der Begriff kommt vor, verläuft im Wege der Selbstselektion. Das entspricht dem Begriff des selbstreferentiellen, unruhig-sensiblen Individuums, von dem auch die Pädagogik ausgeht. Aber die Pädagogik spielt, ungeachtet der Gemeinsamkeit des anthropologischen Ausgangspunktes, für den Plan DIDEROTS noch keine Rolle. Erziehung ist eine Angelegenheit, Planung von Schulen und Universitäten und von Unterricht in diesen Anstalten ist eine andere.

Gerade umgekehrt wird in der deutschen Diskussion des 18. Jahrhunderts nicht eine Öffnung der Universität für alle gefordert, sondern ihre vermeintliche Überfüllung mit nicht studierfähigen Studenten zum Leitproblem. Entsprechend lautet das Desiderat: Restriktion des Universitätszugangs durch Reifeprüfungen. Trotz des im Vergleich zu DIDEROT entgegengesetzten Ausgangspunktes und konträrer Intention bleibt aber auch für die deutschen Pädagogen Selektion *natürliche Selektion*[30]. Als natürlich erscheint es, Personen für den Stand, für den sie bestimmt sind, zu erziehen und nur Personen, die für ihren Herkunftsstand nicht repräsentativ sind, zu einer höheren Bestimmung heranzubilden[31]. Und ebenso entspricht es der Natur, die Universität von untauglichen Studenten freizuhalten[32]. Eine andere Problemfassung war auch nicht denkbar, solange es keine organisatorischen Vorkehrungen gab, die eine Übernahme der Verantwortung für Selektion ermöglicht hätten; solange also ein staatlich organisiertes Prüfungssystem mit entspre-

---

[30] Dazu Belege bei Hans-Georg HERRLITZ, Studium als Standesprivileg: Die Entstehung des Maturitätsproblems im 18. Jahrhundert: Lehrplan- und gesellschaftsgeschichtliche Untersuchungen, Frankfurt 1973, S. 72ff.

[31] Evolutionstheoretisch gesprochen (aber diese Begriffe stehen jener Zeit nicht zur Verfügung) wird Erziehung hier mithin als Teil eines Reproduktionsmechanismus gesehen, der auch Mutation, d. h. auch fehlerhafte Reproduktion und damit Variation im Schichtungssystem ermöglicht.

[32] In diesem Punkte können, soweit untaugliche Studenten aus den höheren Gesellschaftsschichten kommen, beide Perspektiven in Konflikt geraten. Dieser Konflikt wurde denn auch aus Anlaß des preußischen Abiturreglements von 1788 akut und gegen die überwiegende Auffassung der Pädagogen zugunsten von Schichtung entschieden. Vgl. dazu Karl-Ernst JEISMANN, Das preußische Gymnasium in Staat und Gesellschaft: Die Entstehung des Gymnasiums als Schule des Staates und der Gebildeten, 1787–1817, Stuttgart 1974, S. 102ff. HERRLITZ urteilt in dieser Frage, wie überhaupt, zu stark aus der Reformperspektive der 60er Jahre des übernächsten Jahrhunderts und betont entsprechend die Restriktionspolitik als solche.

chenden Lehrplanungen und mit durch Prüfungen geöffneten bzw. verschlossenen Anschlußkarrieren noch fehlte.

Schon der Unterrichtsplanung und erst recht der Pädagogik bleibt es auf diese Weise erspart, sich mit dem Problem der sozialen Selektion (abgesehen natürlich von den besonders talentierten Einzelfällen) auf der ganzen Bandbreite des Inklusionsprinzips und über die ganze „avenue" hinweg auseinanderzusetzen. Das gilt auch und gerade für Reformplanungen. Im Schulsystem liegt noch alles im argen. Reformer kommen daher gar nicht auf die Idee, auf die Verbesserung der Durchlässigkeit nach oben als Ziel abzustellen. Zunächst muß für alle Ebenen der Bevölkerung überhaupt ein adäquater Unterricht geschaffen werden. So sehen die Reformpläne des Ministers VON ZEDLITZ Bauern-, Bürger- und Gelehrtenschulen nebeneinander vor, stellen auf Verbesserung der Organisation und der Lehrpläne ab, ohne Übergänge vorzusehen oder zu regulieren[33]. Nur unter Verkennung der Fakten kann man rückblickend daraus eine die ständische Ordnung bewahrende Politik herleiten. Jeder Aufbau hätte so beginnen und die Voraussetzungen für selektive Schulkarrieren erst einmal schaffen müssen.

Aber kann es hierbei bleiben, wenn die Pädagogik in die Schulen, in den Unterricht, ja selbst in die Universität eindringt und an die Stelle des Prinzips der Utilität (DIDEROT) oder des Prinzips des gesunden Menschenverstandes (RESEWITZ) spezifisch pädagogische Erfolgs- und Mißerfolgskriterien setzt? Kann es dann, anders gefragt, im Erziehungssystem selektionsneutrale pädagogische Kriterien für Erfolg oder Mißerfolg geben? Würden Kriterien für Erfolg und Mißerfolg dann nur das Verhalten des Lehrers und Erziehers differenzieren, nur bedeuten, daß er je verschiedene Zusatzmaßnahmen zu ergreifen oder zu unterlassen hat, aber nicht: daß der zu Erziehende ein anderes Schicksal hat, ein anderes Leben führen wird, je nachdem, ob seine Erziehung plangemäß gelingt oder nicht?

Für die Bildung eines Problembewußtseins in bezug auf Selektion dürfte wichtig gewesen sein, daß der Zugang zur Universität, einem Wunsche der Pädagogen entsprechend[34], der freien elterlichen Bestimmung entwunden und über Prüfungen geregelt wird. Was Selektion angeht, so ist offensichtlich

---

[33] Vgl. die Veröffentlichung in der Berlinischen Monatsschrift 10 (1787), S. 97–116.

[34] Siehe nur Philipp Julius LIEBERKÜHN, Über den Wert und die Rechte der öffentlichen Erziehung, Breslau 1785, S. 39f. – bemerkenswert hier noch die Vorsicht der Formulierung; und bald darauf die Schärfe der Kritik der fehlenden Strenge der Regulierung, die nur Stipendiaten trifft, im Beitrag: Ausführliche Kritik über das Preußische Edikt, die Prüfung der von Schulen zu Akademien Abgehenden betreffend, im Archiv der Erziehungskunde für Deutschland 1 (1791), S. 89–131. Vgl. hierzu ferner mit vielen historischen Details Karl-Ernst JEISMANN, a. a. O., insbes. S. 102ff.

der staatliche, rechtliche und administrative Zugriff Kristallisationspunkt für die pädagogische Meinungsbildung[35]. Es handelt sich nicht um ein originäres Produkt pädagogischer Theorie, sondern eher um ein Kind der Ehe zwischen Erziehung und Staat, die am Anfang noch keineswegs schwierig und unglücklich war. Jedenfalls sieht die Pädagogik am Anfang des 19. Jahrhunderts noch keinen Widerspruch zwischen ihren eigenen Aufgaben und den Maßnahmen und Strukturbedingungen staatlicher Förderung. Deshalb spricht sie von Natur. Prüfungen entsprechen ihrem eigenen Wunsche. Im übrigen bedeutet die starke Betonung selbstreferentieller Strukturen wie Selbsttätigkeit, Selbstbildung, Selbsterziehung auf seiten des Zöglings, daß das Selektionsproblem eigentlich nur als Problem der Selbstselektion erscheinen kann – also ganz in die Eigenverantwortung des Zöglings verlagert wird[36]. Semantisch wird das Selektionsproblem also dadurch abgedunkelt, daß man sehr intensiv auf Selbsttätigkeit des Zöglings abstellt und so in der Lage ist, Selektion wenn nicht mehr als Natur, dann als Ergebnis seines eigenen Umgangs mit sich selbst darzustellen. Zwischen dem Bezug auf staatlich regulierte Prüfungen auf der einen und Selbsttätigkeit des Zöglings auf der anderen Seite gibt es offensichtlich wenig Entfaltungsraum für eine Problematisierung der pädagogischen Selektion. Sie wird in der klassischen Zeit pädagogischer Theorieformierung so gut wie nicht behandelt.

Nur die Außenseiterposition FICHTES verdient Erwähnung. Für FICHTE wird Selektion zur Aktivität des Lehrerstandes. Das ist eine Konsequenz des Postulates der allgemeinen und gleichen Nationalerziehung. Im „Vernunftreich" wird soziale Einteilung zur Konsequenz der Bildung, „welche der Stand der Lehrer nicht macht (alle haben ja dieselbe Schule erhalten), sondern die er nur anerkennt und nimmt, wie sie sich gibt". Über die „Abteilungen in Klassen werden die Lehrer zu entscheiden haben", da es um ihr Produkt

[35] Im übrigen auch: eines juristischen Widerstandes. Vgl. Johann Adam BERGK, Über die Einschränkung der Freiheit zu studieren durch den Staat, Monatsschrift für Deutsche 1 (1801), S. 3–16.

[36] Entsprechend liegt die Diskussionsfront eher in der Frage, wieweit die selektive Selbstbildung des Menschen schon durch seine Ausgangsanlagen vorgesteuert sei oder ob sie auf Grund der Annahme allgemeiner und gleicher Perfektibilität dem Erziehungsprozeß noch ganz zur Verfügung stehe. Vgl. hierzu die Polemik gegen die zu undifferenzierten Ausgangsannahmen der Philanthropie bei Ernst BRANDES, Über einige bisherige Folgen der französischen Revolution in Rücksicht auf Deutschland, Hannover 1792, S. 36 ff., die auf die Annahme hinauslaufen, daß aus dem großen Haufen immer nur ein sehr kleiner Haufen für höhere Bildung geeignet sei. Bemerkenswert besonders das Argument, daß gerade eine selbstreferentielle Theorie der Perfektibilität beim Zögling eine *Kraft* voraussetzen müsse, daraus etwas zu machen, *und die sei in sehr unterschiedlichem Maße gegeben.*

geht, „indem die ganze Einteilung in Stände und Klassen, und zu welchem derselben jedes Individuum für seine Person gehöre, ganz allein beruht auf der letzten und inappellablen Entscheidung des Lehrerstandes, welche dieser, daß sie nämlich nach seinem besten Wissen und Gewissen gemacht sei, freilich auf sein Gewissen nehmen muß“[37].

Aber werden die Lehrer es auf ihr Gewissen nehmen wollen?

Das 19. Jahrhundert sieht von dieser Frage zunächst ab. Es behandelt im Zuge zunehmender Verstaatlichung der Erziehung das Selektionsproblem als Problem von Examen. Das entspricht der Betonung des individuellen Strebens und der Konkurrenz. Außerdem ließen Prüfungserfordernisse sich auf dem Wege der Organisation einrichten. Sie erfassen die Übergänge, die in einem organisatorisch differenzierten System unerläßlich sind, als Bezugspunkte eines regulativen Zugriffs – ähnlich wie ein über Steuern finanzierter Staat nur möglich ist, wenn wirtschaftliche Werte zirkulieren und am Punkte des Übergangs von der einen in die andere Hand gefaßt werden können. So ermöglichen Examensanforderungen zugleich einen indirekten Einfluß auf die Lehrplangestaltung[38] ohne den Aufwand eines durchdachten und kontrollierten curricularen Apparats. Auch waren Examensregulierungen jedenfalls in Deutschland elastisch genug, um Rücksichten auf die bisherige Schullaufbahn und ihre Erfolge bzw. Mißerfolge aufnehmen zu können. So brauchte die Momentaufnahme des Leistungsstandes in einer Prüfung, namentlich in der Reifeprüfung, nicht unbedingt jeder Kontinuität selektiven Geschehens zu widersprechen. Dies gilt vor allem, wenn Zensurensysteme mit Prüfungen verknüpft werden und Vorzensuren auf Prüfungschancen einwirken können[39]. Dieser Zusammenhang wird verstärkt durch die Entscheidung, die Universitätszulassung nicht von einer Eingangsprü-

---

[37] Zitate aus: „Von der Errichtung des Vernunftreiches“, in: Johann Gottlieb FICHTE, Werke Bd. VI, Darmstadt 1962, S. 479–541 (502). Umgekehrt votiert HEGEL, einen Regierungserlaß zustimmend zitierend, wonach den Urteilen der Lehrer über ihre Schüler „kein unmittelbarer Einfluß auf die künftige Lebensbestimmung und dereinstige Stellung in der politischen Verfassung“ zukomme – siehe Gymnasialrede 1811, in: Werke Bd. IV, Frankfurt 1970, S. 354.

[38] Das gilt besonders bei einem noch nicht staatlich-zentral organisierten Schul-/Hochschulsystem, etwa in England. Siehe hierzu im Detail R. J. MONTGOMERY, Examinations: An Account of their Evolution as Administrative Devices in England, London 1965; John ROACH, Public Examinations in England 1850–1900, Cambridge, Engl. 1971; ferner Frank MUSGROVE, Patterns of Power and Authority in English Education, London 1971, insbes. S. 88 ff.

[39] Zu dieser Entwicklung in der zweiten Hälfte des 19. Jahrhunderts, die wir als Beginn der Ausdifferenzierung eines einheitlichen Mediums der Selektion interpretieren (vgl. unten Kapitel XIII), vgl. Walter DOHSE, Das Schulzeugnis: Sein Wesen und seine Problematik, 2. Aufl. Weinheim 1967, S. 62 f.

fung, sondern von einer Abschlußprüfung in den Schulen abhängig zu machen[40].

Insgesamt hat man anscheinend im 19. Jahrhundert die über Prüfungen laufende Regulierung der Selektion als Verbesserung gegenüber früheren Zuständen begrüßt[41]. Weithin wird über Prüfungen eine Unabhängigkeit von ständischen Vorgaben angestrebt, obgleich nicht in allen deutschen Staaten in gleichem Maße[42]. Der historische Bezug des Fortschritts, der mit der über Prüfungen erreichten Regulierung verbunden war, ist noch bewußt. Und dies gilt auch für die als Reaktion auf Erfahrungen mit Prüfungen einsetzende abwägende Würdigung, die Leistungsgrenzen und Nachteile miteinbezieht[43]. Erst die Intensivierung und Selbstkultivierung pädagogischer Bemühungen am Beginn unseres Jahrhunderts schaffen eine neuartige Folie der Be- und Verurteilung. Man beginnt das „Berechtigungswesen", das an Prüfungen

---

[40] Zu den Argumenten von NIEMEYER für diese Lösung vgl. JEISMANN, a. a. O., S. 205 f. Als Überblick über die folgenden Regelungen vgl. die Textsammlung Friedrich SCHULTZE (Hrsg.), Die Abiturienten-Prüfung, vornehmlich im Preußischen Staate, Liegnitz/Halle 1831.

[41] Zu der rückblickend gesehen etwas unbedarft wirkenden Bejahung des Prüfungswesens durch HUMBOLDT vgl. JEISMANN, a. a. O., S. 310ff.; Clemens MENZE, Wilhelm VON HUMBOLDTs Begründung und Einrichtung der Prüfungen und ihre Verwandlung im Neunzehnten Jahrhundert, in: Festschrift Albert REBLE, Stuttgart 1975, S. 215–236. Siehe auch Carl-Ludwig FURCK, Das pädagogische Problem der Leistung in der Schule, Weinheim 1961, insbes. S. 48 ff.

[42] In einer Hannoverschen Verordnung vom 11. Sept. 1829 über die Beförderung einer möglichst sorgfältigen Bildung der studierenden Inländer, und über die zur Erreichung dieses Zwecks einzuführenden Maturitäts-Prüfungen (abgedruckt bei SCHULTZE, a. a. O., S. 157) heißt es z. B.: „Da ferner die Fälle immer häufiger werden, daß Jünglinge aus solchen Ständen, denen es zu einer für den Beruf eines Gelehrten nöthigen Ausbildung der Sitten und Kenntnisse ihrer Kinder an Gelegenheit und Mitteln fehlt, durch falsche Ansichten geleitet, dem gelehrten Stande gewidmet . . . werden . . ."

[43] Bereits der Lehrplan für preußische Gymnasien 1837 (zitiert nach Gerhardt GIESE, Quellen zur deutschen Schulgeschichte seit 1800, Göttingen 1961, S. 117ff.) setzt sich mit pädagogischen Bedenken gegen die drei Jahre zuvor als zwingende Studienvoraussetzung eingeführte Abiturprüfung auseinander. Doch die Bejahung des Prüfens behält die Oberhand. Robert VON MOHL, Ueber Staatsdienstprüfungen, Deutsche Vierteljahrsschrift 4 (1841), S. 79–103 (100), schreibt nach einer Abwägung all der negativen Aspekte, die auch heute erörtert werden: „Allein bedenkt man dagegen die Leichtigkeit, gewisse Kenntnisse schnell bei allen denen, welche sie besitzen sollen, zu erzwingen; die Beschränkung des Nepotismus und Favoritismus; die Begünstigung des Mittelstandes gegen vornehme Unwissenheit und Anmaßung; so wird man doch im Allgemeinen das Lob überwiegender Nützlichkeit nicht verweigern können. Jeden Falles muß man in diesen Prüfungen einen nicht ganz unbedeutenden Zug in der Geschichte der Verrückung der gesellschaftlichen Gewalt aus den Händen der Aristokratie in die des Mittelstandes erblicken, und somit – man wolle den Ausdruck nicht unpassend finden – ein weltgeschichtliches Ereigniß."

hängt, kritisch zu durchleuchten[44]. Das Direktvertrauen in die deklarierte Intention organisatorischer Instrumente ist unwiderruflich zerstört. Und an die Stelle ist Kritik getreten, die sich als solche im sicheren weiß.

## IV. Gesellschaftliche Selektion und pädagogische Selektion

Auch in den hier relevanten Hinsichten hat sich um 1800 die intellektuelle Orientierung auf neue Prinzipien umgestellt, der funktionalen Differenzierung folgend. Der Ausgangspunkt aller Pläne zur Nationalerziehung bzw. Staatserziehung ist: daß das Individuum als Individuum, der Mensch als Mensch erzogen werden müsse[45]. Entsprechend gibt sich die neue „Erziehung für den Staat“ indifferent gegen Schichtung[46]. Und sie gibt jetzt eindeutiger als je zuvor der Erziehung in öffentlichen Schulen den Vorrang vor privater Erziehung im Hause, die Schichtung begünstigt. Damit verbindet sich keine programmatische Gleichmacherei. Aber man sieht und sagt sehr wohl, daß Kinder verschiedener Herkunft in öffentlichen Schulen lernen können, sich wechselseitig als Menschen zu achten[47]. Gerade die neue Bildung zur Individualität (im Unterschied zu: bloßer Gelehrsamkeit) hat die Forderung zur Konsequenz, daß auch die untersten Schichten in Schulen erzogen werden sollten. Das mag eine Frage der Einrichtungen, der Dauer, der Lehrpläne sein – nicht mehr eine Frage des Ob, sondern nur noch eine Frage des Wie.

---

[44] Symptomatisch für die Stimmungslage ist, daß der (unbestreitbare) Zusammenhang schulischer und beruflicher Selektion mit einem abfälligen Terminus belegt wird, der nur für einen Teil der Phänomene zutrifft; denn natürlich geben Schulabschlüsse kein Recht auf Berufsausübung. Vgl. zur Diskussion in den 20er Jahren etwa Felix Behrend (Hrsg.), Vom Sinn und Unsinn des Berechtigungswesens, Leipzig 1929; J. Schröteler, Zur Geschichte des Berechtigungswesens, Schule und Erziehung 18 (1930), S. 1–25; Paul Ziertmann, Über die soziologischen Funktionen der Reifeprüfung, Monatsschrift für höhere Schulen 29 (1930), S. 779–798; und rückblickend Ruth Meyer, Das Berechtigungswesen in seiner Bedeutung für Schule und Gesellschaft im 19. Jahrhundert, Zeitschrift für die gesamte Staatswissenschaft 124 (1968), S. 763–776.

[45] Zur Umkonstruktion des Individuellen auf das Allgemeine hin hatten wir oben (Teil 1, Kapitel VI), bereits das Nötige gesagt.

[46] Siehe z. B. Christian Daniel Vosz, Versuch über die Erziehung für den Staat, als Bedürfniß unsrer Zeit, zur Beförderung des Bürgerwohls und der Regenten-Sicherheit, Halle 1799, Bd. I, S. 143 ff.

[47] Ein an sich altes Thema, jetzt aber im Kontext einer deutlichen erziehungspolitischen Befürwortung der öffentlichen Schulen zu lesen. Vgl. z. B. Lieberkühn, a. a. O. (1785); Konrad Ladrone, Uiber die Vortheile der öffentlichen Erziehung vor der Privaterziehung, Mainz 1787; Vincenz Celva, Rede über die Nothwendigkeit der Verbindung der häuslichen mit der öffentlichen Erziehung, München 1790.

Vor dem Hintergrund dieses Universalpostulats der Inklusion stellen sich neue Fragen. Wenn die vorgegebene Schichtung nicht mehr als „Bestimmung" der Individuen durch das Erziehungssystem gleichsam hindurchgreift, sondern wenn sie sich im Erziehungssystem ihrerseits pädagogisch bewähren muß – und man macht natürlich die Erfahrung, daß die „artigen" Kinder aus den besseren Familien kommen –, tritt das Problem auf, ob und wieweit der Erziehungserfolg bzw. -mißerfolg die Schichtungslage der Individuen ändern kann. Dies folgt für einen Prinzipiendenker wie FICHTE aus den Prinzipien: Die pädagogische Selektion wird mit dem vollen Recht der Vernunftprinzipien zur gesellschaftlichen Selektion erklärt. Aber auch wenn die Realität sich so schnell nicht umstellt und zunächst neue Harmonien von Schichtung und Schulsystem entwickelt: Auf der Basis der Ausdifferenzierung des Erziehungssystems und der Inklusion der Gesamtbevölkerung müssen jetzt pädagogische Selektion und gesellschaftliche Selektion unterschieden werden, und ihr Verhältnis wird zum Problem[48].

In dem Maße, als die schichtspezifische Bestimmung des Lebenswegs der Abkömmlinge auch faktisch abgebaut bzw. auf einen Faktor unter anderen zurückgedrängt wird, wird unabweisbar evident, daß gesellschaftliche Positionen kontingent erworben werden. Soviel gehört zum allgemeinen Bewußtsein – mag der Einzelne dabei nun mehr an Leistung oder mehr an Mogelei, mehr an Zensuren oder mehr an Beziehungen, mehr an Kapitalismus oder mehr an Sozialismus denken. Das Kontingenzbewußtsein läßt Raum für Hoffnung auf Erfolg wie für Furcht vor Mißerfolg, für Internalisierung von Erfolgen wie für Externalisierung von Mißerfolgen und bietet für verschiedene Konstellationen verschiedene Interpretationen an. Der Erfolg des Vaters mag dem Sohn Wege bahnen, mag aber ebensogut diesen zum Mißerfolg prädisponieren – eine moderne Variante des „heroum filii noxae". Für all das hat man Beispiele – aber auch Begriffe?

Offensichtlich ist zunächst nur, daß soziale Selektion stattfindet, und zwar teils gesellschaftliche Selektion, teils pädagogische Selektion. Beide Formen sozialer Selektion sind unabhängig voneinander gar nicht möglich, ja wechselseitig aneinander gebunden, wenn das Erziehungssystem Teilsystem des

---

[48] Vorherrschend wird in diesem Zusammenhang nicht von gesellschaftlicher, sondern von sozialer Selektion gesprochen. Das ist insofern irreführend, als natürlich auch die pädagogische Selektion im Erziehungssystem in jeder Hinsicht (nach Kriterien, Verfahren und nach im System zu erreichenden Positionen) soziale Selektion ist. Wir bewahren deshalb den Begriff der sozialen Selektion als Oberbegriff und sprechen von „gesellschaftlicher Selektion", wenn wir die Selektion für gesamtgesellschaftlich relevante Statuspositionen meinen – gleichgültig, ob und wieweit sie durch Familien, Schulen, Berufskarrieren, Reputationserfolge oder wie immer erfolgt.

Gesellschaftssystems ist. Die Frage kann dann nur sein, wie dies Verhältnis zu begreifen ist. Aber so zu fragen zieht bereits einen ganzen Schweif von Folgeproblemen nach sich. Es könnte vor allem sein, daß je nach Standpunkt in der Gesellschaft oder gar im Erziehungssystem die Sicht auf dieses Verhältnis variiert. Es könnte sein, daß die Sozialwissenschaften ihr empirisch-methodisches Instrumentarium ebenso wie ihre Intention der Aufklärung latenter Strukturen hier nur verzerrend, problemverschärfend, verunsichernd oder jedenfalls nur selektiv einbringen können. Man muß damit rechnen, daß das Gleichheitspostulat allein noch keinen analytischen Zugang erschließt, wenn man es nur wertthematisch auffaßt. Und man muß damit rechnen, daß die Reflexion des Erziehungssystems weder über Anwendung des Gleichheitsgebotes, gleichsam einen Imperativ der Gesellschaft ausführend, noch über ein Bewußtwerden der Diskrepanzen und Interferenzen im Verhältnis von Erziehung und Selektion das Problem zureichend in den Griff bekommt.

Als *pädagogische* Selektion soll hier eine Selektion bezeichnet werden, die *im Funktionssystem für Erziehung* stattfindet, sich nach *dessen Kriterien* richtet und *dessen Positionen bzw. Symbole für Erfolge/Mißerfolge* zuteilt. Pädagogische Selektion ist unvermeidlich ein grundlegender Vorgang im Erziehungssystem, und dies ganz abgesehen von ihren gesellschaftsweiten Auswirkungen, weil sie die Gruppierungen bildet, in denen erzogen wird, und weil sie den Zugang zu voraussetzungsreicherer Erziehung steuert[49]. Sie entsteht zwangsläufig mit Innendifferenzierungen im Erziehungssystem und ist Voraussetzung für den Aufbau von höherer Systemkomplexität oberhalb einfacher Interaktion. Im Verhältnis zur gesellschaftlichen Selektion bietet sie eine durch Ausdifferenzierung gewonnene Limitierung und Steigerung: eine Spezifikation der Gesichtspunkte, die relevant sind, eine Einschränkung der relevanten Geschichte und der relevanten Zukunft auf bisherige Erziehung und anschließbare Weiterbildung und mit alldem: höhere Freiheitsgrade des Prozesses im Verhältnis zu Vorgegebenheiten, höhere Bewußtheit der Operation, aber natürlich nie: reine, rückstandslos bewußte Rationalität. Wo sie auftritt, besetzt pädagogische Selektion im Erziehungssystem die beleuchteten Plätze, und die Scheinwerfer der Inszenierung folgen ihr. Das spielt sich ein: Über Lob und Tadel, Noten und Zeugnisse, Versetzungen und Abschlüsse wird nach pädagogischen Gesichtspunkten entschieden. Damit ist indes nicht ausgemacht, daß es gelingt, die gesamte gesellschaftliche Selektion beim Durchlauf durch diesen Bereich auf diese Hochform zu bringen. Es mag

---

[49] Earl I. Hopper, A Typology for the Classification of Educational Systems, Sociology 2 (1968), S. 29–46, begründet mit dieser Überlegung eine Klassifikation von Erziehungssystemen nach der Art, wie sie diese interne Selektion (im Unterschied zu: Allokation für Berufe) handhaben.

schon skeptisch stimmen, daß in empirischen Untersuchungen der Input in das Erziehungssystem sehr oft als der beste Prädiktor für den Output erscheint. Heißt das: daß eine gesellschaftlich angelegte Determination der Selektion im Erziehungssystem nicht, oder nicht wesentlich, variiert werden kann? Außerdem weiß man dank statistischer Untersuchungen inzwischen sehr viel über latente Strukturen, die im Erziehungssystem die Selektion mitbestimmen, ohne über das Bewußtsein der Erzieher zu laufen und ohne motivfähig zu sein. Man könnte danach pädagogische Selektion als den angestrengten, nur beschränkt erfolgreichen Versuch betrachten, eine – sei es über Schichtung, sei es über noch unaufgeklärte „Zufälle" laufende – gesellschaftliche Selektion zumindest im Innenbereich des Erziehungssystems zu deformieren oder, mit anderen Worten, pädagogischen Kriterien über Bewußtsein Kausalität zu verleihen in einem Gesamtprozeß, der als ganzer dem Bewußtsein nicht zugänglich ist.

So gesehen ist pädagogische Selektion selbst gesellschaftliche Selektion (weil ja das Erziehungssystem Teilsystem der Gesellschaft ist), aber sie ist es in einer besonderen Anspruchslage. Sie ermöglicht sich als Sonderleistung durch Ausdifferenzierung und funktionale Spezifikation und hat insofern ein asymmetrisches Verhältnis zur gesellschaftlichen Selektion. Dies Verhältnis wird dann mit Hilfe des Gleichheitspostulats re-symmetrisiert. Alles, was nicht auf dem Konto der pädagogischen Selektion erscheint, darf für sie nur Gleichheit bedeuten. So wird, zumindest auf semantischer Ebene, ein Rationalitätskontinuum hingezaubert, das die Unterschiede der Systemreferenzen – das Eingefügtsein in und Ermöglichtsein des Erziehungssystems durch das Gesellschaftssystem – überlagert. Im Erziehungssystem kann dann Gleichheit als Norm interpretiert werden, die immer dann zum Zuge kommt, wenn Ungleichheiten pädagogisch nicht zu verantworten sind. In diesem Kontinuum wird der Gleichheitsgedanke Breitenwirkung gewinnen, wenn die Diskriminierfähigkeit der pädagogischen Selektion zurückgeht. Das aber kann allein schon deshalb der Fall sein, weil sich Erziehung und Selektion nicht reibungslos miteinander verknüpfen lassen.

## V. Erziehung und Selektion als Widerspruch

Daß im Erziehungssystem soziale Selektion stattfindet und gesellschaftliche Selektion auch verstärkt wird, ist nicht erst seit Helmut Schelskys viel zitiertem Aperçu[50] allgemeines, auch politisch einflußreiches Bewußtsein. Auch

[50] Schule und Erziehung in der industriellen Gesellschaft, Würzburg 1957, S. 17: Die Schule werde sehr leicht „zur ersten und damit entscheidenden *zentralen sozialen*

die empirische Forschung bestätigt diesen Eindruck, wenngleich sie bei der Isolierung des Effektes von Schulen bzw. Hochschulen mit beträchtlichen methodischen Schwierigkeiten zu ringen hat. Aber schließlich weiß man ohnehin, daß es einen Unterschied ausmacht, wie lange und mit welchen Ergebnissen jemand Schulen oder Hochschulen besucht hat. Unsere Überlegungen beziehen sich, das entspricht dem Leitthema Reflexion, nicht auf das Ausmaß oder die Bedingungen und Formen dieser Selektivität, sondern auf die Frage, wie sie im Erziehungssystem selbst verarbeitet und reflektiert wird. Darüber aber gibt es nur wenig explizite Überlegungen[51] – ein in sich selbst wiederum soziologisch bemerkenswertes Faktum, dessen Gründen wir auf die Spur kommen müssen.

Man kann durchaus die Meinung vertreten, daß Selektion und Erziehung nur zwei verschiedene, einander aber bedingende Aspekte pädagogischen Verhaltens seien; daß also jede Änderung der Fähigkeiten oder des Verhaltens anderer Selektion voraussetze und ihrerseits über Erfolge bzw. Mißerfolge zur Selektion führe. So behandelt zum Beispiel Pawlik (reine) Selektion und (reine) Modifikation als Pole eines Interventionskontinuums, wobei Selektion Merkmale als konstant, Modifikation dagegen Merkmale als variabel voraussetze (was beides nie in einem absoluten Sinne richtig sein kann)[52]. Auch die alltägliche Orientierung des Lehrerverhaltens wird selektive und einflußnehmende Komponenten nicht trennen können. Erst auf höheren Ebenen der Aggregation oder wenn man nun solches Verhalten wiederum zu beurteilen oder zu beeinflussen sucht, kommt es zu einer Trennung und Kontrastierung von Erziehung und Selektion. In soziologischer Perspektive wird man daher vermuten müssen, daß erst die Ausdifferenzierung eines nicht selbst unterrichtenden Establishments im Erziehungssystem dazu führt, daß Erziehung und Selektion kontrastiert werden.

Wenn die Literatur[53] auf das Thema des Verhältnisses von Erziehung und

---

*Dirigierungsstelle* für die künftige soziale Sicherheit, für den künftigen sozialen Rang und für das Ausmaß künftiger Konsummöglichkeiten".

51 Die in den letzten Jahren zu beobachtende Engführung des Problembewußtseins hat dazu geführt, daß Selektion in Schulen so gut wie ausschließlich unter dem Gesichtspunkt ihrer (unbestrittenen und offensichtlichen) Korrelation mit Schichtung problematisiert worden ist. Vgl. oben Kapitel II. Durch diese Vordisposition bedingt, wird „soziale Selektion" oft schon gleich im Hinblick auf Schichtung verstanden. Das ist jedoch eine weder sprachlich noch theoretisch zu rechtfertigende Einschränkung, die jede weitergehende Problematisierung semantisch blockiert.

52 Vgl. Kurt Pawlik, Modell- und Praxisdimensionen psychologischer Diagnostik, in: ders. (Hrsg.), Diagnose der Diagnostik, Stuttgart 1976, S. 13–43.

53 Vgl. zunächst Julia Evetts, The Sociology of Educational Ideas, London 1973, insbes. S. 72ff., 113ff.; Rudolf Biermann (Hrsg.), Schulische Selektion in der Diskussion, Bad Heilbrunn 1976.

Selektion kommt, spricht sie, sich das Verständnis abkürzend, gern von strukturellen Widersprüchen[54]. In der Behandlung dieses Widerspruchs ist sie jedoch nicht neutral; vielmehr gilt ihre Sympathie der Erziehung und nicht der Selektion. Man findet Einbahnvorstellungen: Auslese sei bildungsfeindlich, aber Bildung sei nicht auslesefeindlich[55]. Das läßt noch offen, wo und wie die durch den Bildungsprozeß erzwungene Auslese der Ungeeigneten einzusetzen ist. Darüber hinaus entwickeln sich zunehmend radikale Pauschalablehnungen von Selektion jeder Art – eine Möglichkeit, sich eine genauere Bestimmung des Verhältnisses von Erziehung und Selektion zu ersparen. Schon die Lehrerschaft scheint nach empirischen Erhebungen die Rolle der sozialen Selektion abzulehnen[56], und eine entsprechende Bewertung findet man vorherrschend in der Literatur[57]. Offenbar würde man am liebsten

---

[54] Vgl. besonders Richard P. BOYLE, Functional Dilemmas in the Development of Learning, Sociology of Education 42 (1969), S. 71–90; Ulrich TEICHLER, Struktur des Hochschulwesens und „Bedarf" an sozialer Ungleichheit: Zum Wandel der Beziehungen zwischen Bildungssystem und Beschäftigungssystem, Mitteilungen aus der Arbeitsmarkt- und Berufsforschung 7 (1974), S. 197–209 (206 ff.). BOYLE folgt dem Paradigma des Struktur-Funktionalismus der 40er und 50er Jahre und geht von systemimmanenten Widersprüchen funktionaler Erfordernisse aus (LEVY, MERTON, BLAU). TEICHLER sieht das gleiche Problem eher als ein aufgedrängtes, aus der Wirtschaft abgeschobenes Problem, ohne sich zu fragen, weshalb es eigentlich originär in die Wirtschaft gehört. Siehe für weitere Äußerungen zum Widerspruch von Erziehung und Selektion Jean FLOUD, Schule als selektive Institution, in: Peter HEINTZ (Hrsg.), Soziologie der Schule, 9. Aufl. Opladen 1971, S. 40–51 (41); Peter M. ROEDER, Die pädagogische Bedeutung von Erfolgskontrolle und Leistungsmessung, in: Ilse LICHTENSTEIN-ROTHER (Hrsg.), Schulleistung und Leistungsschule, Bad Heilbrunn 1971, S. 119–128; Rosemarie NAVE-HERZ, Der Lehrer im Spannungsfeld antagonistischer Funktionen, Die Deutsche Schule 65 (1973), S. 387–393; Herbert SCHECKENHOFER, Objektivierte Selektion oder Pädagogische Diagnostik, Zeitschrift für Pädagogik 21 (1975), S. 929–950.

[55] Etwa auf dieser Linie Hans SCHEUERL, Begabung und gleiche Chancen: Zur Frage der „Startgerechtigkeit" im Schulwesen, Heidelberg 1958, insbes. S. 15.
In den 50er Jahren überwog im übrigen noch die Gleichsetzung von (pädagogischer) *Auslese* mit differenziertem (differenzierendem) *Fördern,* also eine positive semantische Besetzung eines bereits problemgeladenen Sachverhalts. Vgl. z. B. Hans-Heinrich PLICKAT, Die Schule als Instrument des sozialen Aufstiegs, Weinheim 1959, insbes. S. 65. Die damit anvisierten Möglichkeiten erscheinen uns nach wie vor als aktuell. Siehe insbes. Jürgen DIEDERICH, Fördern im Kernunterricht: Kontrollierte Beobachtungen und didaktische Überlegungen, Hannover 1973.

[56] Siehe Frank MUSGROVE/Philip H. TAYLOR, Society and the Teacher's Role, London 1969, S. 14. Für deutsche Verhältnisse wird man eine über Schultypen, Fächer und Lehrergenerationen einheitliche Meinung in dieser Frage kaum unterstellen dürfen.
Vgl. Michael VON ENGELHARDT, Qualifikation und Selektion in der Schule, Zeitschrift für Soziologie 8 (1979) S. 111–128.

[57] Und das nicht nur in der im engeren Sinne pädagogischen Literatur. Torsten HUSÉN, Social Background and Educational Career: Research Perspectives on Equality of

Selektion als einen naturalen Prozeß ansehen, der von selbst abläuft und für den man nicht verantwortlich ist und dem man nach Kräften entgegenwirken sollte. Man weiß aber, daß es nicht so ist. Warum kommt es dann trotzdem zu einem so disbalancierten Urteil?

Die Argumente entzünden sich vor allem am Prüfungswesen. Prüfungen und Zensurgebung seien, so kann man eine weitverbreitete Meinung resümieren[58], gar nicht objektiv, sachgemäß und gerecht durchführbar. Wenn man sie zu schematisieren und zu objektivieren versuche, verzerre man nur das pädagogische Geschäft, verlagere die Aufmerksamkeit auf die Prüfungsthemen und die Prüfer und schade damit der Erziehung. Entsprechend sei ein Prüfungsresultat nie ein adäquater Maßstab für die eigentliche erzieherische Leistung[59]. Das mag richtig sein. Aber wie würde man über den Erziehungsprozeß selbst urteilen, wenn man gleich strenge Maßstäbe zugrunde legte? Auch der Erziehung fehlt die rationale, objektivierende Technologie; aber hier wird das Technologiedefizit nicht in die Form destruktiver Erwartungen gekleidet, hier zählt der gute Wille. An der Ungleichheit der Kritik-Bedingungen läßt sich das Vorurteil, die Wertpräferenz für Erziehung und gegen Selektion, nur nochmals ablesen. Eine Begründung, wie man sie auf der Ebene der Reflexion des Erziehungssystems erwarten müßte, sucht man vergebens. Die Präferenz erspart die Reflexion.

Allenfalls ist mit dieser Präferenz eine Art Reformreflexion verknüpft, also die Tendenz zur Substitution eines Systems mit unbekannten Nachteilen für

---

Educational Opportunity, Paris 1972, meint zum Beispiel mit eindeutiger Option (S. 162): „The school should teach while the society should examine. It is not up to the school to be a gate-keeper to vocational careers. It is not a primary function of the school to find out whether the student has reached the competence needed for any particular vocation".

58 Vgl. nur Karlheinz Ingenkamp, Die Fragwürdigkeit der Zensurengebung, Weinheim 1971.

59 Nach einer Erhebung von Dan C. Lortie beurteilen selbst in den USA nur 13,9% der Lehrer ihre eigene Effektivität an Hand von „objective examinations and various other tests", dagegen 60,4% ganz diffus an Hand von „general observations of students . . ." (The Balance of Control and Autonomy in Elementary School Teaching, in: Amitai Etzioni [Hrsg.], The Semi-Professions and Their Organization: Teacher, Nurses, Social Workers, New York 1969, S. 1–55 [S. 37, Tab. 1–3]. Ein stärker von „objektiven Tests" und Zensurdurchschnitten bestimmtes Bild des karrierewirksamen Entscheidungsprozesses vermitteln Aaron V. Cicourel/John I. Kitsuse, The Educational Decision-Makers, Indianapolis 1963, aber auch diese Autoren registrieren das Mitspielen unbestimmterer Kriterien (S. 61 Anm. 4) und richten ihre Aufmerksamkeit primär auf abweichende Fälle sowie auf Inkonsistenzen, die in der Organisation als Problem behandelt werden. Danach sieht es so aus, daß ein Schulsystem, das primär nach objektiven Kriterien verfährt, eben dadurch sich selbst Probleme schafft, deren Weiterbehandlung dann den „managed student" auf die ihm zukommende Karriere befördert.

ein System mit bekannten Nachteilen. So wird selten überlegt, welche Rückwirkungen ein Wegfall der Selektionsfunktion auf den Erziehungsprozeß haben könnte. Käme es zum Beispiel, wenn die Notwendigkeit des vergleichenden Bewertens und Zensierens entfiele, noch zu einer genügend intensiven Befassung des Lehrers mit Leistungsvermögen und Leistungsstand des einzelnen Schülers?[60] Sollte man sich in dieser Hinsicht auf professionelles Ethos allein verlassen können, oder ist nicht doch eine Art organisatorisches Korsett, eine Art zweite Sicherheit im Vorschreiben selektiver Bewertungen notwendig?

Die vorherrschende Präferenz für Erziehung und gegen Selektion muß, soziologisch gesehen, Gründe haben. Es wird uns nicht genügen, dafür auf das Wirken eines pädagogischen Establishments, auf Ausbildung, Ideologiebildung und Indoktrination hinzuweisen. Denn sofort stellt sich die Frage, weshalb die Pädagogik und die ihr nahestehende empirische Forschung so denkt, ja vielleicht so denken muß. Der eigentliche Grund scheint zu sein, daß für Erziehung im Erziehungssystem Konsens in Anspruch genommen werden kann, nicht dagegen für Selektion. Dem Erzieher wird erlaubt, ja es wird erwartet, daß er für seine Erziehung bei seinen Zöglingen Zustimmung und Kooperation sucht. Die Theorie sagt ihm zwar, daß er seine Zwecke nicht eigenwillig setzen dürfe, sondern auf immanente Zwecke der Menschenentwicklung achten müsse[61]; aber das sind nur allgemeine Restriktionen auf einen an sich vorauszusetzenden, zu bewirkenden und notfalls zu fingierenden Konsens. In bezug auf Selektion wird dagegen diese Voraussetzung selbst unsinnig. Es wäre, auch und gerade pädagogisch, nicht sinnvoll, Konsens mit einer selektiven Placierung zu erwarten bei denen, die irgendwie schlechter abschneiden als andere. Im Bereich sozialer Selektion muß der Lehrer daher ohne Konsens operieren. Das Ausdifferenzieren selektiver Aspekte seines Verhaltens als lobende und tadelnde Äußerung, Zensurgebung, Versetzungsentscheidung bis hin zur Veranstaltung besonderer Prüfungen nur zum Zwecke der Selektion, zieht aus dem konsentierten alltäglichen Verhalten im System die nichtkonsensfähigen Aspekte heraus und stabilisiert sie in eigenen Formen, wenn nicht in eigenen Subsystemen (Prüfungen). Kein Wunder also, daß die Präferenz der Erziehung gilt und nicht der

---

[60] Immerhin findet man in einer in puncto Zensuren recht kritischen Arbeit die Bemerkung: „Durch den Zensurenzwang ist der Lehrer genötigt, seine Schulkinder eingehend und intensiv zu beobachten und zu vergleichen" – so Jörg ZIEGENSPECK, Zensur und Zeugnis in der Schule: Darstellung der allgemeinen Problematik und der gegenwärtigen Tendenzen, Hannover 1973, S. 74.

[61] Siehe statt vieler Theodor LITT, Das Wesen des Pädagogischen Denkens, in: Hermann RÖHRS (Hrsg.), Erziehungswissenschaft und Erziehungswirklichkeit, Frankfurt 1967, S. 58–82 (67 f.).

Selektion. Aber kann man Dissens ausdifferenzieren, um ihm dann feindselig zu begegnen und ihn nach Möglichkeit abzuschaffen?
Probleme des Konsenses/Dissenses beziehen sich auf die *Sozialdimension* sinnhaften Erlebens und Handelns. In der Unterscheidung und Kontrastierung von Erziehung und Selektion entdeckt das Erziehungssystem an sich selbst ein strukturell bedingtes (nicht auf zufällige Meinungen zurückführbares) Konsensdefizit. Letztlich wird also, so kann man abschließend formulieren, für das Erziehungssystem am Thema Selektion die Sozialdimension der eigenen Operationen zum Problem. Sowenig wie durch eine Technologie Zeitstabilität und Zukunft gesichert werden können, so wenig gibt es konsenssichere Selektionsweisen. Alles Weitere, alle Möglichkeiten der Einigung über Kriterien und Verfahren, alle Bereitstellung von Hilfen oder Kompensationen, bezieht sich auf dieses Ausgangsproblem.
So wie im Falle der Technologie ist auch hier die Form, in der das Problem auftritt und zum Reflexionsthema wird, bedingt durch die gesellschaftsinterne Ausdifferenzierung des Erziehungssystems. Nur in bezug auf ein solches System kann man Konsens an Erziehungsziele binden und für Selektion unvermeidlichen Dissens in Kauf nehmen. Der Widerspruch von Bemühungen um Erziehung und um soziale Selektion und die Bewertung in Richtung auf das, was man für die „eigentliche“ Funktion des Erziehungssystems hält, gehen also auf die Ausdifferenzierung dieses Funktionssystems zurück. Erst im Rückblick auf das, was mit funktionaler Differenzierung erreicht ist, und nicht schon im Vollzug der Ausdifferenzierungsbewegung, also nicht schon zur Zeit Diderots, kann hier ein Problem gesehen werden. Die Reflexionsthemen beziehen das Erleben und Handeln letztlich zurück auf das, was der Formtypus gesellschaftlicher Differenzierung produziert. Sie lassen sich nicht mehr nach den Hymnen der Revolution absingen und auch nicht mehr auf die Alternative Erhaltung versus Fortschritt bringen; sie suchen Fortschritt in der laufenden Abarbeitung der Folgen dessen, was schon ist. Auf der Ebene der Reflexion der Reflexion erfordert dies einen realistischen Radikalismus, der die den Themen zugrunde liegenden Strukturen einschließlich ihrer Reflexionsbedingungen und der durch sie nahegelegten Stoppregeln des Reflexionsprozesses aufklärt.

## VI. Organisatorische Differenzierung und selektive Mobilität

Alle Mobilität hat ihren Anlaß in Differenzierungen. Alle Differenzierung macht Mobilität selektiv mit der Folge, daß bei einer Steigerung dieses Verhältnisses schließlich auch das bloße Verweilen zur Selektion wird. Im Erziehungssystem entsteht ein universelles Selektionsbewußtsein dadurch, daß zur Sicherung der Inklusion der Gesamtbevölkerung Natur durch Organisation ersetzt wird. Im Unterschied zur Natur ist Organisation nahezu beliebig differenzierbar. Und umgekehrt: Will man Differenzierung im Erziehungssystem steigern, um damit Technologie und Erfolgskontrolle zu ermöglichen[62], muß man die Semantik der Natur durch die Semantik der Organisation ersetzen, weil nur so die Prämissen für die Einführung und Weiterführung von Differenzierungen gewonnen werden können; denn man kann durch Verordnung oder Erlaß eine andere Organisationsform, nicht aber eine andere Natur auferlegen.

Man kann organisatorische Unterrichtseinheiten nicht bilden und ihnen unterschiedliche Qualität bzw. unterschiedlichen Anschlußwert verleihen, ohne daß Übergänge von einer in eine andere Einheit den Charakter positiver bzw. negativer Selektion erhalten. Insofern führt organisatorische Differenzierung zwangsläufig zur Selektion. Mit dem organisatorischen Gefüge, wie es seit der Mitte des 19. Jahrhunderts auf der (pädagogisch immer umstrittenen) Jahrgangsklasse aufbaut, sind außerdem Vergleichsmöglichkeiten geschaffen, die das Bewußtsein der Selektion universell werden lassen, gleichgültig, ob man sich bewegt oder bewegt wird oder nicht. Dies verrät schon der Sprachgebrauch: Eine der weniger erfreulichen Formen von Bewegung heißt „Sitzenbleiben". Im Vergleich zur Normalbewegung einer Schulklasse gibt es Mitkommen oder Zurückbleiben, ferner Abgang oder Übergang auf höhere oder leistungsintensivere Schulen bzw. Klassen. Jeder Weg wird im Netze der Organisation zur Selektion, weil es andere Möglichkeiten gibt und weil andere Schüler des gleichen Jahrgangs diese anderen Möglichkeiten realisieren. Wer organisatorische Differenzierung will, aber Selektion vermeiden möchte – und manche Begründung für Gesamtschulen klingt so, als ob dies tatsächlich beabsichtigt sei –, übersieht diesen einfachen Sachverhalt.

Selektion ist jedoch nicht nur und nicht direkt eine von Differenzierung abhängige Variable. Der Zusammenhang wird durch Mobilität vermittelt. Wenn es trotz Differenzierung keine oder wenig Mobilität gibt, kann das Bewußtsein das Phänomen positiver bzw. negativer Selektion verdrängen bzw. von sich abwenden. Das gilt für Systeme, die die organisatorische Differenzierung ganz an soziale Schichtung anschließen und keine (oder allenfalls exzeptionelle) Durchlässigkeit kennen, so daß die Mobilität das Individuum zugleich als unvergleichbar auszeichnet. Das gilt, etwas weniger stark, aber auch für Systeme, die zwar Durchlässigkeit zum höheren Schulwesen auf der Basis einer gemeinsamen Unterstufe vorsehen, die aber die Mobilität auf eine Einmalentscheidung reduzieren. Erst wenn die Mobilität nach oben (und dann logischerweise auch nach unten) zeitlich gedehnt, also

[62] Dies war das Thema von Teil 2, Kapitel XIII.

als eine Dauermöglichkeit bereitgehalten wird, wird jede Lage jedes Einzelnen in jedem Moment zur Selektion erklärt. Das System produziert dann zwar Immunreaktionen in der Form von Nichtbenutzung organisatorischer Möglichkeiten[63] und in der Form von Polarisierungen, die eine nach oben bzw. nach unten tendierende Selbsteinschätzung dauerhaft festschreiben[64]. In solche Abwehrerscheinungen geht jedoch die organisatorisch forcierte Selektivität als Ursache schon mit ein. Sie sind Symptome des Selektionsbewußtseins, sind jedenfalls durch organisatorisch bereitgehaltene Möglichkeiten mitbedingt. Man kann dann diese Immunreaktionen ihrerseits als Problem ansehen und Maßnahmen ergreifen, um stockende Mobilität wieder in Gang zu bringen. Aber man wird auch damit nicht verhindern können, daß das Sozialsystem und die personalen Systeme auf die Dauerkontingenz aller Lagen, auf das aufgezwungene Selektionsbewußtsein als solches reagieren.

Organisatorische Differenzierung und durch sie eröffnete Mobilität bilden somit einen Steigerungszusammenhang, der Bewegung und Nichtbewegung im System zur Selektion macht und über Selektionsbewußtsein auf sich selbst zurückwirkt. Dieser allgemeine Zusammenhang übergreift und reguliert das, was geschieht, wenn man Schichtabhängigkeit (ganz zu schweigen von „natürlicher" Selektion) durch Organisation neutralisieren will. Das gilt für das heute oft so kritisch beurteilte dreigeteilte Schulsystem. Das gilt aber auch und erst recht für Gesamtschulen, sofern diese intern nach Klassen oder Kursen unter verschiedenen Anforderungsniveaus und mit unterschiedlichen Anschlußmöglichkeiten differenziert sind[65]. Als Realität gesehen, geht die

[63] Zur geringen Mobilität in Schulen mit Leistungsdifferenzierung („streaming") J. W. B. Douglas, The Home and the School: A Study of Ability and Attainment in the Primary School, London 1964; Brian Jackson, Streaming: An Education System in Miniature, London 1964, insbes. S. 62; Ray C. Rist, Student Social Class and Teacher Expectations: The Self-Fulfilling Prophecy in Ghetto Education, Harvard Educational Review 40 (1970), S. 411–451; Douglas A. Pidgeon, Expectation and Pupil Performances, Stockholm 1970, S. 38 f.; Joan C. Barker Lunn, Streaming in the Primary School: A Longitudinal Study of Children in the Streamed and Non-Streamed Junior Schools, Slough – London 1970, S. 96 ff. Von „gering" sprechen wir im Hinblick auf die Erwartung, daß ein solches System zu einer deutlichen Verringerung des hohen Überschneidungsbereichs von Begabung bzw. Fähigkeiten in höheren und niedrigeren Schulstufen beitragen könnte.

[64] Vgl. hierzu anschaulich: John Partridge, Life in a Secondary Modern School, 2. Aufl. Harmondsworth 1968.

[65] Darüber, daß mit dem Übergang zur Gesamtschule das Selektionsproblem nicht gelöst, sondern wahrscheinlich verschärft, verfeinert und in kontinuierlich einwirkenden Leistungsdruck umgesetzt wird, scheint sich heute innerhalb der empirisch orientierten Literatur Konsens anzubahnen. Siehe nur: Klaus Hurrelmann, Die Guten ins Töpfchen . . . Wie Leistungsdifferenzierung zu einer verfeinerten Form der Auslese wird, betrifft: erziehung 4/10 (1971), S. 19–25; Diether Hopf, Differenzie-

Reformtendenz auf organisatorische Einführung, Durchsetzung und Kontrolle verfeinerter lebensbegleitender Selektivität, und es deutet sich schon an, daß dieses Instrument auch der laufenden Bedarfsanpassung dienen kann[66]. Man kann dies wollen. Man muß es dann aber auch wollen können. Zur Zeit hat sich ein ausgewogenes Problem- und Organisationsbewußtsein noch nicht durchgesetzt. Den Immunisierungstendenzen bei Lehrern und Schülern entsprechen Alibisierungstendenzen im Establishment. Die detaillierte Inanspruchnahme von Organisation wird von einer um so heftigeren Kritik von Bürokratie begleitet, und die Schreckvorstellung eines ständigen Selektionsdrucks wird mit Reformforderungen in Richtung auf individualisierenden Unterricht besänftigt[67]. All dies bestätigt empirisch aber nur, daß ein System mit intern erzeugtem Selektionsdruck zugleich verstärkt auch auf sich selbst reagiert, und zwar im Bereich der operativen Prozesse an Hand von Erfahrungen und im nichtunterrichtenden Establishment auch an Hand von Antezipationen.

Ein heute viel diskutierter Ausweg besteht darin, die unumgängliche Differenzierung aus der Ebene des Organisationssystems in die des Interaktionssystems Unterricht zu verlegen. Man spricht dann von Ersetzung äußerer durch innere Differenzierung[68] (womit die Bedeutung des Wechsels der Systembildungsebene unterbelichtet bleibt). Für diesen Vorschlag sind vor allem pädagogische, jedenfalls nicht nur Gründe der Selektionsvermeidung bestimmend. Man kann sich eine Erhöhung der pädagogischen Effektivität angesichts heterogener Ausgangsbedingungen durchaus wünschen und vorstellen. Die Frage bleibt indes ungeklärt, ob nicht auch diese interaktionsinterne Differenzierung mit in den Dienst der Vorbereitung von Selektion tritt,

---

rung in der Schule, Stuttgart 1974, S. 7 ff.; Helmut FEND et al., Gesamtschule und dreigliedriges Schulsystem: Eine Vergleichsstudie über Chancengleichheit und Durchlässigkeit, Gutachten und Studien der Bildungskommission des Deutschen Bildungsrates Bd. 55, Stuttgart 1976; Gesine BÜHLOW et al., Integration und Selektion in der Gesamtschule: Soziale Erfahrungen von Gesamtschülern. Eine empirische Untersuchung an Berliner Gesamtschulen, Teil II, Weinheim 1977.

66 Siehe FEND et al., a. a. O., S. 192 f., mit der Aussicht, „daß die Durchlaufprozesse und Abschlußquoten bis zum Zeitpunkt des Endes der Sekundarstufe I in einem integrierten Schulsystem stärker nach entsprechenden Bedarfszahlen, die administrativ festgelegt werden können, steuerbar sind ... Positiver heißt dies, daß integrierte Schulsysteme ein politisch flexibel handhabbares Instrument zur Steuerung wünschenswerter Quoten und wünschenswerter Verteilerprozesse darstellen."

67 Darauf kommen wir im nächsten Kapitel ausführlicher zurück.

68 Siehe als Überblick Wolfgang KLAFKI/Hermann STÖCKER, Innere Differenzierung des Unterrichts, Zeitschrift für Pädagogik 22 (1976), S. 497–523. Vgl. auch Fritz LOSER, Methodische Differenzierung des Unterrichts durch Differenzierung von Unterrichtsmethoden, Bildung und Erziehung 23 (1970), S. 351–373; Hans-Dieter HALLER, Differenzierung als Problem und Aufgabe der Unterrichtsorganisation, Die Deutsche Schule 62 (1970), S. 71–89.

wo immer dem Unterricht auch Selektionsentscheidungen abverlangt werden; denn es ist schwer vorstellbar, daß Unterricht bis zur letzten Stunde nur auf individuelle Förderung aus ist und dann plötzlich unvorbereitet entschieden werden muß, daß einige Schüler nicht weiter gefördert und andere an anforderungsreichere Schulformen abgegeben werden können.
Zusätzlich zu dieser Problemverschiebung auf eine andere Ebene der Systembildung mit anderen Möglichkeiten und Schranken von Differenzierung muß auch eine Abstimmung des organisationsspezifischen Instrumentariums auf Differenzierung und Selektion gefordert werden. In dem Maße, als die Differenzierung verfeinert, etwa von Schultypen auf Schulklassen (streaming) oder gar auf Fachkurse (setting) übernommen, und in dem Maße, als Mobilität gesteigert wird, geraten auch die programmatischen und methodischen Vorkehrungen unter entsprechenden Anforderungsdruck[69]. Es hat keinen Sinn, organisatorisch eine Differenzierung vorzusehen, damit zur Selektion zu zwingen, aber in den differenzierten Einheiten nichts Unterschiedliches vorzusehen und zu erreichen. Und dies ist nicht allein eine Frage des Stoffpensums! Insofern ist das gegenwärtig so aktuelle Interesse an Didaktik und Methoden auch eine Reaktion auf veränderte Anspruchslagen in bezug auf organisatorische Differenzierung und Mobilität. Auch an dieser Stelle stößt man im übrigen auf die Differenz der Systembildungsebenen: Die Organisation kann nur über Entscheidungsprämissen entscheiden; wieweit diese faktisch die Entscheidungen bestimmen, entscheidet sich erst im Interaktionssystem Unterricht und steht dort unter eigenen Strukturbedingungen.
Es ist nach alldem wenig sinnvoll anzunehmen, die über organisatorische Differenzierung geschaffene Selektivität könnte ganz in den Binnenraum der Interaktion übernommen werden und dort sozusagen spurlos versickern. Ebenso illusorisch wäre der Vorschlag, innerhalb der Funktionssysteme auf organisatorische Differenzierung ganz zu verzichten bzw. zu rein segmentärer Differenzierung zurückzukehren – also etwa in jedem Ort ein Krankenhaus, ein Warenhaus, ein Antragshaus für die Verwaltung, ein Kulturhaus und eben auch ein Erziehungshaus zur Verfügung zu stellen, in dem ausreichende Dienstleistungen bereitgehalten werden. Scheidet man derartige Möglichkeiten (vorläufig) aus, wird der *Steigerungszusammenhang* von *Differenzierung, Mobilität* und *Selektion* zum *Reflexionsproblem.* Will man mit einer Steigerung einzelner dieser Momente gewünschte Effekte erreichen, muß man sich auch den Effekten stellen können, die der Zusammenhang dieser Momente auslöst. Es gibt im realen System für Erziehung keine isolierbaren Variablen und auch keine Eine-Ursache-eine-Wirkung-Kausalität. Das System baut sich als Einheit über Relationierung von Relationen auf, und die

---

[69] Siehe dazu Hopf, a. a. O., S. 60.

Reflexion dieser Einheit kann daher nur an komplexe Konstellationen dieses Typs anknüpfen.
Statt dessen begnügt sich die vorherrschende Meinung damit, Einheit als Kollektivität und Komplexität als Gleichheit zu reflektieren.

## VII. Selektion zur Gleichheit

Die pädagogische Kritik der Selektion kann bis zur Ablehnung von Selektion überhaupt durchgezogen werden. Erziehung ohne Selektion wird zum Programmpunkt der Reform[70]. Das entspricht der Vorstellung einer Gesellschaft, die keine Schichtung mehr reproduziert. Diese Radikalisierung kann nicht allein damit begründet werden, daß Selektionsmechanismen wie Leistungsmessungen oder Prüfungen den Erziehungsprozeß stören. Die Ablehnung von Selektion schlechthin beruht vielmehr darauf, daß man vorweg für Gleichheit und gegen Schichtung optiert hat und von dieser Hintergrundswertung aus Ungleichheiten und erst recht Abweichungsverstärkungen diskreditiert.
Dafür gibt es jenen Anhaltspunkt, der in der Struktur der modernen Gesellschaft verankert ist: Gleichheit symbolisiert den Menschen als Menschen, symbolisiert Gesellschaft. Als Grundwert garantiert sie Konsens – allerdings nur für den Beginn von Kommunikation, nicht unbedingt auch für ihr Ergebnis. Aber was dies *angesichts von Ungleichheit* besagt, ist damit noch nicht ausgemacht. Es liegt nahe, Gleichheit als Negation von Ungleichheit zu interpretieren. Die Reformdiskussion der Pädagogik hat diese Interpretation der Gleichheit nach Art eines logischen Schematismus wie selbstverständlich zugrunde gelegt. Sie versteht sich als eine Art Implementationsprogramm für die Idee der Gleichheit. Diese Absicht zwingt sie, Gleichheit als Wertungsschematismus zu praktizieren; denn nur dadurch kommt sie auf die Ebene konkret faßbarer Handlungsprogramme. Das führt dann zur Ablehnung von Selektion; denn Selektion bedeutet: Inanspruchnahme und Verstärkung von Ungleichheit. Wenn Selektion ohnehin unwillkommen ist, bietet Gleichheit Schutz vor Selektion und zugleich Schutz vor Verantwortung für Selektion.
Der (nur scheinbar logisch zwingende) Schritt von Gleichheit zu Negation von Ungleichheit müßte jedoch kontrolliert vollzogen werden. Er markiert die Stelle, wo die Meinungsbildung den gesellschaftsstrukturellen Gehalt der Begriffe außer acht läßt, wo sie Reflexion unterläßt und ideologisch wird. Die Schwelle zwischen Reflexion und Ideologie sehen wir dort, wo mit Hilfe eines Wert/Unwert-Schematismus sprunghaft argumentiert wird und der

[70] Vgl. z. B. Rudolf BIERMANN, Zur Praxis schulischer Selektion, Düsseldorf 1975, S. 55 ff.

Rückbezug auf die Realität der Gesellschaft außer Betracht bleibt, nämlich wertend übersprungen wird. In diesem Sinne trägt ein Reformprogramm, das Gleichheit als Negation von Ungleichheit bzw. den Wert der Gleichheit als Unwert der Ungleichheit liest und Realität daran mißt, ideologische Züge. Diese Charakterisierung impliziert nicht schon die Ablehnung eines solchen Programms. Die Ablehnung einer Ideologie als Ideologie wäre wiederum nur Ideologie, da sie an deren Reduktionen anschließen würde. Wir halten aber fest, daß die Reflexionsmöglichkeiten damit nicht ausgeschöpft sind.

Nimmt man die Ablehnung von Ungleichheit und von Selektion zum Ausgangspunkt, ist damit nicht schon jeder Bezug auf Realität abgeschnitten. Aber Reflexion wird jetzt Anschlußreflexion, wird Betrachtung der Realität als Abweichung von den Sollvorstellungen des Wertungsschematismus.

Alle Verweigerung auf der Ebene des kommunizierbaren Bewußtseins der Profession, auf der Ebene abfragbarer Meinungen und Wertungen oder auf der Ebene pädagogischer Theorie kann nicht darüber hinweghelfen, daß das Lehrerverhalten faktisch selektiv und selektionsverstärkend wirkt. Der Lehrer erzieht nicht nur, er diskriminiert auch, und er kann das eine nicht ohne das andere tun, denn er kann sich nicht jeder Beurteilung enthalten. Selbst wenn man es wollte und selbst wenn man es vorschriebe: Der pädagogische Prozeß, aber auch der Start in den Beruf kann nicht auf der Basis völliger Gleichheit aller Jugendlichen in wertungsrelevanten Hinsichten erfolgen. Man würde mit einer solchen Realitätssicht jedes Lernen des einen vom anderen unterbinden und nach außen hin den Zusammenhang von Erziehungssystem und Wirtschaftssystem abreißen lassen. Ein nichtdiskriminierendes Verhalten des Lehrers wäre pädagogisch nicht durchführbar, denn Kriterien (und auch Ziele sind Kriterien) gelten nur in dem Maße, als sie betätigt, nämlich in faktisch-selektives Verhalten, zum Beispiel in Lob und Tadel, umgesetzt werden. Das bestätigt jede einfache Beobachtung des Alltags in der Schule. Wir kommen darauf ausführlicher zurück[71].

Wenn aber Selektion im kleinen stattfindet und nach einer gewissen Kumulierung karrierewirksam wird, kann der Reflexionsprozeß im Erziehungssystem sich nicht damit begnügen, diesen Sachverhalt zu ignorieren oder wegzupostulieren. Er muß dann zumindest wahrnehmen, daß der Erziehungsprozeß sich wie unter dem Gesetz einer Erbsünde durch Selektion schuldig macht; und er wird aus dieser Perspektive heraus Formeln suchen, mit denen es möglich ist, die Faktizität oder die Unsicherheit der Selektion oder beides zu kompensieren. Dazu eignet sich ein Procedere, das wir oben „Reformreflexion" genannt hatten und das sich im Blick auf Besseres die Reflexion der Reflexion erspart.

[71] Vgl. die Kapitel XII und XIII.

Wir wollen ohne Anspruch darauf, erschöpfend zu sein, sechs Varianten dieser Reformreflexion vorführen, die bei allen Verdiensten, die ihren Sachideen zukommen mögen, auch dazu dienen, das Problem der karrierewirksamen Selektion zu bereinigen, wenn nicht zu beseitigen; es also in eine für Pädagogen akzeptable Form zu bringen. Wir denken an (1) das Postulat kompensatorischer, Gleichheit herstellender Erziehung, (2) an das Problem der unausgeschöpften Begabungsreserven, (3) an das Postulat zielerreichenden Lernens (mastery learning), (4) an das Postulat der Praxisnähe und der entsprechenden Diversifikation der Ausbildungsgänge, (5) an die Verdächtigung von Bildungsthemen und (6) an das Abschieben der Selektionsentscheidung auf die Schüler.

(1) Bemühungen um *kompensatorische Erziehung und Chancengleichheit* lassen sich durch die Idee der Gleichheit direkt inspirieren. Für die bürgerliche Gesellschaft des 18./19. Jahrhunderts hatte sich der oben (3, I) skizzierte Umbau des hergebrachten Gleichheitspostulats aus dem Übergang zur funktionalen Differenzierung ergeben: Gleichheit nicht mehr als Antistruktur zur hierarchischen Differenzierung einer geschichteten Gesellschaft, sondern als Antistruktur zur funktionalen Differenzierung. Gleichheit bedeutete nun im Effekt: Begründungszwang für alle funktionsspezifische Diskriminierung. In dieser Stellung als Antistruktur symbolisiert der Gleichheitsgedanke die Gesellschaft als Voraussetzung ihrer eigenen Differenzierung und bedarf deshalb keiner Begründung. Auf der Grundlage dieser Symbolisierungsfunktion wird das Gleichheitsprinzip in den letzten Jahrzehnten von der Input- an die Outputgrenze des Erziehungssystems bzw. jeweils aller seiner Teilsysteme verlagert[72]. Chancengleichheit heißt dann nicht mehr nur: daß der gleiche Apparat schulischer und universitätsmäßiger Erziehung auf alle angewandt wird, soweit sie sich dafür eignen. Es geht dann nicht mehr nur um eine Einrichtung, „dont la porte est ouverte indistinctement à tous les enfants d'une nation“[73]. Vielmehr wird Chancengleichheit für die *weitere* Karriere als *Ergebnis* der Erziehung bzw. einer jeden ihrer Phasen erstrebt; es geht also um „equality of educational outcomes of student achievement“, wie es in einer etwas groben Formulierung heißt[74].

[72] Siehe als Überblick: James COLEMAN, The Concept of Equality of Educational Opportunity, Harvard Educational Review 38 (1968), S. 7–22. Für die britische Diskussion vgl. auch Julia EVETTS, The Sociology of Educational Ideas, London 1973, S. 55 ff., insbes. 60 ff.

[73] DIDEROTS Formulierung im Plan d'une université, a. a. O., S. 433.

[74] Wilbur B. BROOKOVER et al., Quality of Educational Attainment, Standardized Testing, Assessment, and Accountability, in: C. Wayne GORDON (Hrsg.), The Uses of the Sociology of Education, Chicago Ill. 1974, S. 161–191 (166).

Daß alle unterschiedslos gleich werden oder auch nur gleiches Niveau erreichen, kann aber wohl kaum ernsthaft gewollt sein. Gleichheit ist keine Zustandsbeschreibung, sondern ein Reflexionsbegriff. Was also kann gemeint sein, wenn nicht eine Beschreibung des Zustandes, den die Erziehung herzustellen beabsichtigt?

Folgt man einer Formulierung von Heinz HECKHAUSEN: „daß niemand bei der Zuteilung von Chancen aus Gründen benachteiligt werden darf, die er nicht selbst zu verantworten hat"[75], so erscheint die Eliminierung aller extern bedingten Ungleichheit als das Ziel; aber dieses Ziel würde die Eliminierung der Erziehung selbst einschließen – eine Variante der uns schon bekannten Weigerung, an Selektionen mitzuwirken oder sie gar mitzuproduzieren. HECKHAUSEN selbst skizziert ein „zehnfaches Dilemma", auf das man mit diesem zunächst evidenten, keiner weiteren Begründung bedürftigen Prinzip aufläuft. Daran wird deutlich, daß eine rational vertretbare Selektionstechnologie fehlt und daß man deshalb eine Art Ersatzrationalität beim Prinzip der Gleichheit ausleiht. Es handelt sich also um die Reflexion eines Technologiedefizits im Bereich der Selektion. An die Stelle einer in den Kriterien des Teilsystems verankerten, rational diskriminierenden Chancenverteilung tritt der Rückgriff auf die gesamtgesellschaftliche Idee der Gleichheit, die dann operativ eingesetzt werden soll, um die ohnehin ständig produzierten Differenzverstärkungen wieder zurückzunehmen. Das Fehlen einer Selektionstechnologie führt zu einer Verlagerung der Problemstellung: An die Stelle der Selektion tritt das Wiedereinrenken dessen, was als Selektion unverantwortbar passiert ist. Auch dabei sind natürlich Kriterien besserer und schlechterer Leistung vorausgesetzt, denn sonst könnte man Abweichungen gar nicht erkennen; aber die Kriterien werden nicht eingesetzt zur Realisierung der entsprechenden Bewertungen, sondern zu ihrer Vermeidung. Die Kinder der Nation sollen, um nochmals die Sprache DIDEROTS zu wählen, auf der Avenue ihrer Lebenskarriere bleiben und sich nicht ins Abseits bewegen.

Wenn diese Zielvorstellung des gemeinsamen Wanderns die Wahl der Organisationsformen, der Lehrpläne und der übrigen Mittel zu beherrschen beginnt, muß man auf Optimierung der educogenen Möglichkeiten verzichten. Man kehrt zurück zu der vorpädagogischen Einsicht, daß die Erziehung einer großen Menge in Schulen Verzicht auf Individualgerechtigkeit und Ausformung höchstpersönlicher Anlagen erfordert[76]. Auf heimliche Weise gewinnt so am Ende das Problem der Selektion doch die Vorherrschaft über das

---

[75] Leistungsprinzip und Chancengleichheit, in: Heinrich ROTH/Dagmar FRIEDRICH (Hrsg.), Bildungsforschung: Probleme – Perspektiven – Prioritäten. Gutachten und Studien der Bildungskommission des Deutschen Bildungsrates, Stuttgart 1975, S. 101–152 (113).

[76] Vgl. erneut DIDEROT, a. a. O., S. 434; ferner oben S. 115f.

Problem der Erziehung. Man bleibt zwar beim Bekenntnis für Erziehung und gegen soziale Selektion, aber gerade die Negation der Selektion gibt ihr dann doch die Vorherrschaft. Daß etwas Nichtgewolltes und Nichtgekonntes doch dauernd passiert, ist so irritierend, daß man bei der Zuwendung zu diesem Problem die Umkehrung der „eigentlichen" Präferenzrichtung übersieht.
Während die Chancengleichheit an der Inputgrenze gesellschaftsstrukturell vorgezeichnet ist als Konsequenz aus funktionaler Differenzierung und Inklusion, entspricht ihre Verlagerung an die Outputgrenze spezifischen Reflexionsproblemen des Erziehungssystems. Und während die Gleichbehandlung des Input zwar normiert, aber auch durch Zwangsläufigkeiten in den funktionalen Operationen gestützt wird, gerät das Erziehungssystem mit der Normierung von kompensatorischer Erziehung und chancengleichen Ergebnissen in laufenden Widerspruch zu seinen eigenen Operationen, die faktisch selektiv wirken, wenn sie sich überhaupt an Kriterien orientieren. Diese Spannung kann sich in einer gesellschaftskritischen Attitüde entladen: Die Gesellschaft, die sich als Gleichheit symbolisiert, sei noch nicht realisiert, denn die Gesellschaft, in der wir leben, reproduziere Ungleichheit, und das Erziehungssystem sei nur das Opfer von Kräften, über die es nicht verfügen kann[77]. Aber damit ist dem Erzieher nicht geholfen, sondern lediglich seine Ideologie generalisiert im Hinblick auf politische Anschlüsse.
Man kann zusätzliche Bedingungen angeben, die Chancengleichheit und kompensatorische Erziehung als Themen beginnender und dann abgebrochener Reflexion gefördert haben. Das sind einerseits das zunehmende Bewußtsein von systemübergreifenden Karriereverläufen, das es überhaupt erst sinnvoll macht, am Ende einer Karrierephase (etwa der Kleinkindsozialisation oder der Schulerziehung) erneut von Chancengleichheit zu sprechen. Andererseits sind es die jetzt üblichen statistischen Analysen, die es ermöglichen, auf höher aggregierten Ebenen der Betrachtungsweise Zusammenhänge sichtbar zu machen, die einen Anteil der Varianz in Karriereverläufen erklären und dadurch möglicherweise relevante Faktoren isolieren, durch deren Beeinflussung man ohne konkrete Gleichmacherei doch tendenziell bessere

[77] Vgl. außer BOURDIEU/PASSERON, a. a. O. (1971), etwa Konrad HAGER et al., Spätkapitalismus – Soziolinguistik – Kompensatorische Erziehung, Kursbuch 24 (1971), S. 33–60; Frithjof HAGER/Hartmut HABERLAND/Rainer PARIS, Soziologie und Linguistik: Die schlechte Aufhebung sozialer Ungleichheit durch Sprache, Frankfurt 1973, S. 311 ff.; Donata ELSCHENBROICH, Von der „Dummheit", die durch die kompensatorische Erziehung kuriert werden soll, in: Wider die falsche Vorschulerziehung, Weinheim 1973, S. 11–25; Herbert NAGEL, Wer will die klügsten Kinder? Vorschulerziehung und Chancengleichheit, Reinbek 1973; Hedwig ORTMANN, Überlegungen zum Begriff der Chancengleichheit, in: Wolfgang KEIM (Hrsg.), Gesamtschule: Bilanz ihrer Praxis, Hamburg 1973, S. 113–126.

Chancengleichheit erreichen zu können meint[78]. Indes ist durchaus nicht gesagt, daß die Faktoren, die in einer statistischen Analyse hervortreten und „Varianz erklären", dem Kausalzugriff erfolgreiche Ansatzpunkte bieten. Auch hierfür wäre die Voraussetzung wichtig, die wir schon mehrfach als Vorbedingung wissenschaftlicher und organisatorischer Aggregation ausgemacht hatten: eine funktionierende Technologie.

(2) Kompensatorische Erziehung hat noch einen Geschmack von Fürsorge für die Armen. Ein Moment zusätzlicher politischer Attraktivität kommt ins Spiel, wenn man eine *„Ausschöpfung der Begabungsreserven"* verlangt. Damit ist ökonomisches Denken angesprochen, ist die Verschwendung von Humankapital beklagt. Auf die spezifisch bildungsökonomische Diskussion können wir an dieser Stelle nicht eingehen. Sie hat aber einen latenten Bezug zur Gleichheitsidee, der herauskommt, wenn man den Begabungsbegriff gegen unbestimmt tendieren läßt oder wenn man Begabung für etwas erklärt, für das die Gesellschaft oder gar die Erziehung selbst die Verantwortung trägt.

Die eigentümliche Ambivalenz, die dann entsteht, blockiert die weitere Argumentation, indem sie alle Adressaten zugleich zufriedenstellt. Dies läßt sich an einer kleinen Problemskizze von Klaus MOLLENHAUER vorführen, die wir als typisch für ihre Zeit ansehen[79]. MOLLENHAUER nennt als Leitsätze bzw. Orientierungspunkte der Reformen:

„1. Es gibt die sogenannte ‚unausgeschöpfte' Begabungsreserve.
2. Das ‚Ausschöpfen' dieser Begabungsreserve konkretisiert sich in einer größeren sozialen Mobilität größerer Bevölkerungsteile.
3. Sozialer Aufstieg für die Leistungsfähigen ist u. a. Zweck der Schule.
4. Das alles kann erreicht werden durch bildungspolitische Planung."

Dies Konzept wird dann jedoch unterlaufen durch die Frage: „Wie bzw. in welchen Grenzen kann der Schulerfolg aller Schüler gesichert werden?"[80] Das heißt wohl: Wie kann ein Gesamtaufstieg aller bewerkstelligt werden, und die Antwort lautet verständlicherweise: nicht durch die Schule allein,

---

[78] Einen statistisch konzipierten Begriff der Chancengleichheit, der auf Neutralisierung von verzerrenden Faktoren hinausläuft, vertritt zum Beispiel HALSEY, in: A. H. HALSEY (Hrsg.), Educational Priority: EPA Problems and Policies Bd. I, London 1972, S. 8: „A society affords equality of educational opportunity if the proportion of people from different social, economic or ethnic categories at all levels and in all types of education are more or less the same as the proportion of these people in the population at large." Vgl. zur Problematik auch Helmut FEND et al., Gesamtschule und dreigliedriges Schulsystem – eine Vergleichsstudie über Chancengleichheit und Durchlässigkeit, Stuttgart 1976, S. 74ff., 214ff.

[79] Sozialisation und Schulerfolg, in: HIELSCHER, a. a. O., S. 8–17.

[80] Beide Zitate, a. a. O., S. 8.

sondern nur durch Veränderung der Gesellschaft selbst, insbesondere der Arbeitsrolle.

Hier ließen sich viele Fragen anschließen. Entscheidend ist, daß Begabung als abhängig von Gesellschaft definiert wird und daß eine Reflexion der strukturellen Limitationen des Gesellschaftssystems unterbleibt. Dann kann man die Menschheit nach oben in Bewegung setzen oder sie in die oberste Schicht einebnen. Die Anpassung an die Realität der ständig praktizierten Selektion, an die Terminologie von Leistung und Aufstieg, erfolgt nur scheinbar. Die ideologische Grundlage der Argumentation hebt den Sinn dieser Begriffe auf.

(3) Ein verwandtes Anliegen verfolgen die Bemühungen um *zielerreichendes Lernen* (mastery learning)[81]. Dem Konzept liegt das Zweck/Mittel-Schema zugrunde, und der Vorschlag lautet, daß die Ungleichheit der Individuen nicht in den Mitteln, wohl aber in den zu erreichenden Zielen aufgehoben werden solle. Das Kollektiv der zu erziehenden Schüler/Studenten wird als eine Mehrzahl verschiedener Individuen gesehen, und das oben (Teil 2) behandelte Doppelproblem der Unterrichtstechnologie, nämlich die simultan zu bewältigende Mehrheit von Systemreferenzen, wird übersprungen[82], ähnlich wie in der pädagogischen Tradition. Die Idee ist also, daß verschieden dosierte Anstrengungen des Lehrers bzw. Schülers alle (oder fast alle) zum Erreichen des gleichen Lernzieles bringen könnten. Natürlich ist damit keine Gleichheit der Individuen oder auch nur Gleichheit ihrer weiteren Karrierechancen garantiert. Was als Gleichheit herauskommt, hängt von der Operationalisierung der für zielerreichendes Lernen geeigneten Lernziele ab.

Zu ähnlichen Reformimpulsen kommen Autoren, die weniger von schichtbedingten Ungleichheiten als vielmehr vom Faktum der Negativauslese ausgehen, also nicht den relativ geringen Prozentsatz der besonders Geförderten, sondern den relativ hohen Prozentsatz der Aussortierten beklagen – der Sitzenbleiber, der vorzeitigen Abgänger, der an Sonderschulen Überwiesenen[83]. Die Hintergrundannahme ist hier: daß das gegenwärtige Schul-/Hochschulsystem die Möglichkeiten pädagogischer Förderung nicht ausnutzt, und vielleicht deshalb nicht ausnutzt, weil bei schlechten Leistungen die Möglich-

---

[81] Vgl. zunächst James H. Block, Mastery Learning: Theory and Practice, New York 1971.

[82] Genauer gesagt: Es wird perzipiert als Problem der Übertragung von Erkenntnissen, die in Experimenten unter Laborbedingungen gewonnen sind, in die Schulklasse. Vgl. aber auch die Hinweise, daß es bei gemeinsamem, nicht voll individualisiertem Unterricht zu einer Verzögerung der rascher Lernenden kommt, bei Urban Dahllöf, Rahmenfaktoren und zielerreichendes Lernen, in: Wolfgang Edelstein/Diether Hopf (Hrsg.), Bedingungen des Bildungsprozesses, Stuttgart 1973, S. 271–284.

[83] Für diese Perspektive typisch Rudolf Biermann (Hrsg.), Schulische Selektion in der Diskussion, Bad Heilbrunn 1976. Ferner etwa Willy Starck, Die Sitzenbleiber-Katastrophe, Stuttgart 1974.

keit des Aussortierens gegeben sind und zu rasch ergriffen werden. Die pädagogische Bemühung wird, mit anderen Worten, als steigerbar angesetzt. Allerdings würde ein System, das dem Lehrer keine Möglichkeiten des Aussortierens mehr gäbe, wohl neue Formen des Aussortierens schaffen, etwa ein Aussortieren der „hoffnungslosen Fälle" in der Klasse, an denen der Unterricht vorbeigehen muß.

Beide Impulse, Ausschöpfung der Begabungsreserven und Reduktion oder Abschaffung der Negativauslese, transformieren das Problem der karrierewirksamen Selektion in das Problem der Selektion zu ungleicher und ungleich langer Behandlung[84]. Wie viele Schüler/Studenten das Ziel erreichen, wird damit zu einer Frage des Aufwandes. „Wir können, wenn wir die Anstrengung und den Aufwand dafür aufbringen, uns einem Fluchtpunkt der individuellen Unterschiede in der Schulleistung ebenso annähern, wie wir ein fast vollkommenes Vakuum herstellen können, wenn es nur die Zeit, die Anstrengung und den Aufwand lohnt."[85] Damit liegt die Verantwortung für eine dann doch noch ablaufende soziale Selektion bei den Instanzen, die den Aufwand bewilligen und begrenzen. In der Erziehung selbst hat es keinen Sinn, Knappheiten einzukalkulieren[86]. Wenn man der Meinung ist, „daß die Variation[87] der Schülerleistungen durch den angemessenen Gebrauch der Variablen und schulischen Bedingungen . . . nach Wunsch maximiert oder minimiert werden kann"[88], läßt sich soziale Selektion im Erziehungssystem überhaupt nicht mehr rechtfertigen; die Schuld daran liegt dann außerhalb des Systems.

Der rasche Beifall, den das Konzept des zielerreichenden Lernens in der Fachwelt gefunden hat, beruht nicht auf dem Erfolg technischer Realisierungen, sondern auf der Affinität zur Problemsituation. Es verbindet brauchbare Vereinfachungen, Rationalitätsversprechen und Abschieben von allzu inkonsistenten Zumutungen. Die Formel ist neu, das Rezept ist alt: sich im Rahmen eines gegebenen Aufwandes zu bemühen. Es mag verdienstvoll sein, den

[84] So heißt es im Strukturplan für das Bildungswesen des Deutschen Bildungsrates, Stuttgart 1970, S. 30: „Gleichheit der Chancen wird in manchen Fällen nur durch die Gewährung besonderer Chancen zu erreichen sein."

[85] Benjamin S. Bloom, Individuelle Unterschiede in der Schulleistung: ein überholtes Problem?, in: Wolfgang Edelstein/Diether Hopf (Hrsg.), Bedingungen des Bildungsprozesses, Stuttgart 1973, S. 251–270 (255).

[86] Diese Kontrastierung zielt aufs Prinzip, sie muß im einzelnen sicher verfeinert werden. Vor allem könnte es sein, daß es im Bereich der Techniken zielerreichenden Lernens solche gibt, die weniger Aufwand erfordern als andere, oder daß rechtzeitig begonnenes zielerreichendes Lernen breites Erfolgsvertrauen schafft und damit die Ungleichheit und somit den Aufwand in späteren Phasen mindert.

[87] Das heißt hier: das Ausmaß, in dem Schülerleistungen sich unterscheiden.

[88] Bloom, a. a. O., S. 270.

Prozeß der Akkumulierung und Selbstverstärkung von Unterschieden nach Möglichkeit aufzuhalten und umzukehren[89], aber zuvor müßte die Frage geklärt werden, weshalb und wie dieser Effekt der Abweichungsverstärkung eigentlich produziert wird.

(4) Auf ganz andere Weise gehen Programme vor, die explizit von Diskrepanzen zwischen dem Erziehungssystem und den Beschäftigungssystemen der Wirtschaft ausgehen und Reformvorschläge für das Erziehungssystem hieran anknüpfen. So hieß es zum Beispiel im Entwurf für ein Grundsatzprogramm der CDU (Tz. 38): „Unsere vordringliche Aufgabe ist es, Bildungswesen und Beschäftigungssystem besser aufeinander zu beziehen. Die Berufswelt muß in den Lehrplänen verstärkt zur Geltung kommen. Als Alternative zur theoretisch-wissenschaftlichen Ausbildung brauchen wir ein breites Angebot von beruflich orientierten Ausbildungsgängen."[90] (Die endgültige Fassung des Programms ist weniger konzis formuliert.) Ähnlich laufen viele Empfehlungen in Richtung auf *Praxisnähe* und/oder *Diversifikation* der Ausbildungsgänge[91]. Das leuchtet anscheinend Politikern, Pädagogen und Studenten gleichermaßen ein. Die Basis dieser Allianz ist jedoch: daß die Frage der Selektion nicht aufgeworfen wird.

Eine Basis dieser Allianz dürfte außerdem sein, daß die Berufs- und Arbeitsmarktforschung nicht konsultiert wird. Denn hier zeigt sich deutlich, daß eine Punkt-für-Punkt-Zuordnung von Ausbildungen und Beschäftigungen nur bei wenigen hochspezialisierten Karrieren möglich ist (und hier dann auch die Berufschancen kaum verbessert); daß im übrigen aber die besseren Aussichten gerade über Ausbildungen vermittelt werden, die auf breite und variable Verwendungsmöglichkeiten eingestellt sind[92]. Zu diesem Ergebnis

---

[89] Vgl. aus dem Bereich der „kompensatorischen Erziehung" auch: David P. AUSUBEL, How Reversible are the Cognitive and Motivational Effects of Cultural Deprivation, Urban Education 1 (1964), S. 16–28, neu gedruckt in: A. H. PASSOW et al. (Hrsg.), Education of the Disadvantaged, New York 1967, S. 306–326.

[90] Vgl. dazu auch Friedrich Gabriel RESEWITZ, Die Erziehung des Bürgers zum Gebrauch des gesunden Verstandes und zur gemeinnützigen Geschäfftigkeit, 2. Aufl. Kopenhagen 1776.

[91] Diese Vorschläge treten zumeist kombiniert mit Zielsetzungen auf, die Ausbildungssteigerungen, -verlängerungen und Chancengleichheit anstreben. So wenn FEND et al., a. a. O. (1976), S. 144, 193 f., erschreckt durch die Vorstellung, daß die Menge der Absolventen auf die oberen Abschlüsse zustrebt, vorschlagen, die Differenzierung der Abschlüsse von unten her einzuebnen und, aber die Logik geht weiter, Haupt- und Realschulabschluß zusammenzufassen. Die Rangdifferenz der Abschlüsse solle dann durch eine bereichsspezifische Differenzierung ersetzt werden. Das Grundsatzprogramm der CDU TZ 41 fordert ganz radikal Gliederung in gleichwertige(!) Bildungswege.

[92] Siehe z. B. Dieter MERTENS, Der unscharfe Arbeitsmarkt, Mitteilungen aus der Arbeitsmarkt- und Berufsforschung 6 (1973), S. 314–325; ders., Schlüsselqualifikationen: Thesen zur Schulung für eine moderne Gesellschaft, ebd. 7 (1974), S. 36–43.

hatte auch die bildungstheoretisch inspirierte Diskussion über Berufserziehung immer wieder hingeführt[93]. Im Normalfall dürfte, wenn man von den heute gegebenen Ausbildungsgängen ausgeht, das Risiko der Fehlinvestition und Enttäuschung bei weiterer Spezialisierung steigen, das Anschlußrisiko in den Karrieren sich also erhöhen. Bei den Reformzielen Diversifikation und Praxisnähe handelt es sich demnach nicht um eine von außen kommende Forderung, der das Erziehungssystem nolens volens sich anzupassen hätte, sondern eher um eine Selbsttäuschung, der man sich hingibt, um das Problem der sozialen Selektion und selektiven Bewertung umgehen zu können. Statt in breitangelegten Ausbildungsgängen Sicherheit über Kennzeichnung von Erfolgen und Mißerfolgen zu schaffen, greift man zur Scheinsicherheit der Spezifikation, bei der dann aber doch nicht gewährleistet ist, daß entsprechende Leistungsnischen im Berufsleben bereitstehen.

(5) Ferner ist die Ableitung des Selektionsproblems auf Themen oder Inhalte der Ausbildung zu erwähnen. Für einige Autoren beruht die schichtspezifische Selektivität der Schule, vor allem des Gymnasiums, speziell auf den Bildungsinhalten, die dort vermittelt werden. Anders als für Familien, die mit den traditionellen Bildungswerten schon identifiziert seien, sei es für Arbeiterfamilien kaum einsichtig zu machen, weshalb ihre Kinder Latein lernen sollten. Insofern antezipiere die Schule Bedürfnisse einer bestimmten Schicht und schrecke andere Schichten ab; sie sei „Mittelklasseninstitution"[94].

Es ist in der empirischen Forschung natürlich schwierig, Bildungsinhalte als Selektivfaktor zu isolieren. Es gibt Anhaltspunkte dafür, daß Fächer den

---

Auch Forschungen über das hohe Maß an ausbildungsfremder Beschäftigung und über das rasche Verlassen von Ausbildungsberufen weisen in diese Richtung. Vgl. etwa Hans HOFBAUER et al., Über die Ausbildungskombinationen und den Zusammenhang zwischen Ausbildung und Beruf bei männlichen Erwerbspersonen, Mitteilungen aus der Arbeitsmarkt- und Berufsforschung 3 (1970), S. 173–211, 354–379; Mark BLAUG/Maurice PESTON/Adrian ZIDERMAN, The Utilization of Educated Manpower in Industry: A Prelinary Report, Edinburgh/London 1967, insbes. S. 46 ff.; Laure M. SHARP, Education and Employment: The Early Career of College Graduates, Baltimore 1970. Die in Ausbildungen erreichbare, mit Spezialisierungen kompatible Flexibilität und Substitutionsoffenheit variiert natürlich von Bereich zu Bereich erheblich. Hierzu auch Manfred KAISER, Zur Flexibilität von Hochschulausbildungen: Ein Überblick über den Stand der empirischen Substitutionsforschung, Mitteilungen aus der Arbeitsmarkt- und Berufsforschung 8 (1975), S. 203–221.

[93] Siehe nur Udo MÜLLGES, Bildung und Berufsbildung: Die theoretische Grundlegung des Berufserziehungsproblems durch KERSCHENSTEINER, SPRANGER, FISCHER und LITT, Ratingen 1967, zur neueren Diskussion, insbes. S. 154 ff.

[94] So die viel zitierte, aber kaum substantiierte These von Charlotte LÜTKENS, Die Schule als Mittelklasseninstitution, in: Peter HEINTZ (Hrsg.), Soziologie der Schule, Köln/Opladen 1959, S. 22–39. Vgl. auch Pierre BOURDIEU/Jean-Claude PASSERON, Die Illusion der Chancengleichheit, Stuttgart 1971.

einzelnen Schichten unterschiedliche Erfolgschancen bieten, daß zum Beispiel Akademikerkinder eher in sprachlichen Fächern, Arbeiterkinder eher in Mathematik die besseren Zensuren gewinnen[95]. Solche Vermutungen bzw. statistischen Zusammenhänge genügen manchen schon, um Fachpolitik als Selektionspolitik zu fordern. Damit wird implizit der Pädagogik unterstellt, sie habe keine eigenen, funktionsspezifischen Kriterien, um bestimmte Fächer bzw. curriculare Inhalte für wichtiger und richtiger zu halten als andere[96]. Das ist nun in der Tat eine wichtige Frage, ob mit dem Zusammenbruch der klassischen Bildungsidee ein Vakuum eingetreten ist, in das kompensatorische Selektionspolitik einströmt. Was Reflexion angeht, kann die Pädagogik sich zunächst nur darin erinnert fühlen, daß sie über Kontingenzformeln den erzieherischen Eigenwert bestimmter Lehrthemen und bestimmter Fähigkeiten zu begründen hat. Und dies mag, wie wir noch sehen werden, mit einem Bezug auf Lebenskarrieren konvergieren, die ihrerseits dann wieder der Selektion (einschließlich Selbstselektion) einen pädagogischen Sinn geben.
(6) Schließlich gehören in diesen Zusammenhang Tendenzen, die die Schulpädagogik bisher noch kaum registriert hat, nämlich Bemühungen, die Heranwachsenden, die sich ohnehin und zwangsläufig in einer unsicheren Karriere befinden, zu *Entscheidungen über ihre Karriere* zu befähigen[97]. Aus der Unsicherheit und der Bereitstellung vieler Möglichkeiten wird die Konsequenz gezogen, genau dies positiv zu bewerten und den Opfern der Karrierestrukturen auch die Eigenverantwortung dafür zu überantworten. Offene Möglichkeiten werden dann angeboten als Chance, genau das Richtige für individuelle Begabung und Neigung zu finden. In dieser Hinsicht sind dann in der Tat alle Schüler bzw. Studenten gleichgestellt. Die entsprechenden Reformprogramme lauten: Verstärkung der Beratungstätigkeit angesichts von Entscheidungen im Schul- und Berufsweg und vor allem Bemühung um eine entsprechende Schulung derjenigen, die entscheiden müssen[98].

---

95 Vgl. Hannelore Gerstein, Erfolg und Versagen im Gymnasium: Ein Bericht über die soziale und leistungsmäßige Abhängigkeit des vorzeitigen Abgangs, Weinheim 1972. S. 147 ff.

96 Daß diese Unterstellung nicht ganz unrealistisch ist, haben wir im Kapitel über den Lehrplan (1, XIII) erörtert. Insofern profitiert das Argument von einem ohnehin bestehenden Dilemma.

97 Auf einen ähnlichen Ausweg war bereits die neuhumanistische Theorie der Bildung zur Sittlichkeit verfallen, um sich von der Selektion für Stand und Beruf zu entlasten. Menschenbildung solle gerade bewirken, daß der Zögling dafür dann selbst die Verantwortung übernehmen könne – „aus eignem freien Antrieb, und mit deutlicher Vergegenwärtigung der dabei wirkenden subjectiven Gründe" (so Karl Heinrich Ludwig Pölitz, Die Erziehungswissenschaft, aus dem Zwecke der Menschheit und des Staates practisch dargestellt, Leipzig 1806, Theil 1, S. 319).

98 Typisch für diese Tendenz: Kroll et al., a. a. O. (1970). Vgl. ferner Aaron V. Cicourel/John J. Kitsuse, The Educational Decision-Makers, Indianapolis 1963,

Gegen individualisierende Tendenzen dieser Art wird heute fast schon gewohnheitsmäßig eingewandt, daß sie die Gesellschaft selbst unangefochten lassen. Wichtiger dürfte sein, daß sie ihr eigenes Strukturproblem nicht lösen können, da sich die Zahl und die Typik der Chancen nicht einfach als Funktion der individuellen Entscheidungen ergibt. Einige, vielleicht viele können wählen; für den Rest bleibt der Rest. Außerdem fehlt in diesem Wissensbereich, und das kann man wissen, lehrbares Wissen. Wer zunächst zu lernen sucht, wie er im Hinblick auf seine Karriere Schultypen, Kurse, Interessenschwerpunkte, Berufseintritte, Arbeitgeber usw. zu wählen hat, wird bestenfalls lernen, genauer begründen zu können, weshalb er unsicher ist.

Zusammenfassend können wir diese Formen der Nichtbehandlung bzw. Verschiebung des Selektionsproblems unter dem Gesichtspunkt ihres Reflexionsstils charakterisieren. In allen Fällen endet die Reflexion in einer Wertbeziehung und reklamiert von da her Reformen. Ist das Ausgangsproblem das ungleiche Schicksal der Nichtauserwählten, wird mehr Gleichheit zum Reformziel. Ist das Ausgangsproblem die Unsicherheit der künftigen Karriereanschlüsse, wird Praxisnähe und Diversifikation oder Entscheidungsfähigkeit zum Reformziel. Dabei überzeugen die Werte schon auf Grund der Problemlage ohne Prüfung ihrer Realisierbarkeit. (Diese muß natürlich in Aussicht stehen und darf nicht dementiert werden.) Die Werte werden in ideologischer Funktion eingesetzt; sie werden eingesetzt, weil sie Stoppregeln der Reflexion bieten und als solche das Handeln orientieren. Ideologie soll hier nicht heißen: falsches Bewußtsein[99]. Auch ist mit dieser Charakterisierung nicht über Wert und Erfolg der entsprechenden Reformen geurteilt. Aber gemeint ist: daß das Erziehungssystem mit solchen Reflexionsstopps nicht zur Reflexion seiner eigenen Identität kommen wird, geschweige denn zur Identifikation seines Reflexionsprozesses.

## VIII. Rückbezug auf Gesellschaft

Überblickt man diese verschiedenen Versuche, bewertende karrieremachende Selektion im Verantwortungsbereich des Erziehungssystems zu vermeiden, so wird rasch deutlich, daß sie, falls sie Erfolg haben sollten, das Selektionsproblem erheblich verschärfen und schließlich dessen Einbeziehung in die

---

insbes. S. 77ff.; Elmar Lange/Günter Büschges (Hrsg.), Aspekte der Berufswahl in der modernen Gesellschaft, Frankfurt 1975. Man denke aber auch an die verbreitete Neigung, Probleme des Studiums als Probleme der Studienberatung zu behandeln.

[99] Vgl. oben Anm. 6.

Systemreflexion erzwingen werden. Chancengleichheit läßt sich, zumindest in demokratisch regierten Staatssystemen, nur durch Chancensteigerung, nicht auch durch Chancensenkung realisieren. Es wird nach oben, nicht nach unten angeglichen. Die Zahl der Absolventen mit höheren Abschlüssen wird, immer Erfolg unterstellt, zunehmen, ohne daß im gleichen Zuge für ihre erwartungsgemäße Beschäftigung gesorgt ist. Ein ohnehin sichtbarer Trend, der sich aus dem Abbau von Schichtung ergibt, wird künstlich noch verstärkt. Die entstehenden Diskrepanzen zwischen Ansprüchen und Möglichkeiten können, das versteht sich von selbst, weder durch Praxisnähe noch durch Diversifikation der Kurssysteme und Abschlüsse ausgeglichen werden. Die Selektionsvermeidungsideologien produzieren also Selektionsprobleme in einer Schärfe und Breitenwirkung, die im traditionellen System nicht aufgetreten waren.

Zunächst allerdings nicht im Erziehungssystem, sondern an seinen Grenzen: beim Übergang in den Beruf. Im Verzicht auf Thematisierung der Selektion ist der Verzicht auf Kontrolle mit angelegt. Aber dieses Abschieben an die Grenzen des Systems wird sich auf die Dauer und wird sich vor allem politisch nicht halten lassen. Die Lebenseinheit, die für jeden Einzelnen Ausbildung und Beruf verbindet, transportiert ein Bewußtsein der Lage in das Erziehungssystem zurück. Dann wird man Selektion wollen müssen[100]. Es wird sich zudem zeigen, daß amelioristische Ideologien eine Systemreflexion nicht ersparen und nicht ersetzen können. Wenn sie es sind, die Selektionsprobleme umgehen und verschärfen, werden sie relativierenden Reflexionen weichen müssen. Ihnen bleibt eine Reformbewegung zu danken, die Strukturvariationen ausgelöst und so Struktureinsichten erst möglich gemacht hat. Aber die Analyse der Zusammenhänge muß erst noch geleistet werden, und dazu reicht es nicht aus, nach Bedingungen der Annäherung an Werte wie Gleichheit oder möglichst hohe Ausbildung für möglichst viele zu suchen.

Gleichheit ist kein allein ausreichender Reflexionsbegriff und Wertung keine ausreichende Reflexionsbegründung. In einem funktional differenzierten Gesellschaftssystem repräsentiert Gleichheit zwar die Gesellschaft als Umwelt

---

100 Eine Vorahnung einer solchen Entwicklung vermitteln FEND et al., a. a. O. (1976), insbes. S. 67, 192f. Die im Interesse der Chancengleichheit entwickelte und empfohlene Gesamtschule wird, da sie Überschüsse an Absolventen mit hochwertigen Abschlüssen zu produzieren droht, zugleich als Instrument quantitativer Mengensteuerung empfohlen, die den Aufstieg bzw. Abstieg im leistungsdifferenzierten Kurssystem unter Bedarfsgesichtspunkten regulieren würde. Das heißt natürlich, daß eine neue Art von erst recht willkürlicher Chancenungleichheit geschaffen wird: die Ungleichheit nach Maßgabe des Geburtsjahrgangs der jeweils durch Verschärfungen oder Erleichterungen erwischt wird.

eines jeden besonderen Funktionssystems; sie symbolisiert damit die *Indifferenz* gegenüber den jeweils *anderen* Funktionen und ist so das Gegenstück zum Primat der jeweils eigenen Funktion. Aber eine auf die Gesellschaft bezogene Reflexion kann sich mit dieser Feststellung, die ihrerseits den Gleichheitsbegriff schon überschreitet, nicht begnügen. Sie muß, wenn sie das Gesellschaftssystem als Einheit einer Vielheit oder als ihre eigenen Möglichkeiten limitierende Komplexität ins Auge fassen will, die gesellschaftliche Realität mit mehr Tiefenschärfe aufschlüsseln. Sie muß in dem, was für ein System Umwelt ist, mehrere Systemreferenzen unterscheiden und aufeinander beziehen. Nur so ist verständlich zu machen, daß Selektion im Prinzip unvermeidbar ist, weil jede Umwelt eines Systems wiederum aus einer Vielzahl von Systemen besteht, die keine beliebige Behandlung zulassen. Die Frage kann nur sein, wieweit ein System Selektionen, die in grenzüberschreitenden Prozessen ohnehin unvermeidlich sind, unter die Kontrolle eigener Kriterien bringt oder wieweit sie sie dem „Zufall" der Koinzidenz mit Interessen und Aktualitäten der Umweltsysteme überläßt. Ein Verzicht auf Selektion ist daher nichts weiter als ein Verzicht auf Autonomie.
Soll das Erziehungssystem seine Autonomie über Selektionsprozesse nach systemeigenen Kriterien wahren und soll es, um kraß zu formulieren, seine Identität dadurch bestimmen, daß es nach diesen Kriterien Ungleichheit produziert, genügt es nicht mehr, sich zum Wert der Gleichheit in ein Verhältnis zu setzen. Das Postulat der Chancengleichheit wird dadurch nicht beseitigt, es kann aber nur eine erste Voraussetzung für eine sehr viel komplexere Systemreflexion sein, die ihrerseits dann ihr zugeordnete Reduktionen entwickeln muß.
Wenn man davon ausgehen kann, daß es jeweils einzelne Personen sind, die erzogen werden, und daß in diesem Personbezug das Spezifikum der Funktion des Erziehungssystems liegt, dann bietet es sich an, bei der Rekonstruktion der gesellschaftlichen Relevanz pädagogischer Selektion vom Begriff der Karriere auszugehen. Wir sprechen nicht von Personentwicklung (im Sinne von „human development"), weil wir nicht die Funktion der Erziehung für *Personen*, sondern ihre Funktion für das *Gesellschaftssystem* thematisieren. Wir behandeln an dieser Stelle andererseits nicht die Gesamtheit der gesellschaftlichen Leistungen des Erziehungssystems, also nicht all das, was es zur Förderung und Entlastung anderer Funktionssysteme, etwa zur Kräftigung der Gesundheit, zur politischen Sozialisation, zum Rechtsbewußtsein oder zum Arbeitsmarkt der Wirtschaft, beiträgt. Wir entwickeln nur einen *Funktions*begriff, der die besondere Umweltperspektive des Erziehungssystems unter dem Gesichtspunkt seiner *gesamtgesellschaftlichen* (im Unterschied zur teilsystembezogenen) Relevanz erfaßt. Soll dies außerdem speziell unter dem Gesichtspunkt der *Selektion* geschehen und nicht unter dem Gesichtspunkt

der Inhalte, deren Zusammenhang wir mit Hilfe des Begriffs der Kontingenzformeln behandelt hatten[101], dann stößt man auf das Phänomen der Lebenskarriere.

Aber wie kann der Begriff der Karriere ein Reflexionsbegriff sein? Zunächst dadurch, daß eine Karriere in jeder ihrer Phasen selbstreferentiell gebaut ist, sich nämlich auf sich selbst aufbaut. Außerdem dadurch, daß sie ihre zeitliche Extension als Unsicherheit reflektiert. Das ist für die Zukunft evident, das ist aber auch für die Vergangenheit so, wie man daran ablesen kann, daß alle Leistungsbeurteilungen ins Unsichere gebaut sind und eine symbolische Aggregation (etwa: Zensuren, Zeugnisse, Zuweisungen zu Positionen oder Gruppen) erstellen müssen, denen auf seiten der Person kein objektives Korrelat mehr entspricht. Als Reflexionshilfe eingesetzt wird die Karriereorientierung dann, wenn ihre strukturellen Eigentümlichkeiten geklärt sind und wenn die ihr entsprechenden Komplexitätsreduktionen bzw. Unsicherheitsabsorptionen *als solche* institutionalisiert sind.

## IX. Karrieren

In dem Maße, als funktionale Systemdifferenzierungen sich durchsetzen, nehmen auch die Diskontinuitäten synchroner und diachroner Art im Lebensweg der Menschen zu. Die Diskontinuitäten werden nicht unabhängig vom Prozeß des Alterns und seinen Zäsuren, aber sie sind durch ihn allein nicht mehr bestimmt. Das Älterwerden vollzieht sich nebeneinander und nacheinander in verschiedenen, nicht mehr als einheitlich erfahrenen sozialen Kontexten – im Zugriffsbereich der Familien, der Schulen, der Berufe und neuerdings der Seniorenprogramme – und wird nicht mehr als einheitlich konditioniert erlebt[102]. An dieser Transformation der Form des Lebenswegs ist die funktional ausdifferenzierte Erziehung in *doppelter* Weise und dadurch *verstärkend* beteiligt: Sie ist einerseits selbst ein Funktionssystem, das im Lebensweg im Verhältnis zur Familie Diskontinuität erzeugt[103], und andererseits ein wegen solcher Diskontinuitäten erforderliches Funktionssy-

[101] Vgl. oben 1, IX–XII.

[102] Vgl. dazu und zur Kontrastierung mit einfacheren Gesellschaftsformationen Ruth BENEDICT, Continuities and Discontinuities in Cultural Conditioning, Psychiatry 1 (1938), S. 161–167; Meyer FORTES, Social and Psychological Aspects of Education in Taleland, Oxford 1938; Yehudi A. COHEN, The Shaping of Men's Mind: Adaptations to Imperatives of Culture, in: Murray L. WAX et al., Anthropolocial Perspectives on Education, New York 1971, S. 19–50.

[103] Vgl. Georg W. F. HEGEL, Gymnasialrede 1811, in: Werke Bd. IV, Frankfurt 1970, S. 344–359; Robert DREEBEN, On What is Learned in School, Reading, Mass., 1968, und dazu oben S. 79f.

stem. Je stärker die Diskontinuitäten der Rahmenbedingungen des Lebenslaufs sind, die das Erziehungssystem selbst miterzeugt, desto weniger kann die Erziehung sich auf die in je besonderen Kontexten ungeplant ablaufende Sozialisation verlassen; desto mehr muß durch Erziehung für Anschlußmöglichkeiten vorgesorgt werden.

Unter solchen sozialstrukturellen Bedingungen wird aus dem individuellen Lebensweg eine *Karriere* – diesen Begriff im weitesten Sinne genommen, der auch Stagnation und Abstiege einschließt. Unter Karriere im allgemeinsten Sinne verstehen wir eine Sequenz von selektiven Ereignissen, die Personen mit positiv oder negativ bewerteten Attributen verknüpfen bzw. solche Verknüpfungen lösen – im Grenzfalle mit Leben oder Tod, im übrigen mit zugeschriebenen Kenntnissen und Fähigkeiten, Rollen und Ämtern, Zensuren, Beurteilungen, Reputationsmerkmalen, Mitgliedschaften in sozialen Systemen, Einkünften oder sonstigen erwerbbaren Qualitäten[104]. Fünf weitere Merkmale kommen, auf diesem Grundbegriff aufbauend, hinzu, nämlich:

(1) Die Karriere ist in ihrer *Zukunft unsicher,* weil karriererelevante Merkmale immer solche sind, die auch fehlen könnten. Es kann daher immer auch anders kommen.
(2) Die Karriere ist auch in ihrer *Vergangenheit unsicher,* da Vergangenes nur selektiv erinnert und relevant gemacht werden kann. Selbst höchstrangige Staatspersonen sind, weil ihr Amt als Station einer Karriere interpretiert wird, nicht gefeit gegen die Entdeckung oder Zuschreibung neuer Vergangenheiten. Typisch wird Vergangenes daher nur in aggregierter, zurechtgemachter, beurteilter Form (Zensuren, Zeugnisse, früher innegehabte Ämter, Gutachten) karrierewirksam, womit Unsicherheit nicht beseitigt, sondern nur in eine Form gebracht ist, die Entscheidungen ermöglicht.

---

104 Dieser weite Karrierebegriff ist besonders an der Universität von Chicago gepflegt und mit dem Begriff der Identität verknüpft worden. Vgl. aus der neueren Literatur etwa Anselm STRAUSS, Mirrors and Masks: The Search for Identity, Glencoe, Ill., 1959; David V. TIEDEMAN/Robert P. O'HARA, Career Development: Choice and Adjustment, New York 1963: Donald E. SUPER et al., Career Development: Self-Concept Theory, Princeton, N. J., 1963; Julius A. ROTH, Timetables: Structuring the Passage of Time in the Hospital Treatment and Other Careers, New York 1963; Wilbert E. MOORE, Man, Time and Society, New York 1963, S. 61 ff.; Cyril SOFER, Men in Mid-career: A Study of British Managers and Technical Specialists, Cambridge, Engl., 1970, insbes. S. 39 ff.; Robert A. STEBBINS: Careers: The Subjective Approach, The Sociological Quarterly 11 (1970), S. 32–49; Arthur M. KROLL et al., Career Development: Growth and Crisis, New York 1970; Barney G. GLASER/Anselm L. STRAUSS, Status Passage, London 1971; Paul RIDDER, Die Patientenkarriere: Von der Krankheitsgeschichte zur Krankengeschichte, Stuttgart 1974.

(3) Die Karriere *baut sich selbst auf.* Sie erzeugt die Opportunitäten (und Disopportunitäten), mit denen sie sich selbst fördert bzw. blockiert, zum Teil selbst[105]. Der Erfolg bestimmt das Repertoire an nutzbaren Gelegenheiten, wenn auch nicht diese Gelegenheiten selbst. Das Erreichte ist unerläßliche oder doch schwer ersetzbare Voraussetzung für Weiteres[106]. Dadurch schiebt sich ein Leistungs- und Entscheidungsdruck in die Anfangsphasen, speziell in das Jugendalter und den Erziehungsprozeß.

(4) Da die Karriere in jedem ihrer Bewegungsmomente kontingent verläuft und darauf im Interesse an Aufwärtsbewegung nicht (oder: erst relativ spät in der Karriere) verzichtet werden kann, entsteht ein Bedarf für *zeitbindende Strategien.* Man muß nach Möglichkeit versuchen, mit Erreichtem auch Zukünftiges schon zu präjudizieren, etwa dank einiger guter Zensuren ein guter Schüler zu sein oder mit der Aufnahme in die höhere Schule gute Aussichten aufs Abitur zu „besitzen".

(5) Wegen ihrer diskriminierenden Selektivität zieht die Karriere in hohem Maße *Aufmerksamkeit* auf sich. Sie fasziniert das Bewußtsein dessen, der sie durchläuft, sowie derjenigen, die sich für ihn interessieren, mehr als festliegende Merkmale. Dies Bewußtsein tendiert dann zur zusammenziehenden Bewertung der Karriere als solcher und zur Bildung entsprechender Erwartungen des Kontinuierens von Erfolgen bzw. Mißerfolgen. Daß die Karriere subjektiv erlebt und behandelt wird, ist mithin seinerseits ein karrierewirksamer Faktor, der Anspruchsniveaus hebt oder senkt und den kein objektiver Begriff der Karriere außer acht lassen kann.

Die These, daß funktionale Gesellschaftsdifferenzierung den Lebensweg zur Karriere macht, bedeutet nicht, daß jedermann dieser Faszination erliegt, und auch nicht, daß keine Oppositionshaltungen möglich sind. Auch bleibt es durchaus dem einzelnen überlassen, frühzeitig eine ihm genehme Leistungsnische aufzusuchen und seine Karriere dort stillzustellen. Wichtig ist nur, daß Lebensstilentscheidungen dieser Art sich jetzt mit dieser oder gegen diese Selektivität der Karriere profilieren müssen, während es früher diese Option gar nicht gab. Insofern ist es nicht möglich, die eigene Selbsteinschätzung – und: „the self is a person's evaluation of himself"[107] – dem Karrieredruck zu

---

[105] Daher nach dem Vorschlag von K. ROBERTS, The Entry into Employment: An Approach Towards a General Theory, The Sociological Review 16 (1968), S. 165–184, „opportunity-structure model" als allgemeine Karrieretheorie.

[106] Insofern kann man mit Jean René TRÉANTON, Le concept de carrière, Revue Française de Sociologie 1 (1960), S. 73–80 (76), sagen: Karriere sei Kapitalisierung von Zeit. Dabei ist aber mitzubeachten, daß es nicht nur Akkumulation von Kapital, sondern auch Akkumulation von Schulden gibt.

[107] So KROLL, a. a. O., S. 13.

entziehen, weil jene Möglichkeit mitsamt ihren Vergleichshorizonten nicht eliminierbar ist.

Was für die Gesellschaftsstruktur ein Problem der Differenzierung und selektiven Rekombination ist, erscheint in der Karriereperspektive als Unsicherheit und motiviert hier zur Unsicherheitsabsorption. Hierfür steht eine Vielzahl von Orientierungen zur Verfügung, die das Karriereverhalten individualisieren: Risikostrategien und Sicherheitsstrategien; übersteigerte Hoffnungen[108] und Ansprüche auf der einen, Bagatellisierungen und Fatalismus auf der anderen Seite. Auch die Doppelorientierung, die jede Karriere ermöglicht, nämlich Rückblick auf das Erreichte und Vorausblick auf das Mögliche[109], differenziert das Verhalten angesichts Unsicherheit. Für alle, die durch Familien- und Schulsituation schon demotiviert und desozialisiert sind, schrumpfen freilich diese Möglichkeiten sehr rasch auf die eine zusammen: für den Tag zu leben und sich zur Karriere als solcher ablehnend einzustellen. Aber auch diese Null-Karriere ist in unserem Sinne noch Karriere, und nur so kann man ihr spezifisches Schicksal mitsamt der Bedeutung des Schulsystems, das es herbeiführt oder verstärkt, begreifen.

So wie die Karriere ihre eigenen Voraussetzungen miterzeugt, so reguliert sie auch die subjektiven Wahrnehmungen und Einstellungen, mit denen sie auf sich selbst reagiert[110]. Die hohe Diskontinuität der Kontexte, die sie durchläuft, und die hohe Zufälligkeit bzw. Unvorhersehbarkeit der situationsbedingten Chancen, denen sie sich verdankt, werden nicht voll ins Bewußtsein zurückgespiegelt. So interpretiert der Schüler Schulerfolge bzw. gute Zensuren (trotz ihres geringen Voraussagewertes) als überdurchschnittliche Berufsaussichten[111]. Andererseits paßt der Ehrgeiz sich den Fakten an, die Zufrie-

[108] So die nach Jahren eines Beförderungsbooms überzogenen Ansichten über Beförderungsaussichten bei Beamten und Angestellten des deutschen öffentlichen Dienstes. Vgl. Niklas LUHMANN/Renate MAYNTZ, Personal im öffentlichen Dienst: Eintritt und Karrieren, Baden-Baden 1973, S. 278 ff., 283 ff.

[109] Mit diesem Unterschied arbeiten Curt TAUSKY/Robert DUBIN, Career Anchorage: Managerial Mobility Motivations, American Sociological Review 30 (1965), S. 725–735, und Daniel R. GOLDMAN, Managerial Mobility Motivations and Central Life Interest, American Sociological Review 36 (1973), S. 119–126.

[110] Auch dies ist ein Moment des „opportunity-structure model" von ROBERTS, a. a. O.

[111] Vgl. die Feststellungen von Douglas A. PIDGEON, Expectation and Pupil Performance, Stockholm 1970, S. 99 ff., und von Barbara KARMEL, Education and Employment Aspiration of Students: A Probabilistic Approach, Journal of Educational Psychology 67 (1975), S. 57–63. Daß dieser Effekt sich in der Ausbildungsphase der Colleges nicht mehr zeigt, scheint darauf hinzudeuten, daß sich im Prozeß des Älterwerdens eine realistischere Einschätzung von Karrierebedingungen durchsetzt.

denheit mit den erreichten Positionen nimmt zu in dem Maße, als die Aussichten auf Änderung schwinden[112]. Die Karriere verfügt also offenbar über Mechanismen der Kontingenzabsorption, die die Kontingenzerfahrung zwar nicht beseitigen, aber abschwächen und in lebbare Formen bringen. Andererseits bleibt so viel Kontingenz und Faszination erhalten (schon weil Karrieren im sozial übersehbaren Lebensraum, etwa von Mitschülern, unterschiedlich verlaufen), daß die Karriere zu einem der wichtigsten Prozesse wird, die die Vorstellungen prägen, die jemand von sich selbst hat[113]. Das Interesse der Jugendlichen an Ausbildung und an beruflicher Identifikation ist bleibend hoch[114], wenngleich die Ehrgeiz stimulierende Bedeutung der Leistungsorientierung abnehmen mag in dem Maße, als auch Nichtkarrieren oder das rasche Erreichen einer befriedigenden Leistungsnische an sozialer Legitimität gewinnen. Die bleibende (wenn auch veränderbare) Relevanz von Karrieren für Identitätsbildung dürfte damit zusammenhängen, daß sie es dem Einzelnen ermöglicht, sich selbst von Lebenslagen, die „man" erreichen oder auch nicht erreichen kann, zu unterscheiden und die Herstellung einer Beziehung daher als Bestimmung von etwas noch Unbestimmtem zu erfahren.

Diese sehr allgemeine Fassung des Karrierebegriffs wenden wir nunmehr auf die Beziehungen zwischen Erziehungssystem und Wirtschaftssystem an. Beide Systeme sind erstmals in der Neuzeit sowohl funktional als auch durch unterschiedliche Inklusionsprinzipien voll differenziert worden. Die gesamte

---

112 Vgl. Hinweise bei ROBERTS, a. a. O., S. 175. Sehr bezeichnend auch die Resultate bei Gesine BÜHLOW et al., Integration und Selektion in der Gesamtschule: Soziale Erfahrungen von Gesamtschülern, Teil II, Weinheim 1977, S. 186 ff. Allerdings steht diese Aussage unter dem Vorbehalt der allgemeinen Problematik von Forschungen über Zufriedenheit am Arbeitsplatz bzw. mit Einstufungen in der Schule. Und es gibt auch widersprechende Ergebnisse – vgl. z. B. LUHMANN/MAYNTZ, a. a. O., S. 299 ff. Ein weiterer Gesichtspunkt ist: daß Zufriedenheit mit der eigenen Karriere Eltern in bezug auf Ausbildung und Aufstieg ihrer Kinder deaspirieren kann; dafür Anhaltspunkte bei Annemarie JAEGER, Jugendliche in der Berufsentscheidung: Eine Analyse der Verhaltensweisen von Jugendlichen bei der Berufswahl nach Abschluß der Hauptschule, Weinheim 1973, S. 158 ff., 170 ff.
Im übrigen sind solche für die Entfremdungsideologie überraschenden Feststellungen auch ideologisch uminterpretierbar. Bei Goetz BRIEFS, Betriebsführung und Betriebslehre in der Industrie, Stuttgart 1934, S. 23, heißt es zum Beispiel, daß die Arbeiter ihre Unzufriedenheit ableugnen (!) und ihre Zufriedenheit nur behaupten (!), um ihre Selbstachtung zu wahren. Die Armen kennen ihre wahren Gefühle nicht.

113 Als Vergleich müßte man denken an den Komplex Liebe/Partnerwahl/Ehe, der ebenfalls seine moderne Bedeutung dadurch gewonnen hat, daß mit jeder Generation die Familie diskontinuiert wird.

114 Vgl. etwa Frank MUSGROVE, Self Concepts and Occupational Identities, Universities Quarterly 23 (1969), S. 333–344; Annemarie JAEGER, Jugendliche in der Berufsentscheidung: Eine Analyse von Verhaltensweisen von Jugendlichen bei der Berufswahl nach Abschluß der Hauptschule, Weinheim 1973, insbes. S. 119 ff.

Bevölkerung der modernen Gesellschaft durchläuft ein schulförmig organisiertes Erziehungssystem, das ihr im Prinzip auch den selektiven Zugang zu höheren Formen der fachlichen und wissenschaftlichen Ausbildung eröffnet. Außerdem ist die gesamte Bevölkerung über den Geldmechanismus an das Wirtschaftssystem der Gesellschaft angeschlossen – mag der Einzelne nun Geld verdienen oder Geld haben oder Geld bekommen. Die Funktions- und Inklusionsprinzipien sind nicht identisch; also besteht keine Statusidentität in beiden Systemen. Das wirft ganz neuartige Probleme der Wiederverbindung auf. Die Re-Integration beider Systeme wird, solange alle Versuche der Planung ihrer Beziehungen zum Scheitern verurteilt sind, allein durch die Selektivität individueller Karrieren geleistet. Die Integrationslast wird also sehr direkt auf den Einzelnen überwälzt und für ihn zum Schicksal.

Parallel zu diesen theoretischen Überlegungen haben auch empirische Forschungen, vor allem Forschungen über den Berufswahlprozeß, ergeben, daß die Realität tatsächlich so erlebt wird. Schule und Beruf bilden eine die Diskontinuität unterlaufende Lebenskontinuität, die im Individuum und durch das Individuum sich herstellt. Das gilt für kontinuierlich sich steigernde De-Sozialisation und De-Motivation, für Entfremdungsbahnen also, ebenso wie für Leistungen und Erfolgsbewußtsein steigernde Karrieren[115]. Im Unterschied zu den zahlreichen systemspezifischen Karrieren, zu Beförderungskarrieren in einer Organisation, Gesundungskarrieren in einem Krankenhaus oder Prominenzkarrieren in Massenmedien-Kultur oder Politik, geht es hier um eine Funktionssysteme verbindende Einheit. Daß auch dafür die Form einer Karriere mit ihren Merkmalen wie Selektivität und Individualisierung, Selbstaufbau und Faszinationskraft, Unsicherheit und Unsicherheitsabsorption herhalten muß, läßt besondere Probleme erwarten. Sie gehen vor allem darauf zurück, daß die beteiligten Funktionssysteme für Erziehung und Wirtschaft ganz unterschiedliche Rahmenbedingungen für Karriereselektionen setzen und dadurch eine bestimmte Problematik des selektiven Prozessierens von Karrieren verstärken.

---

[115] Vgl. Thelma VENESS, School Leavers: Their Aspirations and Expectations, London 1962, S. 147 f.; Michael CARTER, Into Work, Harmondsworth 1966, S. 113 ff.; David N. ASHTON, The Transition from School to Work: Notes on the Development of Different Frames of Reference Among Young Male Workers, The Sociological Review 21 (1973), S. 101–125; ders., Careers and Commitment: The Movement from School to Work, in: David FIELD (Hrsg.), Social Psychology for Sociologists, London 1974, S. 171–186; Martin KOHLI, Studium und berufliche Laufbahn: Über den Zusammenhang von Berufswahl und beruflicher Sozialisation, Stuttgart 1973.

## X. Knappheit und Unsicherheit

Die Ausdifferenzierung eines Wirtschaftssystems der Gesellschaft wird durch Geldwirtschaft ermöglicht und setzt eine durchgehende Monetarisierung der Wirtschaft voraus. Alles wirtschaftlich relevante Erleben und Handeln wird auf Geld bezogen und dadurch verknüpft. Das gilt seit dem 18./19. Jahrhundert sogar für Grundbesitz und für Arbeit. Geld wird dadurch aus einer hochliquiden Ware mit besonderen Eigenschaften transformiert in ein allgemeines symbolisch generalisiertes Kommunikationsmedium, das Eigentum und Arbeit dominiert. Dieser Umbau erzwingt eine Reformulierung der Kontingenzformel der Wirtschaft, eine Reformulierung der Knappheit. Die alte Annahme einer begrenzten und insofern knappen Menge lebenswichtiger Güter wird mitsamt ihren moralischen und sozialisatorischen Konsequenzen[116] ersetzt durch die Knappheit von Geld[117]. Das beseitigt die ursprüngliche Knappheit der Ressourcen und Güter natürlich nicht, hat aber eine Reihe von semantisch-technischen Vorteilen – zum Beispiel den, daß Arbeit und Eigentum über Geld verknüpft und verrechnet werden können, ohne daß Arbeit zum Eigentum gemacht werden müßte[118]; und vor allem den, daß mit Hilfe des Geldmechanismus Summenkonstanzen als solche fungieren und doch variabel gesetzt, also reguliert werden können.

In dieser Spezialform des monetären Kommunikations-Codes ist variable/konstante Knappheit zur strukturellen Rahmenbedingung aller spezifisch wirtschaftlichen Prozesse geworden. Bei gegebenen Wachstumsmöglichkeiten, ja vielleicht Wachstumszwängen steht alle konkrete Disposition unter Summenkonstanz-Bedingungen. Dadurch entstehen interdependente Entscheidungszusammenhänge: Man kann über eine bestimmte Geldsumme nur einmal verfügen. Ihre Ausgabe bedeutet, daß man entsprechend weniger Geld hat; sie limitiert also das dann noch mögliche Entscheiden. Entsprechend kann ein bestimmter Betrag (oder semantische Äquivalente: ein Arbeitsplatz, eine Planstelle) nur einmal vergeben werden. Wenn einer ihn bekommt, steht fest, daß andere ihn nicht bekommen können. Das setzt die Disposition unter den Rationalitätsdruck der Antezipation und Abwägung anderer Möglichkei-

[116] Vgl. dazu George M. Foster, Peasant Society and the Image of Limited Good, American Anthropologist 67 (1965), S. 293–315; ders., Tzintzuntzan: Los Campesinos mexicanos en un mundo en cambio, Mexico 1972, S. 124 ff.; William E. Reynolds, The Analysis of Complex Behavior: A Qualitative Systems Approach, General Systems 19 (1974), S. 73–89.

[117] Hierzu auch Niklas Luhmann, Knappheit, Geld und die bürgerliche Gesellschaft, Jahrbuch für Sozialwissenschaft 23 (1972), S. 186–210.

[118] So noch Lockes bekannte These, daß das ursprüngliche Eigentum Eigentum am eigenen Körper und somit Arbeit sei, oder Fichtes Rückführung allen Eigentums auf Eigentum an Handlungen.

ten. Andererseits braucht, wenn eine Entscheidung gefallen ist, die Unmöglichkeit anderer nicht mehr eigens begründet zu werden. Die durch Geld hergestellte Interdependenz ersetzt die Begründung: Die Kasse ist leer, der Haushaltstitel ist ausgeschöpft, die Planstelle ist besetzt, der Arbeitsplatz ist vergeben – diese Mitteilung genügt.

Diese eigentümliche strukturelle Beschränkung, die auf Rationalisierungszwang und Negationserleichterung hinausläuft[119], gilt indes nur für das Funktionssystem der Wirtschaft. Alles Erleben und Handeln, das sich ihr zuordnet, ordnet sich damit der Wirtschaft zu. Andere Funktionssysteme können diese Form der Entscheidungsinterdependenz nicht übernehmen. Natürlich bleiben auch Politik, Erziehung, Wissenschaft, Familienleben auf wirtschaftliche Ressourcen angewiesen. Auch Lehrer halten Planstellen besetzt. Aber in den genuin funktionsbezogenen Operationen anderer Funktionssysteme gibt es keine Knappheit. Wissen und Können ist ohne Einschränkung durch Summenkonstanzen verbreitbar, und deshalb braucht auch nicht rational kalkuliert zu werden, wer es erhalten soll. Wer Latein lernt, nimmt anderen keine einzige Vokabel weg. Wenn ein Schüler eine Eins erhält, ist damit die Zensierung anderer nicht eingeschränkt oder auch nur präjudiziert. Zusammenhänge können allenfalls nach alten Grundsätzen der Moraltheorie über Kriterien und Gleichbehandlungsansprüche, über Prinzipien und Kasuistik hergestellt werden. An sich besteht zwischen den pädagogischen Entscheidungen kein Verhältnis der Limitationalität – weder was Unterricht, noch was Selektion angeht.

Hieraus folgt, daß Lebenskarrieren durch zwei verschiedene Funktionssysteme prozessiert werden müssen, die unterschiedliche, ja in wichtiger Hinsicht konträre strukturelle Rahmenbedingungen für den Selektionsprozeß vorsehen: Das Wirtschaftssystem limitiert seine Entscheidungen durch Knappheit, das Erziehungssystem nicht. Dieser Unterschied hat weittragende Bedeutung, nicht nur für Art und Ausmaß von Entscheidungsschwierigkeiten, sondern auch für den sozialen Zusammenhang, in dem solche Entscheidungen zu treffen sind, also für das Zusammenwirken dessen, der die Karriere durchläuft, mit denjenigen, die über Zensuren, Versetzungen, Abschlüsse, Stellenbesetzungen, Gehaltserhöhungen und dergleichen entscheiden. Im Wirtschaftssystem mag, aber das richtet sich sehr nach den Umständen des Falles, die Last des Antezipierens und Vergleichens größer sein, dafür kann aber mit einer Entscheidung eine große Zahl anderer Möglichkeiten erledigt werden. Im Erziehungssystem hat man es mit sehr viel höheren und strukturell nicht begrenzten Ansprüchen an Individualgerechtigkeit zu tun, ohne

[119] Marxisten perzipieren genau dies als Zwang zur „Kapitalverwertung" und sehen darin ein Unheil.

daß Ansprüche an Antezipation (hatte der Schüler noch Chancen, die ihm verbaut wurden?) und Vergleich an Hand von Kriterien (Gerechtigkeit) damit erledigt wären.

Ein zweiter Gesichtspunkt kommt hinzu: Die Selektionsentscheidungen im Erziehungssystem sind nicht nur unstrukturierter und daher Fall für Fall schwieriger; sie sind als Karriereentscheidungen auch folgenreicher. Mit einem beide Systeme übergreifenden Karrierebewußtsein verlagert sich die Tragweite (das heißt: die Selektivität) der Selektionen tendenziell aus der Wirtschaft in das Erziehungssystem. Das gilt zwar nicht so sehr für die späteren Phasen der real ablaufenden beruflichen Karrieren[120], wohl aber für deren Antezipation. Denn da Karrieren ihre Einheit nur gewinnen als sich selbst aufbauende Sequenz, werden die Anfangsphasen als besonders wichtig, wenn nicht als ausschlaggebend erlebt. Die Karrierestruktur führt, wenn sie einmal erlebt und übernommen und nicht abgelehnt wird, zur Vorverlagerung der Relevanz und zum Dominieren der Zukunft über die Gegenwart – und zwar einer Zukunft, die trotz ihrer dominierenden Relevanz unentschieden und ungewiß bleibt. Die von SCHLEIERMACHER propagierte Ausbalancierung von Gegenwart und Zukunft in der Gegenwart des Kindes ist dann nicht mehr ungezwungen möglich. Die gegenwärtigen Selektionen werden konsequenzlastig, werden mit Zukunftsbedeutung überfrachtet und in ihrem unmittelbaren Sinn ausgelaugt. Man beginnt, über Zensuren, Fächerwahl, curricularen Aufbau, Lehrinhalte nachzudenken und zu entscheiden im Hinblick auf das, was später von ihnen abhängen wird.

Diese drei Bedingungen – (1) einer nicht mehr durch Familie, also auch nicht mehr durch Schichtung sichergestellten (wenngleich immer noch: beeinfluß-

[120] Hier zeigen im Gegenteil empirische Forschungen, daß Erfolge im Erziehungssystem nicht unbedingt mit späteren Karriereerfolgen korrelieren, weil das berufliche Karrieresystem sehr bald nur noch auf seine eigenen Erfahrungen mit dem Kandidaten reagiert. Vgl. z. B. Niklas LUHMANN/Renate MAYNTZ, a. a. O., S. 167, wonach im öffentlichen Dienst Bedienstete mit durchschnittlichen Zensuren die höchste Beförderungsgeschwindigkeit erzielen, Bedienstete mit den besten Zensuren dagegen die langsamsten Aufsteiger sind. Siehe auch Elmar LANGE/Niklas LUHMANN, Abiturienten ohne Studium im öffentlichen Dienst: Einige Zusammenhänge zwischen Ausbildung und Karrieren, Die Verwaltung 8 (1975), S. 230–251 (insbes. S. 245). Vgl. ferner C. Arnold ANDERSON, A Sceptical Note on Education and Mobility, in: A. H. HALSEY/J. FLOUD/C. A. ANDERSON (Hrsg.), Education, Economy and Society, New York 1961, S. 164–182; Peter ORLIK, Kritische Untersuchungen zur Begabtenförderung, Meisenheim 1967, S. 13 ff.; Paul R. ABRAMSON, Educational Certification and Life Chances among British Schoolboys, Research in Education 5 (1971), S. 52–59; Walter MÜLLER, Bildung und Mobilitätsprozeß: Eine Anwendung der Pfadanalyse, Zeitschrift für Soziologie 1 (1972), S. 65–84 (75 ff.), neu gedruckt in: Klaus HURRELMANN (Hrsg.), Soziologie der Erziehung, Weinheim 1974.

ten!) Lebenskarriere, (2) einer nur in der Berufsphase, aber nicht in der Erziehungsphase durch Knappheit und Summenkonstanzen strukturierten Kontingenz und (3) einer Relevanz- und Selektivitätsverschiebung in Richtung auf den Anfang – wirken kumulativ in Richtung auf Steigerung von Selektionsunsicherheit. Mit dem Abbau schichtspezifischer Vorgaben, der natürlich nicht überall gleich schnell vor sich geht[121], und mit der Zunahme quantitativen Andrangs auf der Avenue DIDEROTS und quantitativer Disbalancierungen im Verhältnis zu den Beschäftigungssystemen der Wirtschaft muß diese Unsicherheit zunehmen. Das erklärt, daß man im Erziehungssystem schließlich die Verantwortung für soziale Selektion, ja sogar die Befassung mit diesem Thema ablehnt[122] – ungeachtet der Tatsache, daß Selektion durch Erziehung faktisch natürlich nach wie vor stattfindet.

Durch Abwertung im Vergleich zu den „eigentlichen" Aufgaben oder gar durch Nichtthematisierung oder durch angestrengte Versuche, sich faktisch nichtselektiv zu verhalten, können aber die Probleme nicht gelöst, sie können nur verdeckt oder verschoben werden. Vor allem zwei Tendenzen fallen auf:

(1) Die Karriereselektion wird an die Grenzen des jeweiligen Systems verschoben, findet also bei Übergängen statt, für die niemand so recht die Verantwortung trägt[123]. Das gilt zum Beispiel für die Selektion zur Zulassung zu weiterführenden Schulen[124], für die gegenwärtig aktuelle Regelung des Numerus clausus bei der Hochschulzulassung, vor allem aber natürlich für den Übergang vom Schul- bzw. Hochschulsystem in den Beruf.

(2) Die Karriereselektion wird nach Möglichkeit dem Betroffenen selbst überlassen; das pädagogische Establishment und die Lehrerschaft, vor allem

---

[121] Vgl. nur Pierre BOURDIEU/Jean-Claude PASSERON, Die Illusion der Chancengleichheit: Untersuchungen zur Soziologie des Bildungswesens am Beispiel Frankreichs, Stuttgart 1971.

[122] Bereits SCHELSKY, a. a. O. (1957), S. 20, hatte von einer schweren Belastung, ja Überbürdung der Schule und der Lehrer durch Funktionen sozialer Verteilung gesprochen.

[123] So auch TEICHLER, a. a. O. (1974), S. 206.

[124] Daß hier eine Tendenz vorliegt, Entscheidungen an Grenzen als definitiv anzusehen, läßt sich gut ablesen an der Nichtausnutzung der Möglichkeiten, die organisatorisch geschaffene „Durchlässigkeit" an sich bieten würden. Vgl. z. B. Julienne FORD, Social Class and the Comprehensive School, London 1969, S. 132 ff.; Ray C. RIST, Student Social Class and Teacher Expectations: The Self-Fulfilling Prophecy in Ghetto Education, Harvard Educational Review 40 (1970), S. 411–451; Wilbur B. BROOKOVER et al., Quality of Educational Attainment, Standardized Testing, Assessment and Accountability, in: C. Wayne GORDON (Hrsg.), Uses of the Sociology of Education. The Seventy-third Yearbook of the National Society for the Study of Education, Part II, Chicago 1974, S. 161–191 (174 ff.). Diese Forschungen zeigen deutlich, wie sehr das Erziehungssystem zu „early selection" und zum Festhalten an einmal erfolgten Selektionen tendiert und wie schwer es fallen wird, diese Einstellung auf dem Organisations- oder Verordnungswege aufzubrechen.

die fortschrittliche Lehrerschaft, ziehen sich aus diesem Geschäft zurück. Sie ziehen sich damit allerdings in erheblichem Umfange auch aus dem Erziehen selbst zurück und überlassen die Erziehung den Zöglingen, ihnen allenfalls noch anregende Gesellschaft und erbetene Förderung bietend[125].

Aber die Nichtbeteiligung der Profession an sozial relevanten Selektionen und selektiven Bewertungen muß die Unsicherheit der Betroffenen nur erhöhen. Wenn niemandem mehr gesagt wird, wie schlecht er ist, kann auch niemand wissen, wie gut er ist, und es entsteht jener Typ des ausgezeichneten Schülers oder Studenten, der seine eigene Qualität kennt und bezweifelt. Es gehen dann die letzten (wie immer fragwürdig gesetzten) Zukunftssignale in der Gegenwart verloren; ausreichende Gegenwart von Zukunft in der Gegenwart ist aber unerläßliches Erfordernis des Aufbaus langfristiger Ereignissequenzen. Daß die Zukunft nicht mit Gewißheit in die Hand gegeben werden kann, ist klar; aber gerade die Differenzierung von Wirtschaft und Erziehung könnte es auch ermöglichen, im Erziehungssystem mit Beurteilungen als Gewißheitsäquivalenten zu operieren. Ist eine Bewertung für den Lehrer schon zu unsicher, macht ihr Unterbleiben die Lage für den Schüler um so unsicherer. Die Unsicherheit wird wiederum nur abgewälzt und kumuliert dort, wo sie aufgefangen werden muß, dort nämlich, wo es letztlich um das eigene Leben geht, zu Größenordnungen, die eigene Wirkungen haben.

Will man Ausweichbewegungen dieser Art nicht einfach hinnehmen, sondern Selektion unter Kontrolle bringen, bieten sich zwei verschiedene Wege an. Abstrakt gesehen, handelt es sich um funktionale Äquivalente. In der Realität werden sie beide benutzt mit Schwerpunktverlagerungen vom einen zum anderen, wenn die Bedingungen sich ändern oder Nachteile allzu fühlbar bewußt werden. Der erste Weg besteht in der Ausdifferenzierung besonderer Systeme für Selektion (Prüfungen). Die Differenz von Erziehung und Selektion wird in der Form einer Systemdifferenzierung (im Grenzfall nur: Situationsdifferenzierung) forciert. Der zweite Weg besteht in der symbolischen Generalisierung eines besonderen Mediums für Selektion, das selektionsrelevante Ereignisse in Schul- bzw. sogar Lebenskarrieren verknüpft, aufeinander bezieht, füreinander relevant macht, so daß jede Selektion durch einen Horizont vorgängiger bzw. weiterer Selektionen an Gewicht, aber auch an Sicherheit gewinnt. Hierfür sind vor allem Zensuren bedeutsam. Beide Möglichkeiten sollen im folgenden (Kapitel XI und XIII) unter dem Gesichtspunkt funktionaler Äquivalenz getrennt behandelt, zugleich aber in ihrem Zusammenhang und in ihrer Bedeutung für ein expandierendes, sich für die Gesamtbevölkerung öffnendes Schul-/Hochschulsystem sichtbar gemacht werden.

---

125 Diese Zurückhaltung hat eine alte Tradition im Bildungsprinzip und in der Universitätserziehung. Ihre Übertragung auf Schulen ist relativ neu.

# XI. Prüfungen

Die erste, die nächstliegende, die sozusagen klassische Lösung des Selektionsproblems findet man in der Institutionalisierung von Prüfungen oder Examina. Wir hatten schon berichtet, daß der Versuch des modernen Staates, Kontrolle über das Erziehungssystem zu gewinnen, sich dieser Einrichtung bedient hatte[126]. So konnte die Lehrplanung von außen diszipliniert, wenn nicht gar „konzentriert" werden. So konnte man hoffen, eine Vermittlung zwischen gesellschaftlich auftretendem (darunter vor allem auch: staatseigenem!) Ausbildungsbedarf und dem, was in Schulen und Universitäten faktisch geschieht, rasch und entschlossen zu realisieren. In einer in Bewegung geratenen Gesellschaft kommt es darauf an, auch mit den gezielten Änderungen Tempo zu gewinnen, und das Prüfungswesen bietet sich als ein solcher Beschleunigungsfaktor an[127]. Inzwischen hat sich das organisatorische Zugriffsinstrumentarium vervielfältigt und diversifiziert (was nicht heißen muß: in seiner Effektivität verbessert). Außerdem hat auch die Kritik am Prüfungswesen zugenommen. Einerseits sind Prüfungen bei weitem nicht mehr das einzige Lenkungs- und Implementationsinstrument der Planung. Andererseits sind sie, als vielleicht schon entbehrlich, Bezugsobjekt für Herrschaftsneurosen aller Art geworden[128]. Zwar werden nach wie vor Überlegungen zur Reorganisation des Schulwesens an prüfungsbezogenen Begriffen, etwa dem der Hochschulreife, entlanggeführt, so vor allem, wenn es auf Wiederherstellung der Einheitlichkeit und Vergleichbarkeit ankommt[129]. Zugleich

[126] Vgl. oben S. 246 ff.

[127] „In solchen Fällen", meint Robert von Mohl, Über Staatsdienstprüfungen, Deutsche Vierteljahrsschrift 4 (1841), S. 79–103 (82), mit Bezug auf eine staatswissenschaftliche Ausbildung des Beamtennachwuchses, „würde es lange genug anstehen, ehe die richtige Erkenntniß beim Publikum sich Bahn bräche gegen Selbstzufriedenheit der Unbildung und Trägheit der Routine, während Ein Befehl eines höheren gebildeten und die Zeitbedürfnisse begreifenden Ministers alsbald mittelst der Prüfungen das Gewünschte in kürzester Frist und allgemein herbeiführt".

[128] Bernd Senf, Prüfungssystem – ein Machtinstrument der Herrschenden?, Zeitschrift der Technischen Universität Berlin 2 (1970), S. 415–430; Rüdiger Lautmann, Prüfung und Herrschaft, Soziale Welt 21/22 (1970/71), S. 360–375; Steinar Kvale, Prüfung und Herrschaft: Hochschulprüfungen zwischen Ritual und Rationalisierung, Weinheim 1972; Hans-Werner Prahl, Hochschulprüfungen: Sinn oder Unsinn? Sozialgeschichte und Ideologiekritik der akademischen Initiationskultur, München 1976.

[129] Siehe Hans Scheuerl (Hrsg.), Probleme der Hochschulreife: Bericht über die Verhandlungen zwischen Beauftragten der Kultusminister und der Westdeutschen Rektorenkonferenz 1958–1960, Heidelberg 1962. Für neuere Bemühungen, die Vereinheitlichung nur noch durch die Form der Normierung suchen und damit auf massiven Widerstand der Pädagogen gestoßen sind, vgl. Andreas Flitner/Dieter Lenzen (Hrsg.), Abitur-Normen gefährden die Schule, München 1977.

werden aber die Diskussionen über das Prüfungswesen überrollt durch eine sehr viel grundsätzlichere gesellschaftspolitische und pädagogische Kritik von Selektion überhaupt. Wie läßt sich nach solchen Schicksalen das Thema wieder aufordnen? Und was besagt das Prüfungswesen, ganz abgesehen von seinen Sonderproblemen und komplizierten Regulierungen, für die Reflexion des Erziehungssystems?

Bis in die jüngste Zeit hatte die Literatur zum Thema Prüfung sich vorwiegend mit dem eklatanten Fehlen von Meßgenauigkeit (Reliabilität, Validität), also mit einer Kritik angeblicher Rationalitätsansprüche der Institution befaßt[130]. Eine solche Kritik erreicht indes kein soziologisches Niveau. Eine Kritik wäre nur dann soziologisch relevant, wenn sie an Erwartungen mißt, die man als Soziologe vertreten könnte. Kein Soziologe würde aber von einer Prüfung Reliabilität oder Validität erwarten oder überhaupt einer Institution Rationalität dieser Art unterstellen wollen. Ebenso unergiebig sind bloße Verfremdungs- oder Kontrastbilder: Prüfung als Ritual, als auf Grausamkeit beruhendes Initiationszeremoniell. Was aber, wenn nicht dies, wären mögliche soziologische Perspektiven, die ein Urteil über die Institution mit Einschluß der an sie gerichteten Erwartungen führen könnten?

Wir gehen von einer systemtheoretischen Charakterisierung aus, nämlich von dem Systemtyp, der gewählt wird, wenn man Prüfung als Form der Lösung des Selektionsproblems wählt. Prüfungen sind Systeme der Interaktion unter Anwesenden, die unter äußerst scharfen Restriktionen stehen[131]. Prüfungen sind Interaktionssysteme unter Anwesenden, auch wenn sie in mehreren Etappen erfolgen und auch wenn sie schriftlich erfolgen und der Prüfer sich durch einen Text und durch Vorkehrungen zur Überwachung vertreten läßt. Immer haben Prüfungen dadurch den Charakter kontinuierender, zeitlich begrenzter (fast immer: vorab definitiv begrenzter) Situationen. Sie konzentrieren das Selektionsgeschehen. Das hat sehr weittragende Folgen für die Limitierung dessen, was in Prüfungen möglich bzw. wahrscheinlich erreichbar ist. Die wichtigsten dieser Beschränkungen sind:

(1) Das System erzeugt situationsspezifischen *Zeitdruck*, da in sehr kurzer Zeit das Prüfungsergebnis erarbeitet werden muß. Wie selten sonst beginnt die Zeit zu rinnen, die Uhr dominiert, jeder Moment wird ergebnisrelevant, Versäumtes kann nicht oder nur unter Zeitverlust korrigiert

---

130 Vgl. zum Beispiel Fernand HOTYAT, Les examens: Les moyens d'évaluations dans l'enseignement, Paris 1962; Roy COX, Examinations and Higher Education: A Survey of the Literature, Universities Quarterly 21 (1967), S. 292–340; The World Yearbook of Education 1969.

131 Zum Grundsätzlichen Niklas LUHMANN, Einfache Sozialsysteme, in: ders., Soziologische Aufklärung Bd. 2, Opladen 1975, S. 21–38.

werden. Die fehlende oder äußerst geringe Zeitelastizität prägt sich dem Erleben ein und wird zur Pression, deren Abarbeiten seinerseits Zeit kosten mag. Insofern ist Üben und Routinisieren des Geprüftwerdens eine der wichtigsten Formen von Prüfungsvorbereitung. Man kann auf Grund all dessen vermuten, daß Prüfungsangst viel stärker durch die Zeitstruktur als durch die Sozialstruktur der Prüfung erzeugt und daher durch die Formung der sozialen Beziehungen auch nicht zu kurieren ist[132].

(2) Aus der Temporalstruktur von Prüfungen folgt, daß *Reflexion praktisch ausgeschaltet wird,* jedenfalls beim Prüfling. Denn Reflexion erfordert *simultane* Verfügung über *zwei verschiedene Gegenwarten:* eine, die von Moment zu Moment verrinnt, und eine gemächlichere Gegenwart, die dauert und in der man sich mit dem, was aktförmig von Moment zu Moment wechselt, identifizieren kann. Nur so ist eine Rückkehr zu sich selbst oder eine Vorausschau auf sich selbst in einer hinausgezögerten Gegenwart möglich, während zugleich Handeln die andere Gegenwart irreversibel macht. So komplexe Zeitsachverhalte können in Prüfungssituationen jedoch nicht aufgebaut werden, die erste und nicht die zweite, die hektische und nicht die gemächliche, die chronologische und nicht die dauernde Gegenwart beherrscht die Zeitdimension. Das, was in ciceronischer Terminologie „prudentia" hieß, der gedehnte und kontrollierte Zeitbesitz, der den Menschen vor dem Tier auszeichnet, wird strukturell inhibiert – und dies in Systemen, die darauf spezialisiert sind, den Menschen zu qualifizieren.

(3) Prüfungen eignen sich unter solchen Bedingungen am ehesten zur *Reproduktion von routinemäßig verfügbarem Besitz,* vor allem von Wissen, eventuell auch von Eloquenz. Sie ermöglichen kaum Rückschlüsse auf

---

[132] Bemerkenswert in diesem Zusammenhang die Untersuchung von D. Gertmann et al., Erste Ergebnisse einer Fragebogenuntersuchung zur Prüfungsvorbereitung im Fach Psychologie, in: Brigitte Eckstein (Hrsg.), Hochschulprüfungen: Rückmeldung oder Repression, Hamburg 1971, S. 54–59, wonach gerade Prüfer, die sich um Hilfestellungen bei einer rationalen Prüfungsvorbereitung und um Transparenz bemühen, die Prüfungsangst vergrößern. Überwiegend denkt die Forschung jedoch vor allem daran, die Sozialdimension des Interaktionssystems Prüfung zu problematisieren; sie hat aber Mühe, deren Relevanz zu belegen. Vgl. Hans Biäsch, Psychologische Hintergründe des Examensverhaltens, Jahrbuch für Psychologie, Psychotherapie und medizinische Anthropologie 16 (1968), S. 115–129 (128f.); Anna Auckenthaler, Versuch einer psychologischen Analyse der mündlichen Prüfung, Zeitschrift für experimentelle und angewandte Psychologie 22 (1975), S. 391–408.

[133] Davor warnte nachdrücklich bereits von Mohl, a. a. O. (1841), S. 89f. Genau das wird aber immer wieder – zumindest trotzdem erwartet. Vgl. z. B. Biäsch, a. a. O., S. 117f.

Talent[133], jedenfalls keine gesicherten Schlüsse auf Verhalten in strukturell andersartigen Situationen. Als „Wissens-Wachtparaden" (MOHL) können sie ein durchaus sinnvolles Moment im selektiven Prozessieren der Personen sein. Ihnen die alleinige Kontrolle des Selektionsprozesses zu überlassen, wäre indes eine ihrerseits hochselektive und folgenreiche Strukturentscheidung.

(4) Es folgen zwei zunächst quantitative Erwägungen. *Die Quote des faktisch in der Prüfungssituation abfragbaren Wissens im Verhältnis zu dem möglichen, angebotenen, erforderlichen oder vorhandenen Wissen* ist äußerst gering, und ihre Repräsentativität kann nur selten gesichert weren[134]. Die gleiche Problematik stellt sich bei einer explosionsartigen Vermehrung des Wissens für die Lehre selbst. Wenn aber *beide* Relationen zwischen Möglichem und faktisch Gebotenem *hochselektiv* sind, wird die Relation zwischen diesen Relationen zufällig, wenn sie nicht organisiert wird. Man kann es jedoch nicht dem Zufall überlassen, ob in der Prüfung das abgefragt wird, was in der Lehre geboten bzw. im Lernprozeß erarbeitet wird. So muß entweder von der Prüfung her die Lehre (syllabus, Abitur-Normen) oder von der Lehre her die Prüfung inhaltlich bestimmt werden. Beides bringt erhebliche Schwierigkeiten und Nachteile mit sich, denen man heute zunehmend dadurch ausweicht, daß man dem Prüfling es überläßt, die Themen zu wählen.

(5) Die Verwendung ausdifferenzierter (also: *neben* allem anderen veranstalteter) Interaktionssysteme zum Prozessieren von Selektion ist außerordentlich *zeit- und arbeitsaufwendig.* Wenn das System bleibt, was es war, müssen sich also die Lasten und Kosten gewaltig vermehren, wenn größere Teile der Bevölkerung in Formen höherer Erziehung eingeschleust werden[135]. Erst recht wären Verbesserungen nur erreichbar, wenn der Prüfungsaufwand (im Einzelfall!) spürbar erhöht, der Aufwand also nochmals gesteigert würde. Die quantitative Veränderung wird hier in eine qualitative umschlagen, sobald es nicht mehr möglich ist, fähige und an der Aufgabe interessierte Prüfer hierfür zu gewinnen.

Wenn Prüfungen als *Interaktionssystem* so viel oder so wenig leisten, kann die *Organisation* von Prüfungen dann mehr leisten? Sicher kann Organisation mehr sein als das bloße Veranstalten von Prüfungen, mehr als die bloße

---

[134] Der Vorteil der Ausbildung in alten Sprachen lag im übrigen auch hier: Die Fähigkeit, schwierige Texte adäquat zu übersetzen, war leicht prüfbar.

[135] Siehe das Beispiel einer Prüfung (Sekundarstufe I) in Italien: 1871 5000, 1970 geschätzt 450 000 (nach Aldo AGAZZI, The Educational Aspects of Examinations, Straßburg 1967, S. 54, Anm. 47).

Vorsorge dafür, daß Räume bereitstehen und daß die Personen rechtzeitig eintreffen. Vor allem aus England liegen Erfahrungen mit einer weit über dies hinausgehenden Organisation vor, die auch die Themenstellung und die Auswertung der Ergebnisse reguliert[136]. Eine solche organisatorische Ausdifferenzierung kann, was auf der Ebene der Einzelprüfungen nicht möglich ist, den Gesamteffekt statistisch kontrollieren, kann Niveauausgleiche vorsehen, quantitative Tendenzen und Entwicklungen sichtbar machen und ihnen entgegenwirken, kann die Schwelle zum Nichtbestehen der Prüfung auf einer gegebenen Bewertungsskala variieren, so daß Bewertungs- und Bestehen-/Nichtbestehenentscheidung stärker getrennt werden usw. Mit alldem muß jedoch eine stärkere Trennung von Unterricht und Bewertung, von Erziehung und Prüfung in Kauf genommen werden. Die Makroorganisation des Prüfungsgeschehens trennt auch die einzelne Prüfungsinteraktion stärker aus dem Schulalltag heraus, und man kann von weitgetriebenen Systemen dieser Art lernen, daß sie Gegenbewegungen auslösen in der Richtung von externen zu internen Prüfungen[137]. Jedenfalls wird man von ausgefeilter Organisation die Hinzufügung der spezifischen Vorteile und Nachteile dieses Systemtypus erwarten können, *nicht jedoch einen Ausgleich der oben skizzierten Nachteile, die sich daraus ergeben, daß Prüfungen ausdifferenzierte Interaktionssysteme sind.*

Im Ergebnis zeigen die Erfahrungen mit dem Interaktions-/Organisationskomplex Prüfung, daß die Problemlösung nicht allein in der Ausdifferenzierung von Sonderveranstaltungen für Selektion gesucht werden kann, und zwar weder auf der Ebene von Interaktion allein noch unter Hinzunahme von Organisation. Die Alternative zu verstärkter Ausdifferenzierung von Prüfungen liegt in ihrer verstärkten Einbindung in die immanente Selektivität des laufenden Verhaltens und Beurteilens im Unterricht selbst. Das kann partiell durch Beteiligung der Lehrer oder durch Hinzuziehung von Schulunterlagen, Zensuren, Zeugnissen bei der Prüfung geschehen. Dahin bewegt sich die Tendenz zum Abbau von voll extern veranstalteten Prüfungen. Man kann indes noch weitergehen und die normale, praktisch den Ausschlag gebende Selektivität ganz dem „continuous assessment" des Interaktionssystems Unterricht übertragen. Dies setzt jedoch Ausdifferenzierung in anderen Formen voraus, nämlich Ausdifferenzierung eines besonderen symbolischen Codes für Beurteilungen und für ihre Verknüpfungen, etwa ein Zensurschema, damit die Selektion im Unterricht nicht versickert. Wir kommen darauf im Kapitel über das symbolisch generalisierte Medium der Selektion zurück. Das Risiko des Einmalgeschehens Prüfung wird dann durch eine

136 Vgl. besonders John PEARCE, School Examinations, London 1972.

137 Siehe PEARCE, a. a. O., insbes. S. 117ff.

laufende Beurteilung gestreckt und gemildert[138]. Die oben herausgestellte Zeitproblematik tritt zurück, ein Nebeneinanderlaufen von kurzfristigen Aktionsgegenwarten und längerfristiger Aggregation von Selbst- und Fremdbeurteilungen wird möglich. Die spezifischen Probleme von Prüfungssituationen werden neutralisiert. Allerdings wird damit auch der Zugriff auf Selbsteinschätzungen mit all seinen Folgen gestärkt. Man kann bei immer wiederkehrenden Fehlschlägen in mehreren Fächern bei mehreren Lehrern nicht einfach sagen, man habe Pech gehabt.

Wir vergleichen nicht unter dem Gesichtspunkt der Humanität und nicht unter dem Gesichtspunkt des Sichwohlfühlens. Wenn aber der Reflexionsgesichtspunkt ist: was in ein modernes, universell selektives, nach oben und nach außen offenes System der Massenerziehung paßt, dann geht unser Urteil in Richtung auf Ausdifferenzierung der Selektion *nicht qua System, sondern qua Code.* Damit ist der Weitergebrauch des Instituts Prüfung nicht ausgeschlossen; man muß aber neu überlegen, für welche Funktionen Prüfungen in Ergänzung, Abrundung oder zur Letztkontrolle des Selektionsprozesses noch sinnvoll sind, so wie etwa der Entschluß als eine der Phasen in einem komplizierten Entscheidungsprozeß. Und eventuell wird das Instrument frei für neuartige Verwendungen.

Die Hauptbedeutung der Prüfungen dürfte bleibend im Bereich der Übergänge liegen, die als Folge organisatorischer Differenzierung notwendig werden. Es handelt sich dann um Abschluß- bzw. um Aufnahmeprüfungen oder um Übergangsprüfungen, die beides zusammenfassen. Man könnte das Instrument auf Grenzfälle oder auf ein Ausbalancieren der Bewertung beschränken. Auf jeden Fall sollten vorherige Resultate für Prüfer und Prüflinge ausreichende Struktur vorgeben, so daß der Entscheidungsspielraum in Übereinstimmung gebracht wird mit dem faktischen Vermögen eines Interaktionssystems.

Diese Funktion der abschließenden Retouchierung und Lackierung eines vorgesehenen Resultats gibt den Gedanken ein, ob nicht die eigentliche Bedeutung des Prüfens an eine ganz andere Systemgrenze verlagert werden sollte, nämlich dorthin, wo die Erfolglosen oder sonstwie Absprungbereiten das System verlassen. Das hieße zu überlegen, ob nicht Prüfungen eine Art Substitut für Normalabschlüsse sein könnten. Mit ihrer Hilfe könnte man erreichen, daß jeder Abgänger ein Abgangszeugnis erhält, das seinen Leistungsstand adäquat fixiert und das ihm das Odium einer nur negativen Pauschalkennzeichnung nimmt. Sowohl die Verlängerung der Aufenthaltsdauer in Schulen und Hochschulen als auch eine etwaige Verschärfung der

[138] Ähnlich sogar für Unterricht an Universitäten Brigitte Eckstein/Helmut Skowronek, Studienbegleitende Prüfungen, in: Eckstein, a. a. O., S. 68–77.

Selektivität werden es notwendig machen, das Problem der „drop-outs" zu entschärfen. Den Abgang durch Prüfung zu honorieren, das wäre ein Schritt in diese Richtung[139].
Eine starke Diskontierung dessen, was Prüfungen im Selektionszusammenhang leisten können, entspricht dem allgemeinen Meinungsklima und erscheint unabdingbar. Man muß das Instrument seinen Möglichkeiten wieder anpassen. Andernfalls würde die Prüfung durch Überdehnung ihre Funktion verlieren, sie würde immer mehr Kandidaten mit fast nur noch besten Zensuren auszeichnen und schließlich entarten zu einer Prüfung der Prüfer im Hinblick auf ihre Fähigkeit, Unfähigkeit zu tolerieren.

## XII. Konditionierung und Selektion des Verhaltens

Bevor wir auf ein funktionales Äquivalent für die Ausdifferenzierung besonderer Prüfungen, auf Codierung der Selektion durch ein besonderes Medium eingehen können, muß ein Zwischenkapitel eingeschoben werden, das das Terrain vorbereitet. Es sucht ein vertieftes Verständnis der Notwendigkeit und der strukturellen Beschränkungen von Selektion zu erreichen, um von da her die These begründen zu können, daß die symbolische Generalisierung eines Mediums Selektion nicht erst einrichtet, sondern nur formt und anschlußfähig macht.
Immer wieder sind wir auf den Tatbestand zurückgeworfen worden, daß Selektion im Erziehungsprozeß unvermeidlich ist. Die Reflexion des Erziehungssystems muß daher die strukturellen Gründe dieser Unvermeidlichkeit mit der Identität des Systems verknüpfen können. Die gesellschaftsstrukturellen Gründe dafür, daß sich Karrieren bilden, geben nur eine Teilansicht des Problems. Sie strukturieren Selektivität dadurch, daß das Gesellschaftssystem seine Einheit nur als ein differenziertes System haben kann. Sie setzen ihrerseits jedoch voraus, daß bereits auf der Ebene der Interaktion unter Anwesenden selektives Bewerten und Selektionsverstärkungen vorkommen, die unter bestimmten gesellschaftsstrukturellen Voraussetzungen dann als Bausteine für Karrieren benutzt werden können. Man muß, mit anderen Worten, die Systemreferenzen Gesellschaft und Interaktion unterscheiden. Beide sind miteinander gegeben, denn wo Interaktion ist, ist immer auch Rücksicht auf

---

[139] Bereits HUMBOLDT hatte Prüfungen auf diese Funktion ausdehnen wollen: „Die gelehrte Schule muß zwar zu jeder Zeit entlassen; ohne . . . Dispensation thut sie es aber nur am Ende eines Schulsemesters, und nie anders, als nach vorhergängigem Examen, dessen Zweck aber nur ist, dem jungen Menschen eine Erklärung mitzugeben, wie viel oder wenig Fortschritte er gemacht hat" (Königsberger Schulplan, Werke, a. a. O., Bd. IV, S. 186).

andere Interaktionen, also Gesellschaft, und Gesellschaft kann nur aus Interaktionen bestehen. Entsprechend ergibt sich auf der Ebene der *Interaktion* die *Notwendigkeit,* auf der Ebene der *Gesellschaft* die *Tragweite* von Selektionen. Dieser Zusammenhang ist seinerseits ein notwendiger, der aber durch unterschiedliche Strukturierungen, sei es von Interaktion, sei es von Gesellschaft, unterschiedlich modifiziert werden kann.

In der pädagogischen und erziehungssoziologischen Kritik der „sozialen Selektion" wird diese Tiefenlage des Problems nicht hinreichend gewürdigt, und darin sehen wir den Grund, daß es nur zu Reformreflexionen kommt. Entsprechend setzt die Kritik der Selektionsinstrumente Zensuren und Prüfungen an hochaggregierten Positionen an, ohne die Grundlagen des Selektionsgeschehens in die Theorie einzubeziehen. Wir müssen deshalb, bevor wir uns diesen Selektionsinstrumenten zuwenden, auch für das Interaktionssystem Unterricht noch Theoriegrundlagen nachliefern.

Wie bei jeder Interaktion kann man auch beim Unterricht davon ausgehen, daß die Partner jeweils sich selbst und die anderen als kontingent erlebend und handelnd erfahren. Für *jeden* gibt es insofern eine *doppelte* Kontingenz, Ego und Alter betreffend. Außerdem wird diese doppelte Kontingenz nochmals gedoppelt in *konstante* und *variable* Faktoren[140]. Man könnte von Fähigkeiten (bzw. Unfähigkeiten) und von Absichten sprechen. Es mag objektiv relativ langfristig festliegende Persönlichkeitsmerkmale, Einstellungen etc. einerseits und situativ auslösbare Motive, Absichten, Handlungsneigungen oder Blockierungen andererseits geben. Die Übergänge werden fließend sein. Erst die Interaktionssituation erzwingt eine relativ klare Schematisierung unter dem Gesichtspunkt konstant/variabel mit einer entsprechenden Zurechnung, weil von der Wahl des Gesichtspunktes unterschiedliche Folgehandlungen abhängen[141]. Es mag also objektive Anhaltspunkte geben, aber erst aus der Interaktion heraus entsteht der Zwang zu

---

[140] Die Sozialpsychologie verwendet diese Unterscheidung im Anschluß an Fritz HEIDER, The Psychology of Interpersonal Relations, New York 1958, zur Strukturierung von Forschungen über Kausalattribution und Leistungsmotivation. Man könnte auch die pattern variables „quality/performance" von Talcott PARSONS heranziehen. Und natürlich hat die Pädagogik immer schon mit dem Unterschied von Anlage bzw. Begabung und Anstrengung, Bemühung, Fleiß, gearbeitet. Die mit HEIDER und PARSONS eingetretene Theoriewendung betrifft nicht diese Unterscheidung als solche, sondern ihre Verlagerung in die Auffassungsperspektiven der Erlebenden bzw. Handelnden.

[141] Vgl. z. B. J. T. LANZETTA/T. E. HANNAH, Reinforcing Behavior of „naive" Trainers, Journal of Personality and Social Psychology 11 (1969), S. 245–252; Bernard WEINER/Andy KUKLA, An Attributional Analysis of Achievement Motivation, Journal of Personality and Social Psychology 15 (1970), S. 1–20; H. S. ESWARA, Administration of Reward and Punishment in Relation to Ability, Effort, and

einer subjektiven Schematisierung, die sich zu einer gegebenen Wirklichkeit reduktiv verhält, um Anschlußmöglichkeiten gewinnen zu können[142].
Diese objektiv erzwungene subjektive Schematisierung nach Ego/Alter und konstant/variabel[143] hat ihrerseits Konsequenzen. Durch die damit gegebenen Vereinfachungen werden die Prämissen gewonnen, die das System in Betrieb halten; aber diese Prämissen sind an die Auffassungsperspektiven der Teilnehmer gebunden und können also divergieren, ohne daß das Kommunikationspotential des Systems ausreichte, um Divergenzen zu reintegrieren. Das System kann seine „objektiven" Grundlagen daher niemals aufarbeiten; es kann nicht mit sich selbst und seinen Teilnehmern „sachgerecht" verfahren; es kann sich selbst aber an seinen Effekten korrigieren. Alles Verhalten von Teilnehmern zum System ist an diese Sachlage gebunden und kann eine Art Zielerreichungsrationalität anvisieren, wenn es sich auf den Umgang mit reduzierter Komplexität und auf die Notwendigkeit permanenter Selbstkorrektur, die daraus folgt, einstellt.
Wir verdichten diese allgemeinen Überlegungen jetzt zu einem speziell auf unser Problem zugeschnittenen Modell. Ein Lehrer, der mit seiner Rolle Verantwortung für die *Änderung von Personen,* für „people processing" übernimmt, wird unvermeidlich nach konstant/variabel schematisieren müssen. Das zeigt nicht zuletzt eine lange pädagogische Diskussion über Anlage und Begabung versus Anstrengung und Bemühung. Soweit der Lehrer *Konstanten* sieht bzw. in die Situation hineindefiniert, ist er *in seinem Verhalten konditioniert.* Die Konstanten, etwa das, was ein Kind einer bestimmten Altersgruppe leisten kann, begrenzen das Repertoire, aus dem der Lehrer sinnvolle Strategien (Stoffe, didaktische Methoden, Anlässe zu Lob und Tadel) wählen kann. Über Konditionierung beherrscht ihn der Schüler. Um-

---

Performance, Journal of Social Psychology 87 (1972), S. 139–140; Stanley Rest et al., Further Evidence Concerning the Effects of Perception of Effort and Ability on Achievement Evaluation, Journal of Personality and Social Psychology 24 (1973), S. 187–191; John Crawford et al., Classroom Dyadic Interaction: Factor Structure of Process Variables and Achievement Correlates, Journal of Educational Psychology 69 (1977), S. 761–772 (769).

142 Daß dieses Phänomen einer objektiv erzwungenen Subjektivierung mit einer erkenntnistheoretischen Dichotomisierung von Objekten und Subjekten nicht zu begreifen ist, liegt auf der Hand. Eher sollte man umgekehrt überlegen, ob nicht der erkenntnistheoretische Schematismus seinerseits ein abgeleiteter ist, nämlich seinerseits durch Interaktion erzwungen wird.

143 Zur Vereinfachung der Darstellung lassen wir im Augenblick den weiteren Attributionsschematismus external/internal bzw. Erleben/Handeln außer Betracht. Vgl. dazu Niklas Luhmann, Erleben und Handeln, in: Hans Lenk (Hrsg.), Handlungstheorien interdisziplinär, Bd. II, 1, München 1978, S. 235–253; ders., Schematismen der Interaktion, Kölner Zeitschrift für Soziologie und Sozialpsychologie 31 (1979), S. 237–255.

gekehrt dient die *Selektion seiner Verhaltensweisen* dazu, das Verhalten des Schülers zu seligieren. Er herrscht über Selektion. Indem er Variabilität sieht, erweitert er mithin seine Selektionsmöglichkeiten und schafft sich den Spielraum für Methodik. Indem er Konstanten sieht, läßt er sich die Bedingungen vorgeben, unter denen die Methoden überhaupt erst greifen.

Die pädagogische Diskussion ist seit eh und je unter der Voraussetzung geführt worden, daß es am Schüler konstante und variable Merkmale gibt. Das ist nicht falsch. Aber die interaktionsnotwendige Schematisierung übertreibt diesen Kontrast, weil sie Entscheidungen über Anschlußverhalten treffen muß, und letztlich ist es dann diese Schematisierung, die die Verhaltensselektion des Lehrers steuert und als Schematismus mit bestimmten Optionstendenzen eigentümliche Folgen hat. Die Entscheidung über Konditionierung und Selektion des Verhaltens wird perspektivisch getroffen. Das heißt: Der Schematismus kann auf seiten des Lehrers und auf seiten des Schülers verschieden angesetzt werden. Die Asymmetrie (Unumkehrbarkeit) und die Komplementarität der Rollenbeziehung wird diese Differenz steigern. Der Lehrer kann seine Rolle nur ausfüllen, soweit er Variabilität sieht. Er schätzt es, wenn der Schüler sich Mühe gibt, sich „am Unterricht beteiligt". Der unbegabte, aber fleißige Schüler hat dadurch eher Chancen, in die Zone pädagogischen Wohlwollens einzurücken, als der begabte, aber faule Schüler[144]. Außerdem wird der Lehrer, wenn er seiner Aufgabe gerecht werden will, bei Leistungsschwächen dazu neigen, die Gründe zunächst im Bereich der variablen Faktoren zu suchen und die Zurechnung auf mangelnde Begabung zurückzuhalten[145]. Über solche Manipulationen im Bereich ihres Schematismus konstant/variabel erweitern also Lehrer, zumindest aktive Lehrer, ihren Selektionsspielraum und drängen die auf Konditionierung beruhende Gegenmacht zurück.

Man könnte vermuten, daß es bei hohen Erwartungen des Lehrers speziell in bezug auf variable Leistungsfaktoren eher zu Kritik und zu negativen Wertungen kommt, dagegen bei niedrigen Erwartungen speziell in bezug auf

---

144 Das ist empirisch recht deutlich gesichert. Vgl. die oben Anm. 141 genannte Literatur. Vgl. ferner Elfriede HÖHN, Der schlechte Schüler: Sozialpsychologische Untersuchungen über das Bild des Schulversagens, München 1967, insbes. S. 55 ff., 103 f.

145 Daß diese Zurechnung dann doch auftaucht, wenn es notwendig wird, Mißerfolge zuzurechnen und die Zurechnung von sich selbst abzuwenden, ist ebenfalls eine empirisch gut gesicherte Erkenntnis. Sie steht nicht im Widerspruch zu den Analysen des Textes. Überhaupt ist zu bedenken, daß der Schematismus konstant/variabel, der reaktionsauslösend verwendet wird, es nicht ausschließt, daß eine variable Merkmalsbestimmung (keine Anstrengung) in anderen Zusammenhängen wie eine konstante Eigenschaft (Faulheit) behandelt wird. Die ursprünglichen Begriffe Nichtkönnen/Nichtwollen geben dies deutlicher wieder.

konstante Faktoren eher zu positiven, ermutigenden Äußerungen. Wenn und soweit das zutrifft, korrigiert der Lehrer mit seinen Wertungen laufend die Diskrepanz zwischen seinem eigenen Anspruchsniveau und seinen eigenen Erfahrungen[146]. Die Bewertung *anderer* dient zugleich der Bearbeitung *eigener* kognitiver Inkonsistenzen. Ein solches Verhalten hat *im Effekt* selektive Wirkungen; aber es wird kaum möglich sein, es am *Zweck* der pädagogischen Selektion auszurichten[147].

Umgekehrt muß das Karriereinteresse der Schüler dahin wirken, daß von ihrer Seite die konstanten Faktoren, ihre Fähigkeit, ihre Begabung in den Vordergrund gerückt werden. Gerade begabte Schüler werden dazu tendieren, durch Minimierung der Bemühung zu brillieren; und andere werden versuchen, die Mühe, die sie sich geben mußten, um etwas zu können, zu verstecken, um eine Zurechnung auf Fähigkeit zu provozieren[148]. Nur über konstantes Können können sie die Lehrer in positivem Sinne konditionieren. Nur so können sie sich von sich selbst überzeugen und auf eine relativ anstrengungslose Langfristsicherheit ihrer Karrieren hinsteuern. Schüler optieren, mit anderen Worten, im Leitschematismus der pädagogischen Interaktion, gegenläufig zu Lehrern.

Zusätzlich ist zu beachten, daß die Option der Schematisierung im Bereich der *Prämissen* des eigenen Erlebens und Handelns liegt und als solche nicht kommunikationsfähig ist. Man kann die Divergenz also nicht als Meinungsverschiedenheit behandeln und auf Konsens oder doch Entscheidung hin abarbeiten. Man kann die Anspruchslage oder die Einschätzung der Gegenseite allenfalls an ihren Resultaten erkennen: am Handeln, das sie ausgelöst hat. Insofern hat das vom Lehrer aus selektiv gemeinte Verhalten für den Schüler *zusätzlich Informationswert.* Er wird für die Lösung einer sehr leichten Aufgabe gelobt – und muß sich dann denken, daß der Lehrer ihn für wenig begabt hält. Er wird bei gleicher Leistung schlechter zensiert als andere

---

146 Dies kann, und das ist erst recht bedenklich, auch durch mehr oder weniger bewußte Orientierung an eigenen Vorurteilen über „gute" und „schlechte" Schüler im Wahrnehmen und Handeln geschehen. Der Lehrer läßt dann dem schlechten Schüler, weil ohnehin nichts zu erwarten ist, weniger Zeit zum Antworten usw. Vgl. dazu Jere E. Brophy/Thomas L. Good, Teacher-Student Relationships: Causes and Consequences, New York 1974, S. 78 ff., 330 ff.

147 Diese Aussage greift vor auf die These des folgenden Kapitels, daß für gesteuerte und kontrollierte Selektion ein generalisiertes Medium erforderlich ist.

148 Vgl. Martin V. Covington/Richard G. Beery, Self-Worth and School Learning, New York 1976, S. 6 f.; J. G. Nicholls, Effort is Virtuous, But It's Better to Have Ability: Evaluative Responses to Perceptions of Effort and Ability, Journal of Research in Personality 10 (1976), S. 306–315. Überlegungen dieser Art werden vor allem die Forschungen über Leistungsmotivation mit neuen Problemen konfrontieren.

– und muß sich dann denken, daß der Lehrer ihn zu mehr Anstrengung und besserer Leistung stimulieren will[149]. Daß diese Information angekommen ist, ist jedoch nicht rückkommunizierbar. Der Lehrer ist bei seiner Absicht und bei seiner Schematisierung nicht zu fassen. Es kommt nur zu einer impliziten Kommunikation über implizierte Persönlichkeitsauffassungen[150]. Man muß gleichwohl annehmen, daß die Wahrnehmung solcher Einschätzung für den Schüler nicht gleichgültig ist und daß sie, je nach Konstellation, in seine Selbsteinschätzung eingebaut[151] bzw. in eine Ablehnung des Lehrers oder gar der Schule übersetzt wird. Die Zurechnungsdiskrepanz enthält ein hohes, kommunikativ nicht kontrollierbares Potential für Demotivation – sowohl der Unbegabten als auch der Hochbegabten[152].

Diese Analyse hat eine Reihe von Konsequenzen. Sie läßt zum Beispiel die Wahl des Schwierigkeitsgrades von Aufgaben als eine Entscheidung erscheinen, die indirekt äußerst informationsträchtig ist und auch unter diesem Gesichtspunkt überlegt sein will. Sie macht erneut die Wahl einer klasseneinheitlichen und zugleich pädagogisch sinnvollen Strategie als nahezu unlösbares Dilemma bewußt und führt damit auf das Technologieproblem zurück. Diese Frage werden wir hier nicht weiterverfolgen. In unserem Zusammenhang ist vor allem wichtig, daß vor dem Hintergrund dieser Analysen, die den aktuellen Stand sozialpsychologischer Forschungen aufgreifen, die primären

---

[149] Solche Informationsübertragungen hängen natürlich auch von der kognitiven Entwicklung des Kindes ab. Vgl. dazu die Experimente von Wulf-Uwe Meyer, Der Einfluß von Sanktionen auf Begabungsperzeptionen, in: Dietmar Görlitz/Wulf-Uwe Meyer/Bernard Weiner (Hrsg.), Bielefelder Symposium über Attribution, Stuttgart 1978, S. 71–87. Sie werden außerdem verschieden wirken, je nachdem, ob der Schüler mehr durch Hoffnung auf Erfolg oder mehr durch Furcht vor Mißerfolg motiviert ist.

[150] Über „implizite Persönlichkeitstheorien" gibt es Forschung, sie bezieht sich jedoch mehr auf ihre verhaltensbestimmenden Auswirkungen als auf ihre Probleme für Kommunikationszusammenhänge oder, schärfer gesagt, ihre Nichtkommunizierbarkeit. Vgl. als Überblick David J. Schneider, Implicit Personality Theory: A Review, Psychological Bulletin 79 (1973), S. 294–309; ferner Manfred Hofer, Die Validität der impliziten Persönlichkeitstheorie von Lehrern, Unterrichtswissenschaft 3.2 (1975), S. 5–18. Mit Zensuren korrelieren hier wiederum hauptsächlich Zurechnung auf Begabung und auf Anstrengung.

[151] Eine solche Übertragung ist empirisch schwer zu beweisen, wird aber in der Literatur häufig vermutet. Siehe z. B. Eduard W. Kleber, Probleme des Lehrerurteils, in: Karl J. Klauer (Hrsg.), Handbuch der Pädagogischen Diagnostik Bd. 3, Düsseldorf 1978, S. 589–617 (607).

[152] Wieweit das nicht seltene Schulversagen von hochbegabten Kindern – dazu Hans-Joachim Kornadt, Lehrziele, Schulleistung und Leistungsbeurteilung, Düsseldorf 1975, S. 12 ff. – hierdurch bedingt ist, kann beim gegenwärtigen Stand der Forschung nicht gesagt werden. Die Dringlichkeit gerade dieses Problems läßt eine Überprüfung dieser Frage geraten erscheinen.

Instrumente der pädagogischen Selektion, Lob und Tadel, wie kleine Inseln erscheinen, die auf einem Meer von mitkommunizierten Bedeutungen schwimmen. Sie bilden nur scheinbar festes Land, verdiente Markierung, sicheren Besitz. Ihre Tiefenwirkung ist dagegen durch Interaktionssachverhalte bedingt, die durch Entscheidung über Lob oder Tadel nicht, oder nur sehr schwer und kaum in bezug auf eine ganze Schulklasse, kontrolliert werden könne.

Gleichwohl bleiben positive und negative Beurteilungen einzelner Leistungen die elementaren Bausteine für jede karrierewirksame Selektion. Nur wird man den Akten des Lobens und Tadelns nicht mehr soviel Vertrauen in die unmittelbar intendierte Wirkung mitgeben können. Die Annahme, Lob wirke als Anreiz zum Guten und Tadel als Entmutigung des Schlechten, sofern nur Lob und Tadel gerecht seien, ist ein viel zu schlichtes und undifferenziertes Rezept. Vielleicht kann einiges getan werden, um die Sensibilität für die indirekte Kommunikation, für das heimliche Gespräch über Selbst- und Fremdeinschätzungen in der Sprache von Lob und Tadel zu erhöhen. Vielleicht kann auch das Bewußtmachen von Attribuierungsvorgängen Korrektive bereitstellen[153]. Vor allem aber gewinnt die Forderung der sozialen und sachbezogenen Gerechtigkeit einen veränderten Sinn. Gerechtigkeit ist nicht mehr primär eine normative Idee, der nahezukommen der Lehrer sich zu bemühen hat. Sie ist eher eine Art Rückzugsposition, auf der man bestehen (und vor allem: vor der Klasse bestehen) kann, auch wenn man nicht weiß und nicht ermitteln kann, ob und wie Lob und Tadel motivieren oder demotivieren.

## XIII. Symbolische Generalisierung: Medium der Selektion

Wir hatten bereits einmal das Fazit gezogen: Alle emotionale und ideologische Ablehnung des Tatbestandes kann nicht darüber hinweghelfen, daß das Lehrerverhalten faktisch selektiv wirkt. Schon durch den Schematismus seiner Perzeption und durch den Verhaltensdruck seiner Rolle ist der Lehrer zu laufender Bewertung gezwungen. Wollte er Wertungen vermeiden (indem er zum Beispiel richtige Antworten nur als richtig bezeichnet), würde sein Verhalten doch als Wertung verstanden werden und so wirken. Nachdem wir soeben in einem anderen Sinne, nämlich in bezug auf eigenes Verhalten, von Selektion gesprochen hatten, können wir auch sagen: Die Selektion des

---

[153] Das ist jedenfalls die Hoffnung dieser im ganzen recht rationalistisch angelegten Theorie. Siehe z. B. Bernard Weiner, Die Wirkungen von Erfolg und Mißerfolg auf die Leistung, Bern/Stuttgart 1975, S. 115 ff.

Lehrerverhaltens wirkt selektiv. Sie löst überdies antezipierende und reagierende Selektionen des Schülers aus und reagiert ihrerseits wiederum mit Selektionswirkung auf das, was sie zum Teil selbst bewirkt hat.

Die Analyse des Phänomens Karriere hat überdies gezeigt, daß Selektion im Erziehungssystem mit bestimmten strukturellen Gegebenheiten zu rechnen hat: (1) mit fehlendem Konsens (zumindest der negativ Betroffenen), (2) mit relativ langen und unsicheren Zeitperspektiven, (3) mit fehlender Knappheit der Bewertungsmittel und (4) mit Unsicherheit, ja mit fehlendem objektivem Gegenhalt der Beurteilungen, die zur Selektion führen. Schließlich beruht (5) alle Selektion auf einer Schematisierung ihrer Prämissen, die als solche weder in der Realität der psychischen Systeme noch in der Realität ihres Wahrnehmungsfeldes verankert ist, trotzdem aber zur Handlungsauslösung benötigt wird.

Unter solchen Umständen entstehen – und wir behaupten: notwendigerweise; ob gewollt oder nicht! – symbolische Generalisierungen, die den Selektionsvorgang orientieren, ihm Ausdruck und kontinuierbaren Sinn geben und ihm Verhaltensanschlüsse eröffnen. Selektion wird so zum Moment einer selbsttragenden Konstruktion, die mit der Realität des Fähigseins, Könnens und Leistens laufend verknüpft wird, ohne sie sachgerecht abbilden zu können oder gar mit ihr identisch zu sein. Wir wollen diese symbolische Wirklichkeit, die ähnlich wie Kredit oder Vertrauen oder Reputation fungiert, als *Medium der Selektion* bezeichnen. Damit soll ausgedrückt sein, daß ohne ein solches Medium der einzelne Akt des Beurteilens, Auszeichnens oder Zurückweisens, nichts bedeuten kann; daß vielmehr ein Lob immer auch das Versprechen weiteren Lobens impliziert, wenn das gelobte Verhalten fortgesetzt wird, und ebenso beim Tadel; daß also erst das Medium der Selektion der Gegenwart eine Zukunft und eine Vergangenheit verleiht und daß erst diese Verweisungsstruktur selektiv wirken kann.

Wie bei allen Medien muß auch bei einem Medium der Selektion ein *Sprachcode* entwickelt werden, der die zur Beurteilung stehenden Sachverhalte binär schematisiert. Der Code kann qualitative Duale (Lob/Tadel), Ja/Nein-Entscheidungen (Versetzung, Aufnahme in weiterführende Schulen) sowie Zensurenskalen vorsehen, bei denen die Wahl einer Zensur die einer besseren bzw. schlechteren für den gleichen Beurteilungsakt ausschließt[154]. Er wird, wenn er alle diese Formen benutzt, Regeln vorsehen, die sie verknüpfen, das heißt Beurteilungen aus dem einen Schematismus in den anderen überführen. Darauf kommen wir zurück. Zunächst sei nur allgemein festgehalten, daß

[154] Zur Kombination von *Polarisierung* und *Differenzierung* in einer Zensurenskala vgl. auch Walter Dohse, Das Schulzeugnis: Sein Wesen und seine Problematik, 2. Aufl. Weinheim 1967, S. 119.

eine binäre Codierung Voraussetzung dafür ist, daß überhaupt ein Medium entsteht, daß nämlich Einzelakte in einen Zusammenhang gebracht werden können, der auf einem aggregierten Niveau selbst seligierende Bedeutung besitzt. Nur dank der Codierung kann man in einer Reihe von Zensuren „Notentendenzen" erkennen, die mehr aussagen als die Einzelzensur. Nur weil man versetzt oder nicht versetzt werden kann, macht die Schulkarriere eine Gesamtaussage, die relativ unabhängig ist von den besonderen Problemen in einzelnen Fächern oder einzelnen Klassenstufen. Auf diese Weise „objektiviert" das Medium sich selbst – nicht in dem Sinne, daß es dadurch eine sachgerechte Aussage über ein unabhängig von ihm vorhandenes Fähigkeitsprofil ergäbe; und auch nicht im Sinne einer Möglichkeit hinreichend gesicherter Prognosen weiterer Erfolge bzw. Mißerfolge in der Schule; wohl aber im Sinne der Ausschaltung von Zufällen oder nur situationsbedingten Wertungen. Es entsteht eine Art symbolisch generalisiertes Artefakt mit relativ hoher Empfindlichkeit gegenüber fortlaufendem Verhalten und weiterer Beurteilung und zugleich mit relativ hoher Absicherung gegen Anomalien, Zufälle oder „Ausrutscher", wie man in der Schulsprache sagt.

Wir stoßen mit diesen Überlegungen auf strukturelle Gründe, die es unerläßlich machen, daß es neben Lob immer auch Tadel, neben guten Zensuren immer auch schlechte Zensuren geben muß – es sei denn, daß man auf Selektion verzichtet. Diese Gründe liegen nicht nur darin, daß eine Auszeichnung ihren Sinn verliert, wenn sie jedermann zuteil wird. Man könnte dann immer noch fragen, weshalb sich nicht alle darüber freuen könnten, daß sie alle die besten sind. Das Fadwerden monochromer Qualifizierung hat seinen Grund in der Zeit. Ohne jene binäre Schematisierung kann Generalisierung keine Zeitdistanzen überbrücken, nicht Verschiedenes im Nacheinander fassen und in der temporalen Relation würdigen. Generalisierung wäre dann nur zu monobegrifflicher Abstraktion, zur Gattungsbildung, zur Pauschaletikettierung – alle Schüler sind Schüler, die gefördert werden müssen, letztlich Menschen – in der Lage. Eine Zeit durchgreifende, diachrone Generalisierung von Verlaufsstrukturen setzt Schematismen voraus; denn dazu muß man an Ereignissen ablesen können, ob sie, auf den Verlauf hin betrachtet, eine positive oder eine negative Tendenz zum Ausdruck bringen.

Erst im Deutungskontext eines solchen Mediums werden die täglich geäußerten Wertungen, deren Entstehungskontext und deren subjektive Schematisierung wir im vorigen Kapitel erörtert hatten, hochtransformiert zu einem Mittel pädagogischer Selektion. Wertungen sind so einerseits Formen der Bereinigung kognitiver Inkonsistenzen im Interaktionsschematismus des Lehrers und außerdem Träger von Informationen für den Schüler, die über die Wertung selbst weit hinausgehen. Sie haben als solche Folgen, die sich zu schwer wieder auflösbaren Konstellationen verdichten können. Sie können andererseits, ganz abgesehen davon, daß sie die Realität selbst verändern, als Wertungen diachron generalisiert werden und werden in diesem Generalisierungszusammenhang zum Selektionsinstrument. Nur soweit sie auch in diesem Kontext symbolischer Generalisierung gesehen werden, und das ist in der Schule nahezu unvermeidlich, wirken sie auch im Sinne von pädagogischer Selektion.

Die allgemeine Codierung des Mediums nimmt verschiedene Formen an. Man muß drei verschiedene Schematismen unterscheiden, nämlich (1) Beurteilungen in der laufenden Interaktion (Lob und Tadel), (2) Zensuren und (3) Entscheidungen, die durch organisatorische Differenzierungen ausgelöst werden, insbesondere Versetzungen, Übergänge in weiterführende Schulen, in Gesamtschulen, Kurszuweisungen und schließlich Schulabschlüsse. Die Entscheidungen innerhalb dieser drei Optionsbereiche färben aufeinander ab, sie können jedenfalls nicht unabhängig voneinander getroffen werden, und ihr Zusammenhang symbolisiert die Einheit des Selektionsmediums.

Wer durchweg gelobt worden ist, kann nicht unversehens eine schlechte Zensur erhalten, es sei denn in der Begrenzung auf eine spezifische Fehlleistung, etwa eine einzelne Klassenarbeit. Infolge ihrer klaren Artikulation eignen Zensuren sich als Gedächtnishilfe, Geschichtsbezug und Verständigungsmittel bei weiterreichenden Entscheidungen. Sie haben, mit anderen Worten, kommunikationstechnische Vorteile in zeitlicher und sozialer Hinsicht auf Kosten der konkreten Genauigkeit des Sachbezugs. Damit erleichtern Zensurenvorgaben mündliche Prüfungen[155]. Vor allem aber sind die Zensuren Anhaltspunkt für die Entscheidungen über Kurszuweisungen oder Versetzung bzw. Nichtversetzung mit offenem Entscheidungsspielraum nur für Grenzfälle[156]. Daß es trotz dieser Interdependenzen drei verschiedene Ausdrucksformen selektiver Bewertung gibt, hat seinen Grund in Anpassungserfordernissen, die ihrerseits auf die Ausdifferenzierung einer besonderen symbolischen Wirklichkeit zurückgehen.

Der Zusammenhang läßt sich unter drei verschiedenen Gesichtspunkten skiz-

---

155 Die Erfahrungen eines der Verfasser mit mündlichen Prüfungen in Universitäten gehen eindeutig dahin, daß bei Vorgabe einer Zensurenbiographie auf Grund von Übungsscheinen und Klausuren und bei Zielrichtung auf eine Zensur die Fragetechnik sehr viel präziser und personbezogener entwickelt werden kann, als wenn der Kandidat erst auf sein allgemeines Leistungsniveau hin abgetastet werden muß.

156 Der Zusammenhang von Zensuren und Versetzungsentscheidungen bzw. Abschlußzertifikaten wird von Außenstehenden wahrscheinlich überschätzt – auch dies ein Mediumeffekt! Nur in wenigen Fällen wird bei der Zensurgebung selbst ihre Versetzungsrelevanz ernsthaft erwogen. Die Zensuren dienen nur dazu, die Fälle herauszusieben, in denen über Nichtversetzung bzw. Nichtbestehen eigens beraten und entschieden werden muß.

zieren, die erstens Reichweite, zweitens Kriterien und drittens Systembeziehungen betreffen.

Die *Reichweite* der Wertung nimmt von Lob/Tadel über Zensuren bis hin zu Versetzungen bzw. Abschlüssen zu, und entsprechend variiert die Kontextabhängigkeit. Lob und Tadel sind zumeist nur aus der Situation heraus verständlich, bleiben an eine im einzelnen kaum erinnerbare Aktualgeschichte gebunden und wirken am besten spontan. Zensuren haben ihren primären Bezugsrahmen in der Schulklasse, sie bewerten Leistungen relativ zu Anforderungen und Erfahrungen im Klassenzimmer und sind darüber hinaus nur von geringem Aussagewert[157]. Erst die Entscheidungen über Bewegungsvorgänge im Erziehungssystem oder über es hinaus gewinnen eine weit über den Moment und über die Urteilsgrundlagen hinausführende Reichweite. Mit zunehmender Reichweite nimmt außerdem die Reversibilität bzw. Korrekturmöglichkeit ab. Der eigentliche Selektionseffekt tritt erst an den durch Organisation gezogenen Barrieren ein, er wird weniger durch Zensuren als durch Zertifikate dokumentiert[158].

Der zweite Gesichtspunkt betrifft die *Kriterien,* nach denen im Kontext des Mediums geurteilt und gewählt wird. Es gehört zu den typischen Eigenheiten symbolisch generalisierter Medien, daß ihre Einheit nicht durch ein Kriterium ausgedrückt werden kann, sondern als Dual fungiert[159]. Kriterien for-

[157] Hierzu treffende Bemerkungen bei Andreas FLITNER, Das Schulzeugnis im Lichte neuerer Untersuchungen, Zeitschrift für Pädagogik 6 (1966), S. 511–538 (534 ff.). Neuere Forschungen über Unterschiede der Zensurgebungspraxis in den einzelnen Jahrgangsklassen (auch bei gleicher Klassenstufe) bestätigen dieses Urteil und lassen rein mathematische Verfahren der Aggregation als nur begrenzt aussagefähig erscheinen. Vgl. Karlheinz INGENKAMP, Untersuchungen zur Übergangsauslese, Weinheim 1968, insbes. S. 104 ff.; ders., Zur Problematik der Jahrgangsklasse, Weinheim 1969; ders., Sind Zensuren aus verschiedenen Klassen vergleichbar?, In: Erziehung 2, 3 (1969), S. 11–14, und für die DDR Helmut WECK, Leistungsermittlung und Leistungsbewertung im Unterricht, Berlin 1976, S. 50 f.

[158] Trotz aller Zensurenkritik nimmt denn auch die Bedeutung von Zertifikaten für die Bewegungsvorgänge innerhalb und außerhalb des Erziehungssystems eher zu als ab. Siehe etwa die Feststellungen bei Olive BANKS, The Sociology of Education, London 1968, S. 176 f.; Paul R. ABRAMSON, Educational Certification and Life Chances Among British Schoolboys, Research in Education 5 (1971), S. 52–59; Alan GARTNER/Frank RIESMAN, The Service Society and the Consumer Vanguard, New York 1974, S. 133 ff.

[159] Diese Feststellung, die sehr komplizierte Theoriefragen aufwirft, kann hier nicht im einzelnen ausgearbeitet werden. Schon die alte Semantik von „regula, kanon, kriterion" hatte diese dualistische Referenz; vgl. Dieter NÖRR, Spruchregel und Generalisierung, Zeitschrift der Savigny-Stiftung für Rechtsgeschichte, Rom. Abt. 89 (1972), S. 18–93 (31, mit weiteren Hinweisen). Und auch die moderne Wissenschaftstheorie scheint sich (wieder) bewußtzumachen, was durch das Wertekonzept lange überdeckt war: daß Wahrheit kein Selektionskriterium sein

mulieren multivalente Entscheidungsfragen. Sie unterscheiden sich im Bereich pädagogischer Selektion wesentlich danach, ob ihr Vergleichsbereich primär zeitlicher, sozialer oder sachlicher Natur ist[160]. Im ersteren Falle wird eine Person bzw. Personengruppe als besser oder schlechter im Hinblick auf eigene vorherige Leistung oder im Hinblick auf einen projektierten Entwicklungsweg beurteilt. Bei sozialen Kriterien wird das Maß am Leistungsstand einer Gruppe, etwa am Klassendurchschnitt, orientiert. Sachliche Normen beziehen sich auf unabhängig von den zu beurteilenden Personen feststehende Gesichtspunkte, etwa Zahl oder Prozentzahl von Fehlern bei einer Aufgabe oder objektive Erfordernisse, die erfüllt sein müssen, damit bestimmte Aufgaben wahrgenommen werden können. Hierhin gehören auch lehrzielorientierte Messungen, wenn man davon ausgeht, daß Lehrziele nicht mit dem Leistungsstand variieren, sondern als feststehend behandelt werden.

Angesichts dieser Perspektivendifferenz ist es unmöglich, alle Vergleichsrichtungen an einem Kriterium festzumachen, denn ein Kriterium gilt nur relativ auf Vergleichsdimensionen. Aber die unterschiedlichen Formen der selektiven Bewertung, von denen wir ausgegangen sind, bieten die Möglichkeit, Kriterien differentiell und doch miteinander verbunden zu handhaben und auf diese Weise die Einheit des Mediums differenziert zu praktizieren. Man könnte sich denken, daß Lob und Tadel primär auf die Zeitdimension hin orientiert werden sollten, also Fortschritte oder Zurückbleiben relativ auf individualhistorisch begründete Erwartungen (mit anderen Worten: Überraschungen) formulieren. Sie sind damit die einzigen voll individualisierbaren Selektionsmittel. Zensuren könnten primär die Sozialdimension besetzen, nämlich zum Ausdruck bringen, wie eine Leistung relativ zu einer einheitlich unterrichteten Klasse rangiert[161]. Schon der zahlenförmige Ausdruck der

kann. Vgl. z. B. Karl R. Popper, Objective Knowledge: An Evolutionary Approach, Oxford 1972, S. 13, 317f.

160 Wir adaptieren hier die Unterscheidung von individuellen, sozialen, sachlichen und fremdgesetzten Bezugsnormen für Leistungsbeurteilungen von Heinz Heckhausen, Leistung und Chancengleichheit, Göttingen 1974, S. 48ff. Ähnlich bereits Wolfgang-P. Teschner, Studie zum Leistungsbegriff in der Pädagogik, Neue Sammlung 9 (1969), S. 427–443 (431 f.): subjektiv/intersubjektiv/objektiv. Der Gesichtspunkt „fremdgesetzt" scheidet aus, weil er die anderen nicht ausschließt, sondern quer zu ihnen steht. Der Gesichtspunkt „individuell" wird zu „zeitlich" erweitert, weil man praktisch, wenn es um Vergleiche geht, nur mit sich selbst in Hinsicht auf ein Vorher bzw. Nachher vergleichbar ist. Vgl. hierzu ferner Andrea Krapp, Bedingungsfaktoren der Schulleistung, in: Hans J. Apel/Christine Schwarzer (Hrsg.), Schulschwierigkeiten und pädagogische Interaktionen, Bad Heilbrunn 1978, S. 61–81 (63) mit weiteren Literaturhinweisen.

161 Das würde es, um einen praktischen Vorschlag abzuleiten, sinnvoll erscheinen lassen, jeder Zensur in Klammern die Zahl des Klassendurchschnitts anzufügen. Damit könnte im übrigen auch der Vorstellung entgegengewirkt werden, daß jeweils eine Normalverteilung (Gaus) vorliegt, die ihren Höhepunkt in der Mitte der Zensuren-

Wertung begünstigt und erleichtert den sozialen Vergleich[162]. Diese Zuordnung der Kriterien für Zensuren zur Sozialdimension und zum klassenmäßigen Unterricht beruht auch auf der Erfahrung, daß die Vereinbarung der Kultusministerkonferenz vom 3. 10. 1968, wonach die Kriterien in den sachlichen „Anforderungen" und nicht in den Durchschnittsleistungen liegen sollen, gescheitert ist; denn die Anforderungen sind nie definiert worden[163]. Dagegen sollten Mobilitätsentscheidungen mit unmittelbar karrierewirksamen Effekten zwar all diese Vorselektionen aufnehmen, zusätzlich jedoch möglichst sachbezogen orientiert und gegebenenfalls durch Tests unterstützt werden, die teils den Leistungsstand objektivieren, teils aber auch größere diagnostische Tiefenschärfe aufweisen, um die Selektion für weitere Karrieren zu versachlichen.

All dies ist wiederum nur einer der Querschnitte von Anforderungen, die eine differenziert-integrierte Selektionssemantik zu erfüllen hat. Sie stehen neben dem, was wir oben Reichweite genannt hatten. Der dritte Gesichtspunkt der Differenzierung und Verknüpfung betrifft schließlich die *Sensibilität des Mediums gegenüber den hochkomplexen Prozessen der Systeme, die die Selektion letztlich verursachen.* Die Beurteilung in der Form von Lob und Tadel, Anerkennung und Kritik oder ähnlichen Akten dient der Vermittlung von *Interaktion und Selektion.* Sie bezieht das Selektionsmedium auf die hochkomplexe Realität des Interaktionssystems Unterricht. Sie koppelt die pädagogische Selektion, wenngleich in zunächst minimalen Einzelschritten, an Ergebnisse dieses Interaktionssystems und an jene Plausibilitäten, die nur momenthaft auftauchen und einleuchten. Der Verzicht auf diese Grundlage bzw. ihre Ergänzung würde die Ausdifferenzierung von eigens für Selektionsfunktionen eingerichteten Interaktionssystemen erfordern, nämlich Prüfungen.

Im Unterschied hierzu dient der Mechanismus der Versetzungen, Überführungen oder Abschlußbestätigungen der Anpassung an das Organisationssystem der Erziehung. Mit diesen Entscheidungen wird *Organisation und*

---

skala hat. Und nicht zuletzt würde man damit einem neuerdings auftretenden Phänomen der Gravitation zur besten Zensur hin entgegenwirken können, denn was besagt eine 1 bei einem Durchschnitt von 1,1?

162 Das wird in der Literatur über Zeugnisse und Zensuren oft, aber zumeist kritisch (individuell unangemessen, falscher Ehrgeiz etc.) hervorgehoben.

163 Außerdem zeigen Erfahrungen mit Versuchen in Richtung auf Objektivierung durch Lehrzielbestimmungen eine bedrückende Restriktion der Bewegungsfreiheit des Unterrichts und eine durchgängige Orientierung an abprüfbarem Material – auch dies Erfahrungen, die eine Reform erst machen muß, bevor sie das geläufige Zensurensystem dann doch nicht so schlecht findet. Siehe dazu Hans-Joachim Kornadt, Lehrziele, Schulleistung und Leistungsbeurteilung, Düsseldorf 1975, S. 132 ff.

*Selektion* vermittelt. Sie sind nur deshalb notwendig, weil Organisation auf externe und interne Grenzen angewiesen ist und diese Grenzen Mobilität sichtbar und entscheidungsbedürftig werden lassen. Ebenso wie Interaktion schafft auch Organisation eine nichteliminierbare Selektivität, und die Ausdifferenzierung eines eigenständigen Selektionsmediums der Erziehung hat nicht zuletzt die Funktion, zwischen dem Selektionsdruck so unterschiedlicher Provenienz zu vermitteln. Daher gewinnt dieses Medium eine nennenswerte Eigenwirklichkeit erst in Erziehungssystemen mit organisierter Interaktion. Vorher denkt man, wie wir gesehen haben, Selektion als natürlichen Prozeß.

Lediglich dem Schematismus der Zensuren fehlt eine solche Außenbegründung. Nicht zufällig sind daher Zensuren mehr als jede andere Form von Selektion Zielpunkt pädagogischer Kritik geworden[164]. Sie sind eigentlich gar nicht notwendig. Aber sind sie nicht eben deshalb derjenige Schematismus der Selektion, der rationaler Gestaltung am ehesten zugänglich ist? Wie anders als durch Zensuren kann zwischen dem Massenanfall an Bagatellbeurteilungen und den großen, organisationserzwungenen Entscheidungen vermittelt werden? Wie anders kann die Einheit jener Selektionssemantik gewahrt werden? Wie anders kann verhindert werden, daß eine Geschichte von Selektion und Selbstselektion abreißt und relativ willkürlich – etwa über Prüfungen – neu begonnen werden muß? Es mag Politik sein, dies Offenhalten und Abstoßen von Vergangenem zu wollen. Aber solche Politik mutet den Betroffenen ein Extremmaß an Unsicherheit zu.

In Beziehung auf einen ohnehin ablaufenden Selektionsprozeß haben Zensuren eine teils aggregierende, teils differenzierende Funktion. Sie aggregieren insofern, als sie eine Mehrzahl von Bewertungen zusammenziehen oder auch einer Einzelwertung exemplarische Bedeutung geben. Sie setzen die Wertung damit erhöhter Aufmerksamkeit, aber auch etwaiger Kritik aus. Sie differenzieren insofern, als sie einer Skala mit mehreren Möglichkeiten entnommen werden und dadurch Vergleiche über das bloße „besser" und „schlechter" hinaus formalisieren. Im Vergleich zu Lob und Tadel wird damit das Modifikationsinstrument einer bloßen Ausdrucksnuancierung präzisiert. Im Vergleich zu organisationsbedingten Entscheidungen wird die Härte der bloßen Zweiwertigkeit abgemildert. Beides hat den Sinn der Erleichterung von Ver-

---

[164] Siehe für Literatur hierzu Walter DOHSE, Das Schulzeugnis: Sein Wesen und seine Problematik, 2. Aufl. Weinheim 1967; Jörg ZIEGENSPECK, Zensur und Zeugnis in der Schule, Hannover 1973; ferner als knappen Forschungsüberblick mit kritischer Tendenz Walter FINGERHUT/Hans-Peter LANGFELDT, Leistungsbeurteilung durch Notengebung, in: Kurt HELLER (Hrsg.), Leistungsbeurteilung in der Schule, Heidelberg 1974, S. 253–270, oder Jörg ZIEGENSPECK, Zensur und Zeugnis, in: Karl J. KLAUER, Handbuch der Pädagogischen Diagnostik Bd. 3, Düsseldorf 1978, S. 621–632.

mittlungen und Verrechnungen, der Herstellung von Anschlußfähigkeit für weitere Urteile.

Die Aggregationsfunktion setzt die Zensurgebung unter Konsistenzdruck. Die Zensuren können, wie bereits gesagt, die Bewertungsmaterialien, aus denen sie gebildet werden, nicht einfach ignorieren; aber die aggregierende Entscheidung kann auch ein gewisses Zurechtrücken der Einzelwertungen oder Zusatzwertungen erfordern, um eine Gesamtaussage zu ermöglichen. Die Differenzierung der binären Grundstruktur des Wertens durch eine formale Skala schafft höhere Komplexität für Vergleiche in zeitlicher, aber auch in sozialer und in sachlicher, fachbezogener Hinsicht. Man kann dann etwa sehen, daß ein Schüler in mathematischen Leistungen besser ist als in sprachlichen, oder auch, daß er keinerlei spezifische Begabungen aufweist. Nur bei relativ großen, fächerübergreifenden und zeitlich konstanten Zensurdifferenzen kristallisieren sich Vorstellungen über ausgesprochen gute bzw. ausgesprochen schlechte Schüler. Mit dieser Aufgliederung geben Zensuren Abstoßpositionen für ein Korrekturverhalten auf seiten des Schülers oder auch des Lehrers, das bei Erreichen einer besseren Note bzw. bei Absinken auf einen hoffnungslosen Stand seinerseits korrigiert, also abgebrochen werden kann.

Zensuren haben mit all diesen Eigenschaften ähnliche Funktionen wie im Wirtschaftssystem unter der Bedingung von Knappheit das Geld[165]. Sie treten als Symbole mit gewissen Funktionen an die Stelle dessen, worauf es ursprünglich und eigentlich ankommt[166]. Sie lassen sich mit Bezug auf Situationen und Individuen „ausmünzen", ohne ihre Relevanz mit der Situation wieder zu verlieren. Ihre „Geltung" hängt nicht von ihrer Gerechtigkeit ab, und der Mechanismus der Zensurbildung ist auch nicht geeignet, etwas Vorhandenes sachgerecht abzubilden – sowenig wie es gerechte Preise geben kann oder Wert und Preis übereinstimmen müssen. Zensuren schaffen auf der für sie spezifischen Aggregationsebene neue Motive, neue Kalkulationsgrundlagen, formalere Orientierungen und mit alldem auch eine eigentümliche Art von Geschäftigkeit[167]. Sie vermitteln Unsicherheiten und Bemühun-

---

165 Dieser Vergleich auch bei Howard S. BECKER/Blanche GEER/Everett C. HUGHES, Making the Grade: The Academic Side of College Life, New York 1968, insbes. S. 35, 55 f.

166 Viel Kritik an Zensuren, vor allem solche der älteren Pädagogik, ist obsolet, wenn man diesen „Sinnverlust" als Funktionsbedingung vorab konzediert und nicht befürchtet, daß sittliche Freiheit oder wahre Bildung verlorengehen, wenn Menschen mit Zahlen markiert werden.

167 Deshalb ist es nicht unrichtig zu vermuten, daß Zensuren eine primär extrinsische (und nicht, was pädagogisch wünschenswert wäre, eine intrinsische) Motivation fördern. Siehe z. B. Peter M. ROEDER, Die pädagogische Bedeutung von Erfolgskontrolle und Leistungsmessung, in: Ilse LICHTENSTEIN-ROTHER (Hrsg.), Schulleistung

gen in einer Weise, die es ohne sie nicht geben könnte. Und sie bieten wegen dieser Eigenständigkeit und abstrakten Sinnfestigkeit Bezugspunkte für eine Anschlußkarriere, die eine gewisse Selbständigkeit besitzen gegenüber dem, was tatsächlich gelernt worden und als Gelerntes noch verfügbar ist.

Die Kritik der Zensurengebung ist – neben der Kritik der Prüfungen, die unseres Erachtens sehr viel überzeugender ist – ein Kernstück der Kritik von Selektion überhaupt. Aber die Beseitigung von Zensuren kann nur das durch sie repräsentierte Aggregations- und Kontrollniveau des Selektionsprozesses lähmen, nicht aber den Selektionsvorgang selbst. Zurück zur Natur der Selektion könnte nur heißen: zurück zu einer disaggregierten Selektivität des Urteils ad hoc. Damit würde die Selektion des Einzelurteils nicht notwendigerweise gerechter oder objektiver werden; aber eine auch dann noch zu erwartende Aggregation von Bewertungseffekten würde nur noch über psychische Mechanismen laufen und sich der sozialen Kontrolle entziehen.

Schließlich muß das symbolisch generalisierte Medium Selektion noch als Medium eines sozialen Systems charakterisiert werden. Wertung ist schon auf ihrer elementarsten Stufe Vorziehen oder Zurücksetzen *vor anderen*. „Récompenser les bons, c'est commencer la punition des méchants."[168] Diese Dimension wirkt vielleicht am tiefsten, weil sie, anders als die weitläufige Zukunft der Karriere, notwendig unmittelbar präsent ist.

Der Lehr-/Lernprozeß, der in einer Schulklasse abläuft, aktualisiert ein Interaktionssystem besonderer Art. Dies ist durch die Funktion des Prozesses bedingt. Die formale (offizielle) Kommunikation bezieht sich auf die anwesenden Personen. Mit allem, was gemeint ist, sind immer auch die Personen gemeint, die es lernen sollen oder es gelernt haben bzw. nicht gelernt haben. Urteile der Lehrer und der Schüler über richtige oder falsche Ansichten implizieren daher immer auch Urteile über ein Können oder ein Versagen. Wissen und Können wird demonstriert oder als Demonstrationsobjekt hervorgezogen, ausgereizt oder auch simuliert. Nichtwissen und Nichtkönnen wird nach Möglichkeit versteckt, wird gerade dadurch aber zumindest dem, der es der Vorführung zu entziehen versucht, bewußt. Es gibt außerdem natürlich auch Disziplinprobleme, fun culture und vieles anderes, was diesem Gesetz der Zurechnung nicht oder in anderer Weise unterliegt. Informale Kommunikation betrifft dieselben Personen als andere Personen. Aber wenn der Unterricht annähernd so funktioniert, wie erwartet wird, dominiert die Leistungszurechnung[169].

---

und Leistungsschule, Bad Heilbrunn 1971, S. 119–128 (124 f.). Allerdings läßt die Kategorisierung nach extrinsisch/intrinsisch ihrerseits manche Fragen offen.

[168] Diderot, Plan d'une Université, a. a. O., S. 527.

[169] Auch Untersuchungen über informelle Subkulturen der Schüler haben eine relativ große Bedeutung der Schulleistungen für die wechselseitige Einschätzung festge-

Unter der Bedingung klassenöffentlicher Kommunikation verstärkt die gemeinsame Orientierung an einem Selektionsmedium, vor allem an Zensuren, die Ersichtlichkeit und Zurechenbarkeit der Leistungen. Das bedeutet, daß jede Leistungskommunikation diskriminierend wirkt, also Besseren ihr Bessersein und Schlechteren ihr Schlechtersein vor Augen führt. Jeder kann und wird registrieren, ob er eine solche Antwort auch geben, ein solches Referat auch halten könnte, auch so versagen, stottern, schweigen müßte oder nicht. Diesen zwangsläufig ausgelösten Effekt der Distribution von Selbstzurechnungen kann kein Lehrer verhindern, sofern er überhaupt die Schüler am Unterricht beteiligt; die Frage kann nur sein, ob und wieweit er die Effekte kontrollieren kann.

Die im sozialen System erkennbaren Bewertungen erfordern und multiplizieren demnach Selektionen. Ob man den selektiven oder den evaluativen Aspekt betont und ob man von selektiver Bewertung oder von bewertender Selektion spricht, läuft auf dasselbe hinaus. Entscheidend ist, daß die Vergleichbarkeit der Schüler untereinander die Selektivität überträgt, dabei aber die Bewertung auch umkehren kann[170]. Nur in der adressierten Kommunikation, nicht auch in ihren sozialen Effekten laufen Bewertungen und Selektion gleich; im übrigen wird ein Prozeß der Selbstzurechnung der Bewertung nahezu zwangsläufig ausgelöst jenseits aller didaktisch gezielten Intention.

Auch die Schüler selbst erleben, daß sie sich leistungsdifferent erleben. Dabei handelt es sich nicht um einen Fall von Konkurrenz, denn es geht nicht um eine Verteilung knapper Güter oder knapper Chancen, die nur je einer auf

---

stellt. Vgl. Elfriede HÖHN, Der schlechte Schüler: Sozialpsychologische Untersuchungen über das Bild des Schulversagers, München 1967, insbes. S. 107ff.; Kurt HOLM, Soziale Schicht und Schulverhalten, in: Günter HARTFIEL/Kurt HOLM (Hrsg.), Bildung und Erziehung in der Industriegesellschaft: Pädagogische Soziologie in Problemübersichten und Forschungsberichten, Opladen 1973, S. 417–436 (427ff.); Klaus HURRELMANN, Unterrichtsorganisation und schulische Sozialisation: Eine empirische Untersuchung zur Rolle der „Leistungsdifferenzierung" im schulischen Selektionsprozeß, 2. Aufl. Weinheim 1973, insbes. S. 115ff.

170 Wir merken nur an, daß sich über Statusdifferenzierungen (vor allem bei festen Klassenverbänden für alle Unterrichtsfächer) auch Einschränkungen der Vergleichbarkeit entwickeln können – sei es, daß einzelne Schüler als außerhalb jeder normalen Aspiration gut, sei es, daß sie als jenseits aller Hoffnung schlecht angesehen werden. (Für den letzteren Fall ein Beispiel bei Louis M. SMITH/William GEOFFREY, The Complexities of an Urban Classroom, New York 1968, S. 58ff.) Beides sind klassenuntypische Fälle, die dadurch markiert werden, daß der Unterricht auf sie keine Rücksicht nehmen kann.
Zu Statusdifferenzen als Markierung von Aspirations- und Vergleichsschranken vgl. auch Leon FESTINGER, A Theory of Social Comparison Processes, Human Relations 7 (1954), S. 117–140; John W. THIBAUT/Harold H. KELLEY, The Social Psychology of Groups, New York 1959, S. 223ff.; Leonard R. SAYLES, Behavior of Industrial Work Groups, New York 1958, S. 103ff.

Kosten der anderen gewinnen kann[171]. Aber die Zurechnungsdistribution folgt einem ähnlich eisernen Gesetz: daß mit Positivem immer auch Negatives, mit Stärken immer auch Schwächen bewußt werden. Die Profilierung ist in der einen oder in der anderen Richtung möglich, aber jeweils nur auf Grund impliziter oder expliziter Kontrastierung. Es ist wie in zeitlicher so auch in sozialer Hinsicht nicht möglich, reine, kontrastlose Euphorie zu erreichen und zu halten. Wenn als Ausgangslage eine Ungleichverteilung der Temperamente und Begabungen, des Wissens und Könnens, des Selbstvertrauens und der Redesicherheit vorliegt, erzwingt der ständige Vergleich eine binäre Schematisierung nach richtig/falsch, gut/schlecht, Erfolg/Mißerfolg oder nach weiter verfeinerten semantischen Äquivalenten. Somit wird durch jede positive Bewertung immer auch eine „relative Deprivation" anderer erzeugt[172], und dieser Mechanismus bestimmt die Selbsteinschätzungen vermutlich stärker als die tatsächlichen Fähigkeiten oder der Inhalt des Gelernten, weil hierfür klare Bezugspunkte der Evaluation fehlen.

Mit diesen Überlegungen sind wir auf denjenigen Sachverhalt gestoßen, der im Erziehungssystem als funktionales Äquivalent für Knappheit dient: daß nämlich das Medium für Selektion ein Verhältnis der Limitationalität zwischen Entscheidungsmöglichkeiten erzwingt. Die oben (Kapitel X) getroffene Feststellung, das Erziehungssystem kenne keine (es sei denn: wiederum nur wirtschaftliche) Knappheit, bleibt richtig, muß aber gleichwohl modifiziert werden. An die Stelle von Knappheit tritt nicht einfach die unlimitierte Menge des möglichen Wissens und Könnens, sondern ein anderes Prinzip der Limitationalität, das seinerseits alles Entscheiden mit Kosten belastet[173]. Im Erziehungssystem sind positive Wertungen an die Mitverursachung negativer Wertungen gebunden, so wie umgekehrt: negative Wertungen an die Mitverursachung positiver. Der Zusammenhang wird sehr elementar über die soziale Komparatistik der Zurechnungsprozesse vermittelt. Man kann also – immer unter der Bedingung einer mehr als passiven Beteiligung der Schüler am Unterricht – den Wertungsschematismus nicht vermeiden, und man kann nicht vermeiden, daß er in beiden Richtungen wirksam wird.

171 Soweit es knappe Güter gibt, zum Beispiel Redezeit, Zuwendung oder Aufmerksamkeit des Lehrers, kann es natürlich zu Konkurrenz kommen, aber das ist für die Zwecke unserer Überlegungen ein sekundäres Phänomen, das wir außer acht lassen, um die Analyse nicht zu sehr zu komplizieren.

172 Vgl. James A. Davis, The Campus as a Frog Pond: An Application of the Theory of Relative Deprivation to Career Decisions of College Men, American Journal of Sociology 72 (1966), S. 17–31.

173 Entsprechend unterscheidet John D. Steinbruner, The Cybernetic Theory of Decision, Princeton 1974, S. 16 f., zwei Arten von „trade-off"-Beziehungen zwischen Werten in komplexen Entscheidungssituationen: Knappheit der Ressourcen und negative Folgen der Realisierung eines Wertes für andere.

Was ein solches Selektionsmedium nun leistet, ist deutlich zu sehen, wenn man seine Wirksamkeit mit der von (wie immer wissenschaftlich geeichten „objektiven") Tests vergleicht. Wir stellen dabei nicht auf eine schwierig zu ermittelnde Sachnähe, Validität oder Realitätsgerechtigkeit ab, sondern lediglich auf die *Form* des Gesamtresultats und auf die Art, wie es den Entscheidungsprozeß bindet. Das Selektionsmedium schickt im großen und ganzen die Begabteren und Leistungsfähigeren in die anforderungsreicheren Zweige des Schul-/Hochschulsystems. Die Mittelwerte der so unterschiedenen und differentiell geförderten Schülermengen unterscheiden sich deutlich[174]. Es wird also keineswegs falsch seligiert. Andererseits sind die Überschneidungen groß. Das heißt: Es kommen auf die weiterführenden Schulen auch Schüler, die schlechtere Voraussetzungen mitbringen als die besten unter denen, die zurückbleiben. Legt man Testwerte als Maßstab an, finden sich also unter den schulisch begünstigten Schülern solche, die die Spitze, ja selbst den Durchschnitt der nicht begünstigten Schüler unterschreiten, und umgekehrt übertreffen die besten der Hauptschüler in ihren Testwerten die schwächeren Gymnasiasten oder Realschüler. Würde die Selektionsentscheidung allein auf Grund von Tests getroffen werden, könnte und müßte sie trennscharf erfolgen. Man müßte von willkürlich festgelegten, vielleicht an Hand von Bedarf und Nachfrage regulierten Punktzahlen ausgehen und die Schüler entsprechend sortieren. Wer die 100 erreicht, kommt in die höhere Schule oder den höheren Kurs, wer mit 99 abschneidet, dagegen nicht. Die Entscheidung würde damit automatisiert, sie würde ganz dem Test selbst überlassen und ausschließlich durch dessen „Wissenschaftlichkeit" zu rechtfertigen sein, die aber die Willkür der Schnittlinie nicht mitlegitimiert.

Es ist klar, daß man hier vor einer Strukturwahl steht und daß diese Strukturwahl sich nicht an einem Vergleich im Hinblick auf Validität, Prognoseeignung, Komplexität des Realitätsbezugs etc., ja überhaupt nicht an einer Relation zum beurteilten Gegenstand orientieren kann. Denn erstens reichen etwaige Unterschiede in diesen Hinsichten für eine Entscheidung, die ihrerseits mannigfache Folgen hat, nicht aus. Und zweitens ist das ganze System selbstreferentiell, es stellt sich auf die Strukturwahl ein und verändert damit auch die Gegenstände, in bezug auf die das eine bzw. andere Verfahren als vorteilhaft erschien. Die Entscheidung kann mithin nur im Hinblick auf ihre eigenen Konsequenzen getroffen werden. Das Selektionsmedium vollzieht die Trennung in anderer Weise als der Test, es trägt selbst zur Qualifizierung

[174] Siehe etwa die Ergebnisse bei Erich HYLLA, Vergleichende Leistungsmessung im 4. und 5. Schuljahr, München 1949, S. 52f., 59f.; Lilli KEMMLER, Schulerfolg und Schulversagen: Eine Längsschnittuntersuchung vom ersten bis zum fünfzehnten Schulbesuchsjahr, Göttingen 1976, S. 100ff.

(manche sagen: Stigmatisierung) der Gruppen bei, und es bedient sich dabei eines diffusen Bezugs zur Realität über die Urteilsbildung der Lehrer, auf die man als Schüler interaktionell einwirken kann bzw. daran scheitert. Die Entscheidungen „stimmen" dann nur in einem statistischen Sinne, nicht im Einzelfall. Sie registrieren eine Interaktionsgeschichte und leben davon, daß ihre sachliche Richtigkeit nicht kontrolliert werden kann. Bei testfundierten Entscheidungen wird die Willkür aus der Interaktion in den Test und seine Grenzwerte überspielt. Das bringt den Vorteil der Trennschärfe, kann aber Fehlsortierungen auch nicht verhindern, die sich aus dem Problem der Multidimensionalität und der Existenz unberücksichtigter Kriterien ergeben können.

Wie immer bei einem Vergleich funktionaler Äquivalente präzisieren also die Alternativen sich wechselseitig. Man ist nicht nur auf die Funktionsangabe, hier also auf die Selektionsleistung, angewiesen, sondern man kann auch an der Eigenart von Alternativen ablesen, was vermieden werden soll, wenn das System sich auf bestimmte Formen der Problemlösung festlegt. Das Selektionsmedium begnügt sich mit bloßer „Mittelwertlegitimität" und einer quasi monetären Abstraktheit von Zensuren, und das hat nicht zuletzt den Sinn, jene Trennschärfe zu vermeiden, die sich aus der Linearisierung gemessener Personmerkmale zwangsläufig ergibt.

## XIV. Reflexion der Selektion

Die Reflexion der Selektion ist die Reflexion der Einheit ihres Mediums. Zunächst geht es dabei weder um Kritik noch um Messung der Verhältnisse an Extremwertungen (etwa Gleichheit), noch um Reform, sondern um eine Vorfrage für all dies: um Orientierung an der Einheit eines hochkomplexen Zusammenhanges.

Der Bezug auf Einheit, und das nur ist Reflexion, kann nicht durch Bezug auf Gleichheit ersetzt werden. Das liefe auf eine unzulängliche Vereinfachung, auf eine Erleichterung der Gedankenführung hinaus, die in einer Rundumverurteilung der Realität enden muß. Damit wird Ideologie für Reflexion substituiert und allenfalls noch Ideologiekritik angehängt im Sinne einer gesellschaftsbezogenen Kritik der Ideologie, die andere vertreten. Man kommt dann sehr rasch und überall zu der Feststellung, für die man sich auch auf empirische Forschung berufen kann: daß Ungleichheit gegeben ist – Ungleichheit in den Chancen von Kindern verschiedener Schichten; Ungleichheit in der Zensierpraxis von Fach zu Fach, von Klasse zu Klasse; Ungleichheit in der Sitzenbleiberpolitik von Schule zu Schule; Ungleichheit in den Übergangs- und Erfolgsquoten in den Schulsystemen von Land zu

Land usw. Aber was fängt man damit an? Man kann dann nur Reformen in Richtung auf den Extremwert der Gleichheit verlangen, also versuchen, die Einfachheit der Ideologie in die Realität zu verlagern. In hochkomplexen Gesellschaften ist diese Vorgehensweise verständlich und nahezu unvermeidlich, weil die Komplexität nur reduktiv, nur über Vereinfachungen im System selbst faßbar ist. Und trotzdem wird man fragen müssen, ob Ideologisierung der Gleichheit, ob Substitution von Gleichheit für Einheit die einzig mögliche Vorgehensweise ist.

Das Überziehen des Gleichheitspostulats im Reflexionsprozeß ist auch daran erkennbar, daß Erziehung und Selektion im Hinblick auf Gleichheit ungleich behandelt werden. Die alte Klage: Schüler erhalten für dieselbe Leistung in verschiedenen Schulen, von verschiedenen Lehrern, vom selben Lehrer zu verschiedenen Zeiten verschiedene Noten, wird als „niederschmetterndes" Resultat empirischer Forschung von Buch zu Buch tradiert[175]. Daß Schüler auch bei gleichen Anlagen und gleichen Stoffplänen in verschiedenen Schulen, von verschiedenen Lehrern und vom selben Lehrer zu verschiedenen Zeiten sehr verschieden unterrichtet, beeinflußt, erzogen werden, verursacht sehr viel weniger Aufregung, obwohl die Ungleichheit des Wirkens viel gravierender ist als die Ungleichheit des Wertens[176]. Offenbar hängt diese Diskrepanz mit dem professionellen „bias" für Erziehung und gegen Selektion zusammen[177]. Sie könnte auch dadurch bedingt sein, daß die Einheit des symbolisch generalisierten Mediums für Selektion, die im Bereich Erziehung kein Pendant hat, die durchgehende Gleichheit als Postulat forciert. Jedenfalls könnte man die überzogene Kritik ungleicher Selektion erheblich abschwächen, wenn man sie einpendelt auf das, was an Gleichheit des Unterrichts verlangt wird. Es kommt hinzu, daß jede Änderung von Strukturen im Namen der Gleichheit Ungleichheit schafft, nämlich Ungleichheit von Jahrgang zu Jahrgang. Häufen sich solche Reformen, dann mag die Ungleichheit unter den gleichzeitig Lebenden dadurch größer statt geringer werden,

---

175 Vgl. Walter Lietzmann, Über die Beurteilungen der Leistung in der Schule: Mathematisches – Psychologisches – Pädagogisches, Leipzig/Berlin 1927, S. 46 f.; Dohse, a. a. O. (1967), S. 82; Ziegenspeck, a. a. O. (1973), S. 72.

176 Siehe die Ergebnisse bei Hylla, a. a. O., S. 48 f., oder bei Andreas Krapp, Bedingungen des Schulerfolgs: Empirische Untersuchungen in der Grundschule, München 1973, S. 131 ff. Der Faktor Schule erklärt hier sogar Schulleistungsdifferenzen mit einem größeren Varianzanteil als der Faktor Elternhaus, der typisch für das Problem schichtspezifischer Selektion in Anspruch genommen wird (vgl. Krapp, S. 156 ff.). Vgl. auch Benjamin Bloom, Individuelle Unterschiede in der Schulleistung: ein überholtes Problem?, in: Wolfgang Edelstein/Diether Hopf (Hrsg.), Bedingungen des Bildungsprozesses, Stuttgart 1973, S. 251–270 (264 ff.), der 20–25% der Varianz der Schulleistung auf Qualität des Unterrichts zurückführt.

177 Siehe oben Kapitel V.

und dies besonders, wenn die Reform ihre eigentlichen Ziele gar nicht erreicht.

Ebenso problematisch wie der Bezug auf Gleichheit ist der Bezug auf *Leistung*, nämlich die Unterstellung, daß die Einheit des Selektionsmediums die Einheit eines Leistungszusammenhanges widerspiegele oder widerspiegeln solle und daß Selektion gegen alle Humanität die Erfordernisse einer „Leistungsgesellschaft" durchsetze. Im Unterschied zu „Gleichheit" ist das Thema „Leistung" neu[178]. Schon das weckt die Vermutung, daß Leistung erst hinzuerfunden wurde, als Selektion schon da war; daß also das symbolisch generalisierte Medium der Selektion sich mit dem Leistungsbegriff ein semantisches Korrelat geschaffen hat, für das Realität unterstellt werden kann. Natürlich ist dieser Korrelatbegriff nicht ohne Anhalt in der Realität. Es gibt auf der Ebene einzelner Handlungen oder Handlungssequenzen Bedarf für eine Gesamtbezeichnung von Handlung, Erfolg und erschwerende Bedingungen. Ein solcher Dreikomponentenbegriff kann dann wie eine Einheit für weitere Aggregationen fungieren. So können zur Herstellung eines Werkes, um zum Beispiel einen Menschen auf den Mond und wieder zurückzubringen, viele Leistungen erforderlich sein. Bei allem, was über die Werkeinheit hinausgeht, ist jedoch die Einheit der Leistung nicht mehr zu fassen, es sei denn als Einheit einer Karriere, die sich selbst als Werk zum Thema hat. Entsprechend gelten ältere Versuche, ein einheitliches „Leistungsmotiv" empirisch zu belegen, heute als gescheitert[179]. Auf einem gesamtgesellschaftlichen und auch auf einem gesamtpädagogischen Aggregationsniveau begründet dann aber nicht die Leistung die Selektion, sondern die Selektion die Leistung. Jenseits dessen, was werkförmig faßbar ist, nimmt der Leistungsbegriff daher ebenfalls illusionäre Züge an.

Wenig beachtet worden ist bisher, daß Leistung eine Art Selbstregulierung psychischer Systeme ermöglicht, die über System/Umwelt-Differenzierung und Kausalattribution läuft[180]. Damit rückt das Thema Leistung, individual- und sozialpsychologisch gesehen, an den Platz, an dem man früher von

---

[178] In die pädagogische Diskussion eingeführt eigentlich erst durch Carl-Ludwig FURCK, Das pädagogische Problem der Leistung in der Schule, Weinheim 1961. Zur Semantik von „Leistung" vgl. die Feststellungen bei ZIEGENSPECK, a. a. O., S. 13 ff.

[179] Vgl. Joseph VEROFF, Wie allgemein ist das Leistungsmotiv?, in: Wolfgang EDELSTEIN/Diether HOPF (Hrsg.), Bedingungen des Bildungsprozesses, Stuttgart 1973, S. 94–148; Hans-Joachim KORNADT, Lehrziele, Schulleistung und Leistungsbeurteilung, Düsseldorf 1975, S. 91 ff.

[180] Vgl. aber Frank HALISCH, Die Selbstregulation leistungsbezogenen Verhaltens: Das Leistungsmotiv als Selbstbekräftigungssystem, in: Heinz-Dieter SCHMALT/Wulf-Uwe MEYER (Hrsg.), Leistungsmotivation und Verhalten, Stuttgart 1976, S. 137–164, mit Hinweisen zur Zusammenführung von Forschungen über Selbstbekräftigung, Leistungsmotivation und Kausalattribution in der neueren Sozialpsychologie.

weltaneignender Individualität oder auch von Bedingungen der Möglichkeit von Freiheit sprach. Die Kontrastierung von Leistung und Emanzipation verliert ihren Sinn. Selbst wenn man all dies in Rechnung stellt und entsprechend Freiheit zur Leistung mit gleichem Recht wie Gleichheit aufs Programm schreibt, bleibt eine solche Wertung reflexionsthematisch unzulänglich, weil die Realität gegeben ist als Einheit der Proklamation und Behinderung solcher Werte.

Auch die Reflexion auf Leistung, und erst recht die Sekundärreflexion gegen Leistung, hat in der Form, in der sie Einheit in Anspruch nimmt, demnach ideologischen Charakter. Eine Reflexionspolitik der Internalisierung und strukturellen Realisierung von Gleichheit und Leistung wird auf Widerstände auflaufen, die sie nicht fassen, nicht mitbegreifen kann. Man kann sich dann noch eine Weile streiten, ob man für oder gegen eine Gesellschaft ist, in der Gleichheit bzw. Leistungen verlangt werden, aber die Reflexion der Einheit findet sich erneut fehlgeleitet, weil sie nicht entlang von Strukturen denkt, die Realzusammenhänge tatsächlich aggregieren. Dies geschieht aber im Bereich karrierewirksamer Selektion nur durch das Medium der Selektion selbst. Alle Reflexion der Selektion muß daher die Einheit dieses Mediums benutzen, um sich die Einheit des Systems zu repräsentieren, in dem die Selektion stattfindet.

Aber was kann, wenn man auf Ausrichtung an Illusionsmarken mit ideologiebildendem Effekt verzichten will, Reflexion der Einheit des Komplexen bedeuten? Woran kann sie sich halten? Wie ist sie anzustellen?

Unsere Antwort lautet: Sie findet ihren Leitfaden in hochgeneralisierten Strukturen der Realität, und sie kann nicht nennenswert über die sozialstrukturell gegebenen Generalisierungsmöglichkeiten hinausgetrieben werden. Im ersten Teil unserer Untersuchungen hatten wir gesehen, daß es in der Semantik des Erziehungssystems Kontingenzformeln gibt, die mit der Ausdifferenzierung des Systems variieren und die Autonomie an die Funktion rückbinden. Der anschließende Teil hatte zu zeigen versucht, daß das Problem der Kausaltechnologie zunächst unter dem Gesichtspunkt einer Technologieaversion, sodann unter dem realitätsnäheren Gesichtspunkt eines Technologiedefizits zum Thema wird. Im Bereich der Selektion ist das entsprechende Reflexionsthema schon benannt: Es liegt in der Einheit eines Selektionsmediums, die als Einheit notwendig wird, sobald es infolge Systemdifferenzierung Karrieren und Karrierebewußtsein gibt.

Die Einheit des Mediums läßt sich vermutlich am besten charakterisieren als *Zusammenhang von Ausdifferenzierung und Interdependenz des Selektionsgeschehens.* Ausdifferenzierung bedeutet: daß die Selektion nicht von externen Faktoren abhängt oder jedenfalls nicht von ihnen abhängen sollte, vor allem: nicht durch partikulare Beziehungen zwischen Lehrern und Eltern und nicht durch Schichtung beeinflußt sein darf. Interdependenz heißt: daß die Relevanz einzelner Selektionsakte in ihrem Einfluß (und nur in diesem Einfluß) auf andere Selektionsakte gesehen wird. Mit Ausdifferenzierung müßte daher, so unser Argument, die über symbolische Generalisierungen vermittelte Interdependenz der Selektionen zunehmen; alle Bewertungen und Auswahlentscheidungen müßten im Hinblick auf anderes wichtig werden; ihr Aufmerksamkeitswert müßte zunehmen. Die drastische Steigerung des Zensurenbewußtseins der heutigen Schuljugend bei gleichzeitigem Abbau familien- und schichtbedingter Sicherheiten spricht deutlich für diese These – um so mehr, als dieser Zusammenhang sich gegen die Selektionsfeindlichkeit des pädagogischen Establishments durchsetzt. Auch die Erfahrungen an Gesamtschulen deuten in diese Richtung: Eine forcierte Politik des Abbaus von Schichtvorgaben („Privilegien", wie man sagt) gibt eine breitere Basis für schärfere Selektion[181] und multipliziert zugleich durch ihre organisatorischen Realisierungen, speziell durch das Kurssystem, intern Selektionszwänge. Entsprechend hoch ist auch hier der Aufmerksamkeitswert von Indikatoren für Selektion, speziell der Kurszugehörigkeit[182]. Gerade unter solchen Bedingungen ist das Medium die Sicherheit, indem es regelt, daß und wie Erfolge bzw. Mißerfolge Konsequenzen haben.

Die Einheit des Mediums ist also keine Norm, keine Vorschrift. Sie ist nichts weiter als die Herstellung eines Zusammenhangs mittels binärer symbolischer Generalisierung. Die Reflexion dieser Einheit dient nicht schon gleich der Kritik und erst recht nicht der Steigerung der Empörung über Gewußtes. Sie macht nur die Einheit eines komplexen Zusammenhanges in ihren Entstehungs- und Wirkungsbedingungen bewußt und schließt sie an die Einheit von Systemen, hier zunächst des Erziehungssystems, sodann des Gesellschaftssystems an. Praktisch ist Reflexion der Versuch, über die Einheit des Komplexen auch die Blindstellen, auch die unthematisierten Seiten der Realität mitzuerfassen, die Ideologie und Reformreflexion unbelichtet lassen müssen, um als Praxis erscheinen zu können. Insofern ist die hier angestrebte Reflexion Realitätsreflexion und ein Stück soziologische Aufklärung.

In den vorigen Kapiteln haben wir gezeigt, daß sich auf Grund von funktionaler Differenzierung des Gesellschaftssystems Karrieren und entlang von Karrieren ein Bedarf für eine Orientierungs- und Steuerungssemantik ausbilden, die sowohl von dem Karrieristen als auch von dem, der über ihn entscheidet, benutzt werden kann. Indem diese Semantik selektive Ereignisse

---

[181] „Die GS hat vielmehr die *Auslesefunktion* des dreigliedrigen Schulsystems für Höherqualifizierte *auf einer vergleichsweise breiteren Ebene* vorzunehmen", konstatieren Gesine BÜHLOW et al., Integration und Selektion in der Gesamtschule: Soziale Erfahrungen von Gesamtschülern, Teil II, Weinheim 1977, S. 37.

[182] Vgl. nur BÜHLOW et al., a. a. O., S. 186 ff.

verknüpft und über Zensuren, Zeugnisse, Gutachten, Personalakten sozusagen verleimt, entsteht die Einheit eines symbolisch generalisierten Mediums. Und Einheit heißt hier: daß die Interdependenz der Ereignisse innerhalb dieses semantischen Raumes sehr viel höher liegt als im Verhältnis zu externen Ereignissen und daß der interne Zusammenhang im Unterschied zum externen mit Recht berücksichtigt wird.

Dies semantisch vermittelte Generieren von Einheit hängt von gesellschaftsstrukturellen Bedingungen ab und damit von Problemlagen, auf die die Gesellschaft eine Antwort finden muß, wenn sie nicht gezwungen sein will, die problemerzeugenden Strukturen zu ändern. Das heißt keineswegs, daß die Einheit von Selektion/Karriere/Streß strukturell vorgeschrieben ist; wohl aber, daß auch Immobilität, Trägheit, unmittelbarer Lebensgenuß, Verweigerung oder Umarbeitung von antezipiertem Scheitern in Zufriedenheit im semantischen Bezugsfeld von Selektion stattfinden – so wie jemand, der nicht heiratet, eben unverheiratet bleibt. Ein Austarieren gesellschaftlicher Wertungen zugunsten von Nichtkarrieren mag möglich sein, und vielleicht sind Tendenzen dieser Art (empirisch sind sie noch nicht sicher auszumachen) ein notwendiges Korrelat der Universalität des Musters. Aber es gibt, so jedenfalls unsere These, keine andere Antwort auf das Problem als die der binären Schematisierung oder, genauer, der Einheit eines binären Schematismus.

Erst innerhalb dieser über Reflexion fixierten Vorgaben ergeben sich sinnvolle Gestaltungsspielräume für politische Planung oder professionelle Bemühung. Diese haben ihr Bezugsproblem, soziologisch gesehen, in Folgeproblemen der Systemstrukturen, besonders in Folgeproblemen der strukturellen (zum Teil: organisatorischen und insofern variablen) Diskontinuitäten und in Folgeproblemen der binären Schematisierung. Wer angesichts dieser Situation sein Bemühen in idealistischer Weise als Annäherung an eine Idee, etwa die der Gleichheit, auffaßt, wird die Erfahrung machen, daß er Schwierigkeiten, Widerstände und Mißerfolge nicht begreifen kann. Er hat dafür in seiner Theorie keinen Platz. Auch solche Dispositionen sind für uns schon Geschichte, sind schon mit Erfahrungen besetzt und sind seit Hegel eigentlich obsolet. Und man weiß: Wer in seiner Theorie und in seiner Realitätssicht keinen Platz vorsieht für Negativität, wird seine eigene Zugangsweise letztlich moralisch schematisieren und für Moralpolitik optieren. Für andere ergibt sich solche Einstellung ersichtlich aus einem Reflexionsdefizit bzw. einem Theoriedefekt[183]. Statt dessen orientiert die hier vorgeschlagene Reflexion sich an der Realität binärer Schematisierungen, und sie geht als Reflexion

---

183 Vgl. als Analyse eines linearen Theorietypus dieser Art Rudolf Bluhm, Zum Problem moralischen Argumentierens: Sartre, in: Niklas Luhmann/Stephan H. Pfürtner (Hrsg.), Theorietechnik und Moral, Frankfurt 1978, S. 117–145.

der Frage nach, ob die *Einheit* des Schematismus – daß ein Ja nur mit der Möglichkeit des Nein gegeben ist und umgekehrt – *als solche schon problematische Wirkungen hat.*

An diese Art Realitätsreflexion schließen deshalb bestimmte Fragestellungen an, die wir in den beiden letzten Kapiteln dieses Teiles ausarbeiten wollen. Die eine hat mehr theoretischen, die andere hat mehr praktischen Bezug. Die eine befaßt sich mit charakteristischen Folgeproblemen eines symbolisch generalisierten Mediums der Selektion. Die andere zielt auf Bedingungen der Möglichkeit rationalen Handelns.

## XV. Folgeprobleme

Selbstverständlich sind die Gesamtauswirkungen des geschilderten Strukturtypus außerordentlich komplex und zudem im einzelnen von weiteren Faktoren abhängig, so daß die Kausalzurechnung schwierig wird. Wir können und wollen hier deshalb kein Gesamtbild der Auswirkungen karrieremäßiger Selektion auf das Erziehungssystem selbst, auf die Gesellschaft im ganzen oder gar auf einzelne Personen entwerfen. Aber es gibt auch typische (und in der Literatur bereits andiskutierte) Folgeerscheinungen, die sehr plausibel auf das Medium der Selektion zurückgeführt werden können oder sogar deutlich mit bestimmten seiner Merkmale zusammenhängen. Diese Auswirkungen werden laufend und quasi automatisch reproduziert und bereiten sowohl der Erziehung als auch der Selektion selbst Schwierigkeiten. Sie werden in der Praxis kontinuierlich zum Problem, ohne daß sie auf dem Aggregationsniveau der Struktur, die sie auslöst, gelöst werden könnten. Sie können nur in Kriterien für die Eignung einzelner Maßnahmen, in fallweise auftretende Mißerfolge oder in Verhaltenslasten bzw. Schicksale, die zu tragen sind, heruntertransformiert werden. Es gibt für sie, und damit ist das Konzept der Folgeprobleme von Strukturentscheidungen charakterisiert, kein Lösungsrezept auf der Allgemeinheitsstufe des Problems.

Eine Durchsicht der Forschungen, die zu Themen wie Leistungsbeurteilung oder Schulversagen, Fehlselektionen oder sozialisatorische Auswirkungen des Verhaltens im Klassenzimmer veröffentlicht worden sind, läßt zwei solcher Folgeprobleme hervortreten, die sich deutlich bestimmten Erfordernissen einer symbolisch generalisierten Selektionssemantik zuordnen lassen. Das eine Problem liegt in der *Polarisierung* der Schüler nach Maßgabe von Erfolgen bzw. Mißerfolgen. Die Polarisierung hängt mit der *binären Schematisierung* des Mediums zusammen und produziert laufend Randgruppen guter und schlechter Schüler. Das andere Problem läßt sich als *Diskrepanz von Feststellung und Diagnose* formulieren. Es hängt damit zusammen, daß das

Medium für Zwecke der Aggregation und der Herstellung von Interdependenzen Bewertungen braucht, die sich nicht oder kaum zu individualdiagnostischen Zwecken eignen; es bezieht sich mithin auf Erfordernisse der *Generalisierung* des Mediums.

Die Tendenzen zur Polarisierung guter bzw. schlechter Schüler drängen sich der unmittelbaren Erfahrung auf. Sie sind zudem als Konsequenz selektiver Schulsysteme[184] und als Ausgangspunkt für Forschungen über Gründe des Versagens[185] in der Schule reichhaltig belegt. In unserem Zusammenhang interessieren nicht die psychischen Persönlichkeitsmerkmale, die einzelne Schüler dazu disponieren, in die Randgruppen der guten bzw. schlechten Schüler zu geraten[186]. Wir lassen damit auch die gesamte psychologische Forschung über „overachiever" und „underachiever" beiseite[187]; sie ist für uns nur indirekt relevant insofern, als die Erfolglosigkeit einer psychologisch dirigierten Therapeutik[188] ein Hinweis darauf sein könnte, daß es soziale

---

184 Vgl. speziell für „streaming" etwa J. W. B. DOUGLAS, The Home and the School: A Study of Ability and Attainment in the Primary School, London 1964, S. 46 ff., 62 ff., 112 ff.; John PARTRIDGE, Life in a Secondary Modern School, 2. Aufl. Harmondsworth 1968; Douglas A. PIDGEON, Expectation and Pupil Performance, Stockholm 1970, S. 40, 106 f. Der gleiche Polarisierungseffekt erscheint aber auch *innerhalb* von Schulklassen mit oder ohne Gruppendifferenzierung. Er ist also mit einer Bewegung von äußerer zu innerer oder zu gar keiner Differenzierung nicht auszumerzen. Vgl. z. B. Jere E. BROPHY/Thomas L. GOOD, Teachers' Communication of Differential Expectations for Children's Classroom Performance: Some Behavioral Data, Journal of Educational Psychology 61 (1970), S. 365–374; dies., Teacher-Student Relationships: Causes and Consequences, New York 1974, S. 78 ff.; Rhona S. WEINSTEIN, Reading Group Membership in First Grade, Journal of Educational Psychology 68 (1976), S. 103–116.

185 Daß auch die Erzeugung von Primus-Allüren als Belastung fürs spätere Leben ein Problem sein kann, wird, soweit wir sehen, von der Forschung bisher nicht beachtet.

186 Ohne Zweifel sind diese Merkmale so komplex und so heterogen, daß es nicht möglich ist, auf Grund einer genaueren psychologischen Diagnose Behandlungsstrategien für „schlechte Schüler" schlechthin oder gar für Schulversager zu entwerfen, die in normalen Schulklassen angewandt werden können. Als Beispiel für psychologische Untersuchungen siehe etwa Eduard W. KLEBER, Lernverhalten von Schulversagern, Weinheim 1973.

187 Vgl. Diethelm WAHL, Erwartungswidrige Schulleistungen, Weinheim 1975, mit einer methodologischen Kritik des Konstruktes und vielen Hinweisen auf Forschung.

188 Zum Teil sogar schon der empirischen Forschung selbst. So fand z. B. Lilli KEMMLER, Schulerfolg und Schulversagen: Eine Längsschnittuntersuchung vom ersten bis zum fünfzehnten Schulbesuchsjahr, Göttingen 1976, S. 212, keine ausreichend diskriminierende Persönlichkeitsvariable. Wohl aber zeigte sich im Längsschnitt, daß beim „overachiever" die Intelligenz im Laufe der Schulzeit zunimmt, beim „underachiever" dagegen abnimmt (S. 204 f.). Offenbar kann also selbst die Intelligenz in gewissem Umfange dem Bewertungsschematismus der Schule folgen. Anders: keine

Mechanismen sind, die den Effekt ständig reproduzieren. Somit bildet der Schematisierungseffekt als solcher ein Problem, und zwar gerade deshalb, weil er biographisch, kognitiv, motivational inhomogene Gruppen positiv oder negativ stigmatisiert, die dann kaum noch Handhaben bieten für eine psychologisch-pädagogische Korrektur, die auf die Gruppe einheitlich angewandt werden könnte.

Die Bildung der Randgruppen kommt nahezu zwangsläufig auf Grund anfänglicher Erfolge bzw. Mißerfolge zustande und durchläuft dann einen Prozeß der Abweichungsverstärkung. Häufig wird von „self-fulfilling prophecy" gesprochen. Attributionstheoretiker erklären den Verstärkungseffekt durch Übertragung der Attributionsweise des Lehrers auf den Schüler[189]. Jedenfalls sind Erfolge bzw. Mißerfolge Faktoren, die die Wahrscheinlichkeit künftiger Erfolge bzw. Mißerfolge verändern über Änderung der Motivation, des Anspruchsniveaus, der Selbsteinschätzung. Es kommt so zur Wiederholung positiver bzw. negativer Erfahrungen, schließlich zu auch sozial gestützten Festlegungen, die sogar die Wahrnehmungen verzerren, so daß Lehrer in den Klassenarbeiten guter Schüler weniger Fehler entdecken als in den Arbeiten der schlechten Schüler[190].

Es gibt wenig gesicherte Anhaltspunkte für Möglichkeiten der Korrektur dieses Effektes[191]. Die Dispositionsmöglichkeiten, die in der Verfügung über Lob und Tadel oder über das eine oder andere Schema des Zensierens liegen, sind zu grob angesichts der Komplexität kognitiver und motivationaler Probleme[192]. Allgemein kann man natürlich hoffen, daß ein Lehrer, der weiß,

---

Veränderung der Intelligenz, die Ergebnisse bei Alfred YATES/Douglas A. PIDGEON, Admission to Grammar Schools, London 1957, S. 171 f.

189 So z. B. WEINER, a. a. O. (1975), S. 111; KORNADT, a. a. O. (1975), S. 87 ff., im Anschluß an HECKHAUSEN.

190 Vgl. Maria ZILLIG, Einstellung und Aussage, Zeitschrift für Psychologie 106 (1928), S. 58–106; Elfriede HÖHN, Der schlechte Schüler: Sozialpsychologische Untersuchungen über das Bild des Schulversagers, München 1967, S. 32 f., 64 f. Siehe ferner T. S. HADLEY, Feststellungen und Vorurteile in der Zensurierung, in: Karlheinz INGENKAMP (Hrsg.), Die Fragwürdigkeit der Zensurengebung, Weinheim 1971, S. 134–141.

191 Die Möglichkeit einer Korrektur läßt sich immerhin daran ablesen, daß die beginnende empirische Forschung bereits uneinheitliche Ergebnisse produziert. Vgl. BROPHY/GOOD, a. a. O., S. 105 f.

192 Valentin WEIS, Zensierungsmodelle und ihre pädagogischen Konsequenzen, Die Deutsche Schule 63 (1971), S. 542–553, macht den bemerkenswerten Vorschlag, daß die Orientierung der Zensierung nicht am Klassenstand, sondern an objektiven Lernzielen der Polarisierung entgegenwirken würde, weil sie den Schwachen hin und wieder Chancen gibt, die sie mit Rücksicht auf die relativ stabilen Leistungsdifferenzen in der Klasse sonst nicht hätten. Dem steht jedoch entgegen, daß man bisher einen Effekt unterschiedlicher Zensierungsmodelle auf Leistungen empirisch nicht

was er über Schematisierungen bewirkt, für Effekte sensibler werden und sein Verhalten darauf einstellen wird. Aber wie? Ein Befund, der in diesem Zusammenhang zu denken gibt, ist: daß die Polarisierung bei Kindern aus Unterschichten schärfer greift als bei Kindern aus Mittelschichten[193]. Das könnte heißen, daß Rücksicht auf schichtspezifisch gehobenes Verhalten den Effekt des Schematismus mäßigt, daß man wohlerzogenen, artigen Kindern mit respektabler Herkunft eine zweite und dritte Chance gibt und sie nicht konsistent demotiviert. Träfe dies zu, dann müßte man folgern, daß Schichtung den Schematismus mäßigt und daß er erst dann hart zum Zuge kommt, wenn jedes schichtgesteuerte Vorurteil abgebaut ist[194]. Das würde unserer These eines Zusammenhangs von Ausdifferenzierung und Medien-Bildung entsprechen. Andererseits ist keineswegs ausgeschlossen, daß jenes Vorurteil zugunsten der Kinder aus höheren Schichten generalisiert und auf alle Kinder erstreckt werden kann. Allerdings würde dies eine sehr viel unwahrscheinlichere Leistung sein, weil sie nicht nur Zuordnungsentscheidungen innerhalb des Schematismus betrifft, sondern ihn als solchen abschwächt, wenn nicht neutralisiert.

Das zweite Problem ist ähnlich gelagert, spricht aber eine andere Art von Schwierigkeiten an. Hier geht es um die Urteilsgrundlagen der Selektion. Das Prozessieren der Selektion in der Schule ist durchweg Anschlußverhalten, es ist mit der Erteilung von Lob und Tadel, mit der Vergabe von Zensuren, aber auch mit der Entscheidung über Versetzung oder Nichtversetzung auf die Feststellung eines Leistungsstandes angewiesen. Auch für weitere Aggregationen von Einzelfeststellungen zu Gesamtfeststellungen, zu Durchschnittsnoten, Notenprofilen oder zur Addition von Nichtversetzungen, an die dann Konsequenzen angehängt werden, bietet die Feststellung des Leistungsstandes die Grundlage. Sie ist im Kontext des Mediums ein Erfordernis der Generalisierung, des Vergleichs und insofern auch der Gerechtigkeit. Der Leistungsstand in einem bestimmten Zeitpunkt bietet aber nur sehr begrenzt Aufschluß über Leistungsmöglichkeiten, über wahrscheinliche Entwicklun-

---

hat nachweisen können. Vgl. Lewis R. Goldberg, Grades as Motivants, Psychology in the Schools 2 (1965), S. 17–24, und dazu die Interpretation bei Weiner, a. a. O., S. 37ff.; ferner einen knappen Forschungsüberblick bei Walter Fingerhut/Hans-Peter Langfeldt, Leistungsbeurteilung durch Notengebung, in: Kurt Heller (Hrsg.), Leistungsbeurteilung in der Schule, Heidelberg 1974, S. 253–270 (265f.).

193 Vgl. Walter Brandis/Basil Bernstein, Selection and Control: Teachers' Ratings of Children in the Infant School, London 1974, S. 110ff., allerdings auf Grund einer relativ gewagten Interpretation der Daten.

194 Diese Interpretation setzt natürlich voraus, daß die Vorurteile zugunsten der höheren Schichten und nicht zum Nachteil der unteren Schichten operieren. Die vorherrschende Meinung trifft diese wichtige Unterscheidung nicht oder neigt zur umgekehrten Interpretation.

gen, über sinnvolle Förderungsmaßnahmen. Er ist in der statistischen Generalisierung und erst recht im Einzelfall ein Indikator von sehr geringem prognostischem Wert. Darüber ist man sich einig[195]. Üblicherweise geht man dennoch davon aus, daß Zensuren eine individualdiagnostische und prognostische Funktion zu erfüllen hätten und daran versagen[196]. Wir wollen diese Prämisse in Zweifel ziehen. Unsere These ist, daß die Leistungsfeststellung rein als solche die Selektion trägt und sich eben damit für Korrektur offenhält (sofern nicht die bereits behandelten Polarisierungseffekte eintreten). Der Leistungsstand ist Voraussetzung für, nicht Aussicht auf weitere Lernleistungen und allenfalls indirekt Indikator für zugrunde liegende Personmerkmale.
Im Prinzip bieten eigens entwickelte Tests und sonstige klinisch-diagnostische Instrumente, die auf die Einzelperson zielen, sehr viel tiefergehende Möglichkeiten der Klärung psychischer Grundlagen des Schulverhaltens. Die Verwissenschaftlichung von Datenerhebung und Datenauswertung hat diese Diskrepanz von Leistungsfeststellung und Diagnose bewußt gemacht und mit dazu beigetragen, gegenüber bloßen Leistungsfeststellungen (selbst wenn sie reliabel und valide möglich wären!) skeptisch zu stimmen[197]. Dabei geht es, wohlgemerkt, nicht um das Problem, die Objektivität der Leistungsmessung über Anforderungskataloge, Tests und dergleichen zu verbessern[198]; vielmehr ist der Gegenstand der Diagnose die Person, nicht die Leistung.
Von „Diskrepanz" zwischen Leistungsfeststellung und Diagnose muß man deshalb sprechen, weil es weder möglich ist noch opportun wäre, die karrierewirksame Selektion ganz von individuell gezielten Psychogrammen abhän-

---

[195] Vgl. Erich WEINGARDT, Korrelation und Voraussagewert von Zeugnisnoten bei Gymnasiasten, München/Basel 1964; Walter SCHULTZE, Über den Voraussagewert der Auslesekriterien für den Schulerfolg an Gymnasien, Frankfurt 1964, insbes. S. 39 ff.; Gerhard BRINKMANN, Die Prognose des Studienerfolgs, Kölner Zeitschrift für Soziologie und Sozialpsychologie 19 (1967), S. 322–333; Karlheinz INGENKAMP, Untersuchungen zur Übergangsauslese, Weinheim 1968; Charly PFISTER, La validité de la note scolaire, Bern/Frankfurt 1975; Günter TROST, Vorhersage des Studienerfolgs, Braunschweig 1975; Urban LISSMANN, Gewichtung von Abiturnoten und Studienerfolg, Weinheim 1977; Kurt HELLER et al., Prognose des Schulerfolgs: Eine Längsschnittuntersuchung zur Schullaufbahnberatung, Weinheim 1978. Insgesamt sind die statistischen Voraussagemöglichkeiten auf Grund von Zensuren nicht schlecht. Umstritten ist natürlich die Einschätzung, die zwischen „immerhin etwas" und „keineswegs ausreichend" pendelt und sicher davon mit abhängt, ob man Alternativen zu Zensuren und Zeugnissen zu sehen glaubt.

[196] Siehe als ein typisches Beispiel: Ingrid VÖLKER, Der diagnostische Wert der konventionellen Leistungsfeststellung in der Schule und die Bedeutung von Noten für die Förderung von Lernprozessen, Göppingen 1974.

[197] Vgl. z. B. Karlheinz INGENKAMP, Der Einsatz von Tests zur Begabungs- und Leistungsdiagnose, in: Begaben, Lernen, Leisten, Bottrop o. J., S. 68–94.

[198] Hierzu z. B. Kurt HELLER (Hrsg.), Leistungsbeurteilung in der Schule, Heidelberg 1973.

gig zu machen. Auch wenn die diagnostische Technik dafür ausreichend entwickelt wäre und die finanziellen Mittel zur Verfügung ständen: Eine noch so umfassende, objektive und valide Feststellung der Merkmale des *Schülers* könnte nie ergeben, wie ein *Lehrer* (welcher Lehrer?, in welcher Schule?, in welcher Situation?) auf ihn reagieren wird. Prognose auf Grund von Schüler-Diagnose hieße: das Verhalten „des" Lehrers als bekannt ansetzen und die differentielle Selbstentwicklungsdynamik des sozialen Systems auf Null herabsetzen. Man müßte, mit anderen Worten, von Konstanten ausgehen, die in dem vermuteten Anforderungsniveau vielleicht nicht, vielleicht aber auch besser realisiert werden.
Im Unterschied dazu nimmt die sich auf Leistungsfeststellungen gründende, zukunftsblinde Selektion Zeit in Anspruch, um Sozialität aufbauen und ins Spiel bringen zu können. Sie läuft im Alltag in kleinen Schritten ab und kumuliert über minimale Erfolge und Mißerfolge und Reaktionen darauf. Leistungsfeststellungen sind im kleinen unentbehrlich, und sie müssen Gewicht erhalten dadurch, daß sie in größeren Zusammenhängen relevant sind. Vor allem aber sind eindeutige Feststellungen nötig, um dem Schüler die Möglichkeit einer Stellungnahme und einer Reaktion zu geben. Ob richtig oder falsch, ob gerecht oder ungerecht – jedenfalls ist die Zensur ein Einzelfaktum in einer Kette von Fakten, mit dem der Schüler rechnen und auf das er sich einstellen kann. Es bietet im Moment eine Gewißheit, ohne, von Grenzfällen abgesehen, die Zukunft auszudefinieren. Genau dies versucht aber die psychologische Diagnose. Sie sagt nicht, was man geleistet hat, sondern wer man ist. Sie trifft tiefer, und sie kann das nicht gut verhehlen, weil gerade das ihre Intention ist. Gegenüber den Physiognomikern konnte man sich, nach dem Rate LICHTENBERGS, noch dadurch behelfen, daß man die Miene verzog – und ein anderer war. Die Prätention der modernen Psychodiagnostik ist dagegen für den Einzelnen, und schon gar für den Schüler, schwerer abzuweisen, und je richtiger ihre Prognosen sind, um so fataler sind sie auch. Gesetzt den Fall, es träfe zu, was man in einer außerordentlich sorgfältig durchgeführten psychologischen Längsschnittuntersuchung liest: „daß bei 50% aller Schulanfänger bereits in den ersten Schulwochen anhand eines – ungeübten – Schulreifetests vorausgesagt werden kann, daß sie mit an Sicherheit grenzender Wahrscheinlichkeit *nicht* altersgemäß das Abitur bestehen werden"[199], dann würde es sich um so mehr anbieten, das Selektionsmedium auch als *Schutz vor Prognosen* zu verstehen und auszubauen[200].

---

[199] So Lilli KEMMLER, Schulerfolg und Schulversagen: Eine Längsschnittuntersuchung vom ersten bis zum fünfzehnten Schulbesuchsjahr, Göttingen 1976, S. 149.

[200] Weitere Bedenken gegen den Vorschlag, Selektion allein auf (noch so gute) Prognose zu stützen, bei Alfred YATES/Douglas A. PIDGEON, Admission to Grammar Schools,

Im Unterschied zu spezifisch zukunftsbezogener diagnostisch-prognostischer Aktivität wäre, das sei angesichts einer umfangreichen Diskussion über „self-fulfilling prophecies“ angemerkt[201], *prophetisches* Verhalten (wenn der Begriff seinen eigenen Sinn behalten soll) in erster Linie *abweichendes Verhalten.* Es orientiert sich nicht an der Zukunft, sondern an der Gegenwart, und zwar deviant. Und gerade darauf beruht sein innovierender Effekt. Gerade die Pädagogik hätte allen Anlaß, in diesem Sinne streng zwischen Prognose und Prophetie zu unterscheiden, weil dieser Unterschied Formen des Risikos und Formen der Einstellung anderer auf die Aussage auseinanderführt.

Die Selektion über Leistungsfeststellungen und nicht über diagnostische Prognosen laufen zu lassen, hat demnach Argumente für sich, die gerade darauf beruhen, daß die Selektion auch falsch sein kann. Andererseits führt der Entscheidungsweg über kleinförmige Leistungsbeurteilungen von Fall zu Fall nicht immer zu einer ausreichenden Vorbereitung von Einmalentscheidungen mit weittragender Bedeutung, etwa beim Übergang in weiterführende Schulen. Auch abgesehen davon bleibt eine ins Definitive tendierende Aussortierung von Geeigneten auf Grund von zur Zeit unzulänglichen Leistungen ein Problem[202]. Diagnostische Instrumente könnten deshalb für eine Art Nachkontrolle dort ergänzend eingesetzt werden, wo der Leistungsstand zu kaum reversiblen Entscheidungen führt[203]. Es ist nicht zu verkennen, daß dies gerade nach der Theorie einer sich selbst aufbauenden, Abweichungen verstärkenden Karriere in vielen Fällen zu spät sein wird. Ohnehin wird man jedoch ganz generell damit rechnen müssen, daß es keine „gute“ Relation zwischen Diagnose und Abhilfe gibt und daß bei zunehmender Tiefenschärfe der Diagnose auch die Zahl der Fälle überproportional anwachsen wird, in

London 1957, S. 78 ff.: Das würde geringen persönlichen Differenzen (z. B. Alter) ungebührliches Gewicht geben.

201 Siehe für einen Überblick z. B. Dieter Dumke, Die Auswirkungen von Lehrererwartungen auf Intelligenz und Schulleistungen, Psychologie in Erziehung und Unterricht 24 (1977), S. 93–108.

202 Das Parallelproblem der Selektion von Ungeeigneten auf weiterführende Schulen oder Universitäten ist vor allem unter dem Gesichtspunkt der Knappheit von Plätzen, aber auch unter dem Gesichtspunkt der nachfolgenden Frustration bedeutsam geworden. So mit Bezug auf die englischen „grammar schools“ z. B. Reginald R. Dale/Stephen Griffith, Down Stream: Failure in Grammar School, London 1965; ferner natürlich Beobachtungen und Forschungen aus Anlaß des Numerus clausus in Universitätsfächern.

203 Dabei sollte nicht übersehen werden, daß dies auch für Hochbegabte gilt, die in normalen Schulgängen nicht schnell und nicht umfassend genug gefördert werden. Denn auch dies ist Selektion: daß man solche Schüler dazu bestimmt, abzuwarten, bis die anderen soweit sind; und auch dies hat rasch irreversible Folgen!

denen ein erfolgversprechender und durchführbarer Weg zur Besserung nicht zu erkennen ist.

Hervorzuheben ist nochmals, daß es auf eine funktionale Differenzierung der Instrumente ankommt. Der Leistungsstand ist als solcher ein Faktor in der weiteren Schulkarriere, besonders in Fächern mit hoher diachroner Interdependenz des Unterrichts. Wer keine Vokabeln kann, kann nicht mit CAESAR anfangen, was immer diesem Fall als psychische Tiefenstruktur zugrunde liegt. Insofern ist es berechtigt, die Selektion zunächst über Zensuren und Zeugnisse laufen zu lassen. Für Prognosen kann man sich jedoch nicht oder nur sehr begrenzt auf Leistungsfeststellungen stützen. Für diesen Zweck müssen daher andere Verfahren entwickelt und bei gegebenem Anlaß angeschlossen werden.

Beide Arten von Folgeproblemen, Polarisierung und Diskrepanz zwischen Feststellung und Diagnose, gehen letztlich darauf zurück, daß die Person für eine Behandlung in sozialen Systemen zu komplex ist. Das ist zugleich Bedingung ihrer Freiheit. Differenzierte Gesellschaften, die gerade durch Ausdifferenzierung von Teilsystemen Freiheit als laufende Überraschung für sich selbst produzieren, müssen mit Belastungen dieser Art rechnen. Um so sinnvoller ist es, sich nicht nur Techniken der Lösung oder doch Abschwächung des Ausgangsproblems zu überlegen, sondern auch Anschlußmaßnahmen vorzusehen, die von einer bestimmten Problemkonstellation als gegeben ausgehen. Das gilt im Falle der Polarisierung und der Demotivation zum Beispiel für die Verbesserung der Not- und Seitenausgänge des Gebäudes. Diejenigen, die deutlich und unaufhaltbar nach unten tendieren, sollten nicht notwendigerweise als Versager auf dem Weg nach oben erscheinen, sondern sollten mit einem für sie sinnvollen Abschluß in eine für sie sinnvolle Karriere bzw. Nichtkarriere überführt werden[204]. Die Struktur der Ausgänge, vor allem ihr Anschlußwert, müßte stärker neutral gehalten werden gegen ihre Bewertung, damit nicht der Eindruck entsteht, die Gesellschaft biete nur den Besten eine sichere Chance.

Das Konzept der Folgeprobleme ist mithin keineswegs ein Konzept des

---

[204] In diesem Zusammenhang fällt auch auf, mit welcher Unbefangenheit vorzeitiger Abgang aus weiterführenden Schulen als „Schulversagen“ angesehen wird, obwohl es sich doch durchaus um eine Art Berufswahl bzw. um eine Karriereentscheidung handeln kann. Vgl. unter diesem Gesichtspunkt die Daten bei Hannelore GERSTEIN, Erfolg und Versagen im Gymnasium, Weinheim 1972, S. 115, wonach vorzeitiger Abgang zu 42% ohne vorheriges Sitzenbleiben, also ohne entscheidende schulische Mißerfolge erfolgt. Auch die Zensuren (a. a. O., S. 119ff.) geben allein keine ausreichende Erklärung der Abgangsfrequenz. Weder muß das Altwerden auf der Schule und das Hinauszögern des Selbständigwerdens jedermann willkommen sein; noch ist einzusehen, weshalb sehr intelligente Mädchen nicht einfach den Wunsch haben sollten, Hausfrau und Mutter zu werden.

Sichabfindens mit der Gesellschaft, wie sie nun einmal ist. Es bietet im Gegenteil Struktur für das Prozessieren von Problemen und eine Sicht auf die gesellschaftliche Realität, die sich zumindest in der Problemdiagnose soweit wie möglich von ideologischen Wertungen unabhängig macht.

## XVI. Bedingungen für Rationalität

Reflexion identifiziert Realität mit Bezug auf das System, in dem die Reflexion stattfindet; sie gibt aber keine Richtung an für erfolgreiches Handeln. Nicht einmal Kriterien der Rationalität liegen allein auf Grund von Reflexion schon fest. Sie müssen im Anschluß an Reflexion erst entwickelt und bestimmt werden. Und weiter: Die neuerliche Kritik des Rationalitätsgehaltes von „Zweck und Mittel" läßt die Vermutung zu, daß auch die Form von Rationalität im Anschluß an Reflexionsbestimmungen noch überlegt werden kann und überlegt werden muß.

Es versteht sich keineswegs von selbst, daß alle handlungsbezogene (im Unterschied etwa zu logischer oder formaler) Rationalität die Form der Orientierung der Mittelwahl an Zwecken bzw. die Form der Optimierung einer Zweck/Mittel-Relation annehmen muß. Die Alleinherrschaft dieser Modelle, von der man im Glauben an wissenschaftlich feststellbare Gesetzmäßigkeiten um 1800 ausgegangen war und die man zunächst nur in empirische und nichtempirische Zwecke aufgegliedert hatte, wird heute niemand mehr vertreten. Die Schwierigkeiten, die Kausalverhältnisse des Lehr-/Lernprozesses in Richtung auf Zweck/Mittel-Rationalität zu seligieren, haben wir ausgiebig behandelt. Da solche Rationalität nur bei feststehenden Zwecken (oder: bei feststehenden Mitteln) praktiziert werden kann, gilt ein solches Modell heute als „technologisch". Erst recht leuchtet ein, daß Selektion weder „Selbstzweck" sein noch im Erziehungssystem als „Mittel zum Zweck" (etwa: der Förderung von Karrieren) praktiziert werden kann, da positive Selektion immer negative Selektion anderer ist und umgekehrt.

Alternativ zu diesem in seinen Grenzen heute erkennbaren Modell der Zweck/Mittel-Rationalität wird heute für den Bereich des Umgangs mit Menschen nach Formen argumentativer Begründung des Handelns gesucht, die ihre Rationalität darin haben sollen, daß sie unter Extrembedingungen („Herrschaftsfreiheit", unbegrenzte Zeit, chancengleiche Sozialisation) jedermann überzeugen *müssen*. Die idealisierten Randbedingungen haben hier die gleiche Funktion wie die Optimierungsbedingungen der Kalküle des Zweck/Mittel-Schemas: Sie steuern das Rationalitätsmodell in eine Randlage, die man in der Realität nie erreichen kann, die man aber, so wird verlangt, mit schrägem Blick im Auge behalten sollte.

Das ist bestenfalls aprioristische Rationalitätspolitik, aber kein guter Anschluß von Rationalität an Reflexion. Der Grund für die Verlegenheit ist in beiden Fällen derselbe: die Unmöglichkeit der deduktiven Ableitung von Rationalität aus einer realitätsbezogenen Reflexion. Wir halten es daher für besser, zumindest für versuchenswert, von dieser Ableitungssperre auszugehen und ihr für Zwecke der Gewinnung von Rationalitätsstrategien die Form einer Aporie zu geben, von der widersprechende, nicht zugleich praktizierbare Möglichkeiten abzweigen. Das Modell dafür ist im Zweck/Mittel-Schema die Notwendigkeit, entweder von feststehenden Zwecken oder von feststehenden Mitteln auszugehen, da Rationalität nicht möglich bzw. nicht fixierbar ist, wenn beide Seiten der Beziehung als feststehend oder beide Seiten der Beziehung als variabel behandelt werden müßten[205]. Für Selektionsrationalität gibt es eine genau entsprechende Problemlage. Sie besteht darin, daß man bei der Auswahl *zwei verschiedene Fehler* begehen kann. Es wäre falsch, einen *Ungeeigneten auszuwählen.* Es wäre aber auch falsch, einen *Geeigneten nicht zu wählen.* (Für die negative Wahl, die Aussortierung, gilt dasselbe mit umgekehrten Vorzeichen.) Dadurch, daß es diese beiden Vermeidungsprobleme gibt, wird die Forderung, man solle richtiges Handeln bzw. richtige Sachverhalte wählen, ambivalent. Die Lösung des einen Problems kann die Lösung des anderen Problems nicht ersetzen, und es ist sicher nicht rational, die Bemühungen um das eine Problem auf Kosten der Bemühungen um das andere Problem zu maximieren. Die Rationalität kann nur in einer Beziehung zwischen diesen beiden Fehlervermeidungen liegen. Deren Verhältnis läßt sich aber, da es kontradiktorisch formuliert ist, nicht optimieren. Man braucht Zusatzregeln, die angeben, ob es besser ist, gelegentlich einmal Ungeeignete auszuwählen, um Geeignete auf alle Fälle zu erfassen, oder ob man umgekehrt die Auswahl des Ungeeigneten auf alle Fälle vermeiden und dabei gelegentliches Übergehen von Geeigneten in Kauf nehmen sollte. Solche Zusatzregeln können aber nicht über den gesamten Handlungsbereich generalisiert werden, denn das liefe auf Annahme einer Maximierungsstrategie hinaus. Sie müssen auf Falltypen bezogen oder sonstwie limitiert und gegebenenfalls bei Überschreiten gewisser Grenzwerte gewechselt werden.

Dies Problem der doppelten Fehlermöglichkeiten ist auch in der Diskussion über pädagogische Selektion gesehen und erörtert worden[206]. Es ergibt sich

---

205 Wir lassen im Moment außer acht, kommen aber im Rahmen der Selektionsrationalität darauf zurück, daß diese Schwierigkeit durch Temporalisierung, das heißt dadurch überwunden werden kann, daß die Ausgangspunkte im Laufe des Entscheidungsprozesses bzw. von Entscheidungsprozeß zu Entscheidungsprozeß gewechselt werden, nachdem ihnen eine gewisse Einschränkung des Entscheidungsspielraums abgewonnen worden ist.

206 Vgl. Hans LÄMMERMANN, Das Mannheimer kombinierte Verfahren der Begabtenaus-

immer dann, wenn ein Mindestmaß an Unsicherheit über die richtige Selektion besteht; im Erziehungssystem, wo keine Punkt-für-Punkt-Entsprechung von Eignungskriterien und psychischen Merkmalen vorausgesetzt werden kann, also immer. Deshalb ist es sinnvoll, Rationalität in einem *systemuniversellen* Sinne durch *zwei gegenläufige Fehlervermeidungsstrategien* zu operationalisieren.

Es ist bekannt, und darin besteht das *Problem* der Rationalität, daß die Fehlervermeidung in beiden Richtungen nicht zusammen optimiert werden kann[207]. Je mehr man vermeiden will, zu hart zu seligieren, desto mehr läuft man Gefahr, zu weich zu seligieren. In dem Maße, als man den Fehler vermeiden will, Geeignete abzuweisen, wird man in Kauf nehmen müssen, Ungeeignete zuzulassen[208]. Für dieses Problem gibt es zunächst eine vordergründige ideologische Lösung: Man erklärt einen der Fehler für schlimmer als den anderen und stützt sich dabei auf eine Wertung[209]. Aber das ist, unter Aspekten der Rationalität gesehen, nur eine Scheinlösung. Denn damit steht die Sicherheitsgrenze noch nicht fest, bis zu der hin man das Risiko des „schlimmeren" Fehlers vermeiden will. Eine rein ideologische Behandlung müßte diese Sicherheitsgrenze so weit hinausschieben, daß dies dem Verzicht auf Selektion gleichkäme. Normalerweise bemerkt man aber bereits längst vorher die Folgen einer derart disbalancierten Selektionspolitik und nimmt sie als Hinweis für Gegenmaßnahmen. So erhöht zum Beispiel eine sehr großzügige Zulassung von möglicherweise Geeigneten zu weiterführenden Schulen im Sinne von Chancengleichheit oder Ausschöpfung der Begabungsreserven die Quote der Versager, Drop-outs und damit auch die Häufigkeit negativer Erfahrungen mit weitreichenden Folgen bei denen, die man fördern

---

lese: Eine statistische Untersuchung über die Bewährung an höheren Schulen, Leipzig 1927, S. 56ff. u. ö.; Aaron V. Cicourel/John I. Kitsuse, The Educational Decision-Makers, Indianapolis 1963, S. 140; Diether Hopf, Differenzierung in der Schule, Stuttgart 1974, S. 39ff.

207 „At least not in the short run", fügt Earl I. Hopper, A Typology for the Classification of Educational Systems, Sociology 2 (1968), S. 29–46 (33), hinzu, damit andeutend, daß die Problemlösung durch Zeit vermittelt werden muß.

208 Die Entscheidungslage ändert sich natürlich, wenn die Kontrastierung von Geeigneten bzw. Ungeeigneten durch eine Nutzenskala mit eindeutigen Zuordnungsmöglichkeiten ersetzt werden kann. Siehe hierzu z. B. Wilhelm Wieczerkowski/Hans zur Oeveste, Zuordnungs- und Entscheidungsstrategien, in: Karl J. Klauer (Hrsg.), Handbuch der Pädagogischen Diagnostik Bd. 4, Düsseldorf 1978, S. 919–951.

209 Ingrid Völker spricht z. B. eine sicher verbreitete Überzeugung aus, wenn sie schreibt: „Es ist klar [sic!], daß das zweite Fehlurteil [= falsche Zurückweisung] sehr viel verhängnisvoller ist als das erste" (a. a. O., S. 203). Im 18. Jahrhundert hieß es dagegen: „Il vaut mieux risquer d'égarer le génie que d'enlever au profession subalterne une multitude d'enfants pour les livrer à tous les vices qui suivent l'ignorance et la paresse" (Diderot, Plan d'une Université, a. a. O., S. 526).

wollte[210]. Das mag dann zum Anlaß werden, eine Reform für gescheitert zu erklären und eine ebenfalls ideologische Gegenbewegung einzuleiten. Mit solchen Pendelbewegungen wird die Rationalität jedoch nur schwungvoll übergangen und nicht selbst zum Fokus strategischer Überlegungen.

Außerdem haben solche Vorentscheidungen Rückwirkungen auf das symbolisch generalisierte Medium der Selektion. Je nach Richtung der Fehlervermeidungspolitik wird das Selektionsmedium in eine *inflationäre* oder eine *deflationäre* Entwicklung getrieben. Die Begriffe Inflation und Deflation beziehen sich hier, ebenso wie in der allgemeinen Theorie symbolisch generalisierter Medien, auf die Relation zwischen symbolischer Generalisierung und Motivation, also auf das Überziehen bzw. Nichtausnutzen motivationaler Ressourcen. Wenn inflationär, begünstigt das Selektionsmedium zu stark und setzt dadurch den Kurswert der Auszeichnungen herab; wenn deflationär, entmutigt es zu stark, weil die Schwelle für Auszeichnungen zu hoch liegt. Ist eine solche Entwicklung einmal eingeleitet, nimmt sie sich selbst verstärkende Züge an, weil sie über Generalisierung von Erwartungen nochmals überschätzt wird.

Faßt man das Grundproblem, daß zwei gegenläufige Richtungen der Fehlervermeidung sich nicht zusammen optimieren lassen, als solches ins Auge, dann lassen sich mehrere verschiedene Strategien denken, die keine optimale Rationalität erreichen, wohl aber die Lage einer Selektionspraxis in bezug auf das Problem verbessern können:

(1) Die eine, sozusagen klassische Lösung besteht in der *Verringerung der Unsicherheitsspanne* durch Tests und ähnliche Mittel, denn das Problem der Rationalität stellt sich nur im Bereich der Unsicherheit. Vorsichtiger könnte man auch formulieren: Das Problem der Rationalität wird partiell in ein Problem der Validität von Tests oder sonstigen diagnostischen Instrumenten umformuliert.

(2) Die zweite Lösung besteht in einer *tendenziösen Wertung der Fehlerrisiken,* sozusagen in einer Beweislastregel, und in einer *Behandlung ihrer Folgeprobleme.* Man sucht vor allem den schlimmeren Fehler zu vermeiden und entwickelt ein besonderes Paket von Maßnahmen zur Behandlung der Folgen, die sich daraus ergeben, daß man dies tut. So war die Selektionsregel des 18. Jahrhunderts, daß Kinder natürlicherweise dazu tendierten, in ihrer Schicht zu bleiben, daß aber gerade deshalb es Aufgabe der Erzieher sei, Kinder zu entdecken, die offensichtlich Anlagen und Fähigkeiten für eine andere Schicht aufwiesen. Und ein Paket von finan-

[210] Hierzu eindrucksvoll Reginald R. DALE/Stephen GRIFFITH, Down Stream: Failure in the Grammar School, London 1965. Einen Forschungsüberblick gibt VÖLKER, a. a. O., S. 226 ff.

ziellen und sozialen Aufstiegshilfen für solche Fälle gab es auch. Möglicherweise ist die umgekehrte Fehlerwertung, die heute ideologisch protegiert wird, in ihren Folgeproblemen schwieriger zu bewältigen. Jedenfalls sind Aufstiegshilfen für Geeignete leichter zu gewähren als Abstiegshilfen für Ungeeignete.

(3) Eine dritte, bisher noch gar nicht beachtete Lösung könnte versuchen, die Differenziertheit des Selektionsmediums auszunutzen, um *harte und weiche Selektionspolitik zu kombinieren.* Das müßte heißen: streng zu zensieren, aber in Grenzfällen nachsichtig zu sein bei allen Mobilitätsentscheidungen wie Versetzung oder Zulassung auf weiterführende Schulen. Damit könnte man versuchen, Inflationen bzw. Deflationen des Selektionsmediums zu verhindern. Sicher ist auch dies eine Strategie von nur partieller Tragweite. Man könnte ihr eine größere Relevanz geben, wenn der Bereich dessen erweitert wird, was von den Zensuren her als Grenzfall für Mobilitätsentscheidungen behandelt wird. Damit würde man aber zugleich auch die für die Einheit des Mediums nötige Interdependenz aller Selektionsentscheidungen gefährden.

Während die Fehlervermeidungsstrategien in ihrer Optimierungsrichtung inkompatibel sind, gewinnt man mit diesen genau darauf bezogenen Annäherungsstrategien den Vorteil der Kompatibilität. Sie schließen sich wechselseitig nicht notwendigerweise aus, sondern lassen sich kombinieren. Man muß dann freilich die Planung auf Kombination einstellen, also zum Beispiel nicht schon aus den Tests (im Rahmen der Strategie 1) die Entscheidung selbst herleiten wollen. Die Kombinationen selbst werden komplex ausfallen. Das hat vor allem den Nachteil, daß die Zurechnung von Effekten einer so gesteuerten Praxis auf Programmteile schwierig wird, was wiederum das Lernen an Hand eines solchen Rationalitätsprogramms erschwert.

Eine zweite, mehr soziologische Frage ist, ob nicht Establishment und unterrichtende Lehrerschaft zu unterschiedlichen Annäherungsstrategien neigen werden. Das Establishment tendiert, gegenwärtig zumindest, eindeutig zu tendenziösen Wertungen. Für die unterrichtende Lehrerschaft könnte es einleuchtender sein, die Praxis der Kombination, also hartes Zensieren und weiches Versetzen zu wählen. Wenn sich solche Diskrepanzen über alle ideologischen Präferenzen hinweg ausbilden sollten, wird das Gesamtbild nochmals komplexer, ohne daß man behaupten könnte, das System tendiere zur Mitte einer maßvoll abgewogenen Rationalität. Mit alldem wird das Rationalitätsproblem in ein Komplexitätsproblem zurücktransformiert, das seinerseits keine Möglichkeiten rationaler Lösung mehr erkennen läßt.

Der Grund für all diese Schwierigkeiten ist, formal gesehen, Unsicherheit, und zwar Unsicherheit im Entscheidungsprozeß, die durch das Entscheidungsverfahren nicht ausgeräumt werden kann[211]. Diese Unsicherheit hat ihrerseits ihren Grund nicht nur allgemein in der Komplexität, sondern ganz speziell in den selbstreferentiellen Strukturen im Entscheidungsbereich. Nicht nur Erziehung, auch Selektion hat es mit selbstreferentiellen Personsystemen zu tun, die selbst Außen- und Innenwelt verknüpfen, daher auch selbst auf sich beziehen, daß und wie sie selektiv bewertet, typisiert und eingeordnet werden; und die nicht nur vergangene, sondern in besonders ausdifferenzierten Sozialsystemen auch künftige Selektionen selbst verarbeiten, sie zu antezipieren und ihnen zuvorzukommen bzw. auszuweichen versuchen[212]. Unter solchen Umständen einer *zeitlichen* Überschneidung *sozialer* Beurteilungsperspektiven hat der Selektionsprozeß seine eigenen Voraussetzungen immer schon beeinflußt, bevor er definitiv zum Zuge kommt und irreversibel wird.

Die geisteswissenschaftliche Pädagogik hatte genau diesen Sachverhalt erkannt und darauf ihre These gestützt, sie sei eine Wissenschaft eigenen Typs und sei auf eine besondere Anwendungsmethodik angewiesen. Das war ein voreiliger Schluß, denn das Problem hat eine sehr viel allgemeinere Bedeutung; es tritt auch bei Ehekonflikten oder in internationalen Beziehungen, bei der Planung von politischen Programmen oder in all den Situationen auf, die die Spieltheorie modelliert[213]. Es setzt einerseits die in der „prudentia"-Lehre und dann in der Subjekt-Theorie beschriebenen Zusammenhänge von Zeit und Selbstreferenz am Einzelmenschen voraus. Er erfordert aber, und das ist soziologisch gesehen wichtiger und gesellschaftstheoretisch folgenreicher, zusätzlich die Ausdifferenzierung von sozialen Systemen mit erkennbar selektivem Verhalten. Das Problem der Selbstreferenz tritt gravierend erst auf, wenn solche Sozialsysteme so weit spezifiziert sind, daß sie eine hinreichend deutliche Antezipation künftiger Selektionsmöglichkeiten eröffnen, und erst dann finden die Beteiligten genügend Anlaß, eine selbstreferentiell durchgebildete Subjektivität und damit auch eine eigene Rationalitätsreferenz aufzubauen. Die Entstehung dessen, was terminologisch dann als Subjektheit fixiert wird, ist somit eine Folge gesellschaftlicher Evolution, und speziell die

---

211 Zur hier vorausgesetzten Struktur von Entscheidung siehe Niklas LUHMANN, Organisation und Entscheidung, Opladen 1978, S. 8 ff.

212 Diese Selbstreferenz ist Voraussetzung sowohl für das Entstehen von Karrieren als auch für das Entstehen von Selektionsmedien. Wir hatten sie in beiden Begriffen schon berücksichtigt und greifen hier nur auf bereits Impliziertes zurück.

213 Vgl. nur Nigel HOWARD, Paradoxes of Rationality: Theory of Metagames and Political Behavior, Cambridge, Mass., 1971. Zu den im Text genannten Beispielen siehe etwa Ronald D. LAING, The Self and Others: Further Studies in Sanity and Madness, London 1961; Thomas C. SCHELLING, The Strategy of Conflict, Cambridge, Mass., 1960; Renate MAYNTZ/Fritz W. SCHARPF, Policy-Making in the German Federal Bureaucracy, Amsterdam 1975.

Ausdifferenzierung des Erziehungssystems schafft sich erst das Kontingenzniveau, auf das hin es dann seine Funktion formuliert[214].
Diese Überlegungen haben besondere Bedeutung für die Rationalität von Selektion. Für die Erziehung selbst konnte man sich im Prinzip auf Zielkonsens stützen und daher hoffen, mit einer wie immer generalisierten Zweck/Mittel-Schematik durchzukommen. Das Problem der Selbstreferenz begegnet hier als Beteiligung des Subjekts an der Bestimmung von Zweck und Mittel (oder pädagogisch auch: in der Befähigung des Zöglings zu dieser Beteiligung) und führte so nur zur Kritik mechanistischer bzw. „technologischer" Konzeptionen, nicht aber zur Kritik der Rationalitätsrelevanz von Zweckorientierungen schlechthin. Über die darauf bezogenen Reflexionsbemühungen haben wir ausführlich berichtet[215]. Anders liegt das Rationalitätsproblem im Bereich der Selektion, weil diese sich nicht auf Konsens stützen kann. Hier liegen gegenläufige Interessen auf der Hand und gehen ins soziale Bewußtsein ein. Hier ist die Möglichkeit der Förderung an die Möglichkeit der Zurückweisung gebunden. Und daher gewinnt *erst hier* das Problem der Selbstreferenz seine *eigentliche Bedeutung für Bemühungen um Rationalität.*
Angesichts selbstzentrierter und nicht konsentierbarer Rationalitäten kann man nicht von einem Rationalitätskontinuum ausgehen. Das soziale System für Erziehung kann weder im ganzen noch in seinen einzelnen Schulen, Schulklassen oder Unterrichtssituationen die Rationalität seiner eigenen Selektivität aus den Strategien des individuellen Handelns gewinnen. Lehrer und Schüler sind, sobald sie im Hinblick auf Selektion überlegen, in der Rationalität ihres Kalküls wechselseitig voneinander abhängig, und für jeden wird seine Rationalität erst bestimmbar dadurch, daß die des anderen zu feststehenden Fakten geronnen ist. Man muß, mit anderen Worten, *die Prämisse eines einheitlichen Rationalitätskontinuums im Gegenstandsbereich der Theorie aufgeben* – eine Prämisse, von der alle pädagogische Theorie (und nicht nur sie) bisher ausgegangen war[216]. Lehrer und Schüler und ihr Sozialsystem Unterricht (und dann weiter: Klasse, Schule, Erziehungssystem) sind, was Selektion betrifft, durch Interdependenzen eines Mediums, nicht aber durch die Einheit einer gemeinsamen Rationalität verknüpft. Das Medium garantiert nur den faktischen Zusammenhang, nur die Rückwirkung von Selektion auf Selektion; es ist damit tragendes Moment der Ausdifferenzierung, die ihrerseits Selbstreferenz und selbstzentrierte Rationalität ermöglicht und steigert. Und je mehr sich Ansprüche an die Rationalität selektiven Verhaltens herausarbeiten, um so deutlicher tritt diese Gesamtstruktur zuta-

[214] Siehe die Ausführungen über Kontingenzformeln in Teil 1.
[215] Siehe Teil 2.
[216] Wir vermuten hier auch den letzten Grund dafür, daß Selektion überhaupt, und sei es kontrafaktisch, abgelehnt wird.

ge. Wir halten die gegen alle pädagogische Predilektion immer deutlicher hervortretende Orientierung der Schuljugend an Zensuren für einen empirischen Effekt dieser Sachlage.

Wenn all das gesagt und in Rechnung gestellt ist und wenn dann also Komplexität und Selbstreferenz klassische Rationalitätserwartungen und -modelle ausschließen, bleibt die Möglichkeit, Zeit in Anspruch zu nehmen, um Komplexität zu reduzieren. Rationalität kann in der gegebenen Konstellation nur Anschlußrationalität sein – das heißt: ein nach eigenen Kriterien relativ rationales Sicheinstellen auf Vorentscheidungen, die (gegebenenfalls unter anderen Kriterien) bereits getroffen sind. Das gilt auch für übergreifende, aggregierende Formen der Rationalität, die etwa versuchen, auf sehr heterogene Entscheidungsmengen zu reagieren und/oder über Prämissen für Entscheidungen zu entscheiden. In jedem Falle schieben sich unterschiedliche Zeithorizonte der Bemühungen um Rationalität ineinander, und die Zukunft wird sukzessive mit Hilfe einer zugleich produzierten Vergangenheit bestimmt. Erreicht ein System ein nach eigenen Kriterien ausgezeichnetes Rationalitätsniveau, so mag genau das problematisch werden, sobald andere Systeme beginnen, im Hinblick darauf ihre Rationalität zu suchen.

Die unter solchen Bedingungen durchschlagende Relevanz von Zeit hat verschiedene Bedeutungen. Das Anschließenkönnen an das, was schon ist bzw. erfolgreich so behandelt werden kann, als ob es wäre, ist nur eine von ihnen. Ebenso kann auch die Zukunftsperspektive in den Dienst von Rationalisierung treten. Wenn man weder sicher richtig handeln noch alle Effekte des Handelns voraussehen kann, muß man besonders offen sein für die Wahrnehmung unvorhergesehener Folgen, für die Rückbeziehung dieser Folgen auf das Handeln, das sie auslöst, für etwa notwendige Anschlußmaßnahmen und vor allem für etwaige Korrekturen am sich allmählich herausstellenden Gesamtmuster. Unter den genannten Annäherungsstrategien scheint besonders die tendenziöse Wertung mit Folgenabmilderung eine Vorgehensweise zu sein, die Zeit in dieser Art in Gebrauch nimmt. Man riskiert zunächst den weniger schlimmen Fehler, um den schlimmeren sicher zu vermeiden, und befaßt sich dann, wenn Art und Umfang der Folgen sichtbar geworden sind (man kann sie nicht genau genug antezipieren), mit möglichen Abhilfen. Vielleicht ist dieser latente Zeitbezug, und nicht so sehr ein Engagement für Werte, der eigentliche Grund dafür, daß gegenwärtig ideologische Orientierungen und Reformreflexion so stark bevorzugt werden und selbst fast schon als rational gelten. Wirkt also das, was man Temporalisierung der Komplexität nennen könnte[217], selektiv auf den Gebrauch jener Annäherungsstrate-

[217] Vgl. Niklas LUHMANN, Temporalization of Complexity, in: R. Felix GEYER/Johannes VAN DER ZOUWEN (Hrsg.), Sociocybernetics Bd. 2, Leiden 1978, S. 95–111.

gien? Werden diejenigen bevorzugt, die eine Chance zur Entlastung von Komplexität durch Zeit bieten?
Das mag faktisch so sein. Zugleich bieten die vorstehenden Überlegungen aber die Möglichkeit, über die Erklärung eines solchen Faktums hinauszugehen und die auf Komplexität bezogene Dreieckskonstellation von Reflexion, Rationalität und Zeit sich in grundsätzlicher Weise klarzumachen – eine Themenstellung, die zugleich über das Sonderproblem der sozialen und pädagogischen Selektion hinausführt.
Temporalisierung der Komplexität heißt unter anderem, daß Reflexion nicht allein handlungsanalog und damit zeitpunktgebunden begriffen werden kann, etwa als Akt eines Subjekts. Es muß nicht bestritten werden, daß solche Akte vorkommen und daß Reflexion mit ihnen artikuliert wird. Aber das Subjekt/Akt-Schema bietet keinen zureichenden Einblick in die temporalen Bedingungen der Möglichkeit von Reflexion. Die Temporalität der Reflexion erfordert vielmehr, daß man *zwei verschiedene Arten von Gegenwart* (und damit zwei verschiedene Gesamtzeiten) ***simultan handhaben und über ihre Zukunfts-/Vergangenheitshorizonte verknüpfen kann.*** Einerseits benutzt man die chronologische Zeit, in der die Gegenwart punktualisiert vorkommt, in der die Zeit irreversibel fließt und in der jedes Ereignis und jede Handlung zeitgebunden aktualisiert wird und nur so aktualisiert werden kann. Andererseits gibt es aber auch die Gegenwart im Sinne einer längeren Spanne (specious present), in der offengehalten werden kann, was „endgültig" geschieht und damit irreversibel wird. Besonders im sozialen Verkehr benutzt man diesen zweiten Sinn von Gegenwart, wenn man Sinnangebote unterbreitet und abwartet, ob andere sich darauf einlassen. Man braucht diese extendierbare Gegenwart zur Kommunikation. Ohne sie könnte man den anderen nur mit Fakten konfrontieren, ihm aber keine Mitwirkungschance geben. Und man braucht sie auch zur Reflexion, denn die Selbstidentifikation ist nicht durch eine vorwegbestehende Identität (Subjekt) schon gesichert, die sie bloß sich bewußtmacht; sondern sie nimmt eine umfassendere Gegenwart in Anspruch, in die hinein das System mit noch reversiblen Zügen konstitutiert wird. Und diese Gegenwart wird ihrerseits dadurch gewonnen bzw. elargiert, daß ein Offenhalten durch Identifikation des Systems trotz handlungsförmigen Betriebs ermöglicht wird.
Eine weitere strikt reflexionstheoretische Ausarbeitung dieser grundlegenden Überlegungen kann an dieser Stelle nicht erfolgen. Die kurze Skizze genügt jedoch, um plausibel zu machen, daß und wie sie sich mit Rationalitätsbemühungen verknüpfen lassen. Und wir folgern aus dieser Konvergenz, daß Rationalitätsstrategien sozusagen die Implementation des Verhältnisses von Zeit und Reflexion übernehmen können und daß das ihre Rationalität „ist". Denn genau dieses Managen von Zeit wird zum Zentralproblem der Rationa-

lität. Es bedeutet, daß ein Gesamtarrangement von irreversiblen Handlungen und Folgen in einer ausgedehnten Gegenwart (was immer heißt: nicht grenzenlos) als reversibel behandelt werden und auch darauf angelegt sein muß. Das erfordert „Reichtum" im Sinne generalisierter Ressourcen für die Lösung von noch unbekannten Problemen. Das erfordert „Vertrauen" in fremde Absichten und eigene Kompetenz. Das erfordert konkret aber auch Vorsorge für die Zurechenbarkeit von Effekten auf eventuell zu korrigierende Ursachen[218]. Das erfordert schließlich Anschluß an symbolisch generalisierte Medien, hier also an das zwangsläufig sich ausbildende Medium für Selektion, in denen die Kombination von Dauergegenwart und zeitpunktbezogener Aktivität schon geleistet, gesellschaftlich schon präsent gemacht ist.

Diese Analysen haben die Konturen des *Begriffs* der Rationalität zunächst aufgelöst; sie lassen sich aber auch im Begrifflichen wieder einfangen. Sie lassen sich nicht mehr an Begriffsbestimmungen anschließen, die Rationalität entweder mit Bezug auf eine vorausgesetzte subjektive Fähigkeit (Vernunft) oder mit Bezug auf einen wünschenswerten Gesamtzustand (Zweck) verorteten und nur soziale bzw. sachliche Kompatibilitätsbedingungen hinzufügten. Sie legen es statt dessen nahe, von einer Neufassung des Bezugsproblems auszugehen.

Man könnte – über unser Sonderproblem der Rationalität von Selektionen im Erziehungssystem hinausgehend – sagen, daß relativ zu einem gegebenen Niveau von selbstverständlicher Alltäglichkeit Rationalität immer dann gegeben ist, wenn größere *Spezifikation* der Problemstellung mit größerer *Generalisierung der Relevanz von Problemlösungen vermittelt werden kann.* Dann ist sofort klar, daß eine kombinatorische Leistung dieses Typs von strukturellen Prämissen besonderer Art abhängt, die ihrerseits in Systemen abgesichert sein müssen. In diesem Sinne gehören funktionale Differenzierung und symbolisch generalisierte Medien zu den gesellschaftsstrukturellen Bedingungen der Möglichkeit von Rationalität. Die Abstraktion des Mediums ermöglicht größeres Auflösevermögen gegenüber Alltagssituationen und damit Spezifikation der Probleme und der kombinatorischen Elemente (Variablen, Daten, Geldbeträge, Zensuren). Die sinnhaft-symbolische Interdependenz, die das Medium verfügbar macht, ermöglicht universelle Verwendung im Durchgriff auf recht verschiedene konkrete Situationen. Universalismus in diesem Sinne ist mithin indirekte, umweghafte Generalisierung, ist Generalisierung durch Spezifikation, Ausweitung durch Limitierung, Kombination durch Auflösung.

---

[218] Hier liegt zum Beispiel ein entscheidender Einwand gegen experimentierende Reformschulen, die als bloße Schauplätze des Reformwillens angelegt sind, eine Gesamtänderung anstreben, aber in keiner Weise für spezifische Zurechnung von Erfolgen oder Mißerfolgen auf einzeln änderbare Variable Vorsorge treffen.

Dies klingt nur wie eine Aporie. Es gibt durchaus reale Bedingungen, die diese Verknüpfung ermöglichen. Alle klassischen Modelle laufen dagegen auf eine echte Aporie auf: Subjektive Selbstreferenz läßt sich nicht aus sich heraus stabilisieren, Zweck und Mittel lassen sich nicht mit Bezug aufeinander zugleich variieren, die zwei Selektionsfehler lassen sich nicht beide gleich sicher vermeiden. So bleibt nur die Möglichkeit, die Aporie zu idealisieren. Bildet man dagegen den Rationalitätsbegriff im vorgeschlagenen Sinne um, gewinnt man einen zugleich historisch und realitätsbezogenen, an Ausgangslagen und an Systeme gebundenen Begriff. Und damit läßt sich besser greifen und theoretisch verarbeiten, was sowohl Edmund Husserl als auch Max Weber vor Augen hatten: die Erfahrung, daß der universalistische Rationalismus der neuzeitlichen Zivilisation sich nicht auf einen Idealzustand hinbewegt, sondern durch die Probleme, die er mit sich bringt, zum Reflexionsthema wird.

# 4. Teil
# Reflexion im Establishment

## I. Theorie im System

Die Untersuchungen über Reflexionsprobleme im Erziehungssystem sollen im abschließenden Teil nochmals zusammengefaßt und unter allgemeineren Gesichtspunkten ausgewertet werden. Wir verfolgen dabei die These, daß die Reflexionslage im Erziehungssystem eine allgemeinere Bedeutung hat und daß sich Vergleiche mit anderen Systemen anbieten, wenn man die Problemstellung entsprechend verallgemeinert. Damit ist nicht gemeint, daß die Reflexionsprozesse im Erziehungssystem Auswirkungen haben auf dessen gesellschaftliche Umwelt. Das versteht sich von selbst. Vielmehr ist im Funktionsbereich für Erziehung ein Systemtypus realisiert, der auch in anderen Funktionsbereichen, auch in der Politik, auch in der Wirtschaft, auch in der Wissenschaft, in ähnlichen Formen zu erwarten ist. Wir führen keine vergleichenden Analysen durch, aber wir wollen den Ertrag der vorangegangenen Untersuchungen so aufbereiten, daß erkennbar wird, wo und wie ein solcher Vergleich möglich wäre.

Unser Ausgangspunkt hierfür ist: daß es *im Erziehungssystem* eine *Theorie über das Erziehungssystem* gibt. Diese (pädagogische) Theorie ist mithin ein Teil des Systems, auf das sie sich als Theorie bezieht, sie ist Teil ihres Gegenstandes. Sie steht, mit anderen Worten, in einer selbstreferentiellen, nicht aber in einer tautologischen Beziehung zu ihrem Gegenstand. Sie kann ihrem Gegenstand nicht voll gerecht werden, ohne daß sie sich selbst als Moment ihres Gegenstandes entdeckt, und dies nicht qua erkennendes Subjekt, sondern qua erkanntes Objekt. Aber sie ist nicht mit ihrem Gegenstand identisch, sie ist nicht für sich selbst ihr einziger Gegenstand.

Geht man von solch einem Tatbestand aus, ist weiter die Frage, wie man die Identität eines Gegenstandes zu begreifen hat, der einen Teil enthält, der ihn über Theorie identifiziert. Darf man dieser Theorie trauen? Sieht sie alles? Sie mag sich einen Begriff von dem Gegenstand Erziehung machen, der sie selbst einschließt. Sie identifiziert ihn beispielsweise durch seinen Zweck, dem auch sie sich verpflichtet weiß. Aber offensichtlich enthält dieser Gegenstand vieles, was sich durch seinen Zweck nicht angemessen erfassen und beschreiben läßt, etwa zweckwidriges Handeln oder unzweckmäßige Nebenfolgen. Die Zweckformel mag ein Versuch sein, das System mit seiner Theorie zu

versöhnen; aber sie ist selbst eine Simplifikation, eine Selbstsimplifikation des Systems, die wissenschaftlichen Ansprüchen nicht genügen kann.
Die Ausgangsannahme eines Systems, das in sich selbst eine Theorie über sich selbst enthält, sprengt mithin verbreitete wissenschaftstheoretische Konzeptionen, in denen auch die Pädagogik immer noch ihr Heil oder jedenfalls eine Art Grundlagensicherheit sucht[1]. Die Wissenschaftstheorie scheint ihrerseits zur Vermeidung selbstreferentieller Zirkel erfunden worden zu sein. Sie wird deshalb apriorisiert, wenn nicht dogmatisiert. Sie findet sich jedoch ihrerseits in genau der gleichen Lage wie die Pädagogik selbst. Auch sie ist ein Teil des Systems, dessen Theorie sie ist, nämlich ein Teil des Wissenschaftssystems. Das gleiche Problem kehrt in einer anderen Systemreferenz wieder. Das erklärt nicht zuletzt die Schwierigkeiten, die auftreten, wenn man mit Wissenschaftstheorie im Erziehungssystem mehr erreichen will als nur eine Kontrolle der wissenschaftlichen Qualität pädagogischer Forschung.
Es fällt nicht schwer, nun auch weitere Beispiele zu entdecken. Wenn man annimmt, daß die Theorie des Systems ein Bestandteil des Systems selbst ist, führt das zu der Folgerung, daß ein Theoriewechsel als tiefgreifender Strukturwechsel des Systems angesehen werden muß. In diesem Sinne ist das politische System vor der Französischen Revolution nicht das gleiche wie nach der Französischen Revolution, und dies nicht nur deshalb, weil die Verfassung geändert worden ist, sondern weil die Konzeption der „societas civilis" durch die Unterscheidung von Staat und Gesellschaft ersetzt worden ist. In entsprechendem Sinne ist das Wirtschaftssystem vor Adam Smith nicht das gleiche wie nach Adam Smith, vor Keynes nicht das gleiche wie nach Keynes, weil jeweils Selbstsimplifikations- und Reflexionsprozesse anders geführt werden; und wiederum: ganz abgesehen davon, welche maßnahmentechnischen Auswirkungen dies hatte. Für das Wissenschaftssystem wären einerseits Kant, andererseits vielleicht Popper ein ähnlicher Wendepunkt, der zwar nicht die Identität des Systems, wohl aber die Kontinuität wichtiger Strukturen tangiert.
Der Tatbestand ist also sehr breit gelagert, er ergibt sich nicht aus der Besonderheit einer einzelnen Funktion, sondern bedarf einer gesellschaftstheoretischen Erklärung. Diese Erklärung haben wir am Falle des Erziehungssystems schon herausgearbeitet. Sie liegt darin, daß funktionale Differenzierung gesellschaftsinterne Systemreferenzen auseinanderfächert und dadurch die sich ausdifferenzierenden Funktionssysteme zur Reflexion veranlaßt. Als Ablagerungen solcher Reflexionsprozesse entstehen im System Theorien über das System. Diese mögen Anspruch auf Wissenschaftlichkeit

---

[1] Siehe etwa das Würzburger Kolloquium „Theorie des Bildungssystems und Bildungsreform" (28.–29. September 1978).

erheben, bleiben darin aber in vielen Fällen umstritten. Der hier benutzte Theoriebegriff soll Art und Ausmaß der Verwissenschaftlichungsfähigkeit offenhalten. Entscheidend ist: daß das System einen Begriff, eine durchartikulierte Anschauung von sich selbst ausbildet und die dazu notwendigen Gedankengänge abstimmt und registriert. Sinnsedimente dieser Art werden dann zu Traditionskomponenten, die positive und negierende (kritische) Anschlußmöglichkeiten eröffnen und einen voraussetzungslosen Neubeginn so gut wie ausschließen. Wir haben am Wandel der Kontingenzformeln sowie an den semantischen Auszweigungen der Technologieaversion und der Selektionskritik deutlich zu machen versucht, wie stark solche systembezogenen Semantiken meinungsbildend und dynamisierend wirken. Die Reflexionsleistung wird dann mehr und mehr Produkt ihrer eigenen Geschichte, bis sie diese Geschichte – so in neueren Rückgriffen auf den Bildungsgedanken – geradezu als Beweismittel benutzen kann. Die Systemsemantik wird so in sich selbst nochmals selbstreferentiell, indem sie im Rückgang auf ihren geschichtlichen Ursprung ihren eigentlichen Sinn sucht und begründet.

Eine gesellschaftstheoretische Erklärung der Genese von über Theorie laufender Selbstreferenz sagt freilich noch wenig über die Form, in der die Probleme sich nun stellen. Diese ergeben sich aus typischen strukturellen Merkmalen selbstreferentieller Systeme. Solche Systeme können sich mit rein internen Prozessen nicht bestimmen, da ihr Teil A (z. B. die Theorie) den Teil B (z. B. die operativen Prozesse) beeinflußt, der Teil B seinerseits aber auch den Teil A beeinflußt. Ein solches System hat kein Telos, keinen bestimmten Endzustand. Dies schließt die Existenz selbstreferentiell operierender Systeme keineswegs aus, die logische Unmöglichkeit ist gewissermaßen keine empirische Unmöglichkeit. Aber selbstreferentielle Systeme entstehen nur in einer Umwelt, und Selbstreferenz ist daher, wie man am Beispiel des Gehirns leicht erkennen kann, stets eine Form der Behandlung von Umwelt.

Das System führt, mit anderen Worten, einen Dialog oder eine Konversation[2] in sich selbst, und es kann, wenn es als selbstreferentielles System geschlossen ist, *nur* über einen solchen Selbstkontakt mit der Umwelt Kontakt aufnehmen[3]. Dem entspricht systemintern, daß das System *sich externalisieren muß*, das heißt externe Bezugspunkte wählen muß, mit denen es interne Interdependenzen unterbricht. Auch Externalisierung ist und bleibt eine systeminterne Operation, aber sie behandelt sich so, als ob sie es nicht wäre, und erhält dafür Deckung in ihrer Umwelt. Auf diese Weise korrigiert das System selbst

---

[2] Diesen Begriff bevorzugt Gordon Pask. Vgl. Conversation Theory, Amsterdam 1976.

[3] Dies gilt selbstverständlich nur relativ zum Emergenzniveau, auf dem das System sich bildet, schließt also z. B. physische und chemische Abhängigkeiten psychischer und sozialer Systeme nicht aus.

die logische Prognose, es könne sich durch interne Prozesse nicht bestimmen – allerdings mit einer Art von Kompromiß, der eine sachadäquate Umwelterfassung ebenso ausschließt wie vollständige Selbsterkenntnis.
Der Schlüssel für eine Analyse pädagogischer Theorieleistungen liegt demnach in ihren Externalisierungen. Uns sind drei verschiedene Formen von Externalisierung aufgefallen, deren mehr oder weniger simultaner Gebrauch ein bestimmtes Muster ergibt. Die eine bezieht sich auf Bedingungen der *Wissenschaftlichkeit* (oder neuerdings: „Wissenschaftstheorie"), die im Wissenschaftssystem (vermeintlich) apriorisiert worden sind. Die zweite bezieht sich auf *Werte,* für die Konsens unterstellt wird. Die dritte externalisiert über *Organisation.* In allen drei Fällen wird der interne Zirkel des Mit-sich-selbst-Beschäftigtseins durch externe Referenzen unterbrochen. Diese Referenzen sind so gewählt, daß sie genau dies leisten, aber die Autonomie pädagogischer Theoriebildung nicht (oder: möglichst wenig) einschränken.
Der Bezug auf Wissenschaftstheorie erspart der Pädagogik eine Selbstapriorisierung bzw. eine dogmatische Einführung ihrer Grundlagen. Er wird intern dann durch Behauptung der Eigenart eines besonderen Wissenschaftsgebiets abgefangen und neutralisiert. Neuerdings scheint diese Eigenartsbehauptung zurückzutreten. In dem Maße, als bewußt wird, wie kontrovers die Theorielage im Bereich der Wissenschaftstheorie ist und wie sehr die Wissenschaftstheorie selbst an ihre eigenen Maximen gebunden ist, die nur falsifizierbare Theorien zulassen, kann auf Defensivvorkehrungen verzichtet werden, da die Wissenschaftsorientierung die Autonomie des Erziehungssystems und seiner Theorie ohnehin nicht gefährdet.
Der Bezug auf werthaltige Ideologien externalisiert Begründungen für praktisches Handeln und speziell für Reformen. Er durchbricht jene Zirkel, die sich daraus ergeben, daß das Handeln durch die Folgen gerechtfertigt werden muß, die es selbst verursacht. In dem Maße, als andere Rechtfertigungsmittel entschwinden und Theorien sich auf Relationen zwischen Handlungen und ihren Folgen beziehen, braucht man diese Absicherung in fraglos geltenden Werten nicht nur, um handeln zu können, sondern auch als Externalisierungskomponente der Theoriestruktur. Sie werden in dieser Funktion mit interpretierter Wirklichkeit angereichert und fungieren so als Ideologien.
Der Bezug auf Organisation erspart es der Pädagogik, sich über sich selbst zu ärgern. Er externalisiert Enttäuschungen. Seit den letzten Dekaden des 18. Jahrhunderts, seit Zedlitz zum Beispiel, gehen Organisationsmaßnahmen im Erziehungssystem aus einem Dauergespräch im pädagogischen Establishment hervor und regen ihrerseits pädagogische Reflexionen schubweise an. Trotzdem erscheint der pädagogischen Theorie die Strukturgesetzlichkeit von Organisation als eine Art Fremdkörper, und dies nicht ohne Grund, weil über Organisationsfragen des Schul-/Hochschulsystems im politischen Sy-

stem und im Rechtssystem entschieden wird. Die nicht gewollten, in der Ideologie nicht vorgesehenen Folgen der Selbstverwirklichung des Systems können aufs Konto der Organisation gebucht werden, die in dieser Funktion dann Bürokratie genannt wird[4]. Die Erfahrung mit einer immer schon organisiert vorliegenden Wirklichkeit wird dann von der Theorie in die Form eines Vorschlags zur Änderung der Organisation gebracht, sie stimuliert Reformen, die ihrerseits als Reform wiederum im Modus der Selbstreferenz bejaht werden können.

Diese verschiedenen Formen der Externalisierung, mit denen intern Interdependenzunterbrechungen eingeführt werden, verbinden und ergänzen sich – und auch dies wiederum: im System und ohne daß in der Umwelt entsprechende Zusammenhänge bestünden. Mit Hilfe dieser (oder eventuell auch anderer) Externalisierungen kann die pädagogische Theorie sich im System halten, sich auf Selbstreferenz einlassen. So gewinnt das Erziehungssystem Fähigkeiten, die das Wissenschaftssystem von außen ihm nie vermitteln könnte: sich in der Art von Theorie auf sich selbst als System in einer gesellschaftlichen Umwelt einzustellen. Damit wird der aus funktionaler Differenzierung des Gesellschaftssystems folgende Reflexionsbedarf befriedigt. Über Externalisierungen wird dabei auch der Zusammenhang mit dem Wissenschaftssystem hergestellt. Gleichwohl gerinnt das Ergebnis nicht zu festen Formen intersubjektiv gewisser Selbsterkenntnis. So entsteht keine Wahrheit. So entsteht Dynamik.

---

[4] Diese Bürokratie-Ablehnung wird oft auch in der soziologischen Literatur kopiert. Siehe z. B. Karlheinz Wöhler, Unterrichtssoziologie: Eine Einführung in die sozialen und organisatorischen Bedingungen des Unterrichtsprozesses, München 1977. Die Befunde der empirischen Forschung sind jedoch, soweit sie nicht Ablehnung über Fragen provozieren, alles andere als eindeutig. Siehe z. B. Gerald Moeller, Bureaucracy and Teachers' Sense of Power, in: Robert R. Bell/Holger R. Stub (Hrsg.), The Sociology of Education: A Sourcebook, Homewood, Ill., 2. Aufl. 1968, S. 236–250; Donald E. Edgar/Richard Warren, Power and Autonomy in Teacher Socialization, Sociology of Education 42 (1969), S. 386–399; James A. Conway, Test of Linearity Between Teachers' Participation in Decision Making and Their Perception of Their Schools as Organizations, Administrative Science Quarterly 21 (1976), S. 130–139. Der Einschluß von Organisation in selbstreferentielle Prozesse des Systems (nicht nur, aber auch auf der Ebene von Theorie) und ihre Externalisierung als Zurechnungspunkt für die eher unangenehmen Seiten der Wirklichkeit laufen offenbar nebeneinanderher und stehen für verschiedene Teilnehmer in verschiedenen Situationen zur Wahl.

## II. Zur Eigendynamik des pädagogischen Establishments

Reflexion gesellschaftlicher Funktionssysteme ist nicht ohne eine Basis in sozialen Rollen möglich. Die gesellschaftsweite Ausdifferenzierung eines Erziehungssystems und die Institutionalisierung entsprechender Bewußtseinslagen zieht auch auf dieser Ebene der Rollen bezeichnende Konsequenzen nach sich. Sie führen zur Einrichtung und Perpetuierung eines pädagogischen Establishments.

Dieser Begriff soll Rollen und Rollensysteme bezeichnen, die dem Erziehungssystem zugerechnet werden, die aber nicht direkt, sondern nur indirekt mit dem auf der technischen Ebene ablaufenden Unterricht befaßt sind. Vorwiegend handelt es sich um Rollen für die Ausbildung von Lehrern, mit denen zugleich „Sprecherfunktionen" für spezifisch pädagogische Interessen übernommen werden, ferner um Rollen für spezifisch pädagogische und vor allem unterrichtsbezogene Forschung an Hochschulen oder an eigens dafür ausdifferenzierten Forschungsinstituten, weiter um die mit Pädagogen besetzten Dezernate, Referate oder Abteilungen kommunaler und staatlicher Verwaltungen, um entsprechende Spezialisten in politischen Parteien oder kirchlichen Organisationen und nicht zuletzt um besondere Berufsverbände oder Gewerkschaften, die die Besoldungs-, Karriere- und Reputationsinteressen der Lehrer öffentlich und politisch vertreten.

Ungeachtet aller Verzahnungen in wissenschaftliche, politische und administrative Kontexte kann man einem solchen pädagogischen Establishment Gesamtwirkungen zurechnen. Schon die Fixierung von Rollen für nichtunterrichtliche Aufgaben macht die Kontinuität einer Interessenwahrnehmung weitgehend unabhängig von Biographien und Interessenlagen einzelner Personen. Daraus gewinnt das Establishment eine Eigendynamik und eine Art Unruhe, die nur über Probleme und Themen des Erziehungssystems gesteuert und befriedigt werden kann. Die Verteilung der Rollen auf immer pädagogische, aber im übrigen sehr unterschiedliche Funktionskontexte verankert das Establishment in eine Mehrzahl von Fundamenten sinnvollen, erwartungskonformen Wirkens. Die Kontinuität der Rollen und die Kontinuität des Establishments ist dabei unabhängig vom Schulunterricht selbst garantiert[5]. Natürlich gäbe es kein Establishment, wenn es keinen Unterricht gäbe,

[5] Man kann im übrigen vermuten, daß die Diskrepanzen *innerhalb* der Rollenstruktur des Establishments *zunehmen*. Vermutlich ist dies einfach eine Konsequenz der Größenzunahme, die jedes Rollensegment für sich bejaht. Ein Beleg dafür ist die Veränderung der Diskussionslage vom Thema „Hochschulreife" zum Thema „Abitur-Normen". Siehe die Hinweise oben Teil 3, Anm. 129. Ein charakteristisches Monitum: Die Verfasser der sog. Normenbücher (Abitur-Normen) sind nicht bekannt! So der Philosophische Fakultätentag in einer Entschließung vom

aber Existenz und Wachstum des Establishments sind nicht abhängig davon, daß der Unterricht sich quantitativ oder qualitativ verbessert oder verschlechtert; sie sind nur abhängig davon, daß man Verbesserungen fordern und Verschlechterungen befürchten kann, und diese beiden existenznotwendigen Perspektiven der Kritik lassen sich ebenso sicher institutionalisieren wie die Rollen selbst, denn ihre Sicherheit beruht nur darauf, daß die Zukunft unsicher ist.

Die Ausgangspunkte für die Entwicklung eines Establishments hängen ebenfalls mit funktionaler Differenzierung generell und mit der Ausdifferenzierung eines besonderen Erziehungssystems zusammen. Funktionale Differenzierung macht eine Gesellschaft so komplex, daß eine bloße Zweiteilung von richtigem Wissen bzw. natürlicher Sittlichkeit auf der einen und persönlichem Verhalten auf der anderen Seite die sozialen Erwartungen nicht mehr hinreichend bündeln und ordnen kann. Die Wissensgrundlagen werden ausdifferenziert in allgemeingültige Werte und in spezifische Verhaltensprogramme, an denen erst Bedingungen richtigen Verhaltens abgelesen werden können. Der Bereich persönlichen Verhaltens wird ausdifferenziert in Rollen und biographisch individualisierte Personen. So können Werte generalisiert und Personen individualisiert werden, ohne die Möglichkeit einer hochkomplexen Ordnung zu gefährden, die auf der mittleren Ebene von positiv gesetzten und änderbaren Verhaltensprogrammen bzw. Rollen ausgebaut wird. Ein Establishment entsteht, so unsere These, sobald die Komplexität und Änderbarkeit der Erwartungsstrukturen auf der Programm- und der Rollenebene Kontrollprobleme aufwirft. Das Establishment ist also nicht Moment einer „Kontrollhierarchie" (im Sinne von Talcott PARSONS) und nicht einfach Ausdruck der Notwendigkeit, höchste Werte auch zu realisieren. Im Gegenteil, die höchsten Werte werden zu Ideologien dadurch, daß ein Establishment, das seine Funktionsgrundlage auf der Ebene der Rollen und Programme hat, seine Interessen mit ihnen „identifiziert". Wir verwenden den Begriff Establishment also nicht, das sei nachträglich klargestellt, zur Bezeichnung einer durch Herkunft und soziale Kontakte legitimierten Oberschicht.

Bewußte und zielstrebige Bemühungen um die Entwicklung eines solchen professionellen Establishments gibt es in Deutschland seit der zweiten Hälfte des 18. Jahrhunderts. Die Entwicklung läuft an mit Forderungen nach Verbesserungen der Lage und der Ausbildung von Lehrern, nach Beteiligung von Pädagogen an ihrer eigenen Beaufsichtigung[6], ferner mit der Einsicht, daß die

---

19. 11. 1976, abgedruckt in: Andreas FLITNER/Dieter LENZEN (Hrsg.), Abitur-Normen gefährden die Schule, München 1977, S. 231.

[6] Vgl. nur Martin EHLERS, Gedanken von den zur Verbesserung der Schulen nothwendigen Erfordernissen, Altona – Lübeck 1766.

Lehrer selbst nicht Träger einer methodisch bedachten Unterrichtsforschung und erst recht nicht Träger einer Reformbewegung sein können[7], vor allem aber mit der Einrichtung von Schauplatz-Schulen, in denen der Neuerungsdrang sich dokumentiert und pressewirksames Aufsehen erregt, etwa den Gründungen BASEDOWS und seiner Anhänger. Wir zeichnen die weitere Entwicklung hier nicht nach. Unser Ausgangspunkt ist vielmehr die in den letzten Jahrzehnten unbestreitbare Existenz eines solchen Establishments von beträchtlichen Ausmaßen und mit unbestreitbarer Eigendynamik.

Von diesen sozialstrukturellen Bedingungen wird nun auch die Entwicklung des semantischen Apparats der Pädagogik abhängig. Selbstverständlich gibt es nach wie vor direkte Sachbezüge in den Begriffen und erst recht Nachformungen dessen, was man als gesellschaftlich relevant und plausibel ansieht. Aber die Vermittlung von Sachbezug und gesellschaftlicher Relevanz wird im Establishment geleistet, also durch dessen systeminterne System/Umwelt-Perspektiven mitbestimmt. Und nicht zuletzt macht sich geltend, daß in den Alltagsrollen des Establishments sich zwar die Arbeit nach den Problemen richtet, aber die Probleme sich auch nach der Arbeit richten. Die Semantik des Establishments muß dessen eigene Permanenz reflektieren, dessen eigene Arbeitsbereitschaft anbieten, und sie muß vor allem sicherstellen, daß die Probleme nicht durch Lösung verschwinden oder, wie durch Altern der Zöglinge, obsolet werden.

Schon mit der kantischen Wende und der neuhumanistischen Theorie der Bildung hatte man sichergestellt, daß die Differenz von Ideal und Wirklichkeit erhalten bleibt, was immer die Erziehung leistet. Dies Motiv wird heute mit normativ vertretenen, gesellschaftspolitischen Ansätzen, etwa einer Pädagogik der Emanzipation, fortgesetzt. Es kommt hinzu, daß eben deshalb Erfolgsbegriffe beschafft werden müssen, die sich dieser Differenz zuordnen lassen und trotzdem einen Arbeitseinsatz lohnen. Solche Begriffe müssen speziell für die Rollen des Establishments Sinn geben und zugleich deren Ausdifferenzierung aufrechterhalten. Sie suchen Erfolge deshalb nicht als Erfolge der Erziehung, sondern als Erfolge in der Änderung der Strukturen des Erziehungssystems[8]. Dabei kann die Differenz von Erfahrungswissen mit Bezug auf vorhandene Einrichtungen und von Hoffnungen mit Bezug auf noch unerprobte Strukturen genutzt werden, um Änderung als Ziel plausibel zu machen. „Reform", „Innovation", „Progressivität" werden zu Wertbegriffen – des Establishments, während Lehrer, Schüler und Eltern im Verhält-

---

[7] Vgl. Ernst Christian TRAPP, Versuch einer Pädagogik, 1780, zitiert nach dem Neudruck Leipzig 1913, insbes. S. 11 f., 36 ff.

[8] Zum Entstehen einer neuen „superstructure with a new interest in change itself" vgl. im Hinblick auf die Vereinigten Staaten auch Dan C. LORTIE, Schoolteacher: A Sociological Interpretation, Chicago 1975, S. 216 ff.

nis dazu eher verzögernde, beharrende, retardierende Elemente darstellen, deren Widerstand dann das Scheitern der Reformen erklärt. Im Gesamtsystem kann so eine Balance erreicht werden, die das Ändernwollen und Nichtändernkönnen zugleich perpetuiert.
Zusätzlich zu solchen allgemeinen Tendenzen prägt die Binnenlage des professionellen Establishments im Erziehungssystem des Gesellschaftssystems auch sehr viel konkreter zugreifende semantische Optionen. Sieht man diesen Zusammenhang von Rollen und Perspektiven, werden zugleich die Ergebnisse der drei Hauptteile unserer Untersuchungen besser verständlich. Die Reflexionsthemen Autonomie, Technologie und Selektion haben sich nicht zu einem Begriffssystem, nicht zu einer pädagogischen Theorie verdichten lassen, wie es in der Absicht der Aufbruchszeit um 1800 gelegen hatte. Aber die Optionen und Respezifikationen, die Präferenzen und die sie stützenden Abdunkelungen innerhalb dieser Themenbereiche werden verständlicher, und ihr Zusammenhang wird sichtbar, wenn man sie als Daseinshilfe des Establishments betrachtet. Die Ausdifferenzierung eines Rollenbereichs ohne unmittelbare operative Verantwortung für den Output des Systems wirkt kontingenzsteigernd – jedenfalls für die in diesem Bereich Tätigen und für die von ihm aus sich verbreitende Terminologie. So werden die im Normalbetrieb vorausgesetzten Strukturen kontingent gesetzt, ja wie Entscheidungen behandelt und gegebenenfalls mit Entscheidungsversuchen revidiert. Was immer zum Beispiel der Ausdruck „Curriculum" besagen und was immer er einschließen mag – was er einbezieht, wird damit als Entscheidung deklariert. Entscheidung heißt dann zugleich: der permanenten Revision ausgesetzt sein. Man beachte nur die Massierung solcher Kontingenzsignale in der einflußreichen Schrift von Saul. B. Robinsohn: Bildungsreform als Revision des Curriculum[9].
Bei prinzipiell offener, nirgendwo revisionsfester Kontingenz wird *Lernfähigkeit* die überzeugendste Kontingenzformel. Unter dieser Formel kann das

---

[9] 2. Aufl. Neuwied/Berlin 1969. Zu beachten ist auch, daß die Kontingenzperspektive nicht etwa für das Establishment reserviert wird im Sinne von besonderen Risiken und besonderer Freiheiten der Elite; sondern daß sie auf die Ebene der Erziehungsziele und damit auf die Ebene der Unterrichtsprozesse selbst heruntertransformiert wird, und dies in allen drei Sinndimensionen zugleich. Erziehungsziel sei (sozial) Bereitschaft zur Kommunikation, (zeitlich) Bereitschaft zur Veränderung und (sachlich) Bereitschaft zur Wahl (S. 16 f.), und dies auf allen Ebenen schulstufenmäßiger Differenzierung. Wir argumentieren keineswegs in der Sache gegen diesen Gedanken, wir halten ihn für eine der wesentlichen neueren Aussagen zur Konzeption der Erziehungsziele. Immerhin fällt auf, wie deutlich mit solchen Überlegungen das Kontingenzbewußtsein des Establishments, das sich berufen fühlt, etwas anders zu machen, aufs Gesamtsystem der Erziehung und auf die Projektion seines gesamtgesellschaftlichen Beitrages übertragen wird.

Establishment seine eigene Daseinsperspektive mit seiner Auffassung von dem, was für Lehrer und Schüler zuträglich ist, solidarisieren. Der Ausweg liegt ganz auf der Linie einer seit dem Beginn der Neuzeit viel benutzten Assoziation von Kontingenz (Unsicherheit, Änderbarkeit) und Reflexivität. Man mag sich fragen, was er für die Realität des Unterrichtsgeschehens faktisch bedeutet und wie stark er dann doch deformiert wird durch das, was man als „Sicherheitsinteresse am Richtigen" bezeichnen könnte und bei Lehrern wie bei Schülern gleichermaßen voraussetzen muß. Andererseits ist keine Kontingenzformel mehr möglich, die die heißen Zellen des Establishments außer acht ließe und Prämissen benutzte, die dort nicht mehr akzeptiert werden. Denn, wenn irgendwo, so ist die Reflexion des Erziehungssystems im Establishment zu leisten.

Auch in der Reflexion des Technologiedefizits klärt sich manches, wenn man die spezifischen Subsystembedingungen des Establishments im Erziehungssystem mitbedenkt. Nur so wird die eigentümliche *Umkehrung der Bedingungsordnung von Technologie und Wissenschaft bzw. Organisation* verständlich. Wir hatten im zweiten Teil unserer Untersuchungen zu zeigen versucht, daß wissenschaftliche Forschung und organisatorische Disposition eine technologisch aufbereitete Struktur ihres Materials voraussetzen. Da diese Voraussetzung nicht einzulösen ist, da aber Forschung und Organisation dem Establishment zu Gebote stehen, benutzt man umgekehrt diese Mittel, um das Technologieproblem zu minimieren. Das geschieht einerseits durch Substitution von Forschungstechnologie (Methodologie) für Erziehungstechnologie, zum anderen durch Verkleinerung der organisatorischen Einheiten, vor allem durch Auflösung der Jahrgangsklassenverbände in Kurssysteme mit entsprechender Entlastung von Globalzielen[10]. Daß diese Umkehrung (vorläufig und derzeit noch) zu überzeugen scheint, erklärt sich am besten aus den Operationsbedingungen der Rollen des Establishments. Wenn diese Rollen bereitstehen, um Personen die Möglichkeit zu geben, etwas zu tun, werden die von dorther faßbaren Möglichkeiten in Angriff genommen. Die Energie drängt dann in das Forschungsdesign, auch wenn die dort zu gewinnende Tiefenschärfe nicht eigentlich auf Unterrichtserfordernisse abgestimmt ist. Und sie schiebt, weil es möglich ist, die Schwelle organisatorischer Differenzierung immer weiter in den Interaktionsraum des Unterrichts vor, um sich dann zugleich über zuviel Bürokratie und zu starke Organisationsabhängigkeit zu beklagen.

Daß sich gleichzeitig eine starke *Aversion gegen sozialprivilegierende Karriereselektion* und die *Empfehlung von Gegenselektionen* in Form von kompensatorischer Erziehung formieren, hängt eng mit diesem Syndrom zusammen.

---

[10] Vgl. oben Teil 2, Kap. XII und XIII.

Einerseits senkt die empirische Forschung die Aufmerksamkeitsschwelle für das Selektionsproblem. Auf dem Bildschirm der Statistik zeichnen sich die Ungleichheiten ab. Andererseits verstärkt jede Verfeinerung der organisatorischen Differenzierung die Anlässe zur Selektion, und je mehr am Anfang Chancengleichheit erreicht wird, um so mehr zwingt ein differenziertes System sich selbst zur Selektion. In gewisser Weise tendiert das Establishment dazu, die hieraus sich ergebende Zunahme ungeliebter Funktionen zu externalisieren – sie als ein politisches Problem oder als ein unerfreuliches Relikt der Klassengesellschaft anzuprangern. In der Ablehnung der Effekte liegt bei technologisch undurchsichtigen Verhältnissen schon ein gewisser Schutz vor Verantwortung.

Das sind jedoch allenfalls provisorisch gangbare Auswege. Die eigentümlichen Problemverzeichnungen werden sich auflösen, sobald das Establishment mit den Erfahrungen konfrontiert wird, die aus Experimenten und Reformen zurückfließen. In dieser Hinsicht sind „integrierte Gesamtschulen“ eine Art naiv angelegte Selbstprovokation der Pädagogik, die zum Reflexionsanlaß werden könnte. Man wird es mit Variationen des Designs versuchen können. Aber ganz illusionäre Erwartungskonstellationen und allzu drastische professionelle Selbsttäuschungen werden sich nicht halten lassen. Auch ist das Reservoir möglicher Formationen irgendwo begrenzt, so daß man nicht beliebig lange die Widersprüche von Erziehung und Selektion in Kritik und Reform wird auflösen können.

Allgemein wird durch die Ausdifferenzierung eines Establishments dessen Verhältnis zu den am Unterricht Beteiligten zum Problem. Sprache und Zeithorizonte divergieren. Das Establishment erlebt, inauguriert, verwirft, rephrasiert Änderungen, die anderswo möglicherweise gar nicht oder nur in Störwellen ankommen. Während man oben um Revolutionen kämpft oder mit Reformen scheitert, haben die Lehrer es unterdes mit geänderten Lehrbüchern, neuen Erlassen und Disziplinschwierigkeiten zu tun. Wenn solche Divergenzen zunehmen, könnte der Eindruck entstehen, daß die Musik für die Zuschauer und nicht für die Tanzenden gespielt wird.

Andererseits bietet das Establishment eine Chance, Unzufriedenheit oder Folgen von Fehlentscheidungen von unten nach oben zu transformieren und meinungsbildend zu publizieren, so etwa im Zusammenhang mit dem Numerus clausus von Universitätsfächern und seinen Rückwirkungen auf die Zensierpraxis[11]. Man hat derzeit wenig Anhaltspunkte dafür, daß sich übergreifende Linien der Reflexion abzeichnen. Solange die Existenzrechtfertigung

[11] Siehe Andreas Flitner (Hrsg.), Der Numerus clausus und seine Folgen, Stuttgart 1976.

des Establishments im Ändern liegt und eine amelioristische Orientierung vorherrscht, wird man mit erheblichen Diskrepanzen rechnen müssen.
Eine weitere Überlegung deutet in die gleiche Richtung. Der vielleicht folgenreichste Einzeltrend im immensen Wachstum der letzten Jahrzehnte ist, daß das Establishment mit seinen *verschiedenartigen* Rollen jeweils stärker von *Organisation* abhängig wird. Die bloße Existenz eines Establishments wirkt sich so nach dem Gesetz von Organisation in Richtung auf *Zentralisation und Dezentralisation zugleich* aus, und das bedeutet: Zunahme bürokratiefähiger Kommunikationsformen. Die Umsetzung des Wollens in Realität wird nun vorab immer schon von der Organisation her konzipiert, an die Stelle der Hochschulreife treten die Abiturnormen, und es liegt auf der Hand, daß Reflexion dann mehr und mehr den Duktus des Beklagens annehmen wird.
Hieraus ergibt sich im übrigen, daß die Rollendifferenzen innerhalb des Establishments größer geworden sind und die Verständigungsschwierigkeiten zugenommen haben. Verglichen mit den 50er Jahren gehen heute Hochschulpädagogen, Ministerialbürokraten und Experten in politischen Parteien von recht verschiedenartigen Vorwegfestlegungen aus. Die Grenze zwischen „möglich“ und „unmöglich“ ist für sie verschieden konditioniert. Gerade Reformversuche führen je nach Rollenzuordnung zu verschiedenartigen Erfahrungen und damit zu verschiedenartigen Prämissen für weiteres Verhalten. Wir können nach all dem – wie schon auf der Theorieebene, so auch auf der Rollenebene – keine befriedigende, sich abrundende Lösung des Reflexionsproblems prognostizieren. Prognostizierbar ist nur ein dynamisches Verhalten des Systems, das sich zum Teil aus eigenen Ressourcen speist. Aber wir können die Frage noch stellen, ob und wie der Reflexionsprozeß im Erziehungssystem sich selbst begreifen und zum Maß nehmen könnte.

## III. Systemreflexion: Differenz und Einheit

Unseren Analysen liegt ein soziologischer Reflexionsbegriff zugrunde, und es wird sinnvoll sein, die Grenzen dieses Begriffs und damit die Grenzen der Ansprüche, die an Reflexion im Erziehungssystem gestellt werden können, noch einmal vorzuführen. Jedenfalls sollte nicht der Irrtum aufkommen, daß, wenn die Reflexion gelingt, alles gut sei; denn das würde es erfordern, den Begriff so zu definieren, daß Reflexion nicht gelingen kann.
Wir vermeiden den subjektbezogenen Reflexionsbegriff, und wir vermeiden damit auch die Vorstellung, daß mit Hilfe von Reflexion die wahren Interessen der Subjekte besser realisiert werden können. Der Begriff Reflexion soll, und das schließt durchaus an Tradition an, die Orientierung an der Identität

des Systems im System selbst bezeichnen. Die Orientierung kann im bloßen Erleben (Denken, Vorstellen) oder auch im Handeln auftreten; entscheidend ist, daß sie den Sinn dieser Prozesse auf die Einheit eines Systems bezieht, in dem sie ablaufen und zu dem sie gehören – also nicht: auf ein Objekt ihrer Umwelt. Damit gehört zur Reflexion, daß sie sich auf ein Ganzes bezieht und sich als nur ein Teil dieses Ganzen weiß. Reflexion ist deshalb gerade nicht ein sich selbst totalisierender Prozeß; sie ist erst recht kein Universalrezept – etwa als Ersatz für Technologie. Die Reflexion ist also auch keine Selbstvergewisserung des ganzen Systems. Sie bezieht sich *nur* auf die *Einheit* des Mannigfaltigen; ihre Anstrengung ist freilich, daß es sich um die Einheit eines *Mannigfaltigen* handeln muß, an dem sie selbst als eines unter vielen anderen teilnimmt. Wir übersetzen diese eher traditionelle Sprache in die der Systemtheorie und begreifen die Einheit des Mannigfaltigen als Komplexität[12].

Mit diesen begrifflichen Festlegungen sind gewichtige Anspruchseinschränkungen verbunden. Zunächst ist jede Reflexion systemrelativ, setzt also für ihre eigenen Operationen voraus, daß anderes als Umwelt behandelt werden kann[13]. Sie muß *ihre Systemreferenz* wählen, muß zum Beispiel, wenn Erleben bzw. Handeln in psychischen und sozialen Systemen (und evtl. in mehreren sozialen Systemen zugleich) abläuft, vorweg entscheiden, welche Systemeinheit (und davon abhängig: was als Umwelt) die Reflexion fokussiert[14]. Die akrobatischen Gedankenleistungen, die erforderlich sind, will man mehrere Systemreferenzen zugleich im Auge behalten, die wechselseitig füreinander Umwelt sind, kann man allenfalls in theoretischen Modellen, nicht jedoch als Normalverhalten in der gesellschaftlichen Wirklichkeit voraussetzen. Und jede Steigerung der Ansprüche an Reflexion, jede analytische Klärung und Verfeinerung wird die Differenz der Systemreferenzen um so zwingender bewußtmachen.

Im Rahmen einer Systemreferenz erfordert und erbringt Reflexion Leistun-

---

[12] Vgl. zu diesem Traditionszusammenhang auch Niklas LUHMANN, Komplexität, Historisches Wörterbuch der Philosophie Bd. 4, Basel/Stuttgart 1976, Sp. 939–941; ders., Komplexität, in: ders., Soziologische Aufklärung Bd. 2, Opladen 1975, S. 204–220.

[13] Man kann, analog zu „Weltkomplexität", den Begriff erweitern und von Weltreflexion sprechen, stößt dann aber auf einen Sachverhalt, der spezifisch religiöse Reduktionen erfordert. Hierzu Niklas LUHMANN, Funktion der Religion, Frankfurt 1977, insbes. S. 13 ff.

[14] Damit wird, um den Bezug auf aktuelle Diskussionen anzudeuten, zweifelhaft, ob man von einer Reflexion des Interaktionssystems Unterricht im Unterricht selbst zugleich erwarten kann, daß sie die Probleme besser löst, die jeder Teilnehmer mit sich selbst hat. So aber die Erwartungen der neuesten Interaktionspädagogik, siehe z. B. Karlheinz WÖHLER, Unterrichtssoziologie: Eine Einführung in die sozialen und organisatorischen Bedingungen des Unterrichtsprozesses, München 1977.

gen der *Selbstsimplifikation.* Reflexion ist keineswegs Vollerfassung des Gesamtsystems in all seinen Elementen und Relationen; eine solche Absicht würde auf einem Mißverständnis des Problems der Komplexität beruhen. Vielmehr muß jede Operation im System, also auch Reflexion, selektiv vorgehen. Die ohnehin in allen Systemen geltende Regel der Selbstsimplifikation: „that the dynamics of an arbitrary complex system will result in a simplified structuring of that complexity“[15], gilt auch für Systeme mit Fähigkeit zur Reflexion. Über Reflexion gewinnt das System aber die Vorteile der *Spezialisierung* bestimmter Prozesse *auf Selbstsimplifikation* hinzu. Damit werden die Reduktionen, mit denen das System selbst sich identifiziert, de-naturalisiert. Die Reflexionsformel „Mensch als Mensch“ ist dafür ein Beleg. Das System kann diejenigen seiner Merkmale thematisieren und damit kommunikativ zugänglich machen, in denen es sich als Einheit versteht.

Reflexion ist demnach kein Prozeß des Begründens, schon gar nicht ein Prozeß des Begründens von Rechten oder Ansprüchen oder Maßnahmen – von Rechten auf Erziehung, von Ansprüchen auf Gleichbehandlung, von Maßnahmen, die man als Erzieher zu treffen hat. Allenfalls kann man sagen, daß Systemreflexion die Begründungsbedürftigkeit etabliert und einen Schweif guter und weniger guter Gründe nach sich zieht. Mit einer Thematisierung der Einheit des Systems entsteht ein Bezugsrahmen, in dem Kommunikation auf Gründe bezogen und damit sachlich, zeitlich und sozial generalisiert werden kann; sie sucht damit auch andere Kommunikationen, auch zeitlich fernliegende Situationen, auch Unbeteiligte mitzubinden, und das mag ihr mehr oder weniger gut gelingen. Begründungsarbeit kann immer wieder Anlaß sein, die Identität des Systems neu und bestimmter zu formulieren, aber daß das System mit sich identisch ist, begründet nur genausoviel wie: daß der Grund ein Grund ist.

Reflexion ist auch keine Zustandsfixierung. Diese Auffassung hatte man, freilich bezogen auf die Person, schon mit dem Übergang von Perfektion bzw. Glückseligkeit zu Bildung zu stoppen versucht[16], wenn auch ohne durchgreifenden Erfolg. Einheit ist zu selbstverständlich Zustand, solange das System besteht, als daß dies festzustellen Sinn der Reflexion sein könnte. In der Reflexion erfaßt das System seine Einheit so, wie sie nur erfaßt werden

---

[15] So Richard Levins, The Limits of Complexity, in: Howard H. Pattee (Hrsg.), Hierarchy Theory: The Challenge of Complex Systems, New York 1973, S. 109–127 (113), und dazu Pattee, a. a. O., S. 134 f.

[16] Siehe Fichtes Wissenschaftslehre, namentlich die Erste und die Zweite Einleitung (Werke, Darmstadt 1962, Bd. III), und speziell für Erziehung die Bemerkungen gegen die Orientierung der Erzieher an der „Zustandsphilosophie“ als der herrschenden Philosophie des Lebens, in: (anonym), Original-Ideen über die Kunst der Erziehung und besonders der Bildung zur Sittlichkeit, Leipzig 1804, S. 62 f.

kann: reduktiv. Und das heißt, daß die Einheit des Systems bestimmt wird als eine, die auch anders bestimmt werden könnte.

Der Zugewinn, der mit einer internen Ausdifferenzierung und Sonderbetätigung von Reflexion erreicht wird, liegt im Kontingentwerden der Identität des Systems. Mit Hilfe selektiver Selbstsimplifikation produziert die Reflexion die Dominanz des Möglichen über das Wirkliche. Sie mag hernach die dominierende Möglichkeit als Notwendigkeit behaupten oder als Norm oder als Zweck oder als Horizont voller Überraschungen und Enttäuschungen – aber das sind schon sekundäre begriffliche Verarbeitungen, die auch kontrovers bleiben können. Die Voraussetzung dieses zweiten Schrittes, der konstitutive Leistungen verarbeitet, ist das Aussetzen der Einheit des Systems, die in allen seinen Operationen impliziert ist, in einen Horizont anderer Möglichkeiten, der historisch etwa im Sinne einer sich selbst aufbauenden Evolution oder sachlich als Interdependenz von System und Umwelt oder schließlich ideologisch als Möglichkeit, Konsens anders zu placieren, artikuliert werden kann.

Theorieteile, die in dieser zeitlichen oder sachlichen oder sozialen Hinsicht Kontingenz absolut setzen, das heißt ohne ontologische Restriktion formulieren, sind bereits im 19. Jahrhundert entwickelt worden. Sie gelten als prekär und haben einen Reprimitivierungsprozeß in der Theoriebildung, der nach HEGEL einsetzte, nicht aufhalten können. Ihnen fehlt der Zusammenhalt in einer Theorie gesellschaftlicher Reflexion. Daher entstehen laufend Theorieangebote, die den zweiten Schritt ohne den ersten tun und Reduktionen als Sicherheiten ausgeben[17]. Es bedarf offenbar hinreichender Distanz zu den ersten Erfahrungen mit der modernen, funktional differenzierten Gesellschaft und zugleich hinreichender Distanz zu der historisch-politischen Semantik, mit der sie durchgesetzt wurde, um Verständigungen über Formen und Möglichkeiten gesellschaftlicher Reflexion wieder zu erreichen.

Für die Reflexion des Erziehungssystems gilt in engerem Rahmen das gleiche. Aber der engere Rahmen eines funktional ausdifferenzierten Teilsystems der Gesellschaft hat seine Vorteile: Hier können reflexionsleitende Strukturen rascher ermittelt und konzentrierter vorgeführt werden. Rollen und Adressaten für Reflexionsansprüche stehen zur Verfügung, und zugleich bietet die Funktion eine (gesamtgesellschaftlich noch ausgleichsbedürftige) Abstraktionsbasis, von der aus Mögliches auf Wirkliches bezogen werden kann.

Eine wichtige Konsequenz aus diesen sehr allgemeinen Überlegungen hatten wir oben[18] bereits vorweggenommen. Ansatzpunkte für und Funktionsform

---

[17] Relativ bewußt zu dieser Frage Talcott PARSONS mit dem Vorschlag, eine strukturell-funktionale Theorie als zweitbeste Theorie an die Stelle eines offenen Variationszusammenhanges zu setzen. Vgl. z. B. The Social System, Glencoe, Ill., 1951, S. 20.

[18] Teil 1, XIV: Formentwicklung der Reflexion.

der Reflexion verschieben sich im Zuge der Ausdifferenzierung des Erziehungssystems selbst. Die Darstellung des Möglichen am Wirklichen akzeptiert nicht länger die Form des Ideals. Nur die Distanz zu messen, Ansprüche zu formulieren und die Verhinderungen zu beklagen, dies trägt nichts mehr bei in einer Gesellschaft, die eine solche Mentalität ohnehin jedermann freistellt. Angesichts von ständigen Reformen, die ebenso regelmäßig abgelehnt werden oder ihre Ziele verfehlen oder so verkraftet werden, daß sich nichts ändert, kann die Reformreflexion sich nur einmauern in einem trotzigen Bestehen auf dem, was sein sollte. Sie könnte aber auch wissen, daß sie damit den Standpunkt einer Funktion hypostasiert; und nur mit diesem Wissen, das sich selbst relativiert, kann sie die Einheit ihres Systems präsentieren.

Der Gegenpart ist nicht das Lob des Bestehenden. Diese Rolle nimmt niemand ein, sie ist nur eine Erfindung der Reformpartei, die sie benötigt, um sich durch ihr Gegenteil nochmals zu bestätigen. Real kann man eine funktional differenzierte Gesellschaft nicht für perfekt halten; man kann dies nur anderen unterstellen, um den Apparat der eigenen Begründungen zu entlasten. Der Gegenpart ist die kategoriale Aufbereitung von Erfahrungen, so daß sie als Möglichkeiten erscheinen.

Nachdem die moderne Gesellschaft erste Erfahrungen mit sich selbst hinterlegt hat und bereits mit einer Fülle von Aufbereitungsangeboten experimentiert, sollte es möglich sein, auf einen Reflexionsstil umzusteigen, der diese Lage nutzt. Ähnlich wie im Falle von Planung auf der Ebene von Entscheidungsprogrammen, Curricula, Investitionen, Theoriedesigns wird man auch den Zeit- und Erfahrungsbezug von Reflexion neu durchdenken müssen[19]. Erfahrung obsoletiert so rasch, Daten werden so rasch historisch, Theoriestandpunkte so rasch überwunden, daß ein abstrakterer Sicherungszugriff unerläßlich wird. Dabei geht es nicht darum, „noch Aktuelles" herauszufiltern. Die Vermutung ist vielmehr, daß der Möglichkeitswert von Erfahrungen mit der Systemkonzeption variiert, für die man sie in Anspruch nimmt. In gewisser Weise schreibt die Reflexion die Memoiren des Systems, indem sie dessen Erfahrungen mit sich selbst auf andere Möglichkeiten hin kondensiert. Ihre Leistung hat nicht narrativen, sondern kategorialen Stil; sie impliziert aber die Aufarbeitung der Systemgeschichte, die letztlich Zufall war, aber nicht mehr Zufall ist.

Legt man einem solchen Unternehmen systemtheoretische Begrifflichkeit zugrunde, fallen vornehmlich diejenigen Grundprobleme auf, deren Entwicklungsgeschichte wir korrelativ zur Ausdifferenzierung des Erziehungs-

---

[19] Anregend hierzu die Behandlung von „Retention" bei Karl E. Weick, The Social Psychology of Organizing, Reading, Mass., 1969.

systems verfolgt haben. Die Reflexion kann in funktional differenzierten Gesellschaftssystemen die Einheit des Systems nur mit Bezug auf eine Differenz von Systemreferenzen formulieren. Die weitere Dekomposition ergibt verschiedene Problemlinien, je nachdem, ob die Reflexion die innergesellschaftliche Differenzierung oder die Differenz von Gesellschaftssystem, Organisationssystem und Interaktionssystem (Unterricht) vor Augen hat.
Die funktionale Innendifferenzierung des Gesellschaftssystems setzt jedes Funktionssystem nicht nur in die abstrakte Nichtidentität von System und Umwelt, sondern außerdem in die Nichtidentität seiner Beziehungen zur Gesellschaft im Ganzen (Funktion) und zu den übrigen Teilsystemen der Gesellschaft (Leistung). Daher muß ein solches System sich als Einheit von Funktion und Leistung reflektieren. Diese Problemstellung wird, das kann man der semantischen Tradition des Erziehungssystems entnehmen, in Kontingenzformeln aufgefangen. Sie ist bisher durchweg „humanistisch" am Menschen formuliert worden, und dabei konnte man die Differenz von bezwecktem Output und gesamtgesellschaftlicher Funktion sozusagen in der Zusammensetzung des gewünschten Menschen überspielen – etwa mit der Formel, es solle eigentlich der Mensch im Bürger sein, der glückselig bzw. vollkommen werden solle[20]. Inzwischen stellt sich das Problem schärfer und sprengt (in der Theorie schon seit HEGEL und MARX und in anderer Weise seit DURKHEIM) anthropologische Lösungsformeln. Das Konzept der Lernfähigkeit nimmt diese Problemlage auf. Es wird zumeist psychologisch verstanden und so in fast bruchloser Fortsetzung der Tradition wiederum am Menschen formuliert. Es läßt sich angesichts der Forschungslage sehr leicht auf Systeme schlechthin, also auch auf soziale Systeme ausdehnen, und eine Reflexion des Erziehungssystems müßte diesen Schritt tun, um sich selbst als lernend begreifen zu können. Mit diesen Vorentscheidungen wird die Frage der (unabdingbaren) Identität des Erziehungssystems verlagert in das Problem, ob die Bedingungen der Steigerung von Lernfähigkeit zugleich Grenzen der Lernfähigkeit setzen, ob also Lernmöglichkeiten für Personen wie für soziale Systeme nur über Ausschließung von Lernmöglichkeiten gewonnen werden können. Daran könnte sich erweisen, daß Selbstsimplifikation Leistungs- und Anpassungsbedingung ist.
Ebenfalls, aber in ganz anderem Sinne, leitet das Problem des Technologiedefizits auf die Notwendigkeit zurück, Systemreferenzen zu unterscheiden. Die Form der klassischen, speziell der nachkantischen Thematisierung dieses Problems hatte wiederum den Menschen vorgeschoben und die Differenz der Freiheit (Selbstreferenz) des Erziehers und des Zöglings betont. Das führte

[20] Nach einer Formulierung von Kajetan WEILLER, Versuch eines Lehrgebäudes der Erziehungskunde Bd. I, München 1802, S. 88.

zur Ablehnung eines mechanischen Bewirkens von Wirkungen als, wenn nicht ineffektiv, so doch moralisch und pädagogisch, unvertretbar. Nun ist aber diese Differenz der Personen genau diejenige Umwelt, die überhaupt zur Bildung sozialer Systeme führt. Mit diesem Ansatz war das Technologieproblem deshalb zu allgemein (mit anderen Worten: innerhalb der Moraltheorie) gestellt und zu allgemein desavouiert worden. Die Reflexion des Erziehungssystems muß es daher zunächst auf die Ebene sozialer Systeme transponieren. Hier heißt Technologiedefizit nichts anderes als: Eigenständigkeit des konkreten Interaktionssystems Unterricht in der Produktion seiner Effekte und Abhängigkeit dieser Effektivität von der Geschichte und der Situation des Unterrichtssystems selbst. Man darf diesen Gesichtspunkt nicht verabsolutieren, denn es gibt natürlich auch relativ gut bewährte Verhaltensrezepte (insbesondere solche, die der einzelne Pädagoge an sich selbst bewährt hat und erfolgreich praktiziert), und es gibt Erfahrungen, die von Interaktionssystem zu Interaktionssystem übertragbar sind. Wir gehen nicht so weit, Situativismus und Improvisation absolut zu setzen und Lernmöglichkeit (im Widerspruch zu dem, was soeben gesagt wurde) schlechterdings auszuschließen. Das Problem liegt auch hier in der Differenz der Systemreferenzen und in der trotzdem noch möglichen Einheit: Die Möglichkeiten des Ansetzens von Technologien, von erfahrungsgetragenen Strategien, von routinisierbaren Entlastungen *reichen nicht aus, um die Systemreferenzen Interaktion und Organisation, Interaktion und Wissenschaft, Interaktion und Gesellschaft hinreichend sicher zu verknüpfen,* so daß man in wichtigen Hinsichten und vor allem in der Planung und Erzeugung von Effekten die Mehrheit der Systeme *wie eines* behandeln könnte. Im Gegenteil ist das, was Interaktion, Organisation und Gesellschaft füreinander produzieren, für das jeweils andere System weitgehend Zufall, und eben deshalb fühlt sich der Unterricht durch „externe" organisatorische Vorschriften gegängelt, und ebenso wird die Gesellschaft durch massiv auftretende Effekte schulischer Sozialisation und unerwartete Mentalitäts- und Motivationsverschiebungen in den nachwachsenden Generationen überrascht.

Nur in diesem Sinne ist das Technologieproblem mehr als ein technologisches Problem, nämlich ein Reflexionsproblem. Das Technologieproblem wird nicht durch Reflexion gelöst. Es wird auch nicht scheinbar gelöst, indem für eine genaue und kontrollierbare Angabe von erstrebten Effekten Globalformeln oder gute Absichten substituiert werden. Reflexion kann nicht amelioristisch und sie sollte nicht kompensatorisch eingesetzt werden. Ihr Thema ist: wie man die Einheit des Erziehungssystems auffassen und sich an ihr orientieren kann, obwohl Erziehung in einer Differenz von Interaktionssystem, Organisationssystem und Gesellschaftssystem erbracht wird, die technologisch nicht (jedenfalls: nicht ausreichend) zu vermitteln ist; obwohl, mit anderen Worten, die Ergebnisse der Interaktion organisatorisch nicht ausreichend verfügbar, wissenschaftlich nicht ausreichend erklärbar, politisch nicht ausreichend verantwortbar und schließlich ökonomisch auf Rentabilität der Investition hin nicht ausreichend kalkulierbar sind. Dies alles gehe den Pädagogen nichts an, hatte eine mächtige Tradition behauptet. Aber damit ist die Differenz nur negiert, nicht aufgehoben. Außerdem steht gerade das Establishment des Erziehungssystems, das ja selbst nicht unterrichtet und sich doch zum Unterricht in Beziehung setzen muß, vor dem gleichen Problem der Intransparenz des Unterrichtsgeschehens. Das Problem bleibt: Wie und in welchem Sinne hat bei so starker Differenz der Systembildungsebenen Interaktion (Unterricht), Organisation (Schule und Schulverwaltung) und Gesellschaft bzw. Erziehungssystem Einheit noch Orientierungswert?

Diese Überlegungen führen uns schließlich auf Probleme einer Neubewertung des Verhältnisses von Erziehung und Selektion. Auch hier hat es, nachdem das Problem mit dem Universellwerden der Schulerziehung akut wurde, eine erste menschbezogene Interpretation gegeben: Selektion zu Erfolg oder Mißerfolg sollte das Individuum belohnen und motivieren. Diese Darstellung ist der gegenwärtig vorherrschenden Auffassung gewichen, daß Selektion im Widerspruch stehe zu Erziehung und pädagogisch eigentlich nicht zu verantworten sei. Da sie dennoch stattfindet und da das, was sie nolens volens herbeiführt, nicht eliminiert werden kann, muß diese Auffassung in der Reflexion dazu führen, die Einheit des Systems als den Widerspruch von Erziehung und Selektion zu begreifen, und zwar als einen gesellschaftlich aufgezwungenen Widerspruch. Das aber heißt: mit dem Widerspruch auch die Einheit des Systems, das beides tut, zu externalisieren. Auf eine dritte Möglichkeit schließlich haben unsere Analysen hingeführt: die Einheit von Erziehung und Selektion zu betonen, soweit sie unter der Kontingenzformel und den Kriterien des Erziehungssystems selbst herstellbar ist. Selektion wird dann zugleich technisches Korrelat des Technologiedefizits: Soweit man die Wirkungen nicht sicher berechnen kann, weil man sie mit frei manipulierbaren Ursachen nicht sicher in der Hand hat, muß man *nach* der Erzeugung von Effekten seligieren. In neuhumanistischer Terminologie formuliert, ist Selektion die Antwort auf Freiheit, auf Selbsttätigkeit, auf Vermeidung einer vollständigen Instrumentalisierung des Zöglings.

Themen dieser Art werden zu Reflexionsthemen, wenn man sie auf die Einheit eines komplexen Systems bezieht. Es gibt vermutlich nur wenige, immer wiederkehrende Grundstrukturen, die für Systemreflexion Bezugsthemen werden können. In der Sachdimension, der Zeitdimension und der Sozialdimension von Sinn hat jeweils eine Grundthematik Prominenz (was nicht auch heißen muß: Exklusivität) gewonnen. Wenn dem so ist, kann man erwarten, daß die kategorialen Formen, in denen ein System Erfahrungen mit sich selbst verarbeitet, über solche Reflexionsstrukturen integriert werden können. Die Systemtheorie bietet heute noch keinen abgeschlossenen Kanon von Möglichkeiten. Aber Grunderfahrungen wie die: daß Komplexität Selektivität erzwingt, und dies auch und gerade bei der Thematisierung von Komplexität; daß alles Diskontinuieren über Kontinuieren ermöglicht wird und umgekehrt; daß jedes System seine Strukturen nur im Bezug auf seine Umwelt festlegt und daher ein Verhältnis zu sich selbst nur gewinnen kann als Relation auf Relationen, nämlich als Form für seine Beziehung zur Umwelt – solche Grunderfahrungen regenerieren, falls man sie vergessen hatte oder falls man ihr terminologisches Gewand als mentalistisch oder materialistisch oder systemtheoretisch ablehnt, mit dem Beginn jeder Reflexion von neuem. Dies kann man wissen. Mit diesem Wissen aber lassen sich zahllose Verhärtungen auflösen, die nur von Partialperspektiven aus möglich sind.

Von Partialperspektiven aus kann man immer wieder den Menschen gegen die Technik in Anspruch nehmen oder die Erziehung gegen die Deformation durch Selektionszwänge verteidigen oder das, was besteht, im Hinblick auf Reformen kritisieren. Der Effekt ist dann aber, daß man aus der Option heraus überdimensionierte Möglichkeitsräume projektiert. Statt die Wirklichkeit an ihr selbst als kontingent zu thematisieren, läuft man zu auf eine bloße Differenz von Möglichkeit und Wirklichkeit und bleibt vor ihr stehen. Die Aufgabe der Reflexion wäre es aber, Kontingenzerfahrungen auf die Einheit des Systems zu beziehen und von daher kategorial zu respezifizieren. Nur so wachsen schließlich auch der Struktur- und der Reflexionsgeschichte des Systems Kontingenzräume zu, die in den vergangenen Gegenwarten nicht erfahrbar gewesen waren und die dennoch die Gegenwart der Vergangenheit ausmachen. Speziell an der Ausdifferenzierungsgeschichte des Erziehungssystems ist nichts überholt, an den semantisch-theoretischen Traditionen der Pädagogik nichts überwunden. Die Reflexion hat keinen Platz für Kritik. Sie wird weglassen und straffen, und sie wird bei Bedarf die Terminologie überarbeiten müssen, um Erfahrungen reaktualisieren zu können.

## IV. Neunzehnhundertneunundsiebzig

In sozialen Systemen hat Reflexion nur als Kommunikation Realität. Sie kann nicht schon dadurch zustandekommen, daß ein Subjekt sich in der Kontinuität seines Bewußtseinslebens als dasselbe wahrnimmt und die Fragmente seines Erlebens und Handelns daraufhin zusammenfügt[21]. Sie kann nicht in

[21] Was bekanntlich seinerseits eine soziale Umwelt des Personsystems und Abstraktionshilfe durch andere Personen voraussetzt. Siehe nur den „Exkurs über das

der Undeutlichkeit eines Globalphänomens, nicht in der Form eines bloßen Horizontes belassen bleiben; sie muß Thema werden können.

Themen sind sozusagen die Programme der Sprache. An ihnen läßt sich das „Passen“ von Beiträgen kontrollieren. An Hand von Themen kann man feststellen, ob völlig verschiedenartige Sätze zusammengehören, und damit zugleich: ob der Kommunikationspartner das Thema ebenso versteht wie man selbst. Themen sichern, mit anderen Worten, die Anschließbarkeit von Beiträgen und lassen, auch wenn man die Beiträge selbst nicht erwarten kann, eine Kontrolle darüber zu, ob sie zum Thema gehören oder nicht, ob das Thema sich durch einen Beitrag verschiebt und ob Konsens oder Dissens über die Auffassung des Themas besteht. Themen können vereinbart und vermieden werden. Es gibt Möglichkeiten, sie zu mißbrauchen (zur Selbstdarstellung), sie zu pervertieren (im Witz), sie für unerwartbare Ermöglichungen zu erschließen (in der Dichtung) – immer aber liegt die Thematisierungsschwelle der Kommunikationsprozesse im Verhältnis zum diffusen Assoziationsreichtum des Sinnlebens der Beteiligten relativ hoch, denn das Lancieren eines Themas erfordert eine Einschätzung der Interessen und Verständnismöglichkeiten von Partnern, der situativen Adäquität des Themas und, nicht zuletzt, des eigenen Durchhaltevermögens bei unerwarteten oder heiklen Wendungen des Themas.

Dies voraussetzend, fragen wir abschließend nach der Selbstthematisierungsfähigkeit des Erziehungssystems und speziell nach den kommunikativen Bedingungen, die im Establishment des Erziehungssystems gegenwärtig dafür bereitgehalten werden. Mangels soziologischer Untersuchungen unter dieser Fragestellung sind wir auf informierte Einschätzungen angewiesen.

Vergleicht man zunächst die Situation um 1800 mit der heutigen, so ist ganz offensichtlich, daß die (stellenplanmäßige) Expansion des Establishments mit der Bereitschaft, Reflexionsthemen aufzugreifen, negativ korreliert. Man hat den Eindruck: Einzelne, die sich literarisch an ein gebildetes Publikum wandten, konnten so naiv sein, Reflexionsthemen unmittelbar zu behandeln und Vorschläge dazu zu unterbreiten. Nach der Ausdifferenzierung eines Establishments im Erziehungssystem ist das schwieriger geworden, weil zu genau bekannt ist, unter welchen speziellen Perspektiven, mit welchen Vorerfahrungen und für welche Interessen hier Informationen verarbeitet werden. Es ist also nicht so, daß nur Zeit und Muße und eine anregende geistige Welt nötig wären, um Reflexion auszulösen. Und es ist eine völlig offene Frage, ob und wie es überhaupt möglich ist, in einem Establishment eine Art Anschluß-

Problem: Wie ist Gesellschaft möglich?“, in: Georg Simmel, Soziologie: Untersuchungen über die Formen der Vergesellschaftung, 2. Aufl. München/Leipzig 1922, S. 21–30.

reflexion an vorhandenes Wissen und an akkumulierende Erfahrungen und nicht zuletzt: an Erfahrungen der Erfolgslosigkeit, in Gang zu bringen.

Ein zweiter Punkt betrifft Komplexität. Ein Establishment entsteht, hatten wir oben gesagt, auf Grund zunehmender Komplexität und Veränderbarkeit der Rollen und Programme. Die Ausbildung eines Establishments macht jedoch die Situation ihrerseits nur noch komplexer. „Issues" werden verschärft, Fronten diskutiert, organisatorische Interessenwahrnehmungen verselbständigt. Mit steigender Empfindlichkeit in puncto Positionen wachsen die Rücksichten, die man nehmen muß, und die Konsensschwierigkeiten bei allem Abweichen vom Status quo. Wo Änderung der Daseinszweck ist, wird Nichtänderung zur Daseinsbedingung und „Reform" das Thema, an dem man das abdiskutiert. Eine Reflexion, die diese Bedingungen einschließen würde, ist schwierig und, soziologisch gesehen, nicht sehr wahrscheinlich.

Unbestreitbar besteht ein erheblicher Orientierungsbedarf mit starken Tendenzen zu kurzfristiger Befriedigung. Das begünstigt interdisziplinäre Importe; es begünstigt, was Theorie anbetrifft, Abwandlungen und Überwindungen – typisch dabei Ersetzung des Komplexen durch das weniger Komplexe. Man kann vermuten, daß kommunikationsfähiges Gedankengut rasch und neu erscheinen muß, daß dies aber nur über Inbezugnahmen zu erreichen ist, die das, was woanders gilt, oder das, was früher galt, gerafft und verkürzt in Anspruch nehmen, um das, was zu sagen ist, positiv oder negativ gegen anderes zu identifizieren.

Abgesehen von diesen Rahmenbedingungen für Reflexionsthemen ist zu bedenken, daß das Establishment nicht als „Reflexionselite" ausdifferenziert ist, sondern seine Rollenbasis in einer Mehrzahl von abgeleiteten Funktionsbereichen hat, die auf thematische Interessen und Kommunikationsformen zurückwirken. Bei der Ausbildung von Pädagogen dominiert ein „Praxisbezug", der eine im Unterricht oder zumindest in der Unterrichtsplanung verwendbare Begrifflichkeit bevorzugen muß (wenngleich nicht zu übersehen ist, daß dieses Erfordernis zugunsten von „Theorie-Diskussion" auch vernachlässigt werden kann). Im Forschungsbereich gibt es statt dessen die Dominanz des methodologisch Vertretbaren, die jede Intention auf Bearbeitung von Reflexionsthemen abkühlt – allein schon deshalb, weil in Reflexionsthemen selbstreferentielle Strukturen vorkommen, während jedes Forschungsdesign auf eine Unterscheidung von unabhängigen und abhängigen Variablen gegründet sein muß. Schließlich ist das Establishment auch in seinen professions- und verbandspolitischen Aktivitäten nicht ohne weiteres auf die Linie der Reflexion zu bringen; hier ist vielmehr Militanz am Platze[22],

---

[22] Zum Dilemma einer allseits anerkannten und notwendigen Funktion, die durch militanten Professionalismus öffentlich diskreditiert wird, gibt es besonders ameri-

und wenn es zu Abschwächungen kommt, dann in Richtung auf Pragmatik, aber nicht in Richtung auf Reflexion.
Bei so verschiedenartigen Anbindungen wäre zwar denkbar, daß nun erst recht Reflexionsthemen zum einzigen Verständigungsmittel des Establishments werden – und sei es nur in der Form, daß zunächst jeder glaubt, der andere verfüge über die Sicherheit der Reflexion. Zugleich ist es aber wenig wahrscheinlich, daß ein so gelagertes Teilsystem des Teilsystems für Erziehung den „take off" zur Reflexion findet, es sei denn, die historische Situation prädisponiere dazu. Ist das der Fall?
Man mag in der gegenwärtigen Situation die Schwierigkeiten einer Reformpolitik als Anlaß sehen für Reflexion. Die unzähligen Veränderungen des letzten Jahrzehnts haben vor allem wieder Änderungsnotwendigkeiten erzeugt und den Widerstand gegen das laufende Ändern anwachsen lassen. Die organisatorischen Realisationen erweisen sich als so weitläufig und komplex und als so indirekt zu erwirken, daß jede Wahrscheinlichkeitskalkulation eine Schritt für Schritt anwachsende Unwahrscheinlichkeit von Konsens und Erfolg erwarten läßt[23]. Aber der Widerstand selbst ist keine ausreichende Reflexionsgrundlage, er enthält zu wenig Information. Er wirft nur zurück auf die Frage, ob die Analytik, über die man verfügt, ausreicht, um Intention und Widerstand aufzuschlüsseln.
Erziehungswissenschaftler machen am Ausgang der Bildungsreformphase die Erfahrung, daß ihre spezifischen Problemerfahrungen nichts an Bedeutung verloren haben, vielmehr zu besonderer Aktualität gekommen sind. Es hat sogar den Anschein, als sei dies der bleibende Gewinn des gesellschaftskritisch eingeschworenen Reformdenkens; jedenfalls ist das pädagogische Nachdenken aus dem Ghetto einer Semantik, die vornehmlich nur auf Eigenständigkeit und Echtheit abhob, herausgebracht; nicht in dem kurzschlüssigen Sinne eines Entweder-Oder, sondern im Sinne eines diffusen, noch nicht bestimmten Zugleich: Erziehungserfahrungen in gesellschaftlicher Sicht[24]. Aber nicht nur diese Doppelerfahrungen prägen die gegenwärtige Situation, auch im Verhältnis von pädagogischer und wissenschaftlicher Praxis ist man

---

kanische Erfahrungen. Vgl. Ronald G. Corwin, Militant Professionalism: A Study of Organizational Conflict in High Schools, New York 1970; ferner Alan Rosenthal, Pedagogues and Power: Teacher Groups in School Politics, Syracuse, N.Y., 1969; Lortie, a. a. O., S. 221 f.

[23] Modellhaft durchgerechnet für einen anderen Gegenstandsbereich bei Jeffrey L. Prressman/Aaron Wildawsky, Implementation: How Great Expectations in Washington are Dashed in Oakland, Berkeley, Cal., 1973, insbes. S. 102 ff.

[24] Herwig Blankertz, Handlungsrelevanz pädagogischer Theorie: Selbstkritik und Perspektive der Erziehungswissenschaft am Ausgang der Bildungsreform, Zeitschrift für Pädagogik 24 (1978), S. 171–182.

nicht auf den alten Platz zurückgekommen[25]. Exzeptionelle Bemühungen um den Gegenstand der Erziehung haben die Differenz zwischen Erziehung und Wissenschaft intensiviert. Man kann nicht mehr von einer nur durch pädagogischen Takt kontrollierten Direkt-Assoziation im Kopf des Lehrers ausgehen. Dafür hat sich die Wissenschaftssprache zu weit von der Unterrichtssprache entfernt. Ist das Establishment mit den Ergebnissen seines Negationsgebrauchs selbst konfrontiert, müßte dies eine Stärkung der Reflexionseinrichtungen des Erziehungssystems zur Folge haben; in dem Sinne, das Erziehungssystem in die Lage zu versetzen, sich selbst von seiner Umwelt zu unterscheiden.

Ludwig von Friedeburg[26] hat auf bereits vollzogene Strukturänderungen im Erziehungssystem als Anlaß (oder Voraussetzung) für reform-intendierte Generalisierungsprozesse (Rechtfertigung und gesamtgesellschaftliche Sicherung) hingewiesen. Am Ausgang der Bildungsreformphase hat das Establishment also alle Veranlassung, eine abstraktere Ebene der Selbstthematisierung zu pflegen: „Alte" Reflexionsthemen bleiben relevant: nicht im Sinne einer Rückkehr auf geisteswissenschaftliche Reflexionspositionen, sondern im Sinne einer Selbstthematisierung, die nun ausdrücklich auf die Lernfähigkeit des Systems setzt. Denn in dem Maße, wie das System lernfähig wird, kann es verschiedenartige Zustände im Nacheinander annehmen und über Zeitdifferenzen hinweg relational verknüpfen, somit Bedingungen der Diskontinuität als auch Bedingungen der Kontinuität erfüllen.

Wenn wir auch nicht, wie schon mehrfach betont, Systemreflexion für die Lösung der Probleme halten – ohne sie ist kein Standpunkt zu gewinnen, für den die komplexe Realität des Erziehens als Einheit erschließbar wäre. Es genügt nicht, nur nochmals anzumahnen, was man immer schon gesucht hatte: eine „wirklichkeitsnahe" Erziehungswissenschaft[27]. Es reicht auch nicht aus, auf „wissenschaftliche Durchdringung" zu setzen[28], wo es darauf ankäme, an den geisteswissenschaftlichen Anspruch der „Wissensvergewisserung" anzuschließen[29]. Dafür bedarf es zunächst des „Muts zur Abstraktion" von jenen vertrauten Kontroversen und ihren begrifflichen Mitteln. Ferner muß Selbstreferenz als wirklichkeitsimmanente Struktur begriffen werden. Nur damit kommt man über die Isolierung einer sich subjektbezogen verste-

---

[25] Andreas Flitner, Eine Wissenschaft für die Praxis, Zeitschrift für Pädagogik 24 (1978), S. 183–193.

[26] Ludwig von Friedeburg, Bilanz der Bildungspolitik, Zeitschrift für Pädagogik 24 (1978), S. 207–220.

[27] So Andreas Flitner, a. a. O. (1978), S. 191.

[28] So Blankertz, a. a. O., S. 178.

[29] Vgl. etwa Wilhelm Flitner, Das Selbstverständnis der Erziehungswissenschaft in der Gegenwart, Heidelberg 1958, S. 18.

henden Wissenschaft hinweg. Nur so ist eine Orientierung zu gewinnen, die sich nicht nur an den Idealen und Ansprüchen der Subjektität des Menschen legitimiert, sondern sich als Theorie des Systems im System reflektiert.
Mit dem Begriff „Establishment" haben wir andeuten wollen, daß soziologische Analyse hierzu beitragen kann. Der Begriff provoziert mögliche Reflexionsträger in die Selbstreflexion. Aber auch wenn dieser Vorschlag auf Widerstand stößt, ist die Situation, was die Bereitstellung analytischer Instrumente für Systemreflexion angeht, sehr viel günstiger, als gemeinhin angenommen wird. Die Möglichkeiten, die interdisziplinär orientierte Theoriebildung heute bietet, werden im Erziehungssystem bei weitem noch nicht genutzt. Das Reflexionsniveau der Kommunikation im Erziehungssystem kann, was die theoretische Disposition angeht, angehoben werden. Ohne Frage wird daraus eine andere Einstellung zur Reformpolitik resultieren. Die Veränderung liegt jedoch nicht dort, wo Reformanhänger sie vermuten und befürchten: in der Abwehr der Reform. Sie wird aber das Bewußtsein dafür schärfen, daß sich ohne Reform oder im Gegenzug zu Reformen sehr viel mehr geändert hat als durch Reform. Die Reflexion macht die Kontingenz des Systems bewußt. Sie hat ihr eigenes Problem in der Respezifikation dieses Kontingenzbewußtseins, so daß es Arbeitsbewußtsein werden kann. Deshalb geht es ihr vorrangig darum, das, was sich ändert, so zu begreifen, daß man abmessen kann, was man ändern muß, um Änderungen zu befördern oder zu verhindern.

# Nachwort 1988

Der vorstehende Text wird unverändert wiederaufgelegt. Er ist seit seiner Erstveröffentlichung im Jahre 1979 gelesen und kritisiert worden. Es erscheint uns aber nicht als angebracht, auf die Resonanz, die er gefunden hat, mit Eingriffen in den Text zu reagieren. Die wissenschaftlichen Perspektiven, denen der Text sein Unterscheidungsvermögen verdankt, sind inzwischen beträchtlich weiterentwickelt worden. Auch das gibt aber kaum einen Anlaß, den Text umzuschreiben und mit Neuformulierungen Zusammenhänge herzustellen, die 1979 noch nicht sichtbar sein konnten. Die Veränderungen bestätigen eher, so wie wir es sehen, die eingenommene Position einer Distanz des Beobachters zum sich selbst reflektierenden Geschehen. Und schließlich handelt es sich ja nicht um ein Lehrbuch, das laufend aktualisiert werden müßte, sondern um eine Monographie zu einem Spezialproblem. Um so mehr sind wir jedoch dem Suhrkamp Verlag, der sich zur Übernahme des Textes und zur Neuauflage bereitgefunden hat, dankbar für die Gelegenheit, ein Nachwort zu schreiben, um die Thematik des Buches nochmals klarzustellen und sie in den Kontext einzurücken, der inzwischen unter Bezeichnungen wie »Kybernetik beobachtender Systeme«, »Autopoiesis«, »radikaler Konstruktivismus«, »Systemische Therapie« oder allgemeiner: »Theorie selbstreferentieller Systeme« eine lebhafte Diskussion entfacht hat.

In erster Linie muß, zur Abwehr gleichermaßen von Erwartungen und Enttäuschungen, darauf hingewiesen werden, daß der Text ein Spezialthema verfolgt, nämlich die Art, wie das Erziehungssystem die eigene Einheit und damit die eigene Position in der modernen Gesellschaft reflektiert. Es handelt sich also nicht um eine in voller Breite entwickelte soziologische Theorie der Erziehung und schon gar nicht um einen Versuch, das Wissen der Sozialisations- und Erziehungssoziologie in Theorieform zu kodifizieren. Dies sei angemerkt gegenüber Kritikern, die einen zu stark vereinfachenden Zugriff auf pädagogische und soziologische Materialien beklagen[1]. Das Unternehmen, eine soziologische (gesellschaftstheoretische) Theorie der pädagogischen Reflexion (nicht des päd-

[1] Siehe etwa Peter FAUSER/Friedrich SCHWEITZER, Pädagogische Vernunft als Systemrationalität, Zeitschrift für Pädagogik 27 (1981), S. 795-809; Hans-Hermann GROOTHOFF, Der Beitrag von LUHMANN und SCHORR zu einer systemtheoretischen Revision der Theorie des Bildungswesens, in: Bernd FICHTNER/Hans-Joachim FISCHER/Wilfried LIPPITZ (Hrsg.), Pädagogik zwischen Geistes- und Sozialwissenschaft: Standpunkte und Entwicklungen, Königstein/Ts. 1985, S. 55-73.

agogischen Gesamtwissens!) zu schreiben, ist, wie wir durchaus sehen, auf eine verwirrende Weise zugleich bescheidener und anspruchsvoller. Es ist bescheidener, weil es nur besondere Aktivitäten der Pädagogik, nämlich solche der Selbstrechtfertigung, der Selbstbeschreibung des Systems, der Begründung von Autonomie usw. in den Blick nimmt. Es ist anspruchsvoller, weil diese Thematisierung der Selbstthematisierung in einem Theoriekontext erfolgt, der die traditionellen Blickmöglichkeiten der Pädagogik überschreitet und daher irritierend und verunsichernd auf sie zurückwirkt;[2] und anspruchsvoller auch deshalb, weil das Thema den Grund betrifft, aus dem heraus die Pädagogik nicht nur die Erziehung, sondern auch sich selbst zu verstehen sucht.

Man kann die damit entstandene Spannung, wenn nicht lösen, so doch lockern, wenn man bedenkt, daß Reflexionsanstrengungen sehr spezielle, unalltägliche Kommunikationen sind. Darauf hat gerade die neuere Systemtheorie immer wieder hingewiesen. Bei der Selbstbeschreibung des Systems geht es im System um etwas, was neben anderem *auch* geschieht. Gerade das ist ein Moment der Dynamik solcher Reflexion. Sie setzt sich schon im System selbst der Beobachtung und Beschreibung durch andere Operationen aus, sie wird schon intern kritisiert, ja quasi politisiert. Die Dynamik der Reflexionstheorien, die unser Text behandelt, ist nicht zuletzt darauf zurückzuführen, daß dies geschieht. Es handelt sich nicht (oder wenn man so will: nur im Glücksfalle) um einen Fortschritt in Richtung auf Wahrheit. Was zu beobachten ist, ist vielmehr die im laufenden Beobachten und Beschreiben von Beobachtungen und Beschreibungen ermittelte und dann relativ kritikfeste Kontingenzformel des Systems.

Der Begriff der Kontingenzformel hat einen sehr speziellen Gehalt, und wir müssen dies im Rückblick auf eine inzwischen gelaufene Diskussion besonders unterstreichen. Kontingenzformeln machen die Einheit des Systems im System für Reflexion verfügbar. Sie halten fest, daß alles, was im System geschieht, auch anders möglich ist, weil es auf der Ausdifferenzierung des Systems beruht; und sie kanalisieren zugleich die Respezifikation dieses Problems. Sie bieten die Möglichkeit der Reaktion auf die *Notwendigkeit* der *Kontingenz*. Sie formulieren den *Einheitssinn* aller *Unterscheidungen*, die das System seinem Beobachten und Beschreiben

[2] Vgl. Jürgen Oelkers/Heinz-Elmar Tenorth, Pädagogik, Erziehungswissenschaft und Systemtheorie: Eine nützliche Provokation, in: dies. (Hrsg.); Pädagogik, Erziehungswissenschaft und Systemtheorie, Weinheim 1987, S. 13-54, und, an der Nützlichkeit eher zweifelnd, Hans-Hermann Groothoff, Zu Luhmanns und Schorrs systemtheoretisch begründeten »Fragen an die Pädagogik« (1979-1986) – Ein kritischer Literaturbericht, Pädagogische Rundschau 41 (1987), S. 529-545.

zu Grunde legt. Sie sind, wie diese antinomischen Formulierungen zu erkennen geben, gestaltete Paradoxien. Unsere These ist, daß eine dadurch inspirierte Semantik im Vollzug der Ausdifferenzierung eines Funktionssystems für Erziehung überhaupt erst entsteht und daß sie sich in der Geschichte dieses Prozesses wandelt und präzisiert. In diesem Prozeß löst sich die Einheitsreflexion des Systems sogar von seiner Programmatik ab. Sie löst sich also ab von denjenigen Sinnvorgaben, an denen Erzieher die Richtigkeit ihres Verhaltens ablesen können. Das heißt nicht, daß es solche Sinnvorgaben nicht mehr gibt. Selbstverständlich läuft Erziehung wie eh und je nach Maßgabe von Programmen ab. Nur kann diese Programmatik nicht mehr mit der Kontingenzformel des Systems identifiziert oder durch sie begründet werden. Sie muß im System selbst noch als variabel behandelt werden können.

Das läßt sich schon im Vergleich mit anderen Funktionssystemen verdeutlichen. In einem geldwirtschaftlich am Markt orientierten Wirtschaftssystem liegt die Kontingenzformel in der paradoxen Einheit von Überfluß und Knappheit,[3] während die Programme, wenn auf eine Gesamtformel gebracht, nach wie vor der Mehrung von Wohlstand und Zukunftssicherheit dienen. Im Rechtssystem mag eine Gesamtformel für alle Programme nach wie vor Gerechtigkeit heißen, aber die Einheit des Systems, also die Einheit der Unterscheidung von Recht und Unrecht, benötigt eine andere Semantik, nämlich eine solche der Geltung (Positivität) des Rechts. Parallelerscheinungen meinen wir im Erziehungssystem beobachten zu können. Wir haben sie als Ablösung des Bildungsbegriffs durch den Begriff der Lernfähigkeit beschrieben.

Hermann LANGE[4] hat dagegen eingewandt, daß unsere Argumentation nur einen Teilstrang der Tradition des Bildungsbegriffs berücksichtige, nämlich den subjekttheoretischen. Das trifft zu und ergibt sich aus der Diskussionslage der 70er Jahre, die wir vor Augen hatten. Auch wenn man den Begriff breiter ansetzt und ihn auf eine das Subjekt ausklammernde geisteswissenschaftliche Tradition bezieht, ändert das aber nichts an der Analyse. Dieser Begriff hätte dann das Verhältnis von Text und Sprache vor Augen. Auch daraus ist aber heute kein »Kanon« mehr herzuleiten. Gebildet ist danach, so könnte man sagen, wer in der Lage ist, Lesefrüchte in der Interaktion unter Anwesenden umzusetzen. Dies

---

[3] Vgl. hierzu Dirk BAECKER, Steuerung am Markt: Zur These paradoxer Systemkonstitution am Beispiel einer Analyse der Wirtschaft, in: Manfred GLAGOW/Helmut WILLKE (Hrsg.), Dezentrale Systemsteuerung: Probleme der Integration polyzentrischer Gesellschaft, Pfaffenweiler 1987, S. 136-154.

[4] Überlegungen zum geisteswissenschaftlichen Bildungsbegriff im Hinblick auf LUHMANNS Gesellschaftstheorie, in: OELKERS/TENORTH a.a.O., S. 304-329.

Vermögen ist unter bestimmten Bedingungen gefragt, nämlich dann, wenn der Buchdruck schon so viel Texte produziert hat, daß unmöglich jeder alle (oder auch nur: die wichtigsten) kennen kann; und wenn andererseits noch hinreichend häufig Interaktionen gegeben sind, in denen Allgemeinbildung vorgeführt werden kann. Es handelt sich demnach um eine transitorische Kombination mit den Bedingungen: schon Buchdruck und noch »gute Gesellschaft«. Und auch diese Situation hatte auf das Individuum als Vermittler gesetzt. Wer sonst sollte gebildet sein? Doch nicht die Texte!

Mit diesem Argument wollen wir nur bestreiten, daß es nach wie vor angemessen sei, das Erziehungssystem als Bildungssystem zu charakterisieren, also dessen Einheit in diese Idee der Bildung zu legen. Damit ist nicht vorentschieden, ob die Programmatik des Erziehungssystems (also das, was das Verhalten der Erzieher richtig oder doch akzeptabel macht) mit diesem Begriff bezeichnet werden kann.[5] Die Bildungsformel hat für das Erziehungssystem vor allem den Vorteil, daß nur Pädagogen sagen und bewirken können, *was* Bildung ist. Ginge man zu »Lernen des Lernens« als Zentralformel über, müßte man sich beschränken auf die Kenntnis, *wie* dieses Ziel erreicht werden soll, und wäre dann in erheblich stärkerem Umfange Interventionen durch Systeme der Umwelt ausgesetzt, die zu bestimmen versuchen, was gelernt werden soll. Die Bildungsformel eignet sich somit besser als die Berufung auf Lernen des Lernens als Abwehrformel gegenüber Priestern, Politikern und Personalrekrutierungsstellen in Unternehmen; und bis in die 50er Jahre dieses Jahrhunderts hat, zumindest in Deutschland, die staatliche Politik dies auch respektiert und sich in vergleichsweise kleinen Kultusministerien im wesentlichen mit Organisations- und Personalfragen befaßt.[6]

Soweit das Erziehungssystem über »Bildung« seine Selbstreferenz formulierte, wich es vom allgemeinen Sprachgebrauch ab. Während man im täglichen Leben mit Hilfe der Unterscheidung von gebildet/ungebildet beobachtet und beschreibt, kann das Erziehungssystem nicht zugeben,

---

[5] So in eher deskriptiver, den Sprachgebrauch aufnehmender Intention Niklas LUHMANN, Codierung und Programmierung: Bildung und Selektion im Erziehungssystem, in: Heinz-Elmar TENORTH (Hrsg.), Allgemeine Bildung: Analysen zu ihrer Wirklichkeit, Versuche über ihre Zukunft, Weinheim 1986, S. 154-182, neu gedruckt in: Niklas LUHMANN, Soziologische Aufklärung Bd. 4, Opladen 1987, S. 182-201. Siehe dazu Wolfgang KLAFKI, Die Bedeutung der klassischen Bildungstheorie für ein zeitgemäßes Konzept allgemeiner Bildung, Zeitschrift für Pädagogik 32 (1986), S. 455-476.

[6] Ausnahmen müssen natürlich zugestanden werden, zum Beispiel im Zusammenhang mit Konkordatsverhandlungen.

daß es darauf ankommt, diese *Differenz* zu reproduzieren. So wird das Wirken der Erziehung zwar von außen beschrieben (zum Beispiel durch Soziologen wie BOURDIEU), aber intern wird statt dessen Bildung als Zielformel oder als Kanon für die Auswahl von Inhalten benutzt, also in einem Sinne, der die Differenz zu sich nur als privative Negation, als Mißerfolg, als nicht weit genug geführte Annäherung an eine Idee mitführt.

Selbst wenn aus diesen Gründen (und vor allem wohl zur Absicherung gegen einen übertriebenen politischen Interventionismus) die Bildungsformel beibehalten wird, wäre doch noch zu prüfen, ob daraus auf einen obligatorischen Mindestkanon von Fächern und Themen für den Unterricht in bestimmten Altersklassen geschlossen werden kann – eine Frage, die die Pädagogik wohl in erster Linie interessieren dürfte. Es könnte sein, daß allein schon diese Frage die Pädagogik zwingt, den Begriff der Bildung festzuhalten. Entscheidend aber ist, daß mit dem Begriff des Programms das, was man (wie immer) unter Bildung verstehen will, als *variable* Struktur des Systems begriffen ist, *und daß es deshalb auf die Lernfähigkeit des Systems ankommt, die es ermöglicht, darüber zu disponieren.*[7]

Ob sich nun die Annahme bewähren wird oder nicht, daß das Erziehungssystem deshalb seine Kontingenzformel von Bildung auf Lernfähigkeit umstellen werde: jedenfalls finden sich alle sozialen Systeme in komplexen Gesellschaften und ebenso Menschen im Verhältnis zu solchen Gesellschaften in der Lage, *Komplexitätsunterlegenheit durch Lernen kompensieren zu müssen.* Und wenn dies so ist: welches System sollte sich dann dieses Problems annehmen, soweit Menschen betroffen sind? Und wenn dies so ist: wie könnte dieses System die Reflexion seiner selbst anders auf den Punkt bringen als in der Kontingenzformel Lernfähigkeit, also in dem Bekenntnis, auch selber lernen zu müssen?

Sobald man Bildung als abhängig von aktuellen Gesellschaftsbezügen versteht, ist man schon auf dem Weg. In der vorgeschlagenen Definition von Bildung als Programm kommen immerhin Begriffsverhältnisse zum Ausdruck, die auf allgemeinerer Ebene zu bedenken wären. Von »Pro-

[7] Dies zeigt sich übrigens auf beiden Seiten eines (seinerseits rasch aus der Mode kommenden) politischen Spektrums im »Bildungssystem«. Während KLAFKI a.a.O. eine Aktualisierung der Bildungsidee an Hand von »Schlüsselproblemen« der heutigen Gesellschaftsordnung fordert und in Aussicht stellt, unterscheiden Krisenseher alten Typs bereits Bildungskrise I, Bildungskrise II (und nächstens wahrscheinlich III, IV), wobei die derzeitige Krise auf einen »Zusammenbruch des Arbeitsmarktes« zurückgehen soll. Siehe Bernd DEWE/Wilfried FERCHHOFF/Frank-Olaf RADTKE, Renaissance der Allgemeinbildung? Neue Praxis 16 (1986), S. 451-455.

gramm« spricht man schließlich auch bei Computern und in der Genetik. Die Pädagogik verlöre, wenn sie dies als Oberbegriff akzeptierte, ihre Souveränität. Sie gewänne vielleicht an erziehungswissenschaftlicher Qualität, aber um welchen Preis? Sie würde, um der Anschlußfähigkeit in den Wissenschaften zuliebe, darauf verzichten, sich ausschließlich aus einheimischen Begriffen zu speisen. Das will überlegt sein.

Wir hatten uns vorgestellt, daß man deshalb zwischen Erziehungswissenschaft und Pädagogik unterscheiden müsse. Das würde das Problem über Differenzierung lösen (oder wenn nicht lösen, dann umverteilen). Die Pädagogik behielte ihre Eigenständigkeit als Reflexionstheorie des Erziehungssystems. Sie könnte sich durch Entwicklungen in den Wissenschaften irritieren und stimulieren, nicht aber determinieren lassen. Sie könnte sich selber als erziehend begreifen, hier Anschlußfähigkeit suchen, wie immer die Wahrheit/Unwahrheitslage sich jeweils darstellt.

Für das Selbstverständnis der Pädagogik wäre diese Funktionsbestimmung deshalb bedeutsam, weil die Pädagogik offenbar Mühe hat, sich im Kontext des ausdifferenzierten Wissenschaftssystems als forschende (= Wissenschaft treibende) Disziplin zu etablieren. Am Maße ihrer eigenständigen (nicht von anderen Disziplinen abhängigen) Forschungsleistungen gemessen, mag die Pädagogik sich selbst und anderen daher leicht als Versager erscheinen. Sie hat es aber gar nicht nötig, ihre Selbstachtung auf diesem Sockel zu errichten. Man muß das Eigenständigkeitsstreben der Pädagogik ja nicht unbedingt über (Abhängigkeit von!) Wissenschaft laufen lassen; es wird besser, oder jedenfalls tatsachengenauer, erfaßt, wenn man es von den Reflexionsfunktionen pädagogischer Theorie her begreift als eine besondere Art der Sichtung und Produktion von Wissen für das Geschäft der Erziehung.[8]

Fast könnte man deshalb vermuten, die Pädagogik habe ihre Identität im Scheitern an der Aufgabe, den für sie verbindlichen Text selbst zu erzeugen.[9] Aber dann muß man sehen, daß dies auch als ein Vorteil verstanden werden kann. Die traditionellen textgebundenen Dogmatiken der Theologie und der Jurisprudenz finden sich ja ebenfalls nicht in einer besonders glücklichen Situation. In dem Maße, als ihnen Dogmatik zur Form gerinnt, die von Fundamentalisten verteidigt und von Beobachtern variiert, wenn nicht »liquidiert« wird, entsteht eine Eigendynamik, radikali-

[8] Daß dies durchaus Ansätzen entspricht, die in der Pädagogik selbst zu finden sind, zeigt Heinz-Elmar TENORTH, Dogmatik als Wissenschaft – Überlegungen zum Status und zur Funktionsweise pädagogischer Argumente, in: Dirk BAECKER et al. (Hrsg.), Theorie als Passion, Frankfurt 1987, S. 694-719.

[9] Wir paraphrasieren TENORTH a.a.O., S. 702.

siert sich eine Hermeneutik, bildet sich ebenfalls ein selbstreferentieller Zirkel, der nur das noch invariant hält, was unter diesen Bedingungen einen »Eigenwert« behalten kann. Die Pädagogik hat ihre Aufgabe von vornherein so wahrgenommen und ist nur halben Herzens dabei, sich einer »geisteswissenschaftlichen« Tradition verpflichtet zu fühlen, die sich an Texten abgreifen läßt. Im übrigen sucht sie den Kopf über den Wellen der intellektuellen Moden zu halten, die zeitnah, aber kurzfristig, über ihr zusammenschlagen.

Daß mit all dem ein historisches Bewußtsein verbunden ist, hat vielleicht zusätzlich dazu beigetragen, daß unsere Analyse der Reflexionsprobleme als pädagogische Theorie gelesen und mißverstanden werden konnte. Für die Pädagogik ist Geschichte (und das impliziert Erinnern ebenso wie Vergessen) ein Moment ihrer Selbstvergewisserung. Moderne Reflexion prozessiert im rekursiven Rückgriff auf vorherige Reflexion ebenso wie im Offenhalten einer Zukunft, in der werden kann, was noch nicht ist. Nur so kann die Art, wie das System im Moment sich selbst erblickt, als nicht zufällig begriffen werden und als selbstbestimmt im Verhältnis zu momentanen politischen Impulsen, finanziellen Zuschüssen oder Einsparungen, demographischen Verschiebungen oder Veränderungen in den Ausbildungsanforderungen. Die Systemreflexion beschreibt eine historische Identität. In ganz anderem Sinne benutzt die soziologische Theorie Geschichte als Kontext der Verifikation einer empirischen Hypothese. Dem vorstehenden Text liegt die Hypothese einer Korrelation zwischen zunehmender Ausdifferenzierung eines Funktionssystems und zunehmender Abstraktion und Spezifikation der Selbstreflexion dieses Systems zu Grunde. Der Leitgedanke ist, um daran zu erinnern: daß die Einheit und Eigenständigkeit eines Systems für dieses erst im Kontext gesellschaftlicher Ausdifferenzierung zum Problem wird. Es ist demnach nicht (wie Pädagogen es sehen mögen) allein die *Aufgabe*, die zum Nachdenken und zum Bessermachen reizt; sondern es ist die *Differenz* zu dem, was in der gesellschaftlichen Umwelt sonst noch geschieht, die als Unterschied und damit als Reflexionsanstoß Beachtung verlangt.

Diese Hypothese ist in einem zweifachen Sinne vergleichend angelegt. Sie nimmt in Anspruch, auch für andere Funktionssysteme zu gelten, zum Beispiel für das Wissenschaftssystem, das Rechtssystem, das politische System. Und sie verfolgt diesen synchronen Vergleich diachron, das heißt für jedes Funktionssystem im Wandel seiner Reflexionsleistungen, seiner Kontingenzformeln, seiner auf die Probleme der Autonomie gerichteten Semantiken.[10] Die Absicht dabei war und ist es nicht, der Pädagogik

[10] Dabei ist eine weitere Vergleichsmöglichkeit unberücksichtigt geblieben, die Jürgen

aufzuhelfen. Die Absicht war und ist, auf diesem komplizierten Umwege einen Beitrag zur Theorie der modernen Gesellschaft zu leisten – einen Beitrag, der die Selbstbeschreibungen der Moderne nicht ausklammert, sondern einbezieht. Denn wenn diese Vergleiche sowohl über verschiedenartige Funktionssysteme hinweg als auch in der Zeitrichtung empirisch belegt werden können, kann man sich bestärkt fühlen in der Annahme: das kann kein Zufall sein, sondern sagt etwas über die moderne Gesellschaft aus, und zwar speziell etwas über die Inanspruchnahme von Reflexionstheorien im Zuge der Durchsetzung des Differenzierungsmusters der modernen Gesellschaft.

Es war somit keineswegs die Absicht unserer Untersuchungen, dem Erziehungssystem oder gar der Pädagogik ein »besseres Selbst« vorzuhalten. Die Pädagogik ist Gegenstand, nicht Adressat unserer Untersuchungen. Ob und wie sie davon profitieren kann oder ob sie umgekehrt sich gerade an der Ablehnung aufrichten kann, bleibt ihr überlassen. Oder jedenfalls kann sich unsere Analyse, ohne an Aussagewert einzubüßen, auf diese Position zurückziehen. Andererseits bietet gerade die systemtheoretische Analyse und besonders ihre Anwendung auf Fragen der Gesellschaftstheorie auch Möglichkeiten, es bei dieser Distanz nicht zu belassen, sondern mit in Betracht zu ziehen, was geschieht, wenn ein System, das sich selbst beobachten und beschreiben kann, mit einer externen Beschreibung konfrontiert wird. Theorieentwicklungen im Bereich der Kybernetik beobachtender Systeme und in der allgemeinen Systemtheorie, die uns erst nach Abfassung des vorstehenden Textes zugänglich waren, lassen es heute zu, in diesen Fragen klarer und instruktiver zu formulieren.

Im Verhältnis von externer (soziologischer) und interner (pädagogischer) Beobachtung des Erziehungssystems kann keiner der Beobachter einen besseren (oder gar einzig richtigen) Zugang zur Realität für sich reklamieren. Jeder Beobachter sieht nur das, was er sieht, und nicht das, was er nicht sieht. Weder ist die Selbstbeobachtung in dieser Hinsicht privilegiert (weil sie sozusagen an der Quelle sitzt), noch ist es die Fremdbeobachtung mit der für sie möglichen Distanz. Jeder Beobachter kann nur mit den für ihn grundlegenden Unterscheidungen beobachten; und gerade das besondere Engagement für eine Aufgabe, das die Pädagogen sich

---

Schriewer aufgegriffen hat, nämlich der regionale und kulturgeschichtliche Vergleich unterschiedlicher Angewiesenheit auf (und Realisierung von) Reflexionstheorien. Siehe: Pädagogik – ein deutsches Syndrom? Universitäre Erziehungswissenschaft im deutsch-französischen Vergleich, Zeitschrift für Pädagogik 29 (1983), S. 359-389.

selbst abverlangen, ist eine besondere Art des Unterscheidens, also auch eine besondere Art, eben dieses Unterscheiden (das heißt, seinen Unterschied zu anderen Unterscheidungen) selbst nicht sehen zu können.[11] Ebenso wenig hat der externe Beobachter die Möglichkeit, gleichsam voraussetzungsfrei und strikt objektiv zu beobachten. Auch er kann das, was er beobachtet, nur mit Hilfe von Unterscheidungen bezeichnen, also zum Beispiel als System im Unterschied zur Umwelt.

Die Konsequenz aus dieser Einsicht wird heute vor allem in der Systemtherapie und den aus ihr entwickelten Beratungs- und Interventionstheorien gezogen. Der externe Beobachter (Therapeut, Berater) darf sich nicht der Illusion hingeben, Wissen zu besitzen, das er in das beobachtete System übertragen könnte. Er braucht, gerade umgekehrt, komplexe Theorien, um sich selbst daran zu hindern und in der Handhabung *eigener,* dem beobachteten System *inkongruenter* Unterscheidungen seine eigene Distanz zu bewahren.[12] Er kann nur das tun, was unserem Text von Pädagogen vorgeworfen wird: auf eine mehr als zufällige Weise irritieren. Ob daraus eine Hilfe entstehen kann, ist eine zweite Frage, für die vor allem ausschlaggebend ist, ob und wie weit das beobachtete System für seine eigenen Beobachtungen auf latente Strukturen angewiesen ist, die ein externer Beobachter zwar durchschauen, aber nicht ersatzlos aufheben kann.

All dies hat Konsequenzen für den Versuch, Erziehung zu *begründen.* Solange Erziehung Pflicht (und deshalb auch Recht) des Vaters war und ihm aufgab, sich selbst und seine Familie in den Nachkommen virtuos fortzusetzen,[13] war dies kein Problem. Als ausdifferenziertes Funktionssystem können die Erziehung und ihre Pädagogik sich nur noch selber

---

[11] Vgl. hierzu William JAMES, On a Certain Blindness in Human Beings, in ders., Talks to Teachers on Psychology and to Students on Some of Life's Ideals (1912), Neudruck (The Works of William JAMES) Cambridge Mass. 1983, S. 132-149.

[12] Eine in der Familientherapie heute geläufige Einsicht. Für Organisationsberatung siehe Alexander EXNER/Roswita KÖNIGSWIESER/Stefan TITSCHER, Unternehmensberatung – systemisch: Theoretische Annahmen und Interventionen im Vergleich zu anderen Ansätzen, Die Betriebswirtschaft 47 (1987), S. 265-284. Zur Anwendung auf Schulversuche vgl. auch Rudolf WIMMER/Margrit OSWALD, Organisationsberatung im Schulversuch – Möglichkeiten und Grenzen systemischer Beratung in der Institution Schule, in: Wolfgang BOETTCHER/Albert BREMERICH-VOS (Hrsg.) »Kollegiale Beratung« in Schule, Schulaufsicht und Referendarausbildung, Frankfurt 1987, S. 123-176.

[13] Als einen klassisch-humanistischen Text im Kontext der zivilgesellschaftlichen Theorie siehe Matteo PALMIERI, Vita civile, zit. nach der Ausgabe von Gino BELLONI, Firenze 1982, im ersten Kapitel. Siehe auch die Kontrastierung bei Konrad WÜNSCHE, Die Endlichkeit der pädagogischen Bewegung, Neue Sammlung 25 (1985), S. 433-449.

begründen, und das wird für jeden Beobachter zu einer tautologischen, ja paradoxen Operation. Was von innen gesehen eine Notwendigkeit ist, erscheint von außen gesehen als artifiziell. Was auf einen Grund hinauslaufen sollte, erscheint als mehrdimensionales Unternehmen ohne Einheitsformel.[14] Geschlossen ist nur das selbstreferentielle Operieren des Systems, aber alle Begründungsbemühung in diesem System läuft schon aus logischen Gründen auf Inkonsistenzen auf, die dann als Unabgeschlossenheit, also als Notwendigkeit der Schließung ab extra interpretiert werden müssen. Auch haben gerade unsere Untersuchungen über das Reflexionsbemühen im Erziehungssystem gezeigt, daß die Suche nach einem unanfechtbar-notwendigen Grund (oder Ziel, oder Wert) nur Kontingenzen erzeugt und schließlich in der systemspezifischen Kontingenzformel ihren Abschluß findet. Entsprechend endet alle Zielfixierung in der Frage des Kinéas:[15] und dann? Darob braucht ein Beobachter nicht zu resignieren. Es ist weder eine Tragödie noch eine Komödie, wenn man zusieht, wie das System (das andere System!) sich um Begründung bemüht. Sondern es ist für den Beobachter ein hochinformatives Paradigma für den Umgang mit den Paradoxien, die nur durch »Entfaltung«, Invisibilisierung, Entparadoxierung, also durch Überführung in systemspezifische Unterscheidungen in das rekursiv sich selbst speisende Netz der Operationen des Systems eingebaut werden können.[16]
Man kann hieraus schließen, daß die Soziologie gut daran tut, weiterhin eigene Theorieinteressen zu verfolgen und diese mit eigenen Blindflecken zu versiegeln. Sie wird sich so am besten gegen die Zumutung schützen, hilfreich und nett zu sein und sich durch die Systeme, die sie beobachtet, korrumpieren zu lassen.[17] Andererseits braucht es dabei nicht zu bleiben. Die Kybernetik zweiter Ordnung, die Kybernetik beobachtender Systeme empfiehlt heute eine rekursive Vernetzung der Beobachtung von Beobachtungen. Der Beobachter eines Systems, das seinerseits beobachtet, kann dann sehr wohl erkennen, wie dieses am eigenen Beobachtungsschema hängt, mit seiner Hilfe Informationen kreiert, Strukturen entwik-

---

[14] Und dies heute selbst für pädagogische Beobachter. Siehe Alfred K. Treml, Über die Unfähigkeit zu begründen: Vorbereitende Bemerkungen zu einer Begründungstheorie in praktischer Absicht, in: Rudolf Künzli (Hrsg.), Curriculumentwicklung: Begründung und Legitimation, München 1975, S. 57-72, mit Rückgang auf Praxis.

[15] Plutarch, Pyrrhus XIV.

[16] Hierzu auch Niklas Luhmann, Codierung und Programmierung a.a.O.

[17] Das ist denn auch die Antwort auf die Frage »Wozu brauchen Organisationsberater komplexe Theorien?«, die Exner et al. a.a.O. S. 266 f. gerade für praktische Beratungsaufgaben bereithalten. (Wir wollen nicht verschweigen, daß dem ein enger Kontakt mit einem der hier zeichnenden Verfasser zu Grunde liegt.)

kelt, Komplexität aufbläht und mit all dem abhängig bleibt von Ausblendungen, die latent bleiben und als Strukturschutz fungieren.[18] Dasselbe gilt im genau gleichen Sinne dann aber auch für den Beobachter, der Beobachter beobachtet. Es ist ein universelles Phänomen – für den Beobachter, der den Begriff der Beobachtung entsprechend definiert.

Der pädagogischen Reflexion des Erziehungssystems bleibt damit die Frage, ob und wie sie auf solche, sie von außen einbeziehenden Theorieunternehmungen reagieren kann. Der vielleicht ehrgeizigste, jedenfalls konsequenteste Weg ist: es selber zu versuchen. In diesem Sinne hatten wir angeregt, Systemreflexion als Systemreflexion zu reflektieren und sie auf ihre gesellschaftlich-geschichtlichen Bedingungen zu beziehen.

Selbst wenn dies geschieht, ist damit aber noch nicht bestimmt, wie das Reflexionsparadox aufgelöst wird.[19] An dieser Stelle scheint es uns unvermeidlich, daß die Pädagogik andere Wege geht als die Erziehungswissenschaft oder gar die Systemtheorie, und dies deshalb, weil sie sich um Anschlußfähigkeit im Erziehungssystem selbst zu kümmern hat. Dabei kann es naheliegen, die Paradoxieprobleme, die dem Beobachter, also auch dem Selbstbeobachter, auffallen, in die Unterscheidung von Theorie und Praxis aufzulösen und sich damit zu trösten, daß Restprobleme durch die Praxis zu lösen sind, die entsprechend als Wertbegriff (und deshalb: in Unterscheidung von Unwertbegriffen wie Poiesis, Technik, Produktion etc.) gefaßt wird. Damit wird jedoch übersehen, daß die Unterscheidung von Theorie und Praxis ihrerseits eine theoretische Unterscheidung ist, die den Praktiker gar nicht kümmert.[20] Im Reflexionsbe-

---

[18] In den »cognitive sciences« empirischen Zuschnitts findet man derartige Einsichten auch unter dem Stichwort »Schema-Theorie«. Vgl. z. B. Michael A. ARBIB/Mary B. HESSE, The Construction of Reality, Cambridge England 1986.

[19] Will man dieses Paradox genauer und im alteuropäischen Kontext studieren, kann man sich an Literatur über den Teufel halten. Der Teufel ist ja entstanden (und zwar sowohl im christlichen wie im islamischen Kontext) durch den Versuch, die Einheit, an der man teilhat, mit Hilfe einer Differenz zu beobachten. Kein Wunder deshalb, daß Pädagogen, wenn ihnen die Reflexionsfiguren der Systemtheorie und des Beobachtens von Beobachtern vorgeführt werden, Schwefel riechen. Ihr Problem dürfte dann aber durch eine genauere Einstellung der Analyse und durch ein Abstreifen alteuropäischer Denkfiguren zu lösen sein. Denn zum Teufel wird ein solcher Beobachter natürlich nur, wenn er an der Prämisse der alten Transzendentalienlehre festhält, das Eine, zu dem man eine Grenze zieht (christlich) oder das eine paradoxe Weisung gibt (islamisch), sei das Gute.

[20] Das übersieht der Pädagoge vermutlich leicht, weil er sich als Erzieher von Erziehern versteht und deshalb davon ausgeht, daß seine Schüler das nötig haben und anwenden werden, was ihnen beigebracht wird, nämlich ein theoretisches Konzept ihrer Praxis. Während dies ein eher »praktisches« Motiv ist, hat die Bevorzugung dieser Unterscheidung zusätzlich auch »theoretische« Gründe, und es ist bezeichnend, daß

trieb des Systems wird eine *Differenz* zur Unterrichtspraxis *erzeugt*, die Reflexion wird als Theoriearbeit ausdifferenziert und die damit entstehende Differenz wird als *Unterscheidung* in die Theorie (aber eben nicht: in die Praxis) *wiedereingeführt*.[21] Etwas mehr Formenbewußtsein könnte der Pädagogik an dieser Stelle nicht schaden. Im Prinzip ist aber diese Lösung kaum zu überbieten. Nur ersetzt sie nicht das und zieht auch nicht das in das System hinein, was ein externer Beobachter (sei er Logiker, Systemtheoretiker, Soziologe oder all dies in Kombination) sieht, wenn er sieht, daß das Erziehungssystem die eigenen Paradoxien auf diese Weise behandelt.

In engem Zusammenhang damit ist der Versuch von Alfred Treml bemerkenswert, der Pädagogik nahezulegen, die Differenz von latenten und manifesten Strukturen selbst in die Hand zu nehmen, sie gewissermaßen nicht nur als Differenz zu produzieren, sondern als Unterscheidung (und dann manifest!) zu verschieben.[22] Wie leicht zu sehen, ist das, formal genommen, ebenfalls ein »re-entry«, nämlich ein Wiedereintritt der Unterscheidung von manifest und latent in das Manifeste. Wie das gehen soll, ist letztlich nicht voll durchsichtig. Wir als externe Beobachter meinen zu sehen, daß man dieses Austauschmanöver in einer geschichtlichen Selbstverortung (gegen historisch überholte Latenzen) und/oder mit Vertrauen in die eigene vernünftige Praxis als jedenfalls gut gemeint abzusichern versucht. Man sollte uns nachsehen, wenn wir zögern, das mitzumachen.

Ebensowenig kann es aber darum gehen, der Pädagogik zuzumuten, selbst als Systemtheorie oder gar als Soziologie aufzutreten. Viel unnötige Abwehr hätte sie sich sparen können, hätte sie sich nicht selbst provoziert gefühlt, sich mit Systemtheorie zu identifizieren.[23] Der vorstehende Text

---

nur diese Prominenz erlangt haben. Sie kann auf der Theorieseite dazu verwendet werden, sich zur Wissenschaftlichkeit der Pädagogik zu bekennen. Vgl. dazu Jürgen OELKERS, Die Vermittlung zwischen Theorie und Praxis in der deutschen Pädagogik von KANT bis NOHL, Hamburg 1975.

[21] Formal gesehen ist diese Paradoxieauflösung (die aber für den, der nun das beobachtet, paradox bleibt) ein »re-entry« einer Unterscheidung in das durch die Unterschiedene im Sinne der Logik von George Spencer BROWN, Laws of Form, 2. Aufl. London 1971.

[22] Vgl. Alfred K. TREML, Theorie struktureller Erziehung: Grundlagen einer pädagogischen Sozialisationstheorie, Weinheim 1982, S. 179 ff., insb. S. 181. »Was Not (sic!) tut, ist eine neue und vernünftige Grenzziehung zwischen latenter und manifester Erziehung angesichts der Herausforderungen unserer Zukunft.« Das Argument benutzt seinerseits eine historische Differenz, lebt letztlich von einer Kritik der Eigentumsverhältnisse und gerät damit in die Zone des historisch bereits Überholten.

[23] Siehe erneut FAUSER/SCHWEITZER a.a.O.; ferner Eckard MEINBERG, Systemtheorie –

behandelt jedoch nicht das Wissenschaftssystem, sondern, im Kontext einer Theorie funktionaler Differenzierung der modernen Gesellschaft, das Erziehungssystem und *dessen* Reflexionsanstrengungen.[24] Eine sorgfältige Lektüre und ein gedanklicher Nachvollzug des Theoriedesigns hätte hier viel unnötige Auseinandersetzung ersparen können. Es wird gerade in der systemtheoretischen Analyse erziehender Operationen verständlich, daß die Pädagogik, die ins rekursive System der Erziehung eingebunden ist und sich selbst aus ihm speist, Lehrbarkeit und Lernbarkeit nicht hintanstellen kann. Ein Bekenntnis zum Menschen,[25] zu moralisch positiver Motivation, zu Werten, zu einem nicht nur poietischen Praxis-Konzept[26] und zu Konzepten für Lernen und für Verstehen, wie

---

Herausforderung an die moderne Erziehungswissenschaft? Zu einigen Rezeptionsproblemen einer systemtheoretisch orientierten Erziehungswissenschaft, Pädagogische Rundschau 37 (1983), S. 481-499; ders. Anthropologische Marginalien zur systemtheoretischen Erziehungswissenschaft, Zeitschrift für Pädagogik 30 (1984), S. 253-271; ders., Das Menschenbild der modernen Erziehungswissenschaft, Darmstadt 1988, S. 201 ff.; Alfred SCHÄFER, Systemtheorie und Pädagogik: Konstitutionsprobleme von Erziehungstheorien, Meisenheim/Glan 1983. Klarstellend, das heißt: differenzbetonend, vor allem Heinrich SEILER/Hans-Peter MEYER, Latente Konstitution der Pädagogik – Fragen an die Lernfähigkeit der Disziplin, in: OELKERS/TENORTH a.a.O. S. 377-403. Auch Franziska LARRÁ, Das Verhältnis von Erziehungswissenschaft und Erziehungspraxis: Versuch einer Bestimmung mit Hilfe systemtheoretischer Kategorien, München 1986, geht mit Recht von Differenzen aus und versucht, dann davon zu profitieren. Die ganze Diskussion leidet jedoch darunter, daß das Problem der Autonomie der Reflexionsanstrengungen im Erziehungssystem verquickt wird mit dem Problem der wechselseitigen Unabhängigkeit akademischer Disziplinen, das seinerseits durch die Wissenschaftlichkeitsprätentionen der akademischen (aber doch wohl nicht: wissenschaftlichen) Disziplin Pädagogik belastet ist.

24 Daß diese sich an Wissenschaft *anlehnen*, wird im Kapitel über »Überschneidungsbereiche« ausdrücklich behandelt, verändert aber die Systemreferenz nicht. Die Systemtheorie schließt es keineswegs aus, daß bestimmte Operationen in mehreren Systemen zugleich ablaufen, sofern nur die Anschlüsse (rekursiven Vernetzungen) und damit die Identifikationskontexte getrennt bleiben. Aus gleichem Grunde führt ja auch die Lehrlingsausbildung in Betrieben, selbst wenn sie wirtschaftlich profitabel ist, nicht zu einer Identität von Erziehungssystem und Wirtschaftssystem.

25 Dies soll nun aber keineswegs heißen: Projektion eines *Menschenbildes*, wie MEINBERG a.a.O. (1988) formuliert. Die verheerenden Folgen, die es haben würde, wenn nach einem Menschenbild erzogen werden würde, bedürfen nicht erst einer systemorientierten Analyse. Zum Glück ist dies in der modernen Gesellschaft, die es sofort beobachten würde, wenn es geschähe, wenig wahrscheinlich; und auch die Pädagogik selbst dürfte nach unserer Einschätzung gesund genug sein, um gegenüber einem solchen Befall Selbstheilungskräfte zu entwickeln.

26 Auch hier sind Vorbehalte anzubringen: denn was soll man sich unter »menschlicher Gesamtpraxis«, die weder Referenz noch Unterscheidung erkennen läßt, vorstellen, für die Dietrich BENNER, Allgemeine Pädagogik: Eine systematisch-problemge-

sie den Beobachtungsmöglichkeiten des Erziehers in pädagogischen Situationen entsprechen,[27] erscheint von daher als hilfreich, wenn nicht als unentbehrlich, selbst wenn die dafür in Anspruch genommenen philosophischen Theorien längst aus dem Verkehr gezogen sind.
Woran erinnert sich der Pädagoge, könnte man mit Platon[28] fragen, wenn er lehrt? An seine Lehrer? Oder an die perfekten Formen, die seine Seele früher einmal schauen durfte? Beide Träume scheinen ausgeträumt, aber die Frage ist nicht weniger dringlich, was denn sonst die Verhaltensmöglichkeiten im Erziehungssystem einschränkt und auf Ziele hin steuert. Und sie muß in einer Weise beantwortet werden, die dem Umschlagstempo moderner Temporalstrukturen entspricht.
Man kann die Probleme an der Hypothese verdeutlichen, daß die Pädagogik, mehr als die Wissenschaft selbst, »implizites Wissen« in Anspruch nimmt.[29] Wenn die Pädagogik einen Erzieher instruieren will, der in Situationen handelt, in denen er mit den zu Erziehenden körperlich und bewußt präsent ist, kann sie auf andere Ressourcen setzen als derjenige, der dies wissenschaftlich analysiert, ohne situative Anschlußfähigkeit zu suchen. Die Pädagogik nimmt an, daß der Lehrer seinen Körper als Weltorgan benutzt, daß er Wissen verwendet, das er nicht bewußt kontrollieren und nicht kommunizieren kann. Die Pädagogik argumen-

---

schichtliche Einführung in die Grundstruktur pädagogischen Denkens und Handelns, Weinheim 1987, S. 21, einen »vernünftigen Begriff« sucht? Uns scheint diese Entgrenzung des Bezugsrahmens gerade die Kontroll- bzw. Begründungserfordernisse des pädagogischen »Gewaltverhältnisses« zu verfehlen, auch wenn wir berücksichtigen, daß sie als gesellschaftliche Herausforderung des pädagogischen Denkens und Handelns gedacht ist. Jedenfalls ist auf diese Weise mit dem inzwischen aufgestauten Kontingenzwissen gehörig aufgeräumt. Wie soll dann noch die »Allgemeine Pädagogik« das inzwischen hochkomplexe pädagogische Geschäft begleiten können?

[27] Hierzu besonders eindrucksvoll Klaus Prange, Selbstreferenz in pädagogischen Situationen, in: Niklas Luhmann/Karl Eberhard Schorr (Hrsg.), Zwischen Intransparenz und Verstehen: Fragen an die Pädagogik, Frankfurt 1986; ders., Reduktion und Respezifikation – Der systemtheoretische Beitrag zu einer Anthropologie des Lernens, in: Oelkers/Tenorth a.a.O. (1987), S. 202-215.

[28] Siehe etwa Menon 89 D ff.

[29] Wir verwenden hier den von Polanyi eingeführten Begriff »tacit knowledge«, wohl wissend, daß Polanyi ihn gerade für Wissenschaft entwickelt. Siehe als deutsche Übersetzung Michael Polanyi, Implizites Wissen, Frankfurt 1985. Im übrigen wird man den Begriff vermutlich spalten müssen, je nachdem, ob die nicht bewußt zu machenden Wissenskomponenten des Bewußtseins (insb. die Körperreferenzen) oder die nicht mitzukommunizierenden Wissenskomponenten der Kommunikation (das sind vor allem Seitenverweisungen, die der Linearität der Kommunikation geopfert werden müssen) gemeint sind.

tiert, könnte man sagen, mit dem Körper des Pädagogen.[30] Als Reflexionstheorie wird sie dadurch kontaminiert, wird sie gleichsam mit all den Unklarheiten belastet, die darauf zurückzuführen sind, daß die organischen Prozesse des Wahrnehmens und Handlungsauslösens in sozialen Situationen nicht, oder nur ausnahmsweise und dann störend, in die »Autopoiesis« des Bewußtseins und der Kommunikation überführt werden können. Ein wissenschaftlicher Beobachter mag nun dies wieder registrieren (so wie wir es im Moment tun), aber das geschieht dann im Kontext einer Beobachtung von Beobachtern und unter sehr viel auflösestärkeren Theorieprogrammen, die nicht der Reflexion des Systems dienen, sondern dem Gewinn neuen Wissens.

Man wird ferner nicht fehlgehen in der Annahme, daß die Pädagogik einen anderen Vergleichsstil pflegen muß als die Wissenschaft.[31] Sie wird die Erziehung als eine Aufgabe ansehen und nicht als ein Problem. Sie wird nach Erfolgsbedingungen suchen und wird alarmiert sein, wenn anderswo die Erziehung besser gelingt. Für die Erziehungswissenschaft ist das ein Problem der Konstellationen und Korrelationen, und eine Systemtheorie, die sich für die Reflexionstheorien in anderen Systemen interessiert, wird eine solche Beunruhigung und entsprechende Reformanstöße geradezu erwarten und sie auf die Selbstreferenz des Erziehungssystems zurechnen.

Normale wissenschaftliche Theorien behandeln ihre Gegenstände »von außen«. Sie können daher den Beobachter weglassen (so wie der moderne Roman den Autor wegläßt). Sie ersetzen die Mitberücksichtigung des Beobachters durch einen Korrekturvorbehalt, der an der Theorie selbst angebracht wird. Sie erreichen auf diese Weise eine bekannt hohe Sicherheit. Das »wissenschaftliche Weltbild« beruht auf diesem Verfahren. Reflexionstheorien dagegen, die als Theorien des Systems im System geschrieben werden müssen, können so nicht vorgehen. Sie beschreiben eine im System selbst anschlußfähige Beschreibung. Daher sind Reflexionstheorien unsicherer als normale wissenschaftliche Theorien, und sie können diese Wunden auch nicht dadurch kurieren, daß sie sich an Wissenschaft orientieren. Dasselbe gilt im übrigen auch für »Wissenschaftstheorie« im Verhältnis zu wissenschaftlichen Theorien. Auch hier ist das

---

[30] Das auch daraus Vorbehalte gegenüber einer »geisteswissenschaftlichen« Pädagogik hergeleitet werden könnten, wird leicht erkennbar sein. Wenn schon »Geist«, dann jedenfalls nicht als Differenzbegriff zu Körper.

[31] Vgl. hierzu mit entsprechenden Unterscheidungsvorschlägen Jürgen SCHRIEWER, Vergleich als Methode und Externalisierung auf Welt: Vom Umgang mit Alterität in Reflexionsdisziplinen, in Dirk BAECKER et al. (Hrsg.), Theorie als Passion, Frankfurt 1987, S. 629-668.

Reflexionsunternehmen Wissenschaftstheorie viel problematischer als etwa die Theorien der Quantenphysik oder der biochemischen Grundlagen von Reproduktion, Stoffwechsel und Mutation in Lebewesen. Ein adäquater Vergleich wäre deshalb Pädagogik und Wissenschaftstheorie, nicht Pädagogik und Erziehungswissenschaft.

All dies beruht auf der Annahme, daß bei einem Regime funktionaler Differenzierung des Gesellschaftssystems Erziehung nie Wissenschaft *sein kann* und daher auch die eigene Reflexion nicht *als Wissenschaft* betreiben kann. Das Erziehungssystem und das Wissenschaftssystem führen entsprechend *ganz unterschiedliche Realitätskonstruktionen* auf. Damit ist überhaupt nicht bestritten, daß die Erziehung wie jedes andere Funktionssystem auch auf wissenschaftlich produziertes Wissen angewiesen ist und daß sie von hier mit laufend wechselnden Themen sowie mit Kritikmöglichkeiten versorgt wird. Das ist und bleibt aber eine zweischneidige Sache: Ressource und Belastung. Deshalb ist die Pädagogik, gerade wenn sie sich als Reflexionstheorie des Erziehungssystems versteht und gerade wenn sie dies gut macht, keine Wissenschaft. Ein akademisches Fach – nun gut. Das betrifft die Organisation der Universitäten und die Gehälter der Professoren. Aber keine wissenschaftliche Disziplin wie Physik, Chemie, Biologie, Psychologie, Soziologie. Und wenn sich eine Erziehungs*wissenschaft* etabliert, dann als *interdisziplinäres* (oder besser transdisziplinäres) *Fach,* wie zum Beispiel Verwaltungswissenschaft oder (so sollte man wünschen) Sprachwissenschaft, aber nicht als wissenschaftliche Disziplin.[32]

Selbstverständlich sieht die Systemtheorie auch, daß die Pädagogik mit sich selbst im Moment nicht glücklich ist. Was sich dann an Hilfe anbietet, ist zunächst eine Art paradoxe Intervention im Mailänder Stil,[33] also

---

[32] Im 1979er Text ist diese uns leitende Unterscheidung zwischen dem, was die Reflexion des Systems im System selbst leisten und als Pädagogik in Gang bringen kann, und dem, was sich mit einer systemtheoretischen Analyse auch und gerade dieser Reflexion selbst herausholen läßt, vielleicht nicht immer deutlich genug herausgestellt worden. Wir hätten mit stärkerem Gegenwind rechnen müssen. Viele haben jedenfalls diese Unterscheidung verkannt oder übersehen und sich dadurch auf eine Abwehr systemtheoretischer Interventionsversuche versteift, die uns überhaupt nicht im Sinn lagen (so kürzlich MEINBERG a.a.O. 1988). Andere (z. B. SCHRIEWER a.a.O. 1987) haben die Differenz völlig zutreffend erfaßt. Im übrigen soll es ja auch keineswegs als a priori unmöglich hingestellt werden, daß eine qua Wissenschaft betriebene systemtheoretische Analyse der Pädagogik für diese selbst etwas besagt. Aber ob dies möglich ist und ob es zielführend ist, entscheidet sich allein im Anschlußkontext der Erziehung (zum Beispiel der Erziehung der Erzieher), während die Wissenschaft das Wenige, was sie weiß, sowieso besser weiß.

[33] Siehe Mara SELVINI-PALAZZOLI, Paradoxon und Gegenparadoxon, dt. Übers. Stuttgart 1975 und eine reichhaltige Anschlußliteratur.

die Weisung: wenn Du Dein Problem lösen willst, das Dich unglücklich macht, behalte es, denn Du brauchst es. Das zwingt, wenn (selten genug) erfolgreich, zu der Einsicht, daß das System sich nur selbst ändern (oder, in der Formulierung von TREML, seine strukturschützenden Latenzen nur selber verschieben) kann. Nichts anderes behauptet die Theorie selbstreferentieller Systeme. Paradox wird gegen Paradox, Konstruktion wird gegen Konstruktion, Unterscheidung gegen Unterscheidung gesetzt, und beide Seiten sind gehalten, zu beobachten, was dann geschieht.

Das Verfahren heißt zwar »systemische Therapie«, ist aber zunächst ganz auf Grund praktischer Erfahrungen und ohne jede Absicherung durch Systemtheorie entwickelt worden. Das ist nun gewiß kein Trost für eine Pädagogik, die sich, wie die typischen Abwehrhaltungen zeigen, auf dem Weg des Klienten zur systemischen Therapie befindet. Auch die soziologische Theorie hat an derart praktischen Aufgaben zunächst kein vordringliches Interesse. Inzwischen zeichnen sich aber Weiterentwicklungen ab, die wir mit Bezeichnungen wie Theorie selbstreferentieller Systeme, Kybernetik zweiter Ordnung, Konstruktivismus, Schema-Theorie schon benannt hatten. Man könnte sich vorstellen, daß Soziologie und Pädagogik sich darüber verständigen könnten, es auf jeweils verschiedene Weise mit dem Beobachten von Beobachtungen zu tun zu haben. Es gibt auf dieser Ebene keinen einzig-richtigen Zugang zur Realität, sondern nur ein Unterscheiden von Unterscheidungen. Jeder Beobachter kann sehen, was andere Beobachter sehen und was sie nicht sehen können. Das gilt im Dreiecksverbund von Soziologie, Pädagogik und Unterrichtspraxis zumindest für soziologische und für pädagogische Perspektiven, für ihr Verhältnis zueinander und für ihr Verhältnis zum Unterricht (und es gilt für die Unterrichtssituationen selbst auch als Binnenstruktur im Verhältnis von Lehrer und Schüler). Basistheorem ist und bleibt, daß jede Beobachtung von der Unterscheidung abhängt, die sie benutzt und die sie im Moment des Gebrauchs nicht ihrerseits unterscheiden kann (denn dazu wäre eine weitere Unterscheidung nötig, für die dasselbe gelten würde). Es geht also nicht ohne blinden Fleck, aber genau dies läßt sich mit verlagerter Blindheit, mit anderem Nichtsehen, wieder beobachten. Jeder kann in seinem eigenen Beobachten Unterscheidungen verwenden, die dem beobachteten Beobachter unzugänglich sind. Das, was als Ideologiekritik und als Psychoanalyse bekannt geworden ist, hat bereits versucht, diese Möglichkeit zu nutzen, und natürlich kennt jeder Romanleser das Verfahren. Es impliziert einen Verzicht auf Repräsentation »der« Wirklichkeit. Es impliziert im sozialen Verkehr einen Verzicht auf belehrende Autorität. Weder die Soziologie noch die Pädagogik hält den Platz am Fenster, von dem aus sie berichten kann, was der Schwester im Dunkeln unzugänglich bleibt.[34]

Akzeptiert man diesen Ausgangspunkt einer Unterscheidung der Systeme und einer rekursiven Vernetzung ihrer Beschreibungen, dann kann man abschätzen, was es für die Pädagogik bedeuten mag, wenn ihr mitgeteilt wird, sie werde beobachtet als eine Reflexionstheorie, die im Begriff sei, sich von Bildung auf Lernfähigkeit umzustellen. Auf keinen Fall handelt es sich um ein Rezept oder um einen Hinweis auf den Weg zum besseren Selbst. Es handelt sich um eine soziologische Deskription, um eine Art Extrapolation, die einen Trend konstruiert und sich als falsch erweisen mag. Auch kann der Pädagoge sich verhalten wie nach der Beobachtung von Lichtenberg der Normalmensch, der sich durch einen Physiognomiker beobachtet sieht (auch ein Fall von Kybernetik zweiter Ordnung): Er kann eine Grimasse ziehen und damit ein anderer sein. Die Beschreibung kann als self-fulfilling und als self-defeating prophecy wirken.[35] Sie kann die Pädagogik anregen, die für sie brauchbare Lernbegrifflichkeit zu abstrahieren, sie auf Systembegrifflichkeit umzuschreiben, sie zu entanthropologisieren – oder auch: zu sagen, daß dies nichts bringen kann, weil für sie der Mensch das Maß aller Dinge bleibe und gerade darin ihre neueuropäische Modernität bestehe.[36] Ein Soziologe wird geradezu vermuten, daß die Gegenstände sich unter dem Zugriff einer Beschreibung ändern, und wird darin nichts Ungewöhnliches sehen.[37] In der Sichtweise seines Fachs ist das natürlich ein methodisches Problem – in der Sichtweise seines Fachs! Aber gerade die Beobachtung der Beobachtung von Beobachtungen drängt über eine bloße Aufzählung perspek-

---

[34] Daß der Platz am Fenster wiederum die Beobachtung eines Beobachters ist, weiß man im übrigen seit der Romantik; und seitdem traut man auch dem nicht mehr, der dort sitzt und Gesehenes mitteilt. An des Vetters Eckfenster (E. T. A. HOFFMANN) sieht man im übrigen Vergangenes!

[35] Umfangreiche Literatur dazu, vor allem im Anschluß an Wahlprognosen. Daß sich in solchen Verhältnissen stabile Strukturen ergeben könnten, ist bisher eine allenfalls mathematisch fundierte (und auch insofern noch umstrittene) Hoffnung. Vgl. hierzu Audun ØFSTI/Dag ØSTERBERG, Self-defeating Predictions and the Fixed Point Theorem: A Refutation, Inquiry 25 (1982), S. 331-352.

[36] So bezeichnenderweise gerade die Literatur, die auf Systemtheorie *ablehnend* reagiert und *auf diese Weise* zur Klarheit über unaufgebbares Eigengut der Pädagogik kommt. Siehe die oben Anm. 23 zitierten Autoren. Ferner auch Hauke BRUNKHORST, Systemtheorie, in: Enzyklopädie Erziehungswissenschaft Bd. 1, Stuttgart 1983, S. 193-213 (insb. 209 f.).

[37] Ohnehin ist ja die Vorstellung einer allgemeinen Gesetzlichkeit sozialen Wandels aufgegeben, und zwar auch und gerade von der methodisch seriösen Soziologie. Siehe nur Raymond BOUDON, La place du désordre: Critique des théories du changement social, Paris 1984.

tivischer Beschränkungen hinaus. Selbst die Theorie der Postmoderne würde ja die Separierung der Diskurse nicht als letzte Antwort stehen lassen, auch wenn sie darüber hinaus nur noch eine negative Antwort bereitstellt: das Fehlen eines (differenzlosen) Gesamtberichts (LYOTARD).

In einer solchen Situation ist jede soziologische Beschreibung der Selbstbeschreibung anderer Systeme auch eine Art von Experiment mit den Möglichkeiten der modernen Gesellschaft. Ob die Hoffnungen der mathematischen Kybernetik, ein derart rekursives Beobachten des Beobachtens und Beschreiben des Beschreibens würde sich über »Eigenwerte« stabilisieren,[38] sich in sozialen Systemen jemals erfüllen werden, und ob dies auch dann der Fall sein kann, wenn Systeme einander im Hinblick auf das beobachten, was das jeweils beobachtete System *nicht* beobachten kann, wissen wir nicht. Aber es scheint, daß die moderne Gesellschaft aus strukturell tief liegenden Gründen ihre wichtigsten Kommunikationen so prozessiert und daß sie hierfür gar keine anderen Möglichkeiten mehr zuläßt.

---

[38] Vgl. Heinz von FOERSTER, Observing Systems, Seaside Cal. 1981; dt. Übersetzungen in: Sicht und Einsicht, Versuche zu einer operativen Erkenntnistheorie, Braunschweig 1985. Vgl. auch die verwandte Diskussion, auf die oben Anm. 35 hingewiesen worden ist.

# Sachregister

Suhrkamp Verlag GmbH
Torstraße 44, 10119 Berlin
info@suhrkamp.de
www.suhrkamp.de